科技法律法规与政策选编
（1985—2008年）（下册）

科学技术部政策法规司　编

科学技术文献出版社
SCIENTIFIC AND TECHNICAL DOCUMENTATION PRESS

前　言

科学技术是第一生产力,是决定国家竞争力的重要因素。党和国家高度重视科技进步和创新,改革开放以来,颁布实施了大量促进科技进步的法律、法规和政策性文件,为我国科技发展和全社会科技进步提供了强有力的制度保障。

为方便社会各界全面、系统地了解现行科技法律、法规和政策,促进科技法规政策的有效实施,加快建设创新型国家,科学技术部政策法规司对1978年至2008年国家发布的、现行有效的科技法律、法规、规章和政策文件进行了汇总和梳理,选编了1985年科技体制改革以来发布的主要科技法律法规文件,形成《科技法律法规与政策选编(1985—2008年)》。今后将定期出版增补本,汇编新颁布的科技法律法规文件。

本书包括综合、科研机构改革、科技计划管理、科技经费与财务、基础研究与科研基地、企业技术进步与高新技术产业化、农村科技与社会发展、科技人员、科技中介服务、科技条件与标准、科技金融与税收、科技成果与知识产权、科学技术普及、科技奖励和国际科技合作15部分内容,收录了331件科技法律法规文件,同时以"参阅目录"列出61条相关法规文件的标题供读者参考查阅。

在本书编辑过程中,国务院有关部门提供了大力支持,清华大学公共管理学院承担了法律法规文件的收集整理工作,在此表示感谢。

编者
2010年7月

目 录

上 册

综 合

中共中央关于科学技术体制改革的决定 ··· 3
    中发[1985]6号　1985年3月13日
中华人民共和国科学技术进步法 ··· 8
    主席令第82号　2007年12月29日
国务院关于深化科技体制改革若干问题的决定 ··· 15
    国发[1988]29号　1988年5月3日
中共中央国务院关于加速科学技术进步的决定 ··· 18
    中发[1995]8号　1995年5月6日
中共中央国务院关于加强技术创新,发展高科技,实现产业化的决定 ······························ 26
    中发[1999]14号　1999年8月20日
中共中央国务院关于实施科技规划纲要　增强自主创新能力的决定 ······························ 32
    中发[2006]4号　2006年1月26日
国家中长期科学和技术发展规划纲要(2006—2020年) ·· 36
    国发[2005]44号　2005年12月31日
实施《国家中长期科学和技术发展规划纲要(2006—2020年)》的若干配套政策 ············ 62
    国发[2006]6号　2006年2月7日

科研机构改革

关于深化科研机构管理体制改革的实施意见 ··· 71
    国办发[2000]38号　2000年5月24日
关于非营利性科研机构管理的若干意见(试行) ·· 73
    国办发[2000]78号　2000年12月19日
部门属社会公益类科研机构体制改革工作评估验收指导意见(试行) ······························ 75
    国科发政字[2004]242号　2004年7月30日
关于加大对公益类科研机构稳定支持的若干意见 ··· 78
    国科发政字[2007]765号　2007年12月29日

关于科学研究事业单位岗位设置管理的指导意见 ………………………………………… 81
    国人部发〔2007〕24号　2007年2月15日
关于转制科研机构和工程勘察设计单位转制前离退休人员待遇调整等问题的通知 …… 86
    劳社部发〔2002〕5号　2002年2月6日
关于深化转制科研机构产权制度改革的若干意见 ………………………………………… 87
    国办发〔2003〕9号　2003年2月24日
关于转制科研机构有关问题的通知 ………………………………………………………… 89
    财教〔2003〕68号　2003年7月5日
关于加快深化地方科技体制改革实施工作若干意见 ……………………………………… 91
    国科发政字〔1997〕220号　1997年5月8日
【参阅目录】………………………………………………………………………………… 97
    关于印发建设部等11个部门(单位)所属134个科研机构转制方案的通知
        国科发政字〔2000〕300号　2000年7月7日
    关于国家经贸委管理的10个国家局所属科研机构管理体制改革的意见
        国办发〔1999〕18号　1999年2月22日
    关于国家经贸委管理的10个国家局所属科研机构管理体制改革中若干财务和资产管理问题的通知
        财公字〔1999〕439号　1999年8月16日
    关于国家经贸委管理的10个国家局所属科研机构管理体制改革的实施意见
        国科发政字〔1999〕143号　1999年4月12日
    关于印发国家经贸委管理的10个国家局所属科研机构转制方案的通知
        国科发政字〔1999〕197号　1999年5月20日

科技计划管理

国家科技计划管理暂行规定 …………………………………………………………… 101
    科学技术部令第4号　2001年1月20日
国家科技计划项目管理暂行办法 ……………………………………………………… 105
    科学技术部令第5号　2001年1月20日
关于国家科技计划管理改革的若干意见 ……………………………………………… 111
    国科发计字〔2006〕23号　2006年1月17日
关于国家科研计划实施课题制管理的规定 …………………………………………… 116
    国办发〔2002〕2号　2002年1月4日
国家高技术研究发展计划(863计划)管理办法 ……………………………………… 119
    国科发计字〔2006〕329号　2006年7月31日
国家科技支撑计划管理暂行办法 ……………………………………………………… 124
    国科发计字〔2006〕331号　2006年7月31日
国家科技重大专项管理暂行规定 ……………………………………………………… 131
    国科发计〔2008〕453号　2008年8月11日
星火计划管理办法 ……………………………………………………………………… 139
    国科发农社字〔2002〕1号　2002年1月4日

目录

关于深入实施星火计划的若干意见 ……………………………………………………………… 143
    国科发农字[2007]504号　2007年8月21日

国家级火炬计划项目管理办法 …………………………………………………………………… 149
    国科发计字[1994]231号　1994年9月20日

国家软科学研究计划管理办法 …………………………………………………………………… 152
    国科发办字[2007]87号　2007年3月6日

科技兴贸行动计划 ………………………………………………………………………………… 155
    国科发计字[1999]219号　1999年6月3日

关于进一步实施科技兴贸战略的若干意见 ……………………………………………………… 158
    国办发[2003]92号　2003年11月12日

关于科技型中小企业技术创新基金的暂行规定 ………………………………………………… 161
    国办发[1999]47号　1999年5月21日

科技型中小企业技术创新基金项目管理暂行办法 ……………………………………………… 164
    国科发计字[2005]60号　2005年3月2日

公益性行业科研专项经费管理试行办法 ………………………………………………………… 167
    财教[2006]219号　2006年11月3日

应用技术研究与开发专项资金管理暂行办法 …………………………………………………… 172
    财教[2004]3号　2004年1月7日

科研院所技术开发研究专项资金管理暂行办法 ………………………………………………… 175
    国科发财字[1999]365号　1999年9月3日

产业技术研究与开发资金管理办法 ……………………………………………………………… 177
    财建[2002]30号　2002年2月21日

中央级科研院所科技基础性工作专项资金管理暂行办法 ……………………………………… 180
    国科发财字[2000]176号　2000年4月25日

电子信息产业发展基金管理办法 ………………………………………………………………… 182
    财建[2007]866号　2007年12月10日

集成电路产业研究与开发专项资金管理暂行办法 ……………………………………………… 185
    财建[2005]132号　2005年3月23日

国家科研计划课题招标投标管理暂行办法 ……………………………………………………… 187
    国科发财字[2002]165号　2002年5月28日

国家科研计划课题评估评审暂行办法 …………………………………………………………… 191
    国科发财字[2002]165号　2002年5月28日

科技评估管理暂行办法 …………………………………………………………………………… 194
    国科发计字[2000]588号　2000年12月28日

科技项目招标投标管理暂行办法 ………………………………………………………………… 198
    国科发计字[2000]589号　2000年12月28日

关于加强科技部科技计划管理和健全监督制约机制的意见 …………………………………… 203
    国科发计字[2006]218号　2006年6月16日

国家科技计划项目评估评审行为准则与督查办法 ……………………………………………… 208
    科学技术部令第7号　2003年2月20日

国家科技计划项目承担人员管理的暂行办法 ·················· 212
 国科发计字[2002]123号　2002年4月30日
关于在国家科技计划管理中建立信用管理制度的决定 ·············· 214
 国科发计字[2004]225号　2004年9月3日
国家科技计划实施中科研不端行为处理办法(试行) ··············· 216
 科学技术部令第11号　2006年11月7日
科学技术部科技统计工作管理办法 ························ 219
 国科发计字[2007]620号　2007年9月29日
火炬计划统计工作管理办法 ··························· 221
 国科发火字[2003]30号　2003年1月24日
国家重点新产品计划管理办法 ·························· 224
 国科发计字[1997]503号　1997年11月29日
【参阅目录】 ·································· 227
 科技兴贸"十一五"规划
  商技发[2005]611号　2006年3月15日
 "十一五"十大重点节能工程实施意见
  发改环资[2006]1457号　2006年7月25日

科技经费与财务

关于科学事业费管理的暂行规定 ························· 231
 国科发条字[87]0125号　1987年2月27日
关于改进和加强中央财政科技经费管理的若干意见 ················ 233
 国办发[2006]56号　2006年8月21日
科技部科技计划管理费管理试行办法 ······················ 235
 国科发财字[2005]484号　2005年12月8日
国家高技术研究发展计划(863计划)专项经费管理办法 ············· 238
 财教[2006]163号　2006年10月10日
国家重点基础研究发展计划专项经费管理办法 ·················· 243
 财教[2006]159号　2006年9月30日
国家科技支撑计划专项经费管理办法 ······················ 247
 财教[2006]160号　2006年9月30日
科技部科技计划课题预算评估评审规范 ····················· 252
 国科发财字[2006]99号　2006年4月7日
科技部科技计划课题预算评估评审实施细则(暂行) ··············· 255
 国科发财字[2006]405号　2006年10月8日
科技部科技计划课题经费国库支付管理暂行办法 ················· 264
 国科发财字[2006]113号　2006年4月13日
中央级民口科技计划(基金)经费绩效考评管理暂行办法 ············· 266
 财教[2007]145号　2007年8月15日

关于严肃财经纪律 规范国家科技计划课题经费使用和加强监管的通知 …… 268
  国科发财字[2005]462号 2005年11月16日
落实财政预算管理改革要求 进一步加强科技部科技经费管理和监督的意见 …… 270
  国科发财字[2006]407号 2006年10月10日
中央级公益性科研院所基本科研业务费专项资金管理办法(试行) …… 272
  财教[2006]288号 2006年12月8日
关于改进和加强重大技术装备研制经费管理的若干意见 …… 275
  财建[2007]1号 2007年1月9日
科技型中小企业技术创新基金财务管理暂行办法 …… 277
  财企[2005]22号 2005年2月17日
【参阅目录】 …… 280
  科技型中小企业贷款平台建设指引
    国科办财字[2006]21号 2006年3月27日
  国务院关于科学技术拨款管理的暂行规定
    国发[1986]12号 1986年1月23日

基础研究与科研基地

关于进一步增强原始性创新能力的意见 …… 283
  国科发基字[2002]180号 2002年6月11日
国家重点基础研究发展计划管理办法 …… 286
  国科发计字[2006]330号 2006年7月31日
国家自然科学基金条例 …… 290
  国务院令第487号 2007年2月24日
国家自然科学基金面上项目管理办法 …… 295
  国科金发计[2002]62号 2002年12月13日
国家自然科学基金重大项目管理办法 …… 298
  国科金发计[2002]64号 2002年12月13日
国家自然科学基金项目资助经费管理办法 …… 302
  财教[2002]65号 2002年6月4日
教育部关于加强国家重点学科建设的意见 …… 305
  教研[2006]2号 2006年10月27日
国家重点学科建设与管理暂行办法 …… 307
  教研[2006]3号 2006年10月27日
国家工程技术研究中心暂行管理办法 …… 309
  国科发计字[93]060号 1993年2月4日
国家工程研究中心管理办法 …… 314
  国家发展和改革委员会令第52号 2007年3月5日
关于建设国家工程实验室的指导意见 …… 324
  发改办高技[2006]1479号 2006年7月13日

国家工程实验室管理办法(试行) ·· 327
 国家发展和改革委员会令第54号 2007年7月23日
国家重点实验室评估规则 ·· 331
 国科发基[2008]731号 2008年12月17日
国家重点实验室评估实施细则 ·· 335
 国家自然科学基金委员会 2008年11月25日
关于依托转制院所和企业建设国家重点实验室的指导意见 ······································· 338
 国科发基字[2006]559号 2006年12月31日
关于加强地方实验室工作的若干意见 ·· 340
 国科基函[2002]20号 2002年9月24日
关于进一步推动科研基地和科研基础设施向企业及社会开放的若干意见 ············· 342
 国科发基字[2006]558号 2006年12月31日
【参阅目录】··· 343
 国家"十一五"科学技术发展规划
  科技部 2006年10月27日
 国家"十一五"基础研究发展规划
  国科发计字[2006]436号 2006年10月30日

企业技术进步与高新技术产业化

高新技术企业认定管理办法 ·· 347
 国科发火字[2008]172号 2008年4月14日
高新技术企业认定管理工作指引 ·· 370
 国科发火字[2008]362号 2008年7月8日
软件企业认定标准及管理办法(试行) ·· 387
 信部联产[2000]968号 2000年10月16日
国家认定企业技术中心管理办法 ·· 390
 国家发展和改革委员会等五部门令第53号 2007年4月19日
"技术创新引导工程"实施方案 ·· 401
 国科发政字[2006]31号 2006年1月24日
关于开展创新型企业试点工作的通知 ·· 404
 国科发政字[2006]110号 2006年4月13日
关于支持中小企业技术创新的若干政策 ·· 408
 发改企业[2007]2797号 2007年10月23日
关于企业加强研发费用财务管理的若干意见 ··· 411
 财企[2007]194号 2007年9月4日
关于国有高新技术企业开展股权激励试点工作的指导意见 ······································· 413
 国办发[2002]48号 2002年9月17日
关于实施《关于国有高新技术企业开展股权激励试点工作的指导意见》有关问题的通知 ······ 415
 财企[2002]508号 2002年11月18日

目 录

关于大力发展民营科技型企业若干问题的决定 …………………………………… 416
　　国科发改字[1993]第348号　1993年6月12日

关于外商投资设立研发中心有关问题的通知 …………………………………… 420
　　外经贸资发[2000]218号　2000年4月18日

关于批准国家高新技术产业开发区和有关政策规定的通知 …………………… 422
　　国发[1991]12号　1991年3月6日

国家高新技术产业开发区管理暂行办法 ………………………………………… 427
　　国科发火字[1996]061号　1996年2月9日

国家高新技术产业开发区高新技术产品出口基地认定暂行办法 ……………… 430
　　国科发计字[1999]523号　1999年11月16日

关于加速国家高新技术产业开发区发展的若干意见 …………………………… 431
　　国科发火字[1999]302号　1999年8月11日

关于进一步支持国家高新技术产业开发区发展的决定 ………………………… 434
　　国科发火字[2002]32号　2002年1月31日

关于国家高新技术产业开发区管理体制改革与创新的若干意见 ……………… 436
　　国科发政字[2002]61号　2002年3月5日

国家火炬计划软件产业基地认定条件和办法 …………………………………… 439
　　国科发火字[2000]337号　2000年8月3日

关于进一步加强国家火炬计划软件产业基地建设的若干意见 ………………… 440
　　国科发火字[2001]520号　2001年11月30日

国家火炬计划软件产业基地骨干企业认定条件和办法 ………………………… 442
　　国科火字[2003]108号　2003年11月13日

支持国家电子信息产业基地和产业园发展政策 ………………………………… 443
　　信部规[2006]542号　2006年8月18日

关于大力推进国家863计划产业化工作的若干意见 …………………………… 445
　　国科发计字[2003]125号　2003年4月11日

国家863计划产业化促进中心认定和管理办法(试行) ………………………… 447
　　国科发计字[2003]232号　2003年7月18日

国家高技术产业发展项目管理暂行办法 ………………………………………… 449
　　国家发展和改革委员会令2006年第43号　2006年2月28日

软件产品管理办法 ………………………………………………………………… 455
　　信息产业部令第五号　2000年10月27日

关于推动高新技术产品出口的指导性意见 ……………………………………… 458
　　外经贸政发[1999]639号　1999年12月2日

关于鼓励技术引进和创新,促进转变外贸增长方式的若干意见 ……………… 461
　　商服贸发[2006]13号　2006年7月14日

关于建设"科技兴贸出口创新基地"有关问题的通知 …………………………… 464
　　商技发[2006]6号　2006年2月28日

关于支持高新技术产业发展若干问题的通知 …………………………………… 468
　　署厅发[2001]279号　2001年7月12日

自主创新产品政府采购预算管理办法 470
 财库[2007]29号　2007年4月3日
自主创新产品政府采购评审办法 472
 财库[2007]30号　2007年4月3日
自主创新产品政府采购合同管理办法 474
 财库[2007]31号　2007年4月3日
国家自主创新产品认定管理办法(试行) 476
 国科发计字[2006]539号　2006年12月31日
自主创新产品政府首购和订购管理办法 478
 财库[2007]120号　2007年12月27日
首台(套)重大技术装备试验、示范项目管理办法 481
 发改工业[2008]224号　2008年1月22日
政府采购进口产品管理办法 484
 财库[2007]119号　2007年12月27日
武器装备科研生产许可管理条例 489
 国务院、中央军事委员会令第521号　2008年3月6日
武器装备科研生产许可实施办法 493
 国防科工委令第15号　2005年5月26日
关于非公有制经济参与国防科技工业建设的指导意见 496
 科工法[2007]179号　2007年2月25日
【参阅目录】 498
 "十一五"十大重点节能工程实施意见
  发改环资[2006]1457号　2006年7月25日
 关于促进民营科技企业发展的若干意见
  国科发政字[1999]312号　1999年7月26日
 关于加快推进信息产业自主创新的指导意见
  信部科[2006]546号　2006年8月25日
 振兴东北老工业基地科技行动方案
  国科发计字[2004]259号　2004年8月16日

农村科技与社会发展

中华人民共和国放射性污染防治法 501
 主席令第6号　2003年6月28日
中华人民共和国动物防疫法 507
 主席令第71号　2007年8月30日
重大动物疫情应急条例 515
 国务院令第450号　2005年11月18日
关于推进县(市)科技进步意见的通知 520
 国办发[2006]34号　2006年4月27日

目 录

市、县、区科技进步考核办法(试行) ·················· 523
 国科发农社字[2001]231号　2001年7月9日
国务院关于深化改革加强基层农业技术推广体系建设的意见 ·············· 525
 国发[2006]30号　2006年8月28日
农业科技成果转化资金项目管理暂行办法 ·················· 528
 国科办财字[2001]417号　2001年8月28日
农业科技成果转化资金项目监理和验收办法 ·················· 531
 国科发农社字[2002]370号　2002年10月28日
科技富民强县专项行动计划资金管理暂行办法 ·················· 534
 财教[2005]140号　2005年8月29日
科普惠农兴村计划专项资金管理办法(试行) ·················· 537
 财教[2006]140号　2006年9月13日
新农村建设科技示范(试点)实施方案 ·················· 539
 国科发农字[2007]66号　2007年2月12日
新农村建设民生科技行动方案 ·················· 542
 国科发农[2008]126号　2008年3月5日
农业科技园区指南 ·················· 549
 国科发农社字[2001]229号　2001年7月6日
农业科技园区管理办法(试行) ·················· 552
 国科发农社字[2001]229号　2001年7月6日
科技兴县(市)专项工作管理办法 ·················· 554
 国科发农字[2007]476号　2007年8月6日
关于继续开展科技富民强县专项行动计划工作的通知 ·················· 557
 国科发农字[2008]196号　2008年4月8日
国务院关于加强节能工作的决定 ·················· 559
 国发[2006]28号　2006年8月6日
中国应对气候变化科技专项行动 ·················· 564
 国科发社字[2007]407号　2007年6月13日
节能减排全民科技行动方案 ·················· 571
 国科发社字[2007]628号　2007年9月29日
国家可持续发展实验区管理办法 ·················· 575
 国科发社字[2007]112号　2007年3月20日
国家可持续发展先进示范区管理办法 ·················· 578
 国科发社字[2007]112号　2007年3月20日
农作物种质资源管理办法 ·················· 580
 农业部令第30号　2003年7月8日

【参阅目录】 ·················· 584
 中医药创新发展规划纲要(2006—2020年)
  国科发社字[2007]77号　2007年1月11日
 科技兴县(市)专项工作"十一五"规划
  国科发农字[2007]73号　2007年2月14日

国家可持续发展实验区"十一五"建设与发展规划纲要
  国科发社字[2007]126号 2007年3月26日
关于加快乡镇企业科技进步的意见
  农企发[1996]13号 1996年12月13日
关于推进农业科技入户工作的意见
  农科教发[2004]8号 2004年10月19日
关于启动实施"农村科技服务体系建设星火专项行动"的通知
  国科发农社字[2003]248号 2003年8月8日
清洁发展机制项目运行管理办法
  发展改革委等4部门令第37号 2005年10月12日
关于印发《关于农业信息化科技工作的若干意见》和《国家863计划智能化农业信息技术
 应用示范工程实施办法》的通知
  国科发高字[1999]097号 1999年3月15日
新农村建设科技促进行动
  国科发农字[2006]327号 2006年7月31日
"十一五"农村科技工作的指导意见
  国科发农字[2006]532号 2006年12月26日
中央财政新型农民科技培训补助资金管理暂行办法
  财农[2006]349号 2006年12月30日
节能减排综合性工作方案
  国发[2007]15号 2007年5月23日
中国应对气候变化国家方案
  国发[2007]17号 2007年6月3日
国家环境保护"十一五"科技发展规划
  环发[2006]103号 2006年7月3日
国家林业局关于印发《林业科学和技术中长期发展规划(2006—2020年)》、《林业科学和技术
 "十一五"发展规划》和《国家林业科技创新体系建设规划纲要(2006—2020年)》的通知
  林科发[2006]175号 2006年9月12日

下册

科技人员

关于加强专业技术人才队伍建设的若干意见 ……………………………………………………… 589
  中办发[2001]14号 2001年6月19日
关于深化科研事业单位人事制度改革的实施意见 ……………………………………………… 593
  人发[2000]30号 2000年3月30日
关于加强专业技术人员继续教育工作的意见 …………………………………………………… 597
  国人部发[2007]96号 2007年6月30日

关于在重大项目实施中加强创新人才培养的暂行办法 …… 601
　　国科发计字[2007]2号　2007年1月5日
国家杰出青年科学基金实施管理办法 …… 603
　　国科金发计[2002]65号　2002年12月13日
国家杰出青年科学基金项目资助经费管理办法 …… 606
　　财教[2002]64号　2002年6月7日
国家基础科学人才培养基金实施管理暂行办法 …… 609
　　国科发高字[1997]029号　1997年1月13日
国家基础科学人才培养基金项目资助经费管理办法 …… 611
　　财教[2002]36号　2002年4月2日
香港、澳门青年学者合作研究基金管理办法 …… 613
　　国科金发计[2002]67号　2002年12月13日
海外青年学者合作研究基金管理办法 …… 615
　　国科金发计[2002]66号　2002年12月13日
博士后管理工作规定 …… 617
　　国人部发[2006]149号　2006年12月29日
关于改进科学技术评价工作的决定 …… 622
　　国科发基字[2003]142号　2003年5月15日
科学技术评价办法(试行) …… 625
　　国科发基字[2003]308号　2003年9月20日
关于科技工作者行为准则的若干意见 …… 632
　　国科发政字[1999]524号　1999年11月18日
关于动员和组织广大科技工作者为建设创新型国家做出新贡献的若干意见 …… 635
　　科协发办字[2007]6号　2007年1月16日
关于进一步加强国家重点领域紧缺人才培养工作的意见 …… 639
　　教高[2007]16号　2007年8月6日
关于加强农村实用科技人才培养的若干意见 …… 642
　　国科发农字[2007]793号　2007年12月24日
关于加快软件人才培养和队伍建设的若干意见 …… 645
　　教高[2003]10号　2003年11月21日
关于进一步加强国防科技工业人才工作的若干意见 …… 648
　　科工人[2004]351号　2004年4月8日
关于进一步加强委属高校与军工科研院所和企业联合培养研究生工作的若干意见 …… 653
　　科工人[2006]108号　2006年1月26日
关于回国(来华)定居专家工作有关问题的通知 …… 655
　　人专发[1995]36号　1995年3月27日
高等学校学科创新引智基地管理办法 …… 657
　　教技[2006]4号　2006年8月28日
关于建立海外高层次留学人才回国工作绿色通道的意见 …… 661
　　国人部发[2007]26号　2007年2月15日

关于引进国外杰出人才的管理办法……664
 科发人教字[2001]357号 2001年10月17日
关于在留学人才引进工作中界定海外高层次留学人才的指导意见……667
 国人部发[2005]25号 2005年3月22日
关于进一步加强引进海外优秀留学人才工作的若干意见……669
 教外留[2007]8号 2007年3月2日
对高层次留学人才回国和海外科技专家来华工作进出境物品管理办法……672
 海关总署第154号令 2006年12月26日
留学人员科技活动项目择优资助经费申请与管理办法……674
 人发[2001]33号 2001年12月10日
关于鼓励海外留学人员以多种形式为国服务的若干意见……676
 人发[2001]49号 2001年5月14日
留学人员创业园管理办法……678
 人发[2001]7号 2001年1月15日
关于组织开展国家留学人员创业园示范建设试点工作的通知……679
 国科发火字[2000]257号 2000年6月21日
关于妥善解决优秀留学回国人员子女入学问题意见……681
 教外留[2000]1号 2000年1月3日
科学研究事业单位贯彻《事业单位工作人员收入分配制度改革方案》的实施意见……682
 国人部发[2006]100号 2006年9月30日
关于企业实行自主创新激励分配制度的若干意见……687
 财企[2006]383号 2006年10月25日
中央科研设计企业实施中长期激励试行办法……689
 国资发分配[2007]86号 2007年5月18日
中央企业负责人经营业绩考核暂行办法……692
 国资委令第17号 2006年12月30日
关于民营科技企业人员评定专业技术职称(资格)有关问题的通知……698
 人职发[1995]7号 1995年1月5日
【参阅目录】……699
 教育部、科技部关于进一步加强地方高等学校科技创新工作的若干意见
  教技[2006]3号 2006年3月23日
 全国专业技术人员继续教育暂行规定
  人核培发[1995]131号 1995年11月1日
 专业技术人才知识更新工程("653工程")实施方案
  国人部发[2005]73号 2005年9月27日
 关于加快实施专业技术人才知识更新工程("653工程")的意见
  国人部发[2006]122号 2006年11月16日
 科学技术干部管理工作试行条例
  中办发[1981]16号 1981年4月23日
 国家公派出国留学选派办法
  教外留[2006]85号 2006年11月3日

博士后工作"十一五"规划
　　国人部发[2006]114号　2006年10月30日
关于进一步争取优秀留学博士回国做博士后的通知
　　人专发[1992]16号　1992年8月18日
关于人事部与地方人民政府共建留学人员创业园的意见
　　人发[2002]84号　2002年8月26日

科技中介服务

关于大力发展科技中介机构的意见 ……………………………………………………………… 703
　　国科发政字[2002]488号　2002年12月20日
关于进一步培育和发展技术市场的若干意见 …………………………………………………… 708
　　国科发政字[1994]59号　1994年4月21日
关于加快发展技术市场的意见 …………………………………………………………………… 713
　　国科发市字[2006]75号　2006年3月15日
建立和完善知识产权交易市场的指导意见 ……………………………………………………… 718
　　发改企业[2007]3371号　2007年12月6日
关于加强生产力促进中心建设的若干意见 ……………………………………………………… 721
　　国科发工字[1996]196号　1996年5月13日
国家级示范生产力促进中心认定和管理办法 …………………………………………………… 725
　　国科发高字[2007]403号　2007年7月5日
国家级示范生产力促进中心绩效评价工作细则 ………………………………………………… 727
　　国科办高字[2007]75号　2007年10月26日
国家技术转移示范机构管理办法 ………………………………………………………………… 731
　　国科发火字[2007]565号　2007年9月10日
国家技术转移促进行动实施方案 ………………………………………………………………… 733
　　国科发火字[2007]609号　2007年12月5日
关于加快高新技术创业服务中心建设与发展的若干意见 ……………………………………… 736
　　国科发火字[2000]157号　2000年4月12日
高新技术创业服务中心管理办法 ………………………………………………………………… 740
　　国科发火字[2005]15号　2005年1月13日
科技企业孵化器(高新技术创业服务中心)认定和管理办法 …………………………………… 743
　　国科发高字[2006]498号　2006年12月7日
科技企业孵化器评价指标体系(试行) …………………………………………………………… 746
　　国科发火字[2007]745号　2007年12月20日
关于建立国际企业孵化器的工作意见 …………………………………………………………… 749
　　国科发火字[1997]424号　1997年9月5日
关于进一步提高科技企业孵化器运行质量的若干意见 ………………………………………… 751
　　国科发火字[2003]96号　2003年4月7日
关于进一步推进国家大学科技园建设与发展的意见 …………………………………………… 753
　　国科发高字[2004]487号　2004年12月1日

国家大学科技园认定和管理办法 ………………………………………………………… 755
　　国科发高字[2006]487号　2006年11月24日
【参阅目录】 ……………………………………………………………………………… 758
　　生产力促进中心"十一五"发展规划纲要
　　　　国科发高字[2006]475号　2006年11月27日
　　中国科技企业孵化器"十一五"发展规划纲要
　　　　国科发火字[2006]422号　2006年10月17日
　　国家大学科技园"十一五"发展规划纲要
　　　　国科发高字[2006]496号　2006年12月6日

科技条件与标准

中华人民共和国标准化法 ……………………………………………………………… 761
　　主席令第11号　1988年12月29日
2004—2010年国家科技基础条件平台建设纲要 …………………………………… 764
　　国办发[2004]55号　2004年7月3日
关于加强创新方法工作的若干意见 …………………………………………………… 767
　　国科发财[2008]197号　2008年4月23日
科技计划支持重要技术标准研究与应用的实施细则 ………………………………… 770
　　国科发计字[2007]24号　2007年1月15日
病原微生物实验室生物安全管理条例 ………………………………………………… 772
　　国务院令第424号　2004年11月12日
实验动物管理条例 ………………………………………………………………………… 781
　　国家科学技术委员会令第2号　1988年11月14日
实验动物许可证管理办法(试行) ……………………………………………………… 784
　　国科发财字[2001]545号　2001年12月5日
实验动物质量管理办法 ………………………………………………………………… 787
　　国科发财字[1997]593号　1997年12月11日
国家实验动物种子中心管理办法 ……………………………………………………… 790
　　国科发财字[1998]174号　1998年5月12日
人类遗传资源管理暂行办法 …………………………………………………………… 792
　　国办发[1998]36号　1998年6月10日
国务院办公厅关于加强生物物种资源保护和管理的通知 ………………………… 795
　　国办发[2004]25号　2004年3月31日
基因工程安全管理办法 ………………………………………………………………… 797
　　国家科学技术委员会令第17号　1993年12月24日
农业转基因生物安全管理条例 ………………………………………………………… 801
　　国务院令第304号　2001年5月23日
人类辅助生殖技术管理办法 …………………………………………………………… 806
　　卫生部令第14号　2001年2月20日

国家大型科学仪器中心管理暂行办法……809
　　国科发财字[1998]198号　1998年6月11日
国家分析测试中心管理暂行办法……811
　　国科发条字[87]0849号　1987年11月27日
中央级新购大型科学仪器设备联合评议工作管理办法(试行)……813
　　财教[2004]33号　2004年4月14日
科研条件工作任务项目验收办法(试行)……815
　　国科财函[2003]33号　2003年11月28日
科学仪器设备升级改造专项管理暂行办法……817
　　国科发财字[2005]93号　2005年4月6日
中央级科学事业单位修缮购置专项资金管理办法……819
　　财教[2006]118号　2006年8月22日
高等学校仪器设备管理办法……821
　　教高[2000]9号　2000年3月21日
科技文献信息专项经费管理暂行办法……824
　　国科发财字[2001]366号　2001年9月20日
国家重点基础研究发展计划资源环境领域项目数据汇交暂行办法……826
　　国科发基[2008]142号　2008年3月18日
地震科学数据共享管理办法……828
　　中震发测[2006]65号　2006年6月20日
气象资料共享管理办法……831
　　中国气象局令第4号　2001年12月21日
关于推进采用国际标准的若干意见……834
　　国质检标联[2002]209号　2002年7月23日
药物非临床研究质量管理规范……836
　　国家食品药品监督管理局令第2号　2003年8月6日
国防科技工业标准化科研管理实施细则……841
　　科工法[2004]175号　2004年2月20日
放射性同位素与射线装置安全和防护条例……844
　　国务院令第449号　2005年9月14日
武器装备研制生产标准化工作规定……852
　　科工法[2004]176号　2004年2月19日
国家科学技术学术著作出版基金管理办法(试行)……856
　　国科发财字[1997]104号　1997年3月11日
关于调整科技期刊申报程序和审批办法的通知……859
　　新出联[2005]9号　2005年4月20日

【参阅目录】……861
　科研条件建设"十五"发展纲要
　　　国科发财字[2001]298号　2001年8月15日
　"十一五"国家科技基础条件平台建设实施意见
　　　国科发财字[2005]295号　2005年7月18日

海水利用标准发展计划
  国标委工交联[2006]8号 2006年1月25日
民用核安全设备监督管理条例
  国务院令第500号 2007年7月11日
国务院关于加强食品等产品安全监督管理的特别规定
  国务院令第503号 2007年7月26日
国务院关于加强测绘工作的意见
  国发[2007]30号 2007年9月13日
国家科委关于加强信息资源建设的若干意见
  国科发信字[1997]199号 1997年4月28日

科技金融与税收

中华人民共和国企业所得税法 ······ 865
  主席令第63号 2007年3月16日
中华人民共和国企业所得税法实施条例 ······ 870
  国务院令第512号 2007年12月6日
关于促进科技成果转化有关个人所得税问题的通知 ······ 883
  国税发[1999]125号 1999年7月1日
关于企业技术创新有关企业所得税优惠政策的通知 ······ 884
  财税[2006]88号 2006年9月8日
关于调整企业所得税工资支出税前扣除政策的通知 ······ 885
  财税[2006]126号 2006年9月1日
关于促进创业投资企业发展有关税收政策的通知 ······ 886
  财税[2007]31号 2007年2月7日
鼓励软件产业和集成电路产业发展的若干政策 ······ 888
  国发[2000]18号 2000年6月24日
关于鼓励软件产业和集成电路产业发展有关税收政策问题的通知 ······ 892
  财税[2000]第025号 2000年9月22日
关于嵌入式软件增值税政策的通知 ······ 894
  财税[2008]92号 2008年6月30日
科普税收优惠政策实施办法 ······ 895
  国科发政字[2003]第416号 2003年11月14日
关于鼓励科普事业发展的进口税收政策的通知 ······ 897
  财关税[2007]4号 2007年1月22日
科技开发用品免征进口税收暂行规定 ······ 898
  财政部等3部门令[2007]第44号 2007年1月31日
科学研究和教学用品免征进口税收规定 ······ 900
  财政部等3部门令[2007]第45号 2007年1月31日
关于国家大学科技园有关税收政策问题的通知 ······ 901
  财税[2007]120号 2007年8月20日

关于科技企业孵化器有关税收政策问题的通知 …………………………………………………… 903
    财税[2007]121号　2007年8月20日

关于建立风险投资机制的若干意见 ……………………………………………………………… 905
    国办发[1999]105号　1999年12月30日

关于创业投资引导基金规范设立与运作的指导意见 …………………………………………… 908
    国办发[2008]116号　2008年10月18日

科技型中小企业创业投资引导基金管理暂行办法 ……………………………………………… 910
    财企[2007]128号　2007年7月6日

创业投资企业管理暂行办法 ……………………………………………………………………… 914
    国家发展改革委等10部门令第39号　2005年11月15日

外商投资创业投资企业管理规定 ………………………………………………………………… 917
    对外贸易经济合作部等5部门令第2号　2003年1月30日

关于产业技术研究与开发资金试行创业风险投资的若干指导意见 …………………………… 924
    财建[2007]8号　2007年1月31日

关于商业银行改善和加强对高新技术企业金融服务的指导意见 ……………………………… 927
    银监发[2006]94号　2006年12月28日

支持国家重大科技项目政策性金融政策实施细则 ……………………………………………… 930
    银监发[2006]95号　2006年12月28日

中国进出口银行支持高新技术企业发展特别融资账户实施细则 ……………………………… 932
    进出银[2006]120号　2006年6月30日

关于利用金融手段支持国家科技兴贸创新基地的指导意见 …………………………………… 936
    商产发[2008]66号　2008年3月10日

国家开发银行高新技术领域软贷款实施细则 …………………………………………………… 938
    开行发[2006]399号　2006年11月24日

国家开发银行、科学技术部关于对创新型试点企业进行重点融资支持的通知 ……………… 941
    开行发[2007]225号　2007年6月16日

关于进一步加强金融与科技合作大力推动农业科技成果转化和产业化的通知 ……………… 942
    农发银发[2008]175号　2008年7月21日

关于纳税人向科技型中小企业技术创新基金捐赠有关所得税政策问题的通知 ……………… 945
    财税[2006]171号　2006年12月31日

关于进一步发挥信用保险作用支持高新技术企业发展有关问题的通知 ……………………… 946
    国科发财字[2007]254号　2007年5月10日

关于加强和改善对高新技术企业保险服务有关问题的通知 …………………………………… 948
    保监发[2006]129号　2006年12月28日

关于利用出口信用保险实施科技兴贸战略的通知 ……………………………………………… 950
    商技发[2004]368号　2004年7月26日

关于开展科技保险创新试点工作的通知 ………………………………………………………… 952
    国科办财字[2007]24号　2007年3月22日

关于加强中小企业信用担保体系建设的意见 …………………………………………………… 953
    国办发[2006]90号　2006年11月23日

关于中小企业信用担保体系建设相关金融服务工作的指导意见 ………………………………… 955
 银发[2006]451号　2006年12月26日
关于落实国务院加快振兴装备制造业的若干意见有关进口税收政策的通知 ………………… 957
 财关税[2007]11号　2007年1月14日
关于《财政部　国家发展改革委　海关总署　国家税务总局关于落实国务院加快振兴装备
制造业的若干意见有关进口税收政策的通知》执行问题 ………………………………… 960
 海关总署公告2008年第24号　2008年4月11日
关于中小企业信用担保机构免征营业税有关问题的通知 ……………………………………… 961
 发改企业[2006]563号　2006年4月3日
财政部关于进一步支持出口信用保险为高技术企业提供服务的通知 ………………………… 963
 财金[2006]118号　2006年12月7日
【参阅目录】 ……………………………………………………………………………………… 964
 关于加强中小企业信用管理工作的若干意见
  国经贸中小企[2001]368号　2001年4月20日

科技成果与知识产权

中华人民共和国专利法 ………………………………………………………………………… 967
 主席令第8号　2008年12月27日
中华人民共和国著作权法 ……………………………………………………………………… 975
 主席令第58号　2001年10月27日
中华人民共和国合同法（节选） ……………………………………………………………… 982
 主席令第15号　1999年3月15日
中华人民共和国促进科技成果转化法 ………………………………………………………… 994
 主席令第68号　1996年5月15日
中华人民共和国植物新品种保护条例 ………………………………………………………… 998
 国务院令第213号　1997年3月20日
计算机软件保护条例 …………………………………………………………………………… 1002
 国务院令第339号　2001年12月20日
计算机软件著作权登记办法 …………………………………………………………………… 1006
 国家版权局令第1号　2002年2月20日
信息网络传播权保护条例 ……………………………………………………………………… 1009
 国务院令第468号　2006年5月18日
集成电路布图设计保护条例 …………………………………………………………………… 1013
 国务院令第300号　2001年4月2日
中药品种保护条例 ……………………………………………………………………………… 1017
 国务院令第106号　1992年10月14日
中华人民共和国专利法实施细则 ……………………………………………………………… 1020
 国务院令第368号　2002年12月28日
专利实施强制许可办法 ………………………………………………………………………… 1035
 国家知识产权局局长令第31号　2003年6月13日

涉及公共健康问题的专利实施强制许可办法 ······ 1039
 国家知识产权局令第 37 号 2005 年 11 月 29 日
中华人民共和国知识产权海关保护条例 ······ 1040
 国务院令第 395 号 2003 年 12 月 2 日
国防专利条例 ······ 1043
 国务院、中央军事委员会令第 418 号 2004 年 9 月 17 日
关于促进科技成果转化的若干规定 ······ 1047
 国办发［1999］29 号 1999 年 3 月 30 日
关于促进自主创新成果产业化的若干政策 ······ 1049
 国办发［2008］128 号 2008 年 12 月 15 日
关于国家科研计划项目研究成果知识产权管理的若干规定 ······ 1051
 国办发［2002］30 号 2002 年 4 月 14 日
关于加强国家科技计划知识产权管理工作的规定 ······ 1052
 国科发政字［2003］94 号 2003 年 4 月 4 日
关于加强国家科技计划成果管理的暂行规定 ······ 1055
 国科发计字［2003］196 号 2003 年 6 月 18 日
关于国际科技合作项目知识产权管理的暂行规定 ······ 1057
 国科发外字［2006］479 号 2006 年 11 月 29 日
关于加强与科技有关的知识产权保护和管理工作的若干意见 ······ 1060
 国科发政字［2000］569 号 2000 年 12 月 13 日
展会知识产权保护办法 ······ 1066
 商务部等 4 部门令 2006 年第 1 号 2006 年 1 月 10 日
专利权质押合同登记管理暂行办法 ······ 1070
 中国专利局令第 8 号 1996 年 9 月 19 日
专利费用减缓办法 ······ 1072
 国家知识产权局令第 39 号 2006 年 10 月 12 日
高等学校知识产权保护管理规定 ······ 1074
 教育部令第 3 号 1999 年 4 月 8 日
科技成果登记办法 ······ 1078
 国科发计字［2000］542 号 2000 年 12 月 7 日
技术合同认定规则 ······ 1079
 国科发政字［2001］253 号 2001 年 7 月 18 日
技术合同认定登记管理办法 ······ 1085
 国科发政字［2000］063 号 2000 年 2 月 16 日
关于加强国家高新技术产业开发区知识产权工作的若干意见 ······ 1087
 国科发政字［1998］099 号 1998 年 3 月 18 日
关于提高知识产权信息利用和服务能力　推进知识产权信息服务平台建设的若干意见 ······ 1089
 国科发政字［2006］562 号 2006 年 12 月 31 日
国防科学技术成果鉴定管理办法 ······ 1092
 科工法［2004］168 号 2004 年 2 月 16 日

关于加强知识产权资产评估管理工作若干问题的通知 ·········· 1097
  财企[2006]109号　2006年4月19日
科学技术保密规定 ·· 1099
  国家科学技术委员会、国家保密局令第20号　1995年1月6日
科学技术部863计划保密规定 ··· 1103
  国科发计字[2002]40号　2002年2月4日
国家秘密技术项目持有单位管理暂行办法 ························· 1106
  国科发成字[1998]003号　1998年1月4日
国家秘密技术出口审查规定 ·· 1107
  国科发计字[1998]425号　1998年10月30日
对外科技交流保密提醒制度 ·· 1109
  国保发[2002]7号　2002年11月26日
专利代理条例 ··· 1111
  国务院令第76号　1991年3月4日
关于加强对外贸易中的专利管理的意见 ···························· 1114
  外经贸技发[2002]573号　2002年12月20日

【参阅目录】 ·· 1116
  专利代理惩戒规则(试行)
    国家知识产权局令第二十五号　2002年12月12日
  火炬计划标志使用管理方法
    国科火字[1996]110号　1996年12月17日
  关于在香港特别行政区知识产权署提出的首次申请的优先权的规定
    国家知识产权局令第十号　1999年12月15日
  集成电路布图设计保护条例实施细则
    国家知识产权局令第十一号　2001年9月18日
  集成电路布图设计行政执法办法
    国家知识产权局令第十七号　2001年11月28日

科学技术普及

中华人民共和国科学技术普及法 ···································· 1119
  主席令第71号　2002年6月29日
全民科学素质行动计划纲要(2006—2010—2020年) ········· 1122
  国发[2006]7号　2006年2月6日
中共中央国务院关于加强科学技术普及工作的若干意见 ······ 1130
  中发[1994]11号　1994年12月5日
关于科研机构和大学向社会开放开展科普活动的若干意见 ··· 1134
  国科发政字[2006]494号　2006年11月30日
关于加强国家科普能力建设的若干意见 ···························· 1136
  国科发政字[2007]32号　2007年1月17日

国务院关于同意设立"科技活动周"的批复 ··· 1141
　　国函[2001]30号　2001年3月22日
关于进一步加强科普宣传工作的通知 ··· 1142
　　中宣发[2003]27号　2003年8月26日
科普基础设施发展规划(2008—2010—2015) ······································· 1145
　　发改高技[2008]3086号　2008年11月14日
【参阅目录】 ··· 1153
　　关于加强科技馆等科普设施建设的若干意见
　　　　科协发普字[2003]30号　2003年4月22日
　　关于加强全国环境保护科普工作的若干意见
　　　　环发[2002]175号　2002年12月9日
　　《国土资源科学技术普及行动纲要》(2004年—2010年)
　　　　国土资发[2004]93号　2004年4月19日

科技奖励

国家科学技术奖励条例 ··· 1157
　　国务院令第396号　2003年12月20日
国家科学技术奖励条例实施细则 ·· 1160
　　科学技术部令第13号　2008年12月23日
国家科学技术奖评审行为准则与督查暂行办法 ··································· 1169
　　国科奖字第9号　2003年7月1日
科学技术奖励制度改革方案 ··· 1172
　　国办发[1999]67号　1999年7月23日
省、部级科学技术奖励管理办法 ·· 1175
　　科学技术部令第2号　1999年12月26日
关于受理香港、澳门特别行政区推荐国家科学技术奖的规定 ···················· 1177
　　科学技术部令第6号　2003年1月16日
社会力量设立科学技术奖管理办法 ··· 1179
　　科学技术部令第10号　2006年2月5日
国防科学技术奖励办法 ··· 1184
　　国防科工委令第19号　2006年12月27日

国际科技合作

关于参加国际科技组织的若干规定 ··· 1189
　　国科发外字[86]0185号　1986年4月1日
国际科技合作与交流专项经费管理办法 ·· 1191
　　财教[2007]428号　2007年12月19日
中国APEC科技产业合作基金使用管理办法(试行) ································ 1196
　　财外字[1999]153号　1999年3月2日

国际科学技术会议与展览管理暂行办法 ·· 1198
　　国科发外字[2001]311号　2001年8月23日
中国海外科技创业园试点工作指导意见 ·· 1201
　　国科发火字[2003]316号　2003年9月24日
【参阅目录】 ··· 1203
　　关于加强星火计划国际化的若干意见
　　　　国科发农字[1997]314号　1997年6月28日
　　中医药国际科技合作规划纲要(2006—2020年)
　　　　国科发外字[2006]292号　2006年6月30日
　　中华人民共和国核两用品及相关技术出口管制条例
　　　　国务院令第484号　2007年1月26日

科技人员

关于加强专业技术人才队伍建设的若干意见

(2001年6月19日中共中央办公厅、国务院办公厅发布　中办发[2001]14号)

人才是最宝贵的资源,是各国在21世纪综合国力竞争中能否赢得主动的决定性因素。专业技术人才是人才队伍的重要组成部分。在我国的社会主义现代化建设事业中,专业技术人才队伍发挥着不可替代的作用。改革开放以来,专业技术人才队伍的建设取得了显著成就,但从总体上说,还不能适应新的形势和任务的要求。深入贯彻江泽民同志关于"三个代表"的重要思想,适应新世纪我国国民经济和社会发展的需要,进一步加强专业技术人才队伍建设,大力开发人才资源,是全党的一项重大而紧迫的战略任务,是加快推进社会主义现代化的一项重要举措。

一、加强专业技术人才队伍建设的指导思想和工作目标

1. 指导思想。以马列主义、毛泽东思想和邓小平理论为指导,按照江泽民同志关于"三个代表"重要思想的要求,发挥社会主义制度优势,加强党委、政府对人才工作的宏观管理,遵循人才成长规律,重视发挥市场对人才资源配置的基础性作用,通过体制创新、政策创新、观念创新,培养、吸引和用好人才,使专业技术人才队伍建设与改革开放和社会主义现代化事业相适应。

2. 工作目标。进一步营造尊重知识、尊重人才、鼓励创新和创业的社会氛围,创造、完善有利于优秀人才脱颖而出和人尽其才的政策与法制环境;逐步建立适应社会主义市场经济体制要求、符合专业技术人才成长规律的人才分类管理体制,建立市场配置人才资源与政府宏观调控相结合的运行机制;健全在党委领导下,党政有关部门各司其职、密切配合、协调一致的工作制度。努力建设一支规模宏大、结构合理、素质优良的专业技术人才队伍,为实现我国新世纪发展的宏伟目标,提供坚实的人才保证。

二、适应深化体制改革的要求,制定并完善各类专业技术人才政策

3. 加强人才宏观调控。中央和国家机关有关部门,要按照国民经济和社会发展第十个五年计划纲要的要求,根据全国人才的总量、结构以及人才的地区、行业分布状况,研究制定有关政策,逐步形成有效的人才宏观调控机制。当前,要结合经济结构战略性调整和西部大开发战略的实施,对关系国家安全和国民经济命脉的重要领域的人才,各类高新技术人才,以及信息、金融、财会、外贸、法律和现代管理等专业人才,提出培养、吸引和使用的导向及宏观政策。各省、自治区、直辖市也要根据经济和社会发展的需要,制定和完善本地区人才调控政策。

4. 促进人才流动。改革户籍管理制度,健全社会保障体制,建立和完善人才市场体系,制定双向兼职、短期工作、项目合作等灵活多样的人才流动政策,为人才合理有序流动创造条件。进一步落实"支持留学,鼓励回国,来去自由"的方针,加强对留学人员派出和在外学习期间的管理与服务工作,加大吸引高层次留学人才回国创业或以适当方式为祖国服务的工作力度。进一步落实和完善有关留学人员回国任职、工资津贴、科研经费以及住房、保险、探亲、家属就业、子女入学等各项政策规定。加快留学人员创业园区建设。为海外华侨回国及海外华人、外国专家来华工作提供便利条件。各地区、各部门及用人单位,要树立"大人才"观,充分发挥现有人才的作用,采用多种方式吸引各类优秀人才。

5. 改革分配制度。坚持效率优先、兼顾公平的原则,实行按劳分配为主体,多种分配方式并存的制度,把按劳分配与按生产要素分配结合起来,鼓励资本、技术等生产要素参与收益分配。有条件的单位可实行协议工资、年薪制,以及对有突出贡献人员奖励股权、期权等多元化分配方式,逐步形成工资报酬与贡献挂钩的分配激励机制。鼓励专业技术人才面向基层、面向农村、面向企业、面向西部地区,积极探索和开展多种方式的有偿服务。注意发挥离退休老专家的作用,妥善解决著名老科学家、老艺术家的生活补贴、医疗等实际问题。

6. 加强继续教育。以改善知识结构、增强创新能力、提高综合素质为目标,加强专业技术人员继续教育工作。建立国家、单位、个人三方负担的继续教育投入体制和由政府引导、充分发挥各方面积极性、以需求为导向的继续教育体系。进一步落实专业技术人才定期进修、出国深造的培训政策,不断完善国际合作、岗位实践、在职进修、交流和挂职等多途径的培训制度。

7. 推进人才管理的法制建设。按照深化干部人事制度改革的要求,探索建立以人才评价、培养、激励、流动为主要内容的人才政策体系。对在实践中证明切实可行、已经比较成熟的政策,要适时提出立法建议。建立和完善人事争议仲裁制度,保护专业技术人才与用人单位的合法权益。加强对人才政策法规执行情况的督促检查,逐步实现人才管理工作制度化、规范化和法制化。

三、发挥用人单位的主体作用,加快中介服务组织建设

8. 增强企业聚集人才的能力和活力。按照建立现代企业制度的要求,使企业真正成为技术创新和吸纳人才的主体。中央管理的国有重要骨干企业,要率先加强企业研究开发机构的建设,加大对技术创新、人才开发的投入,力争经过3至5年的努力,建成一批具有世界先进水平、在国内外有重大影响的研究开发机构。推动应用开发型科研院所改制为企业或进入企业。鼓励和引导专业技术人才向企业流动。国家继续加大投入,增强企业持续创新能力。要大力支持高新技术企业和民营科技企业的发展,采取必要的政策扶持,使之成为吸引和使用好优秀高新技术人才的基地。

9. 充分发挥高等学校、科研院所在吸引和使用好人才方面的重要作用。加强高等学校和科研院所的重点学科、重点实验室和创新基地建设,建立"开放、流动、竞争、协作"的新机制,推行以项目和课题为主的研究组织形式,充分给予项目和课题组在用人、分配和激励方面的自主权。鼓励高校、科研院所与企业开展多种形式的合作研究,改变产学研相脱节状况,促进科研成果尽快转化为现实生产力。

10. 大力发展人才市场和科技服务中介组织。制定人才市场管理法规,加强人才市场法制化建设。建立完善人才市场许可证制度和年审制度。加强人才市场管理执法监督检查。规范人事代理行为,建立人才中介服务标准体系。鼓励创办为人才资源开发提供服务的各类中介组织。要进一步转变政府职能,加快创业园区、生产力促进中心和"孵化器"的建设。制定和完善管理办法,加强行业自律,提高从业人员素质。

四、开展前瞻性研究,加强人才预测、规划和信息化工作

11. 加强人才开发的预测研究。要对人才总量、结构、分布以及重要行业、关键领域的人才需求进行预测,加强人才资源开发的前瞻性研究,针对专业技术人才开发的重点、难点问题及时提出对策。

12. 制定科学合理的人才规划。根据国民经济和社会发展第十个五年计划纲要,抓紧制定全国性专业技术人才规划。国家重要行业(产业)主管部门和各省、自治区、直辖市也要根据经济社会发展的需求,制定科学合理和切实可行的行业性、区域性专业技术人才规划。

13. 高度重视人才资源信息化工作。用两年左右的时间,建立国家优秀人才信息资源中心,为国家重点建设、重大攻关项目提供人才信息。各省、自治区、直辖市也要积极推进各类人才信息库、人才信息网络的建设。逐步建立全国性专业技术人才信息网络,重视人才供求信息发布工作,加强人才信息资源的开发和利用。

五、实行分类管理,加速培养专业技术骨干和青年人才

14. 加强对专业技术人才的分类管理。针对科学研究、工程技术、科技管理、教育和文化艺术等各类专业技术人才成长的不同特点、规律和关键性问题,制定不同的评价标准、培养方式、激励措施和管理办法。逐步建立符合社会主义市场经济要求,能够充分发挥各类专业技术人才作用的分类管理体制。完善专业技术职务聘任办法,推进执业资格制度。对责任重大、社会通用性强并关系公共利益的专业技术岗位实行准入控制,推进职业资格的国际互认。

15. 加速专业技术人才骨干队伍建设。重点抓好高层次骨干人才的培养,特别要注意发现和培养一批站在世界科技前沿、勇于创新和创业的学术技术带头人,具有宏观战略思维、能够组织重大科技攻关项目的科技管理专家,精通国际经济贸易运作规则和法律、能够参与国际竞争的高级专业人才。要改进政府特殊津贴工作,突出重点,提高津贴标准。要采取特殊措施,提高特殊重要人才的工资待遇。要研究建立国家重要人才安全管理工作体制。中央组织部要进一步做好直接联系杰出专家的工作。各级党委、政府组织人事部门,要加强和改进专家管理工作,探索新形势下加速专业技术人才骨干队伍建设的新思路。

16. 加大优秀青年人才的培养力度。拓宽视野,不拘一格,注重发现具有潜质的青年人才,为他们提供施展才华的舞台。要重视培养年轻人的创新精神和实践能力,鼓励他们在科学研究和生产实践中努力拼搏。要大力倡导团结协作、集体攻关的团队精神,努力培养青年科学家群体。要注意正确处理好现有人才与引进人才的关系,创造各类优秀青年人才平等竞争、脱颖而出、健康成长的机制。进一步做好"新世纪百千万人才工程"、"国家杰出青年科学基金"、"长江学者奖励计划"、"百人计划"等青年人才培养工作,不断探索培养优秀青年专业技术人才的新途径。

17. 加快西部地区专业技术人才队伍建设。抓紧制定实施西部大开发战略的人才规划和配套政策。建立西部人才开发专项基金,实行资金、项目、人才配套投入。建立艰苦边远地区津贴,提高西部地区机关和事业单位人员的工资水平。进一步扩大"西部之光"人才培养计划的规模,加大经费的支持力度。实施"西部千名学科带头人工程"。西部地区的各省、自治区、直辖市要根据人才资源现状,尽快制定并实施符合本地区实际情况的政策和措施,创造良好的用人环境和机制,稳定现有人才,吸引更多的人才参与西部开发。结合国家重大项目实施、重点工程建设和支柱产业发展,大力推进东部、中部与西部地区专业技术人才的交流与合作。

六、重视专业技术人才的思想政治工作,加强对专业技术人才队伍建设的组织领导

18. 重视做好专业技术人才的思想政治工作。紧密结合我国改革开放和国际形势发展变化的实际,加强对专业技术人才特别是党员专家的政治理论培训。要针对专业技术人才的特点和需求,采取举办邓小平理论研究班、时事政治讲座、国情考察等形式,进行党的基本理论、基本路线和理想信念、职业道德的教育。引导广大专业技术人才,特别是青年人才树立正确的世界观、人生观、价值观,发扬爱国主义和求实创新、拼搏奉献、爱岗敬业、团结协作的精神,努力成为先进生产力的重要开拓者和先进文化的重要创造者、传播者。要从专业技术人才群体的思想实际着眼,推动思想政治工作内容、形式、方法和机制的创新,提高思想政治工作的针对性和有效性。充分利用广播、电视、网络、报刊等新闻媒体,大力宣传优秀专业技术人才的先进典型事迹,创造良好的舆论环境和社会氛围。

19. 切实加强对专业技术人才队伍建设工作的领导。各级党委、政府和领导干部要真正树立起科技是第一生产力和人才是"第一资源"的意识,把专业技术人才队伍建设工作摆上重要议事日程,定期讨论研究。建立和完善领导干部联系专家制度,主要领导要带头学习新的科技知识,关注科技进步,密切联系专家,与专家交朋友。建立领导干部科技进步与人才工作目标责任制,并作为考核各级党政领导干部政绩的重要内容。

20. 建立统分结构、协调高效的工作机制。由中央组织部牵头,建立全国知识分子工作联席会议制度,加强中央各有关部门之间的联系、沟通,协调有关重要政策的研究、执行和工作的部署、落实。宣传、统战、人事、科技、教育、计划、财政等有关部门要各司其职,密切配合,形成合力。各地也要建立和完善相应的专业技术人才工作领导体制和工作制度。

21. 加强专业技术人才管理部门的自身建设

和理论研究。充实管理部门的力量,配备高素质的人员,并保持相对稳定。要提供必要的工作条件,保证工作经费,加强对工作人员的境内(外)培训,提高他们的综合素质和服务意识。重视对人才理论、人才成长规律和管理规律的研究,学习借鉴国外人才资源开发的经验。

22. 加强督促检查,狠抓落实。各地区、各部门要结合实际,根据中央的要求制定实施细则,并认真付诸实施,在抓落实上下功夫。要定期对专业技术人才队伍建设工作进行调查研究、督促检查。各省、自治区、直辖市党委和政府每年要对专业技术人才队伍建设工作情况进行检查、总结,并向党中央、国务院报告。

关于深化科研事业单位人事制度改革的实施意见

(2000年3月30日中共中央组织部、人事部、科学技术部发布　人发[2000]30号)

改革和完善科研事业单位(指自然科学与技术类科研事业单位,以下简称科研机构)人事制度,是推进科研机构管理体制改革,进一步转变科技工作运行机制的关键环节。经过十多年的科技体制改革,我国科研机构已较普遍地实行了院(所)长负责制、专业技术职务聘任制等内部管理制度,有效地激发了广大科技人员的创新精神和工作积极性。但是,目前科研机构仍然不同程度地存在着用人机制不灵活、分配制度不适应科技工作新形势等问题,人才资源配置不合理的状况还没有从根本上得到解决。因此,按照建立社会主义市场经济体制的要求,深化科研机构人事制度改革,已成为推进我国科技改革与发展的一项重要任务。

根据《中共中央国务院关于加强技术创新,发展高科技,实现产业化的决定》精神,现就深化科研机构人事制度改革问题,提出以下意见:

一、深化科研机构人事制度改革的指导思想、主要目标和任务

1. 指导思想和主要目标:坚持以邓小平理论、党的基本路线和党的十五大精神为指导,贯彻党的干部路线方针政策和党管干部原则,正确处理继承、借鉴、创新的关系,根据各类科研机构的改革与发展方向和各类科技人才的成长规律,建立以"开放、流动、竞争、协作"为基础的各具特色的人才培养、使用和激励制度,实现人员能进能出、职务能上能下、待遇能高能低,充分调动广大科技人员的积极性和创造性,推动科技人才队伍结构调整,优化人才资源配置,使优秀人才脱颖而出,促进科技事业的健康发展。

2. 主要任务:按照建立社会主义市场经济体制和与之相适应的新型科技体制的要求,对科研机构的人事工作实行分类管理。对向企业化转制的科研机构,实行企业用人制度和分配制度;对按非营利机构运行和管理、国家资助与自我发展相结合的科研机构,要赋予充分的人事管理自主权;对主要依靠财政支持的科研机构,推行固定岗位与流动岗位相结合的用人制度,国家对固定岗位实行制度化的总量控制,建立以竞争和流动为核心的动态人事管理机制,实行人才供求市场调节和人才服务社会化。

绝大部分技术开发类机构和有面向市场能力的社会公益类机构、农业科研机构,要转为科技型企业、进入企业或转为企业性质的中介服务机构。少数具有公共服务性质、难以获得经济回报的社会公益类机构和农业类科研机构,经有关部门批准可以按非营利机构运行和管理。基础性研究机构要优化组合、分流人才。国家财政集中支持少数重点科研机构。

二、建立科研机构人员规模宏观调控制度

3. 根据各类科研机构的性质、规模和发展方向,对科技队伍的人员结构、规模进行合理的规划、调整和控制。

根据国家科技与经济发展需要,稳住一支精干的从事基础研究、社会公益研究和关系国民经济全局的科技攻关项目研究的科技人员队伍;放开从事技术开发、技术服务的科技人员队伍。逐步减少财政支持的人员规模,形成专业学科结构合理,能够适应不同科技工作特点的科技人员队伍。

由各级财政重点支持的科研机构,要在减员增效的基础上,根据国家确定的发展方向科学合理地设置固定岗位,根据完成国家任务的需要自主决定流动岗位,优化内部结构和学科队伍配置。

按非营利机构运行和管理的科研机构,可享

有充分的人事管理自主权,在保障公共服务的同时,可以组织科技人员开展其他面向市场的有偿技术服务,提高自我发展能力。转为企业、进入企业的机构,实行企业用人制度。在转制期间,国家本着承认职工过去所做贡献的原则,制定具体的过渡政策。

4. 构造优秀人才脱颖而出的机制和环境。要在科研机构内部建立以竞争为核心的用人制度,支持优秀青年科技人才通过竞争进入关键岗位,发挥骨干作用。科研机构要努力改善青年科技人员的工作条件和生活条件,为他们进修深造和参加国内外学术交流活动创造条件。通过多种途径加大各类青年科技基金的比例,科学选人、重点支持,使他们能够尽快成才,特别是要加强重点行业、重点领域的科技人才培养。对极少数具有国际竞争力的拔尖人才,中组部、人事部、科技部将会同有关部门研究制定吸引、使用的专项政策。

5. 加快科技人才社会化服务体系建设,充分开发人才资源。逐步建立人事争议仲裁制度,及时、公平、合理地处理人事争议,保护争议双方的合法权益。按照人才服务社会化的原则,发展多层次、多渠道、城乡结合的人才市场体系,建立人才库,实行网络化管理,调节人才供求,促进人才资源的合理流动与配置。

三、完善科研机构行政领导任用制度

6. 在坚持党管干部原则、严格干部管理权限的前提下,引入竞争激励机制,改革对科研机构院(所)长的单一任命制,区别不同类型的科研机构,分别实行主管部门公开招聘、职工选举基础上的主管部门聘用、主管部门直接聘用和委任等多种形式的院(所)长任用制度。要制定科学的院(所)长选聘标准和办法,建立规范化的院(所)长选聘制度。在选聘中要发扬民主,引入群众评议监督机制。

7. 进一步完善院(所)长负责制,落实科研机构的自主权。在保证完成国家任务的前提下,科研机构可自主制定内部人员管理制度,依据国家有关规定深化内部分配改革,解聘、辞退职工,在干部管理权限内任用中层干部。对行政领导人员实行任期目标责任制,加强对任期目标完成情况的考核,并将考核结果与任用、奖惩挂钩。

8. 对主要从事基础性研究的国家重点科研机构,行业性、区域性重点科研机构,或按非营利机构管理和运行的机构,探索实行理事会制,形成理事会决策,院(所)长负责执行和日常管理,职工代表大会监督的管理体制。

四、建立符合科研机构特点的充满生机活力的用人制度

9. 全面推行聘用制。推行聘用制度是科研机构转换用人机制的基本环节,通过签订聘用合同确定单位和个人的人事关系,明确单位和个人在人事管理上的基本权利和义务。推行聘用制可采取"老人老办法,新人新办法",逐步到位。

10. 实行岗位管理制度。科研机构要科学、合理地设置岗位,明确岗位责任、任职条件、聘用期限,以及相应的选聘、奖惩制度。按照"公开、平等、竞争、择优"的原则,按岗聘用,竞争上岗。在坚持用人基本条件前提下,对研究开发人员要着重于学术水平和学术贡献,对经营管理人员要着重于促进成果转化能力和经济效益,对新进人员直接按照岗位任职要求进行专业技术职务考核和聘用;对行政管理人员要着重于管理知识、技能和效率;对工勤人员要进一步完善技术等级岗位规范。通过竞争上岗所取得的岗位职务和相应待遇仅在聘期内适用。

逐步实行科研机构专业技术职务聘任与岗位聘用的统一。随着国家科技投入方式的改革,人事部门对科研机构内部的职务级别比例不再实行指标控制,科研机构根据自身发展需要,自主决定本单位不同职务等级的任职条件和比例。科研机构在国家规定的行业要认真执行执业资格制度。

11. 建立公开招聘制度。科研机构要制定规章制度,建立科研项目课题选人用人公开招聘制度,通过组织专家评审,公开招聘,在一定的范围和领域内选择优秀人才,确保项目的质量。对基础研究领域内的国家重点科研机构,其关键岗位的人才公开招聘工作应聘请部分国内、国际知名专家参加评审。

12. 建立解聘、辞聘制度。科研事业单位实行解聘、辞聘制度,单位可按照国家有关规定和程序解聘职工，职工也可以按照聘用合同辞聘，畅通人员出口，增强用人制度的灵活性。要认真贯彻执行事业单位辞职辞退制度的政策法规，依法保护单位和职工双方的合法权益。

13. 科研机构实行固定岗位和流动岗位相结合的用人方式，促进科研人员的合理流动。对关键、重要岗位要增加竞争的透明度，实行固定岗位用人方式，对辅助性岗位可以实行流动岗位用人方式，努力使流动岗位人员达到科研单位总人数的一定比例，建立灵活的用人机制。

14. 鼓励科研人员创办高新技术企业或在完成本职工作的前提下兼职从事研究开发和成果转化活动。也可以根据长期交流与合作的需要，选派科研人员在一定时间内到其他科研机构或企业工作。科研机构按照国家有关规定通过合同或协议，建立规范的管理制度，明确单位与个人相互之间的权利、义务。

五、建立科研机构未聘人员的分流安置制度

15. 科研机构对实行聘用制以后的未聘人员，要坚持以单位内部消化为主，采取多种方式妥善安置，并积极探索各种有效的社会化安置方式。鼓励他们按照国家的有关规定进入市场。各单位对未聘人员要统一管理，区别对待，通过内部转岗、交内部人才交流中心托管等方式进行安置，并建立相应的管理制度。对受专业知识的局限，不适宜在原单位发展的人员，要为其向其他科研、教学、设计、生产单位流动提供便利；通过拓宽本单位的业务活动领域、创办经济实体和大力发展与科技进步相关的产业等多种途径分流人员、精干科研队伍，提高效益。

16. 有条件的部门和地方可以建立对所属科研机构的未聘人员实行集中管理和服务的内部人才交流服务机构，有组织地分流安置各类未聘人员，减轻科研机构的冗员负担。有关部门要加强对人才交流服务机构的指导、扶持和管理。

六、建立灵活有效的符合科研单位特点的分配激励机制

17. 根据按岗定酬、按任务定酬、按业绩定酬的精神，进一步搞活科研机构的分配。丰富和完善科技生产要素参与分配的方法和途径，使科技人员的贡献、绩效与其收入挂钩。扩大科研机构的分配自主权，建立起重实绩、重贡献，向优秀人才和关键岗位倾斜、自主灵活的分配激励机制。

18. 科研机构要积极探索符合国家规定、适合本单位特点、体现技术价值的科学合理的多种分配形式和办法。对于转为企业或进入企业的科研机构，可实行按岗位、任务和业绩定酬的分配制度，允许单位自主决定内部分配；对科技人员的工资来源主要靠国家拨款的科研事业单位，在执行国家分配政策和工资制度的基础上，进一步加大搞活内部分配的力度，拉开收入档次；对按非营利机构管理和运行的，可实行工资总额包干的办法；对少数有条件的、经费完全自给的机构及实行企业化管理的机构，应在坚持工资总额增长幅度低于本单位经济效益增长幅度、职工实际平均工资增长幅度低于本单位劳动生产率增长幅度的原则下，确定工资分配办法，搞活内部分配；经国家有关部门审核批准，允许科研机构高薪聘用高层次拔尖人才。

19. 落实《促进科技成果转化的若干规定》的各项政策。制定科技成果转化奖励和优惠政策的实施办法，保证科技人员成果转化后的奖励兑现，允许和鼓励专业技术人员通过转化科技成果、促进科技进步先富起来。

七、加强对科研机构人事制度改革的组织领导

20. 科研事业单位人事制度改革是干部人事制度改革的重要组成部分，各级党委和政府要高度重视，摆上日程，加强领导，认真组织。组织、人事部门要发挥宏观管理和指导协调的职能作用，与科技部门一起，统筹规划改革进程，大力推进科研事业单位人事制度改革。

21. 科研机构人事制度改革要与整个科研机构管理体制改革配套推进。本文件发布后，各地、各部门要根据文件的精神，在充分调查研究的基础上，抓紧制定所属科研机构人事制度改革方案和实施计划；具备条件的科研机构应立即着手实行本文件所明确的各项改革的试点工作，以点带面，全面启动科研机构人事制度改革。

22. 积极稳妥地推进科研机构人事制度改革。科研机构人事制度改革涉及到广大科技人员的切身利益，各部门、各地方必须对科研机构人事制度改革给予高度重视,及时研究解决深化改革中出现的新情况、新问题,要注意区别不同情况和轻重缓急,从实际出发,分类指导,加强思想政治工作,确保安定团结,积极稳妥地把科研事业单位人事制度改革引向深入。

关于加强专业技术人员继续教育工作的意见

(2007年6月30日人事部、教育部、科学技术部、财政部发布 国人部发[2007]96号)

继续教育是提高专业技术人员创新能力和整体素质的重要途径。接受继续教育，是专业技术人员的权利和义务。加强继续教育工作，对于建设高素质、创新型的专业技术人才队伍，增强自主创新能力，建设创新型国家，具有重要作用。为贯彻落实《中共中央国务院关于进一步加强人才工作的决定》，全面加强专业技术人才队伍建设，按照《国家中长期科学和技术发展规划纲要(2006—2020年)》(以下简称《规划纲要》)和《干部教育培训工作条例(试行)》的要求，现就加强专业技术人员继续教育工作提出以下意见。

一、加强专业技术人员继续教育工作的指导思想和目标任务

1. 指导思想。以邓小平理论和"三个代表"重要思想为指导，大力实施科教兴国战略和人才强国战略，深入贯彻落实党中央、国务院建设学习型社会、大规模培训干部、大幅度提高干部素质的要求，紧紧围绕《规划纲要》和经济社会发展的需求，以能力建设为核心，以高层次创新型专业技术人才为重点，有计划、分领域、分类别、分层次开展大规模的继续教育活动，不断提高专业技术人才队伍的创新能力和整体素质。大力提升继续教育地位，加强继续教育基础，完善继续教育制度，提高继续教育质量，不断增强继续教育的针对性、实效性和吸引力，推动继续教育事业又好又快发展。

2. 目标任务。在各级党委、政府领导下，建设工作体系，形成运行机制，实现全员培训。进一步建立政府人事部门主管、业务部门实行行业管理、用人单位和施教机构为实施主体的专业技术人员继续教育工作体系；逐步形成以需求为导向、政府主导与单位自主相结合，个人履行义务与自觉自愿学习相结合，各方面积极性充分发挥的继续教育运行机制；不断加大工作力度和经费投入，逐步实现专业技术人员全员继续教育，使他们得到与科技进步、岗位要求和个人发展相适应的培养与训练，知识结构及时更新，创新能力全面提高，为实施《规划纲要》、增强我国的自主创新能力提供有力支撑。

二、以培养高层次创新型专业技术人才为重点，开展大规模的继续教育活动

3. 加快实施专业技术人才知识更新工程。专业技术人才知识更新工程是列入我国国民经济和社会发展第十一个五年规划的一项重大人才培养工程。工程涉及的现代农业、现代制造、信息技术、能源技术和现代管理五大领域，与《规划纲要》明确的重点领域密切相关。各级人事部门和各领域牵头主管部门、协会要从落实"十一五"规划和《规划纲要》的高度，按照工程的总体部署，加强统筹协调，完善政策措施，狠抓项目落实，加快实施进度，确保完成培训300万名中高级专业技术人才的任务。

4. 大力开展高层次创新型人才的继续教育。紧紧围绕《规划纲要》确定的重点领域及其优先主题、重大专项、前沿技术和基础研究等方面的主要任务，有针对性地开展专项继续教育，着力培养造就一批高层次创新型专业技术人才。科研、工程项目承接单位要结合实施中的重大理论、技术、工艺和管理等方面的课题，推出一批创新攻关与培养训练相结合的科目，实现项目、资金与人才培养紧密结合。配合实施"新世纪百千万人才工程"等人才培养工程开展继续教育，"十一五"期间对工程国家级人选轮训一遍，着力培养他们的创新能力和科学精神，并通过他们的影响、辐射和带动作用，形成优秀创新团队。

5. 加强专业技术人员继续教育的统筹规划和分类指导。各级人事部门要会同教育、科技等行业主管部门根据各地区、各行业领域实际,制定继续教育规划。要在调查研究的基础上,做好需求预测,确定重点领域,明确目标任务。认真分解落实各项任务,加强监督检查,解决好实施中存在的问题。

人事部门在政策上要积极支持各专业领域的继续教育,根据教育、科技、文化、卫生、农业等主要专业领域科技发展和人才队伍建设的实际,研究制定具体政策措施,分类推进继续教育工作。围绕构建社会主义和谐社会,加强社会工作人才继续教育,加快社会工作人才队伍建设,提高职业素质和专业水平。配合有关部门实施国防科技创新人才工程,加大对国防科技人才的培训力度。加强哲学社会科学领域继续教育工作,遵循哲学社会科学人才的成长规律,重点培养一支德才素质好、发展潜力大的中青年专家队伍。

各级人事、教育、科技部门要适应建设学习型社会和构建终身教育体系的需要,加强统筹规划和整合资源,充分发挥高等院校、科研院所在学科综合、科研项目和人才汇聚等方面的优势,积极利用现代信息手段,大力发展现代远程教育,形成开放式的继续教育网络,为专业技术人员知识更新、提高素质和能力提供高质量的继续教育服务。

6. 组织实施专业科目和公需科目培训。专业科目培训是继续教育的主要内容,主要由各行业主管部门组织,施教机构和用人单位具体实施。专业科目培训要立足科技前沿,体现专业发展趋势,注重理论与实践相结合。通过专业科目培训学习,使广大专业技术人员掌握本专业的最新科技理论和方法,了解发展动态,及时更新专业知识,全面提高业务素质。各级人事、教育、科技部门要积极配合各专业领域主管部门,充分发挥高等院校、科研院所和有关培训机构的优势,制订、完善专业课程体系和教材体系,汇聚优势培训资源,建设一批高水平的培训项目,提供优质的继续教育服务。

公需科目学习是专业技术人才拓展知识、开阔眼界、启发创新思维的重要途径。公需科目培训由人事部门会同有关行业主管部门统一组织开展。人事部会同有关部门每年开展一到两门公需科目的培训,各级人事部门和行业主管部门也可开展一些具有特色的公需科目培训,供广大专业技术人员选修。公需科目的学习一般不超过国家规定继续教育总学时的三分之一。

7. 加强企业继续教育。企业是技术创新的主体。结合产业结构调整和企业技术改造,科技创新及新技术、新设备的引进,以提高企业专业技术人员自主创新能力为重点,广泛开展企业继续教育活动。政府人事部门要针对一些企业特别是中小企业继续教育动力不足、资源匮乏、信息不畅等问题,加强指导扶持,积极提供政策、项目和信息等服务。充分发挥企业技术研发中心、博士后科研工作站等机构在企业继续教育方面的作用,使其成为培养企业高层次人才的基地。要按照国家有关企业技术开发费税前扣除管理规定,落实企业专业技术人员继续教育经费。

8. 加强非公有制经济组织继续教育。政府人事部门要加强对非公有制经济组织继续教育工作的指导、服务和监督。在制定规划时,要通盘考虑非公有制经济组织对人才的需求和培养。建立适应非公有制经济组织自身特点的继续教育模式,帮助他们培养急需人才,促进继续教育工作协调发展。政府实施的继续教育项目和掌握的继续教育公共资源,要面向社会各类经济组织、所有专业技术人员平等开放。

三、加强法制建设,推进专业技术人员继续教育工作的制度化和法制化

9. 积极推动法制化进程。加快研究制定《全国专业技术人员继续教育条例》,继续推动地方和行业部门继续教育法规制度建设,使我国的继续教育工作逐步纳入制度化、法制化轨道。

10. 建立完善相关管理制度。完善继续教育登记制度,各级人事部门要会同行业主管部门通过证书、学习档案、网络管理等方式,连续记载专业技术人员接受继续教育的基本情况,规范登记内容和要求。专业技术人员每人每年脱产或集中参加继续教育的时间累计应不少于12天或72学时。有条件的地方、部门和单位可以实行学分制,实行网络化和量化管理。实行继续教育评估制度,对企事业单位继续教育总体工作、责任目标、活动过程内容、个人学习效果等实施评估。加强统计工作,把继续教育纳入人才工作整体统计体系之中,对继续教育人数、时间、内容、经费等进行统计。

建立继续教育考核和激励机制,把专业技术人员参加继续教育情况作为对其考核评价和岗位聘用的重要依据。对依法实行职业准入制度的专业领域,专业技术人员取得职业资格证书后,应依法参加继续教育。对其他各类专业技术人员也要把其参加继续教育作为持续提高职业能力的基本途径,在聘任专业技术职务或申报评定上一级资格时,作为重要条件。

11. 完善专业技术人员高级研修制度。总结近年来举办高级研修班等示范性继续教育活动的经验,完善专业技术人员高级研修制度。人事部会同相关部门围绕我国科技进步和经济社会发展中的重大专业技术课题,每年举办30至50期示范性高级研修班,培训2000至3000名各专业技术领域的高层次专业技术人才。各级人事部门也要会同有关部门结合本地区、本部门、本单位重大发展战略、工程项目和重点问题,举办一批高级研修班。

四、创新培训形式,完善服务措施,加强专业技术人员继续教育服务体系建设

12. 不断拓展继续教育的新形式。继续教育要因地制宜、按需施教,重在学以致用,取得实效。根据不同项目、不同层次专业技术人才的特点,精心设计培训方案,综合运用集中培训、研讨、进修、自修、案例教学、技术考察、咨询服务、对口培训、特殊培养等多种培训形式,为专业技术人员提供量身合体的继续教育服务。对重要、特殊和关键岗位上的人才可以采取个性化方式进行培养。大力推广网络继续教育,开发网络课程,实行网络化管理,不断提高继续教育的信息化、现代化水平。

各级人事部门和行业主管部门要大力加强公共服务,发挥市场机制作用,完善继续教育服务体系。举办各种继续教育交流服务活动,发布质量高、信誉好、公益性强的培训科目、项目和教材,引导各类继续教育主体在互惠互利的基础上,开展社会化的继续教育,实现资源的优化配置。鼓励政府资助的培训项目、企事业单位自主开展的培训项目通过招投标的方式确定施教机构。鼓励民营、外资施教机构,依照我国法律和有关规定,开展继续教育活动。各级人事部门要会同行业主管部门规范培训、发证行为,加强对继续教育市场的监管。

13. 加强继续教育基础建设。按照兼职为主、兼专结合的原则,加快培养建设一支政治优良、业务精通、经验丰富的继续教育师资队伍。加强专业技术人员继续教育的研究。加快继续教育施教机构专职教师知识更新,落实专职教师每年参加教育培训的时间不少于1个月的政策规定。依托高等院校、科研院所和高新技术企业,聘任政治素质高、专业功底扎实、实践经验丰富的人员作为兼职教师。建立继续教育师资库,实行动态管理,实现师资资源共享。以继续教育政策法规、专业基础理论、培训管理实务、人文素养等知识与技能为主要内容,广泛开展培训者培训活动,建设一支高素质的继续教育管理人员队伍。组织编写一批高质量的继续教育专业科目和公需科目教材,并不断更新完善。有条件的地区和部门可以通过市场机制筛选一批优秀教材,实现教材资源的社会共享。

14. 加强继续教育施教机构建设。实施继续教育要调动各方面的积极性,充分利用现有的办学条件。高等院校、科研院所、大中型企业的培训机构及其他各类教育培训机构是继续教育的主要基地,各类学术团体、专业协会、学会和社会力量办学单位是开展继续教育的重要力量。要创造条件,鼓励和支持高等院校充分发挥自身优势,把继续教育作为学校教育工作的重要内容,积极为社会提供继续教育服务。鼓励企业、高等院校、科研机构及学术团体以提高继续教育的效益和质量为目的,实行多种形式的联合办学,提倡有计划、有组织的委托办学,建立生产、科研、教学相结合的协作关系。研究制定专业技术人员继续教育施教机构评估标准与管理办法,逐步建立行业标准和规范。加强监督检查,重点扶持一批培训质量高、社会效益好、市场前景广、信誉度高的施教机构,支持他们做大做强。依托高等院校、科研院所和高新技术企业,建设一批国家和省两级示范性专业技术人员继续教育基地,带动施教机构整体质量提升。建立继续教育施教机构信用管理数据库,对参与实施继续教育的机构和人员建立信用档案,并作为政府有关培训项目支持的依据,定期向社会公开,营造良好的继续教育市场秩序。

15. 积极发挥行业协会和相关中介机构的作用。充分发挥各级继续教育协会在培训服务、理论研究、参谋咨询、学术交流、国际合作和行业自律等方面的重要作用,推动继续教育事业的发展。鼓励和支持继续教育协会和相关行业协会在章程规定的范围内,发挥与广大专业技术人员联系广泛、专业性强的特点,开展形式多样的继续教育活动。

16. 积极开展继续教育国际培训与交流活动。积极开展国际交流与合作,参与国际继续教育活动,联系沟通国(境)外继续教育机构、团体、协会,及时了解国际继续教育发展动态。采取送出去与请进来相结合的方法,有目的、有计划地开展国际培训,切实增强培训的针对性和实效性。优先安排重点、关键岗位和具有较大发展潜力的专业技术人员参加学习。积极引进和推介国外先进优质的继续教育资源,推进我国继续教育事业的国际化进程。

五、加强西部、东北地区等老工业基地和中部地区专业技术人员继续教育工作

17. 加大倾斜支持力度。统筹不同区域之间继续教育工作的协调发展,在政策及重点项目等方面,给予西部、东北和中部地区必要的指导、帮助和支持。必要时设立继续教育工作专项,支持这些地区的重点人才需求和重大工程建设。在专业技术人才知识更新工程、举办高研班、组织专家咨询活动、基地建设等方面,在同等条件下向西部、东北和中部地区倾斜。

18. 探索建立专业技术人员继续教育对口支援制度。人事部会同有关地区和部门每年组织10个左右对口支援培训项目,为西部、东北和中部地区培训500名左右高层次专业技术人才。鼓励东部沿海和经济发达地区省份面向西部、东北和中部地区开展对口培训项目。继续组织留学人员和高级专家"西部行"、"东北行"、"中部行",开展技术服务、人才培养等活动。在总结对口培训经验的基础上,探索建立专业技术人员继续教育对口支援制度。

19. 做好西部地区少数民族科技骨干特殊培养工作。继续开展新疆少数民族科技骨干特培工作,"十一五"期间,国家为新疆培养2000名左右业务精、素质高、创新能力强的少数民族科技骨干。同时,在总结新疆特培工作经验的基础上,统筹西部其他地区少数民族特培工作,实现制度化,使特培工作成为加强西部地区少数民族高层次专业技术人才队伍建设的一项重要举措。组织实施好青海三江源人才工程,争取用3年的时间把三江源工程管理人才和中高层次专业技术人才轮训一遍。

六、加强组织领导,保障专业技术人员继续教育各项政策措施的贯彻落实

20. 加强组织领导,形成工作合力。各级人事部门要切实履行好主管专业技术人员继续教育工作的职能,积极争取党委、政府的支持,把继续教育纳入人才工作总体布局,重点做好政策制定、规划指导、组织协调、公共服务、示范培训、监督检查和调查研究等工作。各级政府人事部门和业务主管部门要按照任务明确、人员到位、经费落实的要求,进一步健全专业技术人员继续教育工作机构,充实工作力量。各级继续教育协会要充分发挥作用,广泛联络和动员会员单位,配合继续教育中心工作,提供咨询和服务,开展形式多样的继续教育活动。企事业单位要根据继续教育任务需求配备相应人员,具体负责制定计划、组织实施、日常管理、评估考核等工作。各级各类工作机构之间要加强协调联系,以联席会议、专门沟通、联合办公等多种形式及时有效地开展工作。对在继续教育工作中成绩突出的单位和个人,要按照有关规定给予宣传和表彰。

21. 不断加大对继续教育事业的投入。建立健全政府、单位、个人共同出资的多层次、多渠道的继续教育投入机制。加大对继续教育事业的投入,中央财政继续在部门预算中安排继续教育工作经费。一般企业按照职工工资总额的1.5%足额提取职工教育经费,从业人员技术素质要求高、培训任务重、经济效益较好的企业可按2.5%提取。事业单位可参照企业相关规定,不断加大对专业技术人员继续教育经费的投入。要在重大项目中拿出一定份额的项目经费用于培训人才,使项目建设与人才培养同步发展,相互促进。

关于在重大项目实施中加强创新人才培养的暂行办法

(2007年1月5日科学技术部发布 国科发计字[2007]2号)

为深入贯彻落实《国家中长期科学和技术发展规划纲要(2006—2020年)》(国发[2005]44号),营造激励自主创新的环境,结合重大项目的实施统筹安排项目、人才和基地,加强我国创新人才培养和创新团队建设,实现从技术突破的单一目标向科技持续创新能力提高的综合目标转变,根据《国务院关于印发实施〈国家中长期科学和技术发展规划纲要(2006—2020年)〉若干配套政策的通知》(国发[2006]6号)的精神,制定本办法。

第一条 本办法中的重大项目主要指重大专项、国家科技计划中的重大项目、中央财政资助的重大工程项目和产业化项目以及国家重大科技基础设施建设中的项目。

第二条 本办法旨在通过重大项目的实施培养具有创新意识和创新能力的各类人才,重点包括具有世界前沿水平的战略科学家、高级工程技术人才、学术带头人和中青年高级专家等尖子人才。

第三条 科技部根据国家发展目标制定重大项目创新人才培养的总体规划。根据不同项目的特点,对不同类型的创新人才进行重点培养。重大基础研究项目和战略高技术研究项目应重点培养战略科学家、学术带头人以及创新团队等;重大应用研究、产业化和工程项目应重点培养产学研结合方面的创新人才和高级工程技术人才。要积极引导国家重大科技基础设施、国家重点实验室、国家工程技术中心、科技基础条件平台等创新基地切实采取有力措施加强人才培养工作。

第四条 优先支持年龄结构、知识结构合理的研究团队承担项目课题研究,促进创新团队的形成。研究团队中,45岁以下(含45岁)青年研究人员所占比例原则上不低于60%。

第五条 优先支持不同学科、不同领域、不同机构的研究人员联合承担项目课题研究,培养跨学科、跨领域的复合型人才。该类项目课题在项目课题总量中所占比例原则上不低于30%。

第六条 优先支持年龄45岁以下(含45岁)青年研究人员主持重大项目课题研究,促进青年高级专家的成长。重大项目课题负责人中,45岁以下(含45岁)青年研究人员所占比例原则上不低于60%。

第七条 对于有产业化前景的项目,优先考虑由具备条件的企业牵头承担,或由企业与高等院校、科研院所联合承担,促进企业创新人才的培养。

第八条 重大项目课题申报书和任务书中必须包含创新人才培养计划。创新人才培养计划应包括创新人才培养的目标、具体实施方案等相关内容;对于有研究生培养条件的申请单位,在创新人才培养计划中应包括研究生培养计划。

第九条 项目组内部要加强合作与交流。在进行项目整体设计和预算分析时要充分考虑课题间的合作研究、交叉研究、工作交流和学术交流,并切实提出相应的可操作的措施。

第十条 项目组要加强与外部的合作与交流。可根据需要临时吸纳国内外一流大学、科研机构、企业的优秀研究人才参与重大项目课题研究,对参与重大项目课题的国内专家应保留其原单位的工作职位。项目组每年至少要召集一次由国内外同行专家参与的项目专题研讨会。

第十一条 重大项目课题组成员要加强学习和培训。可根据重大项目课题需要选派研究人员到国内外一流的高校、研究机构、企业进行与项目内容相关的学习与培训。学习和培训费可以从项目经费中申请，并按有关规定核批。在选派人员时，应优先考虑青年研究人员，所占比例原则上不低于70%。

第十二条 在技术引进的过程中注重培养创新人才。在重大项目课题的执行过程中，如果必需从国外引进设备和技术，要以合同约定方式要求外方传授相关知识和培养项目课题研究人员；允许项目课题研究人员到设备和技术供应单位进行考察和技术交流；设备和技术供应单位要对项目课题研究人员进行培训；项目课题研究人员要参与转让技术设备的设计、建造、安装、调试等工作。

第十三条 在重大项目课题的资助期内，项目主管部门和项目课题承担单位要对获资助项目的创新人才培养计划进行监督和管理。项目课题的验收过程中，要把创新人才培养列入考评指标。考评内容包括创新人才培养计划的完成情况，实际培养的创新人才数量和质量以及整个项目团队的情况。评估采用同行评估方式，以定性评估为主，定量评估为辅。

第十四条 要优先支持绩效考评为优秀的项目课题的负责人承担新的项目课题；对成绩显著的重大项目课题团队应以适当方式给予持续、稳定的滚动支持，优先支持其申报创新团队专项计划。

第十五条 利用知识产权政策激励人才创新。对于国家允许授予项目承担单位的研究成果及其形成的知识产权，成果完成人应在同等条件下享有优先受让权。项目承担单位在依法利用这些知识产权取得相关收益时，应明确规定相关知识产权的主要完成研究人员享有一定比例受益权。对于促进研究成果和相关知识产权进行转化的项目人员，也应按贡献享有一定比例受益权。

第十六条 项目主管部门要建立和完善与重大项目相关的创新人才和创新团队数据库，包括创新人才的基本资料、专长领域、研究经历、取得成果、信用记录等信息。通过数据库建设加强创新人才的跟踪服务和管理，为创新人才培养和创新团队建设提供有效的信息支撑平台。

第十七条 各重大项目管理部门应当根据本办法及其所管理的重大项目的特点，将创新人才培养相关内容纳入其重大项目管理办法。

第十八条 本办法由科技部负责解释，自发布之日起施行。

国家杰出青年科学基金实施管理办法

(2002年12月13日国家自然科学基金委员会发布　国科金发计[2002]65号)

第一章　总　则

第一条　为促进青年科学技术人才的成长,鼓励海外学者回国工作,加速培养造就一批进入世界科技前沿的优秀学术带头人,特设立国家杰出青年科学基金。

第二条　国家杰出青年科学基金是国家设立的专项青年科学基金,资助国内及尚在境外即将回国工作的优秀青年学者,在国内进行自然科学基础研究和应用基础研究。

第三条　国家杰出青年科学基金经费主要来源于中央财政拨专款,也接受海内外捐赠。

第四条　国家杰出青年科学基金的资助工作,应符合国家科技发展的总体目标和人才培养的政策,与有关部委和地方培养学术带头人的工作协调配合。

第五条　国家自然科学基金委员会(简称自然科学基金委)负责国家杰出青年科学基金的实施与管理。

第二章　申　请

第六条　国家杰出青年科学基金每年受理一次。

第七条　申请者应符合《国家自然科学基金项目管理规定》(以下简称《规定》)的要求并具备以下条件:

(一)热爱社会主义祖国,具有良好的学风和科学道德;

(二)申请当年1月1日未满45周岁;

(三)一般应获博士学位或具有相当于副教授级(含副教授级)以上的专业技术职务;

(四)在自然科学基础研究方面已取得国内外同行承认的突出的创新性成绩,或对本学科领域或相关学科领域的发展有重要的推动作用;在应用基础研究方面取得国内外同行承认的突出的创造性科技成果,或对国民经济与社会发展有较大影响;

(五)具有在国内从事研究所必需的主要实验条件以及人力、物力等,有充分的时间和精力从事本项基金资助的研究工作;

(六)申请者应具有中华人民共和国国籍;在我国内地有固定的受聘单位且聘期覆盖该项基金的执行期限;资助期内每年在我国内地从事研究工作的时间至少在六个月以上。我国内地系指我国除港澳台地区之外的省、自治区和直辖市。

第八条　申请者须按项目指南规定的内容与要求认真撰写国家杰出青年科学基金申请书,提交有关附件材料,通过依托单位提出申请。申请书应包括获资助后拟开展的研究工作的创新性构思及研究方向、研究内容、研究方案等。

第九条　依托单位的学术委员会或专家组对申请者严格按规定条件择优遴选。对遴选出的人选,依托单位应认真审核并签署推荐意见,按规定时间将申请书和附件材料报送自然科学基金委对口科学部。

第十条　尚在境外工作、符合条件并即将回我国内地工作的优秀青年学者,已经落实工作单位的,按第七、第八、第九条办理申请手续;尚未落实单位的,可直接与拟选择的工作单位联系,也可以通过我驻外使、领馆或国内外知名科学家向拟选择的工作单位推荐,须附本人近几年来取得的突出的创新性学术成绩及今后拟开展研究工作的创新性构思。工作单位落实后,由接收单位按第七、第八、第九条办理申请手续。

第三章 评审与批准

第十一条 国家杰出青年科学基金的评审程序为同行专家评议、评审组评审、异议期公示、评审委员会评定、自然科学基金委公布。

第十二条 国家杰出青年科学基金的评定机构是国家杰出青年科学基金评审委员会（以下简称评审委员会）。评审委员会由学术威望高、造诣深的科学家，工程技术专家以及国家科学技术部、自然科学基金委、财政部、人事部、教育部、中国科学院、中国工程院、中国科学技术协会等国家有关部委的管理专家组成。设主任一人，副主任数人，委员若干人，由自然科学基金委商有关部委聘任。评审委员会中科学家、工程技术专家的人数不少于80%。评审委员会委员每届任期三年，届满更换二分之一，委员可以连任，但不得超过两届。根据工作需要，可特邀部分专家参加评审委员会的评定工作。特邀专家享有与评审委员会委员同等权利。评审委员会的职责是：

（一）评定国家杰出青年科学基金资助的人选；

（二）参与对获资助者所取得的学术成绩进行评议；

（三）研究国家杰出青年科学基金资助工作中的重大问题。

第十三条 评审委员会下设若干专业评审组（以下简称评审组）。在自然科学基金委各科学部（以下简称科学部）学科评审组基础上聘任专家组成评审组，设组长一人，副组长一至二人，组员若干人。根据工作需要，可特邀部分专家参加评审组的评审工作。特邀专家享有与评审组成员同等权利。

评审组的职责是：

（一）在同行专家评议的基础上评审并向评审委员会推荐资助候选人；

（二）参与对获资助者研究工作进展情况的检查和所获学术成绩的评议。

第十四条 有关科学部对申请材料进行形式审查，有以下情况之一者，不予继续评审：

（一）不符合申请条件；

（二）不属于资助范围；

（三）不按规定要求编写申请书；

（四）提供的材料不齐全。

第十五条 形式审查合格后，由科学部组织专家进行同行评议。每位申请者的申请书至少要有五份专家有效评议意见。

第十六条 各科学部根据同行评议择优提交评审组进行重点评审。提交评审的人选与规定指标之比不低于130%。每位被评审者须由两位评审组成员负责主审。一般应请被评审者到会答辩。评审组在充分讨论的基础上，以无记名投票表决方式确定建议资助的候选人，提出建议资助金额，向评审委员会推荐。评审时对条件相近者应适当考虑学科的合理布局。建议资助的候选人必须获评审组成员和特邀专家到会人数二分之一以上赞成票方为有效。主审人填写评审意见，组长签名。

第十七条 根据国家杰出青年科学基金异议期制度的有关规定，各专业评审组推荐的资助候选人名单将通过互联网及有关媒体向社会公布。自公布之日起一个月内为异议期。自然科学基金委监督委员会负责异议的受理与调查并将调查结果提交评审委员会。

第十八条 自然科学基金委计划局对各评审组推荐资助的候选人情况进行汇总并报委务会议审核后，提交评审委员会评定。评定时必须有二分之一以上的评审委员会委员到会，评审结果方为有效。国家杰出青年科学基金获资助者必须获评审委员会委员和特邀专家到会人数三分之二以上的赞成票，方可通过。

第十九条 评审委员会评审确定的国家杰出青年科学基金获资助者名单，经评审委员会主任或副主任签署评定意见并签名，由自然科学基金委予以公布。

第二十条 为保证评审工作的公正性，评审的各个环节，须严格执行《规定》中关于回避和保密的各项规定。

第四章 实施与管理

第二十一条 国家杰出青年科学基金获资助

者在接到批准资助通知后一个月内，根据申请时提出的研究工作设想，安排和部署研究工作，按要求撰写研究计划，经依托单位审查后报对口科学部。

第二十二条 获资助者于资助计划实施的次年开始，应认真撰写年度进展报告，每年1月15日前报送对口科学部。逾期不报送者或经审核发现不认真开展研究工作者，缓拨或中止拨款。邮寄以当地邮戳时间为准。

第二十三条 获资助者发表、出版与国家杰出青年科学基金资助有关的论文、著作、学术报告，以及鉴定、上报成果等，均应按《规定》的要求进行标注。

第二十四条 在资助期内，由科学部组织对获资助者的研究工作进行中期检查。检查以学术活动方式进行。邀请专业评审组成员和相关同行专家对获资助者的工作进行评估。此外，在资助期内以一定的方式加强动态管理。

第二十五条 资助期限结束后三个月内，获资助者应认真撰写结题报告，并附主要论文、专著，以及获科技奖励的研究成果等有关材料，经依托单位审核评议后报送对口科学部。

第二十六条 在资助结束后的三年内，自然科学基金委和获资助者依托单位每年对获资助者进行跟踪管理。

第二十七条 因患病、灾祸，连续一年以上出国、调离科研岗位等，致使无法继续进行研究工作时，获资助者及其依托单位应及时向对口科学部提出中止资助报告。科学部审查后由自然科学基金委核准，并向评审委员会通报。

第二十八条 获资助者如有违反道德规范，或触犯刑律，或弄虚作假骗取资助的，经自然科学基金委监督委员会调查核实后，由自然科学基金委核准撤销对其资助，并向评审委员会通报和予以公布。

第二十九条 国家杰出青年科学基金获资助者不得替换，资助经费不得转让或挪用。

第三十条 凡属第十条所述情况的申请者，在获国家杰出青年科学基金资助资格后，一经回国工作，自然科学基金委根据其依托单位的承诺并确认得到兑现后，经核准即可下达经费；若暂时难以回国的，其资助资格保留一年，保留期从评审委员会审定通过之日起计，超过一年者视为自动放弃资助。

第三十一条 资助经费主要用于资助期内的科研工作。获资助者依托单位应严格按照财政部和自然科学基金委联合发布的《国家杰出青年科学基金项目资助经费管理办法》（财教[2002]64号）的有关规定，对该项基金资助的经费单独建账进行管理。

第五章 附 则

第三十二条 本办法自公布之日起执行，1997年1月3日公布的《国家杰出青年科学基金实施管理办法》同时废止。

第三十三条 本办法责成自然科学基金委计划局负责解释。

国家杰出青年科学基金项目资助经费管理办法

(2002年6月7日财政部、国家自然科学基金委员会发布 财教[2002]64号)

第一章 总 则

第一条 为加强国家杰出青年科学基金项目资助经费(以下简称项目资助经费)的管理,根据《科学事业单位财务制度》、《国家自然科学基金财务管理办法》和《关于国家科研计划实施课题制管理的规定》等,结合国家杰出青年科学基金(以下简称杰出青年基金)管理工作的特点,制定本办法。

第二条 项目资助经费主要用于资助:

(一)国内及即将回国(内地)工作的优秀青年学者,在国内(内地)进行自然科学基础研究和部分应用研究;

(二)海外及香港、澳门地区部分优秀青年学者,每年在国内(内地)进行一定期限的自然科学基础研究和部分应用研究。

第三条 杰出青年基金项目的立项、审批和经费管理由国家自然科学基金委员会(以下简称自然科学基金委)负责。

第四条 杰出青年基金项目包括国家杰出青年科学基金项目、海外青年学者合作研究基金项目、香港和澳门青年学者合作研究基金项目等。

第五条 项目资助经费的管理和使用,必须符合国家有关财政、财务制度和本办法的规定,同时要有利于开展科学研究工作。

第二章 预算管理

第六条 杰出青年基金项目实行定额补助式资助方式。

第七条 获资助者应按照本办法规定,本着实事求是、精打细算的原则,编制切合实际的项目资助经费预算。项目依托单位应按照有关规定严格审核项目资助经费预算,签署意见后报自然科学基金委。

第八条 项目资助经费预算包括收入预算与支出预算。

收入预算包括用于项目研究的各种不同渠道的经费。包括从杰出青年基金获得的资助、从项目依托单位获得的资助以及从其他渠道获得的资助。

支出预算包括研究经费、国际合作与交流经费、劳务费和管理费。

(一)研究经费是指直接用于科学研究的费用。包括:

1. 科研业务费:测试、计算、分析费,动力、能源、差旅费,调研和学术会议费,资料、论文版面费和印刷费,文献检索、入网等信息通讯费,学术刊物订阅费。

2. 实验材料费:原材料、试剂、药品等消耗品购置费,实验动物、植物的购置、种植、养殖费,标本、样品的采集加工费和包装运输费。

3. 仪器设备费:专用仪器设备购置、运输、安装费和修理费,自制专用仪器设备的材料、配件购置费和加工费。

4. 实验室改装费:为改善资助项目研究的实验条件,对实验室进行改装所开支的费用。不得用于实验室扩建、土建、房屋维修等费用的开支。

5. 协作费:外单位协作承担杰出青年基金项目部分研究试验工作的费用。

(二)国际合作与交流经费是指用于:

1. 国家杰出青年科学基金项目中与研究工作有直接关系的国际合作与交流费用,包括获资助者出访及外国专家来访的部分费用,不得超过杰出青年基金资助经费的20%,所需外汇额度自行解决。

2. 海外及香港、澳门青年学者合作研究基金获资助者在资助期内每年往返旅费及合作期单位食宿补贴等费用,不得超过杰出青年基金资助经费的 20%。

(三)劳务费是指用于直接参加项目研究的研究生、博士后的劳务费用。劳务费不得超过杰出青年基金资助经费的 10%。

(四)管理费是指项目依托单位为组织和支持项目研究而支出的费用,包括项目执行中公用仪器设备、房屋占用费等。管理费不得超过杰出青年基金资助经费的 5%,协作单位不得重复提取。

第九条 自然科学基金委组织专家或择优遴选中介机构对资助项目研究经费预算进行评审或评估,资助额度依据杰出青年基金各类项目经费情况和评审专家的意见,以及相关的财政、财务制度并按照规定的程序审核后确定。

第十条 获资助者必须严格按照批准的项目资助经费预算核定的用途、范围和开支标准使用项目资助经费。

第十一条 经批准的项目资助经费预算一般不做调整。由于项目研究目标、重大技术路线或主要研究内容调整,以及不可抗力造成意外损失等原因,对项目资助经费预算造成较大影响时,必须按程序报自然科学基金委批准。

第十二条 项目资助经费不得用于支付各种罚款、捐款、赞助、投资等项支出,不得用于各种福利性支出,不得用于国家规定禁止列入的其他支出。

第十三条 项目依托单位应加强项目资助经费的管理。项目资助经费须专款专用,任何单位和个人不得以任何理由和方式截留、挤占和挪用。

第十四条 在研资助项目的年度结余经费,结转下一年度继续使用。结题项目的结余经费,仍用于项目依托单位的自然科学基础研究或部分应用研究工作。

第三章 拨款管理

第十五条 申请单位在首次申请杰出青年基金项目时,应按要求如实填写"申请单位信息表",报自然科学基金委。项目依托单位的银行账户等信息发生变更,应及时函告自然科学基金委。

第十六条 项目资助经费拨至项目依托单位,接收拨款单位与项目依托单位必须一致。

第十七条 项目资助经费的拨款,按杰出青年基金项目管理办法的规定执行;实行国库集中支付的,按财政部有关规定执行。

第十八条 资助项目的协作费由项目依托单位依据协作合同转拨。

第十九条 因故中止实施或撤销的资助项目停止拨款,项目依托单位应将已拨经费余额在接到通知三个月内退回自然科学基金委,对逾期不退回的,缓拨该单位其他项目的资助经费。

第四章 经费决策与监督管理

第二十条 杰出青年基金项目研究结束后,获资助者应会同项目依托单位财务部门清理账目,根据批准的资助项目经费预算,如实编报资助项目经费决算,由项目依托单位科研管理部门、财务部门审核签署意见后存档备查。

项目依托单位科研管理部门根据审核后的项目资助经费决算表,编报项目资助经费决算汇总表并签署审核意见后,于每年 3 月 31 日前报送自然科学基金委。

第二十一条 经自然科学基金委批准中止和提前结题的资助项目,获资助者和项目依托单位应及时清理账目,编制项目资助经费决算表,列入项目依托单位项目资助经费决算汇总表。

第二十二条 项目资助经费的管理和使用应接受上级财政部门、国家审计机关和自然科学基金委的检查与监督。获资助者和项目依托单位应积极配合并提供有关资料。

第二十三条 项目依托单位应对项目资助经费进行不定期审计或专项审计。

第二十四条 自然科学基金委对项目依托单位或个人违反本办法及杰出青年基金项目管理办法规定的,视情节轻重分别采取缓拨项目资助经费、书面警告、通报批评、停止拨款、追回已拨经费、撤销资助项目等处理措施。项目依托单位应对情节严重的有关人员,追究其相应责任。

第二十五条 自然科学基金委会同财政部制定适合杰出青年基金特点的绩效考评办法,对项目的实施及经费使用效益进行考评。

第二十六条 自然科学基金委建立杰出青年基金项目库,并按规定进行管理。

第二十七条 项目资助经费购置的资产属于国有资产,其使用权和经营权归项目依托单位,必须纳入项目依托单位的固定资产账户进行核算与管理。资产的处置按国家的有关规定执行,防止国有资产的流失。

第五章 附 则

第二十八条 本办法自发布之日起施行。1995年6月13日印发的《国家杰出青年科学基金财务管理补充规定》同时废止。

第二十九条 本办法由财政部、自然科学基金委负责解释。

国家基础科学人才培养基金实施管理暂行办法

(1997年1月13日国家科学技术委员会、财政部、国家教育委员会、
国家自然科学基金委员会发布 国科发高字[1997]029号)

第一章 总 则

第一条 为贯彻科教兴国战略方针,加快基础科学人才培养,加强国家基础科学人才培养基金(以下简称基金)的管理,特制定本办法。

第二条 基金来源于国家财政专项拨款,列为国家自然科学基金的一个项目基金,由国家自然科学基金委员会专项管理。

第三条 基金主要用于支持国家教委批准的国家理科(数、理、化、天、地、生、力、心理)和基础农学、基础医药学等基础科学的人才培养基地(以下简称基地)的建设,其经费不少于基金总额的90%;适当资助国家科委认定的特殊学科点和大科学工程(以下简称学科点)中的基础科学人才培养的需要。

第四条 基金项目的组织实施应该充分发挥基金制管理的优越性,贯彻"依靠专家,发扬民主,择优支持,公正合理"的原则。

第二章 管理的组织机构

第五条 设立"国家基础科学人才培养基金管理委员会"(以下简称管理委员会)。管理委员会由国家科学技术委员会、财政部、国家教育委员会、国家自然科学基金委员会的有关领导和知名学者、教授组成,设主任1人、副主任数人、秘书长1人、委员若干人。

第六条 管理委员会的职责是:
1. 审定受资助的学科布局和数量;
2. 审定各学科评审组组成;
3. 审定各学科资助经费的分配原则;
4. 审定基金分配使用的总体方案,批准各类项目的资助金额;
5. 研究决定基金实施中的重大问题。

第七条 管理委员会下设教学与力学、物理与天文学、化学、生物学与心理学、地学、基础医药学、基础农学及大科学工程八个学科评审组,负责对各项申请的评审工作。学科评审组由组长1人、副组长1人、组员若干人组成,由国家自然科学基金委员会商有关部委提出名单,管理委员会审定批准。

第八条 国家自然科学基金委员会综合计划局作为管理委员会的办事机构,负责综合、处理基金管理的日常事务。

第三章 申请与评审

第九条 由管理委员会审定的基地所在的学校和特殊学科点及大科学工程所在单位均可向国家自然科学基金委员会提出资助申请,并按规定填报《国家基础科学人才培养基金申请书》。申请书一式八份,内容包括基地和学科点的总体建设规划、分年度建设计划等。

第十条 国家自然科学基金委员会组织学科专家评审组对各项申请进行评审,并根据基地和特殊学科点、大科学工程建设的目标规模、实际需求和财力可能,择优确定项目资助总额度及前两年的资助金额,报管理委员会批准。评审中应遵守回避、保密等有关制度。

第四章 实施管理

第十一条 受资助单位应设立项目领导小

组,负责本单位项目实施工作的领导、监督和检查。

第十二条 受资助单位每年应分项目填写《年度执行报告》,经受资助单位上级主管部门签署意见后,于次年1月15日前上报国家自然科学基金委员会,并申请核拨次年资助经费。对不按时填报《年度执行报告》的项目将缓拨资助经费。

第十三条 项目执行两年期满时,学科评审组对项目实施情况进行中期评估,并根据评估结果调整后三年的资助金额,报管理委员会批准。

第十四条 项目结束后,项目负责人填写《项目总结报告》。国家自然科学基金委员会将会同受资助单位上级主管部门组织学科评审组对项目完成情况进行全面评估和验收,对评估合格的予以表彰和奖励,对不合格的取消其再次申请资格。

第五章 财务管理

第十五条 基金项目资助经费,由国家自然科学基金委员会按年度计划拨至受资助单位,专款专用。

第十六条 基金资助经费的使用范围:

1. 基地建设经费,包括本科基础课和专业课的教学设备购置、实验室和实习基地的建设;图书资料的购置;骨干教师的培训;教材建设和教学改革等所需经费。

2. 特殊学科点和大科学工程人才培养经费(具体范围另行规定)。

第十七条 基金资助经费的管理原则上执行《国家自然科学基金资助项目财务管理办法》,有关经费使用管理的具体要求另行制定。

第六章 附 则

第十八条 本办法由国家科学技术委员会会同财政部、国家教育委员会、国家自然科学基金委员会制定。委托国家自然科学基金委员会负责解释。

第十九条 本办法自印发之日起试行。

国家基础科学人才培养基金项目资助经费管理办法

(2002年4月2日财政部、国家自然科学基金委员会、教育部、科学技术部发布 财教[2002]36号)

第一章 总 则

第一条 为规范和加强国家基础科学人才培养基金(以下简称"基金")项目资助经费的管理,加快理科基础科学本科人才的培养,根据《科学事业单位财务制度》和《国家自然科学基金财务管理办法》的有关规定,结合国家基础科学人才培养基金管理工作的特点,制定本办法。

第二条 基金是由国家设立用于实施战略性基础科学后备人才培养的专项资金。基金来源于中央财政科学事业费预算拨款,列为国家自然科学基金的一类项目基金。

第三条 设立"国家基础科学人才培养基金管理委员会"(以下简称管理委员会)对基金重大事项和基金项目资助经费进行管理。管理委员会由国家自然科学基金委(以下简称自然科学基金委)、教育部、科技部、财政部的有关领导和知名学者、教授组成,设主任1人,副主任若干人,秘书长1人,委员若干人。

管理委员会的具体职责是:审定基金评审专家组人员组成;审定基金分配使用的总体方案及各学科资助经费的分配原则;批准各类项目的资助金额;研究决定基金实施中的重大问题。

管理委员会下设专家组,负责对各类申请项目的评审和项目完成后的考评工作,专家组由从事教学和研究工作的专家组成,各专家组应包含一名财务管理专家。

自然科学基金委负责基金项目的组织、实施和日常管理工作。

第四条 基金项目资助经费是指基金直接用于资助基础科学人才培养方面的经费。

第五条 基金项目的组织实施和经费管理应充分发挥基金制管理的优越性,贯彻"依靠专家、发扬民主、择优支持、公正合理"的原则。

第六条 自然科学基金委建立基金项目库,并按规定进行管理。

第七条 自然科学基金委会同教育部、财政部制定适合基金特点的项目资助经费绩效考评办法,对项目的实施及经费使用效益进行考评。

第二章 支持方向与开支范围

第八条 基金主要用于支持教育部批准的国家理科基础科学人才培养基地(以下简称基地)的建设,重点支持高水平、高质量基础科学后备人才的培养,其经费不少于基金资助经费总额的90%;适当资助特殊学科点的基础科学人才培养。

第九条 项目资助经费的具体开支范围:

(一)基地建设经费。主要用于资助国家理科基地本科生教学、实验和实习条件的建设,图书资料购置,骨干教师的培训,课程体系和教学方法的研究与改革所需的经费。

1. 教学、实验和实习费:是指与教学、实验和实习直接有关的教学设备、教学软件、实验仪器与材料、实习设备、图书资料等所需支出的费用。

2. 教学研究及骨干教师培训费:基地课程体系和教学方法研究与改革费、教材编写与出版费、骨干教师业务和外语培训费等。

(二)教学改革研究专项经费。用于教育部批准立项的"国家理科基地教改项目"、"国家理科创建名牌课程项目"的研究与实践。

1. 资料、课件制作及教材出版费:开展项目研究所需的资料收集、复印、翻拍、翻译等费用,为制作多媒体课件支出的费用；教材的编写、出版费用。

2. 调研差旅费：为了完成项目研究工作而进行的国内调研活动开支的差旅费，其标准参照国家有关规定执行。

（三）特殊学科点专项经费。主要用于特殊学科点学科带头人及后备人才培养所需的科研业务费，包括科研测试费，资料购置费，学术活动费，实验标本、试剂和药品的购置及保管费，实验样品分析费等。

第三章 项目资助经费的申请、审批和拨付

第十条 基地和特殊学科点均可向自然科学基金委提出资助申请，按规定如实填写《国家基础科学人才培养基金申请书》（以下简称申请书）并报自然科学基金委。受资助单位名称、银行账户等信息发生变更，应及时通报自然科学基金委。《申请书》格式由自然科学基金委制定。

第十一条 自然科学基金委与教育部联合组织专家组对基地、特殊学科点提出的申请项目进行评审，根据为期五年的基地、特殊学科点建设的目标规模、实际需求和财力可能，确定前两年的资助额度并报管理委员会批准后，由自然科学基金委下达经费额度。

第十二条 项目执行两年期满时，自然科学基金委将与教育部联合组织专家组对项目实施情况进行现场评估，并根据评估结果，提出后三年资助经费调整方案，报管理委员会批准后执行。

第十三条 项目资助经费的拨付按照财政预算资金拨付的有关要求办理。项目资助经费拨至项目负责人所在单位，接收拨款单位与项目负责人所在单位必须一致。

第十四条 当年项目资助经费的结余继续用于下一年度基础科学人才的培养。

第四章 管理与监督

第十五条 项目资助经费须专款专用，受资助单位应设立专账进行管理。受资助单位和个人不得以任何理由和方式截留、挤占和挪用。

第十六条 受资助单位应设立由单位主管领导和有关部门负责人组成的项目领导小组，负责本单位项目实施工作的管理与监督。

第十七条 项目负责人在项目领导小组的指导下，按规定的开支范围自主使用项目资助经费。项目资助经费不得提取管理费，不得用于补充本单位运行经费和科研经费，不得用于支付各种罚款、捐款、赞助、投资以及各种福利性支出，其中，基地建设经费不得用于基地教学、实验和实习场所的基本建设支出。

第十八条 自然科学基金委负责（或委托中介机构）对项目资助经费的管理和使用情况进行检查和监督，同时接受上级财政部门和国家审计机关的检查与监督，受资助单位应积极配合并提供有关资料，检查结果报管理委员会。对于违反本办法及有关财务制度的行为，自然科学基金委视情节轻重可分别采取书面警告、通报批评、停止拨款、撤销项目、追回全部已拨经费等处理措施并报告管理委员会。

第十九条 自然科学基金委和教育部对资助项目进行绩效考评。项目完成后，项目负责人应会同所在单位财务部门清理账目，如实编制项目资助经费决算表并附加说明，填写《项目总结报告》，提出项目验收申请。自然科学基金委和教育部联合组织专家组对项目完成情况进行考评，考评结果作为项目承担单位以后申报项目资格审查的重要依据。

第二十条 自然科学基金委每年年终向财政部报送当年项目资助经费使用情况及说明。

第五章 附 则

第二十一条 本办法的实施细则由自然科学基金委会同教育部制定，并报财政部备案。

第二十二条 本办法自发布之日起实行，原《国家基础科学人才培养基金实施管理暂行办法》同时废止。

第二十三条 本办法委托自然科学基金委负责解释。

香港、澳门青年学者合作研究基金管理办法

(2002年12月13日国家自然科学基金委员会发布　国科金发计[2002]67号)

第一章　总　则

第一条　为吸引和鼓励香港、澳门优秀青年学者每年在内地进行一定期限的自然科学基础研究和应用基础研究,设立香港、澳门青年学者合作研究基金。

第二条　香港、澳门青年学者合作研究基金经费来源于国家杰出青年科学基金。由国家自然科学基金委员会(简称自然科学基金委)负责实施与管理。

第二章　申　请

第三条　申请者应具备以下条件:

(一)热爱社会主义祖国,具有良好的学风和科学道德;

(二)在香港或澳门从事科学研究,可保证每年在内地工作两个月以上;

(三)申请当年1月1日未满45周岁;

(四)具有所在地副教授级以上或成绩突出的相当于助理教授级的专业技术职务,在香港或澳门独立主持一个实验室或一个重要的研究项目(须提供任职证书复印件和研究项目批准通知书复印件);

(五)在自然科学基础研究方面已取得国际同行承认的创新性成绩,或在应用基础研究方面已取得突出的创造性科技成果;拟开展的研究工作属国际前沿且为内地所急需,与合作者有一定的合作基础;

(六)申请者或合作者同期只能申请一项且无该类在研项目;

(七)在内地的合作研究单位(简称"合作单位")已经落实并与其签订了合作研究协议书(简称《协议书》)。在协议书中,双方应就以下主要问题达成一致意见:

1. 合作研究的课题名称以及研究方向、预期目标等;

2. 合作单位承诺保证合作研究所必需的主要实验设备以及人力、物力等条件的配备;

3. 获资助者每年在合作单位的工作时间至少在两个月以上。

(八)合作单位系指内地合作申请者所在单位,即本基金申请获资助后的项目依托单位。内地主要合作者一般也应是具有相当水平的青年学者。

第四条　申请者须按照项目指南规定的内容与要求认真撰写申请书,提交有关附件材料,通过合作单位(项目依托单位)提出申请。

第五条　合作单位的学术委员会或专家组对申请人按照规定条件严格择优遴选,认真审核并签署推荐意见后,将申请书和附件材料(包括协议书)报送自然科学基金委对口科学部。

第三章　评审与批准

第六条　自然科学基金委对口科学部对申请材料进行形式审查,有以下情况之一者,不予继续评审:

(一)不符合申请条件;

(二)内地合作者与合作单位(依托单位)不一致者;

(三)不按规定要求编写申请书;

(四)应提供的材料不齐全。

第七条　形式审查合格后,由科学部组织专家进行同行评议。每位申请人的申请书至少要有

五份专家有效评议意见(包括较详细的评议意见和表态意见)。

第八条 在同行评议基础上,科学部遴选优秀者提交专业评审组(以下简称评审组)评审,一般应请申请人或合作者到会答辩。评审组在充分讨论的基础上,以无记名投票的表决方式确定建议资助的候选人,建议资助的候选人必须获评审组成员和特邀专家到会人数二分之一以上赞成票方为有效。主审人填写评议意见,组长签名。

第九条 自然科学基金委计划局对各专业评审组推荐资助的候选人情况进行汇总并报委务会议审核后,提交评审委员会评定。香港、澳门青年学者合作研究基金获资助者必须获评审委员会委员和特邀专家到会人数三分之二以上的赞成票,方可通过。

第十条 评审委员会评审确定的香港、澳门青年学者合作研究基金获资助者名单,由评审委员会主任或副主任签署评定意见并签名,自然科学基金委予以公布。

第十一条 为保证评审工作的公正性,评审的各个环节,须严格执行《国家自然科学基金项目管理规定》中关于回避和保密的各项规定。

第四章 实施与管理

第十二条 香港、澳门青年学者合作研究基金获资助者在接到批准通知后两个月内,根据申请时提出的研究工作设想,安排和部署研究工作,按要求撰写研究计划,经内地合作单位审核和签署意见并加盖公章后报送自然科学基金委对口科学部。

第十三条 获资助者于资助计划实施的次年开始,应认真撰写年度进展报告,经合作单位审查后于每年1月15日前报送对口科学部。

第十四条 资助期(一般为三年)结束后,获资助者必须认真撰写总结报告,经合作单位审查后报送对口科学部。

第十五条 获资助者在合作单位进行研究所取得的科研成果,其知识产权属于合作单位。发表的论文、出版的专著等均应按《国家自然科学基金项目管理规定》的要求进行标注。

第十六条 在合作研究执行期内,合作双方因学术观点或其他原因无法继续合作时,任何一方都可以书面形式向自然科学基金委提出中止的申请,对口科学部根据项目管理的有关规定与内地合作单位办理项目中止手续。

第十七条 资助经费下达到合作单位,主要用于资助期在内地的科研工作。合作单位应严格按照财政部和自然科学基金委联合发布的《国家杰出青年科学基金项目资助经费管理办法》(财教[2002]64号)的有关规定,对该项基金资助的经费单独建账进行管理。

第十八条 其他管理事项原则上与《国家杰出青年科学基金实施管理办法》的规定相同。

第五章 附 则

第十九条 本办法自公布之日起执行,1999年2月3日公布的《香港青年学者合作研究基金管理办法》同时废止。

第二十条 本办法责成自然科学基金委计划局负责解释。

海外青年学者合作研究基金管理办法

(2002年12月13日国家自然科学基金委员会发布　国科金发计[2002]66号)

第一章　总　　则

第一条　为吸引和鼓励海外优秀青年学者每年在国内进行一定期限的自然科学基础研究和应用基础研究,设立海外青年学者合作研究基金。

第二条　海外青年学者合作研究基金经费来源于国家杰出青年科学基金,由国家自然科学基金委员会(简称自然科学基金委)负责实施与管理。

第二章　申　　请

第三条　申请者应具备以下条件:
(一)热爱社会主义祖国,具有良好的学风和科学道德;
(二)在海外从事科学研究,可保证每年在国内工作两个月以上;
(三)申请当年1月1日未满45周岁;
(四)具有所在国副教授级以上或成绩突出的相当于助理教授级的专业技术职务,在海外独立主持一个实验室或一个重要的研究项目(须提供任职证书复印件和研究项目批准通知书复印件);
(五)在自然科学基础研究方面已取得国际同行承认的创新性成绩,或在应用基础研究方面已取得突出的创造性科技成果;拟开展的研究工作属国际前沿且为国内所急需,与合作者有一定的合作基础;
(六)申请者或合作者同期只能申请一项且无该类在研项目;
(七)在国内的合作研究单位(简称"合作单位")已经落实并与其签订了合作研究协议书(简称《协议书》)。在协议书中,双方应就以下主要问题达成一致意见:
　1. 合作研究的课题名称以及研究方向、预期目标等;
　2. 合作单位承诺保证合作研究所必需的主要实验设备以及人力、物力等条件的配备;
　3. 获资助者每年在合作单位的工作时间至少在两个月以上。
(八)合作单位系指国内合作申请者所在单位,即本基金申请获资助后的项目依托单位。国内主要合作者一般也应是具有相当水平的青年学者。

第四条　申请者须按照项目指南规定的内容与要求认真撰写申请书,提交有关附件材料,通过合作单位(项目依托单位)提出申请。

第五条　合作单位的学术委员会或专家组对申请人按照规定条件严格择优遴选,认真审核并签署推荐意见后,将申请书和附件材料(包括协议书)报送自然科学基金委的对口科学部。

第三章　评审与批准

第六条　自然科学基金委对口科学部对申请材料进行形式审查,有以下情况之一者,不予继续评审:
(一)不符合申请条件;
(二)国内合作者与合作单位(依托单位)不一致者;
(三)不按规定要求编写申请书;
(四)应提供的材料不齐全。

第七条　形式审查合格后,由科学部组织专家进行同行评议。每位申请人的申请书至少要有五份专家有效评议意见(包括较详细的评议意见和表态意见）。

第八条 在同行评议基础上，科学部遴选优秀者提交专业评审组（以下简称评审组）评审，一般应请申请人或合作者到会答辩。评审组在充分讨论的基础上，以无记名投票的表决方式确定建议资助的候选人，建议资助的候选人必须获评审组成员和特邀专家到会人数二分之一以上赞成票方为有效。主审人填写评审意见，组长签名。

第九条 自然科学基金委计划局对各专业评审组推荐资助的候选人情况进行汇总并报委务会议审核后，提交评审委员会评定。海外青年学者合作研究基金获资助者必须获评审委员会委员和特邀专家到会人数三分之二以上的赞成票，方可通过。

第十条 评审委员会评审确定的海外青年学者合作研究基金获资助者名单，由评审委员会主任或副主任签署评定意见并签名，自然科学基金委予以公布。

第十一条 为保证评审工作的公正性，评审的各个环节，须严格执行《国家自然科学基金项目管理规定》中关于回避和保密的各项规定。

第四章 实施与管理

第十二条 海外青年学者合作研究基金获资助者在接到批准通知后两个月内，根据申请时提出的研究工作设想，安排和部署研究工作，按要求撰写研究计划，经国内合作单位审核和签署意见并加盖公章后报送自然科学基金委对口科学部。

第十三条 获资助者于资助计划实施的次年开始，应认真撰写年度进展报告，经合作单位审查后于每年1月15日前报送对口科学部。

第十四条 资助期（一般为三年）结束后，获资助者必须认真撰写总结报告，经合作单位审查后报送对口科学部。

第十五条 获资助者在合作单位进行研究所取得的科研成果，其知识产权属于合作单位。发表的论文、出版的专著等均应按《国家自然科学基金资助项目管理规定》的要求进行标注。

第十六条 在合作研究执行期内，合作双方因学术观点或其他原因无法继续合作时，任何一方都可以书面形式向自然科学基金委提出中止的申请，对口科学部根据项目管理的有关规定与国内合作单位办理项目中止手续。

第十七条 资助经费下达到合作单位，主要用于资助期在国内的科研工作。合作单位应严格按照财政部和自然科学基金委联合发布的《国家杰出青年科学基金项目资助经费管理办法》（财教[2002]64号）的有关规定，对该项基金资助的经费单独建账进行管理。

第十八条 其他管理事项原则上与《国家杰出青年科学基金实施管理办法》的规定相同。

第五章 附 则

第十九条 本办法自公布之日起执行，1999年2月3日公布的《海外青年学者合作研究基金管理办法》同时废止。

第二十条 本办法责成自然科学基金委计划局负责解释。

博士后管理工作规定

(2006年12月29日人事部、全国博士后管理委员会发布　国人部发[2006]149号)

第一章　总　则

第一条　为保证博士后事业持续健康发展,加强博士后管理工作,制定本规定。

第二条　博士后制度是指在高等院校、科研院所和企业等单位设立博士后科研流动站(以下简称流动站)或博士后科研工作站(以下简称工作站),招收获得博士学位的优秀青年,在站内从事一定时期科学研究工作的制度。

国家建立博士后制度,旨在吸引、培养和使用高层次特别是创新型优秀人才,建立有利于人才流动的灵活机制,促进产学研结合。

第三条　本规定所称流动站是指在高等院校或科研院所具有博士授予权的一级学科内,经批准可以招收博士后研究人员的组织。

本规定所称工作站是指在具备独立法人资格的企业等机构内,经批准可以招收博士后研究人员的组织。

在流动站或工作站从事研究工作的人员称为博士后研究人员(以下简称博士后人员)。

第四条　博士后管理工作坚持政府主导与社会参与相结合的原则,坚持公开、平等、竞争、择优的原则,注重提高质量,稳步扩大规模,健全完善制度。

第二章　管理机构

第五条　人事部是全国博士后工作综合管理部门,负责制定博士后工作的政策、规章、规划,并组织实施。

全国博士后管理委员会由国务院人事、科技、教育、财政等有关部门的负责人和有关专家组成,负责对全国博士后工作中的重大问题进行研究和协调。全国博士后管理委员会办公室设在人事部专业技术人员管理司。

第六条　省、自治区、直辖市政府人事部门管理本地区博士后工作,建立由人事部门牵头,有关单位和专家组成的博士后管理协调机制,结合本地区的实际情况,研究制定符合本地区特点的博士后发展规划和配套政策、措施。经人事部批准,省、自治区、直辖市博士后管理部门可承担本地区的博士后设站申报、博士后工作评估、博士后人员进出站手续办理,并向人事部登记注册等事宜。

国务院有关部委及直属事业单位的人事部门可按有关规定制定配套政策、措施,负责本部委及直属机构博士后工作的指导、协调和监督。

第七条　设有流动站、工作站的单位(以下简称设站单位),制定博士后具体管理办法,配备专门的管理人员,负责本单位博士后管理工作。

第三章　流动站和工作站的设立

第八条　根据国家经济社会发展需要和博士后工作发展规划,开展增设流动站、工作站工作,一般每两年开展一次。

第九条　高等院校和科研院所申请设立流动站,应当具备以下基本条件:

1. 具有相应学科的博士学位授予权,并已培养出一届以上的博士毕业生;

2. 具有一定数量的博士生指导教师;

3. 具有较强的科研实力和较高的学术水平,承担国家重大研究项目,科研工作处于国内前列,博士后研究项目具有理论或技术创新性;

4. 具有必需的科研条件和科研经费,并能为博士后人员提供必要的生活条件;

具有博士学位一级学科授予权、建有国家重点实验室的学科和国家重点学科可优先设立流动站。

第十条 企业、从事科学研究和技术开发的事业单位、省级以上高新技术开发区、经济技术开发区和留学人员创业园区申请设立工作站,应当具备以下基本条件:

1. 具备独立法人资格,经营或运行状况良好;
2. 具有一定规模,并具有专门的研究与开发机构;
3. 拥有高水平的研究队伍,具有创新理论和创新技术的博士后科研项目;
4. 能为博士后人员提供较好的科研条件和必要的生活条件。

建有省级以上研发和技术中心,承担国家重大项目的单位可优先设立工作站。

第十一条 流动站的设立,由拟设站单位提出申请,各省、自治区、直辖市人事部门或国务院有关部委及直属机构人事部门审核汇总后报人事部。经专家评审委员会评审,由人事部和全国博士后管理委员会审核批准。

第十二条 工作站的设立,由拟设站单位提出申请,各省、自治区、直辖市人事部门或国务院有关部委及直属机构人事部门组织初评后报人事部。经专家评议,由人事部审核批准。

第四章 博士后人员的招收

第十三条 具有博士学位,品学兼优,身体健康,年龄一般在40岁以下的人员,可申请进站从事博士后研究工作。

第十四条 申请从事博士后研究工作的人员,应当向设站单位提出书面申请,提交证明材料。委托培养、定向培养、在职工作以及具有现役军人身份的人员申请从事博士后研究工作,应当向设站单位提交其委托单位、定向培养单位、工作单位或者所在部队同意其脱产从事博士后研究工作的证明材料。

在职人员不得兼职从事博士后研究工作。

第十五条 设站单位应面向社会公开招收博士后人员,要对申请者的科研能力、学术水平和已取得的科研成果进行严格审核,采用考核、考试、答辩等形式择优招收。

设站单位应与博士后人员签订协议,明确双方的权利、义务以及工作目标、课题要求、在站工作期限、产权成果归属、违约处罚等。

第十六条 设站单位按有关规定在人事部博士后管理部门或有关省、自治区、直辖市人事部门办理博士后人员进站和户口迁落等有关手续。

申请到军队设站单位从事博士后研究工作的人员凭军队博士后管理机构的审批通知,按上述程序办理。

第十七条 除经人事部博士后管理部门批准的特殊情况外,申请人不得进入授予其博士学位的单位同一个一级学科流动站从事博士后研究工作。

第十八条 对承担国家重大科研项目的非设站单位或已设站单位的非设站学科,经人事部博士后管理部门批准可以依托国家重大科研项目,招收项目博士后人员。

第十九条 工作站应与流动站联合招收、培养博士后人员,合作双方应当按照优势互补、互惠互利、保证质量、共同受益的原则签订协议书,明确双方及相关博士后人员的权利和义务。流动站应向工作站提供科研支持和专家指导,帮助工作站做好确定博士后研究项目、招收博士后人员等联合招收工作。以工作站为主做好联合招收博士后研究人员工作,并视导师指导和设备试验等情况向流动站支付一定费用,费用数额由双方协商确定。联合招收的博士后人员在工作站所在省、自治区和直辖市办理博士后研究人员进出站手续。

学术、技术实力强,具备独立培养博士后人员能力的工作站,经人事部博士后管理部门批准可以单独招收博士后人员。

第五章 博士后人员的管理

第二十条 各设站单位应建立在站博士后人员的考核指标体系,以及博士后人员进站招收、中期考核和出站考核制度。制定对博士后人员目标管理、绩效评价、奖励惩处等具体管理办法，对博士后人员进行定期考核。对研究成果突出、表现优秀的博士后人员，应当给予适当的表彰和奖励；对中期考核不合格的博士后人员予以劝退和解约。

第二十一条 各设站单位应将博士后人员纳入本单位人事管理范围，其人事关系、组织关系、福利待遇等比照本单位同等人员对待，或按协议执行。博士后人员实行岗位绩效工资制度。

第二十二条 博士后人员应与设站单位职工享受同等的医疗保障待遇，所需资金的筹集应当执行设站单位职工医疗保障资金的筹集办法。

第二十三条 博士后人员进站报到后，可在设站单位所在地落常住户口，凭人事部博士后管理部门或有关省、自治区、直辖市人事部门介绍信和其他有效证明材料，到公安户政管理部门办理户口迁出和落户手续，其配偶及未成年子女可以随其流动，按有关规定到当地公安派出所办理暂住手续。

第二十四条 博士后人员在站期间，可以凭人事部博士后管理部门或有关省、自治区、直辖市人事部门的介绍信，在其子女暂住户口所在地办理入幼儿园、上小学和初中、报考（转入）高中以及报考高等院校或中等专业学校等事宜，享受当地常住户口居民的同等待遇。

第二十五条 博士后人员在站工作时间为两年，一般不超过三年。承担国家重大项目，获得国家自然科学基金、国家社会科学基金等国家基金资助项目或中国博士后科学基金特别资助项目的博士后人员，如需延长在站时间，经设站单位批准后，可根据项目和课题研究的需要适当延长。

博士后人员工作期满后应按时出站，确有需要可转到另一个流动站或工作站从事博士后研究工作。博士后人员从事博士后研究工作最长不超过六年。

第二十六条 博士后人员在站期间，根据研究项目需要，经设站单位批准，可以到国外开展合作研究、参加国际学术会议或进行短期学术交流，时间一般不超过三个月。经设站单位批准，可根据项目情况适当延长。

第二十七条 博士后人员的研究成果归属，依照国家有关知识产权的法律、法规办理。

第二十八条 博士后人员期满出站前，设站单位可以根据其在站期间的科研能力、学术水平、工作成果，对其提出专业技术职称评定意见或建议。

第二十九条 博士后人员工作期满，须向设站单位提交博士后研究报告（以下简称报告）和博士后工作总结等书面材料，报告要严格按照格式编写。设站单位应将报告报送国家图书馆。博士后人员出站时，设站单位要及时组织有关专家对其科研工作、个人表现等进行评定，形成书面材料归入其个人档案。

第三十条 对出站考核合格的博士后人员，由人事部和全国博士后管理委员会颁发博士后证书。

第三十一条 博士后人员期满出站，到人事部博士后管理部门或有关省、自治区、直辖市办理出站手续。凭人事部博士后管理部门或有关省、自治区、直辖市人事部门的介绍信和其他有效证明材料，到当地公安户政管理部门办理本人及配偶和未成年子女的户口迁出和落户手续。

第三十二条 博士后人员工作期满出站，除有协议的以外，其就业实行双向选择、自主择业。各级政府人事部门和设站单位要为出站博士后人员的合理使用创造条件，做好出站博士后人员的就业引荐等服务工作。

第三十三条 博士后人员在站期间，有下列情形之一者，应予退站：

1. 考核不合格的；
2. 在学术上弄虚作假，影响恶劣的；
3. 受警告以上行政处分的；
4. 无故旷工连续15天或一年内累计旷工30天以上的；
5. 因患病等原因难以完成研究工作的；
6. 出国逾期不归超过30天的；
7. 其他情况应予退站的。

第三十四条 退站的博士后人员，不享受国家对期满出站博士后人员规定的相关政策，其户口迁落和有关人事关系手续由人事部博士后管理部门或有关省、自治区、直辖市人事部门办理。

第三十五条 加强对博士后工作管理人员进

行业务培训,以做好博士后管理工作。

第六章 博士后日常经费和公寓管理

第三十六条 博士后日常经费是用于博士后人员日常生活和日常公用的专项经费,主要来源于中央财政拨款、地方财政拨款和设站单位筹资。

第三十七条 人事部和财政部确定国家资助博士后日常经费标准,制定国家日常经费资助年度计划。各省、自治区、直辖市和设站单位资助招收博士后人员,其日常经费标准参照国家规定的博士后日常经费标准。

第三十八条 留学博士回国从事博士后研究工作,国家按照博士后日常经费标准给予专门资助。

第三十九条 博士后日常经费由设站单位统一管理,单独立账,专款专用。对国家下拨的博士后日常经费,设站单位博士后工作主管部门可以提取不高于博士后日常经费总额的3%,作为博士后管理工作经费。

第四十条 人事部和各省、自治区、直辖市人事部门负责对其下拨的博士后日常经费的管理、使用情况进行检查和监督,对违反规定使用不当的,按照有关财务规定处理。

第四十一条 国家、地方和设站单位共同出资,在设站单位和在站博士后人员数量较多的城市集中建造博士后公寓。有条件的设站单位也可自筹经费建造博士后公寓。

第四十二条 有关省、自治区、直辖市和设站单位应根据当地的实际情况制定博士后公寓管理办法。博士后公寓是在站博士后人员居住的专门住房,不得挪作他用。博士后出站时,应及时从博士后公寓中迁出。

第七章 评估和表彰

第四十三条 人事部和全国博士后管理委员会统一组织全国博士后工作评估。评估工作一般每三年进行一次。

第四十四条 人事部和全国博士后管理委员会负责制定评估办法和评估指标体系,各省、自治区、直辖市和国务院有关部委、直属机构人事部门按照人事部和全国博士后管理委员会的要求,负责组织实施本地区、本部门博士后工作评估,并将评估情况报人事部。

第四十五条 人事部、全国博士后管理委员会根据评估结果,划分评估等级并予以公布。对管理工作优秀的流动站和工作站进行表彰;对管理不善、评估不合格、不具备设站条件的流动站和工作站视情况予以警告、限期整改直至撤销,并向社会公布。

第四十六条 人事部博士后管理部门或有关省、自治区、直辖市人事部门对受到警告并限期整改的设站单位在制度建设、组织机构、博士后人员在站管理等方面进行专门的指导和帮助,并在整改期满时组织考核,将考核结果报人事部。人事部和全国博士后管理委员会根据考核结果作出撤销警告或撤销设站资格的决定,并向社会公布。

撤销的流动站和工作站三年后方可重新申请设立流动站和工作站。申报程序见本规定第九条、第十条。

第四十七条 对在科学技术、教育事业和经济建设中做出突出贡献的优秀博士后人员,人事部和全国博士后管委会通过组织开展全国优秀博士后评选活动进行表彰。

第四十八条 各省、自治区、直辖市人事部门应加强日常管理,做好评估和表彰工作,对优秀的流动站和工作站给予奖励,对存在问题的设站单位及时给予指导和帮助。各设站单位应结合本单位实际情况,建立必要的日常管理和检查制度。

第八章 科研资助

第四十九条 国家设立中国博士后科学基金,为博士后人员开展科研工作提供资助。基金主要来源于中央财政拨款,同时接受国内外各种机构、团体、单位或个人的捐赠。

第五十条 博士后科学基金设普通资助和特别资助两种方式。普通资助是对博士后人员从事自主创新研究的科研启动或补充经费;特别资助是为鼓励博士后人员增强创新能力,对在站期间取得重大科研成果和研究能力突出的博士后人员的资助。

第五十一条 中国博士后科学基金资助按照《中国博士后科学基金资助条例》和配套办法执行。

第五十二条 各地方政府和中央有关部门的人事(干部)部门,以及博士后设站单位应对获得中国博士后科学基金资助的博士后人员给予配套资助。

第九章 职业道德建设

第五十三条 加强对博士后人员的爱国主义教育,引导他们树立良好的职业道德,淡泊名利,潜心钻研,自由探索,锐意创新。

第五十四条 加强对博士后人员知识产权保护法律意识的培养,严格遵守知识产权保护的法律法规,尊重他人的研究成果和权益。创造尊重和保护知识产权的法治环境,依法申报知识产权,促进科技成果转化。

第五十五条 各设站单位应为博士后人员营造尊重个性、学术民主、鼓励探索、支持创新、容许失败的宽松和谐环境,形成有利于优秀青年人才脱颖而出的机制。

第五十六条 博士后人员应坚持实事求是的科学精神和严谨求实的治学态度,加强学术道德自律,反对学术上弄虚作假的浮躁浮夸作风,坚决抵制学术腐败和欺骗行为。

第十章 附 则

第五十七条 各省、自治区、直辖市人事部门,国务院有关部委、直属机构人事部门以及设站单位应结合本地区、本部门实际情况,并按照本规定制定具体实施办法。

第五十八条 本规定由人事部负责解释。

第五十九条 本规定自2007年1月1日起施行。2002年2月1日施行的《博士后管理工作规定》同时废止。此前有关规定凡与本规定不一致的,按本规定执行。

关于改进科学技术评价工作的决定

(2003年5月15日科学技术部、教育部、中国科学院、中国工程院、
国家自然科学基金委员会发布 国科发基字[2003]142号)

各省、自治区、直辖市、计划单列市科技厅(委、局)、教育厅(教委),新疆生产建设兵团科委、教委,国务院各有关部门:

科学技术评价是科技管理工作的重要组成部分,是推动国家科技事业持续健康发展,促进科技资源优化配置,提高科技管理水平的重要手段和保障。为规范科学技术评价工作,建立健全科学技术评价机制,正确引导科技工作健康发展,不断增强我国的科技持续创新能力,特作如下决定。

一、明确科技评价工作中的主要问题,充分认识改进科学技术评价工作的紧迫性和重要性

多年来,我国在科学技术评价方面进行了积极的探索,开展了大量卓有成效的工作,积累了许多宝贵经验,对提高我国科技管理水平起到了积极作用。但目前,在一定程度上暴露出的评价制度不健全、评价体系不完善、评价方法不规范等问题,已引起科技界的广泛关注。主要表现为:科学技术评价分类不够明确,在一些评价活动中,用同一评价标准评价不同类型的科学技术活动,不能客观、真实、准确地反映不同评价对象的实际情况;评价中存在重形式走过场、重数量轻质量的倾向,评价结果使用不当等,在一定程度上助长了急功近利、浮躁浮夸等不良风气和短期行为;专家评议制和信誉制度不够完善,重人情拉关系、本位主义等现象在某些评价活动中还时有发生,影响了评价工作的客观性与公正性;对于"非共识"项目缺乏科学合理的遴选机制,不利于一些创新性的科研立项。这些问题虽然是少数或局部现象,但已造成不良影响。各级科技管理部门及相关单位必须从科技发展大局出发,采取切实有效的措施,尽快解决当前科学技术评价工作中的主要问题,扭转各种不良风气和行为。

二、加强宏观指导,明确职能定位,正确引导科学技术评价工作

科学技术评价工作要遵循"目标导向、分类实施、客观公正、注重实效"的要求,必须有利于加强原始性创新,提高我国科学技术的实力和水平,推动科技产业化,促进科学技术持续健康发展;有利于高素质科技人才队伍的成长与发展;有利于提高政府对科学技术的管理水平,促进全社会对科技的重视和支持。

在科学技术评价工作中,对有关科学技术活动事项提出评价需求的评价委托方,其职能是制定科学合理的评价政策和制度,建立健全评价体制和机制,宏观指导和监督科学技术评价工作;受评价委托方委托的评价执行方,其职能是根据评价委托方的要求和目标,按照科学的评价方法,制定评价工作程序,组织评价专家进行评价活动,及时向社会发布有关的评价信息,接受相关法律法规的约束,并对其评价结果负责;评价专家的职责是公正、公平地评价各类科学技术活动,其工作要接受相关法律、法规及其信誉制度的制约,接受全社会、评价委托方和执行方的监督与管理。

积极鼓励和支持从事科学技术评价的社会中介机构的建设与发展,建立健全评价机构资格认证制度,以及与科学技术评价工作相配套的制约机制和责任追究机制,以促进科学技术评价专业中介机构的健康发展。

三、区别不同评价对象,明确各类评价目标,完善各类评价体系

科学技术评价要坚持以国家目标或科技自身发展目标为导向,要针对计划、项目、机构、人员等不同对象,根据国家、部门、地方等不同层次,基础

研究、应用研究、科技产业化等不同类型科学技术活动的特点,确定不同的评价目标、内容和标准,采用不同的评价方法和指标,避免简单化、"一刀切"。

战略性基础研究的评价要以社会经济发展和国家安全中重大基础科学问题为导向,突出国家目标与科学发展目标的有机结合,以科学技术前沿的原始性创新和集成性创新、解决国家重大需求的实质性贡献以及优秀人才培养为主要评价标准。

自由探索性基础研究的评价要以科学发展目标为导向,主要以新发现、新概念、新理论和新方法等原始创新性成果和创新性人才的培养为评价标准,注重原始性创新和科研人员的创新潜力,鼓励探索,宽容失败。

科技条件工作的评价要以给科技、经济与社会发展和国家安全等提供支撑和服务为导向,以基础数据、资料、资源的准确性、权威性、系统性、连续性、共享性和处理手段的先进性,大科学设备的使用率和使用效果,以及对决策的咨询与服务效果等为主要评价标准,要把对国民经济、社会和科学技术可持续发展的贡献作为评价重点,注重整合、共享与服务。

应用研究的评价应紧密结合经济建设和社会发展的需求,以技术推动和市场牵引为导向。以技术理论、关键技术、共性技术和核心高技术的创新与集成水平,自主知识产权(专利、版权、标准、专有技术等)的产出,潜在的经济效益、社会效益等要素为主要评价标准。

科技产业化的评价以建立企业为主体的科技成果转化与产业化机制,发展高新技术产业,优化调整产业结构为导向,以培育具有自主创新能力的高新技术企业为评价重点,以产品的技术先进性和创新性及其未来的产业化水平和发展前景为主要评价标准。这类科学技术活动要以市场评价为主,对这类科学技术活动的评价应注意吸收经济学家、管理专家及产业界人士的意见。

四、建立"公平、公正、公开"的评价原则,建立与国际接轨的评价制度,规范科学技术评价行为

科学技术评价要客观、真实、准确地反映不同评价对象的实际情况,增加科学技术评价活动的公开性与透明度,保证评价工作的独立性和公正性、评价结果的科学性和客观性。在评价实施过程中,政府不组织机构排序,不干预具体评价工作。

在建立健全评价专家资格审查制度的基础上,进一步完善国内外专家库的建立与共享,提高来自研究开发第一线中青年评价专家的比例。在评价工作中,严格实行回避制度与专家组定期轮换制度。积极推进国际同行评议,尤其对国家重要研究机构、研究领域或学科及重大项目的评价要邀请国外专家参与。建立评价意见的反馈机制、评价申诉制度以及重大项目评价结果公示制度。加强评价专家信誉制度建设,重大项目的评审应采取记名投票方式,评价专家名单应分级分类向社会公开,增强评价专家的荣誉感和社会责任感。

公平对待"小人物"和"非共识"项目。对探索性强、风险性高的项目和创新性强的"非共识"项目应淡化对项目有关的研究基础、可行性分析的评价,为创新性"非共识"项目提供探索性小额资助的机会,促进创新人才脱颖而出,鼓励原始性创新活动。

五、倡导质量第一,克服浮躁、急功近利等短期行为,坚决反对浮夸作风

科学技术评价始终要将质量放在第一位,鼓励和引导科技人员开展具有创新意义的科研工作。对机构和个人(或群体)重点评价具有代表性的突出成绩和典型事件,不得以数量代替质量。

加强对科技成果评价工作的管理,树立国家科技成果评价的严肃性、权威性和公正性。改进现行成果评价方式,采用国际通行的同行评议和专家推荐制。科技评奖应以是否具有重大科技创新、重大技术进步,阐明自然现象、特征和规律,做出重大科学发现,以及在相应领域、学科内产生影响等实质性的价值标准作为重要指标,避免滥用不切实际的"国际领先"、"国内领先"等夸大之辞,坚决抵制和反对虚假评价。要制定严格的监督机制和责任制度,一旦发生虚假评价的情况,要追究评价机构及相关人员的责任。

科学论文是科学技术产出的一种忠实记录,

刊物的影响因子,在用于宏观上判断科学技术产出的总体情况是有意义的,但不宜作为具体论文内在价值的判断标准。要正确看待SCI(科学引文索引)、EI(工程索引)等数据库在科学技术评价中的作用。SCI、EI等收录论文数量只是科学技术评价中的定量指标之一,反对单纯以论文发表数量评价个人学术水平和贡献的做法,要提倡科学论文内在价值的判断,强调论文的被引用情况,并根据不同学科领域区别对待,避免绝对化。

六、提倡务实评价,营造宽松的创新环境,避免过繁过重的科学技术评价活动

科学技术评价应该有利于营造宽松的创新环境,激励科技工作者勇于从事原始性创新研究。要优化评价程序,改进评价方法,注重评价实效,尽可能地压缩合并相同内容、不同层次的评估活动,减轻被评机构及人员的负担,避免过繁过重的评价妨碍科学技术活动的正常进行。要建立跨部门的国家科技计划和项目管理信息系统,促进政府各部门之间的协同工作,保证评价数据与信息的公开与共享,避免不必要的重复。

对人员的评价是为了向研究开发人员提供正确的支持意见和改进建议,为研究开发人员的工作创造一个宽松稳定的环境,激励研究开发人员进行更有成效的研究开发活动,避免导致急功近利的短期行为。人员评价要遵照分类评价的原则,根据其所从事岗位和工作的性质,确定相应的评价标准。要注重对科技人员群体的评价,重点考察学术带头人的创新能力和潜力、学术水平、实际贡献及其在研究群体中发挥的作用等,群体内部人员的评价应由学术带头人去考察。要淡化职称评价,重视岗位聘用。评价周期应结合岗位的工作性质而设定,避免产生短期效应。对机构的评价要侧重诊断性评价,强调科研机构与基地的开放、流动及共享服务,重点评价其发展战略、学科优势与特色、国际地位与竞争力、创新能力与水平、队伍建设、人才培养等,对连续评价为优秀的机构和研究群体,应适当延长其评价周期。

七、加强科学道德建设,营造良好的创新文化,坚决反对任何形式的学术不端行为

将创新文化的重要要素引入到评价体系之中,加强科学道德建设,倡导热爱科学、淡泊名利的良好文化风尚。要鼓励勇于创新、宽容失败、敢为人先的拼搏精神。弘扬"百花齐放、百家争鸣"的方针,提倡开展平等的学术批评与学术争论,保障不同学术观点的公开发表和充分讨论。推动不同学科领域、不同学术思想、不同学派间的交流与合作,营造有利于科技发展的良好文化环境。

强调科学家的社会责任感,反对任何形式的学术不端行为。要注意避免将科学技术评价变成争钱、争物、争荣誉的手段,力戒各种非学术性的因素和过分的炒作。反对一切不负责任、偏袒个人或单位利益,甚至弄虚作假的行为。对于浮夸、剽窃、抄袭、造假和拼凑数据的单位或个人,以及借评价之虚、行谋取私利之实的学术不轨行为,一经查实,除相关管理部门给予行政处分和公开通报之外,要禁止直接责任者在未来一段时间申请政府投资的任何科技项目。

各级科技管理部门要根据本决定的精神要求,结合本部门、本单位的实际情况,建立健全科学技术评价制度,制定改进科学技术评价工作的具体办法和措施,完善各类评价管理办法和实施细则,加强对科学技术评价工作的管理,切实把本决定落实到各类科学技术评价工作中。

科学技术部 教育部 中国科学院
中国工程院 国家自然科学基金委员会
二〇〇三年五月七日

科学技术评价办法(试行)

(2003年9月20日科学技术部发布　国科发基字[2003]308号)

第一章　总　则

第一条　为加强和改进科学技术评价工作，建立健全科学技术评价制度，规范科学技术评价活动，正确引导科学技术工作健康发展，根据国家有关法律法规和《关于改进科学技术评价工作的决定》，制定本办法。

第二条　科学技术评价是科学技术管理工作的重要组成部分，是推动国家科学技术事业持续健康发展，促进科学技术资源优化配置，提高科学技术管理水平的重要手段和保障。

第三条　本办法所指科学技术评价是指受托方根据委托方明确的目的，按照规定的原则、程序和标准，运用科学、可行的方法对科学技术活动以及与科学技术活动相关的事项所进行的论证、评审、评议、评估、验收等活动。

本办法适用于对中央或地方财政资金资助的科学技术计划、项目、机构、人员、成果的科学技术评价。

第四条　科学技术评价工作应当遵循"目标导向、分类实施、客观公正、注重实效"的要求，必须有利于鼓励原始性创新，有利于促进科学技术成果转化和产业化，有利于发现和培育优秀人才，有利于营造宽松的创新环境，有利于防止和惩治学术不端行为。

第五条　科学技术评价工作必须坚持公平、公正、公开的原则，保证评价活动依客观事实作出科学的评价。

第六条　科学技术部是科学技术评价工作的主管部门，负责全国科学技术评价工作的宏观管理、统筹协调和监督检查。国务院其他相关部门按照各自的职责范围，负责有关的科学技术评价工作。

县级以上地方人民政府科学技术行政管理部门负责本地区科学技术评价活动的指导、管理和监督工作。

第二章　基本程序和要求

第七条　科学技术评价工作的行为主体包括评价委托方、受托方及被评价方。委托方是指提出评价需求的一方，主要是各级科学技术行政管理部门或其他负有管理科学技术活动职责的机构等；受托方是指受委托方委托，组织实施或实施评价活动的一方，主要包括专业的评价机构、评价专家委员会或评价专家组等；被评价方是指申请、承担或参与委托方所组织实施的科学技术活动的机构、组织或个人。

第八条　科学技术评价工作一般应由委托方委托专业评价机构、评价专家委员会或评价专家组作为受托方进行。

第九条　委托方应对受托方的科学技术评价工作提出明确的规范性要求，并与受托方签订书面合同或任务书。合同的主要条款应当包括：

（一）评价对象与内容；

（二）评价目标；

（三）评价方法、标准与具体程序；

（四）评价报告的要求；

（五）评价费用及支付；

（六）相关信息和资料的保密；

（七）其他必要内容。

评价费用应由委托方支出，不得由被评价方支出。根据需要或合同约定，评价合同中的评价目标、方法、标准、程序等有关内容应向社会公开，接受社会监督。

第十条　受托方接受委托后,应当根据合同约定制定评价工作方案,在取得委托方认可后,独立开展评价工作,任何组织和个人不得干涉。

第十一条　受托方应根据评价对象、内容及评价目标,遴选符合要求的评价专家进行评价活动。根据工作需要,委托方也可以直接遴选、组建评价专家委员会或专家组作为受托方,由受托方独立进行评价活动。

第十二条　受托方可以采取实地考察、专家咨询、信息查询、社会调查等方式,收集评价所需的信息资料,在定性与定量分析的基础上,进行分析研究和综合评价,形成评价报告,按时提交给委托方并由委托方归档保存。

第十三条　评价报告一般应当包括下列内容:

(一)评价机构、评价专家委员会、评价专家的名称或名单;

(二)委托方名称;

(三)评价目的、对象及内容;

(四)评价原则、方法及标准;

(五)评价程序;

(六)评价结果;

(七)合同约定或其他需要说明的问题。

评价过程中收集的与评价有关的信息资料以及其他需要附录的信息资料可以作为附件。

第十四条　评价结果由评价专家委员会或评价专家组以会议或通讯方式评议产生。对重大科学技术计划、项目、成果及重要机构、人员等的评价以及合同有特别约定的,应当采取记名投票表决方式产生。

评价专家有不同评价意见的,应当如实记载,并予以保密。

第十五条　根据需要,在保证不被侵权、不泄密和保障国家安全的前提下,委托方可以采取适当的方式在一定范围内公示、公开有关评价结果,必要时,也可以将评价结果告知被评价方或其所在单位。

被评价方或其他任何单位和个人对评价结果有异议的,可以根据本办法的规定提出申诉。

第十六条　评价结果是委托方进行科学技术决策的重要参考依据,可作为对被评价方的科学技术研究与发展给予资助、连续资助或终止资助的依据。依据评价结果所做的决策行为,其责任由决策行为方承担。

被评价方要根据正反两方面的评价结果和建议,及时调整、改进自身的科学技术活动。

第三章　评价专家遴选

第十七条　建立健全评价专家资格审查制度。评价专家应具备下列条件:

(一)具有较高的专业知识水平和实践经验、敏锐的洞察力和较强的判断能力,熟悉被评价内容及国内外相关领域的发展状况。

(二)具有良好的资信和科学道德,认真严谨,秉公办事,客观公正,热心科学技术事业,敢于承担责任。

第十八条　建立健全评价专家库。评价专家库应包括来自研究与发展机构、大学、企业等单位的科学技术专家、经济学家和管理专家等,并应当根据科学技术的发展趋势和管理工作的需要及时更新。

各级科学技术行政管理部门应当会同有关部门和单位,建立跨行业、跨部门、跨地区、跨领域的评价专家库共享机制。

第十九条　遴选评价专家应当遵守下列原则:

(一)随机原则。参与具体评价活动的评价专家一般应从评价专家库中依据要求和条件随机遴选,必要时,可以遴选一定比例的管理专家、经济学家、企业家及用户代表参加。遴选组成的专家委员会或专家组应体现不同学科、不同专业技术、不同学术观点、不同单位和不同地区的代表性,并应当有一定比例的在一线从事实际研究与发展工作的专家参加。

(二)回避原则。与被评价方有利益关系或可能影响公正性的其他关系的评价专家不能参与评价。已遴选出的,应主动申明并回避。被评价方可以按规定提出一定数量建议回避的评价专家,并说明理由。

委托方或受托方根据需要可以在评价前或评价后以适当方式向社会公布评价专家名单,以增强评价专家的责任感和荣誉感,接受社会监督。

（三）更换原则。委托方或受托方组建的常设评价专家委员会或专家组应定期换届,其成员连选连任一般不得超过两届,并应当保持一定的更换比例。

第二十条 评价专家应当严格遵守国家有关法律、法规、规章和政策要求,恪守职业道德,坚持独立、客观、公正和科学的原则,并自觉接受有关方面的监督。

第二十一条 在保障国家安全和国家利益的前提下,对于无保密要求的重大科学技术计划的制定,优先资助领域的遴选,重大项目与重要"非共识"项目、重要研究与发展机构和人员等的评价,应邀请一定比例的境外专家参与。

第四章　科学技术计划评价

第二十二条 科学技术计划评价应以满足科学技术、经济、社会发展和国家安全的战略需求为导向,以促进国民经济和社会发展中重大的科学技术问题以及科学技术前沿重大问题的突破和解决为评价重点。

第二十三条 科学技术计划评价主要是针对国家或地方重大科学技术计划(含"工程"和"专项")的设立和实施效果进行评价,为改进科学技术计划的决策与管理、优化资源配置提供依据。

第二十四条 科学技术计划评价包括前期评价、中期评估和绩效评价。

（一）前期评价主要是对拟设立的科学技术计划的必要性、可行性及其定位、目标、任务、投入、组织管理等进行评价,为战略决策、计划设计和组织实施提供依据。

（二）中期评估主要是对科学技术计划执行中的进展情况及存在的问题进行评价,为科学技术计划的后续安排和调整提供依据。

（三）绩效评价主要是对科学技术计划目标的实现程度、完成效果与影响、经费投入的效益、组织管理的有效性等进行评价,为科学技术计划的滚动实施、调整或终止提供依据。

第二十五条 科学技术计划评价一般应选择独立的专业评价机构或评价专家委员会作为受托方。受托方应根据不同类型的科学技术计划,遴选科学技术、经济、管理等相关领域的高水平专家参与评价工作。

第二十六条 重大科学技术计划绩效评价周期依据其实施期确定,对于实施期较长的科学技术计划一般每五年左右进行一次。

第五章　科学技术项目评价

第二十七条 科学技术项目评价实行分类评价。根据各类科学技术项目的不同特点,选择确定合理的评价程序、评价标准和方法,注重评价实效。

对重大科学技术项目实行全程评价,包括立项评审、中期评估和结题验收,并可根据需要在项目结题后2至5年内进行后期绩效评价。一般性科学技术项目评价应侧重立项评审和结题验收,实行年度进展报告制度。

第二十八条 战略性基础研究项目评价应以解决经济、社会、国家安全以及科学自身发展中的重大基础科学问题为导向,突出国家目标与科学发展目标的有机结合,以科学前沿的原始性创新和集成性创新、对国家重大需求的潜在贡献以及优秀人才培养为评价重点。

（一）评价专家应当从研究经验丰富、学术眼光敏锐、战略意识强和知识面广的专家中遴选产生,并注重吸纳在一线从事高水平研究、熟悉同类学科国内外发展现状及趋势的专家参加。

（二）立项评审应按照相应科学技术计划的目标要求,建立评价指标体系,主要从项目的学术创新性、科学和社会价值、研究队伍的创新能力、工作基础和研究条件等方面作出评价;中期评估和结题验收应按照项目合同或任务书的要求,针对目标和任务的实施与完成情况作出评价。

（三）后期绩效评价主要对项目的创新性、科学价值及其经济和社会效益作出综合评价。

第二十九条 自由探索性基础研究项目评价应以保障科学研究自由、鼓励科学探索和原始性创新为导向,注重对科学价值和人才培养的评价。

（一）评价专家主要从熟悉本学科或相关学科前沿发展、学术眼光敏锐并具有一定研究基础的专家中遴选产生。

（二）立项评审应采用同行评议的方法，重点从项目的创新性、研究价值、目标设定、研究方案等方面作出评价，不过分强调项目的预期成果等。

（三）应将立项评审作为评价工作重点，一般不组织专门的中期评估和结题验收，但应当提交项目年度进展报告和结题报告。

对探索性强或具有明显创新性的"非共识"研究项目，应重点评价被评价方的创新能力与潜力、学术水平及科学严谨性。对争议或分歧较大的，应当将评价专家署名的不同评价意见和被评价方的申辩理由一并提交委托方审定。应加强对此类项目的管理和后期绩效评价，重点评价成果产出的质量和对原始性创新的贡献及潜在价值。

第三十条 应用研究项目评价应紧密结合经济建设和社会发展的需求，以技术推动和市场牵引为导向，以技术理论、关键技术和核心高技术的创新与集成水平，自主知识产权的产出，潜在的经济效益、社会效益等要素为评价重点。

（一）评价专家主要从科学技术专家、管理专家、经济学家、企业技术负责人和潜在用户代表中遴选产生。

（二）立项评审应重点从研究目标和内容的重要性与必要性、技术的创新性与实用性、研究方案的可行性、技术实力与研究基础、预期应用前景等方面作出评价；中期评估和结题验收重点评价项目合同或任务书所确立的目标实现情况和潜在的应用价值。

（三）重大应用研究项目的后期绩效评价主要从技术的创新与集成水平、关键技术的突破与掌握、自主知识产权的产出、技术标准研制、经济和社会效益等方面作出综合评价。侧重于应用基础研究的项目还应考察学术论文的质量。

第三十一条 科学技术产业化项目评价以建立企业为主体的科学技术成果转化与产业化机制、发展高新技术产业、优化调整产业结构为导向，以培育具有自主创新能力的高新技术企业为评价重点。

（一）评价专家应从科学技术专家、经济学家、管理专家、企业家以及用户代表中遴选产生。

（二）重大科学技术产业化项目评价应当委托专业评价机构进行全程评价。根据需要，评价结果可以提供给其他投资方。

（三）立项评审应根据国家发展战略和产业政策要求，建立评价指标体系，重点从带动产业技术升级、引导新兴产业形成和促进社会可持续发展，或与国家重大工程建设的配套集成等方面作出评价；中期评估、结题验收应根据项目合同或任务书的要求，对合同目标和考核指标的实现情况作出评价。

（四）对重大科学技术产业化项目的后期绩效评价以市场评价为主，采用定性评价法和经济计量法从经济效益、社会效益等方面作出评价。

第三十二条 社会公益性研究项目评价应以研究解决国家战略性公益事业发展的共性科学技术问题，增强科学技术为重大社会公益问题提供科学技术支撑和服务的能力，为社会、经济协调发展，为人民生活水平的提高提供技术保障为导向，以技术支撑及服务体系的先进有效性，共享与服务的能力和水平，以及潜在的社会效益等作为评价重点。

（一）评价专家委员会（或专家组）应由从事社会公益性研究工作的专家、管理专家及用户代表组成。

（二）社会公益性研究项目应充分考虑社会公益性的特点，重点从技术支撑与服务的能力和水平、共享度、社会效益及服务效果等方面建立评价指标体系。

（三）应根据社会公益性研究工作的长期性、服务性、共享性特点，对公益性研究工作实行长期跟踪考察，注重社会公益领域的监测、预警和应急反应技术服务体系的建立。

第三十三条 科学技术条件建设与支撑服务项目评价应以为科学技术、经济、社会发展和国家安全等提供科学技术条件支撑和公共服务为导向，以对国民经济、社会和科学技术可持续发展的贡献为评价重点。

（一）评价专家应从主要从事科学技术条件建设工作的专家、经济学家、管理专家和用户代表中遴选产生。

（二）根据科学技术资源和条件的特点，分类建立评价指标体系。其中条件建设类项目评价应注重科学技术基础条件和资源（包括自然和人文资源、数据、标准、信息、设施等）的准确性、完整性、共享性、应用率、技术的先进有效性、运行与维护的高效性、提供服务的能力等；支撑服务类项目评价应注重科学技术基础条件和资源信息的完整性、开放度、集成度与共享度，服务手段的先进性、有效性、规范性，以及服务的满意度等方面的情况。

（三）对科学技术条件建设和支撑服务项目实行长期跟踪考察，注重社会效益及服务效果，通常不能以发表学术论文或获得专利情况作为主要评价指标。

第六章 研究与发展机构评价

第三十四条 研究与发展机构应以加强国家创新体系建设、建立现代研究与发展管理制度为导向，以机构的发展目标与定位、研究与发展能力、人才队伍建设、条件建设与服务水平、运行机制与创新环境建设以及科学技术产出绩效等方面为评价重点。

第三十五条 研究与发展机构评价应委托专业评价机构或评价专家委员会作为受托方进行评价。对基础研究、公益性研究等重要研究与发展机构的评价，应当邀请一定比例的境外专家参与评价。

第三十六条 对研究与发展机构应根据其功能定位、任务目标、运行机制等特点，选择合理的评价方式和标准进行分类评价。

（一）基础研究机构评价应以原始性创新能力与国际科学前沿竞争力为评价重点，主要评价学科专业方向设置的科学性、学科带头人及人才群体的整体水平和培养能力、国内外合作与交流情况、科研条件共享、成果及论文产出的水平以及在国内外相关领域的地位和影响等。

（二）社会公益类研究机构评价以其对国计民生和社会可持续发展的技术保障和服务能力为评价重点，主要评价其发展方向与国家需求的一致性、科学技术创新与服务能力、人才队伍整体水平、科学技术成果应用产生的社会效果、科学技术基础条件完善程度、共享水平及服务质量等。

（三）技术开发类机构评价以其新技术、新产品和新工艺的研究与开发能力和向现实生产力的转化能力为重点，主要评价其自主知识产权的获取和保护能力、对行业科学技术进步和高新技术产业发展的贡献以及经济效益等。这类机构的评价应以市场评价为主。

第三十七条 以政府财政资助为主的研究与发展机构，由科学技术主管部门会同相关部门共同组织委托评价，评价结果应与政府财政的投入水平相适应。

第三十八条 研究与发展机构的评价应当定期进行，评价周期一般为3至5年。

第七章 研究与发展人员评价

第三十九条 研究与发展人员评价以促进形成"公平、公开"的竞争与合作机制和优秀人才脱颖而出为导向，以其代表性产出和业绩、创新潜力和职业道德等为评价重点。

第四十条 评价专家应从科学技术专家、管理专家中遴选产生，并应当邀请被评价人员所在单位的人员参加。

第四十一条 研究与发展人员评价应根据其所从事的工作性质和岗位，确定相应的评价标准，进行分类评价。

（一）对从事基础研究工作的人员评价应重点考察其创新研究能力和潜力、学术水平、工作业绩、学术影响等。

（二）对从事应用研究工作的人员评价应重点考察其对核心技术、关键技术的创新与集成能力和潜力，工作业绩，获得的自主知识产权等。

（三）对从事科学技术成果转化与产业化工作的人员评价应以市场评价为主，重点考察其推动科学技术成果转化和产业化的能力，及取得的经济和社会效益等，一般不以学术论文发表作为主要评价指标。

（四）对从事条件保障与实验技术工作的人员评价应重点考察其为研究与发展活动提供服务的能力和水平、工作质量、工作责任心、服务的满意度等，一般不以发表学术论文或获得成果、专利为主要评价指标。

第四十二条　对研究与发展人员的评价应采取个人评价与群体评价相结合的方式进行，注重人员在研究群体中所发挥的作用。

人员评价应主要评价带头人的创新能力和潜力、把握研究与发展方向的能力、研究与发展水平、实际贡献、组织协调能力等。群体内部人员的评价可由带头人进行。

第四十三条　对研究与发展人员的评价应根据岗位的不同性质和特点，结合岗位聘用确定评价周期，一般为3至5年。

第八章　科学技术成果评价

第四十四条　科学技术成果评价以鼓励创新，加快人才培养，促进科学技术成果转化和产业化，增进科学技术和经济、社会发展密切结合为导向，以科学价值或技术水平、市场前景为评价重点。

第四十五条　委托方应根据需要委托专业评价机构或评价专家委员会作为受托方对成果进行评价。各级科学技术行政管理部门一般不对被评价方自行提出的要求组织成果评价。

第四十六条　委托方应减少直接组织的成果评价数量，特别是面向市场的应用技术类成果的评价数量。一般科学技术项目结题验收后不再对成果另行评价，但重大项目或有重要创新、重大价值的成果应根据需要适时进行评价。

采用专家推荐制提交评价的成果，应当由三名以上熟悉该领域的专家联合或分别向委托方署名推荐产生。

第四十七条　成果评价应当遴选一定比例的同行专家作为评价专家。在不损害国家安全和利益的前提下，可视情况邀请境外同行专家参与成果评价。

第四十八条　成果评价应根据成果的性质和特点确定评价标准，进行分类评价。

（一）基础研究成果应以在基础研究领域阐明自然现象、特征和规律，做出重大发现和重大创新，以及新发现、新理论等的科学水平、科学价值作为评价重点。在国内外有影响的学术期刊上发表的代表性论文及被引用情况应作为评价的重要参考指标。

（二）应用技术成果应以运用科学技术知识在科学研究、技术开发、后续开发和应用推广中取得新技术、新产品，获得自主知识产权，促进生产力水平提高，实现经济和社会效益为评价重点。应用技术成果的技术指标、投入产出比和潜在市场经济价值等应作为评价的重要参考指标。

（三）软科学研究成果应以研究成果的科学价值和意义，观点、方法和理论的创新性以及对决策科学化和管理现代化的作用和影响作为评价重点。软科学研究成果的研究难度和复杂程度、经济和社会效益等应作为评价的重要参考指标。

第四十九条　被评价方应当提供完整、齐全的技术资料和相关文档，必要时，应当提供专业检测、检索机构等专门机构出具的检测、检索报告或证明材料。

提供给评价专家的与被评价成果相关的各项资料中应隐去成果完成单位名称和完成人的姓名。

第五十条　对申报国家或地方科学技术奖励的成果进行评价，应当遵守国家有关科学技术奖励法规及其他相关规定。

第五十一条　成果评价结果应在充分的国内外对比数据或检索证明材料的基础上，对成果的科学、技术和经济内涵进行全面分析，不得滥用"国内先进"、"国内首创"、"国际领先"、"国际先进"、"填补空白"等抽象用语。严禁弄虚作假和搞形式主义。

第九章　法律责任

第五十二条　参与评价工作的有关各方和人员必须严格遵守法律、法规和其他相关规定，保证科学技术评价的公正性和客观性。

建立健全评价机构和评价专家的信誉制度。评价工作结束后，委托方应对受托方评价工作的公正性、客观性等方面作如实记录；受托方应对评价专家在评价工作中的公正性、客观性、评价意见、工作态度等方面作如实记录；委托方应当建立专业评价机构、评价专家的违规和失误记录档案。

第五十三条　委托方可以根据需要建立科学

技术评价监督委员会。监督委员会成员由管理专家、科学技术专家、法律专家和相关工作人员等组成。

监督委员会主要负责监督科学技术评价活动,受理并处理对评价过程中发生的重大问题的申诉和举报。

第五十四条 任何单位或个人发现科学技术评价活动存在问题的,可以向委托方、科学技术评价监督委员会提出申诉和举报。申诉人、举报人应当提供书面材料,表明真实身份,并提供必要的证明材料。

委托方、科学技术评价监督委员会应当依照本办法的有关规定作出处理。对署名举报的,应当对举报人及举报内容保密。在对申诉或举报的问题调查核实、作出处理后,应将核实、处理结果告知申诉人或举报人并听取意见。对匿名举报的材料,有具体事实的,应当进行初步核实,并确定处理办法。对无署名、无联系方式、没有具体事实的举报,委托方或监督委员会不予受理。

第五十五条 委托方工作人员在评价工作中徇私舞弊、滥用职权、玩忽职守或者干扰评价工作导致评价不公正的,依照有关规定给予纪律处分;构成犯罪的,依法移送司法机关追究刑事责任。

第五十六条 受托方在评价工作中违反本办法规定,造成评价结果严重失实的,委托方可分别情况责令改正,给予警告、通报批评、终止评价委托或取消评价资格。构成违纪的,建议有关部门给予纪律处分;构成犯罪的,依法移送司法机关追究刑事责任。给他人造成经济损失的,应当承担赔偿责任。

第五十七条 评价专家在评价工作中违反本办法规定,委托方可以分别情况责令改正,给予警告、通报批评、取消其参加评价工作的资格;构成违纪的,建议有关单位给予纪律处分;构成犯罪的,依法移送司法机关追究刑事责任。

第五十八条 被评价方在评价过程中提供虚假资料、信息,干扰评价工作独立、客观、公正的开展,造成评价结果严重失实的,委托方可以分别情况责令改正,给予警告、通报批评、取消被评价资格、终止项目合同或在一定时期内取消其承担科学技术计划项目等资格。构成违纪的,建议有关部门给予纪律处分;构成犯罪的,依法移送司法机关追究刑事责任。

第十章 附 则

第五十九条 各级科学技术行政管理部门和其他负有管理科学技术活动职责的机构应当根据本办法修改、完善或制定本部门、本地区科学技术计划、项目、机构、人员及成果等科学技术评价活动的具体管理办法和实施细则,现行有关评价的具体办法和实施细则中不符合本办法规定的应予修改。

第六十条 其他科学技术评价活动可以参照本办法执行。

第六十一条 本办法由科学技术部负责解释。

第六十二条 本办法自发布之日起施行。

关于科技工作者行为准则的若干意见

(1999年11月18日科学技术部、教育部、中国科学院、中国工程院、
中国科学技术协会发布　国科发政字[1999]524号)

广大科技工作者是先进生产力的开拓者,是科技知识和现代文明的传播者,是社会主义现代化建设的骨干力量。科技工作者的言行在社会上具有较大的影响,应当在社会主义物质文明和精神文明建设中起到模范和表率作用。因此,在建立和完善社会主义市场经济体制的新形势下,提高科技工作者的政治素质、业务能力和道德修养,规范科技工作者行为,是新时期科技工作的一项重要内容,是保障我国科学技术事业的健康发展、深入实施科教兴国战略、加强社会主义四个现代化建设的一项重要任务。

为此,特提出规范科技工作者行为准则的若干意见如下:

第一条 科技工作者应当模范遵守我国宪法和法律,拥护中国共产党的领导和党的基本路线,发扬爱国主义精神,增强政治责任感和实现中华民族伟大复兴的历史使命感,自觉把自己从事的科技工作与社会主义祖国的前途和命运联合起来。无论何时何地均不得有任何危害国家安全和社会稳定、损害国家荣誉和利益的行为。

科技工作者要以推动社会主义四个现代化事业为己任,努力发挥科技第一生产力的作用,不断创新,勇于攀登科学技术高峰,加速科技成果转化。科技工作者要以向广大人民群众普及科学技术知识为自身义务,积极弘扬科学精神、传播科学思想和科学方法,提高全民族科学文化素质。

科学工作者要坚持辩证唯物主义和历史唯物主义,牢固树立正确的世界观、人生观和价值观。要高举科学的伟大旗帜,坚持真理,自觉维护科学尊严,并以科学技术知识为武器,勇于同一切愚昧、迷信活动和各种伪科学活动作斗争。科技工作者要正确对待各种自然现象,不得参与、支持任何形式的伪科学和愚昧、迷信活动。

第二条 科技工作者要在遵守社会公德方面率先垂范,严于律己,大力弘扬团结协作的集体主义精神,自觉维护科技界良好的社会形象,努力以自己所掌握的知识和技术服务于人民群众,回馈社会对科技工作者的尊重。在科研工作及其他科技活动中,要相互尊重,主动搞好协作配合,注意避免不利于团结协作的现象发生。对不同学术观点,应进行平等的争论,不得武断压制,更不得进行人身攻击。要发扬尊老扶新的良好风尚,尊重老科技工作者,关心他们的工作和生活;广大老科技工作者也要注意培养和关心青年科技人才,放手让他们担当重任。

第三条 科技工作者要以实事求是的态度、严格的要求、严谨的方法对待科研工作。科学技术研究是有风险的探索性活动,应当允许失败,要发扬大胆探索、积极开拓、勇于创新的精神,认真总结经验教训,正确对待失败,不断攀登科技高峰。要倡导学术上的百花齐放、百家争鸣,鼓励和支持新发现以及新理论、新学说的创立。在科学技术研究活动中,不得为得出某种主观期望的结论而捏造、篡改、拼凑研究结果或者实验数据,也不得投机取巧、断章取义,片面给出与客观事实不符的研究结论。对于一些缺乏科学依据、未经严格科学验证的现象和观点,应当在学术界内部进行严谨的论证、研讨,不得不负责地在公共场合或者通过大众媒体进行传播。广大科技工作者要以高度的社会责任感,自觉把人民的生命和财产安危放在心上,坚决抵制唯利是图等各种不良行为。对那些可能造成重大社会影响,但对其真实性、科学性尚有较大争议的研究项目,尤其是对那些可能对社会造成负面影响而又没有经过专门研究机

构和规范化实验程序检验的研究项目，应当严格按照有关规定进行论证和实验。

第四条 科技工作者在科研开发项目（或课题，下同）申报或者接受委托时，必须对项目进行认真的调查研究和充分的可行性论证。在科研立项的有关材料中，应当对该项目国内外的研究现状、研究人员的科研水平和能力、完成项目的学术价值、预期经济效益或者项目目标、所需科研经费及有关技术指标等作出客观、真实的反映。禁止故意夸大项目的学术价值和经济效益，禁止通过弄虚作假等不正当手段骗取项目。

第五条 科技工作者和有关科技管理机构在科研立项，科技成果的评审、鉴定、验收和奖励等活动中，应当本着对社会负责的科学态度，遵循客观、公正、准确的原则，如实反映其水平。相关的评价结论要在充分的国内外对比数据或者检索证明材料基础上，对评价对象的科学、技术和经济内涵进行全面分析，不得滥用"国内先进"、"国内首创"、"国际先进""国际领先"、"填补空白"等抽象的用语。对未经规定程序进行验证或者鉴定的研究成果，不得随意冠以"重大科学发现"、"重大技术发明"或者"重大科技成果"等夸大性用语进行宣传、推广。对用不正当手段拔高或者贬低他人成果水平以及不认真负责、不实事求是、在评价活动以及结论中弄虚作假等行为，应当坚决制止。要按照对科技成果的创造性贡献大小，合理确定成果完成单位和完成人，未参加研究或者仅从事辅助性、服务性工作的单位和人员，不得以任何方式挤入排名顺序，侵占他人应得的权益。

第六条 科技工作者要做保守国家秘密、保护知识产权的模范。在对内、对外的科技合作与交流及其他各种社会、经济活动中，要切实保守国家秘密和单位的技术秘密。要采取有效措施保护和管理自己的知识产权，尊重他人的知识产权。在科研论著中引用他人的成果，必须注明引证出处；未参加研究或者论著写作的人员，不得在论著中署名或者牟取其他不正当利益。严禁抄袭他人著作、论文或者剽窃他人科研成果的行为。在所承担的国家和单位科研课题或者科技项目完成后，不得故意隐瞒关键技术或者资料，故意妨碍后续研究与开发。职务技术成果的完成人应当保证单位能够充分、有效地使用该成果，禁止将研究成果非法据为己有。

科技工作者在技术开发、转让、咨询、服务等技术交易活动中，应当遵循诚实守信互利的原则，尊重社会主义市场经济规则，如实反映项目的技术状况及相关内容，不得故意夸大技术价值，隐瞒技术风险。要严格履行技术合同的有关约定，保证科技成果转化的质量和应用的效益。

第七条 科技管理工作者要树立全心全意为科技人员服务、为人民服务的思想，转变工作作风，提高政策水平和业务素质，加强决策的民主化、科学化，贯彻民主集中制，严格依法秉公办事。在有关科技计划和项目的审批、经费划拨、物资分配、成果鉴定、成果奖励、人事调配等方面不得以权谋私。要提高工作效率，不得推诿扯皮。各级科技管理部门的工作人员要加强科学道德修养，弘扬科学精神，保持严格、严密、严谨的科学作风，在工作中不得弄虚作假，不得隐瞒或者歪曲事实真相，不得违反科学规律。不得批准成立任何形式的与伪科学和迷信活动相关的所谓"科研机构"，不得组织相关的所谓"成果鉴定"或者提供变相的支持和便利，不得为愚昧、迷信活动及伪科学活动提供场所、经费及其他便利。任何科学仪器设备，不得用于支持此类活动，也不得为其进行所谓的"科学鉴定"、"评奖颁奖"和"科学调查"等。

第八条 科技工作者要模范遵守所在单位制定的科技工作者行为规范或者守则，加强自身的道德修养，对在科研工作和各项社会活动中的行为进行自律。科技管理机构要把科技工作者职业道德作为年度或者聘期考核的重要内容之一，有关考核结果应记入个人技术档案，作为其申报项目、职务、职称聘任、晋升、评比先进和实施奖惩的依据。

第九条 科技工作者要自觉接受舆论的监督。对严重违背科技工作者职业道德、影响极其恶劣的行为，在准确把握事实真相的基础上，要充分运用报刊、广播、电视等新闻媒体对其进行严厉鞭笞。新闻媒体在进行舆论监督时，不得对他人恶意诬告、中伤诽谤，不得侵犯当事人和他人的合法权益。

第十条 对违背科技工作者行为准则的不良行为，可以向各级科技行政管理部门和其他科技管理机构进行投诉。一经查实，各级科技管理部门和相关单位可视具体情况，给予批评教育，责令改正或者赔礼道歉，撤销项目，追回科研经费，行政处分，取消相应资格（包括但不限于一定期限内的科研项目申请资格、评审或者鉴定专家资格、申报科技奖励资格等）和职务、职称及其他称号等相应的处理。触犯法律的，依法追究有关当事人的法律责任。

对科技活动中各种不良行为的调查处理，各级科技行政管理部门和有关科技管理机构要严格掌握政策界限，既要坚持原则、严肃认真，又要科学公正、实事求是；以教育帮助为主，处罚为辅。在有关当事人认识错误、端正态度、悔过改正的前提下，可以从轻处理。切忌武断片面、偏听偏信、感情用事、盲目草率，挫伤科技工作者的积极性。在有关的调查和处理活动中，要广泛听取广大科技人员的意见，以求所作出的结论经得起科学和历史的检验。对经查证核实，没有不良行为、受到不正当指控的单位和个人，要采取适当措施予以澄清、正名，使有关调查处理工作真正起到扶正压邪的作用。

关于动员和组织广大科技工作者
为建设创新型国家做出新贡献的若干意见

(2007年1月16日中央组织部、教育部、科技部、人事部、中国科协发布　科协发办字[2007]6号)

各省、自治区、直辖市党委组织部,人民政府教育厅(教委)、科技厅(局)、人事厅(局),科学技术协会:

为全面贯彻落实《中共中央国务院关于实施科技规划纲要　增强自主创新能力的决定》,按照中央关于进一步动员和组织广大科技工作者为提高全民科学素质、增强自主创新能力、建设创新型国家做出新贡献的要求,提出以下意见:

1. 认清形势,明确任务,切实肩负起时代赋予的历史使命。增强全社会创造活力,用15年的时间使我国进入创新型国家行列,是党中央、国务院在科学分析我国基本国情和全面判断我国战略需求的基础上作出的一项重大战略决策,核心就是贯彻"自主创新、重点跨越、支撑发展、引领未来"的战略方针,把增强自主创新能力作为统领未来科技发展的战略主线,把激发全社会创造活力作为建设创新型国家的根本途径。建设创新型国家,体现了科学发展观的本质要求,丰富了科学发展观的基本内涵,将为全面建设小康社会提供强有力的支撑。

建设创新型国家,离不开广大科技工作者的艰苦劳动和创造性实践。我国科技界素有爱国奉献、务实创新、不畏艰险、淡泊名利的优良传统,涌现过一大批自觉把实现个人抱负与国家民族前途命运紧密结合起来的优秀代表。今天,在民族复兴的重要历史关头,党和国家又一次向广大科技工作者发出号召,把走出一条中国特色自主创新之路、早日进入创新型国家行列的重大战略任务,历史地摆在当代中国科技工作者面前。广大科技工作者要自觉站在时代前列,高扬自主创新旗帜,肩负起为国家发展提供科技支撑的历史重任,勇当自主创新的先锋和拼搏奉献的楷模,努力创造无愧于时代、无愧于人民、无愧于伟大祖国的光辉业绩。

2. 动员和组织广大科技工作者,增强勇攀世界科技高峰的进取意识,做弘扬自主创新精神的先行者。自主创新精神是推动科技发展的灵魂,是促进民族振兴的动力。广大科技工作者要进一步弘扬以爱国主义为核心的民族精神和以改革创新为核心的时代精神,继承和发扬"两弹一星"精神和载人航天精神,自觉把创造热情和科学态度结合起来,既要尊重科学规律,又要敢闯敢试、敢为人先,增强民族自信心和自豪感,增强不懈奋斗、勇攀世界科技高峰的信心和勇气,锲而不舍抢占科技制高点。做好十年磨一剑的思想准备,耐得寂寞、受得挫折,淡薄名利、甘为人梯,艰苦奋斗、无私奉献,努力在平凡中体现价值,在长期艰苦探索中寻求科学的真谛。紧紧抓住当前制约我国经济社会发展的重大科技问题,瞄准世界科学和技术前沿,加强原始创新、集成创新和引进消化吸收再创新,力争取得一批在世界上有重大影响的创新成果,在若干重要领域掌握一批核心技术、关键技术,拥有一批自主知识产权。

进一步完善知识产权制度,为推动科技创新和创新成果的运用提供法律保障。牢固树立没有知识产权的有效保护就没有自主创新的意识,推动企业、科研单位、高校重视和加强知识产权管理,保护好、应用好自己的知识产权,尊重他人的知识产权,切实维护科技工作者的科技成果收益,做创造和保护知识产权的典范。促进技术标准与科研、开发、设计、制造相结合,鼓励和支持企业制定或参与制定国际技术标准,努力培育一批国际公认的技术标准和知名品牌。国家科技计划和各类创新基金对所支持项目在国外取得自主知识产权的相关费用,按规定经批准后给予适当补助。依法保护非职务发明成果完成人的合法权益。建立健全有利于知识产权保护的法律制度、知识产权交易制度、社会信用制度，严厉打击各种侵犯知识产权的行为。

3. 动员和组织广大科技工作者，增强发展先进文化的责任意识，做建设创新文化的开拓者。社会主义先进文化本质上是一种创新文化。创新事业催生创新文化，创新文化成就创新事业。广大科技工作者要进一步增强历史使命感、时代紧迫感和社会责任感，把爱国奉献精神化作激励探索、厚积薄发的不竭动力。要鼓励探索、宽容失败，着力培育互助友爱的人际关系，保持宽松自由的工作氛围，倡导和谐理念，培育和谐精神，健全促进团结和谐的组织机制，树立彼此尊重、相互信任、平等竞争、合作共赢的大团体观念，推动建设和谐文化，最大限度地激发和保护科技工作者的创新激情和创造活力，努力形成老中青科技工作者各展所长、科研人员和科研辅助人员和谐相处、团队之间开放协作的科研合作格局，保证科技人才能够心无旁骛地从事科技创新活动。

大力发展奋力攀登的创新文化，用创新文化激励创新事业。坚持尊重劳动、尊重知识、尊重人才、尊重创造，在全社会范围内培育创新意识，鼓励创新精神，激发创新活力，尊重创新劳动，保护创新成果，营造创新氛围，健全创新机制，倡导创新导向。完善以品德、业绩、知识、能力为核心的科学化人才评价体系，改革和完善职称评审制度。积极推进专业技术人员职业资格证书制度，合理安排科研人员和科研辅助人员的规模结构。对创新型科技人才的贡献实施目标化管理，努力克服人才评价中重学历资历、轻能力业绩的倾向，鼓励中青年优秀科技人才脱颖而出，引导和激励各类人才积极进行知识创新、技术创新。加强科技创新典型事迹和典型人物的宣传，努力营造鼓励科技工作者干事业、支持科技工作者干成事业、帮助科技工作者干好事业的社会舆论环境，推动形成事事追求创新、人人为创新做贡献的良好社会氛围。

4. 动员和组织广大科技工作者，增强以发展社会主义市场经济为取向的改革意识，做深化科技体制改革的促进者。建设创新型国家，关键是要充分发挥科技工作者的能动作用。广大科技工作者要进一步凝聚改革共识，全力支持改革，积极投身改革，自觉破除妨碍自主创新的思想观念，让全社会的创造活力竞相迸发。坚持以改革为己任，以深化改革促进自主创新，以完善体制机制保障自主创新，自觉把研究开发活动与经济社会需求紧密结合起来，深入企业广泛开展以技术创新为主要内容的"讲理想、比贡献"活动，解决技术难题，实施技术创新引导工程，培训技能型紧缺人才，参与和组织技术创新活动，努力做企业欢迎、社会认可、有真才实学、能解决问题的企业工程师，推动提高企业的研究开发水平和技术创新能力。

把深化科技体制改革作为建设创新型国家的重要任务，全力推进科技与经济的结合。坚决改变一切束缚自主创新的做法和规定，坚决革除一切影响自主创新的体制弊端，努力创造有利于自主创新的体制和机制。打破人才流动中的城乡、区域、部门、行业、身份、所有制等限制，建立完善人才培养、吸引、使用、评价、激励、流动等方面的政策环境，保证激励科技创新的制度和政策在科研第一线得到落实。充分发挥企业在技术创新中的主体作用，加强企业博士后科研工作站建设，支持、引导优秀科技人才到企业工作，鼓励和推动创新型科技人才向企业集聚。国家科技计划要更多地反映企业重大科技需求，吸纳企业科技人才参与，促进高校和科研单位与企业的科技工作者双向流动。建立符合留学人员特点的引才机制，制定和实施吸引优秀留学人才回国工作和为国服务规划。加大高层次创新人才公开招聘力度，积极引进海外高层次优秀科技人才和创新团队来华工作。鼓励广大科技工作者积极投身到西部大开发、东北地区等老工业基地振兴、促进中部崛起等区域经济发展战略中去，切实为区域经济协调发展、为建设创新型国家贡献力量。

5. 动员和组织广大科技工作者，增强普及科学技术的服务意识，做提高全民科学素质的推动者。全民科学素质建设是坚持走中国特色自主创新道路、建设创新型国家的基础性社会工程，是政府引导实施、全民广泛参与的社会行动。广大科技工作者要把贯彻落实好《全民科学素质行动计划纲要》作为培育创新能力的重要任务，作为促进建设创新型国家的实际行动，既要充分发挥专业优势带头创新，又要以提高全民科学素质为己任推动创新,切实帮助未成年人、农民、城镇劳动人口、领导干部和公务员提高科学素质,激发全社会创造活力。积极探索把科研和科普紧密结合起来的新路子,每位科技工作者、特别是获得各种科技奖励的科学家每年至少要参加一次科普活动,拿出一定时间、一定精力,通过不同方式向社会公众展示创新成果、传播创新文化,努力形成万众一心共创伟业的生动局面。

坚持"政府推动、全民参与、提升素质、促进和谐"的指导方针,全面推进全民科学素质建设。完善有关公民科学素质建设的政策法规,抓紧制定《中华人民共和国科学技术普及法》实施细则,明确政府、社会组织、企业及公民个人在公民科学素质建设中的责任、权利和义务,倡导和鼓励科技工作者积极参加科普工作。逐步提高科普经费的增长幅度,并将科普经费列入同级财政预算。地方政府要从中央财政的财力性转移支付资金中安排一定的经费用于公民科学素质建设。鼓励社会捐赠,努力形成多渠道投入机制,为公民科学素质建设提供资金保障。开展多种形式的培训和进修活动,培养专业化人才,建立志愿者队伍,充分调动在职科技工作者、高校学生以及离退休科技和教育工作者的积极性,对在公民科学素质建设中做出突出贡献的科技工作者给予表彰和奖励,努力形成一支专兼结合、自愿为提高公民科学素质贡献力量的宏大队伍。

6. 动员和组织广大科技工作者,增强维护科学尊严的自律意识,做高尚道德情操的践行者。良好的道德修养是科学精神的重要内容。一流的科技成果诚可贵,高尚的职业道德情操价更高。广大科技工作者要继承和发扬老一辈科技工作者的优良传统,恪守坚持真理、诚实劳动、亲贤爱才、密切合作的职业道德,坚持献身、创新、求实、协作的良好作风。自觉把学术自律和社会舆论监督有机结合起来,旗帜鲜明地反对见利忘义、唯利是图的错误行为,克服急功近利、虚妄浮夸的浮躁心态,抵制专横武断、以势压人的不良学风,打破相互封锁、彼此封闭的门户倾向,摒弃论资排辈、攀比学历等庸俗做法,坚定不移地同弄虚作假、剽窃抄袭等不良现象作斗争,努力成为良好学术风气的维护者,严谨治学的力行者,优良学术道德的传承者。

坚持以"八荣八耻"为主要内容的社会主义荣辱观,进一步加强学风建设。改革和完善科研课题的申报、评审、立项、执行与监管制度,建立健全科研诚信制度和科技工作者诚信档案,对承担国家科技计划项目和从事相关管理工作的人员和机构进行信用监督。科研课题立项全程公开透明,强化科研经费和科研过程监管,建立科研分类评价体系,专家评审机制与国际接轨,引入问效问责制度。科技团体和专业学会应制定科学道德公约,指导和规范科技人员的科研行为,防止学术不端行为,改进和完善学术交流制度,加强道德自律,严肃学术批评,健全同行认可机制,端正学风。各级科协组织要进一步加强学术道德委员会建设,明确工作职责,完善工作机制,制定惩戒处罚制度,及时有效地对学术不端行为做出处理,促进学风建设经常化、制度化、规范化。

7. 广泛开展和谐创建活动,千方百计建好科技工作者之家。建设创新型国家,最重要的是要充分调动和发挥广大科技工作者的积极性、主动性和创造性。各级科协组织要把加强党和政府同科技工作者的联系作为基本职责,把竭诚为科技工作者服务作为根本任务,把科技工作者是否满意作为衡量科协工作的主要标准,注重促进科技工作者的心理和谐,加强人文关怀和心理疏导,引导科技工作者正确对待自己、他人和社会,正确对待困难、挫折和荣誉,团结带领广大科技工作者,围绕中心,服务大局,推动科学发展,促进社会和谐。

努力在广大科技工作者与各级党委政府之间建立起畅通稳定的沟通渠道。充分发挥科协组织作为政协组成单位的作用,建立健全科技工作者建议呈报制度,组织广大科技工作者围绕经济社会发展中的重大科技问题,加强决策咨询,积极建言献策,推进决策科学化、民主化。建立经常化、制度化、规范化的科技工作者状况调查研究制度,全面把握新形势下科技工作者的思想动态、分布状况、流动趋势、价值取向、权益保障等情况,及时了解科技工作者特别是基层科技工作者在工作、学习、生活中遇到的实际困难,准确反映科技工作者的意见和建议,切实维护他们的合法权益。切实做好科技工作者的表彰宣传工作,充分发挥中国青年科技奖和表彰奖对全国科协系统先进工作者和先进集体的导向作用,积极举荐优秀科技人才,支持和帮助广大科技工作者在建设创新型国家历史进程中建功立业,真正把各级科协组织建设成为"科技工作者之家"。

加强和改善对科协工作的领导。县以上各级科协每年至少要向当地党委汇报一次工作,各地要支持科协依照法律和章程独立自主地开展工作,将其纳入科技、人才等协调领导小组作为成员单位,及时研究解决科协工作中遇到的实际问题,千方百计为科协及所属团体的发展提供有利的工作环境和条件,支持科协组织发挥好联系、服务、教育科技工作者、维护科技工作者合法权益的作用。各地要进一步关心支持科协工作,积极引导和支持科技团体承担政府转移的有关社会职能,特别是要重视发挥科技团体在科技评价、科技人员评价和科技奖励等方面的作用,推动社会管理体制创新。探索建立适应社会主义市场经济体制、符合科技团体发展规律的组织体制、运行机制和活动方式,朝着学习型、服务型、创新型组织的目标,努力把科协组织建设成为充满生机和活力的人民团体,发挥好科协组织在推动自主创新、建设创新型国家进程中的重要作用。

8. 大力协同,为广大科技工作者建功立业营造良好环境。科技工作者是党和国家的宝贵财富,做好科技工作者的工作是全社会的共同责任,需要社会各方面力量的广泛参与。要坚持以人为本,牢固树立人才资源是第一资源的观念,加强组织领导,理清工作思路,明确工作重点,为动员和组织广大科技工作者投身创新型国家建设的伟大事业,营造良好的政策环境。

坚持党管人才原则,落实领导责任制。按照党"总揽全局、协调各方"的方针,充分发挥各级党委在做好科技工作者工作中的领导作用,把培养和凝聚各类科技人才特别是优秀拔尖人才作为做好科技工作的首要任务。党委和政府有关工作部门要明确自身在科技工作者工作中的职责和任务,在制定发展规划、安排经费时充分考虑做好科技工作者工作的需要,加以适当倾斜。要把联系科技工作者、培育杰出科学家和科技工作团队的成效作为落实科学发展观和正确政绩观的重要内容,纳入党政领导干部年度工作目标考核范围,定期进行考核。各级党委政府有关科技、经济社会发展的重大决策,要主动认真征求科技工作者的意见,推进决策科学化、民主化。

竭诚为科技工作者创造良好的工作条件。建立多元化、多渠道的科技投入体系,加强科技基础条件平台建设。加大对科技人才工作的投入,切实改变科技工作中"重物轻人"的倾向。改革和完善国家科技奖励制度,建立政府奖励为导向、社会力量奖励和用人单位奖励为主体的激励自主创新的科技奖励制度,坚持向关键岗位和优秀人才倾斜的政策,把发现、培养和凝聚科技人才特别是尖子人才作为国家科技奖励的重要内容,真正形成岗位靠竞争、报酬靠贡献的激励机制,对做出突出贡献者给予重奖。职务技术成果完成单位应对职务技术成果完成人和在科技成果转化中做出突出贡献的人员依法给予报酬。做好企业工程技术人员社会保障工作。认真研究和把握新形势下科技工作者工作的特点和规律,积极为不同年龄、不同学科、不同行业、不同地区、不同所有制的科技工作者提供科学研究、学术交流、成果转化、信息咨询、专题调查和继续教育等方面的服务。对需要长期积累的学科建设、基础性工作和队伍建设给予必要支持,建设一批稳定服务国家目标、献身科技事业的高水平研究队伍,培养和汇聚一批具有国际领先水平的学科带头人。

建设创新型国家,是一场极其广泛而深刻的社会变革,科技工作者肩负着用科技支撑国家发展、促进社会和谐、推动民族复兴的历史重任,使命光荣,责任重大,机遇难得。各地区、各部门、各领域的广大科技工作者要广泛动员和组织起来,振奋精神、扎实苦干,不辱使命、不负重托,积极投身创新实践,努力建设创新型国家,构建社会主义和谐社会,为全面建设小康社会、实现中华民族的伟大复兴做出新的更大的贡献。

中央组织部　教育部　科技部
人事部　中国科协
二〇〇七年一月十六日

关于进一步加强国家重点领域紧缺人才培养工作的意见

(2007年8月6日教育部、国家发展和改革委、财政部、人事部、科技部、国资委发布 教高[2007]16号)

各省、自治区、直辖市教育厅(教委)、发展改革委、财政厅、人事厅、科技厅、国资委,有关部门(单位)教育司(局),教育部直属各高等学校:

为贯彻落实《中共中央国务院关于实施科技规划纲要 增强自主创新能力的决定》(中发[2006]4号),紧密配合《国家中长期科学和技术发展规划纲要(2006—2020年)》的全面实施,切实加强国家重点领域紧缺人才培养工作,为我国到2020年进入创新型国家行列提供强有力的人才支撑,现就今后一段时期加强国家重点领域紧缺人才培养工作提出如下意见。

一、国家重点领域紧缺人才培养工作的总体要求和基本原则

1. 总体要求。国家重点领域紧缺人才培养工作要以邓小平理论和"三个代表"重要思想为指导,全面贯彻落实科学发展观,紧密结合国民经济和社会发展需求,充分发挥高等学校和企业等多方面的积极性;统筹协调招生、培养、就业、使用等各个环节,进一步加大支持力度,深化教学改革,提高培养质量,更好地为社会主义现代化建设服务。

2. 基本原则。国家重点领域紧缺人才培养工作要坚持统筹规划,加快学科专业结构调整,积极扩大培养规模,大力开展继续教育,切实解决国家重点领域的人才紧缺问题,着眼长远需要,研究建立和健全国家重点领域紧缺人才培养长效机制。

3. 根据《国家中长期科学和技术发展规划纲要(2006—2020年)》和《国民经济和社会发展第十一个五年规划纲要》的精神,当前要优先支持农业、林业、水利、气象、地质、矿业、石油天然气、核工业、软件、微电子、动漫、现代服务业等重点公益、基础研究和前沿技术领域以及新兴产业的紧缺人才培养。

二、加强国家重点领域紧缺人才培养工作的主要任务

4. 教育行政部门和高等学校要坚持以服务为宗旨,主动适应经济社会的发展需要,加大专业结构调整力度。根据相关产业和行业对专门人才的实际需求,在拓宽专业口径的基础上,在高年级灵活设置专业方向,努力扩大紧缺专业的人才培养规模,优化人才培养结构,为产业部门提供人才和智力支持。

5. 加快人才培养体制和机制的改革,积极推进产学研合作教育。鼓励高等学校与企业开展合作办学,联合建设重点领域学科和专业,按照企业对人才的要求实行"订单式"培养。聘请行业主管部门和企业共同参与制订人才培养目标、进行课程设置、开展教学质量评估。加大人才培养模式和教学管理制度的改革,工科在校学生要到企业去进行毕业实习和毕业设计,时间不少于6个月。建立"双师型"教师队伍,积极邀请企业专家兼课,派教师到企业学习。高等学校在开展高职高专、本科、研究生培养的同时,还可以通过转专业培养、工程硕士培养等多种形式加快培养紧缺人才。

6. 积极开展国际合作与交流,加大与国外高水平大学和跨国公司合作培养人才的力度,探索利用国外优质教育资源培养国家紧缺人才的有效途径。由国家留学基金支持,优先选派国家紧缺专业的学生到国外大学或企业学习。大力引进国家紧缺专业的海外高层次人才,提高国内师资队伍的整体水平。吸引国外优秀专家学者来华授课或共同开展研究。研究和借鉴国外先进的教学方法和手段,积极推进教学改革。

7. 全面贯彻党的教育方针,培养适应经济社会发展需要、满足国家重点领域建设需求的大批高素质人才。坚持育人为本,德育为先,深入实施素质教育,切实加强大学生的思想政治教育,把社会主义核心价值体系融入高等教育全过程,增强高校毕业生到艰苦行业工作的光荣感和使命感。

8. 充分发挥国家奖助学金、国家助学贷款的政策导向作用,引导和鼓励学生学习国家最需要紧缺的专业、毕业后主动到艰苦行业和基层单位就业。在分配国家奖助学金名额时,对于以农林水气地矿油核等国家需要的特殊学科专业为主的高等学校予以适当倾斜。高等学校在开展国家励志奖学金和国家助学金评审工作中,要对农林水气地矿油核等国家需要的特殊学科专业学生予以适当倾斜。普通高等学校全日制本专科生在校期间获得国家助学贷款、毕业后自愿到艰苦地区基层单位从事第一线工作且服务达到一定年限的,国家实行助学贷款代偿政策。

9. 加强国家重点领域学科和专业建设。加大重点领域学科和专业建设经费的投入,在"985工程"、"211工程"、"质量工程"、"国家优势学科创新平台建设项目"、"国家示范性高等职业院校建设计划"以及相关专项建设中,要向国家重点领域的学科和专业倾斜,给予重点支持,为紧缺人才培养提供坚实的基础。

三、行业主管部门和企业要积极参与国家重点领域紧缺人才培养工作

10. 行业主管部门要与教育部共同制订本行业国家重点领域紧缺人才培养方案,并纳入本行业的发展规划,给予专门支持。要推动所属行业企业建立规范有效的人才激励和使用机制,为紧缺人才的成长创造良好的环境,以吸引和稳定紧缺人才。要定期组织调查了解本行业国家重点领域人才需求状况,了解用人单位对毕业生的使用情况和评价意见。

11. 企业要积极参与国家重点领域紧缺人才培养工作。国家鼓励企业出资支持重点领域学科和专业建设、设立奖学金或助学金。对于企业或个人支持国家重点领域紧缺人才培养工作的各项经费,通过中国境内非营利的社会团体、国家机关进行捐赠的,按照《财政部国家税务总局关于教育税收政策的通知》(财税[2004]39号)的规定,准予在企业所得税和个人所得税前全额扣除。国家鼓励企业积极接受高校学生实习,企业支付给在本企业实习学生的报酬,可以按照《国家税务总局关于印发〈企业支付实习生报酬税前扣除管理办法〉的通知》(国税发[2007]42号)的规定,在计算缴纳企业所得税时扣除。企业应为高校学生实习提供便利条件,选派有经验的技术人员指导。

12. 行业主管部门和企业要积极开展紧缺人才继续教育。行业主管部门要积极开展本行业国家重点领域的紧缺人才继续教育,参加继续教育的情况应作为考核评价和岗位聘用的重要依据。对承担继续教育任务的高等学校和社会培训机构给予必要支持。国家鼓励企业联合高等学校和社会培训机构开展国家重点领域紧缺人才的继续教育,企业按照国家规定提取的教育和培训经费,应安排一定比例用于支持相关领域紧缺人才的继续教育。

四、加强领导、形成合力,加大对国家重点领域紧缺人才培养的支持力度

13. 建立"国家重点领域紧缺人才培养工作部际联席会议"制度。部际联席会议由教育部、国家发展改革委、财政部、科技部、人事部、国资委等部门组成,协调国家重点领域紧缺人才培养相关工作,研究制定国家重点领域紧缺人才培养工作的扶持政策。

14. 建立国家重点领域紧缺人才供需信息发布平台。行业主管部门要组织本行业的企业,每年向信息发布平台提供本年度招聘紧缺人才和接受高校学生实习的信息,教育行政部门要组织高等学校每年向信息发布平台提供本校国家重点领域相关学科和专业情况、应届毕业生和派遣高校学生实习信息,由该信息发布平台向用人单位和高等学校双向发布。

15. 各地要大力支持国家重点领域紧缺人才

培养工作。要根据本意见精神,及时制订本地区的具体措施和办法。切实加强对本地区高等学校培养国家重点领域紧缺人才的协调和领导,加大对国家重点领域学科和专业建设的支持力度,保证国家重点领域紧缺人才培养的质量。

教育部　国家发展改革委　财政部
人事部　科技部　国资委
二〇〇七年八月六日

关于加强农村实用科技人才培养的若干意见

(2007年12月24日科技部、教育部、财政部、劳动和社会保障部、
税务总局、中国科协发布　国科发农字[2007]793号)

各省、自治区、直辖市及计划单列市、新疆生产建设兵团、副省级城市科技厅(委、局)、教育厅(委、局)、财政厅(局)、劳动和社会保障厅(局)、国家税务局、地方税务局、科协:

为贯彻党的十七大精神,落实《国家中长期科学和技术发展规划纲要(2006—2020年)》(国发[2005]44号),实施科教兴国战略和人才强国战略,为建设创新型国家和社会主义新农村提供智力支撑,根据《国务院关于实施〈国家中长期科学和技术发展规划纲要(2006—2020年)〉若干配套政策的通知》(国发[2006]6号)的要求和《中共中央办公厅、国务院办公厅关于加强农村实用人才队伍建设和农村人力资源开发的意见》(中办发[2007]24号)精神,现就加强农村实用科技人才培养提出以下意见。

一、面向创新型国家和新农村建设培养农村实用科技人才

1. 农村实用科技人才培养是加速农村科技进步、促进新农村建设的基础性工作。农村实用科技人才是农村实用人才队伍的重要组成部分。加强农村实用科技人才培养,是建设创新型国家和社会主义新农村的必然要求。建国以来特别是改革开放以来,我国农村实用科技人才队伍得到了较大程度的发展,但与推进创新型国家和社会主义新农村建设的要求相比,总量不足、整体素质不高等问题依然突出,必须把加强农村实用科技人才培养、提高农民科学素质作为一项具有基础性和全局性的工作予以推进。

2. 为创新型国家和新农村建设提供强有力的实用科技人才支持。以邓小平理论和"三个代表"重要思想为指导,全面贯彻落实科学发展观,落实人才强国战略,面向创新型国家和社会主义新农村建设,立足加速农村科技进步,加强乡土科技人才(从农村内部成长起来的农村实用科技人才)培养,引导专业技术人才深入农村一线,不断拓展培养领域和途径,建立健全农村实用科技人才培养长效机制,形成一支总量足、素质高、结构合理、留得住、用得上的农村实用科技人才队伍。

3. 有力、有序、有效推进农村实用科技人才培养。既要统筹考虑农村一、二、三产业实用科技人才、农村经济和社会事业实用科技人才的培养,又要针对急需,突出重点领域实用科技人才的培养。既要统一规划,整体部署,又要实事求是,鼓励各地因地制宜,创新培养机制和形式,并加大向中西部地区和少数民族地区等的倾斜力度。既要发挥政府部门在农村实用科技人才培养中的宏观统筹作用,又要发挥群众团体、科研机构、高等院校、教育培训基地、企业、中介机构等社会力量的实施主体作用。

二、加大乡土科技人才培养力度

4. 统筹各类乡土科技人才的培养。协调推进农民和专业大户、农村企业科技人员、农村基层科技服务人员、农民经纪人和专业技术协会人员、从事农村社会事业的专业技术人员、农村基层科技管理人员等的培养。继续实施星火科技培训专项行动、教育系统农村劳动力转移培训和农村实用技术培训计划等,支持新型农民科技培训,广泛开展各种形式的科技下乡和群众性、社会性、经常性科普活动,提高农民科学文化素质,促进科学种养;重点加强农民科技致富带头人的培训。进一步加强农村劳动力转移科技培训,确保效果和质量,增强农民转产转岗就业的能力。开展乡镇企业和农村中小企业科技培训,培养一批懂技术、会管理、善经营的高技能人才。加强农村基层科

服务人员、农村教育和卫生等社会事业专业技术人员的培养,提高农村基层技术服务能力,发展农村社会事业。

5. 挖掘乡土科技人才培养教育资源。统筹推进农村义务教育、职业教育和成人教育,大力发展面向农村的职业教育和培训。切实加强职业教育能力建设,扩大中等职业教育的办学规模,提高高等职业院校的办学质量,大力推行工学结合、校企合作的人才培养模式,加强专兼职师资队伍建设。充分发挥农村中小学校、普通高等学校、中等职业学校、农村成人学校、农村致富技术函授大学等教育资源的作用,开展乡土科技人才教育培训。充分利用广播、电视、网络等资源,结合农村党员干部现代远程教育等,发展农村远程教育。加强乡土科技人才培养师资库、教材等基础条件的建设。

6. 开辟多元化的乡土科技人才培养渠道。一是通过农村科技成果转化和推广项目的实施带动乡土科技人才的培养。继续实施星火计划、农业科技成果转化项目,促进农村先进适用技术的转化和推广,支持各类人才的技术革新和发明创造。承担农村科技成果转化和推广项目的企业和单位,要积极承担起培养乡土科技人才的责任。确定和验收农村科技成果转化和推广项目,要把能否有效带动乡土科技人才的培养作为重要指标。二是通过农村科技成果产业化示范基地和培训基地培养乡土科技人才。发展好农业科技园区、农业高新技术产业示范基地、农村科普示范基地、星火培训基地、星火学校和农村成人学校等,支持其发展"基地+农户"、"定单培训"等模式,带动乡土科技人才培养。三是积极发展农村专业技术协会等农村科技服务中介组织,支持其在服务农民的过程中带动农民素质的提高。四是大力发展农村科普事业,形成尊重科学、崇尚创新的浓厚氛围。以农村科普活动站、科普宣传栏、科普大篷车、科普宣传员为重点,加强农村科普组织、队伍和能力建设。建立农村科普事业良性运行机制。五是鼓励拓展其他乡土科技人才培养渠道。

三、鼓励专业技术人才深入农村一线

7. 支持大专院校和科研院所与农村紧密结合。深化涉农科研院所体制改革,使院所直接面向新农村建设主战场,积极开发适合"三农"需要的技术,加速科技成果的转化和推广。引导涉农院校和科研院所与地方政府联合,针对地方实际,优选若干产业,动员科技智力资源,通过各种形式、各种机制为农民和农村企业服务,因地制宜地发展以大专院校和科研院所为主体的农村科技服务模式。鼓励农业院校和科研院所专业技术人才到农村,与企业等实体联合进行技术开发和人才培养。继续实施"大学生志愿者服务西部计划"等,引导大学生服务农村一线。

8. 创新引导专业技术人才深入农村的机制。对农业科技服务实行分类指导,分类支持,鼓励和支持多种模式的、社会化的农业技术服务组织的发展,建立健全多元化的农业技术服务体系。鼓励专业技术人才以资金入股、技术参股等形式,与专业大户、龙头企业、专业技术协会等结成利益共同体,实行风险共担、利益共享。继续开展科技特派员制度试点和农业专家大院模式示范推广等工作,引导专业技术人才深入农村一线,与农民紧密联系在一起。及时总结在创新农村科技服务机制方面的新经验并予以适时引导,建立健全农村科技服务体系。

9. 激励专业技术人才面向农村和贫困地区开展服务。加强对深入农村一线创新、创业、服务并做出突出成绩的专业技术人才的激励,研究制定科学合理的激励措施;其服务所在地要为其提供帮助、营造环境。通过科技扶贫开发等形式,鼓励和支持各地区开展多种形式的区域技术、人才合作,引导人才向西部地区、农村基层、贫困地区和发展滞后行业流动,优化人才区域和行业布局。

四、发挥农村实用科技人才的作用

10. 健全农村实用科技人才评价机制。配合农村职业教育和技能培训的开展,鼓励农村专业技术人员取得相应职业资格证书;对参加职业培训并有鉴定要求的农村劳动者,积极提供技能评价服务,实施职业技能鉴定或专项职业能力考核,争取使受训农村劳动者取得相应职业资格证书或专项职业能力证书。适应农村生产经营专业化的发展趋势,在加强培养的基础上,扩大职业资格证书在农村的覆盖面。在加强农村实用科技人才评价的同时,健全对农村实用科技人才培养单位和机构加强评价的办法。要逐步形成符合社会主义市场经济规律、市场充分发挥作用的人才评价机制。

11. 为农村实用科技人才发挥作用提供服务。整合信息服务网络资源，加强信息共享，为农村实用科技人才提供准确、及时、有效的信息服务。加强对农民工和农村劳动力转移就业的指导与服务。各地要结合实际，出台扶持政策，为农村实用科技人才特别是农村实用科技带头人解决生产经营中遇到的各种实际问题。科技管理部门要发挥好各领域科技人员之间、专业技术人才和乡土科技人才之间、科技人员和农民之间加强交流的桥梁和纽带作用。

12. 加强对农村实用科技人才的表彰激励。把农业科技服务成就作为科技奖励的重要内容，对在农村科技成果转化、应用、服务中做出突出贡献的单位和个人予以奖励。建立部门对农村实用科技人才的联合表彰机制。通过实施"科普惠农兴村计划"，"十一五"期间每年表彰、奖励一批有突出贡献、示范作用和辐射能力强的农村专业技术协会、科普示范基地、农村科普带头人、少数民族科普工作队等。充分发挥其他已有针对农村实用科技人才的各种奖励的作用。加强对农村实用科技人才的宣传。

五、建立健全农村实用科技人才培养长效机制

13. 加强农村实用科技人才培养的组织管理。在各级党委政府的领导下，科技、教育、财政、劳动保障、税务、科协等部门和单位分工协作，共同推动农村实用科技人才的培养。各地要高度重视，把农村实用科技人才培养纳入科技发展总体规划之中。基层科技部门要将农村实用科技人才培养作为主要工作内容之一予以安排和部署。将农村实用科技人才培养工作成效作为县市科技进步考核的重要内容。

14. 分工协作，加大农村实用科技人才培养投入力度。加强部门间开展农村实用科技人才培养工作的分工协调和集成，加强工作衔接和配合，避免分散重复，提高各部门投入的效率和效益。严格落实国家关于科普经费投入的有关规定。相关科技计划要进一步加大对农村实用科技人才培养的投入力度。

15. 支持社会力量开展农村实用科技人才培养。充分发挥社会力量在农村实用科技人才培养中的作用。鼓励社会力量承担农村职业教育、技能培训工作。从社会力量兴办的教育培训机构中，择优选择，给予相应的引导支持。将农村实用科技人才培养作为认定国家级农村科技型龙头企业和涉农国家高新技术企业的重要指标。符合现行政策规定的企业、农村科技中介机构开展技术培训、技术咨询和技术服务，享受相应的税收优惠政策。积极引导金融力量支持农村实用科技人才培养。

科技部　教育部　财政部
劳动和社会保障部　税务总局　中国科协
二〇〇七年十二月二十四日

关于加快软件人才培养和队伍建设的若干意见

(2003年11月21日教育部、国家发展和改革委员会、科学技术部、人事部、劳动和社会保障部、信息产业部、海关总署、国家税务总局、国家外国专家局发布 教高[2003]10号)

为深入贯彻党的十六大精神,加快实施人才强国战略,根据《国务院关于印发鼓励软件产业和集成电路产业发展若干政策的通知》(国发[2000]18号)和《国务院办公厅转发国务院信息化工作办公室关于振兴软件产业行动纲要的通知》(国办发[2002]47号)的要求,教育部、国家发展和改革委员会、科学技术部、人事部、劳动和社会保障部、信息产业部、海关总署、国家税务总局、国家外国专家局就加快软件人才培养和队伍建设,提出以下意见:

一、我国软件人才培养和队伍建设的总体目标

党的十六大明确提出了"以信息化带动工业化,以工业化促进信息化"方针,加快我国软件产业发展,对提高我国综合国力,优化经济结构,缩小与发达国家科技水平的差距,具有重大意义。促进软件产业快速发展,关键是人才。

加快软件人才培养和队伍建设,就要努力造就一批进入国际前沿、掌握关键技术、擅长顶层设计的技术带头人;培养一批具备不同专业背景、有市场观念的开发管理、工程管理和软件经营等复合型软件人才;形成一支有相当规模和质量、从事软件开发与应用的专业技术人员队伍。力争通过5年左右的努力,使我国软件人才队伍的规模、结构和水平基本适应国家软件产业发展的实际需求,为我国软件产业的振兴提供坚实的人才保障。到2005年,基本实现软件专业技术人才达到80万、人才结构得到优化的发展目标。

通过创新机制,完善政策,优化结构,不断提高软件人才资源开发的质量和水平,充分挖掘我国软件人才资源潜力。要加强软件教育培训机构的建设,积极办好示范性软件学院和示范性软件职业技术学院,改革高等学校和中等职业技术学校计算机教育的人才培养模式,鼓励社会各界参与和支持软件人才培养与培训,初步形成功能齐全的培养培训体系;要探索建立软件专业技术人员的职业资格证书制度,不断提高我国软件人才队伍的整体素质;要创造良好的环境,大力引进国外优秀软件人才和智力资源;要鼓励和促进各类软件人才以多种形式创办软件企业。通过各方面的不断努力,形成软件人才培养和队伍发展的新机制。

二、加快软件人才培养和队伍建设的主要措施

1. 构建功能配套的软件人才培养培训体系。这一体系有两条主线:一条是高等学校和中等职业技术学校的计算机教育,是软件人才队伍的重要来源。要鼓励高等学校和中等职业技术学校加快对现有计算机专业的教育教学改革,加强非计算机专业的信息技术教育,培养适应社会需要的各类软件人才。另一条是为了适应当前对软件人才的大规模急需,加快软件教育资源的优化整合,加紧建设和发展示范性软件学院和示范性软件职业技术学院,并以此为依托建立国家软件人才国际培训基地、软件人才培训中心,同时大力推进软件企业的继续教育等。示范性软件学院要加强培养以软件工程学士学位、第二学士学位、工程硕士学位为主体的软件人才;示范性软件职业技术学院重在培养面向软件生产、信息服务第一线所需的具有良好实践技能的应用型人才;国家软件人才国际培训基地主要培养高层次、复合型、国际化的软件人才;软件人才培训中心是面向社会培训软件实用新技术的机构;软件企业继续教育是以所任岗位工作为起点的职业教育,要强调实用性、先进性和连续性。上述多层次、多类型的人才培养模式要有机地衔接起来,努力形成功能配套、结构合理、管理科学的软件人才培养培训体系,充分发挥各种教育资源的作用。

2. 实施全球化软件人才战略。软件产业是国际化的产业。新一轮全球范围的产业结构调整和我国加入世界贸易组织为我国更好地利用全球人才资源、进入国际市场、实施软件人才全球化战略提供了历史性机遇。要不断改善和规范产业发展环境,吸引海外留学人员回国从事软件行业的基础、应用研究和开发活动;鼓励国内高等学校、科研院所、软件企业举办国际交流活动,与境外开展多方位的合作,提高软件研究开发、应用、管理的水平和层次;吸引跨国公司在国内设立软件开发中心,联合培养高级软件人才;鼓励有条件的境内企业在国外设立软件研发机构,吸引优秀人才参与软件开发工作。建立国家重要软件人才安全管理工作体制,加强软件人才保护。

3. 加快建立软件专业技术人员和软件技能人员职业资格证书制度。国家逐步建立软件专业技术人员和软件技能人员职业资格标准体系,编制软件专业技术岗位目录。人事部、劳动和社会保障部、信息产业部和有关部门将根据软件产业的发展需要,逐步在软件研究开发、应用和管理的重点关键技术岗位进行职业资格证书制度试点,并逐步建立软件教育培训机构认证制度。逐步形成与国际接轨、适应软件产业特点、分类的人才管理制度,鼓励和引导更多有才能的人员投身软件专业技术工作,不断促进和提高软件人才队伍整体素质。劳动和社会保障部、信息产业部和有关部门将根据软件产业技能岗位的需要,研究建立软件技能人员职业资格证书制度,开展软件技能岗位职业资格证书试点工作。鼓励全社会符合条件的软件人才和软件企业员工、高等学校和中等职业技术学校计算机及相关专业、示范性软件学院和示范性软件职业技术学院的各类学生参加对应级别的国家软件专业技术人员和软件技能人员职业资格证书考试。积极开展国际间软件专业技术人员职业资格的交流与合作工作,大力推进国际间软件专业技术人员的职业资格互认。逐步规范境外各类软件人才职业性考试在我国的代理活动。

4. 推进软件人才培养的产学研结合。软件企业既是人才需求的始点,又是人才应用的重点,高等学校培养的软件人才、科研单位的软件成果,最终要通过企业转化为生产力。要加强高等学校、科研院所与软件企业的紧密合作,努力促进软件人才资源的优化配置,加快软件人才培养和队伍建设。鼓励软件企业(含软件园)利用自身资源优势,建立软件教育实习基地或软件人才培训基地,开展软件教育和服务工作。鼓励软件企业通过重大科研项目,与相关高等学校、科研院所联合攻关,在实施项目过程中培养优秀软件人才。高等学校和软件教育培训机构要重视并加强针对国产软件使用的培训工作。

5. 鼓励全社会支持软件人才培养和队伍建设。软件作为信息化的枢纽,是加快我国工业化建设的带动型产业,全社会高度关注。地方政府要结合本地实际情况和发展需要,制定推动软件人才培养和队伍建设的政策措施。在专业技术职务评聘工作中,要逐步将计算机应用能力纳入考核范围。要充分发挥中介机构在促进软件人才培养和队伍建设中的作用。软件行业协会等要根据我国软件产业的发展现状和未来趋势,从行业的角度,综合分析软件行业发展过程中所需要的专业人才结构和数量,为各级各类软件教育培训机构和政府部门提供必要的决策咨询意见。

三、为加强软件人才培养和队伍建设创造良好的政策环境

1. 多方筹措资金,加强软件人才队伍建设。努力拓宽软件人才培养和队伍建设投入渠道,鼓励各级政府和社会力量增加投入,用于制订软件人才培养和队伍建设规划;支持国家软件人才国际培训基地建设;建设示范性软件学院和示范性软件职业技术学院;加快高等学校和中等职业技术学校计算机教育的课程体系、教学内容、教学方法、管理体制的改革和创新;建立软件人才数据库等。每年从国家用于发展软件产业的资金中提取一定比例,用于软件人才培养和队伍建设。国家外国专家局和教育部共同安排专项经费,支持高层次软件专业技术人员出国参与国际合作、进修、培训、攻读学位,吸引海外留学人员回国创办软件

企业,聘请外国软件专家来华讲学和工作,引进国外先进的软件教育或培训课程。

2. 进一步落实国家制定的有关教育方面的税收优惠政策。国家和地方政府对示范性软件学院、示范性软件职业技术学院在建设用地、贷款和税收方面给予必要的扶持,其中对相关建设用地按现行政策免征耕地占用税,学校承受土地使用权、房屋所有权按现行政策免征契税。经认定的软件企业中人员培训费用可按实际发生额在企业所得税税前列支。国内企业、个人按规定程序捐赠给教育部门直接举办的学校并用于软件人才培养的软硬件产品和资金,可按税法规定的比例在税前扣除。高等学校和中等职业技术学校计算机及相关专业、示范性软件学院、示范性软件职业技术学院的学生参与认定软件企业软件产品设计与开发,企业因此发生的相关费用可按实际发生额在企业所得税税前列支。对科学研究机构和学校进口的科学研究和教学用品,按照《科学研究和教学用品免征进口税收暂行规定》享受税收优惠。国外和国内的企业对科学研究机构和学校的投资与合作项目进口设备减免税问题,按《国务院关于调整进口设备税收政策的通知》(国发[1997]37号)执行。

3. 不断完善吸引人才政策。在具备条件的高等学校和软件企业设立软件专业博士后流动站和企业工作站,逐步扩大在站人数和规模,构建我国软件人才的高地。大力吸引国内外软件人才在国内创办软件企业,各级政府及有关部门可给予一定的资金信贷扶持,在注册登记、人员流动等方面简化手续,提供方便快捷服务。国内高等学校、科研院所的科技人员创办软件企业的,在人员流动上可适当放宽条件,当地政府人事部门所属人才交流服务机构可为其进行人事档案保管及其他人事代理服务。对海外留学人员和外籍人员在国内创办软件企业的,应享受国家对软件企业的各项优惠政策。对调入国家软件产业基地工作的系统分析员和软件工程师,有关部门应在住房、医疗、社会保险、子女入学和家属就业等方面提供及时有效服务。对高中级软件技术人员和管理人员,简化出入境审批手续,适当延长有效期限,方便我国软件人才参加国际交流。

四、加强对软件人才培养和队伍建设工作的组织和指导

政府各级有关部门要从战略高度充分认识加强软件人才培养和队伍建设的重要性,列入议事日程,摆上突出位置。同时,还要规范软件教育培训机构的审批权限,国家和地方政府有关部门要严格按照审批权限,根据国家有关规定开展相应的批准或备案工作。软件人才培养和队伍建设是一项社会系统工程,在国务院的统一领导下,各相关部门要加强协调,积极配合,齐抓共管,形成合力。有关部门要充分发挥自己的职能优势,充分发挥各部门在软件人才培养和队伍建设中的积极作用。要重视软件人才队伍建设的政策、规章、制度的配套建设,并在实际工作中贯彻落实。要重视软件教育培训专家组织的建设,以加强对软件人才培养和队伍建设的研究和指导。

关于进一步加强国防科技工业人才工作的若干意见

(2004年4月8日国防科学技术工业委员会发布 科工人[2004]351号)

为认真贯彻党的十六大和十六届三中全会精神,全面落实《中共中央国务院关于进一步加强人才工作的决定》,实现国防科技工业跨越式发展的奋斗目标,大力实施人才兴业战略,夯实国防科技工业发展的人才基础,现就进一步加强国防科技工业人才工作提出如下意见。

一、深刻认识国防科技工业人才工作的极端重要性,增强做好人才工作的责任感和紧迫感

国防科技工业是国家战略性产业,肩负着加强国防现代化建设和推动国民经济发展的双重历史任务。当前,我国国防科技工业正处在深刻的体制转型期和新的发展高峰期,面对国防建设和国民经济发展的新形势,面对中国特色军事变革和社会主义市场经济体制的新要求,国防科技工业要牢牢把握加快发展的主动权,大力提升核心竞争力和可持续发展能力,为全面建设小康社会和实现中华民族伟大复兴做出更大的贡献,关键在于加快建设规模适度、门类齐全、结构合理、素质优良的军工人才队伍,切实把人才工作作为一项事关国防科技工业发展全局的基础性、战略性任务抓紧抓好。近年来,国防科技工业系统认真贯彻党中央关于人才工作的一系列方针政策,坚持不断深化干部人事制度改革,不断推进人才工作,加快培养、吸引大批人才,队伍建设取得重要进展,有力地保证了国防科技整体水平实现重要跨越和军工经济的快速增长。但从总体上看,人才队伍结构不尽合理、分布不平衡、高层次人才特别是拔尖人才短缺和后继乏人等问题仍然十分突出。国防科技工业人才工作和队伍建设应紧紧围绕军工行业发展高峰期的总体要求,努力实现重点突破、全面推进。要从构筑国防科技工业持续快速协调健康发展的人才基础这个全局和战略的高度,深刻认识加强人才工作的重要性,增强做好人才工作的责任感和紧迫感,大力推动人才工作机制创新,不断开创国防科技工业人才工作的新局面。

二、牢固树立科学的人才观,大力推进人才兴业战略

根据人才强国战略的总体要求,新世纪新阶段国防科技工业人才工作的根本任务是:根据国防科技工业"强化基础、提高能力、军民结合、跨越发展"的新思路,牢固树立科学的人才观,遵循人才资源开发规律,大力实施人才兴业战略。

实施人才兴业战略,要以邓小平理论和"三个代表"重要思想为指导,坚持以人为本,紧密围绕中国特色军事变革和国民经济发展需要,以人才资源能力建设为核心,以优化人才队伍结构为主线,以高层次人才培养、吸引和使用为重点,以创新人才工作机制为动力,建设一支以高级经营管理人才、高级专业技术人才和高级技能人才为主体的专业配套、结构合理、素质优良的人才队伍,提高国防科技工业整体素质、增强核心竞争力和自主创新能力,为促进国防科技工业跨越式发展提供坚强的人才保证和广泛的智力支持。实施人才兴业战略的基本要求是:

——必须用"三个代表"重要思想统领人才工作。"三个代表"重要思想是推进新世纪新阶段国防科技工业人才工作的根本指针。要把"三个代表"重要思想贯穿于人才工作的全过程,将是否符合"三个代表",能否做到"三个代表",作为衡量国防科技工业人才工作和人才队伍建设成效的根本标准,努力促进国防科技工业人才工作不断迈上新台阶。

——必须把促进发展作为国防科技工业人才

工作的根本出发点。坚持以人为本,树立全面、协调、可持续的科学发展观,促进国防科技工业和人的全面发展。人才工作的目标任务要围绕发展来确立,政策措施要根据发展来制定,成果成效要用发展来检验,以抓好人才这个"第一资源"来实现发展这个"第一要务"。

——必须树立科学的人才观。牢固树立人才资源是第一资源和人人都可以成才的观念,坚持德才兼备原则,把品德、知识、能力和业绩作为衡量人才的主要标准。深刻理解不唯学历、不唯职称、不唯资历、不唯身份的科学内涵,克服在人才问题上的各种不合适宜的观念,不拘一格选人才,开发每个人的潜能,发挥每个人的才智,体现每个人的价值。

——必须大力创新人才工作机制和优化人才成长环境。不断健全和完善与社会主义市场经济发展相适应的人才管理体制和机制。注重逐步克服制约人才成长的体制性障碍,创建有利于人才成长的新制度,探索符合社会主义市场经济和国防科技工业寓军于民新体制要求的培养、吸引、使用人才的新机制。努力营造鼓励人才干事业、支持人才干成事业、帮助人才干好事业的良好环境,把各类优秀人才聚集到国防科技工业的各项事业中来。

三、制定落实人才规划,引领人才工作健康发展

当前,落实人才兴业战略的重要任务之一,是要紧紧围绕国防科技工业发展战略与奋斗目标,科学制定国防科技工业"十一五"人才规划,做好人才发展的顶层设计,统筹兼顾,促进人才队伍与国防科技工业协调发展。各军工集团公司、各单位要把人才规划纳入到本集团、本单位总体发展战略和规划之中,结合国防科技工业"十一五"人才规划,抓紧研究、制定本集团、本单位的人才规划。

制定人才规划,要加强人才工作的调研和论证,搞好人才总量和结构的供求预测,以全面、协调、可持续的科学发展观和科学的人才观为指导,准确分析人才工作的现状,总结经验,分析问题,着眼于人才总量的增长、队伍结构的优化和整体素质的提高,全面规划各类人才工作;要突出重点、抓住关键,制定明确的人才工作目标、战略任务和切实可行的政策措施,为规划的落实提供保证。要通过落实人才规划,逐步形成适应国防科技工业各类人才发展的科学体系,使人才规划引领国防科技工业人才工作健康发展。

四、加快人才结构调整,提高队伍整体素质

各军工集团公司、各单位要牢牢抓住当前事业大发展的有利时机,根据现代武器装备发展和新军事变革需要,结合军品科研生产能力结构调整和军工企业改革调整脱困的实施,进一步压缩从业人员规模,减少冗员,精干队伍主体,优化人才结构,提高队伍整体素质。要注重调整经营管理人才、专业技术人才和技能人才三支队伍的比例,优化人才队伍的学历结构、专业结构和年龄结构,压缩相对过剩的传统技术领域的人才比例,增加以信息技术为代表的新兴学科和交叉学科领域的人才比重,促进人才资源在行业、专业以及地区上的合理分布,以高层次人才队伍合理配置为重点,统筹安排各类人才资源配置,着力提高人才队伍的整体实力和核心竞争能力,发挥人才队伍的整体功能。要加大对高等学校优秀毕业生的吸引力度,不断探索企校联合培养人才、定向培养人才、设立军工专业奖学金等新思路、新办法,逐步形成政府调控、院校引导、单位吸引、学生自愿的吸引高校毕业生的机制。要注意研究关闭破产企业中人才资源的开发与利用问题,积极为各类人才特别是高层次人才发挥专长创造条件。国防科工委、各地国防科工委(办)应充分发挥政府部门的协调、服务功能,积极支持军工集团公司、企事业单位人才结构调整工作。

五、推进"511人才工程"建设,打造国防科技创新团队

继续组织实施国防科技工业"511人才工程",加强高层次人才队伍建设。进一步完善配套制度,形成合理的选拔体系,严格选拔标准,规范评选程序,制定培养办法,完善退出机制,并以"511人才"为基础,逐步健全高层次人才信息库,实行动态管理。各军工集团公司、各单位对"511人才工程"人选者在政治上要关心、工作上要支持、生活上要保障,鼓励和支持他们为国防现代化建设贡献聪明才智。要充分发挥"511人才工程"

入选者的作用,在组织各种科技活动、学术交流活动中,应重点推荐"511人才工程"入选者参加;在组织型号研制攻关和国防科技工业重要研究项目时,应对"511人才工程"入选者优先安排,重点推荐。有条件的军工集团公司、企事业单位可结合实际,适当提高入选者的待遇。

在"511人才工程"的基础上,围绕国防重大基础研究、重大工程项目、关键技术领域和重点学科等平台建设,积极推动国防科技创新团队建设。通过加强团队建设,探索促进科技人才队伍梯队建设的新模式,加快培养和造就一批占领世界科技前沿,国内领先、国际知名的科学家和工程技术专家,带动一批优秀后备人才成长,实现"出一流成果,创一流水平;出一流人才,建一流队伍"的目标。

六、以型号"两总系统"人才建设为重点,着力培养国防科技领军人才

各军工集团公司、各单位要认真贯彻国防科工委和总装备部联合下发的《关于加强国防科技工业型号研制"两总系统"人才队伍建设的指导意见》,以高素质、专业化为目标,以武器装备现代化建设为牵引,以"两总系统"人才队伍能力建设为重点,全面推进型号研制"两总系统"人才队伍建设,逐步形成合理梯队,努力培养和造就一批能够站在科学前沿,组织谋划武器装备创新发展和关键技术攻关的国防科技领军人才。要逐步完善对型号研制"两总系统"人才的选拔、培养、使用、考核、评价等管理制度,在充分调查研究的基础上,研究提出体现"两总系统"人才特点的选拔和评价体系,通过试点不断总结完善。要注重"两总系统"人才的培养,重视加强政治素质、业务素质的培养,继续开展质量管理培训,组织编写型号研制"两总"必读系列教材,积极推动"两总"的培训工作;要按照管理权限,组织对"两总系统"人才进行专门的业务培训,从2004年起,5年内对型号研制"两总"轮训一遍。要适时组织专门力量,对型号研制"两总"管理办法的执行情况进行检查,充分发挥型号研制"两总系统"人才的作用。

七、实施"军工科技骨干公派出国留学计划",为培养拔尖人才奠定基础

组织实施"军工科技骨干公派出国留学计划",进一步发挥国家公派出国留学在加速培养科技拔尖人才中的重要作用。从2004年起连续实行5年,每年从国防科技工业系统选拔100名左右中青年科技骨干作为访问学者,到发达国家的著名高校和科研机构留学。要紧密结合高新武器装备研制工作的需要,研究制定留学人员的选拔条件和程序,重点选拔入选"511人才工程"和"国防科技创新团队"的人员。各军工集团公司、各单位要从实施人才兴业战略的高度,统筹安排,按照选拔要求组织推荐。通过该计划的实施,使一批青年军工科技骨干多方位进入国际学术领域前沿,了解和把握高新科技的发展趋势,进一步提高中青年科技骨干的理论和技术水平,增强创新能力,为提高我国武器装备研制的起点提供人才保证,为培养型号研制"两总"和学术技术带头人的后备人才奠定坚实基础。

八、实施国防科技工业高技能人才培训计划,带动技能型人才队伍建设

结合国家实施技能人才振兴行动,积极推动国防科技工业高技能人才的培养。根据国防科技工业产业发展和武器装备研制的需要,在军工制造业的主要工种和行业特有工种中,组织实施国防科技工业高技能人才培训计划。2004年,以与国家有关部委联合组织首届全国数控大赛为契机,开展对数控车床、数控铣床和加工中心三个工种高技能人才的培训,参加培训的人员将在已入选"511人才工程"并符合国防科技工业技术能手基本条件的人员中选拔。各军工集团公司、各单位要结合本系统、本单位的实际,加大对高技能人才的培养力度,搭建技能人才培训的平台,推动技能强化培训和岗位培训,加快建设一支技术精湛、技艺高超的高技能人才队伍。力争通过3~5年的努力,使技术工人队伍尤其是高技能人才队伍的技能水平有明显提高,培养一批国防科技工业"能工巧匠",促进军工制造业的全面振兴与发展。

九、加强军工人才资源能力建设,全面推进素质教育

国防科技工业系统要树立大教育、大培训的理念,大力加强人才资源能力建设,按事业发展要求和各类人才成长特点，重点培养员工的学习能力、实践能力，着力提高创新能力。要完善教育培训与人才需求相适应的有效机制，完善单位和个人合理分担教育成本的机制。要根据各级各类人才成长和发挥作用的不同规律，不断创新人才培养的方式方法，发挥多层次、多规格、多类型的教育培训体系的作用，积极构建终身教育体系。各军工集团公司、各单位要充分利用国防军工高校和全社会的教育培训资源，重点做好高层次经营管理人才、专业技术人才和技能人才的继续教育培训，保证培训经费的足额到位和合理使用。逐步建立和完善政府调控、行业指导、单位自主、个人自觉的继续教育培训运行机制和终身学习体系，形成分层次、分类别、多渠道、多形式、重实效、充满活力的职工教育培训新格局。

积极促进军工企事业单位建立学习型组织。要综合运用社会的学习资源、文化资源，重视发挥委属高校、共建高校和其他重点院校的作用，推动产、学、研合作，始终保持国防科技创新的生机和活力。委属高校要把推进学术发展作为学校工作的主题，把有限的教育资源合理配置，科学整合，集聚办学力量，抓好与国防科技相关的学科专业建设，加强师资队伍建设；要认真研究制订向国防科技工业培养输送人才的规划，创新人才吸引、培养和输送的机制和模式，不断深化教育教学改革，提高人才培养质量；要加强和改进委属高校德育工作，积极倡导学生到国防科技工业最需要的地方去建功立业；要加强学校的继续教育工作，通过提供学历教育、举办高级研讨班等方式，为国防科技工业人才资源能力建设提供多样化服务。

十、完善国防科技工业人才激励机制，充分调动各类人才的积极性

进一步完善国防科技工业人才表彰奖励制度。坚持精神奖励和物质奖励相结合的原则，对为国防科技工业发展做出突出贡献的各类人才给予表彰奖励，在全行业树立先进榜样，弘扬军工精神，充分发挥激励作用，逐步形成符合国防科技工业特点、分级分类管理、规范有效的国防科技工业人才表彰奖励体系，形成政府引导、军工集团公司支持、用人单位为主体的多元化人才激励机制。

进一步深化分配制度改革，积极推进建立健全重业绩、重贡献、适应市场经济体制和军工行业发展要求的分配激励机制。重点抓好型号研制骨干人员和重要人才激励政策的研究，努力形成长效激励机制。当前要继续做好"高新工程"和载人航天工程人才特殊津贴制的实施工作。各军工集团公司和有关单位要切实加强对"高新工程"和载人航天工程人才特殊津贴发放工作的领导，精心组织，统筹兼顾。要认真落实中央有关文件精神，坚持考核发放、动态管理，不搞照顾平衡，不搞终身制。同时，要进一步总结经验，研究完善"高新工程"人才特殊津贴制度，实现有效激励，充分调动各类人才的积极性，促进"高新工程"任务按期保质保量圆满完成。

十一、加强和改进重要人才的安全工作，强化对重要人才的保护

要高度重视国防科技工业重要人才安全问题，认真研究有效措施加强和改进重要人才安全工作。尤其要注重努力创造良好的工作环境，做到政治上关心、业务上支持、教育上引导、安全上保护、生活上照顾。要根据军工不同行业的特点，研究确定重要人才的范围，制订重要人才动态管理的办法，建立重要人才信息库和信息反馈体系，实行动态管理。要对重要涉密人员和掌握核心技术人员及时开展保密教育，在重要涉密岗位上的人员要签订保密协议，明确责任与义务，逐步将其纳入到国家重要人才安全工作体系之中，积极探索国防科技重要人才安全工作机制。

十二、加强军工文化建设，吸引和集聚优秀人才

大力弘扬以"两弹一星"精神和载人航天精神为代表的军工先进文化，将创造军工先进文化与加强国防教育、爱国主义教育有机地结合在一起。采取多种形式，宣传国防科技工业各类先进人物的模范事迹，树立典型，引导广大干部职工树立正确的世界观、人生观、价值观，增强献身国防事业的荣誉感、责任感和使命感，不断增强国防科技工业人才队伍的创造力、凝聚力和战斗力。各军工集团公司、各单位要着力培育新时代军工企业的价值观，在进行制度创新、管理创新和技术创新的各项具体工作中挖掘、总结、提炼企业文化理念，凝练提出有鲜明时代特点的军工精神，将人才的培养、吸引和使用等环节与企业文化的形成、巩固和发展相结合,准确把握企业文化建设方向,努力营造"人人受重视,人人被尊重,人人能成才"的氛围,形成人尽其才、才尽其用、人才辈出的良好局面。

十三、切实加强对人才工作的领导与协调,共同完善人才工作新体系

实施人才兴业战略,是整个国防科技工业范围内的一项系统工程。各军工集团公司、各单位都要从历史的、全局的和战略的高度,充分认识实施这一战略的重要意义,以求真务实的精神,结合实际,将实施人才兴业战略作为重大而紧迫的任务抓紧抓好。国防科工委将充分发挥指导全行业人才工作的职能,做好政策引导、宏观协调;各军工集团公司、各单位要完善制度、营造环境;省(市)国防科工委(办)要积极配合,主动服务。各个方面都要增强事业心和责任感,形成合力,做好人才工作,努力抓出实效。

进一步强化和完善国防科技工业人才工作协调机制,加强对全行业人才工作宏观指导和监督检查,及时组织开展国防科技工业人才工作重大问题的研究工作,提出对策与建议。要建立和完善领导干部联系专家制度,进一步发挥各级各类专家咨询机构的作用,经常听取专家的意见和建议,将重大事项听取专家意见制度化。各军工集团公司、各单位的有关部门要密切配合,形成合力,共同做好人才工作。

十四、加强组织人事部门自身建设,努力做好人才工作

要不断加强组织人事工作部门的自身建设,牢固树立科学的发展观和人才观,坚持党管人才原则,坚持以人为本。组织人事部门要牵头组织实施党组(党委)关于人才工作的决策,协调人才工作规划,推动干部人事制度改革,督促检查党的各项人才工作政策的落实。进一步加强思想政治建设、业务建设和作风建设,不断学习新知识,掌握真本领,提高业务能力、工作水平和处理复杂问题的能力。要继续深入开展"树组工干部形象"活动,进一步增强服务意识,保持良好形象,真正在人才工作中做到求真务实、公道正派。要加强队伍建设,不断充实力量,配备高素质的人员,注重在工作中锻炼队伍,在学习中培养队伍,提升队伍的整体战斗力,努力建设一支政治坚定、作风过硬、业务精湛、工作出色的组织人事队伍。

关于进一步加强委属高校与军工科研院所和企业联合培养研究生工作的若干意见

(2006年1月26日国防科学技术工业委员会发布 科工人[2006]108号)

各军工集团公司、中国工程物理研究院、委属各高校：

为了贯彻党的十六届五中全会精神，落实科学发展观，进一步强化国防科技工业研究生教育的特色和优势，推动国防科工委所属高校（以下简称"委属高校"）与军工科研院所、企业联合培养研究生工作，使各方面的潜力和作用得到充分发挥，特提出以下意见：

一、充分认识联合培养研究生工作的意义

委属高校是国防科技工业高层次人才培养的重要基地，学术思想活跃，学科门类较为齐全，特别是国防特色学科基本配套且居国内领先水平，具有良好的育人环境和学科交叉融合的优势，在研究生教育教学方面具备较为成熟的条件，具有较大的培养规模。

50多年来，国家投入了巨大的人力、物力，建立了专业门类基本齐全，科研、试验、生产手段基本配套的国防科技工业体系，军工科研院所和企业汇集了核、航天、航空、船舶、兵器等工业领域最集中、最优越的研究条件和一批高水平的专家，成为我国科学技术发展的骨干力量，也是高层次人才培养现实和潜在的重要力量。

探索新的机制与模式，按照"政府引导、双方自愿、互惠互利、人才为本"的原则，大力促进委属高校与军工科研院所、企业联合培养研究生工作，充分发挥军工科研院所和企业在高层次人才培养中的作用，逐步形成特色突出、优势明显的研究生联合培养新体系，具有重大的现实意义和深远的影响。

二、鼓励委属高校与科研院所联合申报新的博士、硕士学位授权点

委属高校与科研院所联合申报学位点，以委属高校名义申报，学位点归双方共有，学位点设在委属高校。学位点导师遴选应由双方共同协商、审核，定期对学位点导师进行考核或资格认定。

委属高校与科研院所成立该学科培养联合体，统一招生，统一培养，联合教学，共同指导。报名、考试等招生工作由高校负责，科研院所可推荐并组织生源，录取按照国家有关规定执行。研究生课程学习阶段原则上在高校进行。为了使研究生培养更加密切地联系实际，根据培养方案的需要，经双方同意，委属高校可聘请联合申报单位科技人员开设某些课程。

研究生学位论文开题报告、中期检查、答辩以及学位授予工作按照国务院学位委员会、教育部和高校的有关文件办理。研究生毕业证书和研究生学位证书由高校颁发或联合颁发。研究生取得的科研成果除合同另有约定外依据课题来源确定归属。委属高校与联合申报单位共同承担在本学位点学科建设方面的责任。双方可以根据实际情况，提出学位授权点的学科建设的短期以及长期目标，并具体实施。

三、鼓励科研院所、企业高水平专家到委属高校作兼职导师，招收研究生

委属高校根据学科建设和研究生培养的需要，提出兼职导师岗位和任职条件，并以适当方式向科研院所、企业公布。科研院所、企业技术人员根据任职条件申报，所在单位提出推荐意见，军工集团公司人事部门审核。委属高校考察申请人资格，按程序进行评聘，并参照本校导师管理的有关规定对兼职导师进行考核或资格认定。

兼职导师指导研究生的招生、培养、学位论文开题报告、中期检查、答辩以及学位授予工作按照国务院学位委员会、教育部和高校的有关文件办理。研究生毕业证书和研究生学位证书由高校颁发。兼职导师指导研究生所取得科研成果除合同另有约定外依据课题来源确定归属。

四、鼓励委属高校在科研院所、企业设立研究生培养点,研究生到培养点承担研究课题,实行双导师制

科研院所、企业确定科研课题,指定课题负责人,提出需求研究生的学校、专业方向、数量。委属高校根据科研院所、企业确定科研课题和需求研究生的专业方向、数量,选派研究生到科研院所、企业工作。研究生指导实行双导师制,科研院所、企业选派具有较高水平的科技人员任副导师,委属高校选派相应的专业导师。

科研院所、企业为到单位工作的研究生提供相应的科研环境和工作环境、实验仪器设备、所需研究经费及相关技术资料和生活补贴。研究生取得的科研成果除合同另有约定外依据课题来源确定归属。科研院所、企业根据课题的保密需要,同研究生及学校指导教师签订保密协议。

五、鼓励各军工集团公司、委属高校、科研院所和企业采取新模式联合办学,举办研究生教育

为加强国防特色主干学科专业、急需专业领域研究生的培养,军工集团公司、委属高校、科研院所和企业可与委属高校联合建立相对独立的学院,由各方共同投入建设资金,研究制定新的管理模式和运行机制。

各军工集团公司、委属高校、科研院所、企业要高度重视,并结合各单位实际情况积极开展联合培养研究生工作。各种联合培养工作的具体事宜,由各方协商,签订合作协议。国防科工委进行必要的协调和规范工作,并给予政策指导和条件支持。

国防科工委
二〇〇六年一月二十六日

关于回国(来华)定居专家工作有关问题的通知

(1995年3月27日人事部、国家教委、外交部发布 人专发[1995]36号)

各驻外使、领馆、团、处：

党的十一届三中全会以来，旅居国外的华侨、华人和台湾、港澳同胞中的一些科技专家陆续回国(来华)定居工作。这些专家多数在欧美等经济发达国家学习并取得博士或硕士学位，他们回来后大部分安排在高教或科研岗位工作，许多人已成为本单位学术、技术带头人，不少人做出了突出贡献。这些专家知识新、年纪轻，他们回国(来华)定居工作，带动了我国一些新学科领域的发展，有的还填补了国内空白。1992年，3位回国定居工作的专家被增选为中国科学院院士，还有不少做出突出贡献的回国(来华)定居工作专家先后享受到政府特殊津贴。

党中央、国务院十分重视科技专家回国(来华)定居工作。国内有关部门和驻外使、领馆的领事、教育、科技、文化部门为推荐、引进科技专家回祖国服务也做了许多细致的工作。最近，国务院办公厅转发了人事部、财政部《关于来华定居工作专家工作安排及待遇等问题的规定》（国办发[1994]102号），适当提高了来华定居工作专家的生活待遇。为贯彻落实文件精神，进一步做好吸引海外专家、学者回国(来华)定居，为祖国社会主义建设事业服务的工作，现将有关问题通知如下：

一、旅居国外的华侨、华人和台湾、港澳同胞中的科技专家回祖国大陆或来华定居工作，由人事部审批，具体工作由人事部专家司负责。

二、回国(来华)定居工作的科技专家是指：具有大学本科毕业以上学历，并对某一门学科有专门研究或擅长某项技术的人才。为适应我国科技和经济事业的发展，我们的工作对象重点是那些在科学技术或其他领域做出显著成绩、学有专长、有真才实学的优秀人才，以及其研究和工作领域处于国际领先地位、有发展前途的、我国急需的青年尖子人才。请各驻外使、领馆有针对性地物色一批国内急需的微电子、信息、生物、新材料、航空航天、自动化、新能源、激光和海洋等高新技术领域或经济、金融、贸易、法律等社会科学方面的人才，并及时向国内推荐。

三、旅居国外的华侨、华人和台湾、港澳同胞中的科技专家申请回国(来华)定居工作，具体程序为：先由本人填写《回国(来华)定居工作申请表》（表样见附件），再由受理的驻外使、领馆审核提出意见，并将《申请表》和能反映其学历、经历、专长等有关材料及近期身体健康检查证明，一并报送人事部专家司；待国内为其安排好工作和生活等事项，并经批准后再通知申请人。对申请回国(来华)定居工作的专家，应热情地向他们介绍国内改革、开放和经济建设的形势及国内对人才的需要情况，同时也要把各种困难充分地向他们讲清楚，请他们认真考虑；要详细了解他们的要求、业务水平及身体健康状况；对有条件的，可建议他们先自费前来对国内的工作和生活情况做些了解，以便为定居工作做好必要的准备。

四、对新中国成立以后，特别是1966年以来，从中国大陆去国(境)外留学（包括公费、自费）、现留居国(境)外已取得居住证件或加入外国国籍的科技专家，对其中我国急需的优秀人才，我们要积极争取和吸引他们回国(来华)服务。如其愿意回国(来华)定居工作，可参照上述做法按规定程序由驻外使馆教育处确认为优秀技尖人才并签署意见，经国家教委外事司审核后，报人事部专家司。凡经批准回国(来华)定居工作的，享受国办发[1994]102号文件所规定的回国（来华）定居工作专家待遇。

请各有关驻外使、领馆与国内有关部门密切配合，共同做好此项工作。工作中有何情况和问题，请及时函告人事部专家司。

高等学校学科创新引智基地管理办法

(2006年8月28日教育部、国家外国专家局发布 教技[2006]4号)

第一章 总 则

第一条 为加强"高等学校学科创新引智计划"(又称"111计划")管理的科学与规范,根据《教育部国家外国专家局高等学校学科创新引智计划"十一五"规划》的要求,制定本管理办法。

第二条 "111计划"由教育部和国家外国专家局联合组织实施,以建设学科创新引智基地为手段,加大成建制引进海外人才的力度,在高等学校汇聚一批世界一流人才,进一步提升高等学校引进国外智力的层次,促进海外人才与国内科研骨干的融合,开展高水平的合作研究和学术交流,重点建设一批具有创新能力的学科,提升高等学校的科技创新能力和综合竞争力。

第三条 "111计划"的总体目标是瞄准国际学科发展前沿,围绕国家目标,结合高等学校具有国际前沿水平或国家重点发展的学科领域,以国家重点学科为基础,以国家、省、部级重点科研基地为平台,从世界排名前100位的大学或研究机构的优势学科队伍中,引进、汇聚1000余名海外学术大师、学术骨干,配备一批国内优秀的科研骨干,形成高水平的研究队伍,建设100个左右世界一流的学科创新基地,努力创造具有国际影响的科研成果,提高高等学校的整体水平和国际地位。

第四条 "111计划"专项经费由教育部和国家外国专家局及高等学校主管部门共同筹措,在各自年度预算计划中单列。

第五条 "111计划"以项目形式实施,按照"统筹规划、限额申报、专家评审、择优建设、动态管理"的原则进行。

第二章 组织机构与职能职责

第六条 教育部、国家外国专家局联合成立"111计划"领导小组,负责计划的宏观指导和决策。领导小组由各主管部门部级领导和相关司级领导组成,主要职能为:

1. 制订"111计划"的整体规划;
2. 聘请国内外知名学者组成"高等学校学科创新引智计划专家委员会",作为学术咨询机构;委员会成员实行常任制,视具体情况进行增补和调整;
3. 审核确定学科创新引智基地的名单和资助经费等。

第七条 "111计划"领导小组委托高等学校学科创新引智计划专家委员会,对高等学校学科创新引智计划有关问题进行咨询,负责计划项目的评审,并对各学科创新引智基地的建设运行情况进行定期或不定期的检查监督与评估验收工作。

第八条 教育部科技司和国家外国专家局教科文卫司相关业务处室人员联合组成"111计划"管理办公室,主要职能为:

1. 制订并发布"111计划"年度实施方案;
2. 对计划项目申报材料进行形式审查,并组织专家委员会专家对通过形式审查的项目进行评审;
3. 负责项目立项工作;
4. 负责项目经费的落实与督察工作;
5. 督促检查计划的执行情况和计划目标的实现情况;
6. 组织对学科创新引智基地的中期评估和验收等工作。

第九条 高等学校是学科创新引智基地建设的依托单位,获得"111计划"资助的高校须成立由校领导牵头,学校科技、外事、人事、财务等相关职能部门共同参与的校级"111计划"领导小组和管理办公室。管理办公室应挂靠其中一个职能部门,并指定专人作为联络员。领导小组及其办公室的主要职能是:

1. 负责研究起草引进海外人才的实施方案、管理办法并报学校批准;
2. 建立有利于学科创新引智基地发展的管理体制与运行机制;
3. 负责与其相关的协调和实施保障工作;
4. 负责资金使用情况的监管;
5. 负责"111计划"的动态监管和年度总结及预决算审核。

各学科创新引智基地建设的依托单位须在项目立项后及时将校级"111计划"领导小组成员和管理办公室成员的基本信息、组织机构设置及有关管理办法等报"111计划"管理办公室备案。

第三章 支持范围与条件

第十条 "111计划"遴选范围为中央部、委、局、办所管理的"985工程"、"211工程"高等学校。具体申报资格与申报数量由年度实施方案确定。

第十一条 申请本计划的高校应具备以下条件:

1. 拟申报的学科创新引智基地要以国家重点学科为基础,以国家、省、部级重点科研基地为平台,具有良好的国际合作研究基础。
2. 学科创新引智基地人员构成:
(1)应聘请不少于10名海外人才,其中包括:不少于1名学术大师;不少于3名学术骨干,不少于6名来华短期学术交流学术骨干。
(2)配备不少于10名国内科研骨干。
3. 学科创新引智基地人员应具备的条件:
(1)海外人才应在世界排名前100位的大学或研究机构任职,且与拟建基地有良好的相关合作研究基础。
(2)海外人才所属学科领域包括基础科学、技术与工程、管理等。
(3)海外人才应具有外国国籍、所在国家或地区永久居留权,对中国态度友好,品德高尚,治学严谨,富于合作精神。学术大师年龄一般不超过70岁(诺贝尔奖获得者可适当放宽),学术骨干年龄一般不超过50岁。
(4)学术大师应为国际著名教授或同领域公认的知名学者,学术水平在国际同领域处于领先地位,取得过国际公认的重要成就。具有前瞻性、战略性的眼光,能够把握国际科学发展的趋势,引领本学科保持或赶超国际领先水平,汇聚国际上本学科的学术骨干,解决对学科或国民经济发展有重大影响的研究课题。
(5)学术骨干应具有所在国副教授以上或其他同等职位,拥有创新性思维,与学术大师有合作基础,在所属领域取得过同行公认的创新性成果。
(6)国内工作时间:学术大师每人每年原则上累计不少于1个月;学术骨干每人每年累计不少于3个月,一般应有一名学术骨干留在基地工作;每年来华短期学术交流的学术骨干不少于6人次,时间不限。
(7)国内研究团队学术带头人的年龄一般不超过65岁;科研骨干成员应具有博士学位,5年以上科研工作经历,年龄一般不超过50岁,国家和省部级各类人才计划获得者应占国内科研骨干的一半以上。

第十二条 两所及两所以上高等学校不得引进同一名学术大师。

第四章 申报、评审及立项

第十三条 高等学校按照年度实施方案的具体要求进行申报。教育部直属高等学校以学校为单位,其他部门所属高等学校以主管部门的职能司局为单位,统一申报,不受理个人申报。

第十四条 申报单位根据核定的申报名额、本办法规定的申报条件和本单位实际情况进行遴选、推荐,并提交申报材料至"111计划"管理办公室。

第十五条 "111计划"管理办公室具体组织项目的评审工作。项目评审程序为:

1. "111 计划"管理办公室对申报材料进行形式审查,凡审查不合格者将不予受理;

2. 组织相关评审专家对申报材料进行初步评审;

3. 由初评专家向高等学校学科创新引智计划专家委员会介绍情况,专家委员会成员对相关情况进行综合评议并填写评审意见;

4. 管理办公室汇总专家意见,并根据专家意见制定年度支持方案报领导小组审核批准;

5. 根据领导小组审核结果,公布"111 计划"年度项目立项名单和资助经费额度。

第十六条 经批复立项建设的学科创新引智基地,其申请书由教育部、国家外国专家局,依托高校的外事、科技等相关部门及学科创新引智基地负责人各保留 1 份存档,作为中期检查和结题验收的依据。

第五章 组织管理与评估验收

第十七条 获得资助的学科创新引智基地须从获得资助次年开始,认真撰写年度进展报告和下一年度基地建设实施计划及详实的经费预算,并于每年 9 月 15 日前报送"111 计划"管理办公室。

第十八条 获得资助的学科创新引智基地根据计划任务目标,自主开展合作研究、学术交流、联合培养博士研究生,并积极争取承担国内外重大科研任务。

第十九条 学科创新引智基地运行 3 年后,由"111 计划"领导小组委托专家委员会对学科创新引智基地进行中期评估。对评估结果好的,给予滚动支持;对评估存在严重问题的,将暂缓或停止资助。在总数不变的原则下,根据评估结果进行动态调整,吸纳符合条件的进入学科创新引智基地行列。

第二十条 中期评估小组由专家委员会成员和遴选相应领域的专家组成,结合各基地年度建设计划,重点对基地的学科发展、人才引进与培养、合作研究进展,以及基地的运行效率等情况进行现场评估,并提出建设意见。

第二十一条 对中期评估中出现下列情况之一的,将予以暂缓或停止资助:

1. 保障条件不能落实,无法按原建设方案实施的;

2. 因人为可控因素影响基地正常建设的;

3. 对明显未达到计划要求、难以完成预期目标的。

第二十二条 对未能正常履行工作职责或调离高等学校的基地负责人,或对违反职业道德、弄虚作假或触犯法律的基地主要参与人员或负责人,其所在高等学校应及时向"111 计划"管理办公室提交书面报告和相应的调整措施,由领导小组根据具体情况决定调整、中止或撤销资助。

第二十三条 学科创新引智基地建设期结束后,应及时向"111 计划"管理办公室提出书面验收申请,并提交有关验收资料,包括:

1. 承担国内外重大科研任务及发表论文情况报告;

2. 人才引进与培养情况报告;

3. 基地的学科发展情况报告;

4. 经费决算汇总表和使用说明;

5. 合作研究的突出成果介绍。

学科创新引智基地建设期满验收,采用现场验收的方式,主要依据批复通过的《高等学校学科创新引智计划项目申请书》中的预期目标,重点对基地建设期内的学科提升情况,人才培养和获人才计划资助情况,合作研究取得的突出成果,基地的自主研发能力等情况进行综合验收。

专家委员会按一定比例评选出优秀学科创新引智基地,给予表彰和奖励,并根据基地建设的具体情况继续给予支持。

第二十四条 项目执行期间由项目资助经费支持人员所发表的相关论文、专著、研究报告、资料、鉴定证书及成果报道等,均须标注"高等学校学科创新引智计划资助"(Supported by the 111 Project)中英文字样和项目编号。

第六章 经费来源与使用管理

第二十五条 各学科创新引智基地建设期为 5 年,经费来源为:列入"985 工程"的高等学校项目经费由国家外国专家局和教育部共同筹措,未列入"985工程"的高等学校项目经费由国家外国专家局和高等学校主管部门共同筹措。

第二十六条 对学科创新引智基地的支持采取分阶段滚动资助的办法,年度建设经费根据各基地年度引进人才的需要及绩效评估结果由"111计划"领导小组审批。

第二十七条 学科创新引智基地负责人同时担任基地财务总负责人,经费的使用与管理应严格执行国家有关财务规章制度规定,并接受财务审计部门的监督检查。基地的依托单位应对基地经费的及时到位予以支持和协助。

第二十八条 资助经费主要用于:

1. 聘请海外人才的国际旅费、津贴、住房、医疗等开支;

2. 开展科学研究所需的科研业务费、实验材料费、人员费、助研津贴和其他相关费用,原则上不得用于购买30万元以上的大型仪器设备;

3. 学科创新引智基地配备的国内优秀科研骨干赴国外一流大学、科研机构从事合作研究、短期访问及联合培养博士研究生所需费用;

4. 其他与学科创新引智基地相关的费用。

第二十九条 "111计划"经费专款专用,任何单位或个人不得截留、挪用或挤占。

第七章 附　则

第三十条 本办法自发布之日起施行。

第三十一条 各"111计划"校级管理办公室参照本办法,制定本校基地建设的管理办法。

关于建立海外高层次留学人才回国工作绿色通道的意见

(2007年2月15日人事部、教育部、科技部、财政部、外交部、国家发展改革委、公安部、商务部、人民银行、国资委、国务院侨办、中科院、国家外专局、海关总署、税务总局、工商总局发布 国人部发[2007]26号)

留学人才是我国人才资源的重要组成部分,高层次留学人才是留学人才群体的核心和骨干,是我国建设创新型国家、实现经济社会跨越式发展急需的紧缺人才。采取有效政策措施,积极引进海外高层次留学人才回国工作,是应对国际人才竞争、提高我国自主创新能力、加强人才队伍建设的需要。为贯彻落实科学发展观,深入实施科教兴国和人才强国战略,开辟绿色通道,进一步加大高层次留学人才引进工作力度,现提出如下意见:

一、高度重视吸引海外高层次留学人才工作

1. 要把吸引海外高层次留学人才作为开展留学人员回国服务工作的重点,坚持"支持留学、鼓励回国、来去自由"的方针,按照"拓宽留学渠道,吸引人才回国,支持创新创业,鼓励为国服务"的要求,根据少而精的原则,采取灵活多样的方式和特事特办的方法,开辟绿色通道,完善服务措施,围绕建设创新型国家的目标,围绕我国重点发展领域和行业的需要,围绕西部大开发、振兴东北地区等老工业基地、促进中部地区崛起等国家发展战略,有计划、有重点、有针对性地做好高层次留学人才引进工作。

2. 海外高层次留学人才一般是指:我国公派或自费出国留学,学成后在海外从事科研、教学、工程技术、金融、管理等工作并取得显著成绩,为国内急需的高级管理人才、高级专业技术人才、学术技术带头人,以及拥有较好产业化开发前景的专利、发明或专有技术等人才。具体界定条件参见人事部、教育部、科技部、财政部下发的《关于在留学人才引进工作中界定海外高层次留学人才的指导意见》(国人部发[2005]25号)。

3. 增强高层次留学人才引进工作的主动性,根据实际情况不断创新引进方式。要积极吸引海外高层次留学人才回国到企事业单位工作,也要大力支持他们发挥自身优势,引进国外先进技术和资金,创办高新技术企业。要发挥顶尖人才集聚效应,采取团队引进、核心人才带动引进等多种方式积极引进海外高层次留学人才和留学人才团队。对暂时无法回国的海外高层次留学人才,鼓励他们通过兼职、开展合作研究等各种适当方式为祖国服务,做到不求所在,但求所用。

4. 研究实施战略性顶尖人才专项引进计划。围绕我国经济社会发展和实施《国家中长期科学技术发展规划纲要》的重点领域、重大专项、重大关键技术等战略重点,有计划、有针对性地引进一批世界级的顶尖人才。对高层次留学人才中极少数国家急需的处于国际科技前沿的战略科学家、技术专家等世界级顶尖人才,要针对每个人的具体情况采取特殊办法,特事特办,重点引进。具体办法另行制定。

二、积极为海外高层次留学人才回国创造良好条件

5. 海外高层次留学人才回国工作,经有关主管部门批准,可不受编制数额、增人指标、工资总额和出国前户口所在地的限制。回国工作的高层次留学人才每年在国内全时工作的时间一般应在9个月以上。

6. 回国工作的高层次留学人才的报酬应与其本人能力、业绩、贡献挂钩。由事业单位聘用的,按照国家有关规定,经批准可实行协议工资、项目工资等灵活多样的分配方法；由国内企业聘用的，经双方协商确定工资待遇；对到企业从事技术开发或以技术入股取得明显经济效益的，可按合同规定给予一定比例提成；以本人的专利、专有技术等无形资产参股的，经投资各方约定，可适当提高技术入股分红比例。

7. 国家重大科研项目、重点建设工程和重点基地建设要特别重视吸引高层次留学人才。国家自然科学基金、863、973 等重大科技计划和专项基金要面向回国工作的高层次留学人才平等开放，鼓励和支持他们公开、公平、公正地申报各级各类科技计划和科研基金项目。各地区、各部门要积极营造宽松良好的科研环境，在高层次留学人才科研项目经费等方面给予支持。特别优秀、国内急需的高层次留学人才回国工作，人事部会同有关部门资助专项经费。

8. 高层次留学人才回国工作，按照人事管理权限，经主管部门审核确认后，可参照其学历、学术或专业技术水平直接聘任相应等级的专业技术职称，不受本人任职年限、单位专业技术岗位结构比例等限制；回国工作后，符合条件的高层次留学人才可按相关规定取得相应的职业资格。

9. 要充分发挥回国工作的高层次留学人才的作用，支持他们在高起点上出成果、出效益。积极鼓励并推荐高层次留学人才将其发明专利或科研成果参评国家和省级有关科技奖项。回国工作做出突出贡献的高层次留学人才，可按规定申报国家有突出贡献中青年专家、国务院政府特殊津贴专家。

10. 高层次留学人才回国创办企业，按照国家的产业和区域税收政策享受相应的税收优惠。其中，创办高新技术企业的，享受国家高新技术企业优惠政策。对我国经济科技发展具有战略意义的重点项目，经有关部门审批，可专门立项，按照有关规定给予支持。

11. 留学人员创业园区要大力引进海外高层次留学人才回国创业，配备专门人员，为高层次留学人才创业提供服务，简化审批手续，提供厂房、设备和配套设施，并在房租等方面给予优惠；建立健全包括政府资助、银行贷款、创业投资、技术产权交易等在内的投融资机制，帮助他们解决资金困难；发挥国家级留学人员创业园的示范引导作用，不断探索在政策、人才、信息、培训、资助等方面对海外高层次留学人才创业提供支持的新途径。

12. 依法保护高层次留学人才的知识产权。鼓励高层次留学人才将在国内取得的成果申请国内外专利，支持他们通过专利转让、技术入股等形式，加快高新技术成果产业化。高层次留学人才职务发明成果转让后的收益分成，经与单位协商同意，可高于国家规定的比例获得奖励。

13. 妥善安排回国工作的高层次留学人才的配偶和子女。随迁配偶就业，采取个人联系和组织推荐相结合的方法，用人单位有接收条件的，要优先安排，确有困难的，当地人事部门要积极帮助推荐就业。随迁子女入托及义务教育阶段入学，由其居住地教育行政部门按照就近入学的原则优先办理入、转学手续，不收取国家规定以外费用；参加高中升学考试和高考的，同等条件下可优先录取。

14. 已加入外国国籍或取得国外长期、永久居留权的高层次留学人才回国工作，可按国家规定申请《回国（来华）定居专家证》或《外国专家证》，并享受有关待遇。

三、积极为高层次留学人才提供入出境及居留便利

15. 已加入外国籍回国工作的高层次留学人才及其随任家属在我驻外使领馆办妥"Z"字签证来华后，需长期居留的，可申请办理 2 至 5 年的《外国人居留许可》；需多次临时入境的，可申请办理 2 至 5 年长期多次"F"字签证。上述人员须提交人事部专业技术人员管理司、教育部国际合作与交流司或各省级政府人事部门等一类授权单位公函以及《回国（来华）定居专家证》等证明文件。上述人员的外国籍配偶及未满18周岁的子女可享受同等条件的入出境便利。

16. 已加入外国籍回国工作的高层次留学人才，符合《外国人在中国永久居留审批管理办法》要求的，可凭人事部出具的推荐函或身份确认函以及《回国（来华）定居专家证》，按有关规定办理《外国人永久居留证》。上述人员的外国籍配偶及未满18周岁的子女可享受同等条件的入出

便利。

17. 对回国工作的高层次留学人才回国时的国际旅费、仪器设备托运费及安家费等给予补贴，所需资金从现行经费渠道解决。

18. 已取得外国长期或永久居留权回国工作的高层次留学人才，回国时携运进境的自用物品，按照海关对非居民长期旅客进出境自用物品监管有关规定办理手续。

19. 回国工作的高层次留学人才，回国后因工作需要确需从国（境）外进口少量试剂、原料、配件，可由其所在单位按照科学研究和教学用品以及科技开发用品税收优惠政策的规定办理有关手续。

20. 回国工作的高层次留学人才申请再出国（出境）进修、考察、参加学术会议的，有关部门、单位应积极提供支持。

四、加强对吸引高层次留学人才工作的组织领导

21. 各级政府有关部门要充分认识吸引高层次留学人才回国工作的重要意义，按照党管人才的原则，加强对高层次留学人才回国工作的政策研究、宏观指导和组织协调。要进一步发挥留学人员回国服务工作部际联席会议的积极作用，人事部门要发挥牵头作用，各有关部门要相互支持，密切配合，形成合力，共同做好吸引高层次留学人才工作。

22. 要突出工作重点，把工作重点放在高层次留学人才引进上。要根据本地区经济社会发展需要制定专门的高层次人才引进计划，集中优势力量，加大投入力度，力争在引进一批具有核心竞争力的学科带头人、科技领军人才和战略科学家方面有所突破。要加大宣传表彰力度，积极弘扬高层次留学人才爱国奉献、拼搏进取的精神风貌。要积极营造高层次留学人才愿意回国、乐意回国、学成回国、带头回国的良好环境。

23. 各地区、各部门留学人员服务中心、留学人员创业园、留学人员工作站等，要把高层次留学人才作为重点服务对象，全方位搞好各种服务。要建立健全海外高层次留学人才信息库，及时公布国内高层次人才引进重点领域、行业，增强高层次留学人才引进工作的主动性、针对性和实效性，为高层次留学人才与国内单位合作牵线搭桥。

24. 各驻外使领馆和有关驻外机构要高度重视海外高层次留学人才的吸引工作，对掌握核心技术、具有自主创新能力的学术技术领军人才，对熟悉国际市场运作、懂经营、善管理的高级经营管理人才和具有特定专业技能的紧缺急需人才，要重点了解联系并及时向国内推荐。

25. 各类留学人员团体、留学人员联谊会等要发挥自身的特点和优势，与高层次留学人才建立重点联系，及时了解他们在工作、生活等方面遇到的问题，反映他们的愿望和要求，切实加强对引进的高层次留学人才的跟踪服务。

关于引进国外杰出人才的管理办法

(2001年10月17日中国科学院发布　科发人教字[2001]357号)

第一章　总　则

第一条　按照国务院关于中国科学院开展知识创新工程试点的决定精神,根据我院知识创新工程试点全面推进阶段的总体部署,为进一步加强科技创新队伍建设,促进知识创新工程试点工作的顺利开展,特制定本办法。

第二条　为进一步促进国际科技合作与交流,带动一批重点学科的发展,提升我院在世界范围的学术地位和竞争实力,在我院知识创新工程试点全面推进阶段,继续实施引进国外杰出人才计划。

第三条　引进国外杰出人才计划包括引进长期回国工作的杰出人才(以下简称"杰出人才")和招聘短期回国工作的海外知名学者(以下简称"知名学者")两种方式。

第四条　人才引进必须坚持学术水平、科学道德和为国服务的统一,采取按需设岗、公开招聘、严格考核、择优聘任、契约管理、动态调整的原则。

第二章　目标和条件

第五条　在我院知识创新工程试点全面推进阶段,即从2001年至2005年,计划引进500名左右的国外杰出人才。

第六条　引进的杰出人才,应是具有中国国籍的公民或自愿放弃外国国籍来华或回国定居的专家学者。同时,还需具备以下基本条件:

1. 具有博士学位。
2. 获得博士学位后有连续2年以上国外科研工作经历,一般应在国外获得助理教授及以上或其他相应职位。
3. 独立主持或作为主要骨干参与过课题(项目)研究的全过程并做出显著成绩。
4. 在国内外学术界有一定的影响,能把握本学科领域的发展方向,具有长远的战略构思,能带领一支队伍在国际科学前沿从事研究并做出具有国际水平的创新成果。
5. 在本学科领域有较深的学术造诣,做出过具有国际水平的研究成果,在重要核心刊物上发表过3篇以上有影响的论文并被SCI或EI收录和引用;或拥有重大发明(专利),掌握该学科领域能影响高新技术产业化的关键技术。
6. 具有立足国内、面向世界,为我国科技事业发展和国民经济建设而艰苦创业的奉献精神。

第七条　为尽快适应国家的战略需求,针对部分新兴学科和交叉学科急需人才的状况,探索招聘部分知名学者以灵活的方式短期回国工作。知名学者应具备以下基本条件:

1. 在国外获得副教授及以上职位或其他相应职位。
2. 在本学科领域内有深厚的学术造诣,在国际学术界有很高的知名度和重要影响,能够把握学科发展方向,提出有创新性的构想。
3. 能够带领一支队伍做出具有国际先进水平的创新成果。
4. 取得过国际同行公认的重要研究成果,并在本学科领域公认的权威刊物上发表过多篇有重要影响的论文;或拥有重大发明(专利),掌握能够影响高新技术产业化的核心和关键技术。
5. 每年回国工作4个月以上。

第三章　设岗要求

第八条　引进国外杰出人才的岗位必须与创

新基地的科技目标、学科建设相结合；与全院的学科布局相结合，保证新兴学科、交叉学科和重点学科、重大攻关项目、重点实验室及大科学工程对人才的需求；与院重大方向性项目的部署相结合。

招聘知名学者的岗位应设在院支持的"科学家小组"或纳入院计划管理的"创新团组"，该小组应具备良好的工作基础和实验条件，拥有一支活跃在该领域、由国内优秀青年科学家组成的研究队伍，在本学科领域研究实力雄厚，已做出了高水平的研究成果，通过招聘知名学者或学者团队，可望在近期内实现新的突破。

第四章 岗位职责

第九条 引进国外杰出人才的岗位职责是：

1. 正确把握学科的动态和发展方向，提出具有基础性、战略性、前瞻性的研究布局和项目，带领一支团队在本学科领域从事具有国际水平的科学研究工作；

2. 积极推动国际学术交流，创造条件走向世界科技舞台，从事对等的合作与研究；

3. 面向国家重大战略需求和国际科技前沿，积极参与社会竞争，争取和承担国家重大科技计划项目；

4. 聘任期间，取得国内外同行关注的科研成果，为创新单位培养优秀人才，建设一支具有持续创新能力的科技队伍。招聘的知名学者应带出一支具有国际水准的团队并做出具有世界一流水平的科学创新成果。

第五章 组织机构

第十条 院成立"知识创新工程引进国外杰出人才"领导小组（以下简称"领导小组"），成员由主管院领导、有关专家及相关部门的领导组成，并邀请财政部、科技部的主管部门领导参加，负责对各招聘单位年度引进国外杰出人才计划和人选的审定。领导小组办公室设在人事教育局，负责日常工作。

第六章 招聘程序

第十一条 引进国外杰出人才的招聘程序是：

1. 每年第一季度各招聘单位提出岗位需求，报领导小组办公室，经领导小组批准后，由院统一发布招聘信息。

2. 招聘单位组织初审工作。招聘单位成立招聘委员会（由7~11位专家组成，院外专家不少于1/2，年轻专家、管理专家应占一定比例），严格按照条件对应聘人员进行初审，获得2/3及以上票数者为初审通过；招聘单位将通过初审的候选人材料报领导小组办公室。对与招聘单位已有密切合作关系的知名学者，可经过2~3名海外著名同行专家推荐后，由招聘单位直接上报。

3. 领导小组办公室对候选人材料进行复核；各主管业务局组织专家组对候选人材料进行复审，同时将材料分送3名以上国内外同行专家进行评议；领导小组对通过复审者进行终审；报财政部审批后公开发布招聘结果。

第七章 人才管理

第十二条 引进国外杰出人才实行岗位聘任年限制，一次聘期为3年，在聘期间，通过签定的契约明确双方的责、权、利关系。受聘人员在院工作期间的科研成果按照国家有关知识产权法律、法规的规定执行。

第十三条 按照引进国外杰出人才的研究领域和工作性质，分别建立以科学创新、技术创新、经济效益和社会效益为主要目标的评价体系，对引进人才进行定性与定量相结合的中期考核及终期评估。

1. 对未能按契约到岗位工作者，取消其入选资格，院收回所拨经费；对中期考核结果明显未达到计划要求、预计无法按期完成目标者，应停止其研究计划，取消其入选资格，院收回其住房和剩余经费。院收回的经费须上报财政部，按照国家有关财务规章制度的规定处理。

2. 聘期结束后，招聘单位组织7~9位专家组成评议组,对其工作进行初评估;各主管业务局对其工作进行综合性评估,并评出20%的优秀者;领导小组对评估结果进行最终审定。对于评估结果为优秀者,给予一定强度的后续支持;对于评估结果为不合格者,根据契约管理条例处理,并通报全院。

第八章 支持方式

第十四条 杰出人才在聘期内可获得一次性200万元(科学事业费173万元,基本建设支出费27万元)的专项经费资助;除享受国家规定的工资、福利、医疗等待遇外,另可按规定享受杰出人才岗位津贴。知名学者在聘期内可获得一次性100万元(全部为科学事业费)的专项经费资助。

第十五条 在聘期间,研究开发高新技术、转化科技成果、发展高新技术产业取得成就者在产权收益分配上,均按《国务院办公厅转发科技部等部门关于促进科技成果转化的若干规定的通知》(国办发[1999]29号)办理。

第九章 经费管理

第十六条 招聘单位与引进的国外杰出人才签订合同书并报院审核,院根据实际到位的情况向财政部提出用款申请。

第十七条 财政部核准后,按照有关程序将经费拨付到位。

第十八条 各招聘单位应保证落实引进国外杰出人才的自筹经费。引进国外杰出人才专项经费及各单位的自筹经费应一并使用,主要用于引进人才的人员、科研、仪器设备经费以及住房补助等方面。

第十九条 引进国外杰出人才专项经费的使用与管理应严格执行国家有关财务规章制度和"中国科学院知识创新工程试点经费管理办法(修订稿)"的有关规定,并接受财务部门的监督。

第十章 附 则

第二十条 本办法自2001年起执行。1999年5月24日印发的《中国科学院关于引进国外杰出人才的管理办法》同时废止。

第二十一条 本办法由中国科学院人事教育局会同综合计划局和基本建设局负责解释。

关于在留学人才引进工作中界定海外高层次留学人才的指导意见

(2005年3月22日人事部、教育部、科学技术部、财政部发布 国人部发[2005]25号)

为进一步落实党中央、国务院批准下发的《关于鼓励海外高层次留学人才回国工作的意见》(人发[2000]63号),提高留学人才引进工作的针对性、实效性,现对引进工作中关于海外高层次留学人才界定的有关问题提出如下指导意见:

一、界定海外高层次留学人才是积极引进留学人才的基础性工作

留学人才是国家的宝贵财富,是我国人才资源的重要组成部分。中共中央国务院《关于进一步加强人才工作的决定》(简称《决定》)指出,要完善留学人才的评价认定制度,重点吸引高层次人才和紧缺人才。做好海外高层次留学人才界定工作,是落实《决定》要求,加强和改进留学人才引进工作的重要措施,是突出重点,有计划、有针对性地主动引进海外高层次留学人才的基础性工作,对进一步加强我国人才队伍建设,做好留学人才引进工作具有重要意义。

二、海外高层次留学人才的范围

根据《关于鼓励海外高层次留学人才回国工作的意见》的有关规定,引进海外高层次留学人才一般是指:我公派或自费出国留学,学成后在海外从事科研、教学、工程技术、金融、管理等工作并取得显著成绩,为国内急需的高级管理人才、高级专业技术人才、学术技术带头人,以及拥有较好产业化开发前景的专利、发明或专有技术的人才。

三、海外高层次留学人才界定的主要原则

在留学人才引进工作中做好高层次留学人才界定工作,要注意把握好以下主要原则:

——坚持以科学的人才观为指导;

——坚持德才兼备原则,把品德、知识、能力和业绩作为衡量人才的主要标准;

——尊重人才成长规律,把人才的学识、业绩和贡献与其发展潜能相结合;

——通过实践检验人才,注重业内认可;

——坚持尊重人才的多样性、层次性和相对性。

四、海外高层次留学人才界定的条件

海外高层次留学人才应热爱祖国,愿意为祖国发展和现代化建设贡献力量;具有良好的专业素养,具备较强的创新意识和创新精神;在本行业或本领域有所作为、有所建树。界定条件如下:

1. 在国际学术技术界享有一定声望,是某一领域的开拓人、奠基人或对某一领域的发展有过重大贡献的著名科学家;

2. 在国外著名高校、科研院所担任相当于副教授、副研究员及以上职务的专家、学者;

3. 在世界500强企业中担任高级管理职务的经营管理专家,或在著名跨国公司、金融机构担任高级技术职务,在知名律师(会计、审计)事务所担任高级技术职务,熟悉相关领域业务和国际规则,有较丰富实践经验的管理人员或技术人员;

4. 在国外政府机构、政府间国际组织、著名非政府机构中担任中高层管理职务的专家、学者;

5. 学术造诣高深,对某一专业或领域的发展有过重大贡献,在国家著名的学术刊物发表过有影响的学术论文,或获过有国际影响的学术奖励,其成果处于本行业或本领域学术前沿,为业内普遍认可的专家、学者;

6. 主持过国际大型科研或工程项目,有较丰富的科研、工程技术经验的专家、学者、技术人员;

7. 拥有重大技术发明、专利等自主知识产权或专有技术的专业技术人员;

8. 具有特殊专长并为国内急需的特殊人才。

在留学人才引进工作中,做好海外高层次留

学人才的界定工作政策性强,影响面大。各地区、各部门要充分做好海外高层次留学人才界定工作的重要意义,根据本意见的精神,认真掌握原则,严格把握条件,突出引进重点,根据本地区、本部门高层次人才队伍的状况和需求,因地制宜,主动、积极地吸引海外高层次留学人才回国工作或为国服务。

关于进一步加强引进海外优秀留学人才工作的若干意见

(2007年3月2日教育部发布 教外留[2007]8号)

各省、自治区、直辖市教育厅(教委),有关部门(单位)教育司(局),有关高等学校,有关科研机构,有关留学人员创业园,驻外使(领)馆教育处(组):

为贯彻落实《国家中长期科学和技术发展规划纲要(2006—2020年)》,加快推进科教兴国战略和人才强国战略,加大海外优秀留学人才引进力度,促进我国技术创新和学科发展,建设适应社会全面协调可持续发展需要的高素质人才队伍,现就进一步加强高等学校、科研机构和留学人员创业园等国内用人单位(下称"国内用人单位")引进海外优秀留学人才工作提出以下若干意见。

一、"海外优秀留学人才"的界定

"海外优秀留学人才"包括以下三个层次:

第一层次:着眼于吸引一批具有国际领先水平的学科带头人,形成一批优秀创新团队。

第二层次:着眼于吸引一大批学术基础扎实、具有突出的创新能力和发展潜力的优秀学术带头人,促进技术创新和学科发展。

第三层次:着眼于吸引大量青年骨干教师和科研骨干人员,带动教师队伍和科研队伍整体素质的提升。

二、编制海外优秀留学人才需求目录,建立和完善海外优秀留学人才信息库

我部根据教育发展、科技发展、产业发展、区域发展等对人才的实际需要,建立对海外留学人才需求预测和需求信息发布制度,全面掌握国内各类用人单位的人才需求信息,构建和完善国内用人单位对海外优秀留学人才的需求信息库,汇制国家和地方吸引留学人才的政策和措施信息库,为海外优秀留学人才回国工作提供方便、快捷、准确、及时的国内人才需求信息查询和咨询服务。

进一步加强和完善我驻外使(领)馆教育处(组)留学人员管理信息系统的建设,在此基础上建立有回国意向海外优秀留学人才信息库,加强我驻外使(领)馆教育处(组)对海外留学人员的管理和服务工作,了解、联系、推荐国内急需的学科带头人、学术带头人和学术骨干。

国内用人单位根据本单位学科发展的特点和规划,建立有针对性的人才引进计划,制定人才引进的措施和管理办法。

三、搭建海外优秀留学人才双向选择平台,为海外优秀留学人才回国工作和创业服务

我部通过多种渠道和形式发布国内引进海外留学人才需求信息和有回国意向海外优秀留学人员信息,搭建网上在线交流、洽谈等双向互动平台,推动国内用人单位与有回国意向海外优秀留学人员的对接:

1. 以我驻外使(领)馆教育处(组)、中国留学网、国家留学网、神州学人等机构为基础搭建专门的网络信息交流平台和远程视频面试洽谈系统,定期发布需求信息,为海外优秀留学人才和用人单位提供双向互动交流和招聘洽谈等服务。

2. 加强对留学人员各类学术团体和留学人员联谊会的联系和指导,充分发挥留学人员团体的桥梁作用,通过留学人员团体发布海外优秀人才需求信息,为留学人员回国工作提供咨询和服务。

3. 我部每年5月、12月分别组织海外留学人员及国内用人单位参加北京科技博览会海外高层次人才招聘会和中国留学人员广州科技交流会海外高层次人才招聘会,进行面对面的对接和双向选择。

4. 有计划、有步骤地组织引进海外优秀留学人才洽谈工作团组,组织国内用人单位的人事负责人到留学人员集中的国家和地区进行人才洽谈工作,通过教育处(组)组织在外优秀留学人员与国内用人单位进行交流洽谈,鼓励和引导海外优秀留学人员回国到高等学校、科研机构等部门工作。

国内用人单位可在我部的指导下自主组团赴海外有针对性地进行海外优秀留学人才跟踪、洽谈,落实引进海外优秀留学人才工作。

四、充分利用国家科技、教育、人才资助项目,引导海外优秀人才回国创业

1. 实施"211工程"、"985工程"的高等学校和实施"百人计划"的科研机构应将吸引优秀留学人才回国工作作为工程建设的重要内容,规划专门经费支持和资助海外优秀留学人才回国工作或以多种形式为国服务。

2. 进一步加大"长江学者奖励计划"、"新世纪优秀人才支持计划"等项目对于优秀留学人才回国工作的支持和奖励力度。

3. 大力实施"高等学校学科创新引智计划"("111计划"),采取团队引进、核心人才带动等多种方式引进海外优秀人才,促进学科发展与人才培养,推动高水平研究型大学建设。

4. 加大教育部"春晖计划"支持海外优秀留学人才短期回国服务的力度。鼓励海外优秀留学人才利用"春晖计划"资助短期回国服务,通过合作促成软着陆,最终实现部分优秀留学人才长期回国工作。

利用教育部"春晖计划"学术休假回国工作项目,鼓励关键领域和若干学科前沿的海外优秀留学人才利用学术休假时间回国在高校从事研究和讲学工作,为国内新兴学科、前沿学科的建设及创建世界一流大学服务。

5. 进一步加大"留学回国人员科研启动基金"的资助力度,扩大受资助人数,缩短"留学回国人员科研启动基金"的评审周期,为优秀留学人才回国后尽快启动科研工作创造条件,促进优秀留学人才在国内扎根和发展。

高等学校和科研机构等单位应设立相应的留学回国人员科研启动助基金。

五、建立海外留学人才回国工作快速通道,切实解决海外优秀留学人才回国创业的后顾之忧

进一步完善驻外使(领)馆教育处(组)、教育部留学服务中心在留学回国人员证明、档案管理、留学学历学位认证、派遣落户等方面的服务职能,强化服务意识,提高服务效率。

我驻外教育处(组)要积极为国内用人单位提供信息支持和服务。当国内用人单位在对拟引进的人才需要协助联系和确认有关情况时,驻外教育处(组)应及时提供有关信息咨询。

我部协调有关部门为海外留学人员回国工作或为国服务提供出入境和在华长期居留便利,简化审批手续,提高服务质量。

积极推动海外留学人才回国后享有国民待遇具体措施的建立和实施,妥善解决他们回国后在住房、薪酬、户籍、医疗、社会保险、科研启动、投资创业、知识产权保护、子女入学、家属就业等关系优秀留学回国人才工作条件和切身利益方面的问题,创造有利于优秀留学人才回国工作或为国服务的工作环境和政策环境。

六、加强留学人员创业园、大学科技园、创业基地和服务机构建设,大力实施"春晖杯"中国留学人员创新创业大赛

建立留学人员创业园区、大学科技园创业服务公共信息网络平台,完善园区和基地的孵化器功能、项目管理功能,拓宽投融资渠道,为留学人员回国创业创造良好的孵化环境,吸引和凝聚一批掌握现代科技成果、拥有自主知识产权,同时具有现代化企业管理知识和市场运作能力的优秀留学人才与国内用人单位加强合作,走产学研相结合的道路,促进国外先进技术、管理经验与国内资源的有效结合,为国内用人单位的教学、科研和高新技术产业发展做出贡献。

我部和科技部定期举办"春晖杯"中国留学人员创新创业大赛活动,建立由海外优秀留学人才、留学人员创业园、大学科技园区、风险投资机构共同参与的创业平台。通过"春晖杯"中国留学人员创新创业大赛,充分调动海外优秀留学人员回国创业热情,鼓励海外留学人员积极申报创新创业项目,创造条件支持参赛者与大学科技园、留学人员创业园和企业进行项目对接,根据项目技术水平、投资前景、效益预测和产业化情况,组织留学人员创业园、大学科技园、风险投资机构和国内企业家对项目进行评审、洽谈和择优颁奖,推动留学人员回国创办高新技术企业。

二〇〇七年三月二日

对高层次留学人才回国和海外科技专家来华工作进出境物品管理办法

(2006年12月26日海关总署发布 海关总署第154号令)

第一条 为了鼓励高层次留学人才回国和海外科技专家来华工作,推动国家科学、技术进步,根据《中华人民共和国海关法》和国家有关法律、行政法规及其他有关规定,制定本办法。

第二条 由人事部、教育部或者其授权部门认定的高层次留学人才和海外科技专家(以下统称高层次人才),以随身携带、分离运输、邮递、快递等方式进出境科研、教学和自用物品,适用本办法。

第三条 回国定居或者来华工作连续1年以上(含1年,下同)的高层次人才进境本办法所附清单(见附件1)范围内合理数量的科研、教学物品,海关依据有关规定予以免税验放。

第四条 回国定居或者来华工作连续1年以上的高层次人才进境本办法所附清单(见附件2)范围内合理数量的自用物品,海关依据有关规定予以免税验放。

上述人员可以依据有关规定申请从境外运进自用机动车辆1辆(限小轿车、越野车、9座及以下的小客车),海关依据有关规定予以征税验放。

第五条 高层次人才进境本办法第三条、第四条所列物品,除应当向海关提交人事部、教育部或者其授权部门出具的高层次人才身份证明外,还应当按照下列规定办理海关手续:

(一)以随身携带、分离运输方式进境科研、教学物品的,应当如实向海关书面申报,并提交本人有效入出境身份证件;

(二)以邮递、快递方式进境科研、教学用品的,应当如实向海关申报,并提交本人有效入出境身份证件;

(三)回国定居或者来华工作连续1年以上的高层次人才进境自用物品的,应当填写《中华人民共和国海关进出境自用物品申请表》,并提交本人有效入出境身份证件、境内长期居留证件或者《回国(来华)定居专家证》,由本人或者委托他人向主管海关提出书面申请。

经主管海关审核批准后,进境地海关凭主管海关的审批单证和其他相关单证对上述物品予以验放。

第六条 高层次人才回国、来华后,因工作需要从境外运进少量消耗性的试剂、原料、配件等,应当由其所在单位按照《科学研究和教学用品免征进口税收暂行规定》办理有关手续。

上述人员因工作需要从境外临时运进少量非消耗性科研、教学物品的,可以由其所在单位向海关出具保函,海关按照暂时进境物品办理有关手续,并监管其按期复运出境。

第七条 已获人事部、教育部或者其授权部门批准回国定居或者来华工作连续1年以上,但尚未取得境内长期居留证件或者《回国(来华)定居专家证》的高层次人才,对其已经运抵口岸的自用物品,海关可以凭人事部、教育部或者其授权部门出具的书面说明文件先予放行。

上述高层次人才应当在物品进境之日起6个月内补办有关海关手续。

第八条 高层次人才依据有关规定从境外运进的自用机动车辆,属于海关监管车辆,依法接受海关监管。

自海关放行之日起1年后,高层次人才可以向主管海关申请解除监管。

对高层次人才进境自用机动车辆的其他监管事项,按照《中华人民共和国海关对非居民长期旅客进出境自用物品监管办法》有关规定办理。

第九条 高层次人才在华工作完毕返回境外

时,以随身携带、分离运输、邮递、快递等方式出境原进境物品的,应当按照规定办理相关海关手续。

第十条 高层次人才因出境参加各种学术交流等活动需要,以随身携带、分离运输、邮递、快递等方式出境合理数量的科研、教学物品,除国家禁止出境的物品外,海关按照暂时出境物品办理有关手续。

第十一条 高层次人才进出境时,海关给予通关便利。对其随身携带的进出境物品,除特殊情况外,海关可以不予开箱查验。

海关在办理高层次人才进出境物品审批、验放等手续时,应当由指定的专门机构和专人及时办理。对在节假日或者非正常工作时间内以分离运输、邮递或者快递方式进出境的物品,有特殊情况需要及时验放的,海关可以预约加班,在约定的时间内为其办理物品通关手续。

第十二条 违反本办法,构成走私或者违反海关监管规定行为的,由海关依照《中华人民共和国海关法》和《中华人民共和国海关行政处罚实施条例》的有关规定予以处理;构成犯罪的,依法追究刑事责任。

第十三条 本办法由海关总署负责解释。

第十四条 本办法自2007年1月1日起施行。

附件1:

免税科研、教学物品清单

一、科学研究、科学试验和教学用的少量的小型检测、分析、测量、检查、计量、观测、发生信号的仪器、仪表及其附件;

二、为科学研究和教学提供必要条件的少量的小型实验设备;

三、各种载体形式的图书、报刊、讲稿、计算机软件;

四、标本、模型;

五、教学用幻灯片;

六、实验用材料。

附件2:

免税自用物品清单

一、首次进境的个人生活、工作自用的家用摄像机、照相机、便携式收录机、便携式激光唱机、便携式计算机每种1件;

二、日常生活用品(衣物、床上用品、厨房用品等);

三、其他自用物品(国家规定应当征税的20种商品除外)。

留学人员科技活动项目择优资助经费申请与管理办法

(2001年12月10日人事部发布 人发[2001]33号)

第一章 总 则

第一条 为规范留学人员科技活动项目择优资助经费(以下简称资助经费)的申请与管理,提高资助经费在鼓励留学人员回国工作或为国服务、开展科技创新方面的效益,特制定本办法。

第二条 本办法适用于各类留学人员,重点是回国的留学人员。申请资助经费必须具备以下条件:

(一)在外留学一年以上,学有所成,取得硕士以上学位或获得中级以上专业技术职称;

(二)能独立主持研究开发工作,有培养发展前途;

(三)申报项目属于领先水平,具有应用开发前景,可产生良好经济效益。

第二章 经费分类

第三条 资助经费分以下五类:

(一)重点项目资助,额度为10万~20万元人民币。资助回国留学人员从事国家重点攻关项目、重大技术改造项目、具有广泛应用前景的新技术研究开发等项目。

(二)优秀项目资助,额度为5万~10万元人民币。资助回国留学人员主持省部级重点科技攻关或技术改造项目,或某一学科领域具有领先水平的研究开发项目。

(三)项目启动资助,额度为2万~5万元人民币。资助新近回国或即将回国的留学人员,从事某一学科或技术领域的研究。研究课题学术思想新颖,具有重要科学价值或较好应用开发前景。

(四)为国服务活动资助,额度视项目情况确定。资助海外留学人员短期回国开展合作研究、学术技术交流、考察、讲学等活动。

(五)小额资助,额度视项目情况确定。资助留学回国人员出国参加国际学术会议,购买科研必需的仪器零部件、化学试剂、药品、耗材和图书资料等。

第三章 经费的申请、审批

第四条 申请重点项目、优秀项目或项目启动资助经费,须由本人填写《留学人员科技活动项目择优资助经费申请表》(见附表1);申请为国服务资助经费,须由国内合作单位填写《留学人员短期回国服务资助经费申请表》(见附表2)。所在单位或国内合作单位签署意见后,将申请表一式三份报省、自治区、直辖市及副省级市人事部门或部委主管部门(简称有关地区和部门)审核。有关地区和部门在对申报的项目进行筛选把关后,将审核通过的项目申请表(一式三份)、项目软盘(一张)及书面报告一并报国家人事部。

第五条 根据工作需要,有关地区和部门可向国家人事部申请小额资助经费,申请时,应提交地方财政或部门财务同意按照至少1:2比例匹配相应经费的函。

留学人员申请小额资助的具体办法由有关地区和部门自行制定。留学人员申请出国参加会议国际旅费资助,一般在小额资助中列支,需要向国家人事部直接申请国际会议旅费资助的,有关地区和部门应在会议前二个月将申请人填写并经审核同意的《留学人员出国参加国际会议资助经费申请表》(见附表3)、国外邀请函以及书面报告一并报人事部。

第六条 国家人事部设立留学人员资助经费专家评审委员会，评审委员会根据上报的申请者的资格条件、学术水平、科研能力、专业方向，及申请项目在国内的需要程度、先进性等进行评审，提出拟资助项目和经费额度。国家人事部在综合专家意见基础上审批确定。

重点项目、优秀项目和项目启动经费资助一般每年审批二次，批准有效期为一年。

为国服务经费和小额资助经费由国家人事部分别根据申请者具体情况及有关地区和部门留学工作开展的情况确定资助额度。

第四章 经费的划拨

第七条 重点项目、优秀项目和项目启动资助经费经评审确定后，由国家人事部全额下拨至有关地区和部门，并由地区和部门将款项一次性拨付给受助者所在单位。

第八条 小额资助经费由国家人事部按年度下拨给有关地区和部门，由地区和部门根据评审结果，将资助经费拨付受助者所在单位。

第九条 为国服务经费和需要国家人事部支持的部分留学回国人员参加国际学术会议国际旅费，由国家人事部审批后按照实际需要额度办理支付手续。

第五章 经费使用与管理

第十条 国家人事部对留学人员科技活动择优资助经费实行统一管理，跟踪监督；各有关地区和部门具体负责管理资助经费的使用，对资助项目开展进行督促检查，并在每年年终向国家人事部编报本地区、本部门资助项目年度执行情况，同时注意协助做好资助项目科研成果的登记、鉴定、推广和产业化工作。

各有关地区和部门再次分配的小额资助经费，在经费分配下达2个月内，将分配情况报国家人事部。小额资助经费不得提取管理费。

第十一条 获重点类和优秀类项目资助的留学人员，须在每年年终向所在单位和上级主管部门报告资助项目进展和经费使用情况；资助项目完成后三个月内，须向所在单位和上级主管部门报送资助项目工作总结、科研成果登记和经费决算情况，并抄报国家人事部。

第十二条 受助者因各种原因不能参加资助项目研究工作的，按中途停止和撤销资助处理，收回资助经费。如所在单位有能力继续完成资助项目，应当向上级主管部门提出申请说明情况，报经经费审批部门批准后，可以继续使用资助经费。

第十三条 受助者在调动工作时，需要把资助项目带到新单位继续研究的，必须写出书面报告，商得调出、调入单位同意并签署意见，报请经费审批部门批准后，可以将节余经费划拨到新单位继续使用。

第十四条 受助者接到拨款后应及时开展活动。对活动不能正常开展或经费使用不当，并有下列行为之一者，国家人事部将视情况分别给予收回原资助经费，或一至三年内不允许申报新项目等处罚：

（一）擅自变更资助项目的内容；
（二）挪用资助项目经费；
（三）用资助项目发放工资、奖金、福利的；
（四）经费不能及时拨到使用单位的。

第六章 附 则

第十五条 本办法自颁布之日起施行，国家人事部原《关于非教育系统留学回国人员科技活动择优资助经费管理的暂行办法》（人调发[1990]6号）、《非教育系统留学回国人员择优资助经费有偿使用暂行办法》（人调发[1992]12号）、《资助留学人员短期回国到非教育系统工作暂行办法》（人调发[1994]10号）、《关于重点资助优秀留学回国人员开展科技活动的通知》（人调发[1995]114号）同时废止。

第十六条 本办法由国家人事部负责解释。

关于鼓励海外留学人员以多种形式为国服务的若干意见

(2001年5月14日人事部、教育部、科技部、公安部、财政部发布 人发[2001]49号)

海外留学人员关心国家的社会主义现代化建设和民族的振兴,具有强烈的爱国热情和为国服务的愿望。新中国成立以来,一批批学有成就的留学人员回国工作,成为我国科教文卫等各条战线的骨干力量和学术技术带头人;同时在海外学习和工作的留学人员以他们掌握的先进科技和管理知识,通过多种方式为国服务,为我国经济社会发展做出了贡献。随着科教兴国和人才战略的实施,国家产业结构的调整,科技创新的加快和国内经济社会的快速发展,给海外留学人员回国工作和为国服务提供了广阔的空间和领域。近年来,国家和地方相继制定了一系列关于鼓励海外留学人员回国工作的政策措施,吸引了大批留学人员回国工作,促进了我国经济、科技等各项事业的发展。为充分开发海外留学人才资源,鼓励在海外学习和工作的留学人员以多种方式为祖国服务,特提出如下意见:

一、海外留学人员为国服务是指我在海外学习或完成学业后在国外工作的留学人员及海外留学人员专业团体,以自己的专业和专业团体的优势,通过在国内兼职,接受委托在国内外开展合作研究,回国讲学、进行学术技术交流,在国内创办企业,从事考察咨询活动,开展中介服务等形式,为促进国家经济社会发展而开展的各种活动。

二、国家鼓励海外留学人员采取多种方式为国服务。

(1)鼓励海外留学人员在国内高校、科研院所、国家重点(开放)实验室、工程技术研究中心及各类企业、事业单位受聘兼任专业技术职务、顾问或名誉职务。取得博士学位的海外留学人员可以到国内博士后科研流动站、博士后科研工作站做博士后。

(2)鼓励海外留学人员利用先进科学技术、设备和资金等条件,与国内高等学校、科研院所、企业单位进行合作研究。合作研究可以采取个人与单位、个人与个人或单位与单位的合作形式进行。研究工作可以在国外,也可长期或短期回国内进行,国家鼓励留学人员与国内企事业单位合作,在国内或国外建立合作研究开发基地。

(3)鼓励海外留学人员接受国内委托的科研项目,在国外开展研究、开发活动;也可委托国内有关研究单位、团体,开展接受国外科研项目的研究开发工作。

(4)鼓励海外留学人员以专利、专有技术、科研成果等在国内进行转化、入股,创办企业;或以专有知识、技能、信息等开办专业性咨询公司;可以自有资金或引进资金在国内投资。

(5)鼓励海外留学人员依托海外的科研、教育、培训机构等条件,与国内有关单位合作或接受委托,帮助国内用人单位培养人才。

(6)鼓励海外留学人员到西部地区从事技术引进、科技考察、咨询服务,开展各种学术、技术交流活动,国家按有关规定予以资金支持。

(7)鼓励海外留学人员在国内注册中介机构,为国内引进外资、技术、项目等提供中介服务;联系外国专家来中国举办各种学术技术交流活动,建立与国外学术技术团体的联系,开展科技经济方面的国际交流与合作;在国外建立从事为国内产品开拓国际市场推介营销等中介服务。

除上述方式外,鼓励留学人员在服务实践中创造更多的方式为国服务。鼓励海外留学人员专业团体、学术技术协会、联谊会等社团组织发挥集体优势,开展为国服务的各种活动。

三、国家为海外留学人员为国服务活动提供

政策保障。

（1）国家在各学科和技术领域为海外留学人员为国服务提供方便。对在某些学科和专业处于世界领先水平、具有国际竞争力的合作研究开发项目，可按国家现行规定渠道获得经费支持。

（2）按照国际惯例，海外留学人员为国服务的合作单位要给付合理报酬。对短期聘用的留学人员，单位可根据其业绩大小，经双方协商确定协议报酬。对从事中介活动的，可收取中介费或佣金。对合作研究、合资创办企业的，留学人员可以专利、发明、专有技术、管理等要素参与分配。

（3）各地区、各部门和用人单位根据人才需要和财力可能，适当拨出专款对留学人员为国服务活动给予一定的经费支持。对从事国家重点研究项目和短期回国服务的留学人员，根据承担的项目和任务，经申请批准，国家或地方政府及用人单位给予适当经费投入。

（4）保护海外留学人员的知识产权。保障留学人员在专有知识、技术专利、科研成果或合作和委托研究开发的科研成果等方面享有的知识权益。个人科研成果在知识产权收入分配中所占份额预先与合作单位商定，留学人员按有关规定分享。所得税后收入可兑换成外汇汇出境外。

（5）国家支持各地区、各部门和用人单位为海外留学人员为国服务创造良好工作和生活条件。鼓励到国内各经济开发区、高新技术开发区、留学人员创业园进行科技开发和科研成果转化，享受优惠政策。在国内创办企业的，各有关部门给予必要支持，在企业注册、土地使用、工商、税务、商检等方面，简化手续，减少环节，提供服务。

（6）对在华任职的留学归来人员中的外籍高科技、高层次管理人才可以提供入出境便利。对需多次临时入境人员，可根据实际需要发给有效期一年以上、最长不超过五年的多次入境有效"F"签证，对需在华常住人员，可根据实际需要发给一年以上、最长不超过五年的外国人居留证，对需要多次出入境的，同时发给与外国人居留证相同期限的多次返回"Z"签证；对申请在华定居（包括其配偶、未成年子女），可批准同意发给永久有效的外国人居留证。上述人员需提供教育部国际交流与合作司或人事部专业技术人员管理司或各地厅局级人事部门的证明文件。对取得国外长期居留权的，可凭中国护照、副省级市以上政府人事部门证明，在购买住房、子女入学入托及就业等方面享受当地居民待遇。

（7）海外留学人员在国内创办企业、建立合作研究开发基地等，根据需要招聘大学本科以上工作人员，各地人事部门要按照有关政策积极支持帮助，并提供人事代理服务。

四、海外留学人员在为国服务中做出突出贡献的，在尊重本人意愿的情况下进行宣传表彰。对在为国服务活动中做出杰出贡献的海外留学人员及在鼓励、支持海外留学人员为国服务工作中做出卓有成效的单位和个人，根据国家有关规定给予表彰奖励。

五、各地区、各部门要加强对海外留学人员为国服务工作的领导。研究制定适合本地区、本部门特点的有关政策，保证兑现落实。要及时研究解决海外留学人员为国服务中出现的新情况新问题，认真总结交流开展海外留学人员为国服务工作的经验。各级人事、教育、科技、公安、财政等部门要加强与有关部门的合作，互相配合，形成合力，把海外留学人员为国服务工作切实做好。

留学人员创业园管理办法

(2001年1月15日人事部发布 人发[2001]7号)

人事部在1996年制定下发的"九五"留学人员回国工作计划中,提出要加快建立发展留学人员创业园。近几年各级政府高度重视,加强了对留学人员创业园的领导,在政府统一协调、人事部门牵头与有关部门的共同努力下,留学人员创业园得到较快发展,目前全国已建成创业园40多个,入园留学人员企业1500多家,形成了一批留学人员创业群体。留学人员创业园的建立,对开发留学人员资源,吸引海外留学人员回国创业,促进高新技术产业化,推动科技经济发展发挥了积极作用。为了进一步发挥留学人员创业园作用,提高科学化管理水平,推动创业园建设的进一步发展,特制定本办法。

一、留学人员创业园的建设和管理,要始终坚持以吸引和扶持留学人员创业,培育具有创新能力与国际竞争力的高新技术企业和科技企业家为重点,促进高新技术的发展和科技成果转化。创业园的运作要兼顾国家、地方和留学人员的利益,做到科学管理,注重实效,优势互补,互惠互利,共同发展。

二、留学人员创业园一般建在具有良好创业环境的高新技术开发区或经济技术开发区内。建立创业园由当地政府按有关规定和程序审批,报国家人事部备案,经评审符合条件的创业园,可由地方政府与人事部共建。

建立留学人员创业园必须具备以下条件:政府重视和支持,制定有配套优惠政策;留学人员相对集中,入园创业的留学人员带有资金、技术或项目;所在地区具有较密集的智力资源和较强的科技实力,对外开放程度较好,经济较为发达;具有一定规模的场地和相应的配套设施;服务功能较完善,能为企业提供商务、信息、培训、融资、研发、市场营销、国际合作等服务;具有支持留学人员创业的启动资金投入;有一支素质较高和业务水平强的管理服务队伍和一套科学管理的规章制度。

三、建立和办好国家留学人员创业园。确立为国家留学人员创业园示范建设试点的创业园,国家和地方要加强工作指导,在人才、技术引进等方面加大投入,扶持建园。按照市场经济运行机制摸索总结创业园在技术创新、制度创新、管理创新方面的建园经验,引导创业园有序发展。

四、留学人员创业园享受高新技术开发区和经济技术开发区内孵化机构的优惠政策。允许引进和建立若干专业化风险资金或创业基金;支持有条件的创业园尽快建立旨在为留学人员提供创业资本支持和融资担保的种子资金和担保资金;为创业园内企业在吸引国际创业投资和争取上市方面创造条件。

五、留学人员资格由各级人事部门按有关规定认定。建立创业园高新技术项目的评估机制,组织专家组对入园项目进行评估。要选择技术含量高的企业进入创业园,使其真正成为孵化高新技术企业的基地。创业园要协助海外留学人员按程序申报各类国家科技项目。

六、切实加强对留学人员创业园的领导和管理。留学人员创业园要面向市场,实行企业化管理。在政府的领导下,建立具有竞争机制的创业园管理制度,建设一支高素质的管理队伍。要熟悉了解留学人员特点,更新观念,创新工作方法,不断提高工作效率和服务水平,适应创业园发展需要。要坚持因地制宜,发挥优势,办出特点。吸引适时对路的科技项目,创办有利于形成创业优势的各具特色的创业园。努力把创业园办成促进高新技术产业发展、培养引进高素质人才的重要基地。

七、本办法由人事部负责解释。

关于组织开展国家留学人员创业园示范建设试点工作的通知

(2000年6月21日科学技术部、人事部、教育部发布　国科发火字[2000]257号)

各省、自治区、直辖市、副省级城市人民政府办公厅：

改革开放以来，我国赴外留学人员达30多万人，已学成回国的有10万人之多，这支队伍是我国发展高新技术产业的重要人才资源。为贯彻江泽民总书记在十五大报告中提出的"鼓励留学人员回国工作或以适当方式为祖国服务"的指示，几年来，科技部、人事部、教育部多次合作，采取多种方式吸引留学人员回国创业服务，各地也依托国家高新技术产业开发区和高新技术创业服务中心，创办了30多家留学人员创业园，为留学人员归国创业创造了良好的环境和条件。

在新的形势下，为加快留学人员创业园的建设步伐，科技部、人事部、教育部决定在现有留学人员创业园基础上，联合批准建立一批国家留学人员创业园示范基地，引导全国留学人员创业园的发展，为留学人员回国创业营造更为有利的条件。现将有关事项通知如下：

一、首批拟选择10个左右基础较好的留学人员创业园作为试点，积累经验，为全国留学人员创业园的建设与发展作好示范。

二、示范试点单位的选择：由已建立的留学人员创业园提出申请，所在省、自治区、直辖市、副省级市政府推荐，科技部、人事部、教育部共同择优确定。

三、试点申报材料及推荐文件（一式三份）请于2000年7月底前分送科技部火炬中心、人事部专业技术人员管理司和教育部国际合作与交流司。

四、对于选定的示范试点单位，科技部、人事部、教育部将协调支持，加强联系和指导，并将于近期共同出台关于促进留学人员创业的有关政策，加快留学人员创业园的建设。推动留学人员创业园建设，是新形势下我国发展高新技术产业的一项重要措施。各地政府有关部门要加强指导，采取有力措施和扶持政策支持留学人员创业园的建设，更多、更快、更好地吸引留学人员回国创业，为中国高新技术产业的发展做出贡献。

附件：编写国家留学人员创业园示范建设试点申请报告参考提纲

二〇〇〇年六月二十一日

附件：

编写国家留学人员创业园示范建设试点申请报告参考提纲

为便于编写国家留学人员创业园试点申请报告，特提出本参考提纲。由于各地留学人员创业园基础、发展阶段和模式有所不同，编写申请时可在内容上做适当的补充或调整。申请报告应包括以下方面的内容：

一、留学人员创业园建设实施方案

1. 主要任务、功能和作用；
2. 目前的基本情况（场地面积、留学人员创办企业情况等）；

3. 组织管理和运行方式；

4. 创业园建设规划（发展目标、重点任务、保障措施等）；

5. 今、明两年的发展目标，重点工作及进度计划。

二、当地政府及主管部门的支持措施

1. 有关扶持政策；

2. 在资金投入方面的支持措施；

3. 硬环境方面的支持措施（用地、交通、通讯等）。

关于妥善解决优秀留学回国人员子女入学问题意见

(2000年1月3日教育部发布 教外留[2000]1号)

为了落实中央确定的"支持留学、鼓励回国、来去自由"的出国留学工作方针,做好吸引优秀留学人员回国或为国服务的工作,现就妥善解决优秀留学回国人员的子女入学问题,提出以下意见:

一、优秀留学回国人员在此一般是指在国外正规大学及其他高等教育机构取得博士学位的优秀尖子人才,其中既包括学成后回国工作的人员,也包括已取得国外永久居留权或已加入外国国籍后短期回国工作的人员。对上述人员的子女在我国内地入学时遇到的实际困难,各地教育行政部门应在当地条件许可的情况下,本着"适当照顾、特事特办"的原则,尽可能地提供优惠和便利条件加以解决。

二、对申请进入九年义务教育阶段的公办学校中就读的优秀留学回国人员的子女,一般不宜收取国家规定以外的其他费用,并应尽可能就近安排到较好的公办学校就读。对回国参加中考或高考的优秀留学回国人员的子女,各地可酌情给予适当照顾。

三、对使用汉语学习尚有一定困难的优秀留学回国人员的子女,各地可酌情为其开办进行"双重教学"的班级,待汉语水平提高后,再妥善安排其随班正常就读。有条件的地方也可以指定一所或几所条件较好的学校用于安排优秀留学回国人员的子女入学。

四、对优秀留学回国人员中"有特殊和重大贡献者"(其认定标准由各省、自治区、直辖市人民政府确定)的子女入学时遇到的特殊问题,各地可酌情采取"一事一议、特别审批"的办法加以解决。

请各地教育行政部门结合本地区的实际情况参照上述意见,并根据上述意见制定适用本地实际情况的具体操作办法。

科学研究事业单位贯彻《事业单位工作人员收入分配制度改革方案》的实施意见

(2006年9月30日人事部、财政部、科技部发布　国人部发[2006]100号)

根据党中央、国务院批准的人事部、财政部《关于印发事业单位工作人员收入分配制度改革方案的通知》和《关于印发〈事业单位工作人员收入分配制度改革实施办法〉的通知》的有关精神,结合科学研究事业单位的实际情况,制定本实施意见。

一、实施范围

(一)这次科学研究事业单位收入分配制度改革方案的实施范围,限于下列单位中2006年7月1日在册的正式工作人员:

中国科学院,中国社会科学院,党中央、国务院有关部门所属科学研究事业单位,国家自然科学基金委员会所属科学研究事业单位,中国科学技术协会所属科学研究事业单位,各级地方所属科学研究事业单位,其他科学研究事业单位。

(二)经批准参照公务员法管理的科学研究事业单位,各类企业所属的科学研究事业单位和科学研究事业单位所属独立核算的企业,不列入这次收入分配制度改革实施范围。

二、岗位绩效工资制度的实施

科学研究事业单位实行岗位绩效工资制度。岗位绩效工资由岗位工资、薪级工资、绩效工资和津贴补贴四部分组成,其中岗位工资和薪级工资为基本工资。基本工资执行国家统一的政策和标准。

(一)岗位工资的实施。

岗位工资主要体现工作人员所聘岗位的职责和要求。科学研究事业单位岗位分为专业技术岗位、管理岗位和工勤技能岗位。专业技术岗位设置13个等级,管理岗位设置10个等级,工勤技能岗位分为技术工岗位和普通工岗位,技术工岗位设置5个等级,普通工岗位不分等级。不同等级的岗位对应不同的工资标准(附表一至附表三)。工作人员按所聘岗位执行相应的岗位工资标准。

1. 专业技术人员。

科学研究事业单位专业技术人员按本人现聘用的专业技术岗位,执行相应的岗位工资标准。具体办法是:聘用在研究员一级岗位的人员,经人事部批准,执行一级岗位工资标准;聘用在研究员二级岗位的人员,执行二级岗位工资标准;聘用在研究员三级岗位的人员,执行三级岗位工资标准;聘用在研究员四级岗位的人员,执行四级岗位工资标准;聘用在副研究员一级岗位的人员,执行五级岗位工资标准;聘用在副研究员二级岗位的人员,执行六级岗位工资标准;聘用在副研究员三级岗位的人员,执行七级岗位工资标准;聘用在助理研究员一级岗位的人员,执行八级岗位工资标准;聘用在助理研究员二级岗位的人员,执行九级岗位工资标准;聘用在助理研究员三级岗位的人员,执行十级岗位工资标准;聘用在研究实习员一级岗位的人员,执行十一级岗位工资标准;聘用在研究实习员二级岗位的人员,执行十二级岗位工资标准。科学研究事业单位其他专业技术人员,按照所聘岗位执行相应的岗位工资标准。

在科学研究事业单位按国家有关规定设置专业技术岗位并完成岗位聘用前,专业技术人员岗位工资暂按以下办法执行:聘为正高级专业技术职务的人员,执行四级岗位工资标准;聘为副高级专业技术职务的人员,执行七级岗位工资标准;聘为中级专业技术职务的人员,执行十级岗位工资标准;聘为助理级专业技术职务的人员,执行十二级岗位工资标准;聘为员级专业技术职务的人员,执行十三级岗位工资标准。待完成规范的岗位设置并按规定核准后,专业技术人员再按明确的岗位等级执行相应的岗位工资标准。

2. 管理人员。

科学研究事业单位管理人员,按本人现聘用的岗位(任命的职务)执行相应的岗位工资标准。具体办法是:聘用在部级正职岗位的人员,执行一级职员岗位工资标准;聘用在部级副职岗位的人员,执行二级职员岗位工资标准;聘用在局级正职岗位的人员,执行三级职员岗位工资标准;聘用在局级副职岗位的人员,执行四级职员岗位工资标准;聘用在处级正职岗位的人员,执行五级职员岗位工资标准;聘用在处级副职岗位的人员,执行六级职员岗位工资标准;聘用在科级正职岗位的人员,执行七级职员岗位工资标准;聘用在科级副职岗位的人员,执行八级职员岗位工资标准;聘用在科员岗位的人员,执行九级职员岗位工资标准;聘用在办事员岗位的人员,执行十级职员岗位工资标准。

3. 工人。

科学研究事业单位工人,按本人现聘用的岗位(技术等级或职务)执行相应的岗位工资标准。具体办法是:聘用在高级技师岗位的人员,执行技术工一级岗位工资标准;聘用在技师岗位的人员,执行技术工二级岗位工资标准;聘用在高级工岗位的人员,执行技术工三级岗位工资标准;聘用在中级工岗位的人员,执行技术工四级岗位工资标准;聘用在初级工岗位的人员,执行技术工五级岗位工资标准;聘用在普通工岗位的人员,执行普通工岗位工资标准。

(二)薪级工资的实施。

薪级工资主要体现工作人员的工作表现和资历。对专业技术人员和管理人员设置65个薪级,对工人设置40个薪级,每个薪级对应一个工资标准(附表一至附表三)。对不同岗位规定不同的起点薪级。科学研究事业单位的工作人员按照本人套改年限、任职年限和所聘岗位,结合工作表现,套改相应的薪级工资(附表四至附表六)。

套改年限,是指工作年限与不计算工龄的在校学习时间合并计算的年限,其中须扣除1993年以来除见习期外年度考核不计考核等次或不合格的年限。不计算工龄的在校学习时间,是指在国家承认学历的全日制大专以上院校未计算为工龄的学习时间(只适用于这次分配制度改革,不涉及工龄计算问题)。在校学习的时间以国家规定的学制为依据,如短于国家学制规定,按实际学习年限计算;如长于国家学制规定,按国家规定学制计算。任职年限,是指从聘用到现岗位当年起计算的年限。工作人员按现聘岗位套改的薪级工资,如低于按本人低一级岗位套改的薪级工资,可按低一级岗位进行套改,并将现聘岗位的任职年限与低一级岗位的任职年限合并计算。

工作人员由较高等级的岗位聘用到较低等级的岗位,这次套改可将原聘岗位与现聘岗位的任职年限合并计算。

工作人员按套改办法确定的薪级工资,低于相同学历新参加工作人员转正定级薪级工资的,执行相同学历新参加工作人员转正定级薪级工资标准。

被授予省部级以上劳动模范和先进工作者等荣誉称号,且1993年工资制度改革以来按国家规定高定了工资档次,仍保持荣誉的人员,以及由人事部选拔的有突出贡献的中青年科学、技术、管理专家,可在本人套改工资的基础上适当高定薪级工资。

(三)绩效工资的实施。

绩效工资主要体现工作人员的实绩和贡献,是收入分配中活的部分。国家对绩效工资分配进行总量调控和政策指导。人事部会同财政部、科技部根据国家有关政策和规定,制定科学研究事业单位绩效工资分配的实施意见。各级政府人事、财政部门和科技主管部门根据本地区实际情况制定实施办法,调控本地区科学研究事业单位绩效工资总体水平。各科学研究事业单位主管部门按照同级政府人事和财政部门核定的绩效工资总量,综合考虑所属科学研究事业单位的社会公益目标任务完成情况、绩效考核情况、事业发展、岗位设置和经费来源等因素,下达各事业单位的绩效工资总量。科学研究事业单位在核定的绩效工资总量范围内,按照规范的分配程序和要求,采取灵活多样的分配形式和分配办法,自主分配。实行绩效工资后,取消现行年终一次性奖金,将一个月基本工资的额度以及地区附加津贴纳入绩效工资总量。

1. 对不同类型科学研究事业单位，实行不同的绩效工资管理办法。在事业单位新的分类办法和地区附加津贴制度出台前，经费来源主要由财政拨款的科学研究事业单位，绩效工资总量暂按工作人员上年度十二月份基本工资额度和规范后的津贴补贴核定；经费来源部分由财政支持的科学研究事业单位，在收支平衡的基础上，根据本地区的具体情况和单位绩效考核情况，绩效工资总量可适当高出一定幅度；经费自理的科学研究事业单位，在确保国有资产安全完整的基础上，根据单位绩效考核情况，绩效工资总量可再适当高些。目前，科学研究事业单位绩效工资总量暂按现行工资管理办法核定。首次核定绩效工资总量，要保持合理的存量、严格控制增量，以后按照综合绩效考核情况进行调整。

单位主管部门要建立绩效考核制度，依据考核结果核定科学研究事业单位绩效工资总量。对公益目标任务完成好、考核优秀的，适当增加绩效工资总量；对公益目标任务完成不好、考核较差的，相应核减绩效工资总量。

对知识技术密集、高层次人才集中的科学研究事业单位，核定绩效工资总量时可给予适当倾斜。

2. 科学研究事业单位要按照国家有关规定，在主管部门核定的绩效工资总量内，结合单位实际制定绩效工资分配办法，经职工代表大会充分讨论，领导班子集体研究决定，报上级主管部门批准后实施。

3. 科学研究事业单位要健全内部绩效评价机制，绩效工资的发放，以工作人员的实绩和贡献为依据，向优秀人才和关键岗位倾斜，合理拉开差距；同时，妥善处理单位内部各部门、各类人员之间的分配关系，防止差距过大。专业技术人员的绩效工资，根据其科学研究工作质量、成果水平以及实际贡献等因素，结合岗位目标和年度考核情况综合确定。管理人员和工人的绩效工资，根据其工作量、管理和服务质量等因素，结合岗位目标和年度考核情况综合确定。

（四）津贴补贴的实施。

事业单位津贴补贴，分为艰苦边远地区津贴和特殊岗位津贴补贴。艰苦边远地区津贴主要是根据自然地理环境、社会发展等方面的差异，对在艰苦边远地区工作生活的工作人员给予适当补偿。特殊岗位津贴主要体现对事业单位苦、脏、累、险及其他特殊岗位工作人员的政策倾斜。国家对特殊岗位津贴补贴实行统一管理。

艰苦边远地区的科学研究事业单位工作人员，按照人事部、财政部《关于印发〈完善艰苦边远地区津贴制度实施方案〉的通知》（国人部发〔2006〕61号）规定，执行艰苦边远地区津贴制度。

科学研究事业单位现行经国家批准设立的特殊岗位津贴补贴继续按国家有关规定执行。

三、正常调整工资办法

（一）正常增加薪级工资。

从2006年7月1日起，科学研究事业单位工作人员年度考核结果为合格及以上等次的，每年增加一级薪级工资，并从第二年的1月起执行。

（二）岗位变动人员工资调整办法。

科学研究事业单位工作人员岗位变动后，从变动的下月起执行新聘岗位的工资标准。岗位工资按新聘岗位确定，薪级工资按以下办法确定：

由较低等级的岗位聘用到较高等级的岗位，原薪级工资低于新聘岗位起点薪级工资的，执行新聘岗位起点薪级工资，第二年不再正常增加薪级工资；原薪级工资达到新聘岗位起点薪级工资的，薪级工资不变。

由较高等级的岗位调整到较低等级的岗位，薪级工资不变。

在专业技术岗位、管理岗位、技术工岗位和普通工岗位之间变动的，薪级工资按新聘岗位比照同等条件人员重新确定。

（三）调整基本工资标准和津贴补贴标准。

国家根据经济发展、财政状况、企业相当人员工资水平和物价变动等因素，适时调整事业单位工作人员基本工资标准；根据经济发展、财力增长及调控地区工资收入差距的需要，适时调整艰苦边远地区津贴标准；根据财政状况和对特殊岗位的倾斜政策，适时调整特殊岗位津贴补贴标准。

四、高层次人才和单位主要领导分配激励约束机制

（一）高层次人才分配激励措施。

1. 中国科学院院士、中国工程院院士以及为

国家做出重大贡献的一流人才,经批准,执行专业技术一级岗位工资标准。

2. 对有突出贡献的专家、学者和技术人员,继续实行政府特殊津贴。

3. 对承担国家重大科研项目和工程建设项目等为我国经济建设和社会发展做出重要贡献的优秀人才,给予不同程度的一次性奖励。具体办法按国家有关规定执行。

4. 对基础研究、战略高技术研究和重要公益领域的事业单位高层次人才,逐步建立特殊津贴制度。对重要人才建立国家投保制度。具体办法按国家有关规定执行。

5. 对部分紧缺或者急需引进的高层次人才,经批准可实行协议工资、项目工资等灵活多样的分配办法。具体办法按国家有关规定执行。

(二)科学研究事业单位主要领导收入分配激励约束机制。在人事部、财政部选择试点的科学研究事业单位中,探索建立单位主要领导收入分配激励约束机制,规范单位主要领导的收入分配。结合对单位及个人的综合绩效考核结果,合理确定主要领导的收入水平,使科学研究事业单位主要领导的收入与单位社会经济效益及长远发展相联系,加强对单位主要领导收入分配的监督管理。

五、加强收入分配宏观调控

新的收入分配制度入轨后,各科学研究事业单位要严格执行国家的政策规定,一律不得在国家收入分配政策以及工资列支渠道之外,直接或变相发放津贴、补贴和奖金。各级政府人事、财政部门和科学研究事业单位的主管部门要按管理权限和职能,加强对科学研究事业单位收入分配政策执行情况的监督检查,综合运用法律、经济和行政等手段,加大对违反政策行为的查处力度,坚决杜绝政出多门、资金渠道混乱的现象,维护收入分配政策的严肃性。科学研究事业单位应当按照财政部《关于印发〈行政事业单位工资和津贴补贴有关会计核算办法〉的通知》(财库[2006]48号)规定,设立专门账簿进行核算管理,将发放给工作人员的收入一律纳入专门账簿核算,不得账外列支;同时建立工作人员个人工资银行账户,工资支付应以银行卡的形式发放,原则上不得发放现金。

六、新聘用人员工资待遇

(一)新参加工作的大学本科(含获得双学士学位的本科生和未获得硕士学位的研究生)及以下毕业生,实行一年见习期,并执行见习期工资;长学制专业大学本科毕业生,其见习期工资可适当高定。见习期工资标准分别为:初中毕业生570元,高中、中专毕业生590元,大学专科毕业生655元,大学本科毕业生685元,获得双学士学位的大学本科毕业生(含学制为六年以上的大学本科毕业生)、研究生班毕业和未获得硕士学位的研究生710元。

见习期工资执行期满后,上述人员按所聘专业技术岗位或管理岗位执行相应的岗位工资标准,薪级工资按以下办法确定:初中毕业生执行1级薪级工资标准,高中、中专毕业生执行2级薪级工资标准,大学专科毕业生执行5级薪级工资标准,大学本科毕业生执行7级薪级工资标准,获得双学士学位的大学本科毕业生(含学制为六年以上的大学本科毕业生)、研究生班毕业和未获得硕士学位的研究生执行9级薪级工资标准。

获得硕士学位的毕业生和获得博士学位的毕业生,不实行见习期。在明确岗位前,执行初期工资,获得硕士学位的毕业生初期工资标准为770元,获得博士学位的毕业生初期工资标准为845元。明确岗位后,按所聘专业技术岗位或管理岗位执行相应的岗位工资标准,薪级工资分别执行11级和14级薪级工资标准。

到艰苦边远地区、国家扶贫开发工作重点县科学研究事业单位工作的大中专及以上毕业生,可提前转正定级,转正定级时薪级工资高定1至2级。

(二)新参加工作的工人,实行学徒期和熟练期制度。学徒期、熟练期工资待遇以及学徒期、熟练期期满后的定级工资待遇,由各省、自治区、直辖市人民政府确定。

(三)其他新聘用人员,已明确岗位的,岗位工资按所聘岗位确定,薪级工资比照同等条件人员确定;未明确岗位的,由所在单位根据实际情况,确定其工资待遇。

七、相关政策

(一)对在县以下基层单位工作的农林科技

人员,继续按《国务院批转劳动人事部、农牧渔业部、林业部、财政部关于加强农林第一线科技队伍的报告的通知》(国发[1983]74号)的规定执行。

(二)从事野外科学考察的科学研究事业单位工作人员,在野外作业期间,可执行地质、测绘野外作业事业单位工作人员的岗位工资和薪级工资标准。从事海洋科学考察的科学研究事业单位工作人员,在水上作业期间,可执行交通、海洋部门水上作业事业单位工作人员的岗位工资和薪级工资标准。不在野外或水上作业时,不再执行。

(三)军队转业干部按本人现聘岗位(职务)套改岗位工资和薪级工资。如现聘岗位低于转业时部队原职务的,根据其现执行工资待遇对应的岗位套改工资。

(四)这次套改增资,科学研究事业单位原工资构成中津贴比例统一按30%计算。单位工资构成中津贴比例高出30%的部分,套改后纳入绩效工资总量。

(五)科学研究事业单位中未聘及缓签聘用合同人员参加收入分配制度改革,具体办法由各地区、各部门确定。

八、离退休人员的待遇

科学研究事业单位离退休人员待遇以及这次收入分配制度改革增加离退休费的办法,按照人事部、财政部《关于印发〈关于机关事业单位离退休人员计发离退休费等问题的实施办法〉的通知》(国人部发[2006]60号)的规定执行。转制科学研究机构转制前已离退休人员,按照劳动和社会保障部、人事部、财政部、科技部、建设部《关于转制科研机构和工程勘察设计单位转制前离退休人员待遇调整等问题的通知》(劳社部发[2002]5号)的规定执行。原享受的按月发放的政府特殊津贴在离退休时按100%发给。

九、经费来源

这次事业单位收入分配制度改革所需经费,按照现行财政体制和事业单位现行预算管理办法及资金来源渠道解决。

十、组织实施

这次科学研究事业单位收入分配制度改革,党中央、国务院有关部门、中国科学院、中国社会科学院、国家自然科学基金委员会和中国科学技术协会所属在京科学研究事业单位收入分配制度改革,由人事部、财政部协调,各部门(单位)组织实施。各级地方所属科学研究事业单位和党中央、国务院有关部门(少数部门除外),中国科学院所属在京外的科学研究事业单位,由所在省、自治区、直辖市人民政府统一组织实施。

科学研究事业单位收入分配制度改革,政策性强,情况复杂,涉及广大职工的切身利益,各级政府人事、财政部门和科学研究事业单位主管部门要高度重视,切实加强领导,精心组织,周密部署,做好改革实施的各项工作。各科学研究事业单位要严格执行政策,妥善处理本单位在改革实施中遇到的问题,深入做好政策解释和思想工作,保证改革工作的平稳顺利进行。

关于企业实行自主创新激励分配制度的若干意见

(2006年10月25日财政部、国家发展改革委、科技部、劳动保障部发布　财企[2006]383号)

党中央各部门,国务院各部委、各直属机构,总后勤部,武警总部,全国人大常委会办公厅,全国政协办公厅,各省、自治区、直辖市、计划单列市财政厅(局)、发展改革委、科技厅(委、局)、劳动和社会保障厅(局),新疆生产建设兵团,各中央管理企业:

为了贯彻实施《国家中长期科学和技术发展规划纲要(2006—2020年)》,支持企业自主创新,维护企业及其研发人员的知识产权权益,改革和完善企业分配和激励机制,根据国家有关法律、法规的规定,现就企业实行自主创新激励分配制度提出如下意见:

一、企业应当建立内部知识产权管理制度,依法划清企业职工职务技术成果与非职务技术成果的界限。

属于以下情形之一取得的职工职务技术成果,应当属于企业所有,法律、法规另有规定的除外:

(一)职工在本职工作中取得的;

(二)职工在企业交付的研发任务中取得的;

(三)职工主要利用企业的资金、设备、零部件、原材料或未对外公开的技术资料等资源取得的;

(四)职工退职、退休、调动工作后一年内或者在与企业约定的期限内取得,且与其在原企业承担的本职工作或分配的任务有关的。

对职务技术成果完成人,企业应当依法支付报酬,并可以给予奖励。

企业研发人员作为非职务技术成果完成人享有的合法权益,企业不得侵犯。

二、企业内部分配应当向研发人员适当倾斜,可以通过双方协商确定研发人员的工资报酬水平,并可以在工资计划中安排一定数额,专门用于对企业在职研发人员的奖励。

实行工资总额同经济效益挂钩政策的企业,在国家调整"工效挂钩"政策之前,因实行新的自主创新激励分配制度增加的对研发人员的工资、奖金、津贴、补贴等各项支出,计入工资总额,但应当在工资总额基数之外单列。

三、企业在实施公司制改建、增资扩股或者创设新企业的过程中,对职工个人合法拥有的、企业发展需要的知识产权,可以依法吸收为股权(股份)投资,并办理权属变更手续。

企业应当在对个人用于折股的知识产权进行专家评审后,委托具备相应资质的资产评估机构进行价值评估,评估结果由企业董事会或者经理办公会等类似机构和个人双方共同确认。其中,国有及国有控股企业应当按国家有关规定办理备案手续。

企业也可以与个人约定,待个人拥有的知识产权投入企业实施转化成功后,按照其在近3年累计为企业创造净利润的35%比例内折价入股。折股所依据的累计净利润应当经过中介机构依法审计。

四、企业实现科技成果转化,且近3年税后利润形成的净资产增值额占实现转化前净资产总额30%以上的,对关键研发人员可以根据其贡献大小,按一定价格系数将一定比例的股权(股份)出售给有关人员。

价格系数应当综合考虑企业净资产评估价值、净资产收益率和未来收益折现等因素合理确定。企业不得为个人认购股权(股份)垫付款项,也不得为个人融资提供担保。个人持有股权(股份)尚未缴付认股资金的,不得参与分红。

五、高新技术企业在实施公司制改建或者增资扩股过程中,可以对关键研发人员奖励股权(股份)或者按一定价格系数出售股权(股份)。

奖励股权(股份)和以价格系数体现的奖励额之和,不得超过企业近3年税后利润形成的净资产增值额的35%,其中,奖励股权(股份)的数额不得超过奖励总额的一半;奖励总额一般在3到5年内统筹安排使用。

六、没有实施技术折股、股权出售和奖励股权办法的企业,可以实施以下技术奖励或分成政策:

(一)与关键研发人员约定,在其任职期间每年按研发成果销售净利润的一定比例给予奖励;

(二)根据盈利共享、风险共担的原则,采取合作经营方式,与拥有企业发展需要的成熟知识产权的研发人员约定,对合作项目的收益或者亏损按一定比例进行分成或者分担。

以上比例一般控制在项目利润或亏损的30%以内,相应支出不计入工资总额,不得作为企业计提职工教育经费、工会经费、社会保险费、住房公积金等的基数。企业支付的奖励或收益分成计入管理费用,收到研发人员的损失补偿款冲减管理费用。

七、国有及国有控股企业根据企业自身情况,采取技术折股、股权出售、奖励股权、技术奖励或分成等方式,对相关人员进行激励,并应当具备以下条件:

(一)企业发展战略明确,产权明晰,法人治理结构健全;

(二)建立了规范的员工绩效考核评价制度、内部财务管理制度;

(三)企业财务会计报告经过中介机构依法审计,近3年净资产增值额真实无误,且没有违反财经法律法规的行为;

(四)实行股权出售或者奖励股权的企业,近3年税后利润形成的净资产增加值占企业净资产总额的30%以上,且实施股权激励的当年年初未分配利润没有赤字;

(五)实行技术奖励或分成的企业,年度用于技术奖励或分成的金额同时不得超过当年可供分配利润的30%。

八、企业按照本意见第三条至第六条实行激励分配制度的,应当拟订具体的实施方案,经股东会或履行股东职能的相关机构审议通过后,与激励对象签订协议。

实施方案应当明确激励对象、激励方式、激励标准、激励计划、绩效考核、权利义务、违约责任等内容,并不得对同一研发人员或者同一知识产权重复实施不同形式的激励政策。

国有及国有控股企业实行激励分配制度的实施方案,应当按国家有关规定报经批准。

九、企业应当在年度财务会计报告中,对企业实行自主创新激励分配的相关财务信息予以充分披露。具体披露信息包括研发人员工资总额及人均工资总额,实施技术折股、股权出售、奖励股权、技术奖励或者分成涉及的研发人员人数及其条件、股权数量、比例或奖励金额等。会计师事务所在对企业年报实施审计时,应当对企业相关激励分配情况予以重点关注。

十、本意见所称企业研发人员,是指从事研究开发活动的企业在职和外聘兼职的专业技术人员以及为其提供直接服务的管理人员。

本意见所称企业关键研发人员,是指关键技术成果的主要完成人、重大研发项目的负责人或者对企业主导产品、核心技术进行重大创新、改进的主要技术人员。

高新技术企业的资格,按照国家高新技术企业认定的相关规定确定。

十一、各部门、各地方可以按照本意见,结合实际情况制订本系统、本地区企业自主创新激励分配的具体实施办法。

十二、本意见自发布之日起施行。执行中有何问题,请随时反映。

财政部　国家发展改革委
科技部　劳动保障部
二〇〇六年十月二十五日

中央科研设计企业实施中长期激励试行办法

(2007年5月18日国资委、财政部、科学技术部发布　国资发分配[2007]86号)

第一章　总　则

第一条　为贯彻实施《国家中长期科学和技术发展规划纲要(2006—2020年)》,支持中央科研设计企业自主创新和可持续发展,充分调动科技工作者的积极性、创造性和主动性,建立完善的激励约束机制,根据国家有关政策规定,制定本办法。

第二条　本办法适用于国务院国有资产监督管理委员会(以下简称国务院国资委)履行出资人职责的转制科研院所、设计企业,以及中央管理企业所出资控股的已实现企业化转制的科研院所和设计企业(以下统称科研设计企业)。

已上市的科研设计企业实施中长期激励,按照国资委、财政部《国有控股上市公司(境内)实施股权激励试行办法》(国资发分配[2006]175号)或《国有控股上市公司(境外)实施股权激励试行办法》(国资发分配[2006]8号)的规定执行。

第三条　本办法所称中长期激励,主要是指科研设计企业对为企业中长期发展做出突出贡献的企业科技人员和从事研发的管理人员,以及在企业未来发展中具有关键或核心作用的科技人员和从事研发的管理人员实施的激励。

第四条　科研设计企业实施中长期激励应遵循以下原则:

(一)坚持各方利益平衡一致,有利于促进国有资本保值增值,有利于科研设计企业创新能力的不断提高和可持续发展,有利于吸引人才,稳定人才队伍;

(二)坚持激励与约束相结合、收益与风险相对称,激励方式和水平与企业生产经营特点相适应;

(三)坚持公开、公平、公正,考核与分配过程规范透明;

(四)坚持以新创造价值作为中长期激励的主要来源,不得无偿量化存量资产。

第五条　科研设计企业实施中长期激励应具备以下条件:

(一)产权清晰,主业突出,发展战略及实施计划明确,技术在资产增值中作用明显;

(二)内部控制制度和绩效考核体系健全,岗位职责清晰,基础管理制度完善,劳动用工、绩效考核和收入分配制度符合市场竞争要求,人工成本(职工薪酬)管理规范,不再单独计提技术奖酬金和业余设计奖;

(三)企业近3年财务会计报告经过中介机构依法审计,被出具无保留意见的审计报告;

(四)连续3年经营业绩增长显著(国资委监管企业年度经营业绩考核结果达C级及以上),没有违法违规行为;

(五)实施奖励股权(股份)、股票期权、限制性股票为股权激励的科研设计企业应是法人治理结构规范、外部董事(含独立董事)占董事会成员半数以上的公司制企业。

(六)以企业近3年净资产增值额实施中长期激励的科研设计企业,近3年税后利润形成的净资产增值额应占企业净资产总额的30%以上,且实施中长期激励时上年经济增加值(EVA)为正值、当年年初未分配利润没有赤字。

第二章　中长期激励计划拟订

第六条　激励方式包括绩效奖励、技术奖励(分成)等非股权激励方式,以及知识产权折价入股、折价出售股权（股份）、奖励股权（股份）、股票期权、限制性股票等法律、行政法规允许的股权激励方式。同一激励对象只能享有一种激励方式，不得重复激励。

第七条　科研设计企业中长期激励对象，应是对企业发展做出突出贡献或对企业中长期发展有直接作用的科技人员和从事研发的管理人员。

已参与上市公司股权激励计划的人员，不再参与本中长期激励计划。

第八条　绩效奖励是指科研设计企业，以近三年税后利润形成的净资产增值额的规定比例作为激励总额，自批准之日起分5个年度匀速兑现，相关支出纳入工资总额管理，在当期费用中列支。兑现期间应以完成经营业绩考核目标为前提，并不得出现亏损。

第九条　符合条件的科研设计企业，可按照《财政部、国家发展改革委、科技部、劳动保障部关于企业实行自主创新激励分配制度的若干意见》（财企〔2006〕383号）的规定，采取知识产权折价入股、折价出售股权、技术奖励或分成等方式对有关人员实施激励。

第十条　科研设计企业根据激励对象的贡献对其实施中长期激励，包括绩效奖励、技术奖励（分成）、折价出售股权和奖励股权（股份）的总额度，不应超过企业近三年税后利润形成的净资产增值额的35%（设计企业不超过25%）；激励对象个人中长期激励的收益水平最高不应超过其薪酬总水平（含中长期激励收益）的40%。

第十一条　科研设计企业以股票期权、限制性股票等为股权激励方式的，激励对象个人中长期激励的预期收益水平最高不应超过其薪酬总水平（含中长期激励预期收益）的40%。兑现时应满足本办法第五条（六）规定的企业业绩条件。

第十二条　科研设计企业按照中长期激励计划计算的激励总额，与本办法规定的所有激励对象允许达到的最高激励水平相比，按照两者的低值确定。

第十三条　激励对象享有的尚未兑现的中长期激励不得转让，不得用于偿还债务或提供担保。

第十四条　企业不得为个人认购股权（股份）垫付款项，不得为个人融资提供担保。

第三章　中长期激励计划的申报和管理

第十五条　科研设计企业实施中长期激励计划，应依次履行以下决策和申报程序：

（一）中长期激励计划应经公司董事会审议或院长（经理）办公会议通过。

（二）中长期激励计划应提交职工代表大会或职工大会审议，听取职工意见。

（三）中长期激励计划需经国务院国资委审核同意后，抄送财政部、科技部。其中科研设计企业根据中长期激励计划实施的年度激励方案，应事前与国务院国资委沟通，事后报国务院国资委、财政部和科技部备案。

第十六条　科研设计企业中长期激励计划申报应主要包括以下内容：

（一）本企业是否具备实施中长期激励条件情况的说明及企业近期审计、资产评估报告；

（二）中长期激励计划办法及说明，具体内容包括实施范围、激励对象、激励方式、数量、兑现条件以及激励对象离岗等特殊情况的处理等；

（三）中长期激励的配套措施，包括岗位职责核定、企业内部考核制度、主要负责人年度及任期业绩考核目标等；

（四）中长期激励工作的组织领导和实施步骤等。

第十七条　企业应对中长期激励计划实施动态管理，并设立激励对象的薪酬管理台账，台账须反映包括中长期激励在内的各项薪酬的即时变动情况。

第十八条　科研设计企业实施中长期激励计划的财务、会计处理及税收等问题，按国家有关法律、行政法规、财务制度、会计准则、税务制度等规定执行。

第十九条　本办法实施期间，企业弄虚作假，财务会计报告不真实的，要依法追究企业负责人责任，并收回激励对象相应年度所获得的中长期激励报酬。

第二十条　激励对象在任职期间违反国家有关法律法规，或由于受贿索贿，贪污盗窃，泄露企业经营和技术秘密，实施关联交易损害企业利益、声誉和对企业形象有重大负面影响等行为,给企业造成损失的,企业应终止其中长期激励资格并收回全部或部分中长期激励报酬。

第二十一条 实施中长期激励的科研设计企业,应当在年度财务会计报告中,对企业实行中长期激励的相关财务信息予以充分披露。披露信息包括激励对象的人数、激励水平,各种激励方式所涉及的人数及激励额度等具体情况。

第二十二条 依法审计的中介机构应按财企〔2006〕383号文件等有关规定实施审计,并发表专项意见。

第四章 附 则

第二十三条 本办法印发前已实施中长期激励的科研设计企业,应按照本办法修订完善激励办法。

第二十四条 政企尚未分开的部门以及国家授权投资的其他国有资产经营管理机构或单位,按照本办法的规定审核批准所管理的科研设计企业中长期激励计划后,报财政部和科技部备案。

第二十五条 本办法由国务院国资委、财政部和科技部负责解释。

第二十六条 本办法自印发之日起施行。

中央企业负责人经营业绩考核暂行办法

(2003年10月21日国务院国有资产监督管理委员会第8次主任办公会议审议通过 2006年12月30日国务院国有资产监督管理委员会第46次主任办公会议修订 国资委令第17号)

第一章 总 则

第一条 为了切实履行企业国有资产出资人职责,维护所有者权益,落实国有资产保值增值责任,建立有效的激励和约束机制,根据《企业国有资产监督管理暂行条例》等有关法律法规,制定本办法。

第二条 本办法考核的中央企业负责人是指国务院确定的由国务院国有资产监督管理委员会(以下简称国资委)履行出资人职责的国有及国有控股企业(以下简称企业)的下列人员:

(一)国有独资企业和未设董事会的国有独资公司的总经理(总裁)、副总经理(副总裁)、总会计师;

(二)设董事会的国有独资公司(国资委确定的董事会试点企业除外)的董事长、副董事长、董事、总经理(总裁)、副总经理(副总裁)、总会计师;

(三)国有控股公司国有股权代表出任的董事长、副董事长、董事、总经理(总裁),列入国资委党委管理的副总经理(副总裁)、总会计师。

第三条 企业负责人的经营业绩,实行年度考核与任期考核相结合、结果考核与过程评价相统一、考核结果与奖惩相挂钩的考核制度。

第四条 年度经营业绩考核和任期经营业绩考核采取由国资委主任或者其授权代表与企业负责人签订经营业绩责任书的方式进行。

第五条 企业负责人经营业绩考核工作应当遵循以下原则:

(一)按照国有资产保值增值以及资本收益最大化和可持续发展的要求,依法考核企业负责人经营业绩。

(二)按照企业所处的不同行业、资产经营的不同水平和主营业务等不同特点,实事求是,公开公正,实行科学的分类考核。

(三)按照权责利相统一的要求,建立企业负责人经营业绩同激励约束机制相结合的考核制度,即业绩上、薪酬上,业绩下、薪酬下,并作为职务任免的重要依据。建立健全科学合理、可追溯的资产经营责任制。

(四)按照科学发展观的要求,推动企业提高战略管理、自主创新、资源节约和环境保护水平,不断增强企业核心竞争能力和可持续发展能力。

第二章 年度经营业绩考核

第六条 年度经营业绩考核以公历年为考核期。

第七条 年度经营业绩责任书包括下列内容:

(一)双方的单位名称、职务和姓名;

(二)考核内容及指标;

(三)考核与奖惩;

(四)责任书的变更、解除和终止;

(五)其他需要规定的事项。

第八条 年度经营业绩考核指标包括基本指标与分类指标。

(一)基本指标包括年度利润总额和净资产收益率指标。

1. 年度利润总额是指经核定后的企业合并报表利润总额。企业年度利润计算可加上经核准的当期企业消化以前年度潜亏,并扣除通过变卖企业主业优质资产等取得的非经常性收益。

2. 净资产收益率是指企业考核当期净利润同平均净资产的比率，计算公式为：

净资产收益率＝净利润/平均净资产×100%

其中：净资产中不含少数股东权益，净利润中不含少数股东损益。

（二）分类指标由国资委根据企业所处行业特点，综合考虑反映企业经营管理水平、技术创新投入及风险控制能力等因素确定，具体指标在责任书中确定。

（三）鼓励企业使用经济增加值指标进行年度经营业绩考核。凡企业使用经济增加值指标且经济增加值比上一年有改善和提高的，给予奖励。具体办法由国资委另行制订。

第九条 确定军工企业和主要承担国家政策性业务等特殊企业的基本指标与分类指标，可优先考虑政策性业务完成情况，具体指标及其权重在责任书中确定。

第十条 确定科研类企业的基本指标与分类指标，突出考虑技术创新投入和产出等情况，具体指标及其权重在责任书中确定。

第十一条 年度经营业绩责任书按下列程序签订：

（一）预报年度经营业绩考核目标建议值。每年第四季度，企业负责人按照国资委年度经营业绩考核要求和三年滚动规划及经营状况，对照同行业国际国内先进水平，提出下一年度拟完成的经营业绩考核目标建议值，并将考核目标建议值和必要的说明材料报国资委。考核目标建议值原则上不低于前三年考核指标实际完成值的平均值。

（二）核定年度经营业绩考核目标值。国资委根据"同一行业，同一尺度"原则，结合宏观经济形势、企业所处行业运行态势、企业实际发展状况等，对企业负责人的年度经营业绩考核目标建议值进行审核，并就考核目标值及有关内容同企业沟通后加以确定。凡企业年度利润总额目标值低于上年目标值与实际完成值的平均值的，最终考核结果原则上不得进入A级（处于行业周期性下降阶段但与同行业其他企业相比仍处于领先水平的企业除外）。

（三）由国资委主任或者其授权代表同企业负责人签订年度经营业绩责任书。

第十二条 国资委对年度经营业绩责任书执行情况实施动态监控。

（一）年度经营业绩责任书签订后，企业负责人每半年必须将责任书执行情况报送国资委，同时抄送派驻本企业的国有重点大型企业监事会。国资委对责任书的执行情况进行动态跟踪。

（二）建立重大安全生产事故、环境污染事故和质量事故，重大经济损失，重大法律纠纷案件，重大投融资和资产重组等重要情况的报告制度。企业发生上述情况时，企业负责人应当立即向国资委报告。

第十三条 年度经营业绩责任书完成情况按照下列程序进行考核：

（一）每年4月底之前，企业负责人依据经审计的企业财务决算数据，对上年度经营业绩考核目标的完成情况进行总结分析，并将年度总结分析报告报送国资委，同时抄送派驻本企业的国有重点大型企业监事会。

（二）国资委依据经审计并经审核的企业财务决算报告和经审查的统计数据，结合企业负责人年度总结分析报告并听取监事会对企业负责人的年度评价意见，对企业负责人年度经营业绩考核目标的完成情况进行考核（具体办法见附件1），形成企业负责人年度经营业绩考核与奖惩意见。

（三）国资委将最终确认的企业负责人年度经营业绩考核与奖惩意见反馈各企业负责人及其所在企业。企业负责人对考核与奖惩意见有异议的，可及时向国资委反映。

第三章 任期经营业绩考核

第十四条 任期经营业绩考核以三年为考核期。由于特殊原因需要调整的，由国资委决定。

第十五条 任期经营业绩责任书包括下列内容：

（一）双方的单位名称、职务和姓名；

（二）考核内容及指标；

（三）考核与奖惩；

（四）责任书的变更、解除和终止；

（五）其他需要规定的事项。

第十六条 任期经营业绩考核指标包括基本指标和分类指标。

（一）基本指标包括国有资产保值增值率和三年主营业务收入平均增长率。

1. 国有资产保值增值率是指企业考核期末扣除客观因素（由国资委核定）后的所有者权益（对实施新会计准则的企业，所有者权益中不含少数股东权益，下同）同考核期初所有者权益的比率。计算方法为：任期内各年度国有资产保值增值率的乘积。企业年度国有资产保值增值结果以国资委确认的结果为准。

2. 三年主营业务收入平均增长率是指企业主营业务连续三年的平均增长情况。计算公式为：

$$三年主营业务收入平均增长率 = \left(\sqrt[3]{\frac{考核期末当年主营业务收入}{考核期前一年主营业务收入}} - 1\right) \times 100\%$$

（二）分类指标由国资委根据企业所处行业特点，针对企业管理"短板"，综合考虑反映企业技术创新能力、资源节约和环境保护水平、可持续发展能力及核心竞争力等因素确定，具体指标在责任书中确定。

第十七条 确定军工企业和主要承担国家政策性业务等特殊企业的基本指标与分类指标，可优先考虑政策性业务完成情况，具体指标及其权重在责任书中确定。

第十八条 任期经营业绩责任书按下列程序签订：

（一）预报任期经营业绩考核目标建议值。考核期初，企业负责人按照国资委任期经营业绩考核要求和三年滚动规划及经营状况，对照同行业国际国内先进水平，提出任期经营业绩考核目标建议值，并将考核目标建议值和必要的说明材料报国资委。考核目标建议值原则上不低于前一任期考核指标目标值和实际完成值的平均值。

（二）核定任期经营业绩考核目标值。国资委根据"同一行业，同一尺度"原则，结合宏观经济形势、企业所处行业运行态势及企业实际发展状况等，对企业负责人的任期经营业绩考核目标建议值进行审核，并就考核目标值及有关内容同企业沟通后加以确定。

（三）由国资委主任或其授权代表同企业负责人签订任期经营业绩责任书。

第十九条 国资委对任期经营业绩责任书执行情况实施年度跟踪和动态监控。

第二十条 任期经营业绩责任书完成情况按照下列程序进行考核：

（一）考核期末，企业负责人对任期经营业绩考核目标的完成情况进行总结分析，并将总结分析报告报送国资委，同时抄送派驻本企业的国有重点大型企业监事会。

（二）国资委依据任期内经审计并经审核的企业财务决算报告和经审查的统计数据，结合企业负责人任期经营业绩总结分析报告并听取监事会对企业负责人的任期评价意见，对企业负责人任期经营业绩考核目标的完成情况进行综合考核（具体办法见附件2），形成企业负责人任期经营业绩考核与奖惩意见。

（三）国资委将最终确认的企业负责人任期经营业绩考核与奖惩意见反馈各企业负责人及其所在企业。企业负责人对考核与奖惩意见有异议的，可及时向国资委反映。

第四章 奖 惩

第二十一条 根据企业负责人经营业绩考核得分，年度经营业绩考核和任期经营业绩考核最终结果分为A、B、C、D、E五个级别，完成全部考核目标值为C级进级点。

第二十二条 国资委依据年度经营业绩考核结果和任期经营业绩考核结果对企业负责人实施奖惩与任免。

第二十三条 对企业负责人的奖励分为年度绩效薪金奖励和任期中长期激励。

第二十四条 企业负责人年度薪酬分为基薪和绩效薪金两个部分。绩效薪金与年度考核结果挂钩。绩效薪金＝基薪×绩效薪金倍数。具体计算公式为：

当考核结果为E级时，绩效薪金为0；

当考核结果为D级时，绩效薪金按"基薪×（考核分数－D级起点分数）/（C级起点分数－D

级起点分数)"确定,绩效薪金在 0 到 1 倍基薪之间;

当考核结果为 C 级时,绩效薪金按"基薪×[1+0.5×(考核分数－C 级起点分数)/(B 级起点分数－C 级起点分数)]"确定,绩效薪金在 1 倍基薪到 1.5 倍基薪之间;

当考核结果为 B 级时,绩效薪金按"基薪×[1.5+0.5×(考核分数－B 级起点分数)/(A 级起点分数－B 级起点分数)]"确定,绩效薪金在 1.5 倍基薪到 2 倍基薪之间;

当考核结果为 A 级时,绩效薪金按"基薪×[2+(考核分数－A 级起点分数)/(A 级封顶分数－A 级起点分数)]"确定,绩效薪金在 2 倍基薪到 3 倍基薪之间。

但对于利润总额低于上一年的企业,无论其考核结果处于哪个级别,其绩效薪金倍数均应当低于上一年。

第二十五条 被考核人担任企业法定代表人的,其分配系数为 1,其余被考核人的系数在严格考核的基础上,根据企业各负责人的责任和贡献,由企业确定。

第二十六条 绩效薪金的 60% 在年度考核结束后当期兑现;其余 40% 根据任期考核结果等因素延期到连任或离任的下一年兑现。

第二十七条 依据任期经营业绩考核结果,对企业负责人实行奖惩与任免。

(一)对于任期经营业绩考核结果为 A 级、B 级和 C 级的企业负责人,按期兑现全部延期绩效薪金。根据考核结果和中长期激励条件给予相应的中长期激励。具体办法由国资委另行制订。

(二)对于任期经营业绩考核结果为 D 级和 E 级的企业负责人,除根据考核分数扣减延期绩效薪金外,将根据具体情况,对有关责任人进行谈话诫勉、岗位调整、降职使用或免职(解聘)等。

具体扣减绩效薪金的公式为:

扣减延期绩效薪金 = 任期内积累的延期绩效薪金 × (C 级起点分数－实得分数)/C 级起点分数。

第二十八条 对在自主创新(包括自主知识产权)、资源节约、扭亏增效、管理创新等方面取得突出成绩,做出重大贡献的企业负责人,国资委设立单项特别奖。单项特别奖的具体办法由国资委另行制订。

第二十九条 实行企业负责人经营业绩考核谈话制度。对于年度考核结果为 D 级与 E 级、重大安全生产责任事故降级、严重违规经营和存在重大经营风险等情形的企业,经国资委主任办公会议批准,由国资委业绩考核领导小组与企业主要负责人进行谈话,帮助企业分析问题、改进工作。

第三十条 企业违反《中华人民共和国会计法》、《企业会计准则》等有关法律法规规章,虚报、瞒报财务状况的,由国资委根据具体情节决定扣发企业法定代表人及相关负责人的绩效薪金、延期绩效薪金、中长期激励;情节严重的,给予纪律处分;涉嫌犯罪的,依法移送司法机关处理。

第三十一条 企业法定代表人及相关负责人违反国家法律法规和规定,导致重大决策失误、重大安全与质量责任事故、严重环境污染事故、重大违纪和法律纠纷损失事件,给企业造成重大不良影响或造成国有资产流失的,由国资委根据具体情节决定扣发其绩效薪金、延期绩效薪金、中长期激励;情节严重的,给予纪律处分;涉嫌犯罪的,依法移送司法机关处理。

第五章 附 则

第三十二条 对于在考核期内企业发生清产核资、改制重组、主要负责人变动等情况的,国资委可以根据具体情况变更经营业绩责任书的相关内容。

第三十三条 国有独资企业、国有独资公司和国有控股公司党委(党组)书记、副书记、常委(党组成员)、纪委书记(纪检组长)的考核及其奖惩依照本办法执行。

第三十四条 国有参股企业以及实施被兼并破产企业、基本建设项目法人单位等企业中,由国资委党委管理的企业负责人的经营业绩考核,参照本办法执行。具体经营业绩考核事项在经营业绩责任书中确定。

第三十五条 企业应当按照建立现代企业制度的要求和《中华人民共和国公司法》的规定,抓紧建立规范的公司法人治理结构。规范的公司法人治理结构建立健全后,本办法规定的企业经营业绩考核对象将按有关法律法规规章进行调整。

第三十六条 凡列入国资委国有独资公司董事会试点且外部董事到位人数超过全体董事二分之一的企业,国资委授权企业董事会对企业经理人员的经营业绩进行考核。国资委对董事会考核企业经理人员的工作进行指导和监督。具体指导和监督办法由国资委另行制订。

凡列入国资委国有独资公司董事会试点且外部董事到位人数未超过全体董事二分之一的企业,对企业经理人员的经营业绩考核由国资委依照本办法执行。

第三十七条 国资委对国有独资公司董事会试点企业的董事会、董事进行评价。具体评价办法由国资委另行制订。

第三十八条 各省、自治区、直辖市人民政府,设区的市、自治州级人民政府对所出资企业负责人的经营业绩考核,可参照本办法执行。

第三十九条 本办法由国资委负责解释。

第四十条 本办法自2007年1月1日起施行。

附件1:

年度经营业绩考核计分试行办法

1. 年度经营业绩考核的综合计分

年度经营业绩考核的综合得分 = 年度利润总额指标得分 × 经营难度系数 + 净资产收益率指标得分 × 经营难度系数 + 分类指标得分 × 经营难度系数

上述年度经营业绩考核指标中,若某项指标未达到基本分,则该项指标不乘以经营难度系数。

2. 年度经营业绩考核各指标计分

年度利润总额指标的基本分为30分。企业负责人完成目标值时,得基本分30分。超过目标值时,每超过3%,加1分,最多加6分。低于目标值时,每低于3%,扣1分,最多扣6分。

净资产收益率指标的基本分为40分。企业负责人完成目标值时,得基本分40分。高于目标值时,每高于0.4个百分点(如果企业确定的目标值高于历史最好水平或者目标值为行业内最高的,则每高于0.3个百分点),加1分,最多加8分。低于目标值时,每低于0.4个百分点(如果企业确定的目标值高于历史最好水平或者目标值为行业内最高的,则每低于0.5个百分点),扣1分,最多扣8分。

分类指标只设一项指标的,该指标的基本分为30分;若设两项指标的,则每个指标的基本分为15分。分类指标加分与扣分的上限与下限为该项指标基本分的20%。

3. 经营难度系数

经营难度系数根据企业资产总额、营业(销售)收入、利润总额、净资产收益率、职工平均人数、离退休人员占职工人数的比重等因素加权计算,分类确定。

4. 考核结果分级

根据企业负责人年度经营业绩考核的综合得分,考核结果分为A、B、C、D、E五个级别。

附件2：

任期经营业绩考核计分试行办法

1. 任期经营业绩考核的综合计分

任期经营业绩考核的综合得分＝国有资产保值增值率指标得分×经营难度系数＋三年主营业务收入平均增长率指标得分×经营难度系数＋任期内三年的年度经营业绩考核结果指标得分＋分类指标得分×经营难度系数

上述任期经营业绩考核指标中，若某项指标未达到基本分，则该项指标不乘以经营难度系数。

2. 任期经营业绩考核各指标计分

国有资产保值增值率指标的基本分为40分。企业负责人完成目标值时，得基本分40分。每高于目标值0.4个百分点（如果企业确定的目标值高于历史最好水平或者目标值为行业内最高的，则每高于0.3个百分点），加1分，最多加8分。低于目标值但大于100%时，每低于目标值0.4个百分点（如果企业确定的目标值高于历史最好水平或者目标值为行业内最高的，则每低于0.5个百分点），扣0.5分，最多扣4分；低于100%时，每低于目标值0.4个百分点，扣1分，最多扣8分。

三年主营业务收入平均增长率指标基本分为20分。企业负责人完成目标值时，得基本分20分。高于目标值时，每超过1个百分点，加1分，最多加4分。低于目标值时，每低于1个百分点，扣1分，最多扣4分。

任期内三年的年度经营业绩考核结果指标的基本分为20分。企业负责人三年内的年度经营业绩综合考核结果每得一次A级的得8分；每得一次B级的得7.335分；每得一次C级的得6.667分；每得一次D级及以下的得6分。

分类指标20分。分类指标加分与扣分的上限与下限为该项指标基本分的20%。

3. 经营难度系数

经营难度系数根据企业资产总额、营业（销售）收入、利润总额、净资产收益率、职工平均人数、离退休人员占职工人数的比重等因素加权计算，分类确定。

4. 考核结果分级

根据企业负责人任期经营业绩考核的综合得分，考核结果分为A、B、C、D、E五个级别。

关于民营科技企业人员评定专业技术职称（资格）有关问题的通知

(1995年1月5日人事部、国家科学技术委员会发布　人职发[1995]7号)

随着改革开放的不断深入，一大批以科技人员为主体创办或经营的民营科技企业迅猛发展，并已成为推进科技经济一体化的重要力量。加强民营科技企业人员专业技术职称（资格）评定工作，是贯彻落实"尊重知识，尊重人才"政策，稳定民营科技队伍，支持民营科技企业发展的必要措施。为此，各级人事、科技管理部门做了大量工作，取得了成效。为进一步做好这项工作，现就民营科技企业人员专业技术职称（资格）评定工作的有关问题通知如下：

一、民营科技企业人员专业技术职称（资格）评定工作，在省、自治区、直辖市职称改革领导小组或人事（职改）部门统一领导下，由当地科委负责办理有关评审的具体工作。评审工作应严格按照国家有关规定进行。

二、民营企业人员申报专业技术职称（资格），由个人提出申请，经所在单位同意，报当地科委审查核准，按程序提交经人事（职改）部门批准组建的相应的评审委员会，根据国家统一制定颁发的有关专业技术资格评审条件，进行社会化评审。通过评审的人员由当地人事（职改）部门按规定颁发专业技术职称（资格）证书。

三、全国统一考试的专业，由其单位出具证明，经当地科委审查后到考试管理机构报名，就地参加全国专业技术资格的统一考试。

四、经考试或按上述程序和条件评审取得专业技术职称（资格）证书的专业技术人员，由本企业自主聘用，其职务与待遇由单位决定。

五、在本通知下发之前，各地人事（职改）部门与科委就民营科技企业人员评聘专业技术职务问题已经制定了办法且实施情况良好的，可根据本通知精神进行适当调整后继续执行。

六、本通知适用于经各级科委审批或认定的各类民营科技企业（含高新技术企业）。

七、本通知由人事部负责解释。

【参阅目录】

教育部、科技部关于进一步加强地方高等学校科技创新工作的若干意见
  教技[2006]3号
  2006年3月23日
全国专业技术人员继续教育暂行规定
  人核培发[1995]131号
  1995年11月1日
专业技术人才知识更新工程("653工程")实施方案
  国人部发[2005]73号
  2005年9月27日
关于加快实施专业技术人才知识更新工程("653工程")的意见
  国人部发[2006]122号
  2006年11月16日
科学技术干部管理工作试行条例
  中办发[1981]16号
  1981年4月23日
国家公派出国留学选派办法
  教外留[2006]85号
  2006年11月3日
博士后工作"十一五"规划
  国人部发[2006]114号
  2006年10月30日
关于进一步争取优秀留学博士回国做博士后的通知
  人专发[1992]16号
  1992年8月18日
关于人事部与地方人民政府共建留学人员创业园的意见
  人发[2002]84号
  2002年8月26日

科技中介服务

关于大力发展科技中介机构的意见

(2002年12月20日科学技术部发布　国科发政字[2002]488号)

为了贯彻落实党的十六大精神,完善科技服务体系,推进国家创新体系建设,大幅度提升科技创新能力,为全面建设小康社会提供科技支撑,现就进一步发展科技中介机构的若干问题,提出以下意见。

一、充分认识发展科技中介机构的重要性和紧迫性

1. 面向社会开展技术扩散、成果转化、科技评估、创新资源配置、创新决策与管理咨询等专业化服务的科技中介机构,是国家创新体系的重要组成部分。在市场经济体制下,科技中介机构以专业知识、专门技能为基础,与各类创新主体和要素市场建立紧密联系,为科技创新活动提供重要的支撑性服务,在有效降低创新风险、加速科技成果产业化进程中发挥着不可替代的关键作用,对于提高国家创新能力,加速培育高新技术产业,推动产业结构优化升级和全面建设小康社会,具有十分重要的战略意义。

改革开放以来,在各级政府的大力扶持下,以生产力促进中心、科技企业孵化器、科技咨询与评估机构、技术交易机构、创业投资服务机构为代表的我国科技中介机构迅速发展。机构数量不断增加,服务能力稳步提高,一批高水平的机构正在兴起,区域性科技中介服务网络在一些地方已开始形成,有力地促进了科技成果转化和高新技术企业的成长。近年来,科技管理部门在推动科研机构向科技中介机构转制、调动社会力量参与科技中介机构发展、建立科技中介行业自律机制等方面,进行了新的探索和实践,为科技中介机构的大发展注入了新的动力,奠定了重要基础。

2. 但是必须清醒地认识到,我国科技中介机构的发展还处于起步阶段。一是存在着发展不平衡。一些地方尚未给予足够重视,缺乏工作思路和有效措施,科技中介机构发展缓慢。科技评估、创业投资服务两类机构比其他类型的机构发展滞后。二是专业化服务程度不高。相当数量的机构规模较小,服务手段落后,主要业务仍局限于场地、公共关系或低层次的技术、信息服务。三是人才队伍建设滞后。还没有形成相应的人才培养机制,专业人才严重不足。四是发展环境还不完备。信息资源流动不畅,政府部门转变职能尚未到位,规范、促进发展的制度和政策还不健全。从总体上看,我国科技中介服务能力仍然严重不足,满足不了日益增长的服务需求。

3. 我国已进入全面建设小康社会、努力实现第三步战略目标的重要发展阶段。党的十六大报告明确提出,要充分发挥科技第一生产力的作用,必须完善科技服务体系,加速科技成果向现实生产力转化,推进国家创新体系建设。在这一新的形势下,国家创新体系中科技中介服务能力不足的问题已日益突出,成为亟待加强的薄弱环节。各地方必须进一步统一思想,从深入实施科教兴国战略、全面建设小康社会的战略高度,充分认识发展科技中介机构的重要性,增强紧迫感和责任感,明确目标,突出重点,采取有效措施,把相关工作摆到深化科技体制改革、加速科技发展、构建国家创新体系的关键位置,切实予以加强。

二、指导思想、目标和原则

4. 发展科技中介机构的指导思想是:全面贯彻党的十六大精神,以"三个代表"重要思想和科学技术是第一生产力的论断为指导,以完善国家创新体系、提高科技创新的运行效率和效益为根本出发点,以深化体制改革、转变政府职能为动力,充分发挥政府的扶持、引导作用和市场导向作用,鼓励多种模式的探索和实践,推动社会力量按照专业化、市场化、社会化的发展方向大力兴办各类科技中介机构,使之成为国家创新体系的有力支撑,成为提高国家科技创新能力的重要力量。

5. 现阶段发展科技中介机构的主要目标是:在5年左右的时间内,建立起有利于各类科技中介机构健康发展的组织制度、运行机制和政策法规环境,培育一批服务专业化、发展规模化、运行规范化的科技中介机构,造就一支具有较高专业素质的科技中介服务队伍,初步形成符合社会主义市场经济体制和国家创新体系建设要求,开放协作、功能完备、高效运行的科技中介服务体系,基本满足各类科技创新活动的服务需求。

当前要重点围绕促进科技与金融结合、培育高新技术产业增长点,调整农村产业结构、增加农民收入,转变政府职能、提高科技工作运行绩效等方面发展科技中介机构。要在继续增加机构数量、扩大服务面的同时,着力培育高水平的科技中介机构;在努力改善服务设施、服务手段的同时,大力推进人才队伍建设;在积极完善发展环境的同时,不断加强科技中介机构的制度建设。

6. 加速发展科技中介机构应当遵循以下原则:一是政府推动与市场调节相结合,政府推动必须着眼于市场需求,注重市场机制在资源配置中的基础性作用;二是发展与规范相结合,要把规范化运行作为促进科技中介机构发展的重要措施,在大力发展的基础上逐步规范;三是全面推进与分类指导相结合,通过对不同类型的科技中介活动实行与其规律和特点相适应的政策和措施,实现科技中介机构的全面发展;四是地方建设与部门推动相结合,要充分调动地方的积极性,整合地方资源,紧紧围绕地方科技、经济和社会发展的需要发展科技中介机构;五是专业化分工与网络化协作相结合,在大力推进专业化服务的同时,通过网络化协作提升科技中介机构的综合配套服务能力;六是实践探索与理论创新相结合,形成有中国特色的科技中介机构发展的理论体系和知识体系,以指导实践的深化和发展。

三、全面提高科技中介机构的服务能力

7. 组织和引导专业技术力量发展科技中介机构。要以科技、教育体制改革为动力,推动一批科研机构整建制转为科技中介机构;组织有条件的科研单位、高等院校立足于科研设备和人才优势,兴办各类科技中介机构;提高科技情报信息机构的信息采集、分析和综合加工能力,与技术交易机构共同发挥区域技术转移中心的作用。要充分发掘社会资源,引导政府部门所属政策调研、软科学研究等事业单位转变运行机制,在为政府决策服务的同时,面向社会开展科技咨询、评估活动;鼓励国有企业、民营企业与科研单位联合兴办科技企业孵化器或生产力促进中心,盘活存量资产;继续支持科技人员创办科技类民办非企业单位,从事科技中介服务。

健全、完善农业技术服务体系,是调整农业产业结构、增加农民收入、促进农村经济发展的重要途径。要采取专项措施,使农业技术服务机构进一步充实技术力量,通过转换运行机制获得新的发展动力,在先进适用科技成果推广应用中继续发挥重要作用。同时要大力扶持农业"龙头"企业和农村技术经济协作组织的发展,实行区域化布局、市场化运作,增强技术服务、农副产品深加工和市场开拓能力,为广大农户提供产前、产中、产后全程服务,成为农业技术服务体系的重要组成部分,大幅度提高农业生产的组织化、市场化程度。

8. 完善科技中介服务门类,提高服务质量。具备条件的地方要积极采取措施,推动当地的科技中介机构广泛应用现代科学技术,不断创新服务方式、服务手段和组织形式,将服务业务向技术集成、产品设计、工艺配套以及指导企业建立治理结构、健全规章制度、完善经营机制等领域拓展,充实服务项目的技术内涵,满足日益多样化、系统化、高层次的服务需求。要结合当地经济结构调整,进一步加强面向特定行业、特定创业人员的服务业务,提高服务的专业化水平;针对投融资渠道不畅问题,大力发展创业投资服务机构,吸引社会资金支持科技创新活动。

要深化科技中介机构内部管理制度改革,吸引优秀的专业人才进入各类科技中介机构,在工作条件、生活条件上给予必要的保障,在政策上给予必要的激励,使其在工作中能够充分施展才华,带动科技中介机构服务质量的提高。

9. 培育骨干科技中介机构,发挥示范带动作用。各地方要建立稳定的投入渠道,选择有区域优势的生产力促进中心、科技企业孵化器、技术交易机构等,在共用技术开发平台建设、服务设备购置、从业人员培训等方面加大支持力度,打造精品服务项目,提升服务质量和水平。要紧密结合科技计划管理制度的改革,择优扶持一批科技评估、咨询机构培养高层次人才,提高项目论证、实施策划和效果评估能力,深入参与各类科技发展计划和成果转化工作的组织实施。星火计划、农业科技成果转化基金等要重点支持农业"龙头"企业、农村技术经济合作组织转化农业科技成果,提高先进适用技术应用能力。

科技部将结合科技基础条件平台建设,与地方政府共同支持重点科技中介机构的发展。

10. 加强科技中介机构与科研机构、高等学校、其他中介机构的联合与协作。通过广泛建立协作网络,使科技中介机构一方面能够充分利用科研机构、高等学校的专业知识、优势人才和技术开发、检测、中试设施,作为开展中介业务的重要支撑;另一方面能够与法律、会计、资产评估等服务机构和投融资机构协调配合,相互集成,为科技创新的全过程提供综合配套服务。

四、为科技中介机构发展创造良好的环境条件

11. 建立公共科技信息平台。中介服务的生命力在于知识和信息。各地方要尽快解决公共信息渠道不畅、供应不足的问题,打破信息封闭,整合政府部门、科研单位、信息研究分析机构的信息资源,建立区域性公共信息网络。各级科技管理部门要进一步向科技中介机构开放科技成果、行业专家信息,为其提供及时、准确、系统的信息服务。科技部将结合科技基础条件平台建设,支持以科技情报信息机构、成果管理机构、技术交易机构为基础的公共科技信息平台建设,并联合有关部门制定实施科技资源共享制度。

12. 转变政府职能,充分发挥科技中介机构的作用。要把依靠中介机构完善管理和服务,作为转变政府职能的重要内容,对科技中介服务能够承担的工作,特别是面向中小企业的科技创新计划、先进技术推广、扶持政策落实等,要积极委托有条件的科技中介机构组织实施。大力推行"行政决策咨询"制度,对重大事项决策、重大项目论证和重要工作部署要进一步依靠科技中介机构,支持其独立客观地开展工作,在推进决策科学化、民主化的同时,为科技中介机构创造更广阔的发展空间。国家高新技术产业开发区要在办好创业服务中心的基础上,选择一批功能互补的科技中介机构建立紧密业务联系,使之成为高新区服务功能的有效延伸,实现高效管理、优质服务。

13. 积极探索分类管理的有效途径,逐步建立有利于科技中介机构发展的政策法规体系。中介服务市场化程度比较高的地方,可按营利性或非营利性划分科技中介机构的功能定位。营利性机构实行自主经营、自负盈亏,改制为企业或按企业化管理,完全按照市场机制发展壮大;政府要创造公平竞争的环境条件,鼓励其不断拓宽业务领域,大胆实践多种形式的营利模式。非营利机构要以服务为宗旨,将主要业务集中到难以取得相应经济回报的服务领域,建立绩效考核制度,政府给予必要资助并与绩效考核挂钩。科技部将选择若干省市开展分类管理试点工作。

在积极探索分类管理的同时,各地方要加紧研究制定促进和规范发展的政策法规体系,逐步明确各类科技中介机构的法律地位、权利义务、组织制度和发展模式,理顺政府与科技中介机构的相互关系,形成法律定位清晰、政策扶持到位、监督管理完善、市场竞争平等的良好政策法规环境。

14. 为科技中介机构开展国际合作提供渠道。要把推动科技中介机构的国际化进程,作为扩大国际科技合作与交流、组织开展出国培训等工作的重要内容,通过请进来、走出去的方式使国内机构的服务水平逐步与国际接轨。要支持资质好、信誉高、运作规范的机构积极开拓国际业务,同时吸引国际知名中介机构进入我国开展业务,鼓励海外留学人才回国创办科技中介机构,使我国的科技中介机构在国内外竞争中发展壮大。

五、大力开展科技中介机构的学习和培训工作

15. 要组织科技中介机构学习和借鉴国外成功经验。既要学习国外科技中介机构先进的管理经验和专业化运作模式,也要学习国外政府在扶持、引导和管理方面积累的成熟经验。对国外比较完善的制度和规范,有条件的地方可以率先实施,并结合我国的具体国情逐步加以改进和创新;有的可以高薪聘请国外人才讲课或在我们的机构中担任职务,面对面地、更直接地向他们学习;有的也可以派业务骨干出国进行短期或长期学习,真正学到最核心的经验、知识和技能。

16. 要促进科技中介机构之间相互交流、相互学习。发展慢的地方要向发展快的地方学习,刚起步的机构要向已经取得初步成功的机构学习,经验少的人要向经验多的人学习。科技管理部门要把组织科技中介机构之间的学习、交流和考察作为一项重要工作,有条件的可以组织发展较慢的地区派人到发展快的地方兼职,亲身体验、边干边学。

17. 大力开展培训工作,尽快提高从业人员的业务水平和素质。各级科技管理部门和各类科技中介机构必须清醒地认识到,目前从事科技中介服务的大部分人员都是改行过来的,在中介服务业务方面没有受过系统的教育和培训,再学习、再培训的需求尤为迫切。要把培训作为促进科技中介机构发展的一项基础性工作,对从业人员必须掌握的基本知识和技能提出明确要求,根据人员知识结构有针对性地确定培训重点,制定相应的培训计划,并在时间和经费上予以保证。培训内容既要包括法律法规、政策制度、职业道德、行业规范、公共关系以及现代科技、经济发展趋势等方面的综合知识,也要包括企业管理、市场营销、技术创新等方面的专门知识,以及科技中介服务的方法、规则、手段等专业技能。

科技部将进一步加强对各类科技中介机构从业人员培训工作的指导;对重点机构的主要经营管理人员,对科技评估、知识产权等目前仍然十分薄弱、迫切需要加快发展的科技中介服务领域,将直接组织开展培训工作,加大投入强度。地方科技管理部门也要抓好培训工作,深入了解当地科技中介机构的培训需求,针对发展中的具体问题进行培训,注重实效,并作为一项长期工作坚持不懈地抓下去。

六、发展科技中介行业协会,推进人才培训与行业自律

18. 建立健全各类科技中介行业协会,是加强政府指导、完善科技中介管理体制的重要环节。各地方要以促进科技中介机构的规范、健康发展为宗旨,以会员制为主要形式,按照自愿、平等的原则组建各类科技中介行业协会,组织开展同业交流、跨行业协作和市场开拓活动,建立科学、民主的决策程序和行之有效的自我管理、共同发展模式。

政府部门要加强监督和管理,指导行业协会的自身建设,使之能够吸引优秀人才,为行业发展提供国家政策咨询、市场调研和预测、项目引进、国际合作与交流,以及人才培训、行业自律等方面的服务,及时向有关部门反映科技中介机构的意见和建议,成为科技中介机构与政府、中小企业、科研单位联系的重要渠道。

19. 依托行业协会积极探索建立科技中介机构的信誉评价体系。信誉评价要以科技中介机构为对象,以用户为中心,以服务质量为重点,采用科学、实用的方法和程序,对科技中介机构的服务能力、服务业绩和社会知名度、内部管理水平、遵纪守法情况、用户满意程度等进行客观、公正的评价,评价结果向社会公布。信誉评价工作要以维护科技中介行业信誉、提高专业化服务水平、促进科技中介机构发展为宗旨,以公平、公开、公正和自愿参加为原则,不得以营利为目的;要建立信誉评价信息发布和查询制度,推动信誉监督管理社会化;要与科技中介机构从业人员培训计划的实施相结合,促进人员素质的全面提高。对取得较高信誉等级的科技中介机构,科技管理部门在重大科技决策、科技计划实施、科技成果转化等工作中要充分发挥他们的作用。

20. 推动行业协会建立行业自律制度。科技管理部门要积极争取当地政府对行业协会开展行业自律给予充分授权和支持。行业协会要以国家法律、法规和政策为依据,制定和实施行业行为规范、服务标准、执业操守、违规惩诫、资质认证等行业管理制度,组织本行业的科技中介机构和从业人员自觉遵守、共同维护,形成重合同、守信用、诚信经营的行业风尚,使行业发展走上法制化、规范化的轨道。

七、加强对发展科技中介机构工作的领导

21. 发展科技中介机构事关提高国家科技创新能力、全面建设小康社会的全局。各地方、各有关方面要结合各自的科技、人才、资源特点,提出新形势下发展科技中介机构的战略目标和工作重点,提上重要议事日程,落实到具体工作之中,有针对性地制定和完善扶持、激励、规范的政策措施,综合运用经济、政策、法律等手段推进科技中介机构的发展。要转变政府职能,改进工作方式,提高办事效率,研究和把握科技中介机构发展的规律和特点,在加强监督和管理的同时,尊重广大科技人员的首创精神,及时解决实践中出现的新情况、新问题。

22. 各级科技管理部门、各国家高新技术产业开发区要积极联合有关部门,在促进科技中介机构发展中相互协作,形成合力。较发达地区要将工作重点逐步转向动员社会力量发展科技中介机构,建立政策和法律法规环境,搭建公共信息平台,促进行业协会发展,通过协会加强对科技中介机构的引导和管理;欠发达地区要在创办示范性科技中介机构方面继续发挥重要作用,运用政府资源对重点科技中介机构给予支持和引导。各地方要大力宣传科技中介机构对科技创新的重大意义和贡献,促进社会了解、重视和支持科技中介机构,充分调动各方面的积极性,共同推动科技中介机构不断跃上新的发展台阶。

关于进一步培育和发展技术市场的若干意见

(1994年4月21日国家科学技术委员会、国家经济体制
改革委员会发布 国科发政字[1994]59号)

技术市场是重要的生产要素市场,是我国统一、开放市场体系的组成部分。大力培育和发展技术市场,对建立社会主义市场经济体制,推进科技经济一体化,实现现代化建设目标,具有十分重要的意义。根据党的十四届三中全会精神和国家科委、国家体改委发布的《适应社会主义市场经济发展,深化科技体制改革实施要点》,现就进一步培育和发展技术市场的基本方针和工作重点,提出如下意见。

一、我国技术市场发展形势和基本方针

实行技术成果商品化,开放技术市场,是我国科技体制改革的重大突破,是深化科技体制和经济体制配套改革,开拓和解放科技第一生产力的重要举措。10多年来,在党的基本路线和"放开、搞活、扶植、引导"的具体方针的指引下,随着改革的不断深入,我国技术市场从无到有,从小到大,发展很快。与此同时,市场机制在科技资源配置和科技运行中的作用不断增强,技术成果转化的速度显著加快。1987年11月1日,《技术合同法》颁布实施,推动我国技术市场步入法制轨道。目前,全国技术市场管理机构和经营体系初步建立,技术合同交易额逐年上升,1993年突破200亿元,技术市场正在成为科技与经济结合的纽带、技术成果进入生产领域的桥梁,成为科学技术由知识形态转化为物质形态、由潜在生产能力转化为现实生产能力的有力杠杆。

然而,市场发育是一个长期过程,技术市场体系的建立和完善还要经过艰苦的努力。适应在本世纪末初步建立社会主义市场经济体制的总要求,下一阶段我国培育和发展技术市场的任务是:坚持科学技术是第一生产力的战略思想,在按照"稳住一头、放开一片"的方针推进科技系统人才分流、机制转换和结构调整的改革进程中,把培育和优先发展技术市场放在重要位置,强化市场机制,健全市场组织,完善市场结构,规范市场秩序,到本世纪末初步建立符合科学技术发展规律和市场经济运行规律,利用国内国际两个资源、面向国内国际两个市场,统一开放的社会主义技术市场体系。

为了实现上述目标,要继续深入贯彻"放开、搞活、扶植、引导"的方针。我国技术市场蓬勃发展的实践证明,1985年国务院对开放技术市场提出的这一基本方针是十分正确的,我国为开拓技术市场所采取的一系列政策措施是行之有效的。当前,各地区、各部门要按照十四届三中全会重要决定的精神,把放开、搞活和扶植、引导有机结合起来,进一步培育和发展技术市场,推动我国技术市场在规模、结构、制度和管理上再上新台阶。

要进一步解放思想,更新观念,放活技术市场主体,放开技术市场要素,拓宽技术市场范围,扩大技术市场功能,调动和鼓励科研院所、高等院校、大中型企业及其他企业和农村技术经济合作组织等市场主体进入市场,开展各种形式的技术贸易活动。鼓励市场主体在推进以工业产权及技术成果为直接标的的技术贸易的同时,大力发展具有高技术附加值的产品贸易和具有高科技含量的服务贸易,促进生产要素的互相渗透,优化组合。除国家有特殊规定的领域外,科研机构、高等学校和其他企业、事业组织从事技术交易不受行业、经济性质和经营范围的限制。

综合运用经济的、法律的和必要的行政手段,加速培育和发展技术市场。中央和地方为促进技术市场发展所制定的一系列扶植政策,对技术市场稳步健康发展起到了十分重要的作用,要一以

贯之，促持政策的连续稳定，并在实践中不断完善。

加强技术市场基础条件建设，促进各类技术贸易机构、技术交易场所和技术中介服务组织的现代化。根据国家经济、科技发展的战略布局，从财政、信贷、投资、外贸等方面对重点技术交易机构试点单位给予扶植，并对农村和中西部落后地区技术市场的发展给予倾斜支持。

规范技术交易行为，完善技术市场的法制环境，引导技术市场有序发展。推动技术市场与其他生产要素市场的发展衔接配套，与国际技术市场接轨。推动各类技术交易机构按照国际规范和现代制度管理和运行。按照国家产业政策和技术政策，大力促进和引导高新技术、先进适用技术和成熟配套技术进入市场。

二、健全流通体系，强化中间环节

进一步发展和培育技术市场，一要加快建立统一、开放、竞争、有序的流通体系，建立市场调节为主的价格形成机制，形成多种经济成分平等竞争，多层次流通渠道畅通并行，市场规则健全，主体行为规范的市场组织结构。二要促进技术成果直接参与市场交换，强化技术成果转化的中间环节，提高转化速度和转化效益。

加强技术交易所建设。在进行科学论证的基础上，因地制宜，合理布局，在全国按地域区划建5至10个定点指导的技术交易所，科技经济配套改革试点城市要建立相应的常设技术交易场所，形成技术市场的重要网络枢纽。技术交易所要实行现代化流通制度，按照适应市场经济运行规律的新型模式和机制运行，积极推行会员制，积极吸收科研机构和大中企业会员，形成激励机制和约束机制，运用先进的技术手段进行信息集散、展销洽谈、信息检索、转让拍卖、招商招标、委托代理、培训示范、联销代销、信贷融资、纠纷调处、市场调查和多种咨询服务，扩大技术的辐射面，拓宽技术流通渠道，提高技术贸易活动的现代化、规范化水平。

大力发展工程技术中心、生产力促进中心、技术孵化中心、集成配套开发中心等多种新型的技术创新组织，促进技术市场的发育和发展。运用工程技术中心的工程化、系统化、配套化研究开发优势，实施重大科技成果转移和交钥匙工程合同；发挥生产力促进中心面向中小企业、乡镇企业和农村经济提供技术依托、企业诊断、专业培训和信息服务的功能、扩大技术市场辐射面，提高市场容量和营运效率。发挥多种技术创新组织的作用，切实加强中间试验和工业性试验，加强二次开发，提高技术的成熟化和配套化程度。

大力发展多种技术交易中介组织，面向社会开展技术中介、咨询、经纪、信息、知识产权、资产评估等服务，逐步形成覆盖城市和广大农村地区的技术交易网络和服务体系。按照专职与兼职相结合的原则建立具有中国特色的技术经纪队伍，大力提高其经纪专业水平、职业道德。技术经纪人可以依法从事居间联系、委托代理、行纪以及组织或参与技术成果的商品化开发等多种业务，其合法权益依法受到保障。各级科委要切实加强对技术经纪人的培养，认真做好技术经纪人的培训，对具备条件的经考核发给资格证书。

广辟经费渠道，增加对技术市场发展的投资，强化对成果转化的资金支持。通过财政拨款、银行信贷、社会集资等多种形式，对重点技术经营机构、重大技术交易活动和市场基础设施建设给予支持。要根据科技产业特别是高科技产业高风险、高投入、高效益的特点，大胆探索建立风险投资机制，实现风险和收益的统一。各地可以采取政府投资、社会集资和吸引外资等多种方式，建立风险投资基金和机构，把一批具有潜在市场前景的技术思想或技术成果扶植发展成产业。

加强信息系统建设，推动信息市场与技术市场的衔接配套，逐步形成功能综合化、结构网络化、手段现代化、服务社会化的技术信息传播和服务体系。信息收费，一律依供求关系由市场调节。采用先进的信息采集、处理、贮存和传递手段，加强有关数据库的建设，加速技术市场的信息流通由低级向高级、由传统方式向现代化方式转变。要办好信息交换的固定场所，在发展区域性网络的基础上，建设全国性信息网络，并逐步与有关国际网络联通。把技术信息网络建设和其他网络建设结合起来，统筹规划、合理布局，实现信息资源共享、互通。

三、建立公平、公开、公正竞争的市场秩序

遵循《技术合同法》所确定的自愿平等、互利有偿、诚实信用的原则，建立有利于公平、公开、公正竞争的市场秩序，维护技术市场的畅通有序运转，是优化技术市场功能、实现技术市场与整个市场体系协调统一的基本保障。技术市场的管理要在已有基础上，发布公正技术交易守则，规范交易行为，健全组织体系和管理制度，强化监督机制，增加技术交易的透明度，提倡"重合同、守信用"的经营新风，树立良好的道德规范，创造一个优良的法律环境。

进一步完善技术合同认定登记制度。技术合同认定登记，是我国法律确定的管理制度，要严格做好认定登记工作，对在实体和形式上不符合法律规定的合同坚决不予登记，保证技术合同法的贯彻实施，提高技术合同规范率、履约率，并保证国家优惠政策的落实到位。认真研究在加速技工贸、技农贸一体化和计划项目进入技术市场新形势下，技术合同管理的新情况、新问题，研究和制定适合综合性技术交易的技术合同示范文本，并使之向国际习惯靠拢。各级科委是技术成果权属认定机构，要依法进行成果权属的认定，保证所做的结论经得起历史的检验。

加强技术市场的执法力度，完善法律约束机制。严厉制裁违反公平交易和不正当竞争的行为，打破部门、地方、行业的分割和封锁，制止地方保护主义，对于侵犯他人合法权益、非法垄断技术和采用欺诈手段进行交易活动的行为，应当依法追究当事人的民事责任和刑事责任。

加强知识产权保护是维护技术市场秩序的重要环节。要把大力宣传和贯彻执行《技术合同法》和《专利法》、《商标法》、《著作权法》、《反不正当竞争法》和《计算机软件保护条例》等知识产权法律结合起来，切实加强对在流通领域进入市场和在市场中产生的知识产权的保护，保护当事人就科技成果应当享有的精神权利和经济权利，制止假冒、剽窃和其他侵犯专利权、商标权、著作权、计算机软件版权及其他科技成果权的行为。要保护不为公众所知悉、能为权利人带来经济利益，具有实用性并经权利人采取保密措施的技术信息和经营信息等商业秘密，禁止任何人以不正当手段获取、披露、使用或允许他人使用权利人的商业秘密，禁止违反约定或违反权利人有关保守商业秘密的要求而披露、使用或允许他人使用其掌握的商业秘密的行为。对于违反《反不正当竞争法》规定的，应当依法追究当事人的行政责任、民事责任和刑事责任。

四、促进科技计划管理与技术市场接轨

我国技术市场的发展和以加速科技成果商品化、产业化为宗旨的科技发展计划的实施，不仅推动了科技进步和经济发展，而且在计划与市场相结合方面进行了成功的探索。发展社会主义市场经济，要进一步把市场机制引入各类科技发展计划，推动科技发展计划进入市场运行轨道，使市场需求成为计划项目的重要来源，使计划项目成果能够通过市场渠道源源不断地进入生产领域，得到广泛的应用和推广。要按照《中共中央关于建立社会主义市场经济体制若干问题的决定》精神，以及《科学技术进步法》、《技术合同法》所确定的基本规范，改进科技计划管理工作，完善竞争、约束与激励机制，规范计划项目合同，明确计划项目成果归属，使科技计划管理与技术市场接轨。

科技发展计划的实施要向公开招标过渡，保障各类市场主体平等参与竞争，并在技术、资金、物资、政策等方面获得同等的支持。计划项目的立项、签约、履行和验收，必须严格按照《技术合同法》的有关规定执行。计划主管部门或项目主持部门作为行政主体，对计划工作进行全面管理；作为民事主体，要依照合同享受权利，承担义务。计划项目合同纠纷，应依照法律程序解决。

要按照鼓励研究开发与技术创新的原则，解决计划项目成果的产权归属与分享问题。计划项目完成后，承担单位应向计划主管部门提交有关项目成果的完整资料，接受验收；计划主管部门或项目主持部门要依照合同约定对项目成果进行验收并承担技术保密义务。计划项目成果属职务成果，承担单位有申请专利和其他知识产权的权利。承担单位放弃该项权利的，计划主管或主持部门可以取得该项成果的知识产权。承担单位取得项目成果的知识产权，有权使用、转让或作为法人财产入股参股；项目主持部门有权指导和决定该知识产权的实施，以保证计划项目成果的知识产

权发挥更大的效益。

根据国家的有关法律规定，各地实行的从履行技术合同所获技术性收入和实施技术成果新增留利中提成奖励科技人员的政策，对加速科技进步和繁荣技术市场发挥了重要作用。计划项目订立的技术合同，计划项目成果的实施，要按照法律的规定，结合计划项目的实际情况，落实这项政策。

五、进一步发展和培育农村技术市场

农业和农村经济是经济发展、社会稳定、国家自立的基础。发展高产、优质、高效农业，必须积极培育农村技术市场，搞活流通，通过技术市场机制，把科技知识和信息、先进适用技术向农村转移扩散。

要把开拓技术市场作为科技兴农、科技兴县的突破口，认真贯彻《科技进步法》和《农业技术推广法》，加快农业技术成果转化、推广和应用，推动农村产业结构的调整，促进乡镇企业的科技进步。

大力开展农业技术推广工作。农业科研院所、高等院校、农业技术推广机构和科技人员完成的技术成果，通过订立技术合同，向农村有偿转让和推广，推进技术市场机制在农村逐步建立。国家农业技术推广机构向农业劳动者无偿推广技术，由各级人民政府通过财政拨款以及从农业发展基金中提取一定比例，筹集专项资金实施。各级人民政府应当依法在财政预算中保障用于农业技术推广的资金，并逐年增加，大力扶植本地区农村技术市场和信息市场的发展。

要建立适应家庭联产承包责任制和统分结合的双层经营体制的农村经济技术社会化全程服务体系，发展科技、人才、金融、供销和贸易相结合的农村技术市场服务体系，积极扶植和培育各类农业技术示范推广机构、群众性农村科普组织和以农民为主体的专业技术协会、研究会和农村经济技术合作组织，鼓励和引导科技人才向农村分流，鼓励科研机构、大专院校、工矿企业为农业和乡镇企业提供人才、技术、信息、设备等多样化服务。要推动技术市场与星火计划、丰收计划、燎原计划有效结合，通过技术合同建立竞争机制和约束机制，推动农村工业化、城镇化和现代化建设的进程。

六、加快技术市场的统一、开放和国际化

适应社会主义市场体系发展的要求，加速技术市场向统一性、开放性和国际性方向发展，是进一步培育和发展技术市场的客观需要和必然趋势，要采取积极有效的措施，加速这一进程。

要加强宏观调控，实现技术市场与信息市场融通互补。促进科技资源和信息的跨区域、跨行业流通，创造条件使一切工业产权、技术成果、科技信息作为生产要素，直接进入市场，按竞争机制、价值规律和供求关系，与其他生产要素优化组合。重点技术交易所要面向全国提供服务。

大力推动技术市场与商品市场、服务市场、金融市场、产权市场等配套发展，在全国统一的大流通、大循环的市场格局中，更加有效地促进技术成果向经济建设、社会发展广泛领域转化。加快技术市场向商品市场扩散，向服务市场辐射，开发具有高技术附加值的商品，发展具有高科技含量的科技第三产业，活跃商品市场和服务市场。积极推动无形资产评估理论和方法的研究，逐步建立无形资产评估制度，发展风险投资机制，促进技术市场与金融市场、产权市场的衔接。

适应世界科技经济一体化和我国"复关"的需要，我国市场体系必须在深层次上向国际规范靠拢，技术市场必须与国际技术市场接轨。要参照关贸总协定乌拉圭回合谈判达成的《与贸易有关的知识产权和假冒商品协议》，建立符合国际惯例的技术贸易制度，创造有利于先进技术双向转移的良好环境条件，充分利用好国内国际两个资源，开拓国内国际两个市场。在沿海、沿江、沿边和沿路地区建好对外技术交易窗口和网点，形成若干对外技术交易基地；高新技术产业开发区的技术进出口公司，要依靠开发区的高技术优势，建成区内外高技术产品出口的重要基础；充分发挥具有对外经营自主权的科研院所、高等学校、科技企业的积极作用，认真执行科技进步法的规定，支持它们进入国际市场，在国外境外设立分支机构，积极利用国际分工和国际交换，促进技术和具有高技术附加值产品的双向转移。建立国际市场中介、经纪、信托、市场调查、知识产权、科技信息等多种中介和咨询服务网络。当前要特别重视外

向型开发、经营、中介服务等人才的培训,形成一支对外技术贸易的人才队伍。

七、加强对技术市场的宏观调控和管理

积极、科学和有效的宏观调控与管理是实现技术市场健康、快速发展的重要保障。各级人民政府要切实加强对技术市场建设和培育工作的领导,并采取得力措施,指导技术市场运作,推动技术市场发展。各级科委是本地区技术市场归口管理部门,要按照"转变职能,理顺关系,提高效率"的原则,在掌握总量和发展趋势的基础上,努力探索新形势下调控、引导技术市场发展的政策和措施,对技术市场改革与发展中的重大问题,要积极探索,大胆试验,创造性地开展工作,通过试点取得经验,赢得调控、引导技术市场发展的主动权。各级体改部门要积极做好相关的体制改革、政策协调工作,及时帮助解决技术市场建设中出现的新问题。各地技术市场管理机构,要切实做好技术市场、技术合同、技术贸易机构的管理工作,促进技术市场和信息市场的发展。

加强精神文明建设,是繁荣我国技术市场的重要保证。要引导各类技术市场主体、中介组织和个人树立诚实信用、文明服务、公平竞争、质量第一的职业道德,敬业奉献,守法经营,抵制拜金主义,做改革开放和社会主义物质文明与精神文明建设的模范。

为了加强对技术市场的宏观管理,国家科委将在调查研究的基础上,抓紧制定《技术市场管理条例》,报国务院批准施行,在全国范围内指导、规范技术市场管理工作。制定《2000年全国技术市场发展纲要》,提出本世纪末我国技术市场发展的目标、任务和布局,以及需要配套实施的各项政策措施,全面指导和推进各地技术市场的发展。

关于加快发展技术市场的意见

(2006年3月15日科学技术部发布　国科发市字[2006]75号)

为深入贯彻党的十六届五中全会和全国科技大会精神,落实《国家中长期科学和技术发展规划纲要(2006—2020年)》,大力推进科技进步和自主创新,进一步深化科技体制改革,充分发挥市场在优化配置科技资源中的基础性作用,加速科技成果转化,增强自主创新能力,加快调整产业结构,转变经济增长方式,提升产业整体技术水平,现就加快发展我国技术市场提出以下意见:

一、加快发展和完善技术市场,是推进国家创新体系建设的重要内容

1. 开拓技术市场是我国科技体制改革的重大举措之一。20年来,我国技术市场发展取得了巨大成就,市场规模迅速扩大,技术交易日趋活跃,交易形式不断创新,服务水平日益提高,已经成为社会主义市场经济体系和国家创新体系不可缺少的重要组成部分,为优化科技资源配置,加速科技成果向现实生产力转化,提高企业的技术竞争力,促进经济结构调整和经济发展,做出了卓越的贡献。

2. 我国经济社会和科技发展已进入新的阶段,技术市场面临新的机遇和挑战。随着世界新科技革命的迅速发展和经济全球化进程的加快,资本、技术和劳动力等要素在全球范围内的流动与配置更加普遍,科技创新能力已成为提升国家竞争力的决定性因素。技术市场是社会主义市场经济体系的重要要素市场。现代技术市场体系建设是国家创新体系的重要架构和提高自主创新能力的重要内容。加快发展技术市场,有利于完善社会主义市场经济体制和深化科技体制改革,促进科技资源的优化配置,提高科技资源的利用和转化效率;有利于营造良好的市场环境和制度保障,推动企业成为技术创新主体,促进自主创新战略的实施;有利于加快技术创新成果的转化,充分发挥技术市场促进成果转化主渠道的作用,加速我国经济结构调整和经济增长方式的转变。各级科技行政管理主管部门都应该统一思想,从战略高度充分认识发展技术市场对提升我国科学技术整体实力、自主创新能力和促进经济社会全面协调发展的重要意义,采取更加有力的措施加快发展和完善技术市场。

3. 我国技术市场虽然取得了很大发展,但相对于我国科技进步和科技实力的迅速增长而言,其功能和效力远未得到充分发挥,仍需加快培育和完善。为适应我国科技发展战略的全面调整,更大程度地发挥市场在优化配置科技资源中的基础性作用,技术市场今后一个时期发展的主要方向是加快现代技术市场体系和制度的健全与完善,为提高自主创新能力创造良好环境。

二、新时期加快发展技术市场的指导思想、基本方针和总体目标

4. 新时期加快发展技术市场的指导思想是:以邓小平理论和"三个代表"重要思想为指导,全面贯彻落实科学发展观,以完善现代技术市场体系建设为重点,以营造自主创新的制度环境和促进技术转移为主线,坚持解放思想、与时俱进,全面加强技术市场建设,为健全统一、开放、竞争、有序的社会主义现代技术市场体系,增强自主创新能力和提高国家竞争力做出积极贡献。

5. 新时期加快发展技术市场的基本方针:根据党的十六届三中全会《关于完善社会主义市场经济体制若干问题的决定》精神和我国科技发展战略的需要,新时期我国技术市场的改革和发展应遵循"培育、引导、规范、提高"的方针。继续采取综合措施加快培育和完善技术市场体系,推动技术市场迅速健康发展;通过营造良好的技术市场环境,引导各创新主体积极开展创新活动和技术转移、转化；进一步规范技术市场秩序，建立健全知识产权交易和保护制度，维护技术交易当事人的合法权益；提高技术市场对外开放和公共服务水平，为我国科技创新和产业升级服务。

6. 加快发展技术市场的总体目标是：经过十年的努力，把我国技术市场建设成为适应科学技术发展规律和社会主义市场经济体制，具有完善的法律政策保障体系、健全的市场监督管理体系、高效的社会化中介服务体系，结构合理、机制健全、功能完善、规范有序，能够有效配置科技资源，面向国内、国际两个市场，形成统一、开放的现代技术要素市场，力争实现技术合同成交金额年递增10%以上。

三、加快技术市场法规和政策环境建设，加强政府宏观引导

7. 在继续深入贯彻中华人民共和国《科学技术进步法》、《促进科技成果转化法》、《合同法》、《专利法》等法律基础上，加快研究制定有关促进技术市场发展、规范技术交易行为、保护技术交易者权益的法律法规和相关配套实施细则。各地区应根据本地区实际情况继续完善地方性技术市场法规、政策，形成健全的技术市场法律法规体系，推动全国技术市场尽快走上法制化轨道。

8. 进一步落实现有技术市场税收优惠扶持政策，研究和完善持续激励自主创新和创新成果向现实生产力转化、体现技术参与收益分配的政策。鼓励企业开展技术创新和对引进先进技术的消化、吸收、应用与再创新，加大对企业自主创新投入的所得税前抵扣力度。加强面向企业技术创新的服务体系建设，研究科技中介机构开展技术咨询和技术服务的税收扶持政策。

建立技术市场奖励制度，稳定、吸引科技人才队伍。在科技进步奖励评审中，增加促进科技成果转化效益的权重。切实保障科技人员的知识产权权益，对在科技成果转化过程中做出突出贡献的人员依法给予报酬。

9. 加强政府对技术市场的宏观引导，研究制定技术市场发展规划和加快技术市场发展的具体措施。对技术市场实施有效的监督管理是各级科技行政管理部门的重要职能。各级科技行政管理部门要切实履行《科学技术进步法》和国务院赋予的推动技术市场发展和对技术市场进行监督管理的责任，明确技术市场监管部门职责，建立监管制度，完善监管手段与条件，与工商、税务、质检、技术监督等有关部门建立协调联系机制，明确各自的工作分工与职能，加强协同配合，齐抓共管。引导和加强新闻媒体对技术市场的宣传和社会监督。

要严厉打击技术市场中违法违规行为，对以非法手段侵害知识产权、科技成果权和制造、销售假冒伪劣技术的行为进行重点整治。规范技术交易行为，加强技术市场运行中的知识产权保护，建立对技术交易等重大经济活动知识产权特别审查机制，避免自主知识产权流失。维护国家技术安全和技术交易当事人的合法权益。

各地科技行政管理部门要加强对技术合同认定登记机构的管理和工作经费支持，完善技术合同登记制度，保证国家扶持技术创新、促进科技成果转化优惠政策的连续性和稳定性，推动技术市场健康有序发展。

10. 积极探索并逐步建立技术市场的社会信用体系和有关科技中介服务机构的信誉评价体系，健全技术市场准入制度，通过建立技术市场各类相关主体的信用档案和记录以及开展信誉机构认证等工作，推进技术市场信用管理基础工作建设。

四、发挥技术市场的主渠道作用，加速技术转移和科技成果转化

11. 技术转移是实现自主创新战略目标，推动产业升级和提高企业竞争力的关键环节。技术市场要将推进自主创新成果转移作为一项主要职能，加速完善技术转移机制，构建高效的技术转移通道，促进企业之间、企业与大学和科研院所之间的知识流动和技术转移，建立以企业为主体、市场为导向、产学研相结合的技术创新体系，引导企业成为研究开发投入的主体、技术创新活动的主体、创新成果集成应用的主体，全面提升企业的自主创新能力。

12. 要结合科技计划管理体制改革，充分发挥市场机制在优化科技资源配置中的基础性作用，健全各级科技计划项目成果的技术转移与扩散机制。加强科技计划项目成果通过技术市场实现技术转移、转化和产业化工作。科技计划项目成果除涉及保密外，应在全国技术交易信息服务平台定期向社会发布，使计划项目成果通过技术市场的渠道源源不断地进入生产领域，得到更广泛的应用和推广。

要根据技术转移工作的实际需要，选择一批有条件的技术交易市场和技术转移机构形成国家级技术转移中心，鼓励有条件的科研单位、大专院校、科技型企业等企事业单位设立技术转移办公室或管理机构，重点开展国家和地方科技计划项目成果的技术转移工作。

13. 扩大对外开放，促进国际技术转移。加强对技术转移国别政策的研究，积极利用国际技术规则，建立符合国际惯例的技术市场促进体系和管理服务体系，创造有利于先进技术流动和转移的市场环境。强化同有关国际组织和国家的技术转移机构的联系与合作，选择有条件的地区和机构，有计划地建立国际技术转移窗口，加速国际间的技术转移，促进国际技术交流与合作。

积极利用境外技术和资本市场，支持有条件的高新技术企业到境外资本市场上市。支持符合条件的境外技术转移机构与国内科技中介机构合作，提高中介服务水平和国际技术转移能力。

五、推动技术市场与其他要素市场的良性互动

14. 要充分发挥技术市场的先导作用，通过市场引导，调整科技创新目标，促进科技创新要素和其他社会生产要素的有机结合，形成科技不断促进经济社会发展、社会不断增加科技投入的良好机制。

促进技术市场与金融市场、产权市场的衔接。建立和完善科技投融资体系和风险投资机制，完善无形资产评估制度。根据科技创新活动从研发到产业化不同阶段和不同性质的资金需求，积极引入和利用社会资金、风险投资、金融信贷等直接、间接投资支持创新成果的转化和商业化。

建立支持自主创新的多层次资本市场。积极发展技术产权交易市场，完善技术产权交易规则，推进全国技术产权交易行业组织建设，形成政府引导和行业自律的监管模式。推动取得自主知识产权的重大科技计划项目成果通过技术评估和市场评估，在技术产权交易市场或技术转移机构进行交易，构建创新成果转化的绿色通道，迅速实现创新成果的商业化和产业化。在发展较好的技术产权交易市场开展国家高新区内未上市高新技术企业股权流通的试点工作。

推动技术流动与人才流动相结合。建立健全知识产权激励机制和知识产权交易制度，把技术要素参与分配作为高新技术企业产权制度改革的重要内容。建立新型的产学研结合方式，鼓励科技人才以知识产权参股、兴办联合实体或成立股份制企业等方式进入企业，为技术市场创新增添活力，有效地促进科技成果转化。

六、整合技术市场中介服务资源，提升技术市场服务水平

15. 大力培育和发展各类科技中介服务机构，引导科技中介服务机构向专业化、规模化和规范化方向发展。发展多种形式、面向社会开展技术中介、咨询、经纪、信息、知识产权、技术评估、科技风险投资、技术产权交易等服务活动的中介机构，促进企业之间、企业与高等院校和科研院所之间的知识流动和技术转移。鼓励民营企业及民营资本参股和进入技术市场中介服务机构，引导技术市场中介服务机构通过兼并重组、优化整合，做优做强，实现组织网络化、手段现代化、功能综合化、服务社会化的发展目标。

健全科技中介服务体系，为各类企业的创新活动提供社会化、市场化服务。整合科技中介服务资源，根据创新成果转化和商业化的全程服务链条，创建和发展以常设技术市场、技术交易机构、技术产权交易机构、技术转移中心、科技开发中心、科技成果转化中心、生产力促进中心、科技评估机构等为主的技术市场协作服务机制。

支持和培育一批国家级技术市场中介服务机构，为自主创新的全过程提供综合配套服务，开展科技计划项目的招投标，计划项目成果的技术转移、推广等试点，使其发挥技术市场主导和示范带动作用，具备参与国际竞争的综合实力。

16. 促进技术市场中介服务机构规范发展，提高执业水平和服务能力。健全技术市场中介服务机构的市场准入制度，制定资质认证和服务标准。发挥技术市场行业协会的自律作用。

七、加强技术市场专业人才培养,提高技术市场管理经营队伍素质

17. 各级科技行政管理部门都要把技术市场人才培养作为促进技术市场发展的一项基础性工作,在有条件的地区建立教育和培训基地,设立技术市场专业人员培训经费,对技术市场从业人员进行全方位的业务知识和技能培训,为我国技术市场的发展提供源源不断的新生力量。从国内重点技术交易服务机构中筛选中青年业务骨干,分期分批输送到发达国家技术转移机构或国际技术转移组织中进行定向培训,加快对复合型高素质技术市场经营管理人才的培养。

鼓励和引导科研院所和高等院校的科技人员进入技术市场创新创业。允许高等院校和科研院所的科技人员到企业兼职进行技术开发。逐步提高技术市场经营管理人员的专业素质,为技术市场快速发展注入活力。

18. 加强对技术经纪人资质制度的研究,逐步建立和完善技术经纪人认证制度。国家技术市场管理部门研究制定技术经纪人的资质认证标准和培训大纲,加强对技术经纪人的培训,大力提高技术经纪人的专业服务水平和职业道德。

八、加强技术市场基础设施建设,提高技术市场公共服务能力

19. 大力推进技术市场的信息化建设。结合国家科技成果转化基础条件平台建设,建立面向社会、辐射全国的技术交易服务平台,支持区域性技术交易网络的建设。整合与优化技术市场管理机构、技术交易服务机构、科技信息机构等的技术交易信息资源,实现资源共享、功能互动、标准统一、规则明确,支撑全国技术市场体系的多层次公共信息服务网络,鼓励开展网上交流、交易,完善全国技术市场电子政务管理,提供快捷的公共服务,降低交易成本。

20. 加大对技术市场建设的投入。科技部设立技术市场专项资金,用于发展我国技术市场基础建设和公共事业。各级科技行政管理部门必须建立促进本地区技术市场发展的专项资金,形成保障技术市场稳定发展的长效机制,促进我国技术市场快速、持续发展。

九、支持区域、专业技术市场发展和服务体系建设

21. 根据区域经济一体化的进程,加强和完善区域性技术市场建设,推动大经济区域内技术市场的联合与互动,鼓励各经济区进一步拓展技术市场功能,重点支持若干经济区域的国家技术转移中心的建设,满足新时期技术市场发展的需要。大力培育和发展各种专业技术市场,满足不同产业领域技术转移和集成的需要。

22. 加快中西部地区技术市场的建设与发展,在技术交易平台建设、技术转移、专业人才培养等各方面加强对中西部地区技术市场的培育与支持,鼓励东部地区技术市场管理和交易机构与中西部地区技术市场建立紧密的合作关系,形成跨区域的技术转移协作网络,有效地发挥技术市场在西部大开发中的重要作用。

23. 根据建立社会主义新农村的技术需求,加速推动农村综合和专业技术市场建设,疏通技术转移的通道,加快优质技术商品的流通和先进适用技术成果向农村转移。从规范农村技术市场秩序入手,探讨建立农村技术市场准入制度,加强监管,杜绝假冒伪劣技术流向农村,净化农村技术市场,维护农民的利益。各地要把加快农村技术市场建设作为加强县市科技工作的一项重要内容,选择部分县市开展试点,并在加强县市科技工作经费中予以支持。

十、加强对技术市场工作的领导

24. 大力发展技术市场,建立统一、开放、竞争、有序的现代市场体系是党和国家健全社会主义市场经济体制、落实科教兴国战略的大政方针。在技术市场体系建设和完善的过程中,政府的作用需要加强而不是削弱。各级科技行政管理部门是我国技术市场的行政主管部门,承担对技术市场发展的推动、指导和监管职责。应按照"转变职能、理顺关系、提高效率"的原则,切实转变职能,积极探索新时期技术市场发展的方针政策,推动我国技术市场在规模、结构、制度和规范管理等方面再上新台阶。各级科技行政管理部门应确定技术市场管理机构,具体负责技术市场的日常管理工作。要加强对新时期技术市场的理论研究和宏观指导,及时解决技术市场工作中出现的新情况、新问题,确保我国技术市场健康发展。在深化科技体制改革、推进社会主义市场经济建设的过程中,各地科技行政管理部门应始终把发展技术市场、加速科技成果转化作为科技工作的重点内容之一,明确技术市场管理机构的职责,落实稳定的工作经费,配备得力的专职管理人员,提供相应的保障措施。

社会主义市场经济条件下科技改革与发展的方向是以市场为导向,促进科技成果的商品化、产业化以及国际化。当今世界,谁能够充分运用和发挥要素市场功能,并实现持续地科技创新,谁就能在综合国力的竞争中立于不败之地。因此,做好新时期的技术市场工作是现实的战略需要。各级科技行政管理部门要充分认识加快我国技术市场发展的重要意义,根据本意见的精神,组织力量认真研究,结合各自的科技、人才、资源条件,因地制宜,制定今后一个时期的技术市场发展战略规划、目标以及近期工作重点和具体措施,纳入科技发展计划,认真组织实施。

建立和完善知识产权交易市场的指导意见

(2007年12月6日国家发展和改革委员会、科学技术部、财政部、
国家版权局、国家知识产权局发布 发改企业[2007]3371号)

为贯彻落实《国家中长期科学和技术发展规划纲要(2006—2020年)》、《国务院关于鼓励支持和引导个体私营等非公有制经济发展的若干意见》及配套政策有关精神,加快知识产权交易市场规范发展,国家发展改革委、财政部、科技部、国家工商总局、国家版权局、国家知识产权局研究提出以下意见:

一、指导思想、基本原则和总体目标

(一)指导思想

围绕提高企业自主创新能力,依托和发挥现有产权、技术产权和技术等要素市场的作用,发挥市场基础调节作用,加强政策引导和综合协调,推进知识产权交易市场的合理布局和功能多元化,完善交易规则与制度,引导专业中介组织参与交易活动,促进知识产权公开公正有序交易,形成有效的保护和监管体系,创新融资模式,拓宽融资渠道,促进中小企业又好又快发展。

(二)基本原则

一是坚持市场主导与政府推动相结合。充分发挥市场配置资源功能,加强政府引导和协调,促进各类知识产权成果通过市场进行转化,落实完善相关财税政策、实施有利的金融政策,鼓励企业自主创新和知识产权成果转化,形成政府推动与市场化发展的互动机制,推进知识产权交易市场体系的建设和发展。

二是坚持重点布局与协调发展相结合。充分利用已形成的产权、技术产权、技术市场等要素市场,根据区域经济发展水平和市场发育条件,逐步建立完善知识产权交易市场准入制度,重点布局带动力强、辐射面广的区域性知识产权交易市场,避免重复建设。协调多级产权、技术市场、技术产权等市场发展,促进技术、资本等要素跨区域流动。

三是坚持规范发展与探索创新相结合。建立健全知识产权交易机构行业组织和自律机制,遵循公开公平公正和诚实守信的原则,逐步建立完善政策法规体系。围绕交易市场发展过程中的关键问题和核心环节,鼓励有条件的区域进行交易模式、交易品种和体制机制的创新,实现交易品种的标准化。

四是坚持加快发展与合理监管相结合。抓住我国重大战略机遇期,加速建立与之相适应的知识产权交易市场体系的同时,加快建立有利于其发展的监管体制与监管模式,规范交易主体行为,维护其合法权益,保证交易市场正常秩序,形成知识产权保护的市场机制和社会环境。

(三)总体目标

通过政府引导和市场推动,逐步构建以重点区域知识产权交易市场为主导,各类分支交易市场为基础,专业知识产权市场为补充,各类专业中介组织广泛参与,与国际惯例接轨,布局合理,功能齐备,充满活力的多层次知识产权交易市场体系。

二、推进知识产权交易市场体系建设

(一)规范交易主体,提高交易质量。进场交易主体应具有完全民事行为能力的自然人、法人或其他经济组织。法人或其他经济组织在资金、评估、交易程序、运作方式、制度建设和专业人员配备等方面应具备相应的资质和水平,风险识别和防控能力较强。有条件的地区,要逐步建立交易主体信用制度,提高交易透明度与效率。

(二)丰富交易品种,创新交易方式。交易主要包含专利权、技术秘密、著作权及有关权、商标专用权、名称标记权、集成电路布图设计专有权、

植物新品种等各类知识产权,具备条件的市场可交易以知识产权为主要载体的有限责任公司或未上市股份有限公司的股权等品种。交易可采取转让、许可使用、合资入股等方式。中小企业股权交易要按照《公司法》、《证券法》等法律法规。探索有利于企业股权流动、投资者便利进出的交易方式。

(三)建设交易市场,完备市场功能。有条件的地区,要逐步建立知识产权交易市场准入制度。知识产权交易市场应为各省(区、市)人民政府批准设立或认定并报相关业务主管部门备案的常设交易机构,可为事业法人或企业法人,其功能主要提供信息审核、信息发布、组织交易、交易鉴证、结算交割等服务。

交易市场应具备必要的交易场所,网络化的电子商务和信息服务平台,完善的交易系统及信息发布系统,较完善的交易制度、交易程序和规范的运作方式,按规定公开披露交易信息,并有明确的发展规划,拥有专业从业人员,满足交易活动需要。知识产权可在省(区、市)认定的产权交易中心登记托管。

(四)统筹安排,合理布局。知识产权交易市场在有条件的中心城市现有的技术交易市场、产权市场、技术产权交易市场、知识产权展示交易市场等基础上优化整合而成。积极推进专业化交易机构发展,逐步建立国家交易市场、区域性市场和专业化交易市场组成的多层次市场交易体系。

(五)整合资源,配套服务。根据知识产权交易需要和业务特点,交易机构可实行会员制,选择服务好、信誉高、能力强的交易中介为指定服务机构,进场从事交易服务。

三、规范知识产权交易行为

(一)严格交易程序,履行必要手续。程序主要涉及知识产权的真实性审查、价值评估、信息披露、竞价和撮合交易、合同鉴证与结算交割等。项目挂牌成交后,由转让双方签订合同并履行鉴证等相关手续。

(二)健全内部管理,建立信息披露制度。知识产权交易市场须建立健全交易规则及登记托管、结算交割、交易监督等规章制度,并报地方监管部门备案,接受管理和监督。项目披露应包括项目财务、经营管理、研发、人才储备、资金使用、价格评估、盈利分析及限制性条件等信息,由项目所有人选择评估、会计、律师事务所等专业机构、经纪会员委托代理。交易机构履行挂牌审核、信息内容认定和披露、交易方案确定和实施、交易主体和结算资金监管等职责,确保市场安全有序运行,保护交易参与者的合法权益。

(三)建立知识产权交易信息沟通反馈机制与运营网络。通过现代信息技术手段逐步建立参与知识产权交易主体的信用信息平台,完善交易市场信用信息数据库,促进企业自主知识产权信息的互联互通。

四、改进知识产权交易配套服务

(一)促进知识产权交易市场的有序运行,推进政策法规、信用服务、融资担保、资格认证及相关中介服务的配套体系建设,加速科技成果转化,营造市场发展的良好环境。

(二)整合各类中介服务资源,积极发展技术中介、咨询、经纪、信息、知识产权和技术评估、风险(创业)投资、产权交易等中介服务机构,为知识产权顺畅交易提供支撑。逐步形成以知识产权交易机构为主,产权代理机构、会计师事务所、律师事务所、风险(创业)投资公司、资产评估机构等相配套的服务体系和协调机制。

(三)加强市场中介服务机构规范管理,提高执业水平和服务能力。通过政策法规、执业能力培训及多种形式业务交流,提高市场从业人员的专业素养和操作能力。培养一支多专业、懂法律、善经营的知识产权经纪人队伍,建立相应的考评制度。

五、加大政策扶持力度

(一)政府采取多种形式促进知识产权交易等市场发展,通过财税政策引导和鼓励交易市场或机构的信息平台与能力建设。

(二)建立适应知识产权交易的多元化、多渠道投融资机制。政策性银行按稳妥审慎原则,经批准应开展知识产权等的质押贷款业务。鼓励商业银行积极开展以拥有自主知识产权的中小企业为服务对象的信贷业务。支持和引导各类信用担保机构为知识产权交易提供担保服务,探索建立社会化知识产权权益担保机制。研究开展知识产权权益托管服务。

（三）加大创业投资对知识产权交易的支持力度。积极发展创业风险投资，发挥政府创业风险投资引导基金作用，引导和鼓励民间资本投入知识产权交易活动，符合规定的可享受创业投资机构的有关优惠政策。

（四）积极探索知识产权投融资新模式。拓宽风险（创业）投资退出渠道，经批准在发展较好的知识产权交易市场开展未上市高成长性中小企业股权流通的试点工作。

（五）国家鼓励不同形式的知识产权进场交易。政府财政性资金投入和支持的项目所形成的非关系到国家经济安全、国防安全和国家机密的知识产权应进场交易，促进民间资本投入所形成的和自然人所持有的知识产权进场交易。

六、加强领导和监督管理

（一）加强对知识产权交易市场的指导。各级政府要根据经济社会发展的需要，进一步改进工作方式，创新服务手段，加大指导与协调力度，及时发布交易信息，促进交易市场的规范发展。各地应结合实际，制定完善地方性知识产权交易市场的法规和配套政策，促进交易市场的制度化法制化。

（二）建立由国家发展改革委牵头，财政部、科技部、国家工商总局、国家版权局、国家知识产权局、国务院国资委、证监会等相关部门及部分省（区、市）级知识产权交易管理部门参加的指导委员会，加强对知识产权市场的指导和协调。依法建立和完善重大知识产权交易活动的审查制度。各业务主管部门要依法建立对知识产权等重大交易活动的特别审查机制，根据各自职能分工履行监管职责，加大知识产权保护力度。

（三）知识产权交易过程中，双方若出现争议，应协商解决，必要时依法采取纠纷调解、交易中止、撤销交易凭证、交易终止等措施解决，并及时向监管部门反映。对非法侵害知识产权、制销假冒产品和技术并造成重大损失的行为，要依法追究法律责任。

（四）国家和地方知识产权交易市场的监管部门，应依法实施管理，加强动态监管。通过年检方式，对交易不规范的机构予以警告并限期整改，对违反相关法律的机构依法予以中止、终止直至追究其法律责任。

（五）积极推进国家和区域性知识产权交易市场行业自律。切实发挥行业自律组织在自律维权、业务交流与合作、技术规范制定、管理咨询、业务培训、理论研究、对外合作等方面的作用，提高交易市场的整体效能与水平。

关于加强生产力促进中心建设的若干意见

(1996年5月13日国家科学技术委员会发布　国科发工字[1996]196号)

为贯彻全国科技大会精神,落实中共中央国务院《关于加速科学技术进步的决定》中提出"要建立、健全为中小型企业提供技术、信息服务的生产力促进中心等服务机构"的要求,推动我国生产力促进中心在"九五"期间有更大的发展,在数量上、规模上、服务水平与服务质量、内部管理等方面上一个新台阶,形成一个布局合理、精干高效的中小型企业技术服务网络,提出以下意见。

一、加强生产力促进中心建设的紧迫性与必要性

1. 实施"科教兴国"战略,推进"两个根本性转变"是国民经济发展的首要任务。改革开放以来,我国经济稳步发展,生产力水平不断提高,取得了举世瞩目的巨大成就。但也应看到,我国经济运行中还存在着劳动生产率低、单位产值能耗高、经济效益低等突出问题。我国单位国民产值的能耗是日本的5倍、美国的2.6倍,全员劳动生产率仅相当于发达国家的5%。

一个国家的经济发展水平和人民的生活质量,不仅取决于经济总能指标,更重要的是反映在投入产出比上,即生产率上。面对能耗过高、资源浪费严重、国民经济整体素质低的现状,以及人口众多、人均资源相对短缺的国情,大力推动科技进步,大幅度提高生产率,提高经济增长的质量和效益,是我国经济发展迫切需要解决的问题,是提高人民生活质量的根本途径,是实施"科教兴国"战略的重要组成部分。为适应科技促进经济发展的需要,配合"九五"计划和2010年长期规划的实施,加强生产力促进中心的建设,增强技术服务能力,加速科技成果商品化、产业化工程,推动中小企业技术进步,促进社会生产力水平的提高,是当务之急。

2. 中小企业的发展需要社会提供有力的技术支持。在当今世界经济发展中,中小企业的蓬勃兴起是一个极为引人注目的现象,中小企业对繁荣经济、稳定社会、增加就业具有至关重要的作用。因此,各国政府都把为中小企业创造更有利的发展条件作为经济工作的重要内容。八十年代以来,我国乡镇企业的崛起,为国民经济的发展注入了新的活力,成为经济腾飞的重要一翼。统计表明,我国工业企业中,中小企业在数量上已占99%,职工人数占74.6%,产值占67.8%,利税总额占49.7%,在我国工业企业结构中占有重要的位置,已成为国民经济的半壁江山,成为地区经济发展的中坚力量,特别是在中小城市和农村经济发展中,起着支柱作用。随着社会主义市场经济的不断发展与完善,企业必将成为市场竞争的主体,实力雄厚的国有大型企业,将逐步完善自己的技术开发体系,形成较强的技术开发能力和市场竞争力。而对于规模小、资金不足、技术力量薄弱的中小企业,则迫切需要社会提供有力的技术支持。因此,在我国建立、健全为中小型企业提供技术、信息、培训等综合服务的生产力促进中心,是完善中小企业社会化技术服务体系,扶植中小企业健康、持续发展的重大举措,对提高中小企业、乡镇企业的技术水平、人员素质、产品质量及附加值,进一步发展我国社会生产力,具有重要的现实意义。

3. 为了推动科技与经济的结合,需要在科研机构与企业之间架起桥梁。我国拥有较强的科技实力,拥有一支高水平的研究开发队伍,每年有上万项科技成果。为了促进成果向现实生产力的转化,国家科委先后组织实施了星火计划、火炬计划和成果推广计划等,并组建了一批工程技术中心。

但由于历史原因,我国科技力量的配置不尽合理,大部分研究开发力量游离于企业之外,这导致了科技与经济的脱节,科技成果难以转化为现实生产力。我国科研院所、高等院校的科研成果的应用率约70%~80%,推广覆盖约10%~20%,真正转化为工业性产品的还不到5%。一方面,科研院所大量的科技成果沉淀,不能用于生产;另一方面,技术应用与推广"市场疲软",中小企业发展难于找到适用技术的支持。要改变这种状况,单凭科研院所和企业自身的努力是难以解决的,需要政府的推动作用,需要建立相应的中介服务机构,在研究院所和企业之间架起沟通的桥梁。

4. 生产力促进中心是技术创新体系的重要组成部分。实施"科教兴国"战略,要求我们进一步深化科技体制改革,构筑一个有利于科技经济紧密结合、以企业为主体、产学研结合的技术创新体系,这个体系中包含了企业本身的各种形式的技术开发机构;国家、行业和地区的重点科研开发机构;推动科技成果转化的工程中心和中试基地;面向广大中小企业的、行业与地区相结合的生产力促进中心等技术服务网络。在我国建立生产力促进中心,并形成网络是推动中小企业技术进步、实现科技与经济紧密结合的具体措施;建立以生产力促进中心为主的中小企业技术服务体系,是深化科技体制改革的重要内容,它是新型科技体系和技术创新体系的重要组成部分。在宏观上,为企业技术进步提供综合服务,是市场经济条件下政府推动企业技术进步的重要助手,是中小企业发展的技术后盾和智囊团。各行业、各地区要在深化科技体制改革过程中,结合科研院所结构调整和人才分流,将一部分研究机构和技术服务机构转化、改造为生产力促进中心。

5. 生产力促进中心应该是一个大的发展。自1992年国家科委《关于组织科技界推动企业科技进步的工作纲要》,1993年国家科委和国家体改委《关于分流人才、调整结构、进一步深化科技体制改革的意见》以及国家科委《关于建立生产力促进中心的若干意见》提出组建生产力促进中心以来,全国已成立生产力促进中心近百,从业人员达数千人,正在形成行业与地方结合、科技与经济相结合的社会化技术服务网络。在三年的试点实践中,它在沟通政府、科研院所、企业之间的联系,促进科技与经济有效结合的过程中发挥了重要的作用,成为政府联系企业、促进企业技术进步的重要助手;中小企业和乡镇企业的技术支持;科研成果商品化的通道;市场信息的媒介;新思想、新观念的传播者。在其周围初步形成了一个有迫切的科技进步需求的企业群体和一个有开发能力、愿为企业服务的研究院所和专家群体。但也应该看到,我国生产力促进中心与发达国家和周边国家(地区)的同类机构相比,与国内企业的需求,还存在较大的差距。主要表现在:从业人员的整体素质还不适应工作的需要;帮助企业解决实际问题的综合能力亟待提高;政策不完善,资金投入不足,缺乏能把各生产力促进中心的作用充分发挥出来、有显示度的载体;对生产力运动和生产力促进中心的宣传不力。

二、开创生产力促进中心工作的新局面

6. 生产力促进中心的宗旨。生产力促进中心以组织科技力量推动企业(特别是中小企业和乡镇企业)技术进步,促进企业建立技术创新机制,增强企业的技术创新能力和市场竞争力,提高社会生产力水平为宗旨。并在国家、行业与地区、企业三个层面上开展工作。

政府层面:结合社会、经济发展状况,对发展生产力相关的问题进行研究分析,为政府宏观决策提供依据;生产力概念的导入、宣传,加深全社会对提高生产力工作的理解和认同;承接政府委托的专项、微观职能和计划实施。

行业与地区层面:结合行业与地区特点,研究、开发和推广产业升级的实用技术与方法,促进行业与地区生产力的发展。

企业层面:围绕企业科技进步,为企业提供综合技术服务,并具体协助其进行改善,以提高其技术创新能力、市场竞争力和经济效益。

7. 建设方针。"九五"期间,生产力促进中心将由初期的试点阶段转向全面推进阶段。生产力促进中心的建设应遵循"巩固、提高、发展、完善、创新"的十字方针,有一个大的发展,上一个新的台阶,要在扩大规模、增加数量、提高服务水平与质量的同时,重点提高综合服务能力。

十字方针的内涵是:巩固已有的工作阵地,巩

固已取得的工作成绩；提高综合服务能力，提高服务质量，提高工作显示度；加快发展速度，建立示范中心，拓宽服务领域；完善内部建设，完善服务网络；观念创新、方法创新、推动企业技术创新。

8. 指导思想。生产力促进中心建设的指导思想是"背靠政府，面向企业，联合社会科技力量，作好双向服务"。并不断增强服务的主动性、针对性和有效性。

坚持组织科技力量、推动企业科技进步的基本宗旨。促进生产力的发展，首先要抓科学技术这个第一生产力。生产力促进中心的重点应放在那些能提高市场竞争力的实用技术和能提高生产率的综合技术的推广应用上，不断提高企业的技术水平和管理水平，提高企业的竞争力。

以中小企业为服务重点，中小企业在我国国民经济中占有重要地位，建立与完善中小企业的社会服务体系，是经济发展的需要，是历史的必然。生产力促进中心通过自己的努力和各方面的支持，应该发展成为中小型企业社会服务体系的中坚与核心。

要处理好生产力促进中心与政府的关系。在社会主义市场经济中，生产力促进中心以企业需求为基础，以政府的宏观指导为依据，起着承上启下的中介作用，是政府推动企业科技进步的助手。它需要政府的支持，体现政府的意志，但又不依赖于政府。它围绕一个地区或行业生产力发展的战略目标和工作重点，结合自身的特点，在政府的支持下，主动开展工作；并在为企业的服务过程中，研究新问题，总结好经验，为政府宏观决策提供依据，作为好政府的服务工作。

9. 建设目标。要结合科技体制改革和政府机构改革，充分利用现有的科研机构和科技力量，不搞重复建设，到2000年：

在全国范围内建立500家地区或行业的、不同层次的生产力促进中心，在重点地区和重点行业形成布局合理、条块结合、优势互补的矩阵式组织网络及适应社会主义市场经济需要的中小企业技术服务系统，使其成为技术创新体系中的一个重要组成部分。

建成10个有一定规模、一定影响力和凝聚力的"示范中心"。

造就数百名具有改革精神、积极开拓进取、具备领导艺术和管理能力、跨世纪的生产力促进中心领导人才；培育数千名具有较强经营、咨询、研究开发、培训能力和富有献身精神的生产力促进中心业务骨干。

10. 重点任务。面向中小企业大力推广CAD等电子信息技术、先进制造技术、节能降耗技术、清洁生产技术和环保技术等共性技术；大力推广提高产品技术含量、增加产品附加值的科技成果和租用技术；大力推广质量管理、工业工程等管理技术。并以"百、千、万生产力促进工程"为载体，各生产力促进中心联动，组织社会科技力量为企业服务，在全国范围内促进生产力的提高。

实施"百、千、万生产力促进工程"，旨在建立与完善企业的市场、科研、生产一体化的技术进步机制；使企业技术创新能力、市场竞争力和经济效益有较大幅度的提高；通过该工程的引导、示范、带动作用，促进企业整体水平迈上一个新的台阶，逐步把企业，特别是中小企业和乡镇企业的发展转移到依靠科技进步和提高劳动者素质的轨道上来。

具体目标是：

培育百家"明星企业"，使其成为中小企业技术创新的示范点。

扶持千家企业，使其在国内外市场的竞争力有明显的提高，有一至两种产品在国内外市场的竞争力名列前茅。

服务万家企业，进行诊断、咨询，帮助其排忧解难，并收到一定的效果。

联系数十万家企业，为其提供市场、技术信息、培训人才。

培训百万人次。

三、搞好自身建设

11. 因地制宜地选择适宜的发展模式。我国生产力促进中心总的发展模式是组织网络化、服务专业化、功能社会化。由于我国地域广阔、区域经济发展不平衡，行业门类繁多、差异较大，各行业和地区的生产力促进中心要根据自身的基础、优势和所处的环境条件，进行系统分析和设计，确定适宜的发展模式。

12. 努力提高综合技术服务能力。生产力促进中心应具备的基本服务功能是：在企业诊断、技术开发、技术推广、信息服务、人才培训、质量提高、组织管理的改进、新观念的导入等方面有综合服务能力及全程服务能力。当前尤其要加强综合服务能力的建设，以适应提高企业生产力的多方面需求。这是生产力促进中心不同于其他科技服务机构的根本所在。为此，要重点联系一批有技术开发和转化能力的科研机构以及专家群体作为自己的技术依托。

13. 把工作重点放在企业。生产力促进中心在完成政府委托的任务，做好协调、组织的同时，要把服务的重点放到企业，把主要的人力投向企业，确定一批对地方经济或行业发展有影响、对科技进步有迫切需求的企业作为重点服务对象，帮助企业解决发展中遇到的技术和管理方面的难题，通过服务形成自己的优势和有特色的服务项目。

14. 建立富有活力的内部运行机制。以改革为动力，建立适应市场经济规律、富有活力、高效的内部运行机制，包括动力机制、激励机制、约束机制、运营机制。生产力促进中心以作好服务为己任，重在社会效益，通过高质量的有偿服务，逐步形成社会效益和自身发展有机结合的良性循环。

15. 加速人才培养。生产力促进中心是以技术和知识为服务资本的组织，重视人才培养，努力保持一支高水平的、富有献身精神的人才队伍，是推进生产力促进中心发展的根本保证，是各生产力促进中心亟待解决的问题。各级地方科委和行业主管部门要结合人才分流，引入竞争机制，选拔一批优秀的科技人员和管理干部，充实生产力促进中心的队伍。同时，要采取措施，有针对性、有计划、有步骤地开展人才培训与教育，迅速形成一支年富力强、有较强的组织协调能力的领导骨干队伍和一支知识面宽、肯钻研、有能力解决中小企业发展中关键技术和管理问题的业务骨干队伍。

四、优化有利于生产力促进中心发展的环境

16. 加强领导。国家科委是全国生产力促进中心的归口管理和业务指导部门。将在资金投入、宣传、业务骨干培训、业务指导等方面加大力度。在总体布局和具体实施上，与星火计划、火炬计划、科技成果推广计划以及星火密集区、社会发展试验区的工作密切配合，以形成支持的力度。建立生产力促进中心工作统计体系以及资格认定和定期评价制度。

各级地方科委和行业科技管理部门是各地和行业生产力促进中心的归口管理单位。要结合科技体制改革制定本地区、本行业建立生产力促进中心网络的规划，并分步予以实施；要在政策、资金、项目、服务手段等方面给予必要的支持；要创造条件使生产力促进中心的业务与本地区、本行业推进企业科技进步、增强技术创新能力和提高生产力的中心工作紧密结合起来；要与乡镇企业管理部门和其他有关部门密切结合，共同推进生产力促进中心的建设与发展。

17. 把生产力促进中心的建设纳入各级政府和行业的科技与经济发展计划。各级政府和行业主管部门应大力支持生产力促进中心的发展，在经费、人才等方面给予支持，并制定推动生产力促进中心发展的有关政策，把生产力促进中心的建设纳入科技与经济发展计划，使生产力促进中心的发展与科技、社会、经济发展等密切结合，努力创造有利的环境与条件。

18. 加强宣传。当前，社会对提高我国生产力的重要性和紧迫性认识不足，对生产力促进中心缺乏了解。要积极利用各种媒体，有组织、有计划地开发各种形式的宣传活动，普及提高生产力的教育，让公众了解生产力促进中心及其所做的贡献，争取全社会的理解、支持和参与。

19. 发挥中国生产力促进中心协会的作用，加强各中心之间的联系与交流。建立生产力促进中心信息网络，实现信息共享和优势互补。

各中心应根据本意见制定发展规划，确定工作方向和工作重点，使自身发展与企业生产力的提高和技术进步逐步融为一体。

国家级示范生产力促进中心认定和管理办法

(2007年7月5日科学技术部发布　国科发高字[2007]403号)

第一章　总　则

第一条　为实施《国家中长期科学和技术发展规划纲要(2006—2020年)》(国发[2005]44号),进一步完善社会化、网络化的生产力促进中心服务体系,推动生产力促进中心向专业化、规模化和规范化方向发展,根据《中华人民共和国中小企业促进法》,制定本办法。

第二条　生产力促进中心是国家创新体系的重要组成部分,是社会主义市场经济条件下,深化科技体制改革、促进科技与经济紧密结合,提高企业特别是中小企业自主创新能力的科技中介服务机构。

第三条　科学技术部和各级科技行政部门负责对全国及所在地区的生产力促进中心进行宏观管理和业务指导。

第二章　主要功能与业务范围

第四条　生产力促进中心的主要功能是在企业之间,企业与政府机构、科研机构、教育机构、金融机构等之间架起桥梁,通过整合社会科技资源,为企业特别是中小企业提供技术信息、技术咨询和技术转让服务,为中小企业产品研制、技术开发提供服务,促进科技成果转化,实现企业技术、产品升级。

第五条　生产力促进中心应以市场需求为导向,加强自身核心服务能力建设,其主要业务是:

(一)信息咨询。提供政策法规、技术成果、产品供求、知识产权、统计分析等信息服务。提供技术、管理、融资、产业发展、项目申报等咨询服务。

(二)技术支撑。提供共性技术与关键技术开发及推广、技术转移、产品检测、中间试验等方面服务。

(三)培训交流。提供技术、管理、贸易、财务等方面的培训,组织企业参加洽谈、展览及国际交流等活动。

(四)孵化培育。提供中小企业孵化、培育、创新、创业等服务,提供市场营销、投资融资、贷款担保、产权交易、人才引进、贸易代理等专业化服务。

(五)承担政府委托的任务,为政府的科学决策提供服务。

第三章　国家级示范生产力促进中心的认定与管理

第六条　科学技术部负责国家级示范生产力促进中心(以下简称示范中心)的认定和管理工作,集中力量建设一批服务能力较强、服务特色鲜明、服务业绩显著的生产力促进中心,使其成为全国生产力促进中心的骨干力量。

第七条　示范中心应具备的条件:

(一)依法注册、独立运行2年以上,且名称中必须含有"生产力促进中心"称谓;

(二)发展战略科学,机构设置合理,具有符合市场经济规律的管理体制和运行机制;

(三)有完善的质量保证体系,并通过ISO9001质量管理体系认证以及年度监督审核;

(四)具有较为完备的服务条件和设施,自主支配的办公场所、设施及设备能够满足为企业服务的需要;

(五)服务能力强,具有稳定的企业服务群体和比较显著的服务业绩;

（六）主要负责人具有较强的开拓创新精神、丰富的实践经验及较高的管理和学识水平；

（七）从业人员中获得本科以上学位的占70%以上。

第八条 示范中心的申报和认定程序：符合条件的生产力促进中心提出申请，经其主管部门审核同意，报省、自治区、直辖市、计划单列市或行业科技行政部门，由其择优推荐；科学技术部组织绩效评价和专家评审，并依据评审意见进行认定，予以公布。被认定为示范中心的单位与其主管部门的隶属关系不变。

第九条 科学技术部负责组织对示范中心的运行情况及业绩进行考核，实行动态管理。考核工作按照《国家级示范生产力促进中心绩效评价工作细则（试行）》执行，对达不到认定条件或未能通过年度绩效评价的中心，将取消其示范中心的资格。

第四章 支撑条件

第十条 根据《中华人民共和国中小企业促进法》，政府有关部门应在规划、用地、财政等方面为生产力促进中心提供政策支持。

第十一条 科学技术部将全国生产力促进中心工作纳入国家科技计划予以支持，示范中心的主管部门对列入国家计划的示范中心项目的经费予以匹配。

第十二条 地方科技行政部门要将生产力促进中心工作纳入当地的科技发展计划，为生产力促进中心的建设和发展提供必要的财政支持。

第十三条 各级科技行政部门应对在生产力促进工作中做出突出贡献的单位和个人给予表彰。

第十四条 充分发挥中国生产力促进中心协会的作用，加强资源共享和行业自律。

第五章 附 则

第十五条 省级科技行政部门可参照本办法制定省级示范生产力促进中心认定与管理办法。

第十六条 本办法由科学技术部负责解释。

第十七条 本办法自颁布之日起施行。

国家级示范生产力促进中心绩效评价工作细则

(2007年10月26日科学技术部发布　国科办高字[2007]75号)

为进一步加强国家级示范生产力促进中心(以下简称示范中心)的动态管理,规范示范中心绩效评价工作,确保绩效评价结果公开、公正、科学和客观,根据《国家级示范生产力促进中心认定和管理办法》(国科发高字[2007]403号),制定本细则。

一、组织实施

(一)由科技部组织开展示范中心的绩效评价工作,包括制定评价指标体系、评价程序和评价标准,并负责评价结果的认定和发布。

(二)各省、自治区、直辖市、计划单列市科技行政管理部门,国务院有关部门科技司(局)和示范中心的主管部门,协助科技部做好本地区、本行业示范中心的绩效评价工作。

二、工作步骤

(一)指定评价机构。科技部指定客观公正的评价机构,负责承担示范中心绩效评价的具体工作。

(二)报送相关材料

参与评价的示范中心于每年1月25日之前报送《生产力促进中心统计报表》。3月31日之前报送经过审计机构审计的财务报表和ISO9001质量管理体系认证(或年度监督审核)证书复印件。逾期不报者,视同自动放弃示范中心资格(在规定时限之前书面申请并经科技部批准延期上报的除外)。

为使评价工作客观公正,对示范中心采用同一指标体系,按企业类和事业类分别考核排序。

1. 企业类中心。即工商注册为企业,会计制度执行企业会计制度,或注册为事业单位但企业化管理并执行企业会计制度或小企业会计制度的生产力促进中心。报送的财务报表为:经审计机构出具审计报告的三张表,即:"资产负债表"、"利润表"、"现金流量表",同时报送经审计机构审计鉴定的"收入支出表"。

2. 事业类中心。即在有关部门登记为事业单位,且执行事业单位会计制度或科学事业单位会计制度的生产力促进中心。报送按现行事业单位会计制度或科学事业单位会计制度编制的"资产负债表"和"收入支出表"。所报"资产负债表"及"收入支出表"必须经审计机构审计鉴定。

(三)组织绩效评价和公布结果

1. 科技部采取组织专家组、委托专门机构等方式对所有参与评价的示范中心进行绩效评价,获得评价结果。

2. 科技部高新司每年6月30日前公布通过绩效评价的生产力促进中心名单。

三、评价指标体系

(一)评价指标及权重

(二)指标解释

1. 财务数据指标

(1)资产总额

取值于评价当年"资产负债表"的"资产总计"的"年末数"。

(2)职工人均资产

职工人均资产 = 年末资产总额/年末职工人数。

(3)实收资本

取值于评价当年"资产负债表"的"实收资本"的"年末数"。

(4)职工人均资本

一级指标	权重	二级指标	权重	三级指标	权重
财务数据评价指标	70	中心规模	40	资产总额	30
				职工人均资产	30
				实收资本	20
				职工人均资本	20
		发展能力	30	收入总计	30
				非政府性收入比率	30
				主营业务收入净额	20
				业务增长率	20
		财务效益	30	主营业务利润率	30
				平均净资产	40
				净资产收益率	30
统计数据评价指标	30	人力资源	40	职工总数	40
				学士学位以上人员比例	30
				中级职称以上人员比例	30
		服务成效	30	服务企业总数	50
				联系科研院所及专家总数	50
		沟通交流	30	报表及时与准确性	30
				参加行业活动情况	30
				信息沟通情况	40

职工人均资本 = 年末实收资本/年末职工人数。

（5）收入总计

取值于评价当年"收入支出表"的"收入总计"的"年末数"。

（6）非政府性收入比率

非政府性收入比率 = 非政府性收入总额/本年度收入总额×100%。

（7）主营业务收入净额

企业类中心："主营业务收入净额"取值于评价当年的年度"利润及利润分配表"的"主营业务收入净额"的"本年实际数"；

事业类中心的"主营业务收入净额" = 本年收入总计 – 本年其他收入。

（8）业务增长率

业务增长率 = （本年主营业务收入总额 – 上年主营业务收入总额）/上年主营业务收入总额×100%。

（9）主营业务利润率

主营业务利润率 = 主营业务利润/主营业务收入×100%。

（10）平均净资产

企业类中心：平均净资产 = （所有者权益年初数 + 所有者权益年末数）/2。

事业类中心：平均净资产 = （净资产年初数 + 净资产年末数）/2。

（11）净资产收益率

净资产收益率 = 净利润/平均净资产×100%。

2. 统计数据指标

（1）职工总数

指在本中心工作并由单位支付工资的人员，

以及有工作岗位,但由于学习、病伤产假等原因暂未工作,仍由单位支付工资的人员(不包括停薪留职人员)以及聘期在一年以上的中心长期聘用人员的数量。

(2)学士学位以上人员比例

指获得学士、硕士、博士学位的职工数占职工总数的比例。

(3)中级职称以上人员比例

指具备中级或中级以上技术职称的职工数占职工总数的比例。

(4)服务企业总数

指当年接受过中心提供某项服务的企业数量。若某企业接受过多项或多次服务,仍按一个企业计数。

(5)联系科研院所及专家总数

指当年联系的科研院所的数量以及通过生产力促进中心联系实际为企业开展咨询或培训的专家数量之和。

(6)报表及时与准确性

按时、认真填报统计快报和年报,报表中未发现虚报、瞒报、漏报指标。

(7)参加行业活动情况

按要求参加行业相关活动。

(8)信息沟通情况

及时向科技部和协会报送中心相关活动讯息,及时编写报送中心简报等,通过各种媒体加强对生产力促进中心工作宣传的情况。

四、计分方法和采集渠道

(一)单项指标的最终得分

1. 财务数据评价指标

每个三级指标数据按变换公式处理,计算出该指标的变换值,变换值保留小数点后两位。变换公式为

$$Y_{ij} = 0.5 \times (X_{ij} - X_{i\min})/(X_{i\max} - X_{i\min}) + 0.5$$

其中,i 代表第 i 项指标,j 代表第 j 个参评中心,X_{ij} 为第 j 个参评中心的第 i 项指标数据,$X_{i\max}$ 为该指标在全部参评中心该项数据的最大值,$X_{i\min}$ 为该指标在全部参评中心该项数据的最小值,Y_{ij} 表示第 j 个参评中心第 i 项指标数据的变换值。

2. 统计数据评价指标

(1)人力资源和服务业绩中的三级指标,根据上报的统计年报的数据,分段给出相应的分值,即为变换值。

三级指标 X_{ij}	取值区间	变换值
职工总数	$X_{ij} \geqslant 100$	1.0
	$100 > X_{ij} \geqslant 70$	0.8
	$70 > X_{ij} \geqslant 40$	0.6
	$40 > X_{ij} \geqslant 15$	0.4
	$X_{ij} < 15$	0.2
学士学位以上人员比例	$X_{ij} \geqslant 85.0\%$	1.0
	$85.0\% > X_{ij} \geqslant 75.0\%$	0.8
	$75.0\% > X_{ij} \geqslant 60.0\%$	0.6
	$X_{ij} < 60.0\%$	0.3
中级职称以上人员比例	$X_{ij} \geqslant 80.0\%$	1.0
	$80.0\% > X_{ij} \geqslant 70.0\%$	0.8
	$70.0\% > \geqslant 60.0\%$	0.6
	$X_{ij} < 60.0\%$	0.3

续表

三级指标 X_{ij}	取值区间	变换值
服务企业总数	$X_{ij} \geq 2000$	1.0
	$2000 > X_{ij} \geq 1500$	0.8
	$1500 > X_{ij} \geq 1000$	0.6
	$X_{ij} < 1000$	0.3
联系科研院所及专家总数	$X_{ij} \geq 500$	1.0
	$500 > X_{ij} \geq 300$	0.7
	$X_{ij} < 300$	0.4

（2）沟通交流中的三级指标根据评价年度的情况，由评价机构按照优、良、中、差分四档，相应给出1.0、0.8、0.6、0.3的分值，即为变换值。

3. 单项三级指标的最终得分 = 变换值 × 该项三级指标的最终权重，保留小数点后两位。

（二）评价指标的最终得分

评价指标的最终得分为所有三级指标的算术和。

（三）指标采集

1. 财务数据的获取

上报的财务报表。

2. 统计数据的获取

各中心报送的生产力促进中心统计数据。

五、评价结果及其应用

（一）科技部根据评价机构提供的评价结果，确定抽查对象，并组织相关工作组进行抽查，核实评价结果。

（二）对评价结果排在前20%的示范中心，同等条件下，将在国家或地方生产力促进中心业务能力建设项目优先考虑。

（三）对评价结果排在后10%的示范中心，将给予警告；连续两年排在后10%的，视为未通过年度绩效评价，并取消其国家级示范生产力促进中心资格。

（四）对在申报过程中弄虚作假，或串通中介机构弄虚作假的示范中心，一经核实后，取消其示范中心资格。

（五）自动放弃或被取消示范中心资格的，两年内不得再申报示范中心。

六、附则

（一）本细则适用所有示范中心。

（二）本细则自发布之日起施行，原来实行的细则同时废止。

（三）本细则由科技部负责解释。

国家技术转移示范机构管理办法

(2007年9月10日科学技术部发布　国科发火字[2007]565号)

第一章　总　则

第一条　为落实《国家中长期科学和技术发展规划纲要(2006—2020年)》，推进科技进步和自主创新，加速我国的知识流动和技术转移，促进技术转移机构的健康发展，规范技术转移机构的管理，根据国家有关法律、法规和政策，特制定本办法。

第二条　本办法所指的技术转移是指制造某种产品、应用某种工艺或提供某种服务的系统知识，通过各种途径从技术供给方向技术需求方转移的过程。

技术转移机构，是指为实现和加速上述过程提供各类服务的机构，包括技术经纪、技术集成与经营和技术投融资服务机构等，但单纯提供信息、法律、咨询、金融等服务的除外。

技术转移机构可以是独立的法人机构、法人的内设机构。

第三条　技术转移机构是以企业为主体、市场为导向、产学研相结合的技术创新体系的重要组成部分，是促进知识流动和技术转移的关键环节，是区域创新体系的重要内容。

第四条　国家及地方各级科技行政部门负责对全国及所在地区的技术转移机构进行宏观管理和业务指导。

第二章　主要功能与业务范围

第五条　技术转移机构的主要功能是促进知识流动和技术转移，其业务范围是：
（一）对技术信息的搜集、筛选、分析、加工；
（二）技术转让与技术代理；
（三）技术集成与二次开发；
（四）提供中试、工程化等设计服务、技术标准、测试分析服务等；
（五）技术咨询、技术评估、技术培训、技术产权交易、技术招标代理、技术投融资等服务；
（六）提供技术交易信息服务平台、网络等；
（七）其他有关促进技术转移的活动。

第六条　大学和科研机构应建立技术转移机构或机制，整合大学和科研院所的内部资源，将其承担的国家重大科技计划、竞争前技术与共性关键技术研发、引导战略产业的原始创新和重点领域的集成创新所形成的成果，尽快转移和扩散到企业。

第七条　现有的综合性技术交易服务机构应发挥区域技术交易枢纽的作用，利用公共信息服务平台，提供覆盖技术转移全程的一站式、网络化的技术转移公共服务。

第八条　为提高技术转移服务的专业化水平与质量，鼓励建立专业性技术转移机构，支持现有技术转移机构向专业化方向发展，围绕一个或几个特定技术领域开展技术转移服务。

第三章　国家技术转移示范机构的评定与管理

第九条　国务院科技行政部门负责国家技术转移示范机构(以下简称示范机构)的管理工作，在综合考核评价的基础上，评定一批服务能力强、业绩显著、模式明确的国家技术转移示范机构，使其发挥示范带动作用，并培养其成为国家技术转移的骨干机构。

第十条　申报国家技术转移示范机构，应当具备下列条件：

（一）符合国家产业政策，发展方向明确，有符合本机构实际情况和发展要求的经营理念。

（二）有适合机构本身发展要求的独特商业模式、特色经营项目和核心竞争力。

（三）有两年以上从事技术转移业务的经历。

（四）有符合条件的经营场所；有满足经营要求的办公设备和条件；有独立的网站；有稳定的客户群及长期合作伙伴。

（五）机构主要领导者具有较强的开拓创新精神、丰富的实践经验及较高的管理水平；有符合规定的专职人员，综合性技术转移机构专职人员在20人以上；人员结构及部门设置合理，管理人员中具有大专以上学历的占80%以上；科技人员的比例不得低于本机构从业人员总数的60%。

（六）管理规范，规章制度健全，有明确的从事技术转移服务的章程、客户管理服务规范和程序、健全的内部管理制度、科学合理的员工激励和惩处制度。

（七）有较显著的服务业绩，经营状况良好。

（八）在行业内有较高的认知度和知名度；连续两年无投诉、无诉讼，或有投诉但机构无责任，有诉讼但从未败诉。

第十一条 申报国家技术转移示范机构，由符合条件的技术转移机构提出申请，经其主管部门审核同意，报省、自治区、直辖市、计划单列市或行业科技行政部门，由其择优推荐给国务院科技行政部门。

第十二条 国务院科技行政部门组织专家进行评审，依据评审意见评定"国家技术转移示范机构"并予公布。被评定为国家技术转移示范机构的单位与其主管部门的隶属关系不变。

第十三条 国务院科技行政部门将定期对国家技术转移示范机构进行考核，考核工作按照国务院科技行政部门相关机构发布的《国家技术转移示范机构评价指标体系（试行）》执行。对连续两年不能达到标准的机构，将取消其国家技术转移示范机构的资格。

第四章 扶持与促进

第十四条 根据《中华人民共和国促进科技成果转化法》和《中华人民共和国中小企业促进法》等法律、法规及《国家技术转移促进行动实施方案》，各地政府及其相关部门应在财政、税收、人才等方面为技术转移机构提供政策支持。

第十五条 国务院科技行政部门将技术转移机构的管理工作纳入国家创新环境与产业化建设的内容。在国家科技计划中安排技术转移经费，对国家技术转移示范机构的技术转移行为进行补助以支持其能力建设。

第十六条 地方和行业科技行政部门要将技术转移机构的管理工作纳入当地及本行业的科技发展计划，为技术转移机构的建设和发展提供必要的经费和条件支持。

第十七条 国务院科技行政部门将不定期对国家技术转移示范机构的工作进行评价和总结，并对做出突出贡献的单位和个人给予表彰。

第五章 附 则

第十八条 地方和行业科技行政主管部门可参照本办法制定相关细则。

第十九条 本办法由国务院科技行政部门负责解释，自发布之日起施行。

国家技术转移促进行动实施方案

(2007年12月5日科学技术部、教育部、中国科学院发布　国科发火字[2007]609号)

技术转移是我国实施自主创新战略的重要内容,是企业实现技术创新、增强核心竞争力的关键环节,是创新成果转化为生产力的重要途径。长期以来,技术转移是我国国家创新体系建设中的薄弱环节,缺乏良好的体制、机制和政策环境,成为提高我国企业自主创新能力的重大障碍。充分发挥政府、大学、科研机构、中介机构和企业等各方面的作用,努力探索和完善国家技术转移体系和技术转移的有效运行机制,加快知识流动和技术转移,是当前建设创新型国家十分紧迫的战略性任务。

为贯彻落实《国民经济和社会发展第十一个五年规划纲要》和《国家中长期科学和技术发展规划纲要(2006—2020年)》,积极发展技术市场,建立良好的技术转移机制,促进知识流动和技术转移,大力推进自主创新,建立以企业为主体、市场为导向、产学研相结合的技术创新体系,科学技术部、教育部、中国科学院决定实施"国家技术转移促进行动"。

一、指导思想

全面落实科学发展观,以营造自主创新环境为重点,以加速知识流动和技术转移为主线,以建设技术转移体系为支撑,通过完善技术、人才、资本三大要素的结合,充分发挥市场机制在配置科技资源中的基础性作用,综合利用经济、法律和行政手段,加强产学研结合与互动,培育企业的自主创新能力,进一步提高我国公共科技财政投入的产出效率,实现科技成果的商品化、产业化和国际化。

二、指导原则

技术转移是一项复杂的系统工程,实施技术转移促进行动要符合社会主义市场经济规律,根据我国不同区域技术转移发展的现状,遵循以下原则:

(一)统一部署,分步实施。坚持近期目标和长期目标相结合,着眼于提高企业技术创新能力,确定阶段性重点;根据各区域和各行业的发展特点,整体设计,统一部署,分步实施。

(二)分级管理,多方推进。实行中央、行业部委、地方分级管理,科技部负责国家技术转移促进行动的牵头组织;行业部委、各省市的科技行政主管部门负责本行业、本地区技术转移促进行动的实施。

(三)集成资源,突出重点。针对企业的技术创新需求,有效集成中央和地方相关科技、人才、资金等资源,突出重点,相互协调,集中力量,共同支持。

(四)选择试点,引导带动。探索适应市场规律、符合地方特点、形式多样的技术转移模式,选择一批具有带动作用的技术转移机构进行试点,支持建立国家技术转移示范机构。

三、总体目标

通过实施国家技术转移促进行动,使我国技术转移的环境得到明显优化;国家与区域技术转移体系逐渐完善;大学和科研院所与企业之间,以及行业和领域间、区域间、国际间的知识流动和技术转移进一步活跃;国家公共财政资金投入项目的产业化、商业化取得重大突破;企业的自主创新能力和核心竞争力获得较大提升,为建设创新型国家提供有力支撑。

"十一五"期间,引导和支持建立10个区域技术转移及服务联盟,40个综合性、70个行业或专业性、80个大学及科研机构、30个国际技术转移基地等多层次的国家技术转移示范机构;建设中国创新驿站工作网络,建立100家工作站点;推动一批国家重大计划项目和行业共性技术、关键技术的转移和扩散;实现全国技术合同成交额每年以15%的速度递增,到2010年达3000亿元。

各省、各部门根据本地区和本行业的区域经济发展和产业特色,建立本地区和本行业的技术转移体系。

四、重点内容

(一)构建新型技术转移体系,探索有利于技术转移和扩散的运行机制和有效途径。

适应实施自主创新战略和创建创新型国家的要求,构建以企业需求为导向、大学和科研院所为源头、技术转移服务为纽带、产学研相结合的新型技术转移体系。

发挥大学和科研院所的知识创新源头作用,加强大学、科研院所技术转移体系的整合,支持其设立专门的技术转移机构,切实履行将公共财政投入所形成的科研成果和研发能力向社会转移的义务。利用大学和科研院所的专家、教授、院士等人才资源优势和科研基础条件优势,建立技术转移咨询机制,提高技术转移和扩散的成功率;完善科技人员评价机制,将技术转移成效逐步纳入大学和科研院所的考核评价体系。

发挥企业的技术创新主体作用,支持企业加大研发投入,介入技术前端环节;鼓励企业引进技术,并进行集成、消化、吸收和再创新;支持以技术转让为目的的研发型企业的发展;支持企业技术转移的组织创新和模式创新,推动企业以产业链集成创新为目标形成各种形式的创新集群和技术联盟。

发挥技术转移服务机构的作用,探索和创新服务模式,提升专业服务能力,树立服务品牌;整合多方资源,为技术转移提供全过程服务。

加强国家技术创新体系中各类主体的多向互动。大学、研究机构、中介服务机构与企业等要各自发挥技术、人才、资本、市场、管理等优势,通过共建或共享实验室及中试孵化平台、合作开发、技术许可、技术入股、人员交流、企业并购、建立科技成果转化基地和技术转移联盟等方式,实现优势互补、资源共享。

(二)健全技术市场法律法规政策保障体系,营造有利于技术转移的法律环境。

研究制订国家技术转移促进条例,明确技术转移中各主体的定位与功能,规范技术转移行为,维护技术市场秩序,保护知识产权,促进知识流动和技术转移。

研究出台技术及技术服务信息发布标准、国家技术转移示范机构管理、技术经纪人管理、重大技术转移项目的审查等方面的规章制度。

在稳定现有促进科技成果转化的优惠政策的基础上,支持企业的研究开发活动,从2008年起对企业从事技术转让的所得实行税收减免优惠。研究鼓励技术转移机构和企业吸纳技术等方面的税收政策。

推动技术转移机构信用体系建设。研究技术转移机构社会信用和信誉评价指标,在行业内树立服务优质、信誉良好的技术转移机构典型。

完善职务技术成果的管理,加强知识产权保护,科研人员完成的职务技术成果,应通过本单位的技术转移机构向外转移。建立合理的技术转移利益分配机制,调动科技人员从事技术转移的积极性。在技术转移收入中提取一定的比例,奖励促进技术转移的人员。

(三)开展国家技术转移示范工作,加强技术转移机构建设。

结合国家技术转移示范机构的评定和考核,在全国各行业和地方选择符合条件的机构进行试点,重点支持其建立和完善适应市场经济要求、有利于促进技术转移的体制和机制,培育一批信誉良好、行为规范、综合服务能力强、起到示范带动作用的技术转移机构。

建立环渤海、长三角、珠三角、东北、中部、西部等经济区域的技术转移及服务联盟;建立为本地区和本行业技术转移搭建平台、提供公共服务的技术转移机构;在国家"211工程大学"和应用型研究院所设立专门的技术转移机构;在国家高新区的创业园、特色产业基地、产业集群建立以企业技术需求为主导的专业技术转移机构;在有条件的地区建立国际技术转移机构。

建立中国创新驿站,以网络协调各驿站的服务资源,通过各站点及专业技术经纪人的服务,为中小企业的技术需求提供个性化的解决方案,促进跨区域技术转移。

(四)加强人员培训与管理,培育专业化、高水平的技术转移人才队伍。

对技术转移从业人员进行全方位的业务知识和技能培训。制定培训大纲,编写教材,设立基地,组织师资队伍,开展多层次、多渠道、大规模的人才培训,逐步提高技术转移队伍的专业素质和工作水平,培养一支由多层次技术经营人才及大量合格的技术经纪人构成的、德才兼备、结构合理、素质优良的技术转移人才队伍。重点对国家技术转移示范机构的人员进行培训。

建立和完善技术转移相关职业和岗位资质认证制度。鼓励各地方开展技术经纪人资质管理,推动环渤海、长三角及其他经济区域技术经纪人的资质互认;加强对技术转移机构从业技术经纪人的培训,大力提高技术经纪人的专业服务水平和职业道德。

(五)促进技术与资本进一步结合,建立和完善技术转移的投融资服务体系。

鼓励社会资金、创业投资、金融信贷等直接、间接投资支持技术转移和产业化。积极利用各地建立的规范有序、监管有力的技术产权交易市场平台,发布信息,组织交易,推动股权融资和以技术转移为目的的企业并购。通过市场发现买家、发现技术价值,鼓励创新交易品种,优化配置各类资源,促进技术与资本结合,提供科技创业投资进入与退出的通道。

结合科技型中小企业成长路线图计划,在有条件的技术产权交易机构开展科技型中小企业上市前孵育试点,输送优秀科技型中小企业进入主板、创业板及股权转让代办系统,为中小企业投融资提供服务。

鼓励国家财政性资金投入和支持的无关国家经济安全、国防安全和国家机密的项目到指定的区域性技术产权交易市场交易,实现国家创新成果的快速转移、转化。

五、保障措施

(一)加强领导,精心组织实施。各级领导要高度重视技术转移对国家创新体系建设的重要性。国家技术转移促进行动由科技部负责方案制订、机构评定、检查与考核工作。各级科技行政部门、各有关行业部委要切实加强领导,根据本方案制订相应的实施方案,推动本地区和本行业技术转移体系的建立。各地要把技术转移工作作为技术市场的重点任务,充分发挥市场在优化配置科技资源中的基础性作用,加强与有关部门的协同,汇聚中央和地方的力量,共同推动全社会的知识流动和技术转移。

(二)加强基础设施建设,加大引导性经费投入。加快中国技术交易信息服务平台的建设,充分利用和整合技术交易供需与服务资源,形成全国共享的技术转移公共信息服务系统,降低交易成本,提高技术交易效率,加速技术交易信息的流动。

在国家科技计划中安排技术转移资金,专门支持国家技术转移示范机构的能力建设;在国家科技型中小企业技术创新基金中增设向中小企业转移的产学研合作的技术项目和为中小企业提供技术转移服务的专项资金。

地方各级政府应加大对技术转移的投入,逐步建立技术转移或科技成果转化专项资金,结合区域经济发展和产业特色,扶持本地技术转移体系,支撑区域经济持续稳定快速增长。

有条件的大学和科研院所应安排一定的经费支持开展技术转移工作。

(三)统筹协调,分工负责,形成推进行动实施的合力。建立科技部、教育部、中国科学院以及国务院有关部门的联系协调机制和部门间分工负责机制,定期进行会商,加强政策协调、信息沟通和经验交流。

(四)各级科技和有关部门要进一步解放思想,大胆创新,务求实效。科技部、教育部、中国科学院将共同组织对我国技术转移现状与问题的深入研究,发现问题,总结经验,研究并适时出台新政策。同时,加强宣传,表彰先进,营造全社会共同推进技术转移工作的良好氛围。

关于加快高新技术创业服务中心建设与发展的若干意见

(2000年4月12日科学技术部发布 国科发火字[2000]157号)

高新技术创业服务中心(以下简称创业中心)是以促进科技成果转化、培育高新技术企业和企业家为宗旨的社会公益型科技服务机构,是高新技术产业开发区的技术创新基地,是高新技术创业服务体系的核心部分,是技术创新体系的重要内容,是培育高新技术企业和企业家的学校,是解决科学与经济结合、培育新的经济增长点的有效手段。建设与发展创业中心是我国高新技术产业化发展的重要战略措施,必须进一步统一思想,提高认识,采取措施,加快发展。

一、全国创业中心"九五"期间发展情况

"九五"期间,在各级政府、科委、高新技术产业开发区的正确领导和大力支持下,创业中心实现了健康、快速的发展。创业中心的政策环境得到改善,资金投入力度加大,数量和规模有了很大提高;创业中心的孵化培育功能进一步加强,培育了大批高新技术企业和企业家;创业中心向专业化、网络化、国际化方向发展,形成了各具特色的模式;创业中心在创业投资方面进行了积极的探索,取得了初步的成绩。

目前全国共有创业中心100余家,其中经科技部批准认定的国家级创业中心37家。据1998年底对77家创业中心的统计,孵化场地总面积达88.4万平方米,正在孵化培育的企业4138家,累计毕业企业1316家,分别比1995年增长120%、123%、262%。在孵企业和毕业企业的年技工贸总收入实现101亿元,从业人员达到14万人,为社会创造了新的税源和稳定的就业机会。

创业中心在实践中走出了一条在市场经济条件下促进科技成果转化的道路,为我国高新技术产业的技术创新和持续发展做出重要贡献,赢得了国内外的高度评价和赞扬。

但是,目前我国创业中心工作还存在着一些发展中的问题,如对企业中心重要性的认识不足,政策环境还不够完善,资金投入不足,孵化企业的数量和质量有待提高,全国创业中心发展不平衡,创业中心的数量和布局还不能满足广大创业者和我国高新技术产业和科技型中心企业发展的需求,创业服务中心的基础设施和功能还有待完善等。这些问题需要采取措施,认真加以解决。

二、新形势下对创业中心工作的要求

(一)进一步提高对创业中心地位和作用的认识

办好创业中心是我国在市场经济条件下加快高新技术产业化发展,实现国民经济增长方式转变的一项长期性的重要战略措施。

在我国发展高新技术产业一定要坚持"两条腿"走路的方针。一是在涉及国家综合国力和国民经济发展的战略性高科技领域,要发挥社会主义制度的优势,集中财力、物力和智力,重点突破,实现跨越式发展。二是在社会主义市场经济条件下,鼓励和支持高新技术企业从无到有,从小到大,优胜劣汰,滚动发展,形成一批有强大实力和生产潜力的高新技术企业群体。高新技术产业具有高风险、高回报、高增长的特点;技术和产品生命周期日益缩短,更新换代日益加快;在技术开发、产业发展等方面人才、智力的决定性作用日益突出。在社会主义初级阶段,特别是在经济体制转轨和增长方式转型的关键时期,大力发展高新技术产业,就一定要为高新技术企业的创业和成长创造必要的、局部优化的环境。创业和发展创业服务中心,对于促进高新技术产业化,对于区域和国家的经济发展有着战略意义和深远的影响。

(二)构架高新技术创业服务体系

建立高新技术创业服务体系是我国完善社会主义市场经济的一项重要内容，是加速高新技术产业化发展的重要措施，是"十五"期间全国高新技术产业开发区的重要任务。创业中心作为创业服务体系的核心部分，必须得到更好的支持，以加快发展。

长期以来我国的科教体系出现了与产业体系严重脱节的现象，新的技术、发明和新的工艺不能很快地直接运用到生产中，人才的培养不能与国民经济发展的需要相适应。经过二十多年的科教体制改革，这种局面有一定改变，但是，仍远远不能适应我国高新技术产业发展的要求。必须在市场调节的基础上，通过政府的引导和支持，集成孵化培育企业的方式和资源，建立高新技术创业服务体系，形成一个优化的推动高新技术产业化的支撑服务体系。

创业服务体系的建设将把孵化服务机构、创业资本市场和信息网络等有机地组成一个较完善的体系，遵循市场经济发展规律，促进官、产、学、研、资、介、贸在推动高新技术产业化方面的结合，促进人才、技术、资金、信息及其他资源的合理流动，为科技型中小企业和技术创新活动创造良好环境和条件，推动技术创新，加快高新技术产业化进程。

（三）建立适应社会主义市场经济的管理体制和运行机制

十几年来，我国创业中心事业的发展，突破了旧体制对科技创业和技术创新的束缚，有效地促进了科技与经济的结合。随着我国市场经济体制的进一步完善和科技体制改革的深化，为推动创业中心等从事科技服务的机构进行全面改革，创造了良好的环境，探索建立适应社会主义市场经济发展、符合科技服务事业发展规律的非营利型公共服务机构的管理体制和运行机制，实现投资主体多元化，建立激励机制、提高工作效率。创业中心必须顺应改革的要求，进行全面、深刻的管理体制和运行机制的改革。

（四）培育高质量的高新技术企业家

我国高新技术产业发展中一个重要的制约因素是人才，特别是高素质的企业家人才极为匮乏。创业中心在孵化企业的同时，应更注重企业家的培养，这是创业服务工作的中心任务。还要围绕培养企业家的需要，不断提供企业管理、市场开拓、金融服务、国际贸易等业务和技能培训；创业中心还要特别突出创新文化的建设，营造一个良好的创业文化氛围，既要鼓励成功，又能宽容失败，从而培育一支具有超前意识和创业精神、掌握现代技术和国际先进管理经验的复合型高素质企业家队伍，孵化一批技术创新能力强、高增长潜质、管理现代化和出口创汇的明星企业，为我国高新技术产业参与国际竞争打下坚实基础。

三、新时期创业中心发展的指导思想与发展目标

未来一个时期是创业中心实现全面、快速发展的关键时期，将用3至5年的时间使我国的创业中心在规模上至少翻一番，使至少1/3的创业中心在质量上达到国际先进水平，全面提升高新区的技术创新能力，初步形成若干有代表性的地区性高新技术创业服务体系。在2005年以前，全国创业中心数量将超过200家。孵化场地总面积160万平方米以上，其中70%以上完成信息网络建设。孵化基金总额10亿元以上，形成专业化管理队伍；当年在孵企业10 000家以上，毕业企业累计5000家以上。聚集一批高水平的专业人才，孵化一批能够在国际竞争中取胜的高新技术企业，培育一批复合型高素质的高新技术企业家。

创业中心"十五"期间发展的指导思想是：贯彻党中央、国务院关于加快技术创新、发展高新技术产业的精神和要求，统一思想，提高认识，加大支持力度；采取有效措施，进一步优化创业环境，大力兴办多种类型的科技创业孵化机构，落实创业中心扶持政策，建立符合社会主义市场经济的新型管理体制和运行机制，多渠道筹集建设与发展资金，按国际一流企业孵化器和科学园区的标准提高管理水平，优化孵化服务功能，加强信息化建设，发展创业投资；加速创业中心的专业化、网络化、国际化和市场化发展，逐步建立和完善以创业中心为核心部分的高新技术创业服务体系，为我国高新技术产业发展做出更大贡献。

四、加快创业中心建设与发展的措施

（一）进一步营造有利于创业中心发展的环境

认真学习、贯彻全国技术创新大会及有关文件精神,统一思想,提高认识,把高新技术产业化的工作重点放在创造一个有利于高新技术企业,特别是科技型中小企业创业、成长的环境方面,以更大的决心,制定更强有力的措施,鼓励科技创业、支持创业中心发展的政策和措施,有关部门、各高新技术产业开发区要落实各类创业中心返还政策。创业中心是高新区评价的重要指标,创业中心孵化基地的建设应享受科研开发用房建设的同等政策。

在创业中心建设与发展的资金筹措上,在各级科委、高新区继续加强投资的基础上,还要建立政府引导、相关部门主办、全社会投入的创业中心投资体系,实现投资主体多元化。要特别注意引导产业界、金融界对创业中心的投入,结合科技部门、教育、经贸、劳动、人事及基层单位的投入,形成全社会对创业中心的投入体系。同时,鼓励吸收国外资本投入创业中心事业,特别支持留学人员创办创业中心。

科技部在"十五"期间将进一步加大对创业中心的支持力度,每年增加创业中心的经费支持。

(二)抓好高新技术创业服务体系建设

有条件的省级科委要大力推进地区性创业服务体系建设,在做好总体规划的基础上,合理布局孵化机构,鼓励大学、研究机构和有条件的市、县兴办各具特色的企业孵化器,形成创业中心工作网络,加强与有关部门的合作,促进技术交易市场、专利事务所、创业投资公司、无形资产评估机构等服务机构与创业中心网络的联合与优势集成;争取全社会的支持和协同,加强官、产、学、研、资、介、贸之间的联系与合作,形成推动技术创新工作的有效机制。

国家高新技术产业开发区应认真贯彻落实《关于加速高新技术产业开发区发展的若干意见》文件精神,优化创业环境,加大对创业中心投资力度,把创业中心的发展经费列入预算,制定扶持政策,鼓励大学、科研机构和企业投资兴办多种类型的企业孵化器,建立创业资本市场,集中力量搞好信息网络建设,建立和完善创业服务体系。

创业中心要加强对孵化企业的融资服务,协助企业开辟多种形式的融资渠道,稳步开展孵化基金、担保等多种形式的投融资体系的建设,规范创业投资的管理,探索经验。各国家高新区和省科委应积极支持并协助创业中心孵化企业申报科技型中小企业创新基金,并创造条件予以支持。国家级创业中心要重视信息网络建设,在2000年内现有国家级创业中心必须完成孵化基地信息网络建设,建立创业中心网页,开通电子信箱,为孵化企业提供 Internet 接口等便捷的信息服务。

(三)继续稳步推进创业中心的改革

改革是创业中心持续发展的动力,要关心和支持创业中心的改革工作,随着科技体制改革的不断深入,应积极探索创业中心向非营利机构的转制,享受非营利机构的相关政策。

在创业中心的内部管理上,应鼓励多种形式的探索。有条件的地区可选择逐步建立理事会监管下的中心主任负责制,规范管理,应保证中心主任在日常管理中的自主经营权,有独立的财务和人事权力。理事会或上级主管部门做好创业中心的总体考核和监管。

创业中心内部应建立市场化的运行机制,实行企业化的分配制度,通过激励制度和各项优惠条件,吸引高层次人才到创业中心工作,充分调动创业中心管理人员的积极性和创造性。同时,对创业中心现有人员要进行轮岗和培训,不断提高业务素质和水平。

各创业中心要坚持服务为主的方针,处理好创业中心作为社会公益型科技服务机构以及创造经济效益的关系。各创业中心应将做好企业服务、创造社会效益作为业务工作的基础,将培养科技企业和企业家作为根本目标。同时,创业中心也可适当开辟渠道,通过向进驻企业提供增值服务、风险投资等形式,在企业获得发展的过程中,创造创业中心的经济效益。

(四)加快创业中心的多样化发展

在创业中心多样化发展中,当前重点应发展专业技术孵化器、大学孵化器、大中型企业办的企业孵化器以及留学人员创业园,这些类型的创业中心是技术创新能力强、有突出特色的孵化机构,是创业中心未来的发展方向,各地政府、科委、高新区和大学应予以高度重视。有条件的创业中心应与大学、企业、科研机构合作,组建专业技术特色更强的企业孵化器,重点建设一批软件、生物工程和集成电路设计领域的专业技术孵化器,综合孵化器中要加强专业技术服务,在高新技术产业的重点领域培育一批具有国际竞争能力的高新技术企业。支持有条件的大学创建大学孵化器,形成开放、宽松的创业环境;鼓励、吸引大学的教师和学生创办高新技术企业。鼓励有条件的企业创办企业孵化器,使大中型企业、上市公司和发展起来的民营科技企业成为创业服务工作重要的参与力量。要加快留学人员为国服务,创业报国。培育具有国际竞争能力的高新技术企业和企业家,带动高新技术产品出口。科技部将会同有关部门大力支持和加快专业技术孵化器、大学孵化器、企业办的企业孵化器以及留学人员创业园的发展,并积极争取国家扶持政策,重点支持,尽快形成一支高水平的科技创业群体。

(五)加强培训和理论研究,提高管理队伍水平

各地方应加强创业中心管理队伍建设,选拔年富力强、综合能力和业务素质较高的人员充实创业中心管理队伍。创业中心的重要领导应具有大学本科以上学历,并具有较强的专业背景和管理能力。各省(自治区)、市科委应重视对创业中心管理队伍的培训,定期组织对创业中心负责人的培训,提高创业中心人员的整体素质及业务水平,3年之内使创业中心管理人员90%以上具有大学本科以上学历,50%以上的人员熟练掌握计算机和一门外语,接受过企业孵化器管理的专业培训。科技部将编制《创业中心手册》,指导创业中心的管理和服务。

(六)促进创业中心的国际化发展

加强国际合作与交流,有利于提高创业中心的管理水平并跟踪国际上最新的科技产业化发展趋势,促进企业之间的合作,培育具有国际竞争能力和先进水平的高新技术企业。创业中心在国际化方面应注意学习新规则、新规范,更新知识,提高能力;要结合国情和区域发展实际,为创业企业提供必要的国际化服务;要加强对有出口创汇能力和有自主知识产权企业的支持,支持它们参与国际竞争和跨国发展。要进一步办好国际企业孵化器,推动创业中心、科技型中小企业和技术创新活动与国际接轨,探索经验,形成示范,带动全国创业中心国际化水平的提高。

科技部将在中芬、中英之间的科学园区合作的基础上,积极开辟渠道,以管理培训、人员交流、协作研究、会议展览、信息共享等多种方式,推动企业合作,建立创业中心与国外科学园区、企业孵化器的伙伴关系,互惠互利,共同发展。

(七)要进一步加强对创业中心工作的领导和支持

省、自治区、市科委在创业中心的发展中承担着极为重要的作用,协调有关部门,制订发展政策,根据地区经济发展需要合理布局创业中心,支持创业中心建设,组织创业中心的合作与交流,建立创业中心工作网络和信息网络,引导创业投资活动等。今后省市科委在地方机构改革中,应注意发挥创业中心的作用,使创业中心更好地发挥科技管理部门与中小企业之间的桥梁作用。各地政府和高新区要在创业中心的政策环境、孵化条件和资金投入上进一步加大力度,国家高新区必须把创业中心的建设作为高新区发展的重中之重,下决心办好。

科技部将进一步加强对全国创业中心的指导和支持,突出重点,抓好示范,并研究、制定创业中心的评价指标体系,促进创业中心的健康、快速发展。

高新技术创业服务中心管理办法

(2005年1月13日科学技术部发布　国科发火字[2005]15号)

第一章 总 则

第一条 为加快科技成果转化,发展高新技术产业,培育中小科技企业,规范我国高新技术创业服务中心的管理,促进高新技术创业服务中心的健康发展,根据《中华人民共和国科技进步法》和《中华人民共和国中小企业促进法》,制定本办法。

第二条 高新技术创业服务中心(也称科技企业孵化器,以下简称创业中心)是以促进科技成果转化、培养高新技术企业和企业家为宗旨的科技创业服务机构。创业中心是国家创新体系的重要组成部分,是区域创新体系的重要核心内容。

第三条 国家和地方各级科技行政主管部门负责对全国及所在地区的创业中心进行宏观管理和业务指导。

第二章 主要功能与目标

第四条 创业中心的主要功能是以科技型中小企业为服务对象,为入孵企业提供研发、中试生产、经营的场地和办公方面的共享设施,提供政策、管理、法律、财务、融资、市场推广和培训等方面的服务,以降低企业的创业风险和创业成本,提高企业的成活率和成功率,为社会培养成功的科技企业和企业家。

第五条 创业中心要建立适应社会主义市场经济的运行机制,通过各种途径和手段完善服务功能。在提供高品质服务的同时,逐步实现自收自支、自主经营、自我约束、自我发展的良性循环,同时要充分利用当地科研院所、高等院校、企业和企业服务机构的研究、试验、测试、生产等条件,扩大自身的服务功能,提高孵化服务水平。

第六条 为提高创业中心的服务水平与质量,国家鼓励建立专业技术型创业中心。专业技术型创业中心是指围绕某一特定技术领域,在孵化对象、孵化条件、服务内容和管理团队上实现专业化,培育和发展某一特定技术领域的高新技术企业的一种创业中心形式。

第三章 国家高新技术创业服务中心的认定与管理

第七条 地级以上(含地级)城市建立的创业中心,经所在地省、自治区、直辖市、计划单列市科技行政主管部门备案,可依照本办法申请认定。

第八条 科学技术部负责国家高新技术创业服务中心的认定和管理工作,科学技术部火炬高技术产业开发中心具体办理有关事宜。

第九条 申报国家高新技术创业服务中心,应当具备下列条件:

1. 发展方向明确,符合本办法第二条所规定的条件;

2. 领导班子得力,机构设置合理,管理人员中具有大专以上学历的占70%以上;

3. 可自主支配场地面积在10 000平方米以上(如是专业技术型创业中心,则可自主支配场地面积5000平方米以上),其中孵化企业使用的场地占2/3以上;

4. 服务设施齐备,服务功能强,可为企业提供商务、资金、信息、咨询、市场、培训、技术开发与交流、国际合作等多方面的服务;

5. 管理规范,具有严格的财务管理制度,自身及在孵企业的统计数据齐全,并至少连续2年按科学技术部要求上报相关统计数据;

6. 在创业中心自主支配场地内的在孵企业达 80 家以上(如是专业技术型创业中心,则在孵企业应达 50 家以上);

7. 累计毕业企业在 25 家以上,年度毕业企业数与在孵企业数之比在 5% 以上,毕业企业及在孵企业为社会提供 1000 个以上的就业机会(如是专业技术型创业中心,则年度毕业企业数与在孵企业数之比在 3% 以上,毕业企业及在孵企业为社会提供 500 个以上的就业机会);

8. 创业中心自身拥有 300 万元以上的种子资金或孵化资金,并与创业投资、担保机构等建立了正常的业务联系;

9. 实际运营时间在 3 年以上,经营状况良好;

10. 专业技术型创业中心自身应具备专业技术平台或专业化的中试基地,并具备专业化的技术咨询和专业化的管理培训能力。

第十条 进入国家高新技术创业服务中心的孵化企业应当具备以下条件:

1. 企业注册地及办公场所必须在创业中心的孵化场地内;

2. 属新注册企业或申请进入创业中心前企业成立时间不到 2 年;

3. 企业在创业中心孵化的时间一般不超过 3 年;

4. 企业注册资金一般不得超过 200 万元;

5. 属迁入企业的,上年营业收入一般不得超过 200 万元;

6. 企业租用创业中心孵化场地面积低于 1000 平方米;

7. 企业从事研究、开发、生产的项目或产品应属于科学技术部等部门颁布的《中国高新技术产品目录》范围;

8. 企业的负责人是熟悉本企业产品研究、开发的科技人员。

第十一条 国家高新技术创业服务中心的毕业企业应当具备以下条件之中至少两条:

1. 经省、自治区、直辖市、计划单列市科委认定为高新技术企业;

2. 有 2 年以上的运营期,经营状况良好,主导产品有一定的生产规模,年技工贸总收入达 500 万元以上,且有 100 万元以上的固定资产和自有资金;

3. 企业建立了现代企业制度和健全的财务制度。

第十二条 申报国家高新技术创业服务中心,应首先向所在地省、自治区、直辖市、计划单列市科技行政主管部门提出申请,经审核后,由省、市科技行政主管部门上报科学技术部。科学技术部组织专家评审,并依据评审意见进行认定。对符合本办法第九条、第十条和第十一条的高新技术创业服务中心颁发"国家高新技术创业服务中心"标牌,并予以公布。被认定为国家高新技术创业服务中心的单位与其主管部门的隶属关系不变。

第十三条 科学技术部将定期对国家高新技术创业服务中心进行考核,对连续 2 年达不到条件的高新技术创业服务中心,将取消其国家高新技术创业服务中心的资格。

第四章 扶持与促进措施

第十四条 根据《中华人民共和国中小企业促进法》,各地政府及其相关部门应在规划、用地、财政、税收等方面为创业中心提供政策支持。

第十五条 科学技术部将全国创业中心工作纳入国家科技计划产业化环境建设专项内容,每年安排相应的财政拨款。各级地方科技行政主管部门和高新区管理机构要将创业中心工作纳入当地的科技发展计划,为创业中心的建设和发展提供必要的经费支持。

第十六条 国家支持和鼓励各级地方政府建立社会公益性创业中心,引导和带动地方创新体系建设。国家鼓励各类非政府组织、企业以及个人创办多种形式的创业中心,包括综合技术型创业中心、专业技术型创业中心、留学人员创业园、大学孵化器、软件园、国有企业孵化器等。

第十七条 科学技术部和各级科技行政主管部门将不定期对创业中心的工作进行考评,并对在创业中心工作中做出突出贡献的单位和个人给予表彰。

第五章 附 则

第十八条 省级科技行政主管部门可参照本办法第三章的规定制定省级高新技术创业服务中心认定与管理办法。

第十九条 本办法由科学技术部负责解释。

第二十条 本办法自发布之日起施行。

科技企业孵化器(高新技术创业服务中心)认定和管理办法

(2006年12月7日科学技术部发布 国科发高字[2006]498号)

第一章 总 则

第一条 为实施《国家中长期科学和技术发展规划纲要(2006—2020年)》(国发[2005]44号,以下简称《规划纲要》),营造激励自主创新的环境,加快科技成果转化,培育科技型中小企业,发展高新技术产业,规范我国科技企业孵化器的管理,促进其健康发展,努力建设创新型国家,根据《国务院关于实施〈国家中长期科学和技术发展规划纲要(2006—2020年)〉的若干配套政策的通知》(国发[2006]6号),制定本办法。

第二条 科技企业孵化器(也称高新技术创业服务中心,以下简称创业中心)是以促进科技成果转化、培养高新技术企业和企业家为宗旨的科技创业服务机构。创业中心是国家创新体系的重要组成部分,是区域创新体系的重要核心内容。

第三条 国务院和地方各级科技行政主管部门负责对全国及所在地区的创业中心进行宏观管理和业务指导。

第二章 主要功能与目标

第四条 创业中心的主要功能是以科技型中小企业为服务对象,为入孵企业提供研发、中试生产、经营的场地和办公方面的共享设施,提供政策、管理、法律、财务、融资、市场推广和培训等方面的服务,以降低企业的创业风险和创业成本,提高企业的成活率和成功率,为社会培养成功的科技企业和企业家。

第五条 创业中心要建立适应社会主义市场经济的运行机制,通过各种途径和手段完善服务功能。在提供高品质服务的同时,逐步实现自收自支、自主经营、自我约束、自我发展的良性循环,同时要充分利用当地科研院所、高等学校、企业和企业服务机构的研究、试验、测试、生产等条件,扩大自身的服务功能,提高孵化服务水平。

第六条 为提高创业中心的服务水平与质量,国家鼓励建立专业技术型创业中心。专业技术型创业中心是指围绕某一特定技术领域,在孵化对象、孵化条件、服务内容和管理团队上实现专业化,培育和发展某一特定技术领域的高新技术企业的一种创业中心形式。

第三章 国家高新技术创业服务中心的认定与管理

第七条 地级以上(含地级)城市建立的创业中心,在所在地省、自治区、直辖市、计划单列市科技行政主管部门备案后,可依照本办法申请认定。

第八条 国务院科技行政主管部门负责国家高新技术创业服务中心的认定和管理工作。

第九条 申请认定国家高新技术创业服务中心,应当具备下列条件:

1. 发展方向明确,符合本办法第二条所规定的条件;

2. 领导班子得力,机构设置合理,管理人员中具有大专以上学历的占70%以上;

3. 可自主支配场地面积在10 000平方米以上(如是专业技术型创业中心,则可自主支配场地面积5000平方米以上),其中孵化企业使用的场地占2/3以上;

4. 服务设施齐备,服务功能强,可为企业提供商务、资金、信息、咨询、市场、培训、技术开发与交流、国际合作等多方面的服务；

5. 管理规范，具有严格的财务管理制度，自身及在孵企业的统计数据齐全，并至少连续 2 年按科学技术部要求上报相关统计数据；

6. 在创业中心自主支配场地内的在孵企业达 80 家以上（如是专业技术型创业中心，则在孵企业应达 50 家以上）；

7. 累计毕业企业在 25 家以上，毕业企业及在孵企业为社会提供 1000 个以上的就业机会（如是专业技术型创业中心，则毕业企业在 15 家以上，毕业企业及在孵企业为社会提供 500 个以上的就业机会）；

8. 创业中心自身拥有 300 万元以上的种子资金或孵化资金，并与创业投资、担保机构等建立了正常的业务联系；

9. 实际运营时间在 3 年以上，经营状况良好；

10. 专业技术型创业中心自身应具备专业技术平台或专业化的中试基地，并具备专业化的技术咨询、专业化的管理培训能力。

第十条 国家高新技术创业服务中心的孵化企业应当具备以下条件：

1. 企业注册地及办公场所必须在创业中心的孵化场地内；

2. 属新注册企业或申请进入创业中心前企业成立时间不到 2 年；

3. 企业在创业中心孵化的时间一般不超过 3 年；

4. 企业注册资金一般不得超过 200 万元；

5. 属迁入企业的，上年营业收入一般不得超过 200 万元；

6. 企业租用创业中心孵化场地面积低于 1000 平方米；

7. 企业从事研究、开发、生产的项目或产品应属于科学技术部等部门颁布的《中国高新技术产品目录》范围；

8. 企业的负责人是熟悉本企业产品研究、开发的科技人员。

第十一条 国家高新技术创业服务中心的毕业企业应当具备以下条件之中至少两条：

1. 经省、自治区、直辖市、计划单列市科技行政主管部门认定为高新技术企业；

2. 有 2 年以上的运营期，经营状况良好，主导产品有一定的生产规模，年技工贸总收入达 500 万元以上，且有 100 万元以上的固定资产和自有资金；

3. 企业建立了现代企业制度和健全的财务制度。

第十二条 申报国家高新技术创业服务中心，应首先向所在地省、自治区、直辖市、计划单列市科技行政主管部门提出申请，经审核后，由省、市科技行政主管部门上报国务院科技行政主管部门。国务院科技行政主管部门组织专家评审，并依据评审意见进行认定。对符合本办法第九条、第十条和第十一条的高新技术创业服务中心颁发"国家高新技术创业服务中心"标牌，予以公布。被认定为国家高新技术创业服务中心的单位与其主管部门的隶属关系不变。

第十三条 国务院科技行政主管部门每年将对国家高新技术创业服务中心进行考核，对连续 2 年达不到条件的高新技术创业服务中心，将取消其国家高新技术创业服务中心的资格。

第四章 政策与措施

第十四条 国家高新技术创业服务中心自认定之日起，一定期限内免征营业税、所得税、房产税和城镇土地使用税；具体办法由国务院财政和税务行政主管部门制订。

第十五条 根据《中华人民共和国中小企业促进法》，各地政府及其相关部门应在规划、用地、财政等方面为创业中心提供政策支持。

第十六条 国务院科技行政主管部门将全国创业中心工作纳入国家科技发展计划。各级地方科技行政主管部门和国家高新技术产业开发区管理机构要将创业中心工作纳入当地的科技发展计划，为创业中心的建设和发展提供必要的支持。

第十七条 国家支持和鼓励各级地方政府建立社会公益性的创业中心，引导带动地方创新体系建设；支持和鼓励企业、个人及其他机构创办多种形式的创业中心。

第十八条 国务院和地方各级科技行政主管部门将不定期对创业中心的工作进行考评,并对在创业中心工作中做出突出贡献的单位和个人给予表彰。

第五章 附 则

第十九条 省级科技行政主管部门可参照本办法的第三章制定省级高新技术创业服务中心认定与管理办法。

第二十条 本办法由国务院科技行政主管部门负责解释。

科技企业孵化器评价指标体系(试行)

(2007年12月20日科学技术部发布 国科发火字[2007]745号)

一、指导思想

为规范我国科技企业孵化器的管理,鼓励并引导科技企业孵化器更好地实现其功能定位,营造自主创新环境,发展高新技术产业,加快科技成果转化,培育创业者和科技型中小企业,促进区域科技创新和经济增长。

二、设计原则

服从并服务于国家目标,从体现科技企业孵化器核心价值(培育科技型小企业、提高企业创新能力、促进区域经济发展)的角度出发建立指标体系;结果评价和过程评价相结合,通过结果评价指标促进孵化器的整体发展,通过过程评价指标引导和规范孵化器的行为标准;多选用效率等比值型指标,少用总量等规模型指标,体现"又好又快"的要求;尽可能使用可统计、可核查的定量指标,减少人为干扰因素;按少、简、易操作的原则选择指标。

三、指标体系

一级指标		二级指标	
名称	权重	名称	权重
社会效益	40	新毕业企业利润增长率	根据年度实际情况及工作重点进行实时调整
		初创期科技型小企业(在孵企业)总数	
		新毕业企业累计税收总额	
		在孵企业拥有自主知识产权数	
孵化效率	25	年度毕业率	
		每千平米孵化面积的高素质员工数	
		每千平米孵化面积的在孵企业数	
服务能力	20	在孵企业平均获得风险投资额	
		孵化器员工本科以上学历所占比例	
		单位面积公共服务平台投资额	
		孵化器孵化场地面积	
发展规范	15	孵化基金与孵化面积的比例	
		服务面积占总面积的比例	
		孵化器经营管理人员与在孵企业的比例	
		孵化器服务收入与总收入的比例	

四、指标定义

1. 社会效益指标:测度孵化器孵化和培育企业的结果,反映孵化器对区域科技创新和区域经济增长的贡献。

a)新毕业企业利润增长率:指从本年度孵化器毕业的企业自入住该孵化器起到本年度的净利润增长率的平均值;

b)初创期科技型小企业(在孵企业)总数:指本年度内符合科技部《科技企业孵化器(高新技术创业服务中心)认定和管理办法》规定条件的在孵企业(以下所有在孵企业均是这个含义)总数;

c)新毕业企业累计税收总额:指本年度从孵化器毕业的企业自入住该孵化器起到本年度所缴纳的各种税收累计总额;

d)在孵企业拥有自主知识产权数:指本年度在孵企业拥有的具有独立支配权或相对控制权的知识产权数量,包括专利、软件著作版权、集成电路布图设计专有权、植物新品种。

2. 孵化效率:测度孵化器投入产出方面的有效性,反映孵化器管理团队的经营效率。

a)年度毕业率:指本年度毕业企业数与企业总数(含本年度毕业企业、年末在孵企业数)的比率;

b)每千平米孵化面积的高素质就业人数:指平均每千平米孵化面积所拥有的在孵企业的本科以上学历就业人数;

c)每千平米孵化面积的在孵企业数:指平均每千平米孵化面积所拥有的在孵企业数;

3. 服务能力:测度孵化器的吸引风险投资能力、提供公共服务能力以及自身管理人员素质,反映孵化器在企业培育方面的综合能力和发展潜力。

a)在孵企业平均获得风险投资额:指本年度在孵企业通过各种方式(包括公募和私募)获得的股本投资总额的平均值;

b)孵化器员工本科以上学历所占比例:指孵化器经营管理队伍中本科及以上学历员工数占员工总数的比例;

c)单位面积公共服务平台投资额:指平均每千平米孵化面积所拥有的由孵化器直接或间接投资建设、运行的面向在孵企业提供共性技术、培训、信息等服务平台的一次性投资额;

d)孵化器孵化场地面积:包括孵化器办公用房、孵化企业用房及中介机构用房等实用建筑面积总额。

4. 发展规范:测度孵化器经营管理是否符合孵化器的发展方向,是否能够持续、健康发展。

a)孵化基金与孵化面积的比例:指孵化器用于企业孵化的资金与孵化器孵化面积之比;

b)服务面积占总面积的比例:指孵化器中服务于在孵企业的中介机构所使用的建筑面积与孵化器建筑面积之比;

c)孵化器经营管理人员与在孵企业的比例:指孵化器在编的经营管理人员与在孵企业数量之比;

d)孵化器服务收入与总收入的比例:指孵化器的总收入中,除房屋租金以外的服务性收入占总收入的比例。

五、分数计算

科技企业孵化器评价指标体系的分数计算按照以下步骤和办法操作:

步骤1. 根据孵化器统计报表提供的数据,按照指标定义,在核实指标数据的基础上计算各指标的实际统计值。

步骤2. 对于社会效益、孵化效率、服务能力三类指标,首先对其所有二级指标的统计值进行无量纲化处理,然后将指标数值百分化,得到各指标的百分制得分。

a)指标统计值无量纲化办法:先求出该项指标在参与评估的孵化器中的极差(最大值与最小值之差),然后将各孵化器该项指标统计值减去该项指标最小值之差,再与其极差值相比,变换公式如下:

$$Y_{ij} = (X_{ij} - X_{imin})/(X_{imax} - X_{imin})$$

其中,i 代表第 i 项指标,j 代表第 j 个孵化器;X_{ij} 为第 j 个孵化器的第 i 项指标数值,X_{imax} 为该指标在全部参评孵化器中指标数值的最大值,X_{imin} 为该指标在全部参评孵化器中指标数值的最小值;Y_{ij} 表示第 j 个孵化器第 i 个指标的无量纲化数值得分。

b)指标值百分化办法:设定同一批次评估中,某项指标最大值的得分为100分,最小值得分为50分,中位数得分为75分,则第 j 个孵化器的第 i 项指标百分化数值得分 Z_{ij} 为:

①若 $Y_{ij} \leq Y_{imid}$,则 $Z_{ij} = [(Y_{ij} - Y_{imin})/(Y_{imid} -$

$Y_{imin}) \times 25] + 50$

②若 $Y_{ij} \geq Y_{imid}$，则 $Z_{ij} = [(Y_{ij} - Y_{imid})/(Y_{imax} - Y_{imid}) \times 25] + 75$

其中，i 代表某项指标，j 代表第 j 个孵化器；Y_{ij} 表示第 j 个孵化器第 i 个指标的无量纲化数值得分；Y_{imin} 为该指标在全部参评孵化器中无量纲化数值得分的最小值；Y_{imax} 为该指标在全部参评孵化器中无量纲化数值得分的最大值；Y_{imid} 为该指标在全部参评孵化器中无量纲化数值得分的中位值，即该指标排序居中的孵化器的指标得分，若参评孵化器数为偶数，则为居中的两个孵化器得分的平均值。

c）为了消除异常值的影响，对于这三类指标的二级指标，将分别根据年度的具体分布情况设定上界值，对于超出上界值的指标，得分统一设定为100，否则按上述办法计算。

步骤3. 对于发展规范类指标，依据每个二级指标的散点图形状以及对部分孵化器资深从业人员的调查意见，设定其取值范围及对应分数，以引导孵化器发展，并消除异常值的影响。发展规范类二级指标得分的计算如下：

发展规范类二级指标	取值区间	计分办法
孵化基金与孵化面积的比例（千元/平方米）	$X_j \geq 0.5$	100 分
	$0.05 \leq X_j < 0.5$	按步骤2计分
	$X_j < 0.05$	50 分
服务面积与总面积的比例（%）	$15 \leq X_j < 25$	100 分
	$5 \leq X_j < 15$ 或 $25 \leq X_j < 30$	按步骤2计分
	$X_j \leq 5$ 或 $X_j \geq 30$	50 分
孵化器经营管理人员与在孵企业的比例（人/家）	$0.3 > X_j \geq 0.1$	100 分
	$0.05 \leq X_j < 0.1$ 或 $0.3 \leq X_j < 0.5$	按步骤2计分
	$X_j < 0.05$ 或 $X_j \geq 0.5$	50 分
孵化器服务收入与总收入的比例（%）	$30 \leq X_j < 60$	100 分
	$5 \leq X_j < 30$ 或 $60 \leq X_j < 80$	按步骤2计分
	$X_j \leq 5$ 或 $X_j \geq 80$	50 分

步骤4. 按照事先设定的指标权重计算综合评价得分：孵化器每个一级指标（如"社会效益"）的得分为其所属二级指标的加权平均值，孵化器总得分为所有一级指标得分的加权平均值。

关于建立国际企业孵化器的工作意见

(1997年9月5日国家科学技术委员会发布　国科发火字[1997]424号)

建立国际企业孵化器,是中国高新技术商品化、产业化和国际化的需要,是高新技术创业服务中心(以下简称创业中心)发展的较高级阶段,是高新技术产业开发区(以下简称高新区)改革开放和强化技术创新功能的重要工作内容。为加快国际企业孵化器的建设与发展,现提出以下意见:

一、国际企业孵化器的性质

国际企业孵化器是由各级政府支持,地方科委或高新区主办,实行企业化管理,面向国内外市场,孵化国内外高新技术成果和小企业,开展技术创新服务,创造国际化优化环境的公益性企事业单位。

二、国际企业孵化器的任务

国际企业孵化器是在经典企业孵化器基础上的发展和提高,是创业中心发展第二次创业的一项重要内容,将在全国创业中心发展的过程中起到积极的示范和引导作用。其主要任务如下:

1. 面向国内外市场,孵化国内外高新技术成果和新办的科技型小企业,使其尽快进入商品化生产;

2. 引入有国际化发展前景的境内中小科技企业和大企业的研究机构,协助寻找合作机会、合作伙伴;

3. 培养我国外向型发展的企业家,使其具有国际水平的管理与竞争能力;培训发展中国家的企业孵化器专家,推动企业孵化器在国际范围内的发展;

4. 帮助海外留学人员回国创办高新技术企业;

5. 推动国内外企业孵化器间和中小科技企业间的合作与交流。

三、国际企业孵化器的标准

1. 拥有一支高素质、专业化、国际化的管理队伍,其中2/3以上的员工具有专业背景,了解国际惯例,熟悉一门外语;1/3以上的员工精通一门外语;其带头人要熟悉企业孵化器业务,熟练掌握一门外语;

2. 具备较完善的基础设施、设备及相应配套环境的孵化条件,其中达到国际水平的孵化场地面积在5000平方米以上;

3. 能够提供与国际接轨的,中外企业比较满意的物业管理、信息咨询、孵化等多方面的优质服务;

4. 在孵企业在30家以上,其中70%以上应为研究开发和生产型科技企业,50%以上为境外中小企业(外商独资或控股)、研究机构和海外留学人员创办的科技企业;

5. 在孵化器的管理和运作上有相对稳定的国际合作伙伴,是国际科学园区或企业孵化器组织的成员;

6. 有广泛的工作网络及服务(专家)网络,保持与国内外的大学、研究机构、企业、科学园区、企业孵化器及有关国际组织经常的交往,建立合作关系;

7. 建立了不低于500万元的创业基金,用于扶持在孵企业的发展。

四、国际企业孵化器的管理及运行

国际企业孵化器应建立和完善适合社会主义市场经济条件下的运行机制和管理方式;在管理上与国际接轨,可采用企业或基金管理方式,积极争取与境外同行进行合资、合作,逐步实现国际水平的现代管理制度和服务规范;国际企业孵化器在注重社会效益的同时应注意资金积累,滚动发展。

五、国际企业孵化器的扶持

1. 所在地应建立国际企业孵化器建设领导

小组，由当地政府及科委、高新区的有关领导组成，研究制定扶持政策，协调解决国际企业孵化器建设与发展中的重大问题；

2. 各地制定扶持国际企业孵化器发展以及吸引孵化企业的政策和措施应包括以下主要内容：

（1）国际企业孵化器和在孵企业根据有关规定可享受高新技术企业和三资企业的有关优惠政策；

（2）国际企业孵化器及其在孵企业上缴税收在地方权限内的应在一定年限内返还国际企业孵化器，用于孵化器及孵化企业的建设与发展；

（3）鼓励海外留学人员回国兴办科技企业的政策；

（4）投入专项资金支持国际企业孵化器的场地建设、设施完善、人员培训、宣传及国际合作等工作。

六、国际企业孵化器的工作进度

1997年8月中旬　各试点单位完成方案及实施计划的修定，以市政府文件的方式正式上报国家科委。

8月底　苏州、北京、西安等国际企业孵化器投入试运营。

1998年上半年　国际企业孵化器试点单位全部投入试运营。

1998—1999年　国家科委将定期对试点单位的工作情况进行考核，对于达到国际企业孵化器标准的试点单位将予以认证并颁发牌匾和证书。

七、建立国际企业孵化器是一项探索性极强、在国际范围内也属于开拓性的工作，对所在地经济、科技和社会发展的大环境要求较高，既可能成功，也可能失败。为在国际企业孵化器的发展中建立激励和竞争机制，各试点单位在1997年8月至1999年8月的两年时间内，如果在工作上未能取得大的进展，将被取消国际企业孵化器的试点单位资格。

关于进一步提高科技企业孵化器运行质量的若干意见

(2003年4月7日科学技术部发布　国科发火字[2003]96号)

科技企业孵化器(以下简称孵化器)是培育和扶植高新技术中小企业的服务机构。孵化器通过为新创办的科技型中小企业提供物理空间和基础设施,提供一系列的服务支持,降低创业者的创业风险和创业成本,提高创业成功率,促进科技成果转化,帮助和支持科技型中小企业成长与发展,培养成功的企业和企业家。

我国1987年创立第一家孵化器,到目前为止,具有一定规模的各类孵化器已达400余家。科技部于2001年制定并发布了《中国科技企业孵化器"十五"期间发展纲要》和《关于"十五"期间大力推进科技企业孵化器发展的意见》,提出了孵化器发展的指导思想、目标和推进措施;2002年6月,全国人大通过了《中华人民共和国中小企业促进法》,进一步确立了孵化器的法律地位。

随着我国改革开放的不断深化和市场经济体制的不断完善,特别是我国加入WTO后,孵化器的服务水平已不能充分满足经济与科技发展的需求。为了更好地贯彻落实《中华人民共和国中小企业促进法》和科技部关于科技企业孵化器发展的有关文件精神,进一步提升我国孵化器的管理和服务水平,促进孵化器的健康发展,特提出如下意见:

一、进一步明确孵化器的社会任务和功能定位

1. 孵化器是由于社会专业化分工而产生的旨在促进和实现高新技术产业化的社会经济组织。其主要作用是向打算创业的科技人员和处于创业初期的科技型中小企业提供必要的资源和服务,降低创业成本,提高创业成功率,促进科技成果转化,培育科技型企业和企业家。它对推动高新技术产业发展、完善国家和区域创新体系、繁荣经济发挥着重要的作用,具有重大的社会经济意义。

2. 孵化器应努力建设完善以下功能:市场定位功能,帮助在孵企业把握市场,并形成一定的市场竞争力;成果转化功能,在研究开发与产业之间起"接力"作用,以促进科技成果的转化和应用;产业培育功能,使中小科技企业加速成长,尽快产业化、规模化;要素集成功能,将资金、技术、人才、信息、管理、市场等各种资源加以整合和集成,形成资源的优化配置;更新价值观的功能,努力形成创新创业文化氛围,促使人们的创业与就业观念、市场观念、风险意识、合作协作精神的转变和形成,并建立适应社会主义市场经济的价值观。

二、正确处理孵化器建设与发展过程中的各种关系

3. 在区域发展中,要正确处理孵化器数量与孵化器质量的关系。不仅要重视孵化器数量的发展,更要重视孵化器质量的提高,充分发挥孵化器的各项功能。要适应当地高新技术特色产业发展和经济增长的需求,因地制宜地选择孵化器的发展模式,支持有条件的高等院校、研究机构、大型企业(包括民营企业)创建孵化器,特别是组建专业技术企业孵化器,在高新技术产业的重点领域培育一批具有核心竞争力的高新技术企业。

4. 正确处理孵化器硬件建设与软件建设的关系。孵化器孵化基础设施的建设应以实用为目的,软件环境建设是重点。孵化器要构建健全、有效地支持服务体系,注重营造良好的创业氛围,提高孵化服务的能力与水平。

5. 正确处理好经济效益与社会效益的关系。考核孵化器应当以社会效益为主,兼顾经济效益,避免孵化器偏离其宗旨。

6. 正确处理政府与孵化器的关系。政府应从政策上支持和引导孵化器健康、有序的发展，不直接干预孵化器的内部运作；孵化器要在政府的支持和引导下，构建有效的孵化服务体系，不断提升自己的服务质量和水平。

三、继续支持和推进孵化器的建设

7. 科技部将进一步加强对全国孵化器建设的指导和支持，将其作为加强全国高新技术产业化工作，推动国家高新区"二次创业"的重要任务之一；建立孵化器专项资金，用于支持孵化器服务平台的建设，组织和引导社会资源（包括各类创投公司）向孵化器及在孵企业配置；支持和指导全国性孵化器网络组织的建立和发展，对孵化器进行科学评估，促进孵化器的健康发展。

8. 地方政府及其有关部门应当将孵化器的建设与发展纳入当地国民经济和科技进步的发展规划，并制订孵化器的专项发展计划；重视孵化器管理人才的培养与引进，探索合理的分配机制。地方政府应设立孵化专项资金，用于支持孵化器的建设与运作，支持在孵企业。

四、充分发挥孵化器行业组织的作用

9. 全国性孵化器行业组织要建立行业规范，组织全国性孵化器经验交流、学术研讨等活动；为孵化器的建设和发展提供咨询服务；受科技部委托，对成员孵化器进行考核与评价的具体工作。

10. 鼓励建立区域性、地方性孵化器行业组织。区域性、地方性孵化器行业组织要推进区域内和地区内孵化器合作、资源共享、信息交流；要当好地方政府及科技部门的参谋和助手；发挥网络优势，集成当地社会资源，促进成员孵化器之间的合作、交流和资源共享；组织对具有共性、全局性的问题进行调研，提出解决措施或建议。

五、孵化器提高孵化水平与质量的若干措施

11. 孵化器要强化孵化服务观念，以在孵企业为中心，努力满足在孵企业成长和发展过程中的需要；树立有效服务的观念，注重服务水平和质量，不断增强服务能力，有针对性地帮助解决在孵企业创立和发展过程中遇到的问题。

12. 建立企业或项目入驻、毕业、管理与服务的规范，优化孵化器业务流程，做到组织结构合理、责任明确。鼓励科技企业孵化器开展服务规范化和标准化建设，提高服务质量，有条件的可组织开展服务质量认证等相关工作。

13. 积极创造条件吸引和留住人才，建立知人善用、人尽其才的用人制度和激励机制，全面提高孵化队伍的整体素质。孵化器的负责人应当有奉献精神，具备较强的社会活动能力，有科技工作背景，熟悉企业运作，懂得投融资业务。

14. 孵化器应当提供办公场地、通信系统、计算机网络系统等创业所需要的基本设施和全天候的物业服务、商务服务。

15. 构建有效的投融资服务、管理咨询与培训服务、技术服务和中介服务等平台。专业孵化器是孵化从事某一专业技术领域的企业，应当具备专业技术平台和有专业背景的管理队伍。

16. 孵化器要进行服务方式的创新，引入社会力量为孵化器及其在孵企业提供服务，推进孵化服务的社会化。孵化器要发挥自己的优势，对于自身没有优势的服务项目，要充分发挥和借助社会机构的力量，引入专业化的服务；要探索有偿服务的方式和方法，通过有偿孵化服务促使孵化器提高服务质量和服务效率，改进服务态度，使在孵企业能获得水平和质量不断提高的个性化孵化服务。

17. 科技部将制定颁布国家科技企业孵化器评价指标体系，定期对国家科技企业孵化器的基础功能、孵化企业水平、孵化企业成效等方面进行评价，并公布评价结果。

关于进一步推进国家大学科技园建设与发展的意见

(2004年12月1日科学技术部、教育部发布　国科发高字[2004]487号)

为进一步贯彻党的十六大精神和《中共中央国务院关于加强技术创新,发展高科技,实现产业化的决定》,深入实施"科教兴国"战略,深化科技、教育体制改革,推动科技、教育与经济紧密结合,坚持走产学研结合的道路,积极推进世界一流大学和高水平研究型大学建设,加快科技成果转化和高新技术产业化进程,推动国家大学科技园(以下简称"大学科技园")建设与发展,特提出如下意见。

一、大学科技园是国家创新体系的重要组成部分,是区域经济发展和行业技术进步的主要创新源泉之一,是高等学校实现社会服务功能和产学研结合的重要平台,也是新时期高等学校教育体系的重要组成部分。一流的大学科技园是一流大学的重要标志之一。

二、大学科技园应当在政府的指导和推动下,充分发挥高等学校的积极性,吸引社会力量广泛参与,实行精简高效的管理模式和市场化的运行机制。

三、鼓励各级地方政府将大学科技园纳入当地经济与社会发展规划,作为培育区域经济新的增长点,推动产业结构调整、优化与升级,加速城镇化进程的重要手段,积极营造良好环境,支持和推动大学科技园快速健康发展。

四、鼓励地方政府有关部门在规划、用地、财政等方面提供政策支持,推进大学科技园的建设与发展,并将有关优惠政策落实到大学科技园及其在孵企业。大学科技园所在地科技、教育行政管理部门应制订积极的政策措施,在项目、经费等方面给予重点扶持并把大学科技园作为国家高新技术产业开发区二次创业的重要创新源泉。

五、高等学校要高举"发展高科技,实现产业化"的旗帜,坚持面向国民经济主战场,坚定不移地走教学、科研、社会服务协调发展之路。高等学校要充分认识到发展高新技术产业,兴办大学科技园是中国高等教育发展的一项创举,是中国高等教育发展的优势所在,是既顺应世界高等教育发展潮流,又符合中国国情的一项重大抉择。

六、高等学校要充分认识大学科技园对高等学校发展的重要作用,将大学科技园的建设与发展纳入学校整体建设与发展规划,在大学科技园规划、建设和发展中发挥核心作用,采取切实措施,积极推动大学科技园的建设与发展。教育部将把大学科技园建设与发展水平作为对依托高等学校评估考核的重要指标。

七、高等学校要切实加强对大学科技园建设与发展的组织领导,成立相应的领导机构和运行管理机构,在人才、技术、装备和信息等资源方面进一步向大学科技园开放,使大学科技园成为高等学校资源和社会资源结合与汇聚的平台。

八、高等学校要深化科技体制改革,进一步完善对高新技术产业化工作的评价导向,制定和落实相应的激励政策,鼓励师生到大学科技园创业,把大学科技园的创业教育纳入学校的教学体系,不断探索和完善有利于大学科技园可持续发展的运行机制,使大学科技园成为高等学校科技成果转化与产业化的主要通道。

九、高等学校要重视大学科技园在培养人才方面的积极作用,不断建立和完善人才培养的机制,在大学科技园内有重点地布局和构建学生实习、实践基地,培养创新、创业人才。

十、大学科技园发展规划要与所在地方经济与社会发展规划相适应,与地方特色产业结合,发展高新技术产业,利用高新技术改造传统产业,向国家高新技术产业开发区、经济技术开发区等转移科技企业、辐射科研成果、输送科技企业家,推动区域经济建设和社会发展。

十一、大学科技园要实现与高等学校学科建设的良性互动。通过资源整合,将高等学校源头创新的科技成果进行转化与产业化,通过技术创新、技术转移、企业孵化和创业服务,为高等学校的学科建设、人才培养和学生就业提供支持;通过与国内外知名企业和研究机构的密切合作,促进高等学校科技创新能力的提升。

十二、大学科技园必须加强创新创业、增值服务等条件与能力建设,建设一支职业化、规范化、专业化、高素质的创业管理与服务队伍,在创业辅导、企业诊断、市场营销、投资融资、产权交易、技术支持、人才引进、人才培训、对外合作、展览展销和法律咨询等方面为高等学校师生入园创业提供服务,源源不断地培育科技型企业家和创新型科技企业。

十三、大学科技园要进一步明确建设方向,积极发展,规范企业入孵、毕业退出和利益分配等方面的管理,建立明确的退出机制。

十四、科技部、教育部将把大学科技园的建设与发展纳入国家中长期科学和技术发展规划,并通过有关发展计划,加强对大学科技园的支持。设立专项经费,建立大学科技园创业服务公共信息网络平台,实现信息资源共享、网络孵化服务,推动大学科技园建立战略联盟。

十五、科技部、教育部鼓励大学组建专业化的管理公司实施园区运作,并支持符合条件的大学科技园管理公司按程序认定为高新技术企业,并享受有关优惠政策。

十六、科技部、教育部将支持大学科技园内的科技企业孵化器(创业中心)按照有关规定,争创国家高新技术创业服务中心,并在其中选择有条件的开展科技型中小企业技术创新基金小额资助试点工作。

十七、科技部、教育部将积极推动大学科技园的国内外合作与交流,创造条件开展大学科技园管理人才国际培训,推动大学科技园的国际合作。

十八、科技部、教育部将加强对大学科技园建设与发展的政策研究,结合已开展的大学科技园统计工作,建立健全大学科技园评估指标体系,对大学科技园实行定期评估、动态管理。

国家大学科技园认定和管理办法

(2006年11月24日科学技术部、教育部发布　国科发高字[2006]487号)

第一章　总　　则

第一条　为实施《国家中长期科学和技术发展规划纲要(2006—2020年)》(国发[2005]44号,以下简称《规划纲要》),营造激励自主创新的环境,提高国家大学科技园的发展水平和自主创新能力,加强和规范国家大学科技园的管理,促进其持续健康发展,努力建设创新型国家,根据《国务院关于实施〈国家中长期科学和技术发展规划纲要(2006—2020年)〉的若干配套政策的通知》(国发[2006]6号),制定本办法。

第二条　国家大学科技园是以具有较强科研实力的大学为依托,将大学的综合智力资源优势与其他社会优势资源相结合,为高等学校(以下简称为高校)科技成果转化、高新技术企业孵化、创新创业人才培养、产学研结合提供支撑的平台和服务的机构。

第三条　国务院科技和教育行政管理部门负责对国家大学科技园进行宏观管理和指导;各省、自治区、直辖市、计划单列市的科技、教育行政管理部门负责对本地区国家大学科技园进行管理和指导;高校是国家大学科技园建设发展的主要依托单位。

第二章　功能与定位

第四条　国家大学科技园是国家创新体系的重要组成部分和自主创新的重要基地,是高校实现产学研结合及社会服务功能的重要平台之一,是高新技术产业化和国家高新技术产业开发区"二次创业"以及推动区域经济发展、支撑行业技术进步的主要创新源泉之一,是中国特色高等教育体系的组成部分。一流的国家大学科技园是一流大学的重要标志之一。

第五条　国家大学科技园是高校科技成果转化与产业化的重要通道,主要功能是充分利用高校的人才、学科和技术优势,孵化科技型中小企业,加速高校科技成果的转化与产业化,开展创业实践活动,培育高层次的技术、经营和管理人才。

第六条　国家大学科技园应建立适应社会主义市场经济的管理体制和运行机制,通过多种途径完善园区基础设施建设、服务支撑体系建设、产业化技术支撑平台建设、高校学生实习和实践基地建设,为入园创业者提供全方位、高质量的服务。

第三章　认定与管理

第七条　各省、自治区、直辖市、计划单列市的大学科技园,由省级科技和教育行政管理部门向国务院科技和教育行政管理部门提出国家大学科技园认定申请,并提交《国家大学科技园认定申请报告》(报告提纲见附件);国务院科技和教育行政管理部门组织专家组对其进行现场评估,根据专家组评估意见予以认定。

第八条　《国家大学科技园认定申请报告》的内容和数据应可核查。

第九条　申请认定国家大学科技园,应具备以下条件:

1. 具有完整的发展规划,发展方向明确,实际运营时间在2年以上,经营状况良好。

2. 必须有具备独立法人资格的专业化管理机构。

3. 具有边界清晰、相对集中、法律关系明确、可自主支配的园区建筑面积15 000平方米以上，其中孵化场地面积10 000平方米以上。

4. 地方政府和依托高校应有支持大学科技园发展的具体政策，高校资源向大学科技园开放。

5. 大学科技园50%以上的企业在技术、成果、人才方面与依托高校有实质性关联。

6. 机构设置合理，有专门的经营管理团队，管理人员中本科以上学历占85%以上。

7. 服务设施齐备，功能完善，可为企业提供商务、融资、信息、咨询、市场、交流、国际合作等多方面的服务。

8. 管理规范，具有严格的财务管理制度，自身及在孵、在园企业的统计数据齐全。

9. 园内的在孵企业达50家以上。

10. 为社会提供1000个以上的就业机会。

11. 与创业投资、风险投资、担保机构等建立合作关系。

第十条 国家大学科技园的孵化企业应具备以下条件：

1. 企业注册地及工作场所必须在大学科技园的工作场地内。

2. 属新注册企业或申请进入大学科技园前企业成立时间一般不超过3年。

3. 企业在大学科技园孵化的时间一般不超过3年。

4. 企业注册资金一般不超过500万元。

5. 迁入的企业，上年营业收入一般不超过200万元。

6. 企业租用大学科技园孵化场地面积不高于1000平方米。

7. 企业负责人应熟悉本企业产品的研究、开发。

第十一条 国家大学科技园实施统计年报制度，国务院科技和教育行政管理部门委托有关机构负责统计数据的收集和整理，各国家大学科技园应在每年3月31日前将上一年度建设发展绩效统计报表报送指定的机构，并同时抄报所在省级科技和教育行政管理部门。

第十二条 国务院科技和教育行政管理部门每3年对国家大学科技园进行考核，实行动态管理。对达不到考核条件的国家大学科技园，限期整改，对整改后仍不能达到考核条件的，将取消其"国家大学科技园"的资格。

第四章 政策与措施

第十三条 国家大学科技园自认定之日起，一定期限内免征营业税、所得税、房产税和城镇土地使用税；具体办法由国务院财政和税务行政管理部门制订。

第十四条 国务院科技和教育行政管理部门负责宏观管理和指导国家大学科技园的建设、运行和发展，组织制定支持国家大学科技园建设与发展的方针、政策，编制国家大学科技园发展规划，把国家大学科技园的工作纳入国家科技和教育发展计划。根据建设发展绩效统计报表等对国家大学科技园进行年度绩效评价，对成绩突出的国家大学科技园给予支持。

第十五条 各省、自治区、直辖市和计划单列市人民政府应贯彻执行支持国家大学科技园建设和发展的各项方针和政策，将国家大学科技园工作纳入当地科技和教育发展规划，为国家大学科技园建设和发展提供必要的支持，并将国家有关优惠政策落实到国家大学科技园管理机构及其在孵、在园企业。

第十六条 高校要将国家大学科技园的建设与发展纳入学校整体建设与发展规划，在大学科技园规划、建设与发展中发挥核心作用。制定和落实相应的激励政策，向国家大学科技园开放学校的各种资源，鼓励师生到园区创业，并在园区内构建学生实习和实践基地，鼓励把国家大学科技园创业教育纳入学校的教学体系，使国家大学科技园成为高校科技成果转化与产业化的重要基地。

第十七条 充分发挥国家大学科技园协会的作用，加强行业自律。

第五章 附 则

第十八条 各省、自治区、直辖市和计划单列市的科技、教育行政管理部门可参照本办法制定相应的实施办法和细则。

第十九条 本办法由国务院科技和教育行政管理部门负责解释。

第二十条 本办法自发布之日起实施。

附件：

《国家大学科技园认定申请报告》提纲

1. 大学科技园发展规划：包括整体规划内容、与区域经济或行业技术发展规划的协调性、与依托大学发展规划的协调性。

2. 创新创业环境：包括硬件基础设施环境、创业公共服务体系、产业化支撑服务平台等。

3. 科技园发展绩效情况：包括园区内各类企业情况、研发机构和培训机构及大学生就业实践基地情况、成果转化能力、自主创新能力、对依托大学的贡献、从业人员的素质及水平情况等，并提供若干个典型的孵化企业的案例。

4. 科技园管理水平：包括科技园的机构设置和管理团队、管理体制和运行机制。

5. 依托高校的支持情况：包括政策制定与落实情况、资源开放程度、对科技园的投入情况。

6. 地方政府的支持情况：包括政策的制定与落实情况、对科技园的投入情况。

7. 建设特色和创新点：如根据学校专业设置的特点、行业特色、区域特色等因地制宜、积极发展。

【参阅目录】

生产力促进中心"十一五"发展规划纲要
  国科发高字[2006]475号
  2006年11月27日
中国科技企业孵化器"十一五"发展规划纲要
  国科发火字[2006]422号
  2006年10月17日
国家大学科技园"十一五"发展规划纲要
  国科发高字[2006]496号
  2006年12月6日

科技条件与标准

中华人民共和国标准化法

(1988年12月29日第七届全国人民代表大会常务委员会第五次会议通过　1988年12月29日中华人民共和国主席令第11号公布　自1989年4月1日起施行)

第一章　总　则

第一条　为了发展社会主义商品经济,促进技术进步,改进产品质量,提高社会经济效益,维护国家和人民的利益,使标准化工作适应社会主义现代化建设和发展对外经济关系的需要,制定本法。

第二条　对下列需要统一的技术要求,应当制定标准:

(一)工业产品的品种、规格、质量、等级或者安全、卫生要求。

(二)工业产品的设计、生产、检验、包装、储存、运输、使用的方法或者生产、储存、运输过程中的安全、卫生要求。

(三)有关环境保护的各项技术要求和检验方法。

(四)建设工程的设计、施工方法和安全要求。

(五)有关工业生产、工程建设和环境保护的技术术语、符号、代号和制图方法。

重要农产品和其他需要制定标准的项目,由国务院规定。

第三条　标准化工作的任务是制定标准、组织实施标准和对标准的实施进行监督。

标准化工作应当纳入国民经济和社会发展计划。

第四条　国家鼓励积极采用国际标准。

第五条　国务院标准化行政主管部门统一管理全国标准化工作。国务院有关行政主管部门分工管理本部门、本行业的标准化工作。

省、自治区、直辖市标准化行政主管部门统一管理本行政区域的标准化工作。省、自治区、直辖市政府有关行政主管部门分工管理本行政区域内本部门、本行业的标准化工作。

市、县标准化行政主管部门和有关行政主管部门,按照省、自治区、直辖市政府规定的各自的职责,管理本行政区域内的标准化工作。

第二章　标准的制定

第六条　对需要在全国范围内统一的技术要求,应当制定国家标准。国家标准由国务院标准化行政主管部门制定。对没有国家标准而又需要在全国某个行业范围内统一的技术要求,可以制定行业标准。行业标准由国务院有关行政主管部门制定,并报国务院标准化行政主管部门备案,在公布国家标准之后,该项行业标准即行废止。对没有国家标准和行业标准而又需要在省、自治区、直辖市范围内统一的工业产品的安全、卫生要求,可以制定地方标准。地方标准由省、自治区、直辖市标准化行政主管部门制定,并报国务院标准化行政主管部门和国务院有关行政主管部门备案,在公布国家标准或者行业标准之后,该项地方标准即行废止。

企业生产的产品没有国家标准和行业标准的,应当制定企业标准,作为组织生产的依据。企业的产品标准须报当地政府标准化行政主管部门和有关行政主管部门备案。已有国家标准或者行业标准的,国家鼓励企业制定严于国家标准或者行业标准的企业标准,在企业内部适用。

法律对标准的制定另有规定的,依照法律的规定执行。

第七条　国家标准、行业标准分为强制性标准和推荐性标准。保障人体健康，人身、财产安全的标准和法律、行政法规规定强制执行的标准是强制性标准，其他标准是推荐性标准。

省、自治区、直辖市标准化行政主管部门制定的工业产品的安全、卫生要求的地方标准，在本行政区域内是强制性标准。

第八条 制定标准应当有利于保障安全和人民的身体健康，保护消费者的利益，保护环境。

第九条 制定标准应当有利于合理利用国家资源，推广科学技术成果，提高经济效益，并符合使用要求，有利于产品的通用互换，做到技术上先进，经济上合理。

第十条 制定标准应当做到有关标准的协调配套。

第十一条 制定标准应当有利于促进对外经济技术合作和对外贸易。

第十二条 制定标准应当发挥行业协会、科学研究机构和学术团体的作用。

制定标准的部门应当组织由专家组成的标准化技术委员会，负责标准的草拟，参加标准草案的审查工作。

第十三条 标准实施后，制定标准的部门应当根据科学技术的发展和经济建设的需要适时进行复审，以确认现行标准继续有效或者予以修订、废止。

第三章 标准的实施

第十四条 强制性标准，必须执行。不符合强制性标准的产品，禁止生产、销售和进口。推荐性标准，国家鼓励企业自愿采用。

第十五条 企业对有国家标准或者行业标准的产品，可以向国务院标准化行政主管部门或者国务院标准化行政主管部门授权的部门申请产品质量认证。认证合格的，由认证部门授予认证证书，准许在产品或者其包装上使用规定的认证标志。

已经取得认证证书的产品不符合国家标准或者行业标准的，以及产品未经认证或者认证不合格的，不得使用认证标志出厂销售。

第十六条 出口产品的技术要求，依照合同的约定执行。

第十七条 企业研制新产品、改进产品，进行技术改造，应当符合标准化要求。

第十八条 县级以上政府标准化行政主管部门负责对标准的实施进行监督检查。

第十九条 县级以上政府标准化行政主管部门，可以根据需要设置检验机构，或者授权其他单位的检验机构，对产品是否符合标准进行检验。法律、行政法规对检验机构另有规定的，依照法律、行政法规的规定执行。

处理有关产品是否符合标准的争议，以前款规定的检验机构的检验数据为准。

第四章 法律责任

第二十条 生产、销售、进口不符合强制性标准的产品的，由法律、行政法规规定的行政主管部门依法处理，法律、行政法规未作规定的，由工商行政管理部门没收产品和违法所得，并处罚款；造成严重后果构成犯罪的，对直接责任人员依法追究刑事责任。

第二十一条 已经授予认证证书的产品不符合国家标准或者行业标准而使用认证标志出厂销售的，由标准化行政主管部门责令停止销售，并处罚款；情节严重的，由认证部门撤销其认证证书。

第二十二条 产品未经认证或者认证不合格而擅自使用认证标志出厂销售的，由标准化行政主管部门责令停止销售，并处罚款。

第二十三条 当事人对没收产品、没收违法所得和罚款的处罚不服的，可以在接到处罚通知之日起十五日内，向作出处罚决定的机关的上一级机关申请复议；对复议决定不服的，可以在接到复议决定之日起十五日内，向人民法院起诉。当事人也可以在接到处罚通知之日起十五日内，直接向人民法院起诉。当事人逾期不申请复议或者不向人民法院起诉又不履行处罚决定的，由作出处罚决定的机关申请人民法院强制执行。

第二十四条 标准化工作的监督、检验、管理人员违法失职、徇私舞弊的，给予行政处分；构成犯罪的，依法追究刑事责任。

第五章 附 则

第二十五条 本法实施条例由国务院制定。

第二十六条 本法自一九八九年四月一日起施行。

2004—2010年国家科技基础条件平台建设纲要

(2004年7月3日国务院办公厅转发 2004年6月2日科技部、
发展改革委、教育部、财政部发布 国办发[2004]55号)

国家科技基础条件平台建设是充分运用信息、网络等现代技术,对科技基础条件资源进行的战略重组和系统优化,以促进全社会科技资源高效配置和综合利用,提高科技创新能力。为指导国家科技基础条件平台(以下简称"平台")建设,特制定本纲要。

一、指导思想和原则

(一)指导思想

在邓小平理论、"三个代表"重要思想的指导下,以全面提高国家科技创新能力和增强国际竞争力为目标,以改革为动力,以建立共享机制为核心,以资源系统整合为主线,坚持以人为本,遵循市场经济规律,充分运用现代信息技术,利用国际资源,搭建具有公益性、基础性、战略性的科技基础条件平台,有效改善科技创新环境,增强持续发展能力,为科技长远发展与重点突破提供强有力的支撑。

(二)建设原则

1. 突出共享,制度先行。以资源共享为核心,打破资源分散、封闭和垄断的状况,积极探索新的管理体制和运行机制。加快推进制定和修改有关法律、法规、规章和标准,理顺各种关系。

2. 统筹规划,分步实施。强化顶层设计和统一规划。按照不同类型科技基础条件资源的特点和发展规律,结合东、中、西部地区的发展需求,突出重点,试点先行,分阶段积极稳妥地推进平台建设。

3. 综合集成,优化配置。按照整合、共享、完善、提高的要求,有效调控增量资源,激活存量资源,最大限度发挥现有资源的潜能。

4. 政府主导,多方共建。中央和地方政府在公共科技资源供给中发挥主导作用的同时,充分调动高等院校、科研院所、中介机构、行业协会、企业等各方面的积极性,参与资源整合与建设。

二、目标和任务

(一)建设目标

近期,制定并颁布平台建设的总体规划,完成若干重点领域和区域科技基础条件资源的整合,实施一批对推动科技创新具有重要意义、能够有效带动资源共享的试点、示范工程,初步形成以共享为核心的制度框架,构建重要科技基础条件资源信息平台。

到2010年,初步建成适应科技创新需求和科技发展需要的科技基础条件支撑体系,以共享机制为核心的管理制度,与平台建设和发展相适应的专业化人才队伍和研究服务机构。为最终形成布局合理、功能完善、体系健全、共享高效的国家科技基础条件平台奠定基础。

(二)主要任务

1. 构建和完善物质与信息保障系统。制定科学、合理、统一的技术标准和规范,研究开发相关技术,对现有的大型科学仪器、设备、设施、科学数据、科技文献、自然科技资源等进行整合、重组和优化,充分利用国际资源,加快实现资源的信息化、网络化,建立适当集中与适度分布相结合的资源配置格局。

2. 建立以共享为核心的制度体系。制订、公布《科技资源管理法》,加快推进修改、制定一系列配套的法律、法规、规章和标准,明确各相关主体的责任、权利和义务,建立和完善激励机制和评估监测机制,推进管理方式创新,创造公共资源公平使用的法制环境。

3. 培育专业化的人才队伍和机构。深化科研机构人事制度改革,完善评价体系,建立人才凝聚机制,培育、形成一支专门从事科技基础条件管理与技术支撑的人才队伍。

三、平台建设重点

(一)研究实验基地和大型科学仪器、设备共享平台

1. 在整合国家、部门、地方相关研究实验资源的基础上,组建跨领域、高水平的国家基础性研究实验基地,提高重点领域的装备水平,打破封闭,营造开放、共享的研究实验环境。

2. 在巩固区域性大型科学仪器协作共用网的基础上,推进大型科学仪器、设备、设施的建设与共享,逐步形成全国性的共享网络,提高仪器、设施的综合利用效益。

3. 对现有的野外观测台站(网)进行评估、筛选、整合与重组,加快信息化建设,改善台站观测环境和科研条件,形成一批联网运行和资源共享的综合性、专业性野外观测实验基地。

(二)自然科技资源共享平台

1. 加强动物、植物种质资源,微生物菌种、人类遗传资源,标准物质、实验材料,岩矿化石标本和生物标本等资源的搜集、保藏和安全保护,整合和完善国家种质资源库、国家实验材料和标准物质资源库、国家岩矿化石标本和生物标本资源库(馆)。

2. 按照统一规范的要求,提高资源加工、利用的数字化水平和管理水平,完善信息化、网络化的服务体系,形成体现区域特色、质量稳定、库藏不断增加、保存和利用水平持续提高的自然科技资源保障体系。

(三)科学数据共享平台

1. 打破条块分割,对相关部门和行业长期持续积累的数据资源,以及国家科技计划项目的数据进行整理、汇交和建库。抢救濒临丢失的重要科学数据,重要历史资料要尽快做到数字化。

2. 以政府资助获取与积累的科学数据资源为重点,整合相关的主体数据库,构建集中与分布相结合的国家科学数据中心群。提高与国际科学数据组织的信息交换能力,推动面向各类创新主体的共享服务网建设,形成国家科学数据分级分类共享服务体系。

(四)科技文献共享平台

1. 扩充、集成科技文献资源,加强专利、工艺、标准、科技报告等文献资源的建设。实现印刷版和电子版、网络版资源互补。开辟利用国际科技文献资源的各种渠道。

2. 加强数字图书馆标准的研究,逐步建设各类数字化的科技文献资源库。促进相关部门、地方科技文献网络系统的对接和共享。鼓励各类文献服务机构采用多种现代化手段和服务方式,构建种类齐全、结构合理的国家科技文献资源保障和服务体系。

(五)成果转化公共服务平台

1. 充分发挥共性技术开发、中间试验、产品测试等方面机构的作用,并根据产业发展的需要,提高其配套和工程化技术服务水平。

2. 构建技术交流与技术交易信息平台,提升技术市场的信息化服务水平,强化相关科技中介机构的服务功能。

3. 完善高新技术开发区和其他各类科技工业园的服务和孵化功能,营造科技产业化的良好环境。

(六)网络科技环境平台

1. 推进大型科学仪器设备的远程应用,研究开发网络实验系统和远程仪器设备控制系统,选择若干重大科学领域构建网络实验环境。

2. 发挥高性能计算中心功能,构建数据网格、计算网格,实现计算资源的共享。

3. 充分利用现代网络技术和公共网络基础设施,构建服务于全社会科技活动的跨地域、实时的网络协同环境。

四、保障措施

(一)加强组织领导,落实组织措施

1. 建立平台建设与运行的管理体系。加强政府宏观调控能力和监管责任,成立国家科技基础条件平台建设的协调、咨询机构,推进平台建设。

2. 地方人民政府要根据本地特点和需求,采取有效的组织保障措施,加强区域性科技基础条件平台建设。

(二)完善法规体系,强化制度创新

1. 加强科技基础条件资源保护、开发、共享的立法工作,推进科技成果转化服务等方面法规的制订工作,注重平台建设的政策法规与其他政策法规的配套与衔接。

2. 结合各类科技机构改革,按照职责明确、评价科学、开放有序和管理规范的原则,健全保障平台建设与运行的绩效考核机制、共享监管机制和人才评价机制,形成科学的组织管理模式和有效的运行机制。

(三)加强投资导向,调整支出结构

1. 在建设投资和科技经费安排中,加强平台建设的投资导向,形成以中央与地方财政资金为主导的多渠道投入格局。

2. 深化资源配置方式改革,调整财政科技经费支出的结构,结合平台建设总体要求,统筹安排涉及科技基础条件建设和相关科技计划的经费。

3. 落实运行经费渠道,使平台运行得到稳定的经费支持。

4. 制定相应政策,鼓励和引导社会资金参与平台建设。

5. 强化平台建设的资金管理,完善资金管理制度和资金使用的绩效考评制度,提高资金使用的规范性和有效性。

(四)建立平台评估监测体系

1. 加强平台建设的科学决策和监督管理,建立评估监测机制和相应的保障系统,确保平台的高效运行和国有资产安全及有效使用。

2. 建立评估监测信息汇集与分析系统,逐步形成评估监测信息工作网络,开展多元化的评估监测活动,实现社会监督。

(五)积极开展国际合作与交流

1. 加强与相关国家及国际组织的联系,建立稳定的合作渠道,实现国际间科技基础条件资源互补共享。

2. 学习国外先进的经验和技术,借鉴和引进国外科技基础条件管理方面成熟的制度及标准规范。

(六)营造良好的社会氛围

1. 采取多种方式,宣传和弘扬科技基础条件资源共建共享的理念,提高社会公共资源的共享意识。

2. 与科普活动相结合,创造开放条件,使越来越多的社会成员享有使用平台资源和参与科技创新的机会,促进全民科学文化素质的提高。

关于加强创新方法工作的若干意见

(2008年4月23日科学技术部、发展改革委、教育部、中国科协发布　国科发财[2008]197号)

为贯彻党的十七大精神,落实科学发展观和《国家中长期科学和技术发展规划纲要(2006—2020年)》,切实加强创新方法工作,从源头上推进创新型国家建设,根据新修订颁布的《科学技术进步法》有关要求,提出本意见。

一、加强创新方法工作的重要性和紧迫性

创新方法是科学思维、科学方法和科学工具的总称。加强创新方法工作,切实做好科学思维、科学方法和科学工具的研究与应用具有重要的意义。首先,科学思维的创新是科学技术取得突破性、革命性进展的先决条件。科学思维不仅是一切科学研究和技术发展的起点,而且始终贯穿于科学研究和技术发展的全过程,是创新的灵魂。其次,科学方法的突破是实现科学技术跨越式发展的重要基础。只有掌握一批具有自主知识产权的关键方法和核心技术,降低对国外方法和技术的依赖,才能真正提高自主创新能力。第三,科学工具的创新是开展科学研究和实现发明创造的必要手段。科学工具是最重要的科技资源之一,一流的科学研究和技术发展往往离不开一流的科学工具。现代科技的重大突破越来越依赖于先进的科学工具,掌握了最先进的科学工具就掌握了科技发展的主动权。

党的十七大明确提出,提高自主创新能力,建设创新型国家是国家发展战略的核心,是提高综合国力的关键。"自主创新,方法先行",创新方法是自主创新的根本之源。国际上创新型国家普遍重视创新思维的培养,超前部署原始创新方法研究和推广,设立专项资金鼓励科学仪器设备等科学工具的自主研发,不断强化本国的核心竞争力。长期以来,我国对创新方法工作重视相对不够,科学思维培育相对落后,科技活动仍未摆脱跟踪模仿的局面,自主创新成果较少,高精尖科学仪器设备严重依赖进口,与加强自主创新、建设创新型国家的战略要求极其不相适应。这就要求我们要解放思想,转变观念,将创新方法作为一项长期性、战略性工作来抓,切实从源头上提升自主创新能力、推进创新型国家建设。

二、指导思想和总体目标

创新方法工作要在中国特色社会主义理论体系指导下,深入贯彻落实科学发展观,紧密围绕自主创新战略和建设创新型国家的重大需求,坚持政府引导、多方参与、试点先行、稳步推进,立足国情、注重实效的原则,重点面向企业、科研机构、教育系统三个群体,大力推进科学思维、科学方法、科学工具的发展。

创新方法工作要强化机制创新、管理创新与体制创新,积极营造良好的创新环境,形成全社会关注创新、学习创新、勇于创新的良好社会氛围。建立有利于创新型人才培育的素质教育体系,实现由应试教育向素质教育的转变;逐步改变我国科学研究和技术开发跟踪模仿、高精尖科学仪器设备依赖进口的局面。培养一大批掌握科学思维、科学方法和科学工具的创新型人才,催生一批具有自主知识产权的科学方法和科学工具,培育一批拥有自主知识产权和持续创新能力的创新型企业。为自主创新战略、建设创新型国家提供强有力的人才、方法和工具支撑,大幅提升国家核心竞争力。

三、主要任务

(一)加强科学思维培养,大力促进素质教育和创新精神培育。

积极推进素质教育工作。注重培养独立思考能力、实践能力、创新能力,以及追求真理、勇于创新、实事求是的科学精神。一是,重点从"娃娃"抓起,不断总结完善中小学素质教育改革经验,构建符合素质教育要求的基础教育课程体系和质量评价制度、考试招生制度,培育创新意识和创新精神。二是,鼓励本科生、研究生投入科研工作,培养创新意识和科学精神,提高创新素质和创新能力;进一步实施"高等学校本科教学质量与教学改革工程",支持一批由优秀学生进行的创新性实验;继续推进有利于培养学生团队意识和创新精神的大学生竞赛活动。三是,采用灵活多样的继续教育、培训等手段,促进各类科技人员和管理人员掌握有效的科学思维、方法和工具,增强创新素质与技能。

加强素质教育基础能力建设。重点加强建设一批实习施训设施,为提高学生的动手能力、实践能力和创新能力提供必要的物质保障。在有条件的地方,设立创新方法继续教育基地,为企业技术创新提供熟练掌握创新方法的人才保障。

(二)加强科学方法的研究、总结和应用。

着力推动科学思想和科学理念的传承。通过科学大师科普展览馆和筹建我国科学大师网上在线档案和数据库等模式,对我国当代科学大师的科学思想、科学理念进行挖掘、整理与传承。

大力开展科学方法的总结和应用。一方面,动员组织各有关学术团体、科研院所和高等学校广泛参与,按照学科分类国家标准,对各学科方法进行系统的研究、梳理、归纳、总结,促进自然科学与社会科学、学科研究与方法研究的交叉融合与相互渗透。分阶段、分学科逐步完成涵盖自然科学、农业科学、医药科学、工程与技术科学以及人文社会科学领域的各学科《科学方法大系》。另一方面,充分利用信息化手段,实现科学方法的广泛利用,为科学研究和技术发展提供有效的方法支撑。

积极推动一批急需科学方法的研究。结合《国家中长期科学和技术发展规划纲要(2006—2020年)》实施及一些热点问题的重大需求,重点开展新兴学科、衍生学科、边缘学科、交叉学科等领域急需科学方法研究,催生一批原始创新性的重大成果。重视在科学方法研究过程中创造知识产权,推动以我为主形成技术标准。

积极开展科学难题和技术难题的征集活动。着重开展"10 000个科学难题"和"10 000个技术难题"征集活动,提出科学问题和技术难题,明确科学研究和技术发展的方向,培养创新精神,营造创新氛围,加强科学思维,探索创新方法。

(三)大力推进技术创新方法应用,切实增强企业创新能力。

推进技术创新方法的引进与发展。针对建立以企业为主体的技术创新体系的重大需求,推进TRIZ等国际先进技术创新方法与中国本土需求融合;推广技术成熟度预测、技术进化模式与路线、冲突解决原理、效应及标准解等TRIZ中成熟方法在企业的应用;加强技术创新方法知识库建设,研究开发出适应中国企业技术创新发展的理论体系、软件工具和平台。

积极推动技术创新方法培训工作。编制技术创新方法培训教材,加强培训师资队伍建设;坚持试点先行的原则,择优选择部分省(市)区域和行业,以及创新型企业作为技术创新方法试点,积极推动技术创新方法的培训,特别是推动TRIZ中成熟方法的培训,构建创新型企业文化,培养创新工程师,增强企业创新能力;加强企业技术创新案例的挖掘、总结和推广工作。

推动企业形成关注创新、践行创新的良好氛围。发挥企业职工的首创精神,积极组织形式多样的技术创新活动;积极鼓励和表彰对企业创新作出突出贡献的先进集体、科技标兵;将学术团体资源引入企业,深化"厂会协作",推进产学研结合,推动企业自主创新。

(四)着力推进科学工具的自主创新,逐步摆脱我国科研受制于人的不利局面。

加强科学仪器新技术新方法研究。鼓励创新思维,突破传统理念,开展科学仪器的新原理、新设计、新工艺的研究和开发,催生一批原创性科学仪器设备。

积极推进重要科学仪器设备的自主研发。自主研发科学仪器行业发展的共性、核心关键部件,带动科学仪器设备相关行业整体水平提升;围绕生命科学、材料科学等新兴领域的需求,自主研发相关大型科学仪器设备;自主研发与大科学装置配套的重要科学仪器,提升现有重大科技资源的利用效率和水平;加强试剂、软件模型、样品前处理设备等科学仪器辅助设备的研究开发,有效解决我国科学仪器设备配套性不足的问题。

加强科学仪器升级改造技术研究开发和二次创新。坚持消化吸收和再创新,充分挖掘现有科学仪器设备潜能和利用水平,形成具有自主知识产权的相关技术,并推广应用;在现有各类科技计划(专项)产生的科学仪器设备成果的基础上,开展工程化和应用研究,增强产品的稳定性和可靠性,实现二次创新,大幅提升国产科学仪器的产业化水平。

积极推进国产科学仪器的应用。一方面,进一步研究运用政府采购、产学研结合、科技金融等政策措施,出台促进科学仪器自主创新的相关政策,大幅度提高现有科学仪器成果的市场转化水平。另一方面,加强国产科学仪器应用示范工作,扩大自主知识产权国产科学仪器的知名度。

(五)推进创新方法宣传与普及。

加强创新方法的宣传工作。通过广播电视、报刊杂志、网络等各类媒体,加强对创新方法工作的重大进展和典型案例的宣传,弘扬科学与创新精神,提高企业和公众对创新方法的意识,为开展创新方法工作提供强有力的舆论支持。

充分调动各方积极性,共同推进创新方法工作。联合各有关部门、地方政府、企事业单位和社会团体,推广创新方法工作;充分利用各类学术团体的资源优势,广泛深入开展创新方法的研究,充分利用企业科协、工会的有利条件开展企业创新能力建设相关活动。

采取多种形式普及创新方法。将科学知识的普及与科学方法的普及相结合,促进科技成果的推广与科学方法的推广相结合,全面推动创新方法的普及。

(六)积极开展国内外合作交流。

采取有效措施,加强创新方法交流。通过组建创新方法相关学术团体,创办学术杂志以及举办创新方法论坛等措施,积极开展学术交流,促进社会各界人士对创新方法的重视和参与。

加强创新方法的国际合作。引进、消化、吸收、推广应用国外先进的创新方法的理念、模式,积极开展创新方法相关领域形式多样的国际合作与交流活动。

四、保障措施

(一)提高认识,加强领导。各级政府部门要充分认识创新方法工作的重要性,将创新方法作为自主创新能力建设的一项重要工作来抓;加强组织领导,根据实际情况,成立创新方法工作的协调、咨询机构;制定推进创新方法工作的有效措施和方案,切实推动创新方法工作。

(二)加强创新方法工作的投入。加大公共财政对创新方法工作的投入,为创新方法工作的顺利开展提供资金保障;建立必要的财税政策,鼓励和引导企业和社会团体开展创新方法工作。

(三)采取有效措施引导重视创新方法工作。在科技项目/课题的立项申请、成果验收以及各类科技奖励评价中,将科学思维、科学方法和科学工具的创新作为重要的考核指标;积极推动建立创新方法工作中介组织,积极开展技术创新方法培训相关资质的认定工作。

(四)持续推进理论体系完善和发展。创新方法是一项从源头推进自主创新的开创性工作,不可一蹴而就,要在创新方法工作推进过程中不断总结经验,不断探索和完善创新方法的理论体系、工作内涵和主要任务,不断发展和完善创新方法专项工作的框架体系和管理制度。

科技计划支持重要技术标准研究与应用的实施细则

(2007年1月15日科学技术部、国家质量监督检验检疫总局、国家发展和改革委员会、财政部发布 国科发计字[2007]24号)

第一条 为实施《国家中长期科学和技术发展规划纲要(2006—2020年)》(国发[2005]44号),营造激励自主创新的环境,推动技术标准战略的实施,努力建设创新型国家,根据《国务院关于实施〈国家中长期科学和技术发展规划纲要(2006—2020年)〉若干配套政策的通知》(国发[2006]6号),制定本细则。

第二条 本细则所称科技计划,指由各级政府及相关部门设立并组织实施的科学研究与实验发展活动及相关的其他科学技术活动。

第三条 本细则所称重要技术标准,指对国民经济、社会发展及国家安全具有重要影响和保障作用的各类技术标准。

第四条 科技计划支持重要技术标准研究与应用,应当遵循国民经济、社会发展及国家安全的迫切需要与前瞻性发展相结合,国内与国际相结合,标准化人才培养与基地建设相结合,产学研相结合,引导与统筹政府、行业、地方、企业、高校、科研机构等全社会资源相结合的原则。

第五条 科技计划主管部门要将技术标准战略贯穿科技计划项目组织实施的全过程,通过科技计划项目的实施,带动相关重要技术标准的研究制定和试验验证,以及与重要技术标准研制相关的重要实验仪器设备、实验数据、计量、检验、检疫、检测设备与方法等的研究和改进。

第六条 各类科技计划应根据本计划的目标与功能定位,按照分类指导的原则,有重点地支持能带动形成重要技术标准的相关关键技术研究开发与推广应用。

第七条 科技计划主管部门在研究制定科技计划和项目申报指南时,应征求国务院标准化主管部门关于技术标准发展的意见,征求相关行业协会、产业联盟、技术联盟及标准联盟等行业组织和有关企业、科研机构、高等院校等相关技术标准意见。

第八条 对具有以下作用的科技计划项目,可根据相应科技计划管理办法,在立项时给予优先考虑:

1. 有助于形成我国经济与社会发展急需的重要公益性技术标准;
2. 有助于重要技术标准形成国际标准;
3. 有助于重点产业关键技术形成技术标准;
4. 有助于形成显著提高我国产业国际竞争力的技术标准;
5. 有助于形成促进军民一体化的技术标准;
6. 有助于形成我国重要技术性贸易措施的技术标准。

第九条 涉及重要技术标准关键技术研究的项目,在立项时要对相关技术标准状况进行综合分析和说明,并将形成的技术标准作为项目的重要考核指标之一。项目验收时,要对重要技术标准的相关指标进行考核,作为项目承担单位今后继续承担科技计划项目的依据之一。

第十条 鼓励企业结合项目实施,联合高等院校、科研院所等开展相关重要技术标准关键技术研究。

第十一条 项目研究成果有望形成重要技术标准的,项目承担者在项目验收报告中提出后续技术标准相关研制的建议,在科技计划滚动立项时应予以优先支持。

第十二条 鼓励企业等社会各方面投入重要技术标准相关的关键技术研究,实现多元化投入方式。

第十三条 科技计划通过涉及重要技术标准关键技术研究与应用相关项目的实施,带动技术标准人才队伍建设,重点培养国际标准、技术性贸易措施的研究人才及重要技术标准推广应用人才。鼓励承担重要技术标准关键技术的研究人员参加国际标准化组织的相关活动。

第十四条 结合科技计划项目实施,支持有能力的研究开发机构成为重要技术标准关键技术研发基地。

第十五条 将重要技术标准相关专家纳入科技计划专家库,为涉及重要技术标准相关项目的立项评审与组织实施提出咨询意见。

第十六条 建立科技计划形成的科研成果转化为技术标准的快速工作机制,对科研成果可形成国家、行业或地方重要技术标准的,国家、行业和地方标准化主管部门应及时纳入标准制定工作程序,并优先列入标准制定计划。

第十七条 建立科技计划形成重要技术标准成果的信息通报制度。通过科技计划项目实施形成的重要技术标准相关信息与成果,项目承担单位应及时向科技计划主管部门备案。建立科技计划主管部门与标准化主管部门定期的交流沟通机制,及时将形成的重要技术标准信息在相关的政务网站及媒体进行发布,促进重要技术标准的推广应用。

第十八条 本细则的解释权属科学技术部,自公布之日起实施。

病原微生物实验室生物安全管理条例

(2004年11月12日国务院发布 中华人民共和国国务院令第424号)

第一章 总 则

第一条 为了加强病原微生物实验室(以下称实验室)生物安全管理,保护实验室工作人员和公众的健康,制定本条例。

第二条 对中华人民共和国境内的实验室及其从事实验活动的生物安全管理,适用本条例。

本条例所称病原微生物,是指能够使人或者动物致病的微生物。

本条例所称实验活动,是指实验室从事与病原微生物菌(毒)种、样本有关的研究、教学、检测、诊断等活动。

第三条 国务院卫生主管部门主管与人体健康有关的实验室及其实验活动的生物安全监督工作。

国务院兽医主管部门主管与动物有关的实验室及其实验活动的生物安全监督工作。

国务院其他有关部门在各自职责范围内负责实验室及其实验活动的生物安全管理工作。

县级以上地方人民政府及其有关部门在各自职责范围内负责实验室及其实验活动的生物安全管理工作。

第四条 国家对病原微生物实行分类管理,对实验室实行分级管理。

第五条 国家实行统一的实验室生物安全标准。实验室应当符合国家标准和要求。

第六条 实验室的设立单位及其主管部门负责实验室日常活动的管理,承担建立健全安全管理制度,检查、维护实验设施、设备,控制实验室感染的职责。

第二章 病原微生物的分类和管理

第七条 国家根据病原微生物的传染性、感染后对个体或者群体的危害程度,将病原微生物分为四类:

第一类病原微生物,是指能够引起人类或者动物非常严重疾病的微生物,以及我国尚未发现或者已经宣布消灭的微生物。

第二类病原微生物,是指能够引起人类或者动物严重疾病,比较容易直接或者间接在人与人、动物与人、动物与动物间传播的微生物。

第三类病原微生物,是指能够引起人类或者动物疾病,但一般情况下对人、动物或者环境不构成严重危害,传播风险有限,实验室感染后很少引起严重疾病,并且具备有效治疗和预防措施的微生物。

第四类病原微生物,是指在通常情况下不会引起人类或者动物疾病的微生物。

第一类、第二类病原微生物统称为高致病性病原微生物。

第八条 人间传染的病原微生物名录由国务院卫生主管部门商国务院有关部门后制定、调整并予以公布;动物间传染的病原微生物名录由国务院兽医主管部门商国务院有关部门后制定、调整并予以公布。

第九条 采集病原微生物样本应当具备下列条件:

(一)具有与采集病原微生物样本所需要的生物安全防护水平相适应的设备;

(二)具有掌握相关专业知识和操作技能的工作人员;

(三)具有有效的防止病原微生物扩散和感

染的措施；

（四）具有保证病原微生物样本质量的技术方法和手段。

采集高致病性病原微生物样本的工作人员在采集过程中应当防止病原微生物扩散和感染，并对样本的来源、采集过程和方法等作详细记录。

第十条 运输高致病性病原微生物菌（毒）种或者样本，应当通过陆路运输；没有陆路通道，必须经水路运输的，可以通过水路运输；紧急情况下或者需要将高致病性病原微生物菌（毒）种或者样本运往国外的，可以通过民用航空运输。

第十一条 运输高致病性病原微生物菌（毒）种或者样本，应当具备下列条件：

（一）运输目的、高致病性病原微生物的用途和接收单位符合国务院卫生主管部门或者兽医主管部门的规定；

（二）高致病性病原微生物菌（毒）种或者样本的容器应当密封，容器或者包装材料还应当符合防水、防破损、防外泄、耐高（低）温、耐高压的要求；

（三）容器或者包装材料上应当印有国务院卫生主管部门或者兽医主管部门规定的生物危险标识、警告用语和提示用语。

运输高致病性病原微生物菌（毒）种或者样本，应当经省级以上人民政府卫生主管部门或者兽医主管部门批准。在省、自治区、直辖市行政区域内运输的，由省、自治区、直辖市人民政府卫生主管部门或者兽医主管部门批准；需要跨省、自治区、直辖市运输或者运往国外的，由出发地的省、自治区、直辖市人民政府卫生主管部门或者兽医主管部门进行初审后，分别报国务院卫生主管部门或者兽医主管部门批准。

出入境检验检疫机构在检验检疫过程中需要运输病原微生物样本的，由国务院出入境检验检疫部门批准，并同时向国务院卫生主管部门或者兽医主管部门通报。

通过民用航空运输高致病性病原微生物菌（毒）种或者样本的，除依照本条第二款、第三款规定取得批准外，还应当经国务院民用航空主管部门批准。

有关主管部门应当对申请人提交的关于运输高致性病原微生物菌（毒）种或者样本的申请材料进行审查，对符合本条第一款规定条件的，应当即时批准。

第十二条 运输高致病性病原微生物菌（毒）种或者样本，应当由不少于2人的专人护送，并采取相应的防护措施。

有关单位或者个人不得通过公共电（汽）车和城市铁路运输病原微生物菌（毒）种或者样本。

第十三条 需要通过铁路、公路、民用航空等公共交通工具运输高致病性病原微生物菌（毒）种或者样本的，承运单位应当凭本条例第十一条规定的批准文件予以运输。

承运单位应当与护送人共同采取措施，确保所运输的高致病性病原微生物菌（毒）种或者样本的安全，严防发生被盗、被抢、丢失、泄漏事件。

第十四条 国务院卫生主管部门或者兽医主管部门指定的菌（毒）种保藏中心或者专业实验室（以下称保藏机构），承担集中储存病原微生物菌（毒）种和样本的任务。

保藏机构应当依照国务院卫生主管部门或者兽医主管部门的规定，储存实验室送交的病原微生物菌（毒）种和样本，并向实验室提供病原微生物菌（毒）种和样本。

保藏机构应当制定严格的安全保管制度，作好病原微生物菌（毒）种和样本进出和储存的记录，建立档案制度，并指定专人负责。对高致病性病原微生物菌（毒）种和样本应当设专库或者专柜单独储存。

保藏机构储存、提供病原微生物菌（毒）种和样本，不得收取任何费用，其经费由同级财政在单位预算中予以保障。

保藏机构的管理办法由国务院卫生主管部门会同国务院兽医主管部门制定。

第十五条 保藏机构应当凭实验室依照本条例的规定取得的从事高致病性病原微生物相关实验活动的批准文件，向实验室提供高致病性病原微生物菌（毒）种和样本，并予以登记。

第十六条 实验室在相关实验活动结束后，应当依照国务院卫生主管部门或者兽医主管部门的规定，及时将病原微生物菌（毒）种和样本就地销毁或者送交保藏机构保管。

保藏机构接受实验室送交的病原微生物菌（毒）种和样本，应当予以登记，并开具接收证明。

第十七条 高致病性病原微生物菌（毒）种或者样本在运输、储存中被盗、被抢、丢失、泄漏的，承运单位、护送人、保藏机构应当采取必要的控制措施，并在2小时内分别向承运单位的主管部门、护送人所在单位和保藏机构的主管部门报告，同时向所在地的县级人民政府卫生主管部门或者兽医主管部门报告，发生被盗、被抢、丢失的，还应当向公安机关报告；接到报告的卫生主管部门或者兽医主管部门应当在2小时内向本级人民政府报告，并同时向上级人民政府卫生主管部门或者兽医主管部门和国务院卫生主管部门或者兽医主管部门报告。

县级人民政府应当在接到报告后2小时内向设区的市级人民政府或者上一级人民政府报告；设区的市级人民政府应当在接到报告后2小时内向省、自治区、直辖市人民政府报告。省、自治区、直辖市人民政府应当在接到报告后1小时内，向国务院卫生主管部门或者兽医主管部门报告。

任何单位和个人发现高致病性病原微生物菌（毒）种或者样本的容器或者包装材料，应当及时向附近的卫生主管部门或者兽医主管部门报告；接到报告的卫生主管部门或者兽医主管部门应当及时组织调查核实，并依法采取必要的控制措施。

第三章 实验室的设立与管理

第十八条 国家根据实验室对病原微生物的生物安全防护水平，并依照实验室生物安全国家标准的规定，将实验室分为一级、二级、三级、四级。

第十九条 新建、改建、扩建三级、四级实验室或者生产、进口移动式三级、四级实验室应当遵守下列规定：

（一）符合国家生物安全实验室体系规划并依法履行有关审批手续；

（二）经国务院科技主管部门审查同意；

（三）符合国家生物安全实验室建筑技术

（四）《中华人民共和国环境影响评价法》的规定进行环境影响评价并经环境保护主管部门审查批准；

（五）生物安全防护级别与其拟从事的实验活动相适应。

前款规定所称国家生物安全实验室体系规划，由国务院投资主管部门会同国务院有关部门制定。制定国家生物安全实验室体系规划应当遵循总量控制、合理布局、资源共享的原则，并应当召开听证会或者论证会，听取公共卫生、环境保护、投资管理和实验室管理等方面专家的意见。

第二十条 三级、四级实验室应当通过实验室国家认可。

国务院认证认可监督管理部门确定的认可机构应当依照实验室生物安全国家标准以及本条例的有关规定，对三级、四级实验室进行认可；实验室通过认可的，颁发相应级别的生物安全实验室证书。证书有效期为5年。

第二十一条 一级、二级实验室不得从事高致病性病原微生物实验活动。三级、四级实验室从事高致病性病原微生物实验活动，应当具备下列条件：

（一）实验目的和拟从事的实验活动符合国务院卫生主管部门或者兽医主管部门的规定；

（二）通过实验室国家认可；

（三）具有与拟从事的实验活动相适应的工作人员；

（四）工程质量经建筑主管部门依法检测验收合格。

国务院卫生主管部门或者兽医主管部门依照各自职责对三级、四级实验室是否符合上述条件进行审查；对符合条件的，发给从事高致病性病原微生物实验活动的资格证书。

第二十二条 取得从事高致病性病原微生物实验活动资格证书的实验室，需要从事某种高致病性病原微生物或者疑似高致病性病原微生物实验活动的，应当依照国务院卫生主管部门或者兽医主管部门的规定报省级以上人民政府卫生主管部门或者兽医主管部门批准。实验活动结果以及工作情况应当向原批准部门报告。

实验室申报或者接受与高致病性病原微生物有关的科研项目，应当符合科研需要和生物安全要求，具有相应的生物安全防护水平，并经国务院卫生主管部门或者兽医主管部门同意。

第二十三条 出入境检验检疫机构、医疗卫生机构、动物防疫机构在实验室开展检测、诊断工作时，发现高致病性病原微生物或者疑似高致病性病原微生物，需要进一步从事这类高致病性病原微生物相关实验活动的，应当依照本条例的规定经批准同意，并在取得相应资格证书的实验室中进行。

专门从事检测、诊断的实验室应当严格依照国务院卫生主管部门或者兽医主管部门的规定，建立健全规章制度，保证实验室生物安全。

第二十四条 省级以上人民政府卫生主管部门或者兽医主管部门应当自收到需要从事高致病性病原微生物相关实验活动的申请之日起15日内作出是否批准的决定。

对出入境检验检疫机构为了检验检疫工作的紧急需要，申请在实验室对高致病性病原微生物或者疑似高致病性病原微生物开展进一步实验活动的，省级以上人民政府卫生主管部门或者兽医主管部门应当自收到申请之时起2小时内作出是否批准的决定；2小时内未作出决定的，实验室可以从事相应的实验活动。

省级以上人民政府卫生主管部门或者兽医主管部门应当为申请人通过电报、电传、传真、电子数据交换和电子邮件等方式提出申请提供方便。

第二十五条 新建、改建或者扩建一级、二级实验室，应当向设区的市级人民政府卫生主管部门或者兽医主管部门备案。设区的市级人民政府卫生主管部门或者兽医主管部门应当每年将备案情况汇总后报省、自治区、直辖市人民政府卫生主管部门或者兽医主管部门。

第二十六条 国务院卫生主管部门和兽医主管部门应当定期汇总并互相通报实验室数量和实验室设立、分布情况，以及取得从事高致病性病原微生物实验活动资格证书的三级、四级实验室及其从事相关实验活动的情况。

第二十七条 已经建成并通过实验室国家认可的三级、四级实验室应当向所在地的县级人民政府环境保护主管部门备案。环境保护主管部门依照法律、行政法规的规定对实验室排放的废水、废气和其他废物处置情况进行监督检查。

第二十八条 对我国尚未发现或者已经宣布消灭的病原微生物，任何单位和个人未经批准不得从事相关实验活动。

为了预防、控制传染病，需要从事前款所指病原微生物相关实验活动的，应当经国务院卫生主管部门或者兽医主管部门批准，并在批准部门指定的专业实验室中进行。

第二十九条 实验室使用新技术、新方法从事高致病性病原微生物相关实验活动的，应当符合防止高致病性病原微生物扩散、保证生物安全和操作者人身安全的要求，并经国家病原微生物实验室生物安全专家委员会论证；经论证可行的，方可使用。

第三十条 需要在动物体上从事高致病性病原微生物相关实验活动的，应当在符合动物实验室生物安全国家标准的三级以上实验室进行。

第三十一条 实验室的设立单位负责实验室的生物安全管理。

实验室的设立单位应当依照本条例的规定制定科学、严格的管理制度，并定期对有关生物安全规定的落实情况进行检查，定期对实验室设施、设备、材料等进行检查、维护和更新，以确保其符合国家标准。

实验室的设立单位及其主管部门应当加强对实验室日常活动的管理。

第三十二条 实验室负责人为实验室生物安全的第一责任人。

实验室从事实验活动应当严格遵守有关国家标准和实验室技术规范、操作规程。实验室负责人应当指定专人监督检查实验室技术规范和操作规程的落实情况。

第三十三条 从事高致病性病原微生物相关实验活动的实验室的设立单位，应当建立健全安全保卫制度，采取安全保卫措施，严防高致病性病原微生物被盗、被抢、丢失、泄漏，保障实验室及其病原微生物的安全。实验室发生高致病性病原微生物被盗、被抢、丢失、泄漏的，实验室的设立单位应当依照本条例第十七条的规定进行报告。

从事高致病性病原微生物相关实验活动的实验室应当向当地公安机关备案，并接受公安机关有关实验室安全保卫工作的监督指导。

第三十四条 实验室或者实验室的设立单位应当每年定期对工作人员进行培训,保证其掌握实验室技术规范、操作规程、生物安全防护知识和实际操作技能,并进行考核。工作人员经考核合格的,方可上岗。

从事高致病性病原微生物相关实验活动的实验室,应当每半年将培训、考核其工作人员的情况和实验室运行情况向省、自治区、直辖市人民政府卫生主管部门或者兽医主管部门报告。

第三十五条 从事高致病性病原微生物相关实验活动应当有 2 名以上的工作人员共同进行。

进入从事高致病性病原微生物相关实验活动的实验室的工作人员或者其他有关人员,应当经实验室负责人批准。实验室应当为其提供符合防护要求的防护用品并采取其他职业防护措施。从事高致病性病原微生物相关实验活动的实验室,还应当对实验室工作人员进行健康监测,每年组织对其进行体检,并建立健康档案;必要时,应当对实验室工作人员进行预防接种。

第三十六条 在同一个实验室的同一个独立安全区域内,只能同时从事一种高致病性病原微生物的相关实验活动。

第三十七条 实验室应当建立实验档案,记录实验室使用情况和安全监督情况。实验室从事高致病性病原微生物相关实验活动的实验档案保存期,不得少于 20 年。

第三十八条 实验室应当依照环境保护的有关法律、行政法规和国务院有关部门的规定,对废水、废气以及其他废物进行处置,并制定相应的环境保护措施,防止环境污染。

第三十九条 三级、四级实验室应当在明显位置标示国务院卫生主管部门和兽医主管部门规定的生物危险标识和生物安全实验室级别标志。

第四十条 从事高致病性病原微生物相关实验活动的实验室应当制定实验室感染应急处置预案,并向该实验室所在地的省、自治区、直辖市人民政府卫生主管部门或者兽医主管部门备案。

第四十一条 国务院卫生主管部门和兽医主管部门会同国务院有关部门组织病原学、免疫学、检验医学、流行病学、预防兽医学、环境保护和实验室管理等方面的专家,组成国家病原微生物实验室生物安全专家委员会。该委员会承担从事高致病性病原微生物相关实验活动的实验室的设立与运行的生物安全评估和技术咨询、论证工作。

省、自治区、直辖市人民政府卫生主管部门和兽医主管部门会同同级人民政府有关部门组织病原学、免疫学、检验医学、流行病学、预防兽医学、环境保护和实验室管理等方面的专家,组成本地区病原微生物实验室生物安全专家委员会。该委员会承担本地区实验室设立和运行的技术咨询工作。

第四章 实验室感染控制

第四十二条 实验室的设立单位应当指定专门的机构或者人员承担实验室感染控制工作,定期检查实验室的生物安全防护、病原微生物菌(毒)种和样本保存与使用、安全操作、实验室排放的废水和废气以及其他废物处置等规章制度的实施情况。

负责实验室感染控制工作的机构或者人员应当具有与该实验室中的病原微生物有关的传染病防治知识,并定期调查、了解实验室工作人员的健康状况。

第四十三条 实验室工作人员出现与本实验室从事的高致病性病原微生物相关实验活动有关的感染临床症状或者体征时,实验室负责人应当向负责实验室感染控制工作的机构或者人员报告,同时派专人陪同及时就诊;实验室工作人员应当将近期所接触的病原微生物的种类和危险程度如实告知诊治医疗机构。接诊的医疗机构应当及时救治;不具备相应救治条件的,应当依照规定将感染的实验室工作人员转诊至具备相应传染病救治条件的医疗机构;具备相应传染病救治条件的医疗机构应当接诊治疗,不得拒绝救治。

第四十四条 实验室发生高致病性病原微生物泄漏时,实验室工作人员应当立即采取控制措施,防止高致病性病原微生物扩散,并同时向负责实验室感染控制工作的机构或者人员报告。

第四十五条 负责实验室感染控制工作的机构或者人员接到本条例第四十三条、第四十四条规定的报告后,应当立即启动实验室感染应急处置预案,并组织人员对该实验室生物安全状况等情况进行调查;确认发生实验室感染或者高致病性病原微生物泄漏的,应当依照本条例第十七条的规定进行报告,并同时采取控制措施,对有关人员进行医学观察或者隔离治疗,封闭实验室,防止扩散。

第四十六条 卫生主管部门或者兽医主管部门接到关于实验室发生工作人员感染事故或者病原微生物泄漏事件的报告,或者发现实验室从事病原微生物相关实验活动造成实验室感染事故的,应当立即组织疾病预防控制机构、动物防疫监督机构和医疗机构以及其他有关机构依法采取下列预防、控制措施:

(一)封闭被病原微生物污染的实验室或者可能造成病原微生物扩散的场所;

(二)开展流行病学调查;

(三)对病人进行隔离治疗,对相关人员进行医学检查;

(四)对密切接触者进行医学观察;

(五)进行现场消毒;

(六)对染疫或者疑似染疫的动物采取隔离、扑杀等措施;

(七)其他需要采取的预防、控制措施。

第四十七条 医疗机构或者兽医医疗机构及其执行职务的医务人员发现由于实验室感染而引起的与高致病性病原微生物相关的传染病病人、疑似传染病病人或者患有疫病、疑似患有疫病的动物,诊治的医疗机构或者兽医医疗机构应当在2小时内报告所在地的县级人民政府卫生主管部门或者兽医主管部门;接到报告的卫生主管部门或者兽医主管部门应当在2小时内通报实验室所在地的县级人民政府卫生主管部门或者兽医主管部门。接到通报的卫生主管部门或者兽医主管部门应当依照本条例第四十六条的规定采取预防、控制措施。

第四十八条 发生病原微生物扩散,有可能造成传染病暴发、流行时,县级以上人民政府卫生主管部门或者兽医主管部门应当依照有关法律、行政法规的规定以及实验室感染应急处置预案进行处理。

第五章 监督管理

第四十九条 县级以上地方人民政府卫生主管部门、兽医主管部门依照各自分工,履行下列职责:

(一)对病原微生物菌(毒)种、样本的采集、运输、储存进行监督检查;

(二)对从事高致病性病原微生物相关实验活动的实验室是否符合本条例规定的条件进行监督检查;

(三)对实验室或者实验室的设立单位培训、考核其工作人员以及上岗人员的情况进行监督检查;

(四)对实验室是否按照有关国家标准、技术规范和操作规程从事病原微生物相关实验活动进行监督检查。

县级以上地方人民政府卫生主管部门、兽医主管部门,应当主要通过检查反映实验室执行国家有关法律、行政法规以及国家标准和要求的记录、档案、报告,切实履行监督管理职责。

第五十条 县级以上人民政府卫生主管部门、兽医主管部门、环境保护主管部门在履行监督检查职责时,有权进入被检查单位和病原微生物泄漏或者扩散现场调查取证、采集样品,查阅复制有关资料。需要进入从事高致病性病原微生物相关实验活动的实验室调查取证、采集样品的,应当指定或者委托专业机构实施。被检查单位应当予以配合,不得拒绝、阻挠。

第五十一条 国务院认证认可监督管理部门依照《中华人民共和国认证认可条例》的规定对实验室认可活动进行监督检查。

第五十二条 卫生主管部门、兽医主管部门、环境保护主管部门应当依据法定的职权和程序履行职责,做到公正、公平、公开、文明、高效。

第五十三条 卫生主管部门、兽医主管部门、环境保护主管部门的执法人员执行职务时,应当有2名以上执法人员参加,出示执法证件,并依照规定填写执法文书。

现场检查笔录、采样记录等文书经核对无误后,应当由执法人员和被检查人、被采样人签名。

被检查人、被采样人拒绝签名的,执法人员应当在自己签名后注明情况。

第五十四条 卫生主管部门、兽医主管部门、环境保护主管部门及其执法人员执行职务,应当自觉接受社会和公民的监督。公民、法人和其他组织有权向上级人民政府及其卫生主管部门、兽医主管部门、环境保护主管部门举报地方人民政府及其有关主管部门不依照规定履行职责的情况。接到举报的有关人民政府或者其卫生主管部门、兽医主管部门、环境保护主管部门,应当及时调查处理。

第五十五条 上级人民政府卫生主管部门、兽医主管部门、环境保护主管部门发现属于下级人民政府卫生主管部门、兽医主管部门、环境保护主管部门职责范围内需要处理的事项的,应当及时告知该部门处理;下级人民政府卫生主管部门、兽医主管部门、环境保护主管部门不及时处理或者不积极履行本部门职责的,上级人民政府卫生主管部门、兽医主管部门、环境保护主管部门应当责令其限期改正;逾期不改正的,上级人民政府卫生主管部门、兽医主管部门、环境保护主管部门有权直接予以处理。

第六章 法律责任

第五十六条 三级、四级实验室未依照本条例的规定取得从事高致病性病原微生物实验活动的资格证书,或者已经取得相关资格证书但是未经批准从事某种高致病性病原微生物或者疑似高致病性病原微生物实验活动的,由县级以上地方人民政府卫生主管部门、兽医主管部门依照各自职责,责令停止有关活动,监督其将用于实验活动的病原微生物销毁或者送交保藏机构,并给予警告;造成传染病传播、流行或者其他严重后果的,由实验室的设立单位对主要负责人、直接负责的主管人员和其他直接责任人员,依法给予撤职、开除的处分;有资格证书的,应当吊销其资格证书;构成犯罪的,依法追究刑事责任。

第五十七条 卫生主管部门或者兽医主管部门违反本条例的规定,准予不符合本条例规定条件的实验室从事高致病性病原微生物相关实验活动的,由作出批准决定的卫生主管部门或者兽医主管部门撤销原批准决定,责令有关实验室立即停止有关活动,并监督其将用于实验活动的病原微生物销毁或者送交保藏机构,对直接负责的主管人员和其他直接责任人员依法给予行政处分;构成犯罪的,依法追究刑事责任。

因违法作出批准决定给当事人的合法权益造成损害的,作出批准决定的卫生主管部门或者兽医主管部门应当依法承担赔偿责任。

第五十八条 卫生主管部门或者兽医主管部门对符合法定条件的实验室不颁发从事高致病性病原微生物实验活动的资格证书,或者对出入境检验检疫机构为了检验检疫工作的紧急需要,申请在实验室对高致病性病原微生物或者疑似高致病性病原微生物开展进一步检测活动,不在法定期限内作出是否批准决定的,由其上级行政机关或者监察机关责令改正,给予警告;造成传染病传播、流行或者其他严重后果的,对直接负责的主管人员和其他直接责任人员依法给予撤职、开除的行政处分;构成犯罪的,依法追究刑事责任。

第五十九条 违反本条例规定,在不符合相应生物安全要求的实验室从事病原微生物相关实验活动的,由县级以上地方人民政府卫生主管部门、兽医主管部门依照各自职责,责令停止有关活动,监督其将用于实验活动的病原微生物销毁或者送交保藏机构,并给予警告;造成传染病传播、流行或者其他严重后果的,由实验室的设立单位对主要负责人、直接负责的主管人员和其他直接责任人员,依法给予撤职、开除的处分;构成犯罪的,依法追究刑事责任。

第六十条 实验室有下列行为之一的,由县级以上地方人民政府卫生主管部门、兽医主管部门依照各自职责,责令限期改正,给予警告;逾期不改正的,由实验室的设立单位对主要负责人、直接负责的主管人员和其他直接责任人员,依法给予撤职、开除的处分;有许可证件的,并由原发证部门吊销有关许可证件:

(一)未依照规定在明显位置标示国务院卫生主管部门和兽医主管部门规定的生物危险标识和生物安全实验室级别标志的;

(二)未向原批准部门报告实验活动结果以

（三）未依照规定采集病原微生物样本，或者对所采集样本的来源、采集过程和方法等未作详细记录的；

（四）新建、改建或者扩建一级、二级实验室未向设区的市级人民政府卫生主管部门或者兽医主管部门备案的；

（五）未依照规定定期对工作人员进行培训，或者工作人员考核不合格允许其上岗，或者批准未采取防护措施的人员进入实验室的；

（六）实验室工作人员未遵守实验室生物安全技术规范和操作规程的；

（七）未依照规定建立或者保存实验档案的；

（八）未依照规定制定实验室感染应急处置预案并备案的。

第六十一条 经依法批准从事高致病性病原微生物相关实验活动的实验室的设立单位未建立健全安全保卫制度，或者未采取安全保卫措施的，由县级以上地方人民政府卫生主管部门、兽医主管部门依照各自职责，责令限期改正；逾期不改正，导致高致病性病原微生物菌（毒）种、样本被盗、被抢或者造成其他严重后果的，由原发证部门吊销该实验室从事高致病性病原微生物相关实验活动的资格证书；造成传染病传播、流行的，该实验室设立单位的主管部门还应当对该实验室的设立单位的直接负责的主管人员和其他直接责任人员，依法给予降级、撤职、开除的处分；构成犯罪的，依法追究刑事责任。

第六十二条 未经批准运输高致病性病原微生物菌（毒）种或者样本，或者承运单位经批准运输高致病性病原微生物菌（毒）种或者样本未履行保护义务，导致高致病性病原微生物菌（毒）种或者样本被盗、被抢、丢失、泄漏的，由县级以上地方人民政府卫生主管部门、兽医主管部门依照各自职责，责令采取措施，消除隐患，给予警告；造成传染病传播、流行或者其他严重后果的，由托运单位和承运单位的主管部门对主要负责人、直接负责的主管人员和其他直接责任人员，依法给予撤职、开除的处分；构成犯罪的，依法追究刑事责任。

第六十三条 有下列行为之一的，由实验室所在地的设区的市级以上地方人民政府卫生主管部门、兽医主管部门依照各自职责，责令有关单位立即停止违法活动，监督其将病原微生物销毁或者送交保藏机构；造成传染病传播、流行或者其他严重后果的，由其所在单位或者其上级主管部门对主要负责人、直接负责的主管人员和其他直接责任人员，依法给予撤职、开除的处分；有许可证件的，并由原发证部门吊销有关许可证件；构成犯罪的，依法追究刑事责任：

（一）实验室在相关实验活动结束后，未依照规定及时将病原微生物菌（毒）种和样本就地销毁或者送交保藏机构保管的；

（二）实验室使用新技术、新方法从事高致病性病原微生物相关实验活动未经国家病原微生物实验室生物安全专家委员会论证的；

（三）未经批准擅自从事在我国尚未发现或者已经宣布消灭的病原微生物相关实验活动的；

（四）在未经指定的专业实验室从事在我国尚未发现或者已经宣布消灭的病原微生物相关实验活动的；

（五）在同一个实验室的同一个独立安全区域内同时从事两种或者两种以上高致病性病原微生物的相关实验活动的。

第六十四条 认可机构对不符合实验室生物安全国家标准以及本条例规定条件的实验室予以认可，或者对符合实验室生物安全国家标准以及本条例规定条件的实验室不予认可的，由国务院认证认可监督管理部门责令限期改正，给予警告；造成传染病传播、流行或者其他严重后果的，由国务院认证认可监督管理部门撤销其认可资格，有上级主管部门的，由其上级主管部门对主要负责人、直接负责的主管人员和其他直接责任人员依法给予撤职、开除的处分；构成犯罪的，依法追究刑事责任。

第六十五条 实验室工作人员出现该实验室从事的病原微生物相关实验活动有关的感染临床症状或者体征，以及实验室发生高致病性病原微生物泄漏时，实验室负责人、实验室工作人员、负责实验室感染控制的专门机构或者人员未依照规定报告，或者未依照规定采取控制措施的，由县级以上地方人民政府卫生主管部门、兽医主管部门依照各自职责，责令限期改正，给予警告；造成传染病传播、流行或者其他严重后果的,由其设立单位对实验室主要负责人、直接负责的主管人员和其他直接责任人员,依法给予撤职、开除的处分;有许可证件的,并由原发证部门吊销有关许可证件;构成犯罪的,依法追究刑事责任。

第六十六条 拒绝接受卫生主管部门、兽医主管部门依法开展有关高致病性病原微生物扩散的调查取证、采集样品等活动或者依照本条例规定采取有关预防、控制措施的,由县级以上人民政府卫生主管部门、兽医主管部门依照各自职责,责令改正,给予警告;造成传染病传播、流行以及其他严重后果的,由实验室的设立单位对实验室主要负责人、直接负责的主管人员和其他直接责任人员,依法给予降级、撤职、开除的处分;有许可证件的,并由原发证部门吊销有关许可证件;构成犯罪的,依法追究刑事责任。

第六十七条 发生病原微生物被盗、被抢、丢失、泄漏,承运单位、护送人、保藏机构和实验室的设立单位未依照本条例的规定报告的,由所在地的县级人民政府卫生主管部门或者兽医主管部门给予警告;造成传染病传播、流行或者其他严重后果的,由实验室的设立单位或者承运单位、保藏机构的上级主管部门对主要负责人、直接负责的主管人员和其他直接责任人员,依法给予撤职、开除的处分;构成犯罪的,依法追究刑事责任。

第六十八条 保藏机构未依照规定储存实验室送交的菌(毒)种和样本,或者未依照规定提供菌(毒)种和样本的,由其指定部门责令限期改正,收回违法提供的菌(毒)种和样本,并给予警告;造成传染病传播、流行或者其他严重后果的,由其所在单位或者其上级主管部门对主要负责人、直接负责的主管人员和其他直接责任人员,依法给予撤职、开除的处分;构成犯罪的,依法追究刑事责任。

第六十九条 县级以上人民政府有关主管部门,未依照本条例的规定履行实验室及其实验活动监督检查职责的,由有关人民政府在各自职责范围内责令改正,通报批评;造成传染病传播、流行或者其他严重后果的,对直接负责的主管人员,依法给予行政处分;构成犯罪的,依法追究刑事责任。

第七章 附 则

第七十条 军队实验室由中国人民解放军卫生主管部门参照本条例负责监督管理。

第七十一条 本条例施行前设立的实验室,应当自本条例施行之日起6个月内,依照本条例的规定,办理有关手续。

第七十二条 本条例自公布之日起施行。

实验动物管理条例

(1988年10月31日国务院批准 1988年11月14日国家科学技术委员会发布 国家科学技术委员会令第2号)

第一章 总 则

第一条 为了加强实验动物的管理工作,保证实验动物质量,适应科学研究、经济建设和社会发展的需要,制定本条例。

第二条 本条例所称实验动物,是指经人工饲育,对其携带的微生物实行控制,遗传背景明确或者来源清楚的,用于科学研究、教学、生产、检定以及其他科学实验的动物。

第三条 本条例适用于从事实验动物的研究、保种、饲育、供应、应用、管理和监督的单位和个人。

第四条 实验动物的管理,应当遵循统一规划、合理分工,有利于促进实验动物科学研究和应用的原则。

第五条 国家科学技术委员会主管全国实验动物工作。

省、自治区、直辖市科学技术委员会主管本地区的实验动物工作。

国务院各有关部门负责管理本部门的实验动物工作。

第六条 国家实行实验动物的质量监督和质量合格认证制度。具体办法由国家科学技术委员会另行制定。

第七条 实验动物遗传学、微生物学、营养学和饲育环境等方面的国家标准由国家技术监督局制定。

第二章 实验动物的饲育管理

第八条 从事实验动物饲育工作的单位,必须根据遗传学、微生物学、营养学和饲育环境方面的标准,定期对实验动物进行质量监测。各项作业过程和监测数据应有完整、准确的记录,并建立统计报告制度。

第九条 实验动物的饲育室、实验室应设在不同区域,并进行严格隔离。

实验动物饲育室、实验室要有科学的管理制度和操作规程。

第十条 实验动物的保种、饲育应采用国内或国外认可的品种、品系,并持有效的合格证书。

第十一条 实验动物必须按照不同来源,不同品种、品系和不同的实验目的,分开饲养。

第十二条 实验动物分为四级:一级,普通动物;二级,清洁动物;三级,无特定病原体动物;四级,无菌动物。

对不同等级的实验动物,应当按照相应的微生物控制标准进行管理。

第十三条 实验动物必须饲喂质量合格的全价饲料。霉烂、变质、虫蛀、污染的饲料,不得用于饲喂实验动物。直接用作饲料的蔬菜、水果等,要经过清洗消毒,并保持新鲜。

第十四条 一级实验动物的饮水,应当符合城市生活饮水的卫生标准。二、三、四级实验动物的饮水,应当符合城市生活饮水的卫生标准并经灭菌处理。

第十五条 实验动物的垫料应当按照不同等级实验动物的需要,进行相应处理,达到清洁、干燥、吸水、无毒、无虫、无感染源、无污染。

第三章 实验动物的检疫和传染病控制

第十六条 对引入的实验动物,必须进行隔离检疫。

为补充种源或开发新品种而捕捉的野生动

物,必须在当地进行隔离检疫,并取得动物检疫部门出具的证明。野生动物运抵实验动物处所,需经再次检疫,方可进入实验动物饲育室。

第十七条　对必须进行预防接种的实验动物,应当根据实验要求或者按照《家畜家禽防疫条例》的有关规定,进行预防接种,但用作生物制品原料的实验动物除外。

第十八条　实验动物患病死亡的,应当及时查明原因,妥善处理,并记录在案。

实验动物患有传染性疾病的,必须立即视情况分别予以销毁或者隔离治疗。对可能被传染的实验动物,进行紧急预防接种,对饲育室内外可能被污染的区域采取严格消毒措施,并报告上级实验动物管理部门和当地动物检疫、卫生防疫单位,采取紧急预防措施,防止疫病蔓延。

第四章　实验动物的应用

第十九条　应用实验动物应当根据不同的实验目的,选用相应的合格实验动物。申报科研课题和鉴定科研成果,应当把应用合格实验动物作为基本条件。应用不合格实验动物取得的检定或者安全评价结果无效,所生产的制品不得使用。

第二十条　供应用的实验动物应当具备下列完整的资料:

(一)品种、品系及亚系的确切名称;
(二)遗传背景或其来源;
(三)微生物检测状况;
(四)合格证书;
(五)饲育单位负责人签名。

无上述资料的实验动物不得应用。

第二十一条　实验动物的运输工作应当有专人负责。实验动物的装运工具应当安全、可靠。不得将不同品种、品系或者不同等级的实验动物混合装运。

第五章　实验动物的进口与出口管理

第二十二条　从国外进口作为原种的实验动物,应附有饲育单位负责人签发的品系和亚系名称以及遗传和微生物状况等资料。

无上述资料的实验动物不得进口和应用。

第二十三条　实验动物工作单位从国外进口实验动物原种,必须向国家科学技术委员会指定的保种、育种质量监控单位登记。

第二十四条　出口实验动物,必须报国家科学技术委员会审批。经批准后,方可办理出口手续。

出口应用国家重点保护的野生动物物种开发的实验动物,必须按照国家的有关规定,取得出口许可证后,方可办理出口手续。

第二十五条　进口、出口实验动物的检疫工作,按照《中华人民共和国进出口动植物检疫条例》的规定办理。

第六章　从事实验动物工作的人员

第二十六条　实验动物工作单位应当根据需要,配备科技人员和经过专业培训的饲育人员。各类人员都要遵守实验动物饲育管理的各项制度,熟悉、掌握操作规程。

第二十七条　地方各级实验动物工作的主管部门,对从事实验动物工作的各类人员,应当逐步实行资格认可制度。

第二十八条　实验动物工作单位对直接接触实验动物的工作人员,必须定期组织体格检查。对患有传染性疾病,不宜承担所做工作的人员,应当及时调换工作。

第二十九条　从事实验动物工作的人员对实验动物必须爱护,不得戏弄或虐待。

第七章　奖励与处罚

第三十条　对长期从事实验动物饲育管理,取得显著成绩的单位或者个人,由管理实验动物工作的部门给予表彰或奖励。

第三十一条　对违反本条例规定的单位,由管理实验动物工作的部门视情节轻重,分别给予警告、限期改进、责令关闭的行政处罚。

第三十二条　对违反本条例规定的有关工作人员,由其所在单位视情节轻重,根据国家有关规定,给予行政处分。

第八章 附 则

第三十三条 省、自治区、直辖市人民政府和国务院有关部门,可以根据本条例,结合具体情况,制定实施办法。

军队系统的实验动物管理工作参照本条例执行。

第三十四条 本条例由国家科学技术委员会负责解释。

第三十五条 本条例自发布之日起施行。

实验动物许可证管理办法(试行)

(2001年12月5日科学技术部、卫生部、教育部、农业部、国家质量监督检验检疫总局、国家中医药管理局、中国人民解放军总后勤部卫生部发布 国科发财字[2001]545号)

第一章 总 则

第一条 根据《实验动物管理条例》(中华人民共和国国家科学技术委员会令第2号,1988)及有关规定,为加强实验动物管理,保障科研工作需要,提高科学研究水平,制定本办法。

第二条 本办法适用于在中华人民共和国境内从事与实验动物工作有关的组织和个人。

第三条 实验动物许可证包括实验动物生产许可证和实验动物使用许可证。

实验动物生产许可证,适用于从事实验动物及相关产品保种、繁育、生产、供应、运输及有关商业性经营的组织和个人。实验动物使用许可证适用于使用实验动物及相关产品进行科学研究和实验的组织和个人。

许可证由各省、自治区、直辖市科技厅(科委)印制、发放和管理。

同一许可证分正本和副本,正本和副本具有同等法律效力。

第四条 有条件的省、自治区、直辖市应建立省级实验动物质量检测机构,负责检测实验动物生产和使用单位的实验动物质量及相关条件,为许可证的管理提供技术保证。

省级实验动物质量检测机构的认证按照《实验动物质量管理办法》(国科发财字[1997]593号)和国家认证认可监督管理委员会的有关规定进行办理,并按照《中华人民共和国计量法》的有关规定,通过计量认证。

尚未建立省级实验动物质量检测机构的省、自治区、直辖市,应委托其他省级实验动物质量检测机构负责实验动物质量及相关条件的检测,且必须由委托方和受委托方两省、自治区、直辖市科技厅(科委)签定协议,并报科技部备案。

第二章 申 请

第五条 申请实验动物生产许可证的组织和个人,必须具备下列条件:

1. 实验动物种子来源于国家实验动物保种中心或国家认可的种源单位,遗传背景清楚,质量符合现行的国家标准;

2. 具有保证实验动物及相关产品质量的饲养、繁育、生产环境设施及检测手段;

3. 使用的实验动物饲料、垫料及饮水等符合国家标准及相关要求;

4. 具有保证正常生产和保证动物质量的专业技术人员、熟练技术工人及检测人员;

5. 具有健全有效的质量管理制度;

6. 生产的实验动物质量符合国家标准;

7. 法律、法规规定的其他条件。

第六条 申请实验动物使用许可证的组织和个人,必须具备下列条件:

1. 使用的实验动物及相关产品必须来自有实验动物生产许可证的单位,质量合格;

2. 实验动物饲育环境及设施符合国家标准;

3. 使用的实验动物饲料符合国家标准;

4. 有经过专业培训的实验动物饲养和动物实验人员;

5. 具有健全有效的管理制度;

6. 法律、法规规定的其他条件。

第七条 申请实验动物生产或使用许可证的组织和个人向其所在的省、自治区、直辖市科技厅(科委)提交实验动物生产许可证申请书(附件

1)或实验动物使用许可证申请书(附件2),并附上由省级实验动物检测机构出具的检测报告及相关材料。

第三章 审批和发放

第八条 省、自治区、直辖市科技厅(科委)负责受理许可证申请,并进行考核和审批。

各省、自治区、直辖市科技厅(科委)受理申请后,应组织专家组对申请单位的申请材料及实际情况进行审查和现场验收,出具专家组验收报告。对申请生产许可证的单位,其生产用的实验动物种子须按照《关于当前许可证发放过程中有关实验动物种子问题的处理意见》进行确认。

省、自治区、直辖市科技厅(科委)在受理申请后的三个月内给出相应的评审结果。合格者由省、自治区、直辖市科技厅(科委)签发批准实验动物生产或使用许可证的文件,发放许可证。

第九条 省、自治区、直辖市科技厅(科委)将有关材料(申请书及申请材料、专家组验收报告、批准文件)报送科技部及有关部门备案。

第十条 实验动物许可证采取全国统一的格式和编码方法(附件3、附件4)。

第四章 管理和监督

第十一条 凡取得实验动物生产许可证的单位,应严格按照国家有关实验动物的质量标准进行生产和质量控制,在出售实验动物时,应提供实验动物质量合格证(附件5),并附符合标准规定的近期实验动物质量检测报告。实验动物质量合格证内容应该包括生产单位、生产许可证编号、动物品种品系、动物质量等级、动物规格、动物数量、最近一次的质量检测日期、质量检测单位、质量负责人签字、使用单位名称、用途等。

第十二条 许可证的有效期为五年,到期重新审查发证。换领许可证的单位需在有效期满前六个月内向所在省、自治区、直辖市科技厅(科委)提出申请。省、自治区、直辖市科技厅(科委)按照对初次申请单位同样的程序进行重新审核办理。

第十三条 具有实验动物使用许可证的单位在接受外单位委托的动物实验时,双方应签署协议书,使用许可证复印件必须与协议书一并使用,方可作为实验结论合法性的有效文件。

第十四条 实验动物许可证不得转借、转让、出租给他人使用,取得实验动物生产许可证的单位也不得代售无许可证单位生产的动物及相关产品。

第十五条 取得实验动物许可证的单位,需变更许可证登记事项,应提前一个月向原发证机关提出申请,如果申请变更适用范围,按本规定第八条至第十三条办理。进行改、扩建的设施,视情况按新建设施或变更登记事项办理。停止从事许可范围工作的,应在停止后一个月内交回许可证。许可证遗失的,应及时报失补领。

第十六条 许可证实行年检管理制度。年检不合格的单位,由省、自治区、直辖市科技厅(科委)吊销其许可证,并报科技部及有关部门备案,予以公告。

第十七条 未取得实验动物生产许可证的单位不得从事实验动物生产、经营活动。未取得实验动物使用许可证的单位,或者使用的实验动物及相关产品来自未取得生产许可证的单位或质量不合格的,所进行的动物实验结果不予承认。

第十八条 已取得实验动物许可证的单位,违反本办法第十四条规定或生产、使用不合格的动物,一经核实,发证机关有权收回其许可证,并予公告。情节恶劣、造成严重后果的,依法追究行政责任和法律责任。

第十九条 许可证发放机关及其工作人员必须严格遵守《实验动物管理条例》及有关规定以及本办法的规定。

第五章 附 则

第二十条 军队系统关于本许可证的印制、发放与管理工作,参照本办法由军队主管部门执行。

第二十一条 各部门和地方可根据行业或地

方特点制定相应的管理实施细则,并报科技部备案。

第二十二条 本办法由科学技术部负责解释。

第二十三条 本办法自二〇〇二年一月一日起实施。

实验动物质量管理办法

(1997年12月11日国家科学技术委员会发布　国科发财字[1997]593号)

第一章　总　则

第一条　为加强全国实验动物质量管理,建立和完善全国实验动物质量监测体系,保证实验动物和动物实验的质量,适应科学研究、经济建设、社会发展和对外开放的需要,根据《实验动物管理条例》,制定本办法。

第二条　全国执行统一的实验动物质量国家标准。尚未制定国家标准的,可依次执行行业或地方标准。

第三条　全国实行统一的实验动物质量管理制度。

第四条　本办法适用于从事实验动物研究、保种、繁育、饲养、供应、使用、检测以及动物实验等一切与实验动物有关的领域和单位。

第二章　国家实验动物种子中心

第五条　实验动物品种、品系的维持,是保证实验动物质量和科研水平的重要条件。建立国家实验动物种子中心的目的,在于科学地保护和管理我国实验动物资源,实现种质保证。

国家实验动物种子中心的主要任务是:引进、收集和保存实验动物品种、品系;研究实验动物保种新技术;培育实验动物新品种、品系;为国内外用户提供标准的实验动物种子。

第六条　国家实验动物种子中心是一个网络体系,由各具体品种的实验动物种子中心共同组成。

实验动物种子中心,从有条件的单位择优建立。这些单位必须具备下列基本条件:

1. 长期从事实验动物保种工作;
2. 有较强的实验动物研究技术力量和基础条件;
3. 有合格的实验动物繁育设施和检测仪器;
4. 有突出的实验动物保种技术和研究成果。

第七条　实验动物种子中心的申请、审批,按照以下程序执行。

凡经多数专家推荐的、具备上述基本条件的单位,均可填写《国家实验动物种子中心申请书》并附相关资料,由各省(自治区、直辖市)科委或行业主管部门,报国家科委。

国家科委接受申请后,组织专家组,对申请单位进行考察和评审。评审结果报国家科委批准后,即为实验动物种子中心。

实验动物种子中心受各自的主管部门领导,业务上接受国家科委的指导和监督。

第八条　国家实验动物种子中心,统一负责实验动物的国外引种和为用户提供实验动物种子。其国际交流与技术合作需报国家科委审批。其他任何单位,如确有必要,也可直接向国外引进国内没有的实验动物品种、品系,供本单位做动物实验,但不得作为实验动物种子向用户提供。

第三章　实验动物生产和使用许可证

第九条　实验动物生产和使用,实行许可证制度。实验动物生产和使用单位,必须取得许可证。

实验动物生产许可证,适用于从事实验动物繁育和商业性经营的单位。

实验动物使用许可证,适用于从事动物实验和利用实验动物生产药品、生物制品的单位。

第十条　从事实验动物繁育和商业性经营的单位,取得生产许可证,必须具备下列基本条件:

1. 实验动物种子来源于国家实验动物保种中心,遗传背景清楚,质量符合国家标准;

2. 生产的实验动物质量符合国家标准;

3. 具有保证实验动物质量的饲养、繁育环境设施及检测手段;

4. 使用的实验动物饲料符合国家标准;

5. 具有健全有效的质量管理制度;

6. 具有保证正常生产和保证动物质量的专业技术人员、熟练技术工人及检测人员,所有人员持证上岗;

7. 有关法律、行政法规规定的其他条件。

第十一条 从事动物实验和利用实验动物生产药品、生物制品的单位,取得使用许可证必须具备下列基本条件:

1. 使用的实验动物,必须有合格证;

2. 实验动物饲育环境及设施符合国家标准;

3. 实验动物饲料符合国家标准;

4. 有经过专业培训的实验动物饲养和动物实验人员;

5. 具有健全有效的管理制度;

6. 有关法律、行政法规规定的其他条件。

第十二条 实验动物生产、使用许可证的申请、审批,按照以下程序执行。

各申请许可证的单位可向所在省(自治区、直辖市)科委提交申请书,并附上由国家认可的检测机构出具的检测报告及相关资料。检测机构,可由各申请单位自行选择。

各省(自治区、直辖市)科委负责受理许可证申请,并进行考核和审批。凡通过批准的,由国家科委授权省(自治区、直辖市)科委发给实验动物生产许可证或实验动物使用许可证。

实验动物生产许可证和实验动物使用许可证由国家科委统一制定,全国有效。

第十三条 取得许可证的单位,必须接受每年的复查。复查合格者,许可证继续有效;任何一项条件复查不合格的,限期三个月进行整改,并接受再次复查。如仍不合格,取消其实验动物生产或使用资格,由发证部门收回许可证,但在条件具备时,可重新提出申请。

第十四条 对实验动物生产、使用单位的每年复查,由省(自治区、直辖市)科委组织实施。每年的复查结果报国家科委备案。

第十五条 取得许可证的实验动物生产单位,必须对饲养、繁育的实验动物按有关国家标准进行质量检测。出售时应提供合格证。合格证必须标明:实验动物生产许可证号;品种、品系的确切名称;级别;遗传背景或来源;微生物及寄生虫检测状况,并有单位负责人签名。

第十六条 实验动物生产单位,供应或出售不合格实验动物,或者合格证内容填写不实的,视情节轻重,可予以警告处分或吊销许可证;给用户造成严重后果的,应承担经济和法律责任。

第十七条 未取得实验动物生产许可证的单位,一律不准饲养、繁育和经营实验动物。

未取得实验动物使用许可证的单位,进行动物实验和生产药品和生物制品所使用的实验动物,一律视为不合格。

第四章 检测机构

第十八条 实验动物质量检测机构,分国家和省两级管理。

各级实验动物检测机构以国家标准(GB/T15481)"校准和检验实验室能力的通用要求"为基本条件。必须是实际从事检测活动的相对独立实体;不能从事实验动物商业性饲育经营活动;具有合理的人员结构,中级以上技术职称人员比例不得低于全部技术人员的50%;有检测所需要的仪器设备和专用场所。

实验动物质量检测机构必须取得中国实验室国家认可委员会的认可,并遵守有关规定。

第十九条 国家实验动物质量检测机构设在实验动物遗传、微生物、寄生虫、营养及环境设施方面具有较高技术水平的单位,受国务院有关门或有关省(自治区、直辖市)科技主管部门领导,业务上接受国家科委指导和监督。

第二十条 国家实验动物质量检测机构是实验动物质量检测、检验方法和技术的研究机构,实验动物质量检测人员的培训机构和具有权威性的实验动物质量检测服务机构。其主要任务是:开展实验动物及相关条件的检测方法、检测技术研究;培训实验动物质量检测人员;接受委托对省级实验动物质量检测机构的设立进行审查和年度检查;提供实验动物质量检测和仲裁检验服务;进行国内外技术交流与合作。

第二十一条 国家实验动物质量检测机构申请、审批,按照以下程序执行。

符合上述基本条件的单位,均可填写《国家实验动物质量检测机构申请书》,并附相关资料,由各省(自治区、直辖市)科委或行业主管部门,报国家科委。

国家科委接受申请后,组织专家组对申请单位进行考核和评审,评审结果报国家科委批准后,即为国家实验动物质量检测机构。

第二十二条 省级实验动物质量检测机构主要从事实验动物质量的检测服务,依隶属关系受所属主管部门领导。

第二十三条 省级实验动物质量检测机构的申请、审批,按照以下程序执行。

符合上述基本条件的单位,可向省(自治区、直辖市)科委提出申请,填写《实验动物质量检测机构申请书》,并附相关资料。

省(自治区、直辖市)科委委托国家实验动物质量检测机构,对申请单位按实验动物质量检测机构基本条件进行审查(或考试),并提出审查报告。凡审查合格者,经省(自治区、直辖市)科委批准并报国家科委备案,即为省级实验动物质量检测机构。

第二十四条 国家实验动物质量检测机构每两年要接受国家科委组织的专家组的检查。省级实验动物质量检测机构每年要接受国家实验动物质量检测机构的检查(或考试)。检查不合格者,限期三个月进行整改,并再次接受复查,如仍不合格,则停止其实验动物质量检测资格。

第五章 附 则

第二十五条 本办法由国家科委负责解释。

第二十六条 本办法自发布之日起生效实施。

国家实验动物种子中心管理办法

(1998年5月12日科学技术部发布　国科发财字[1998]174号)

第一章　总　则

第一条　为了贯彻实施《实验动物质量管理办法》,科学地保护和管理我国实验动物资源,实现种质保证,加强国家实验动物种子中心的管理,制定本办法。

第二条　根据国家科学技术发展的需要,由科学技术部统一协调,择优建立各品种的国家实验动物种子中心,必要时各品种实验动物种子中心可设分中心和特定品种、品系保种站。

第三条　国家实验动物种子中心受各自的主管部门领导,业务上接受科学技术部的指导和监督。

第二章　任　务

第四条　国家实验动物种子中心的主要任务是:
一、引进、收集、保存实验动物品种品系;
二、研究实验动物保种新技术;
三、培育实验动物新品种、品系;
四、为国内外用户提供标准的实验动物种子。

第五条　国家实验动物种子中心统一负责实验动物的国外引种和为用户提供实验动物种子。

第六条　国家实验动物种子中心进行国际交流和合作,需报科学技术部审批。

第三章　组织机构

第七条　国家实验动物种子中心,可以是依托于科研院所或高等院校的相对独立的实体,也可以是独立的法人。国家实验动物种子中心负责指导和协调分中心和保种站的业务工作。

第八条　国家实验动物种子中心必须具备以下基本条件:
一、长期从事实验动物保种工作;
二、有较强的实验动物研究技术力量和基础条件;
三、有合格的实验动物繁育设施和检测仪器;
四、有突出的实验动物保种技术和研究成果。

第九条　非独立的国家实验动物种子中心的工作,由其依托单位负责监督和检查,并对其正常运行给予必要的技术支撑和后勤保障。国家实验动物种子中心主要负责人的任免要报科学技术部备案。

第十条　国家实验动物种子中心设学术委员会,由学术委员会确立国家实验动物种子中心业务目标,并对其技术成果进行评价。

第十一条　国家实验动物种子中心的申请、审批程序:
一、科学技术部组织实验动物方面的专家按第八条各项条件,推荐国家实验动物种子中心候选单位。
二、凡经多数专家推荐的候选单位,均可提出申请,填写《国家实验动物种子中心申请书》并附相关资料,由各省(自治区、直辖市)科技主管部门或行业主管部门,报科学技术部。
三、科学技术部接受申请后,组织专家组,对申请单位进行考察、评审,必要时可进行答辩。
四、科学技术部批准。

第四章　经费和管理

第十二条　经批准的国家实验动物种子中

心,由其主管部门提供必要的建设费用,科学技术部给予一次性补贴经费。

第十三条 国家实验动物种子中心日常运行费用自行解决或由依托单位负责解决,也可以通过面向社会服务收入补充部分运行费用。

第十四条 对于实验动物种子供应,国家实验动物种子中心根据有关部门的规定制定收费标准。

第十五条 国家实验动物种子中心应当建立和健全各项严格的管理制度和系统的实验动物谱系档案,加强对实验动物质量及相关设施的监控。

第十六条 国家实验动物种子中心应当采取有力措施,保持不同层次业务骨干的相对稳定,对与保种、育种工作有关的人员必须进行专业培训,持证上岗。

第五章 检查与监督

第十七条 国家实验动物种子中心应当接受国家实验动物质量检测机构的定期和不定期检查。对检查中发现的问题,国家实验动物种子中心应提出整改方案,限期改正,并接受复检。

第十八条 对问题较严重又没有整改措施的国家实验动物种子中心,科学技术部给予警告。警告后仍不改正的,取消其中心资格。

第十九条 向用户提供不合格的实验动物种子,造成用户经济损失的,国家实验动物种子中心应予以赔偿,并负责更换合格的种子。情节严重的,依法追究直接责任人的法律责任。

第六章 附 则

第二十条 本办法自发布之日起施行。

人类遗传资源管理暂行办法

(1998年6月10日国务院办公厅转发 科学技术部、卫生部发布 国办发[1998]36号)

第一章 总 则

第一条 为了有效保护和合理利用我国的人类遗传资源,加强人类基因的研究与开发,促进平等互利的国际合作和交流,制定本办法。

第二条 本办法所称人类遗传资源是指含有人体基因组、基因及其产物的器官、组织、细胞、血液、制备物、重组脱氧核糖核酸(DNA)构建体等遗传材料及相关的信息资料。

第三条 凡从事涉及我国人类遗传资源的采集、收集、研究、开发、买卖、出口、出境等活动,必须遵守本办法。

第四条 国家对重要遗传家系和特定地区遗传资源实行申报登记制度,发现和持有重要遗传家系和特定地区遗传资源的单位或个人,应及时向有关部门报告。未经许可,任何单位和个人不得擅自采集、收集、买卖、出口、出境或以其他形式对外提供。

第五条 人类遗传资源及有关信息、资料,属于国家科学技术秘密的,必须遵守《科学技术保密规定》。

第二章 管理机构

第六条 国家对人类遗传资源实行分级管理,统一审批制度。

第七条 国务院科学技术行政主管部门和卫生行政主管部门共同负责管理全国人类遗传资源,联合成立中国人类遗传资源管理办公室,负责日常工作。

第八条 中国人类遗传资源管理办公室暂设在国务院科学技术行政主管部门。在国务院科学技术和卫生行政主管部门领导下,中国人类遗传资源管理办公室行使以下职责:

(一)起草有关的实施细则和文件,经批准后发布施行,协调和监督本办法的实施;

(二)负责重要遗传家系和特定地区遗传资源的登记和管理;

(三)组织审核涉及人类遗传资源的国际合作项目;

(四)受理人类遗传资源出口、出境的申请,办理出口、出境证明;

(五)与人类遗传资源管理有关的其他工作。

第九条 中国人类遗传资源管理办公室聘请有关专家组成专家组,参与拟定研究规划,协助审核国际合作项目,进行有关的技术评估和提供技术咨询。

第十条 各省、自治区、直辖市科学技术行政主管部门和卫生行政主管部门(以下简称地方主管部门)负责本地区的人类遗传资源管理工作。

国务院有关部门负责本部门的人类遗传资源管理工作。

第三章 申报与审批

第十一条 凡涉及我国人类遗传资源的国际合作项目,须由中方合作单位办理报批手续。中央所属单位按隶属关系报国务院有关部门,地方所属单位及无上级主管部门或隶属关系的单位报该单位所在地的地方主管部门,审查同意后,向中国人类遗传资源管理办公室提出申请,经审核批准后方可正式签约。

国务院有关部门和地方主管部门在审查国际合作项目申请时,应当征询人类遗传资源采集地的地方主管部门的意见。

本办法施行前已进行但尚未完成的国际合作项目须按规定补办报批手续。

第十二条 办理涉及我国人类遗传资源的国际合作项目的报批手续,须填写申请书,并附以下材料:

(一)人类遗传资源材料提供者及其亲属的知情同意证明材料;

(二)合同文本草案;

(三)审批机关要求的其他材料。

第十三条 依本办法第十二条提出的申请,有下列情况之一的,不予批准:

(一)缺乏明确的工作目的和方向;

(二)外方合作单位无较强的研究开发实力和优势;

(三)中方合作单位不具备合作研究的基础和条件;

(四)知识产权归属和分享的安排不合理、不明确;

(五)工作范围过宽,合作期限过长;

(六)无人类遗传资源材料提供者及其亲属的知情同意证明材料;

(七)违反我国有关法律、法规的规定。

第十四条 重要人类遗传资源严格控制出口、出境和对外提供。

已审核批准的国际合作项目中,列出人类遗传资源材料出口、出境计划的,需填写申报表,直接由中国人类遗传资源管理办公室办理出口、出境证明。

因其他特殊情况,确需临时对外提供人类遗传资源材料的,须填写申报表,经地方主管部门或国务院有关部门审查同意后,报中国人类遗传资源管理办公室,经批准后核发出口、出境证明。

第十五条 中国人类遗传资源管理办公室对国际合作项目和人类遗传资源材料的出口、出境申请每季度审理一次。对于符合本办法要求的,核发批准文件,办理出口、出境证明,并注明《商品名称及编码协调制度》中相对应的编码;不符合本办法要求的,不予批准;对于申请文件不完备的,退回补正,补正后可重新申请。

第十六条 携带、邮寄、运输人类遗传资源出口、出境时,应如实向海关申报,海关凭中国人类遗传资源管理办公室核发的出口、出境证明予以放行。

第四章 知识产权

第十七条 我国境内的人类遗传资源信息,包括重要遗传家系和特定地区遗传资源及其数据、资料、样本等,我国研究开发机构享有专属持有权,未经许可,不得向其他单位转让。获得上述信息的外方合作单位和个人未经许可不得公开、发表、申请专利或以其他形式向他人披露。

第十八条 有关人类遗传资源的国际合作项目应当遵循平等互利、诚实信用、共同参与、共享成果的原则,明确各方应享有的权利和承担的义务,充分、有效地保护知识产权。

第十九条 中外机构就我国人类遗传资源进行合作研究开发,其知识产权按下列原则处理:

(一)合作研究开发成果属于专利保护范围的,应由双方共同申请专利,专利权归双方共有。双方可根据协议共同实施或分别在本国境内实施该项专利,但向第三方转让或者许可第三方实施,必须经过双方同意,所获利益按双方贡献大小分享。

(二)合作研究开发产生的其他科技成果,其使用权、转让权和利益分享办法由双方通过合作协议约定。协议没有约定的,双方都有使用的权利,但向第三方转让须经双方同意,所获利益按双方贡献大小分享。

第五章 奖励与处罚

第二十条 对于发现和报告重要遗传家系和资源信息的单位或个人,给予表彰和奖励;对于揭发违法行为的,给予奖励和保护。

第二十一条 我国单位和个人违反本办法的规定,未经批准,私自携带、邮寄、运输人类遗传资源材料出口、出境的,由海关没收其携带、邮寄、运输的人类遗传资源材料,视情节轻重,给予行政处罚直到移送司法机关处理;未经批准擅自向外方机构或者个人提供人类遗传资源材料的,没收所提供的人类遗传资源材料并处以罚款;情节严重的,给予行政处罚直至追究法律责任。

第二十二条 国(境)外单位和个人违反本办法的规定,未经批准,私自采集、收集、买卖我国人类遗传资源材料的,没收其所持有的人类遗传资源材料并处以罚款;情节严重的,依照我国有关法律追究其法律责任。私自携带、邮寄、运输我国人类遗传资源材料出口、出境的,由海关没收其携带、邮寄、运输的人类遗传资源材料,视情节轻重,给予处罚或移送司法机关处理。

第二十三条 管理部门的工作人员和参与审核的专家负有为申报者保守技术秘密的责任。玩忽职守、徇私舞弊,造成技术秘密泄漏或人类遗传资源流失的,视情节给予行政处罚直至追究法律责任。

第六章 附 则

第二十四条 军队系统可根据本办法的规定,制定本系统的实施细则,报中国人类遗传资源管理办公室备案。武警部队按照本办法的规定执行。

第二十五条 本办法由国务院科学技术行政主管部门、卫生行政主管部门负责解释。

第二十六条 本办法自发布之日起施行。

国务院办公厅关于加强生物物种资源保护和管理的通知

(2004年3月31日国务院办公厅发布　国办发[2004]25号)

各省、自治区、直辖市人民政府,国务院各部委、各直属机构:

近几年来,我国生物物种资源保护和管理工作取得了一定成效,一批具有重要经济、科研和生态价值的生物物种资源得到了保护。但由于多种原因,我国生物物种资源丧失和流失的问题还很突出。为全面加强生物物种资源保护和管理,经国务院同意,现就有关问题通知如下:

(一)充分认识生物物种资源保护和管理的重要性。生物物种资源(包括生物遗传资源,下同)是维持人类生存、维护国家生态安全的物质基础,是实现可持续发展战略的重要资源。各地区、各有关部门要充分认识生物物种资源保护和管理的重要性和紧迫性,站在国家和民族长远利益的高度,以对子孙后代高度负责的态度,将生物物种资源保护和管理工作列入重要议事日程,确定工作重点,采取有力措施,切实抓紧抓好。

要通过广播、电视、报刊、杂志等新闻媒体,开展生物物种资源保护和管理宣传教育,广泛普及科学知识,树立生物物种资源保护意识。要针对突出问题,抓住典型案例,深入开展警示教育,不断提高全社会生物物种资源保护和管理的责任感。

(二)开展生物物种资源调查。我国生物物种资源种类多、数量大、分布广,是世界生物物种资源最丰富的国家之一。为全面掌握我国生物物种资源状况,要迅速开展一次全国生物物种资源调查,争取用二到三年的时间,基本查清我国栽培植物、家畜家禽种质资源和水生生物、观赏植物、药用植物等物种资源的状况。

(三)做好生物物种资源编目工作。开展动植物特有种、我国起源的栽培植物、家畜家禽及其野生亲缘种、变种、品种和品系,以及具有重要经济、科研价值或潜在用途的野生药用、观赏动植物和微生物等物种资源的整理和编目。要研究制定生物物种资源评价指标和等级标准,完善重点保护生物物种目录,建立国家生物物种资源协调交流机制、全国统一的数据库系统,实现信息网络联通和信息资源共享。

全国生物物种资源调查和编目工作,由环保总局会同国务院有关行政主管部门负责组织落实,各地区、各部门要积极支持和配合。

(四)制定生物物种资源保护利用规划。在开展生物物种资源调查的基础上,环保总局要会同发展改革委、科技部、财政部、农业部、林业局、中科院、中医药局等部门制定全国生物物种资源保护利用规划。各地区、各有关部门要分别编制本行政区和相关领域的保护利用规划。各级保护利用规划要纳入国家和地方国民经济和社会发展计划并认真组织实施。

(五)加强生物物种资源保护基础能力建设。加强野生动植物物种资源及其原生境、栽培植物野生近缘种、家畜家禽近缘种的就地保护和生物物种资源收集保存库(圃)、植物园、动物园、野生动物园、种源繁育中心(基地)建设,做好生物物种资源迁地保护和保存;建设一批离体保护设施和生物物种资源基因核心库,加强动物基因、细胞、组织及器官的保存和特异优质基因的保护。

(六)健全生物物种资源对外输出审批制度。进一步建立审批责任制和责任追究制,强化生物物种资源对外输出的管理和监督。建立国家生物物种资源联络机制,对外提供及国外机构和个人在我国境内获取生物物种资源,必须按程序报经国务院有关行政主管部门同意,并将有关进出口资料信息抄报国务院环境保护部门。

（七）建立生物物种资源出入境查验制度。建立生物物种资源出入境查验制度，加强对生物物种资源出入境的监管。携带、邮寄、运输生物物种资源出境的，必须提供有关部门签发的批准证明，并向出入境检验检疫机构申报。海关凭出入境检验检疫机构签发的《出境货物通关单》验放。涉及濒危物种进出口和国家保护的野生动植物及其产品出口的，须取得国家濒危物种进出口管理机构签发的允许进出口证明书。出入境检验检疫机构、海关要按各自职责对出入境的生物物种资源严格检验、查验，对非法出入境的生物物种资源，要依法予以没收。

（八）加强生物物种资源对外合作管理。对外提供生物物种资源，涉及生物物种资源的对外合作项目，要签订有关协议书，明确双方的权利、责任和义务，确保知识产权等研发利用的成果和利益共享，切实维护国家利益。对外合作项目必须严格遵守我国有关规定，应有我国研究人员的充分参与，所涉及的研发活动主要在我国境内进行。对于申请有关知识产权保护的生物物种资源研究开发成果，知识产权主管部门要按照有关规定加强审查，对符合条件的要予以保护。

（九）加强科学研究和技术开发。要制定专项科研计划，加强生物物种资源基础理论、保护技术和开发利用研究，开展生物物种资源遗传分析和综合鉴定，为科学保护和利用生物物种资源提供技术支撑。

（十）加强人才培养。要针对当前生物物种资源保护人才流失和业务骨干缺乏的实际，积极采取措施，创造必要条件，吸引和稳定专业技术人才，积极引进科技骨干人才，开展技术培训，切实加强专业和管理队伍建设。

（十一）加大资金投入。要建立稳定的投入机制，将所需经费列入中央和地方财政预算，不断加大投入力度，切实加强和完善生物物种资源保护基础设施建设，完善技术手段，提高生物物种资源保护和管理水平。

（十二）强化预警监督。建立生物物种资源监测预警体系，及时掌握重要生物物种资源的动态变化，科学预测近期、中期和长期发展趋势，为科学决策提供依据。开发建设项目要严格进行环境影响评价，对生物物种资源及其生长环境产生不利影响的，应制定和落实补救措施。

（十三）完善立法工作。抓紧起草生物物种资源保护法律法规，规范生物物种资源的保护、采集、收集、研究、开发、贸易、交换、进出口、出入境等活动。严格控制直接商品化利用野生资源，鼓励优先使用人工培育的生物物种资源。

（十四）加大执法力度。要明确职责，强化责任，严格执法，认真查找存在的问题并采取有力措施加以解决。当前要重点检查现有有关法律法规的执行情况，加强对有关部门和单位持有、对外交换和提供生物物种资源情况的监督检查。

（十五）加强领导和协调。生物物种资源的保护和管理涉及多部门和多领域，为避免工作重复和疏漏，国务院决定建立生物物种资源保护部际联席会议制度，统一组织、协调国家生物物种资源的保护和管理工作，部际联席会议由环保总局牵头，国务院有关部门参加。环保总局负责生物物种资源保护和管理的组织协调，会同监察部加强监督检查。教育、建设、农业、卫生、林业和中医药等部门负责本行业生物物种资源的保护和管理工作；工商、商务、海关、质检等部门负责市场和出入境管理；科技、知识产权等部门负责科研开发和知识产权管理；发展改革、财政等部门负责制订经济政策并落实所需资金。各有关部门要加强协调，密切配合，通力合作，共同做好我国生物物种资源保护和管理工作。

国务院办公厅
二〇〇四年三月三十一日

基因工程安全管理办法

(1993年12月24日国家科学技术委员会发布　国家科学技术委员会令第17号)

第一章　总　则

第一条　为了促进我国生物技术的研究与开发,加强基因工程工作的安全管理,保障公众和基因工程工作人员的健康,防止环境污染,维护生态平衡,制定本办法。

第二条　本办法所称基因工程,包括利用载体系统的重组体DNA技术,以及利用物理或者化学方法把异源DNA直接导入有机体的技术。但不包括下列遗传操作:

(一)细胞融合技术,原生质体融合技术;

(二)传统杂交繁殖技术;

(三)诱变技术,体外受精技术,细胞培养或者胚胎培养技术。

第三条　本办法适用于在中华人民共和国境内进行的一切基因工程工作,包括实验研究、中间试验、工业化生产以及遗传工程体释放和遗传工程产品使用等。

从国外进口遗传工程体,在中国境内进行基因工程工作的,应当遵守本办法。

第四条　国家科学技术委员会主管全国基因工程安全工作,成立全国基因工程安全委员会,负责基因工程安全监督和协调。

国务院有关行政主管部门依照有关规定,在各自的职责范围内对基因工程工作进行安全管理。

第五条　基因工程工作安全管理实行安全等级控制、分类归口审批制度。

第二章　安全等级和安全性评价

第六条　按照潜在危险程度,将基因工程工作分为四个安全等级:

安全等级Ⅰ,该类基因工程工作对人类健康和生态环境尚不存在危险;

安全等级Ⅱ,该类基因工程工作对人类健康和生态环境具有低度危险;

安全等级Ⅲ,该类基因工程工作对人类健康和生态环境具有中度危险;

安全等级Ⅳ,该类基因工程工作对人类健康和生态环境具有高度危险;

第七条　各类基因工程工作的安全等级的技术标准和环境标准,由国务院有关行政主管部门制定,并报全国基因工程安全委员会备案。

第八条　从事基因工程工作的单位,应当进行安全性评价,评估潜在危险,确定安全等级,制定安全控制方法和措施。

第九条　从事基因工程实验研究,应当对DNA供体、载体、宿主和遗传工程体进行安全性评价。安全性评价重点是目的基因、载体、宿主和遗传工程体的致病性、致癌性、抗药性、转移性和生态环境效应,以及确定生物控制和物理控制等级。

第十条　从事基因工程中间试验或者工业化生产,应当根据所用遗传工程体的安全性评价,对培养、发酵、分离和纯化工艺过程的设备和设施的物理屏障进行安全鉴定,确定中间试验或者工业化生产的安全等级。

第十一条　从事遗传工程体释放,应当对遗传工程体安全性、释放目的、释放地区的生态环境、释放方式、监测方法和控制措施进行评价,确定释放工作的安全等级。

第十二条　遗传工程产品的使用,应当经过生物学安全检验,进行安全性评价,确定遗传工程产品对公众健康和生态环境可能产生的影响。

第三章 申报和审批

第十三条 从事基因工程工作的单位,应当依据遗传工程产品适用性质和安全等级,分类分级进行申报,经审批同意后方能进行。

第十四条 基因工程实验研究,属于安全等级Ⅰ和Ⅱ的工作,由本单位行政负责人批准;属于安全等级Ⅲ的工作,由本单位行政负责人审查,报国务院有关行政主管部门批准;属于安全等级Ⅳ的工作,经国务院有关行政主管部门审查,报全国基因工程安全委员会批准。

第十五条 基因工程中间试验,属于安全等级Ⅰ的工作,由本单位行政负责人批准;属于安全等级Ⅱ的工作,报国务院有关行政主管部门批准;属于安全等级Ⅲ的工作,由国务院有关行政主管部门审批,并报全国基因工程安全委员会备案;属于安全等级Ⅳ的工作,由国务院有关行政主管部门审查,报全国基因工程安全委员会批准。

第十六条 基因工程工业化生产、遗传工程体释放和遗传工程产品使用,属于安全等级Ⅰ至Ⅲ的工作,由国务院有关行政主管部门审批,并报全国基因工程安全委员会备案;属于安全等级Ⅳ的工作,由国务院有关行政主管部门审查,报全国基因工程安全委员会批准。

第十七条 从事基因工程工作的单位应当履行下列申报手续:

(一)项目负责人对从事的基因工程工作进行安全性评价,并填报申请书;

(二)本单位学术委员会对申报资料进行技术审查;

(三)上报申请书及提交有关技术资料。

第十八条 凡符合下列各项条件的基因工程工作,应当予以批准,并签发证明文件:

(一)不存在对申报的基因工程工作安全性评价的可靠性产生怀疑的事实;

(二)保证所申报的基因工程工作按照安全等级的要求,采取与现有科学技术水平相适应的安全控制措施,判断不会对公众健康和生态环境造成严重危害;

(三)项目负责人和工作人员具备从事基因工程工作所必需的专业知识和安全操作知识,能承担本办法规定的义务;

(四)符合国家有关法律、法规规定。

第四章 安全控制措施

第十九条 从事基因工程工作的单位,应当根据安全等级,确定安全控制方法,制定安全操作规则。

第二十条 从事基因工程工作的单位,应当根据安全等级,制定相应治理废弃物的安全措施。排放之前应当采取措施使残留遗传工程体灭活,以防止扩散和污染环境。

第二十一条 从事基因工程工作的单位,应当制定预防事故的应急措施,并将其列入安全操作规则。

第二十二条 遗传工程体应当贮存在特定设备内。贮放场所的物理控制应当与安全等级相适应。

安全等级Ⅳ的遗传工程体贮放场所,应当指定专人管理。

从事基因工程工作的单位应当编制遗传工程体的贮存目录清单,以备核查。

第二十三条 转移或者运输的遗传工程体应当放置在与其安全等级相适应的容器内,严格遵守国家有关运输或者邮寄生物材料的规定。

第二十四条 从事基因工程工作的单位和个人必须认真做好安全监督记录。安全监督记录保存期不得少于十年,以备核查。

第二十五条 因基因工程工作发生损害公众健康或者环境污染事故的单位,必须及时采取措施,控制损害的扩大,并向有关主管部门报告。

第五章 法律责任

第二十六条 有下列情况之一的,由有关主管部门视情节轻重分别给予警告、责令停止工作、停止资助经费、没收非法所得的处罚:

(一)未经审批,擅自进行基因工程工作的;

(二)使用不符合规定的装置、仪器、试验室等设施的;

（三）违反基因工程工作安全操作规则的；
（四）违反本办法其它规定的。

第二十七条 审批机关工作人员玩忽职守、徇私舞弊的，由所在单位或者其上级主管部门对直接责任人员给予行政处分。情节严重，构成犯罪的，依法追究刑事责任。

第二十八条 违反本办法的规定，造成下列情况之一的，负有责任的单位必须立即停止损害行为，并负责治理污染、赔偿有关损失；情节严重，构成犯罪的，依法追究直接责任人员的刑事责任：
（一）严重污染环境的；
（二）损害或者影响公众健康的；
（三）严重破坏生态资源、影响生态平衡的。

第二十九条 审批机构的工作人员和参与审查的专家负有为申报者保守技术秘密的责任。

第六章 附 则

第三十条 本办法所用术语的含义是：
（一）DNA，系脱氧核糖核酸的英文名词缩写，是贮存生物遗传信息的遗传物质。
（二）基因，系控制生物性状的遗传物质的功能和结构单位，是具有遗传信息的 DNA 片段。
（三）目的基因，系指以修饰宿主细胞遗传组成并表达其遗传效应为目的的异源 DNA 片段。
（四）载体，系指具有运载异源 DNA 进入宿主细胞和自我复制能力的 DNA 分子。
（五）宿主细胞，系指被导入重组 DNA 分子的细胞，宿主细胞又称受体细胞。
（六）重组 DNA 分子，系指由异源 DNA 与载体 DNA 组成的杂种 DNA 分子。
（七）有机体，系指能够繁殖或者能够传递遗传物质的活细胞或者生物体。
（八）重组体，系指因自然因素或者用人工方法导入异源 DNA 改造其遗传组成的有机体。
（九）变异体，系指因自然或人工因素导致其遗传物质变化的有机体。
（十）重组体 DNA 技术，系指利用载体系统人工修饰有机体遗传组成的技术，即在体外通过酶的作用将导源 DNA 与载体 DNA 重组，并将该重组 DNA 分子导入宿主细胞内，以扩增异源 DNA 并实现其功能表达的技术。
（十一）遗传工程体，系指利用基因工程的遗传操作获得的有机体，包括遗传工程动物、遗传工程植物和遗传工程微生物。

下列变异体和重组体不属于本办法所称遗传工程体：用细胞融合或者原生质体融合技术获得的的生物；传统杂交繁殖技术获得的动物和植物；物理化学因素诱变技术改变其遗传组成的生物；以及染色体结构畸变和数目畸变的生物。

（十二）遗传工程产品，系指含有遗传工程体、遗传工程体成分或者遗传工程体目的基因表达产物的产品。
（十三）基因工程实验研究，系指在控制系统内进行的实验室规模的基因工程研究工作。
（十四）基因工程中间试验，系指把基因工程实验研究成果和遗传工程体应用于工业化生产（生产定型和鉴定）之前，旨在验证、补充相关数据，确定、完善技术规范（产品标准和工艺规程）或者解决扩大生产关键技术，在控制系统内进行的试验或者试生产。
（十五）基因工程工业化生产，系指利用遗传工程体，在控制系统内进行医药、农药、兽药、饲料、肥料、食品、添加剂、化工原料等商业化规模生产，亦包括利用遗传工程进行冶金、采油和处理废物的工艺过程。
（十六）遗传工程体释放，系指遗传工程体在开放系统内进行研究、生产和应用，包括将遗传工程体施用于田间、牧场、森林、矿床和水域等自然生态系统中。
（十七）遗传工程产品使用，系指遗传工程产品投放市场销售或者供人们应用。
（十八）控制系统，系指通过物理控制和生物控制建立的操作体系。

物理控制，系指利用设备的严密封闭、设施的特殊设计和安全操作，使有潜在危险的 DNA 供体、载体和宿主细胞或者遗传工程体向环境扩散减少到最低限度。

生物控制，系指利用遗传修饰，使有潜在危险的载体和宿主细胞在控制系统外的存活、繁殖和转移能力降低到最低限度。

不具备上述控制条件的操作体系，称为开放

系统。

第三十一条 国务院有关行政主管部门按照本办法的规定，在各自的职责范围内制定实施细则。

第三十二条 本办法由国家科学技术委员会解释。

第三十三条 本办法自发布之日起施行。

农业转基因生物安全管理条例

(2001年5月23日国务院发布　中华人民共和国国务院令第304号)

第一章　总　则

第一条　为了加强农业转基因生物安全管理,保障人体健康和动植物、微生物安全,保护生态环境,促进农业转基因生物技术研究,制定本条例。

第二条　在中华人民共和国境内从事农业转基因生物的研究、试验、生产、加工、经营和进口、出口活动,必须遵守本条例。

第三条　本条例所称农业转基因生物,是指利用基因工程技术改变基因组构成,用于农业生产或者农产品加工的动植物、微生物及其产品,主要包括:

(一)转基因动植物(含种子、种畜禽、水产苗种)和微生物;

(二)转基因动植物、微生物产品;

(三)转基因农产品的直接加工品;

(四)含有转基因动植物、微生物或者其产品成分的种子、种畜禽、水产苗种、农药、兽药、肥料和添加剂等产品。

本条例所称农业转基因生物安全,是指防范农业转基因生物对人类、动植物、微生物和生态环境构成的危险或者潜在风险。

第四条　国务院农业行政主管部门负责全国农业转基因生物安全的监督管理工作。

县级以上地方各级人民政府农业行政主管部门负责本行政区域内的农业转基因生物安全的监督管理工作。

县级以上各级人民政府卫生行政主管部门依照《中华人民共和国食品卫生法》的有关规定,负责转基因食品卫生安全的监督管理工作。

第五条　国务院建立农业转基因生物安全管理部际联席会议制度。

农业转基因生物安全管理部际联席会议由农业、科技、环境保护、卫生、外经贸、检验检疫等有关部门的负责人组成,负责研究、协调农业转基因生物安全管理工作中的重大问题。

第六条　国家对农业转基因生物安全实行分级管理评价制度。

农业转基因生物按照其对人类、动植物、微生物和生态环境的危险程度,分为Ⅰ、Ⅱ、Ⅲ、Ⅳ四个等级。具体划分标准由国务院农业行政主管部门制定。

第七条　国家建立农业转基因生物安全评价制度。

农业转基因生物安全评价的标准和技术规范,由国务院农业行政主管部门制定。

第八条　国家对农业转基因生物实行标识制度。

实施标识管理的农业转基因生物目录,由国务院农业行政主管部门商国务院有关部门制定、调整并公布。

第二章　研究与试验

第九条　国务院农业行政主管部门应当加强农业转基因生物研究与试验的安全评价管理工作,并设立农业转基因生物安全委员会,负责农业转基因生物的安全评价工作。

农业转基因生物安全委员会由从事农业转基因生物研究、生产、加工、检验检疫以及卫生、环境保护等方面的专家组成。

第十条　国务院农业行政主管部门根据农业转基因生物安全评价工作的需要,可以委托具备检测条件和能力的技术检测机构对农业转基因生物进行检测。

第十一条 从事农业转基因生物研究与试验的单位,应当具备与安全等级相适应的安全设施和措施,确保农业转基因生物研究与试验的安全,并成立农业转基因生物安全小组,负责本单位农业转基因生物研究与试验的安全工作。

第十二条 从事Ⅲ、Ⅳ级农业转基因生物研究的,应当在研究开始前向国务院农业行政主管部门报告。

第十三条 农业转基因生物试验,一般应当经过中间试验、环境释放和生产性试验三个阶段。

中间试验,是指在控制系统内或者控制条件下进行的小规模试验。

环境释放,是指在自然条件下采取相应安全措施所进行的中规模的试验。

生产性试验,是指在生产和应用前进行的较大规模的试验。

第十四条 农业转基因生物在实验室研究结束后,需要转入中间试验的,试验单位应当向国务院农业行政主管部门报告。

第十五条 农业转基因生物试验需要从上一试验阶段转入下一试验阶段的,试验单位应当向国务院农业行政主管部门提出申请;经农业转基因生物安全委员会进行安全评价合格的,由国务院农业行政主管部门批准转入下一试验阶段。

试验单位提出前款申请,应当提供下列材料:

(一)农业转基因生物的安全等级和确定安全等级的依据;

(二)农业转基因生物技术检测机构出具的检测报告;

(三)相应的安全管理、防范措施;

(四)上一试验阶段的试验报告。

第十六条 从事农业转基因生物试验的单位在生产性试验结束后,可以向国务院农业行政主管部门申请领取农业转基因生物安全证书。

试验单位提出前款申请,应当提供下列材料:

(一)农业转基因生物的安全等级和确定安全等级的依据;

(二)农业转基因生物技术检测机构出具的检测报告;

(三)生产性试验的总结报告;

(四)国务院农业行政主管部门规定的其他材料。

国务院农业行政主管部门收到申请后,应当组织农业转基因生物安全委员会进行安全评价;安全评价合格的,方可颁发农业转基因生物安全证书。

第十七条 转基因植物种子、种畜禽、水产苗种,利用农业转基因生物生产的或者含有农业转基因生物成分的种子、种畜禽、水产苗种、农药、兽药、肥料和添加剂等,在依照有关法律、行政法规的规定进行审定、登记或者评价、审批前,应当依照本条例第十六条的规定取得农业转基因生物安全证书。

第十八条 中外合作、合资或者外方独资在中华人民共和国境内从事农业转基因生物研究与试验的,应当经国务院农业行政主管部门批准。

第三章 生产与加工

第十九条 生产转基因植物种子、种畜禽、水产苗种,应当取得国务院农业行政主管部门颁发的种子、种畜禽、水产苗种生产许可证。

生产单位和个人申请转基因植物种子、种畜禽、水产苗种生产许可证,除应当符合有关法律、行政法规规定的条件外,还应当符合下列条件:

(一)取得农业转基因生物安全证书并通过品种审定;

(二)在指定的区域种植或者养殖;

(三)有相应的安全管理、防范措施;

(四)国务院农业行政主管部门规定的其他条件。

第二十条 生产转基因植物种子、种畜禽、水产苗种的单位和个人,应当建立生产档案,载明生产地点、基因及其来源、转基因的方法以及种子、种畜禽、水产苗种流向等内容。

第二十一条 单位和个人从事农业转基因生物生产、加工的,应当由国务院农业行政主管部门或者省、自治区、直辖市人民政府农业行政主管部门批准。具体办法由国务院农业行政主管部门制定。

第二十二条 农民养殖、种植转基因动植物的,由种子、种畜禽、水产苗种销售单位依照本条例第二十一条的规定代办审批手续。审批部门和代办单位不得向农民收取审批、代办费用。

第二十三条　从事农业转基因生物生产、加工的单位和个人,应当按照批准的品种、范围、安全管理要求和相应的技术标准组织生产、加工,并定期向所在地县级人民政府农业行政主管部门提供生产、加工、安全管理情况和产品流向的报告。

第二十四条　农业转基因生物在生产、加工过程中发生基因安全事故时,生产、加工单位和个人应当立即采取安全补救措施,并向所在地县级人民政府农业行政主管部门报告。

第二十五条　从事农业转基因生物运输、贮存的单位和个人,应当采取与农业转基因生物安全等级相适应的安全控制措施,确保农业转基因生物运输、贮存的安全。

第四章　经　　营

第二十六条　经营转基因植物种子、种畜禽、水产苗种的单位和个人,应当取得国务院农业行政主管部门颁发的种子、种畜禽、水产苗种经营许可证。

经营单位和个人申请转基因植物种子、种畜禽、水产苗种经营许可证,除应当符合有关法律、行政法规规定的条件外,还应当符合下列条件:

(一)有专门的管理人员和经营档案;

(二)有相应的安全管理、防范措施;

(三)国务院农业行政主管部门规定的其他条件。

第二十七条　经营转基因植物种子、种畜禽、水产苗种的单位和个人,应当建立经营档案,载明种子、种畜禽、水产苗种的来源、贮存、运输和销售去向等内容。

第二十八条　在中华人民共和国境内销售列入农业转基因生物目录的农业转基因生物,应当有明显的标识。

列入农业转基因生物目录的农业转基因生物,由生产、分装单位和个人负责标识;未标识的,不得销售。经营单位和个人在进货时,应当对货物和标识进行核对。经营单位和个人拆开原包装进行销售的,应当重新标识。

第二十九条　农业转基因生物标识应当载明产品中含有转基因成分的主要原料名称;有特殊销售范围要求的,还应当载明销售范围,并在指定范围内销售。

第三十条　农业转基因生物的广告,应当经国务院农业行政主管部门审查批准后,方可刊登、播放、设置和张贴。

第五章　进口与出口

第三十一条　从中华人民共和国境外引进农业转基因生物用于研究、试验的,引进单位应当向国务院农业行政主管部门提出申请;符合下列条件的,国务院农业行政主管部门方可批准:

(一)具有国务院农业行政主管部门规定的申请资格;

(二)引进的农业转基因生物在国(境)外已经进行了相应的研究、试验;

(三)有相应的安全管理、防范措施。

第三十二条　境外公司向中华人民共和国出口转基因植物种子、种畜禽、水产苗种和利用农业转基因生物生产的或者含有农业转基因生物成分的植物种子、种畜禽、水产苗种、农药、兽药、肥料和添加剂的,应当向国务院农业行政主管部门提出申请;符合下列条件的,国务院农业行政主管部门方可批准试验材料入境并依照本条例的规定进行中间试验、环境释放和生产性试验:

(一)输出国家或者地区已经允许作为相应用途并投放市场;

(二)输出国家或者地区经过科学试验证明对人类、动植物、微生物和生态环境无害;

(三)有相应的安全管理、防范措施。

生产性试验结束后,经安全评价合格,并取得农业转基因生物安全证书后,方可依照有关法律、行政法规的规定办理审定、登记或者评价、审批手续。

第三十三条　境外公司向中华人民共和国出口农业转基因生物用作加工原料的,应当向国务院农业行政主管部门提出申请;符合下列条件,并经安全评价合格的,由国务院农业行政主管部门颁发农业转基因生物安全证书：

（一）输出国家或者地区已经允许作为相应用途并投放市场；

（二）输出国家或者地区经过科学试验证明对人类、动植物、微生物和生态环境无害；

（三）经农业转基因生物技术检测机构检测，确认对人类、动植物、微生物和生态环境不存在危险；

（四）有相应的安全管理、防范措施。

第三十四条 从中华人民共和国境外引进农业转基因生物的，或者向中华人民共和国出口农业转基因生物的，引进单位或者境外公司应当凭国务院农业行政主管部门颁发的农业转基因生物安全证书和相关批准文件，向口岸出入境检验检疫机构报检；经检疫合格后，方可向海关申请办理有关手续。

第三十五条 农业转基因生物在中华人民共和国过境转移的，货主应当事先向国家出入境检验检疫部门提出申请；经批准方可过境转移，并遵守中华人民共和国有关法律、行政法规的规定。

第三十六条 国务院农业行政主管部门、国家出入境检验检疫部门应当自收到申请人申请之日起270日内作出批准或者不批准的决定，并通知申请人。

第三十七条 向中华人民共和国境外出口农产品，外方要求提供非转基因农产品证明的，由口岸出入境检验检疫机构根据国务院农业行政主管部门发布的转基因农产品信息，进行检测并出具非转基因农产品证明。

第三十八条 进口农业转基因生物，没有国务院农业行政主管部门颁发的农业转基因生物安全证书和相关批准文件的，或者与证书、批准文件不符的，作退货或者销毁处理。进口农业转基因生物不按照规定标识的，重新标识后方可入境。

第六章 监督检查

第三十九条 农业行政主管部门履行监督检查职责时，有权采取下列措施：

（一）询问被检查的研究、试验、生产、加工、经营或者进口、出口的单位和个人、利害关系人、证明人，并要求其提供与农业转基因生物安全有关的证明材料或者其他资料；

（二）查阅或者复制农业转基因生物研究、试验、生产、加工、经营或者进口、出口的有关档案、账册和资料等；

（三）要求有关单位和个人就有关农业转基因生物安全的问题作出说明；

（四）责令违反农业转基因生物安全管理的单位和个人停止违法行为；

（五）在紧急情况下，对非法研究、试验、生产、加工、经营或者进口、出口的农业转基因生物实施封存或者扣押。

第四十条 农业行政主管部门工作人员在监督检查时，应当出示执法证件。

第四十一条 有关单位和个人对农业行政主管部门的监督检查，应当予以支持、配合，不得拒绝、阻碍监督检查人员依法执行职务。

第四十二条 发现农业转基因生物对人类、动植物和生态环境存在危险时，国务院农业行政主管部门有权宣布禁止生产、加工、经营和进口，收回农业转基因生物安全证书，销毁有关存在危险的农业转基因生物。

第七章 罚 则

第四十三条 违反本条例规定，从事Ⅲ、Ⅳ级农业转基因生物研究或者进行中间试验，未向国务院农业行政主管部门报告的，由国务院农业行政主管部门责令暂停研究或者中间试验，限期改正。

第四十四条 违反本条例规定，未经批准擅自从事环境释放、生产性试验的，已获批准但未按照规定采取安全管理、防范措施的，或者超过批准范围进行试验的，由国务院农业行政主管部门或者省、自治区、直辖市人民政府农业行政主管部门依据职权，责令停止试验，并处1万元以上5万元以下的罚款。

第四十五条 违反本条例规定，在生产性试验结束后，未取得农业转基因生物安全证书，擅自将农业转基因生物投入生产和应用的，由国务院农业行政主管部门责令停止生产和应用，并处2

万元以上 10 万元以下的罚款。

第四十六条 违反本条例第十八条规定，未经国务院农业行政主管部门批准，从事农业转基因生物研究与试验的，由国务院农业行政主管部门责令立即停止研究与试验，限期补办审批手续。

第四十七条 违反本条例规定，未经批准生产、加工农业转基因生物或者未按照批准的品种、范围、安全管理要求和技术标准生产、加工的，由国务院农业行政主管部门或者省、自治区、直辖市人民政府农业行政主管部门依据职权，责令停止生产或者加工，没收违法生产或者加工的产品及违法所得；违法所得 10 万元以上的，并处违法所得 1 倍以上 5 倍以下的罚款；没有违法所得或者违法所得不足 10 万元的，并处 10 万元以上 20 万元以下的罚款。

第四十八条 违反本条例规定，转基因植物种子、种畜禽、水产苗种的生产、经营单位和个人，未按照规定制作、保存生产、经营档案的，由县级以上人民政府农业行政主管部门依据职权，责令改正，处 1000 元以上 1 万元以下的罚款。

第四十九条 违反本条例规定，转基因植物种子、种畜禽、水产苗种的销售单位，不履行审批手续代办义务或者在代办过程中收取代办费用的，由国务院农业行政主管部门责令改正，处 2 万元以下的罚款。

第五十条 违反本条例规定，未经国务院农业行政主管部门批准，擅自进口农业转基因生物的，由国务院农业行政主管部门责令停止进口，没收已进口的产品和违法所得；违法所得 10 万元以上的，并处违法所得 1 倍以上 5 倍以下的罚款；没有违法所得或者违法所得不足 10 万元的，并处 10 万元以上 20 万元以下的罚款。

第五十一条 违反本条例规定，进口、携带、邮寄农业转基因生物未向口岸出入境检验检疫机构报检的，或者未经国家出入境检验检疫部门批准过境转移农业转基因生物的，由口岸出入境检验检疫机构或者国家出入境检验检疫部门比照进出境动植物检疫法的有关规定处罚。

第五十二条 违反本条例关于农业转基因生物标识管理规定的，由县级以上人民政府农业行政主管部门依据职权，责令限期改正，可以没收非法销售的产品和违法所得，并可以处 1 万元以上 5 万元以下的罚款。

第五十三条 假冒、伪造、转让或者买卖农业转基因生物有关证明文书的，由县级以上人民政府农业行政主管部门依据职权，收缴相应的证明文书，并处 2 万元以上 10 万元以下的罚款；构成犯罪的，依法追究刑事责任。

第五十四条 违反本条例规定，在研究、试验、生产、加工、贮存、运输、销售或者进口、出口农业转基因生物过程中发生基因安全事故，造成损害的，依法承担赔偿责任。

第五十五条 国务院农业行政主管部门或者省、自治区、直辖市人民政府农业行政主管部门违反本条例规定核发许可证、农业转基因生物安全证书以及其他批准文件的，或者核发许可证、农业转基因生物安全证书以及其他批准文件后不履行监督管理职责的，对直接负责的主管人员和其他直接责任人员依法给予行政处分；构成犯罪的，依法追究刑事责任。

第八章 附 则

第五十六条 本条例自公布之日起施行。

人类辅助生殖技术管理办法

(2001年2月20日卫生部发布 卫生部令第14号)

第一章 总 则

第一条 为保证人类辅助生殖技术安全、有效和健康发展,规范人类辅助生殖技术的应用和管理,保障人民健康,制定本办法。

第二条 本办法适用于开展人类辅助生殖技术的各类医疗机构。

第三条 人类辅助生殖技术的应用应当在医疗机构中进行,以医疗为目的,并符合国家计划生育政策、伦理原则和有关法律规定。

禁止以任何形式买卖配子、合子、胚胎。医疗机构和医务人员不得实施任何形式的代孕技术。

第四条 卫生部主管全国人类辅助生殖技术应用的监督管理工作。县级以上地方人民政府卫生行政部门负责本行政区域内人类辅助生殖技术的日常监督管理。

第二章 审 批

第五条 卫生部根据区域卫生规划、医疗需求和技术条件等实际情况,制订人类辅助生殖技术应用规划。

第六条 申请开展人类辅助生殖技术的医疗机构应当符合下列条件:

(一)具有与开展技术相适应的卫生专业技术人员和其他专业技术人员;

(二)具有与开展技术相适应的技术和设备;

(三)设有医学伦理委员会;

(四)符合卫生部制定的《人类辅助生殖技术规范》的要求。

第七条 申请开展人类辅助生殖技术的医疗机构应当向所在地省、自治区、直辖市人民政府卫生行政部门提交下列文件:

(一)可行性报告;

(二)医疗机构基本情况(包括床位数、科室设置情况、人员情况、设备和技术条件情况等);

(三)拟开展的人类辅助生殖技术的业务项目和技术条件、设备条件、技术人员配备情况;

(四)开展人类辅助生殖技术的规章制度;

(五)省级以上卫生行政部门规定提交的其他材料。

第八条 申请开展丈夫精液人工授精技术的医疗机构,由省、自治区、直辖市人民政府卫生行政部门审查批准。省、自治区、直辖市人民政府卫生行政部门收到前条规定的材料后,可以组织有关专家进行论证,并在收到专家论证报告后30个工作日内进行审核,审核同意的,发给批准证书;审核不同意的,书面通知申请单位。

对申请开展供精人工授精和体外受精-胚胎移植技术及其衍生技术的医疗机构,由省、自治区、直辖市人民政府卫生行政部门提出初审意见,卫生部审批。

第九条 卫生部收到省、自治区、直辖市人民政府卫生行政部门的初审意见和材料后,聘请有关专家进行论证,并在收到专家论证报告后45个工作日内进行审核,审核同意的,发给批准证书;审核不同意的,书面通知申请单位。

第十条 批准开展人类辅助生殖技术的医疗机构应当按照《医疗机构管理条例》的有关规定,持省、自治区、直辖市人民政府卫生行政部门或者卫生部的批准证书到核发其医疗机构执业许可证的卫生行政部门办理变更登记手续。

第十一条 人类辅助生殖技术批准证书每2年校验一次,校验由原审批机关办理。校验合格的,可以继续开展人类辅助生殖技术;校验不合格的,收回其批准证书。

第三章 实 施

第十二条 人类辅助生殖技术必须在经过批准并进行登记的医疗机构中实施。未经卫生行政部门批准,任何单位和个人不得实施人类辅助生殖技术。

第十三条 实施人类辅助生殖技术应当符合卫生部制定的《人类辅助生殖技术规范》的规定。

第十四条 实施人类辅助生殖技术应当遵循知情同意原则,并签署知情同意书。涉及伦理问题的,应当提交医学伦理委员会讨论。

第十五条 实施供精人工授精和体外受精-胚胎移植技术及其各种衍生技术的医疗机构应当与卫生部批准的人类精子库签订供精协议。严禁私自采精。

医疗机构在实施人类辅助生殖技术时应当索取精子检验合格证明。

第十六条 实施人类辅助生殖技术的医疗机构应当为当事人保密,不得泄漏有关信息。

第十七条 实施人类辅助生殖技术的医疗机构不得进行性别选择。法律法规另有规定的除外。

第十八条 实施人类辅助生殖技术的医疗机构应当建立健全技术档案管理制度。

供精人工授精医疗行为方面的医疗技术档案和法律文书应当永久保存。

第十九条 实施人类辅助生殖技术的医疗机构应当对实施人类辅助生殖技术的人员进行医学业务和伦理学知识的培训。

第二十条 卫生部指定卫生技术评估机构对开展人类辅助生殖技术的医疗机构进行技术质量监测和定期评估。技术评估的主要内容为人类辅助生殖技术的安全性、有效性、经济性和社会影响。监测结果和技术评估报告报医疗机构所在地的省、自治区、直辖市人民政府卫生行政部门和卫生部备案。

第四章 处 罚

第二十一条 违反本办法规定,未经批准擅自开展人类辅助生殖技术的非医疗机构,按照《医疗机构管理条例》第四十四条规定处罚;对有上述违法行为的医疗机构,按照《医疗机构管理条例》第四十七条和《医疗机构管理条例实施细则》第十条的规定处罚。

第二十二条 开展人类辅助生殖技术的医疗机构违反本办法,有下列行为之一的,由省、自治区、直辖市人民政府卫生行政部门给予警告、3万元以下罚款,并给予有关责任人行政处分;构成犯罪的,依法追究刑事责任:

(一)买卖配子、合子、胚胎的;

(二)实施代孕技术的;

(三)使用不具有《人类精子库批准证书》机构提供的精子的;

(四)擅自进行性别选择的;

(五)实施人类辅助生殖技术档案不健全的;

(六)经指定技术评估机构检查技术质量不合格的;

(七)其他违反本办法规定的行为。

第五章 附 则

第二十三条 本办法颁布前已经开展人类辅助生殖技术的医疗机构,在本办法颁布后3个月内向所在地省、自治区、直辖市人民政府卫生行政部门提出申请,省、自治区、直辖市人民政府卫生行政部门和卫生部按照本办法审查,审查同意的,发给批准证书;审查不同意的,不得再开展人类辅助生殖技术服务。

第二十四条 本办法所称人类辅助生殖技术是指运用医学技术和方法对配子、合子、胚胎进行人工操作,以达到受孕目的的技术,分为人工授精和体外受精-胚胎移植技术及其各种衍生技术。

人工授精是指用人工方式将精液注入女性体内以取代性交途径使其妊娠的一种方法。根据精液来源不同,分为丈夫精液人工授精和供精人工授精。

体外受精-胚胎移植技术及其各种衍生技术是指从女性体内取出卵子,在器皿内培养后,加入经技术处理的精子,待卵子受精后,继续培养,到形成早早期胚胎时,再转移到子宫内着床,发育成胎儿直至分娩的技术。

第二十五条 本办法自 2001 年 8 月 1 日起实施。

国家大型科学仪器中心管理暂行办法

(1998年6月11日科学技术部发布　国科发财字[1998]198号)

第一章　总　　则

第一条　为贯彻落实《科研条件发展"九五"计划和2010年远景目标纲要》，规范和加强国家大型科学仪器中心(以下简称仪器中心)的管理，促进大型科学仪器资源的共享，进一步提高大型科学仪器的利用率，充分发挥中心在科学技术发展中的支撑作用，制定本办法。

第二条　仪器中心是以大型或超大型科学仪器为核心组建的开放性的研究、服务单位，是该类仪器高水平的应用研究中心、人员培训中心和具有权威性的分析测试服务中心。

第三条　科学技术部根据国家科学技术发展的需要，按照突出重点、加强集成、优化配置、科学利用的原则，统一协调、规划仪器中心的建设和发展。

第二章　仪器中心的建立

第四条　仪器中心的建立，应依托在有条件的大学、研究所或其他单位，一般不单独新建。

第五条　仪器中心的建立程序：

一、科学技术部依据规划，会同有关部门，组织专家论证，确定大型或超大型仪器类型；

二、协商出资部门、地方确定各方的出资比例；

三、组成仪器中心协调小组并择优选定仪器中心依托单位。

第六条　仪器中心依托单位应具备以下基本条件：

一、有较高水平的学科带头人、较好的学科基础和研究成果；

二、具备适应需要的实验室用房、仪器设备、设施及水、电、气等配套条件；

三、有熟练的仪器维修和操作人员；

四、能够为仪器中心开展工作提供其他必需的技术支撑及后勤保障。

第七条　仪器中心依托单位负责提出引进仪器的选型及配置方案，经专家论证后，报仪器中心协调小组批准。

第三章　组织机构

第八条　仪器中心协调小组由出资部门、地方的有关负责人组成，负责选定仪器中心依托单位；组建仪器中心管理委员会；负责变更、处置、调动共建的仪器资产，以及协调其他重大事项。

第九条　仪器中心管理委员会是仪器中心的具体管理机构，由仪器中心依托单位负责人、技术委员会主任及仪器中心协调小组委派的人员组成，其职责是：

一、聘任仪器中心主任及技术委员会委员；

二、决定仪器中心建设中的有关问题；

三、审查批准仪器中心有关的规章制度；

四、审查批准仪器中心的年度工作报告和财务预决算；

五、负责仪器中心工作的监督和检查。

第十条　仪器中心主任由仪器中心管理委员会聘任，负责仪器中心的日常管理，一般任期4年，可以连聘。其主要职责是：

一、执行仪器中心管理委员会的决定；

二、根据技术委员会的意见，决定仪器中心业务工作目标及科研规划；

三、提出年度工作计划并组织实施；

四、建立健全仪器中心各项规章制度；

五、拟订分析测试收费标准；

六、决定职工的任职、培训和奖惩；

七、本年年终向仪器中心管理委员会提供年度工作报告。

第十一条 仪器中心管理委员会聘请有关方面专家组成技术委员会，一般为 5~7 人，任期 4 年。为保持工作的连续性，每次换届至少有半数委员继续连任，但连任不得超过三届。技术委员会负责确立仪器中心业务方向和技术成果评价。

第四章 经费和管理

第十二条 出资部门、地方，根据确定的核心仪器引进方案，按商定的出资比例拨付中心核心仪器的购置费。

第十三条 中心核心仪器的运行费，主要由仪器中心依托单位的主管部门负责筹措，并可有以下来源：

一、在核心仪器购置费中，预留一定数额的运行补贴费；

二、中心核心仪器纳入当地大型仪器协作共用网，按当地入网仪器运行费补贴的有关规定，确定运行补贴额度；

三、向社会提供服务获得的收入；

四、其他合法来源的经费。

第十四条 仪器中心对外服务的收费原则：

一、对出资部门、地方所属研究所、大学等单位，按出资比例分配的机时，提供免费服务；

二、本条第一款所列单位超机时使用及非出资部门、地方的基础性研究工作，一般只收直接消耗费；

三、非出资部门、地方的技术开发工作及所有企业单位，除直接消耗费外，还应收取相应的管理费。

具体收费标准，由仪器中心制定，报仪器中心管理委员会批准后，按照有关物价管理部门的规定办理。

第十五条 仪器中心的财务、共同出资购置的资产，由仪器中心依托单位代管，但必须单独建帐，实行专项管理。

第十六条 凡由几个部门、地方共同出资购置的仪器中心资产，均归出资部门、地方共同所有，对其的变更、处置由仪器中心协调小组研究决定。

第十七条 仪器中心应当建立和健全各项管理制度，包括技术责任和岗位责任制、样品的登记、测试报告的整理和审核、技术文件的存档和保密、仪器设备的操作维护规程、标样的管理和发放、物资和财务管理制度等。

第十八条 为做好服务，仪器中心应严格履行以下基本义务：

一、为用户保守技术秘密；

二、不得强占用户的研究开发成果，侵犯用户的知识产权；

三、根据实际条件，实行 24 小时对外开放服务；

四、为用户提供及时的技术保障；

五、不得向用户收取规定以外的任何其他费用；

六、不得以任何借口拒绝接受用户的测试任务或拒绝用户前来进行研究工作。

各仪器中心还可依据实际情况向用户实行更广泛的服务承诺。

第十九条 仪器中心应自觉接受用户、仪器中心协调小组、管理委员会及其他有关部门的监督。仪器中心违背基本义务或服务承诺时，用户可以向仪器中心管理委员会提出申诉；仪器中心管理委员会根据实际情况，有权予以批评、警告，直至停止运行费的补贴。

第五章 附 则

第二十条 各中心可根据本办法制定具体管理细则。

第二十一条 本办法自公布之日起施行。

国家分析测试中心管理暂行办法

(1987年11月27日国家科学技术委员会发布　国科发条字[87]0849号)

总　则

第一条　为了加强国家分析测试中心的管理,更好地发挥国家分析测试中心在分析测试领域的作用,制定本办法。

第二条　国家分析测试中心是从事分析测试研究和服务的开放性的研究单位,是本学科、本行业或本地区分析测试方法和技术研究的中心、分析测试人员的培训中心和具有权威性的分析测试服务中心。

第三条　国家分析测试中心受有关主管部门或省、市科委领导,业务上接受国家科委指导。

职责和任务

第四条　国家分析测试中心应承担本学科、本行业或本地区分析测试工作的指导、协调、交流和分析测试中技术纠纷的仲裁。

第五条　国家分析测试中心的主要任务是:

(一)加强应用研究,建立和推广行业的各种标准的分析测试方法,不断开拓新的分析测试方法和技术,面向社会提供服务;

(二)承担国家科技攻关课题、重大工程项目以及其他任务的分析测试工作和分析测试仲裁;

(三)帮助和指导本学科、本行业或本地区开展测试分析工作;

(四)开展大型精密仪器应用软件的研究,对现有的大型精密仪器进行改进和创新;

(五)培训中、高级分析测试技术人员;

(六)组织分析测试领域的国内外学术和技术交流活动。

基本条件

第六条　确定为国家分析测试中心的单位必须是有相对独立的机构设置和具有综合分析测试能力的研究所或实验室,其学科或专业应符合国家重点发展方向,并要有一定数量的具有国内外先进学术、技术水平或重大社会经济效益的分析测试研究成果。

第七条　国家分析测试中心必须具有合理的人员结构和较好的业务素质:

(一)有学科带头人;

(二)中级技术职称人员比例不得低于全部技术人员的百分之五十,并能独立从事分析测试方法和技术的研究;

(三)要配备技术考核合格的专门从事仪器操作和维护的技术人员;

(四)所有管理人员必须有一般的科技管理知识和胜任中心管理工作的能力。

第八条　国家分析测试中心要有先进的、配套的同本学科、本行业或本地区需要相适应的综合性分析测试手段:

(一)仪器品种齐全,高、中、低档仪器配套,并应配备相应的样品制备、处理等技术手段;

(二)主要大型精密仪器性能指标要具有当前国内或国际的先进水平;

(三)大型精密仪器平均综合使用效率应不低于六十分。大型精密仪器平均综合使用效率的计算方法见附录。

第九条　国家分析测试中心必须具有能够维持日常工作需要的实验室和其他附属用房。实验室的温度、湿度、采光、通风、供电、供水、供气、防震、安全等,应能基本满足分析测试工作的要求。

第十条　国家分析测试中心必须具备健全的管理制度,包括技术责任和岗位责任制、样品的登记和分析测试报告的整理和审核、技术文件的存档和保密、仪器设备的操作维护规程、标样的管理和发放、物资和财会制度等。

第十一条　国家分析测试中心应该跨部门、跨省市服务,并且要有优良的服务质量和服务态度。

审查认可

第十二条　凡符合国家分析测试中心基本条件的单位,可以填报《国家分析测试中心申请书》,经主管部门或省、市科委审核后,由主管部门或省、市科委报送国家科委。

第十三条　国家科委组织审查组对申请单位,按国家分析测试中心的基本条件进行审查,并提出审查报告。

审查组由有关方面的专家和管理人员组成。申请单位的主管部门参加审查组的人员不得超过总人数的五分之一。

第十四条　凡审查合格者,经国家科委批准后,由国家科委颁发《国家分析测试中心证书》。

第十五条　申请单位在填报《国家分析测试中心申请书》时,要附本单位技术活动及效益的报告。审查组在审查时,应对其技术活动作出评价。

第十六条　国家分析测试中心每两年应接受国家科委的检查。国家科委可会同有关主管部门或省、市科委,组织国家分析测试中心互检或组织专家组织进行检查。

检查不合格者,应限期整顿,或减拨其事业费直至停止其国家分析测试中心的业务。

经费和管理

第十七条　国家分析测试中心属于技术基础型的事业单位,实行事业费包干的办法。

第十八条　国家分析测试中心对外承接任务实行低收费原则,一般只收直接消耗费和少量管理费。具体收费办法可参照《分析测试收费试行参考标准》,由各国家分析测试中心根据具体情况制定。

第十九条　国家分析测试中心每年纯收入不超过本单位当年包干事业费百分之十的,全部留给本单位;超过部分,一半用以冲抵下一年度的单位事业费拨款,一半留给单位。单位留用部分,百分之五十以上用作发展基金,其余可作福利基金和对分析测试人员的奖励。

第二十条　国家分析测试中心应于每年一月末向国家科委及有关主管部门或省、市科委报送上一年的《分析测试中心业务报表》。国家科委于每年的一季度向全国发布各国家分析测试中心有关统计数字。

第二十一条　对国家分析测试中心的技术人员应进行培养和进行经常性的技术考核,并应同科研人员一样,按贡献大小给予提职、晋级和奖励。

对分析测试人员的技术考核,主要看其分析测试技术水平的高低和完成分析测试工作量的大小。

附　则

第二十二条　各主管部门或省、市科委可根据本办法,制定具体实施细则。

中央级新购大型科学仪器设备联合评议工作管理办法(试行)

(2004年4月14日财政部、科技部、教育部、中国科学院发布　财教[2004]33号)

第一章　总　则

第一条　为推进和规范中央级新购大型科学仪器设备联合评议工作，从源头控制大型科学仪器设备的重复购置，实现合理布局，推动资源共建、共享机制的建立，促进存量资源和新增资源的系统集成与高效利用，提高国家财政科教经费的使用效益，制定本办法。

第二条　本办法所称"大型科学仪器设备"是指价格在200万元人民币以上，在科学研究、技术开发及其他科技活动中使用的单台或成套仪器、设备。

第三条　"联合评议"是指有关单位申请购置大型科学仪器设备时，由财政部、科技部等相关部门从国家的全局利益出发，联合对新购大型科学仪器设备的必要性、合理性等方面进行综合评议。新购大型科学仪器设备联合评议工作(简称"联合评议工作")由财政部会同科技部等有关部门共同组织实施。

第四条　联合评议工作遵循统筹规划、合理布局、需求导向的原则，以新增资源为切入点，逐步建立大型科学仪器设备共用、共享机制。

第二章　评议机构与范围

第五条　建立中央级新购大型科学仪器设备联合评议工作协调机制。财政部会同科技部、教育部、中国科学院等部门(单位)联合成立"工作组"，负责组织开展联合评议工作。"工作组"日常工作由财政部教科文司承担。

第六条　"工作组"在组织联合评议工作时，组织专家或委托中介机构具体实施联合评议工作。

第七条　教育部和国务院有关部门所属高等院校、中国科学院所属科研单位、国务院各部委所属农业和社会公益研究单位，申请中央级科学支出、教育支出支持的、购置价格超过200万元人民币(含自筹资金部分)的单件或成套大型科学仪器设备，除另有规定外，列入联合评议范围。

凡申请科技部管理的国家科技计划(专项)经费支持，购置价格超过200万元人民币(含自筹资金部分)的单件或成套大型科学仪器设备，无论申请单位隶属关系，均列入联合评议范围。

第三章　申报程序

第八条　申请购置大型科学仪器设备的单位，应当按照财政部关于预算编制和项目管理的要求，对大型科学仪器设备进行可行性论证，并按照预算编制时间要求，将论证后的大型科学仪器设备购置申请报告报送主管部门。

第九条　购置大型科学仪器设备申请报告的内容包括：绩效目标(新购仪器设备的利用率、预计用户数量、对外开放时间等)、科研工作的需求程度、共建共享方案、购置的预算方案和项目实施管理能力等内容。

第十条　主管部门(单位)要按照预算编制的时间要求，建立新购大型科学仪器设备项目库。随部门预算将所属单位下一年度大型科学仪器设备购置计划集中报送财政部，同时抄送"工作组"。

申请科技部管理的国家科技计划(专项)经

费和教育部专项"计划"、"工程"经费购置的大型科学仪器设备预算，按照国家相关"计划"、"工程"管理要求报送，同时，抄送"工作组"。

第四章 评议程序

第十一条 "工作组"在收到各部门（单位）集中报送的大型科学仪器设备购置计划后，及时组织技术、经济、管理等相关领域的专家或委托科技中介机构，按照公开、公平、公正、规范的原则，对有关部门提出的新购大型科学仪器设备及其预算进行综合评议。

第十二条 新购大型科学仪器设备评议内容包括：

（一）绩效目标的合理性；

（二）相关学科发展和科研需求购置仪器设备的必要性；

（三）国内现有同类仪器设备的资源状况（如分布、共享、使用状况）；

（四）仪器设备功能、指标的先进性、适用性、业务指标的合理性；

（五）申请单位现有大型科学仪器设备的使用情况、绩效考核结果；

（六）新购仪器设备的安装条件、技术队伍等配套支撑保障；

（七）共建、共用、共享方案（专用仪器设备除外）；

（八）购置和运行经费预算的合理性；

（九）实施计划安排（供货来源、采购方式、运行经费、预期效益等）；

（十）国内外同类设备性能、价格比较。

第十三条 专家评议结束后，应当将初评结果通报被评单位，同时，报"工作组"。如被评单位对评议结果有异议，可将有关情况书面报"工作组"。"工作组"对专家评议结果进行协调后提出评议意见，提交财政部及相关主管部门。

第十四条 财政部及相关主管部门以评议意见为依据，结合财力情况核定、下达各部门（单位）新购大型科学仪器设备的预算。未经正常评议程序的新购预算方案原则上不予立项。

第五章 管理措施

第十五条 各有关部门、单位应严格执行财政部及相关主管部门审批的大型科学仪器设备购置计划和预算。如果需要调整变更，应该及时向财政部及相关的主管部门报告。

第十六条 结合国家科技基础条件平台建设要求，逐步建立大型科学仪器设备的共建、共享机制。制定有利于大型科学仪器设备共享的规章制度或规范性文件，建立资源库及相关的信息管理系统。定期发布相关大型科学仪器设备可利用资源的有关信息。

第十七条 财政部、主管部门适当安排大型科学仪器设备开放运行经费，以解决重要的大型或超大型科学仪器设备的依托单位无偿向社会开放大型科学仪器设备的费用开支。

第十八条 大型科学仪器设备依托单位要采取有效措施，保证大型科学仪器设备的完好运行，促进大型科学仪器设备充分、高效利用。在优先保证国家科学研究任务的前提下，积极向社会开放，尤其是要优先向经联合评议未同意购置大型科学仪器设备的单位开放，并提供优质服务。

第十九条 大型科学仪器设备依托单位应按照国家有关规定，加强对大型科学仪器设备的运行状况及相关技术支撑人员的考核，建立相应的考核档案，并将考核结果报主管部门和"工作组"备案。

第二十条 财政部及相关主管部门会同科技部对有关部门、单位配套资金落实情况、预算执行情况、经费使用情况等进行监督检查。对经联合评议后购置的大型科学仪器设备的运行情况，结合立项绩效目标，定期进行绩效考评，并建立相应的考评档案。考评结果作为相关单位下一轮项目立项、预算安排的重要依据。

第六章 附 则

第二十一条 本办法由财政部负责解释。

第二十二条 本办法自发布之日起施行。

科研条件工作任务项目验收办法(试行)

(2003年11月28日科学技术部发布 国科财函[2003]33号)

第一条 为加强对科研条件工作任务项目的管理,根据国家科技项目管理有关规定,制定本办法。

第二条 凡经批准列入科技部科研条件工作任务的项目,在按计划完成预订任务后,均应按本办法进行验收。

第三条 项目验收的组织工作,由科技部条件财务司负责或委托项目承担单位的主管部门负责。

第四条 项目验收以批准的科研条件工作任务书确定的考核目标为基本依据,执行过程中有变动的项目,以经批准调整的方案为准。

第五条 验收工作必须坚持实事求是、客观公正、注重质量、讲求实效的原则,保证验收工作的严肃性、科学性和公允性。

第六条 项目验收的前期工作:

(一)项目验收工作需在合同规定完成日期后半年内进行;若遇特殊情况需要延期验收,应由承担单位提出书面申请,经项目承担单位的主管部门报科技部条件财务司审批。

(二)项目的承担者在完成技术、研发总结基础上,向科技部条件财务司或受其委托的项目承担单位主管部门提出验收申请并提交有关资料,包括:

1.《科研条件工作任务项目总结报告》(格式见附1);

2. 技术测试专家组技术测试报告;

3. 与项目成果有关的重要数据、技术资料、专著、论文等;

4. 能够表现实物成果特征的照片、多媒体资料及技术资料。

(三)条件财务司或受其委托的项目承担单位主管部门审查全部验收资料及有关证明,批复验收申请,审聘验收专家,确定验收时间。

(四)验收专家组的专家5~7人,由项目涉及领域内的资深专业人员(含管理和财务人员)组成,设组长1人。

第七条 资助强度在20万元人民币以下的项目,经科技部条件财务司批准后,可以通过函评的方式组织验收。函评专家不得少于5人,设组长1人。资助强度在20万元(含20万元)人民币以上的项目,均需按照正常验收程序组织验收。

第八条 验收采取现场展示(或测试、鉴定)和会议演示、讨论相结合的方式进行,由专家验收组主持。一般包括下列程序:

(一)项目组汇报项目执行情况和项目总结报告;

(二)专家组针对项目总结报告质询和讨论;

(三)现场考察及测试;

(四)专家组讨论。

第九条 验收专家需独立填写《科研条件工作任务项目验收评议表》(格式见附2)。专家组应形成集体验收意见,不同意见需在验收意见上注明,填写《科研条件工作任务项目验收意见书》(格式见附3),组长负责给出专家组验收意见,并代表专家组签字。

第十条 根据验收意见,专家组需给出验收结论建议。验收结论分为通过验收、需复议和未通过验收三种情况:

(一)通过验收:按《任务书》(合同书)完成项目计划目标和任务,经费使用合理;

(二)需复议:完成项目计划目标和任务不足90%,或提供数据、资料不详,致使验收意见争议较大;

(三)未通过验收:凡有下列情况之一者,不能通过验收:

1. 完成项目计划目标和任务不足85%；
2. 提供的验收文件、资料、数据不真实；
3. 未能实现预定成果或成果无科学实用价值；
4. 未经批准，项目承担单位擅自对项目的内容、目标、考核指标、技术路线等作了较大调整；
5. 未经批准，延期超过原定计划规定期限半年以上未完成任务；
6. 经费使用中存在严重问题。

第十一条 科技部条件财务司或受其委托的项目承担单位主管部门根据验收专家组的验收意见和建议验收结论，给出审核意见，连同验收意见书一并下发项目承担单位和项目负责人。

第十二条 对需复议的项目，项目承担单位和项目负责人应在接到结论通知后的30天内针对存在问题修改、完善，并提出书面复议申请，报科技部条件财务司后在限定的时间内组织验收复议。

第十三条 对未通过验收的项目，承担单位和项目负责人在接到结论通知后，应立即针对存在问题调整、修改，并力争尽快完成项目，在半年之内重新填写项目总结并提出验收申请，报请再次组织验收。若再次不能通过验收，项目承担单位和项目有关责任人将在此后的三年内不得申请和承担科研条件工作任务项目。

第十四条 完成验收的项目，由项目承担单位和项目负责人负责将所有验收材料（内容要求见附4）装订成册，一式三份报送科技部条件财务司备案。

第十五条 本办法由科技部条件财务司负责解释。

第十六条 本办法自公布之日起执行。

科学仪器设备升级改造专项管理暂行办法

(2005年4月6日科学技术部发布 国科发财字[2005]93号)

第一章 总 则

第一条 为解决中央级科研机构存在的科学仪器设备老化、性能下降、测试技术、方法落后等问题,充分挖掘现有科学仪器设备的潜能,提高使用效益,特设立科学仪器设备升级改造专项(以下简称"升级改造专项")。为加强管理,现制定本办法。

第二条 升级改造专项由中央财政拨款,以项目形式实施,按年度组织立项工作。项目执行周期一般为1~2年。

升级改造专项经费的支持对象为中央级科研事业单位,包括中央级转制科研机构。

第三条 升级改造专项主要支持以下几方面工作:

(一)科学仪器设备升级改造技术研究;

(二)分析测试新技术、新方法研究;

(三)大型科学仪器设备的维护、维修。

第四条 升级改造专项项目安排坚持公平竞争、择优支持的原则,实行课题制管理。

第五条 各有关主管部门或单位(以下统称"主管部门")负责升级改造项目的组织、实施和监督管理工作。

升级改造专项管理实行专家评议与政府决策相结合的立项审批机制,并发挥中介机构的作用。

第二章 项目立项

第六条 科技部制定、发布升级改造专项项目申报指南。

第七条 有关单位按升级改造专项年度项目指南和有关要求填报项目申报书,经主管部门审核、盖章后,报送科技部。

第八条 科技部组织专家或委托中介机构对申报项目的如下内容进行评审或评估。

(一)本项目实施对科研工作的支撑作用;

(二)对相关仪器设备技术发展的促进作用;

(三)技术方案的可行性;

(四)现有技术基础和项目负责人、技术队伍情况;

(五)科学仪器设备的运行服务情况(适用于申请仪器设备维护、维修的项目);

(六)项目预算的目标相关性、经济合理性以及政策相符性;

(七)相应配套资金的落实情况。

第九条 科技部根据专家评审或评估结果,综合审议后,核批项目及其经费。

第十条 科技部与项目承担单位、主管部门共同签订项目任务书。

第三章 项目实施及验收

第十一条 科技部负责建立升级改造专项项目库,并会同有关主管部门对项目实施进行动态监督管理。

第十二条 项目承担单位每年年初提交上一年度项目执行情况和经费使用情况报告,经主管部门审核后报送科技部。

第十三条 项目在实施过程中有下列情况之一的,应及时调整或撤销:

(一)有关技术等情况发生重大变化,造成项目原定目标及技术路线需要修改的;

(二)匹配的自筹资金或其它条件不能落实,影响项目正常实施的;

(三)项目的技术骨干发生重大变化,或由于其他不可抗拒的因素,致使研究工作无法正常进行的。

第十四条 需要调整或撤销的项目,由项目承担单位提出书面报告,上级主管部门提出意见后,报科技部批准后执行。

第十五条 项目验收工作应当在项目完成后半年内进行。验收时,项目承担单位应提供如下项目验收材料:

(一)项目总结报告;

(二)技术测试专家组技术测试报告;

(三)与项目成果有关的重要数据、技术资料、专著、论文等;

(四)能够表现实物成果特征的照片、多媒体资料及技术资料。

第十六条 若遇特殊情况需要延期验收,延长期限一般不超过半年,并由项目承担单位提出书面申请,经主管部门审核后报科技部审批。

第四章 经费管理

第十七条 升级改造专项经费的管理和使用要严格执行国家有关法律、法规和财务制度的规定。

第十八条 升级改造专项经费主要用于项目执行过程中的关键技术研究、测试、实验工作,主要部件的购置、研制、试验,软件的编制和测试,整机调试以及调查、研讨等活动。

第十九条 项目承担单位要加强升级改造专项经费的管理,单独核算,专款专用。

第二十条 项目完成并通过验收后的结余经费,由项目承担单位继续用于相关研究工作。

第二十一条 升级改造专项项目形成的资产,包括固定资产等属国有资产,项目承担单位按国家有关规定进行管理并行使使用权。

第五章 附 则

第二十二条 本办法自发布之日起执行,由科技部负责解释。

中央级科学事业单位修缮购置专项资金管理办法

(2006年8月22日财政部发布 财教[2006]118号)

第一条 为贯彻落实《国家中长期科学和技术发展规划纲要(2006—2020年)》(以下简称《规划纲要》),切实改善中央级科学事业单位的科研基础条件,推进科技创新能力建设,特设立"中央级科学事业单位修缮购置专项资金"(以下简称修购专款)。为规范和加强修购专款管理,提高使用效益,根据中央财政项目资金管理的有关规定,制定本办法。

第二条 本办法所指修购专款,是指中央财政在年度预算中安排的用于中央级科学事业单位(不包括已转制的科研院所,以下简称"项目单位")的房屋修缮、基础设施改造、仪器设备购置及升级改造的专项资金。

第三条 修购专款实行项目管理,主管部门应建立动态管理的项目库。

第四条 修购专款的安排使用原则:

(一)科学规划、突出重点的原则。修购专款安排使用要紧密围绕落实《规划纲要》任务和项目单位科学研究事业发展的合理需要,以提高项目单位科技创新能力为核心,解决科技基础条件"瓶颈"问题为重点,区分轻重缓急,进行科学规划。

(二)整合集成、效益优先的原则。主管部门和项目单位应在摸清家底的基础上,按照整合、共享、完善、提高的要求,激活存量资源,最大限度地发挥存量资源的使用效益,通过项目实施,有效调控增量资源。修购专款优先支持整合力度大、集成度高、能实现开放和共享、预期效益高的项目。项目实行追踪问效和绩效考评。

第五条 修购专款的支持范围包括:

(一)连续使用15年以上、且已不能适应科研工作需要的房屋及科研辅助设施的维修改造;

(二)水、暖、电、气等基础设施的维修改造;

(三)直接为科学研究工作服务的科学仪器设备购置;

(四)利用成熟技术对尚有较好利用价值、直接服务于科学研究的仪器设备所进行的功能扩展、技术升级等工作。

第六条 修购专款开支的范围:项目单位在项目执行中所发生的材料费、设备购置费、劳务费、水电动力费、设计费、运输费、安装调试费以及其他在项目执行中所发生的必要费用。修购专款严禁用于本办法规定范围之外的支出。

第七条 项目的申报程序。

(一)项目单位根据主管部门审核的修购工作规划,按规定填写年度《中央级科学事业单位修缮购置项目申报书》(附1,以下简称《申报书》),并于当年3月底前报送主管部门。申报内容主要包括:项目单位基本情况,项目实施意义、目标,项目实施的保障条件等。

(二)主管部门按照项目单位修购工作规划,对项目单位所申报的年度项目进行审核,按轻重缓急进行排序后编制本部门年度《中央级科学事业单位修缮购置项目审核推荐表》(附2),并于当年5月底前连同《申报书》及申报文件报送财政部。

(三)财政部根据情况组织专家或委托中介机构对上报的项目进行评审或评估。

项目单位和主管部门要对申报和推荐的项目的真实性、合理性和可行性负责。

第八条 财政部结合主管部门和项目单位科学研究事业发展的需求,以及项目评审或评估结论,根据年度财政专项资金情况和项目轻重缓急程度确定并下达当年项目预算到主管部门。主管部门应按规定时间及时将项目预算批转所属项目单位。

第九条 主管部门应结合项目单位科学研究事业发展的需要和财政部批复的年度项目预算情况,对项目库进行调整。

第十条 项目单位应严格按照批复的项目预算执行,不得擅自变更项目预算内容。确因特殊情况需要进行调整的,应通过主管部门报经财政部批准。

第十一条 修购专款支出属于政府采购范围的,应按照《政府采购法》及政府采购的有关规定执行。

第十二条 修购项目的资金拨付,按照财政国库管理制度的有关规定执行。

第十三条 购置价值超过200万元以上的单台或成套仪器设备,应按照《中央级新购大型科学仪器设备联合评议工作管理办法》有关规定执行。

第十四条 项目单位和主管部门应加强对项目实施的管理,财政部对项目实施情况进行定期或不定期的检查或抽查。

主管部门应当加强对项目的监督管理,对已完项目应进行验收和总结,在项目实施周期终了后3个月内,及时将项目的实施情况、验收和总结材料报送财政部。对未能按期完成的项目,应逐项申明理由和提出后续工作措施。

第十五条 项目单位和主管部门在编制年度决算时,应对修购专款使用情况进行单独说明。

第十六条 项目结余资金按照财政部有关规定执行。

第十七条 使用修购专款形成的资产属国有资产,应按国家国有资产管理的有关规定加强管理。

第十八条 主管部门可按照财政部有关规定,并根据项目实施情况,组织专家或委托中介机构对修购项目进行绩效考评,考评结果报送财政部。

第十九条 有下列行为之一的,经财政部确认后,应对项目单位做出收回修购专款或在一定时期内不予核批修购项目的处罚,并建议按照有关规定对相关责任人给予相应处罚。

(一)未按批准的项目预算使用专项资金,擅自改变项目内容,变更项目资金使用范围的;

(二)未按规定实施政府采购的;

(三)未按规定上报项目验收总结报告的;

(四)项目管理不善、有违反财经纪律现象的。

第二十条 各有关主管部门可以依据本办法制定实施细则,并报财政部备案。

第二十一条 本办法由财政部负责解释。

第二十二条 本办法自发布之日起施行。此前颁布的有关科学事业单位修购工作管理规定若与本办法相抵触的,均按本办法执行。

高等学校仪器设备管理办法

(2000年3月21日教育部发布 教高[2000]9号)

第一章 总 则

第一条 为了加强对高等学校仪器设备的管理,提高其使用效益,根据《行政事业单位国有资产管理办法》、《高等学校实验室工作规程》的有关规定,制定本办法。

第二条 学校的仪器设备均为学校的财产。仪器设备根据价格、性能等因素分别确定为部、省、校、院、系级管理。

学校要在统一领导、归口分级管理和管用结合的原则下,由一位校(院)长分管仪器设备工作,并结合具体情况,确定学校仪器设备的管理体制,明确机构和职责。对各种渠道购置、经营或非经营型的仪器设备按照统一规定进行管理,特别应做好贵重仪器设备的管理工作。

第三条 学校配备仪器设备要实行优化配置的原则,根据本校的实际,制定仪器设备申请、审批、购置、验收、使用、维护、维修等管理制度,实行岗位责任制,充分发挥仪器设备的使用效益。

第四条 学校采购仪器设备,要力争做到优质低价,防止伪劣产品进入学校。进口仪器设备,到货后要在索赔期内完成验收工作,不合格的及时提出索赔。

购置的仪器设备,经校级主管设备的部门入账后,财务部门方可予以报销,做到仪器设备账物相符。

仪器设备管理范围的价格起点与财政部规定的固定资产价格起点一致。

第五条 学校仪器设备的管理,应充分挖掘现有仪器设备潜力,重视维护维修、功能开发、改造升级、延长寿命的工作。积极鼓励自制新型教学、科研仪器设备,并经技术鉴定合格后登记。

仪器设备在使用中应保持完好,做到合理流动、资源共享。杜绝闲置浪费、公物私化。

仪器设备的调拨、报废必须按照有关规定,经技术鉴定和主管部门审批(备案)。有关收入按学校财务管理规定执行。

第六条 学校要对仪器设备的资料建立档案,实施计算机管理。对仪器设备的种类、数量、金额、分布及使用状况,经常进行分析、研究和汇总,并按规定上报各类统计数据。

学校应加强校内、外网络资源建设,实现各类数据网上传输,充分利用现代化手段对仪器设备实施科学化管理。

第七条 学校应重视仪器设备工作人员队伍的建设,要根据实际工作情况,制定从业人员专业知识及技术能力的培训、考核和技术等级晋升办法。对于在实验教学、实验技术研究与开发等方面取得的成果应予以承认和鼓励。

第二章 贵重仪器设备的购置

第八条 单价在人民币10万元(含)以上的仪器设备为贵重仪器设备。

第九条 教育部所管的贵重仪器设备范围:

1. 单价在人民币40万元(含)以上的仪器设备;

2. 单台(件)价格不足40万元,但属于成套购置和需配套使用的,人民币40万元(含)以上的成套仪器设备;

3. 单价不足人民币40万元,但属于国外引进、教育部根据国家有关部门规定明确为贵重、稀缺的仪器设备。

各省级教育行政部门和各高等学校可根据实际情况,明确各自所管贵重仪器设备的范围。

第十条 高等学校应根据教育事业和学科的发展规划合理购置贵重仪器设备。购置贵重仪器设备应履行下列程序：

1. 购置仪器设备的可行性论证报告

（1）仪器对本校、本地区工作任务的必要性及工作量预测分析（属于更新的仪器设备要提供原仪器设备发挥效益的情况）；

（2）所购仪器设备的先进性和适用性，包括仪器设备适用学科范围，所选品牌、档次、规格、性能、价格及技术指标的合理性；

（3）欲购仪器设备附件、零配件、软件配套经费及购后每年所需不低于购置费6%的运行维修费的落实情况；

（4）仪器设备工作人员的配备情况；

（5）安装场地、使用环境及各项辅助设施的安全、完备程度；

（6）校内外共用方案；

（7）效益预测及风险分析。

2. 购置仪器设备的审批

（1）学校申请单位提交可行性论证报告；

（2）学校主管部门组织相关学科专家及有关人员对可行性报告进行论证，并提出审核意见；

（3）主管校（院）长审批；

（4）教育部及省级教育行政部门所管的仪器设备，教育部及省级教育行政部门根据需要组织同行专家进行评审。

第十一条 高等学校要建立切实可行的仪器设备购置和监督机制，实施公开招标或集团采购等方式，在节约学校经费的同时确保所购仪器设备的质量。

第三章 贵重仪器设备的使用和管理

第十二条 各校购置仪器设备，要选择能明确完善仪器设备安装、调试、验收、索赔、保修，并能随时提供零配件的公司或厂家，保证所购仪器设备符合所需要的技术指标，并在验收合格后，能在可用期内正常运转。

第十三条 仪器设备要逐台建立技术档案，要有使用、维修等记录。要按照国家技术监督局有关规定，定期对仪器设备的性能、指标进行校检和标定，对精度和性能降低的要及时进行修复。

第十四条 高等学校仪器设备要实行专管共用、资源共享。尽量使用外单位已有的仪器设备，避免出现区域性仪器设备的重复购置。学校仪器设备在完成本校教学、科研任务的同时，要开展校内、校际和跨部门的咨询、培训、分析测试等协作服务工作，努力提高仪器设备的使用率。

第十五条 高等学校应根据仪器设备的使用情况制定收费标准。

学校对内教学使用仪器设备不得收费，科研使用仪器设备可适当收取机时费。学校仪器设备对外服务应按规定收取机时费，所收经费由学校财务部门统一管理，并根据学校、省级、国家级主管部门有关规定将其中大部分经费返还有关实验室用于补偿仪器设备的运行、消耗、维护、维修及支付必要的劳务费用。

第十六条 仪器设备一般不准拆改和分解使用。确因功能开发、改造升级或研制新产品需拆改和分解时，应经学校主管设备的部门批准。

第十七条 学校要积极培训能独立操作仪器设备的人员，并加强管理，实行"持证上机制"，避免仪器设备的损坏。

仪器设备配备人员的数量和结构层次，应以能保证仪器设备的正常运转和充分发挥效益为原则。

仪器设备的使用、维修、管理人员必须经过培训和考核，并建立相应的岗位责任制和管理办法。

第四章 贵重仪器设备的报损和报废

第十八条 因技术落后、损坏、无零配件或维修费过高确需报废的仪器设备，要根据《行政事业单位国有资产处置管理实施办法》的有关规定及时报损报废。

1. 学校仪器设备所属单位提交报废申请；

2. 学校主管部门组织有关专家审议，提出技术鉴定报告和意见；

3. 报主管校（院）长审批；

4. 根据国家有关规定报主管部门审批或备案。

第十九条 报废仪器设备收回的残值，应根据《高等学校财务制度》、《高等学校会计制度(试行)》的有关规定,纳入学校年度设备经费。

第五章 贵重仪器设备的考核与奖惩

第二十条 高等学校仪器设备的使用和管理要实行考核制度。

1. 每年年终,由学校院、系(所、中心)按照《高等学校贵重仪器设备效益年度评价表》,对部管仪器设备自行考核,对校管仪器设备的考核范围和内容可做适当调整;

2. 学校主管部门组织检查、核实,并向全校公布;

3. 教育部每年公布部管仪器设备(03类)使用情况,并适时组织检查和评估工作;

4. 省级教育行政部门根据以上原则自行制定检查所管仪器设备使用情况的范围、内容和办法。

第二十一条 高等学校仪器设备的使用和管理要实行奖惩制度。对在申请购置、使用管理、维护维修、技术改造、报损报废等工作中作出突出成绩的机组和个人,学校应及时予以奖励;对严重失职者要根据情节轻重,依法追究当事人及负责人的责任。

第六章 附 则

第二十二条 各省级教育行政部门、高等学校应根据本办法,结合本地区、学校的实际情况,制定仪器设备的管理办法。

第二十三条 属于财政部规定固定资产起点线以下的,属高等学校材料、低值、易耗品的管理工作,各高校可根据有关文件精神,结合当前实际状况,自行制定管理办法。其中对于学校化学危险品的管理工作,要严格按照《关于加强高等学校实验室危险品管理工作的通知》文件要求进行管理。

第二十四条 本办法自2000年4月1日起开始施行,1984年制定的《高等学校仪器设备管理办法》同时废止。

科技文献信息专项经费管理暂行办法

(2001年9月20日科技部、财政部发布 国科发财字[2001]366号)

第一章 总 则

第一条 为规范和加强科技文献信息专项经费(以下简称专项经费)的管理,推动国家科技文献信息资源共建共享体系的建设,根据国家有关财务规章制度,制定本办法。

第二条 本办法适用于参加国家科技图书文献中心(以下简称中心)共建共享的中央级科技信息研究单位(以下简称成员单位)。

第三条 专项经费来源于中央财政科学事业费预算拨款,由科技部、财政部共同管理,科技部负责专项经费的具体组织实施。

第四条 专项经费的安排和使用要体现国家目标,有利于加强科技文献信息资源的收藏、开发和利用,促进资源共建共享,为我国科学技术发展提供支撑服务。

第五条 专项经费预算管理的原则

(一)经费与任务挂钩的原则。专项经费的预算安排与中心各成员单位承担的年度任务相挂钩。根据文献信息资源采购、加工服务和网络建设的工作量统筹安排预算。

(二)专家咨询与政府决策相结合的原则。专项经费预算审批实行专家咨询、中心理事会审议、政府决策相结合的机制。

(三)追踪问效的原则。要加强对中心各成员单位专项工作任务落实情况和经费预算执行情况的监督检查,努力提高资金使用效益。

第二章 经费支持方向与开支范围

第六条 根据国家科技发展的要求,结合国家科技文献信息资源共建共享规划,专项经费主要用于以下几个方面:

(一)文献信息资源的采集。包括各种载体的科技期刊、会议文献、科技报告、科技图书等文献信息资源的采购。

(二)文献信息资源的加工服务。包括科技文献信息资源的数字化、网络化整理加工,以及文献信息资源的综合开发和对外提供有关查询服务等。

(三)文献信息资源网络的建设和运行维护。包括网络服务系统的软硬件建设、网络运行维护等。

(四)其他与文献信息资源共建共享建设相关工作。

第七条 专项经费的支出范围包括专项业务费和组织管理费。

专项业务费是指中心各成员单位文献信息采集、加工服务和网络建设过程中发生的各项费用。包括:文献信息资源采购费、网络设备及软件购置费、加工服务费、软件开发费、动力费、通讯费等。

组织管理费是指在开展文献信息资源共建共享工作过程中发生的组织、协调、论证、评审、监督检查等各项费用。组织管理费年度预算根据实际需要编制,并报财政部核定。

第八条 专项经费支出中属于政府采购的项目应当按照财政部政府采购的有关规定执行。

第三章 经费申报、审批和下达

第九条 根据财政部核定的年度专项经费预算,中心结合科技文献信息资源共建共享规划及现有文献信息资源状况,组织有关专家对成员单位提出的年度预算需求,进行综合平衡,统筹安排,分别就科技文献信息资源的采购、加工服务和网络建设,提出年度工作任务和经费预算建议,报中心理事会审议。

第十条 中心理事会召集理事会成员,根据理事会职责和议事规则,对年度工作任务和经费预算建议进行审议,提出年度工作任务和经费预算分配方案,报送科技部。

第十一条 科技部对中心理事会报送的年度工作任务和经费预算分配方案进行审核,会同财政部审批下达专项经费预算。并由科技部下达年度工作任务,根据管理需要与中心或中心成员单位签订任务书。

第十二条 专项经费年度预算安排的组织管理费可以由科技部委托中心有关成员单位负责日常财务管理工作。

第十三条 专项经费的拨付按照财政预算资金拨付的有关要求办理。

第四章 经费预算执行

第十四条 中心各成员单位要按照任务书的要求,严格组织实施,并为各项工作的开展提供必要的条件。

第十五条 专项经费的管理和使用要严格执行国家有关财务制度的规定,中心成员单位财务部门要加强监督管理,对专项经费单独设账核算,并做到专款专用。

第十六条 经批准的工作任务及经费预算一般不予调整。因特殊原因确需调整的,须经中心理事会审议后,报科技部按预算管理程序进行调整。

第十七条 对未按任务书执行的中心成员单位,科技部、财政部将终止拨款并收回部分或全部已拨资金。

第十八条 工作任务因故中止,中心成员单位应及时报告中心理事会和科技部,科技部、财政部可以根据具体情况,作出相应处理。

第十九条 专项经费的年度结余,按照预算管理要求,经财政部核批后,由中心成员单位按照指定用途继续使用。专项经费形成的固定资产属于国有资产,由中心成员单位管理并行使使用权。

第五章 监督检查

第二十条 科技部、财政部负责对中心各成员单位工作任务的完成情况、项目资金的管理和使用情况进行定期或不定期的监督检查。

第二十一条 中心各成员单位要按照有关要求,及时编报专项经费年度财务收支决算和工作任务完成情况的总结,经中心理事会审核后报科技部,由科技部按有关要求汇总报财政部审批。

第二十二条 科技部和财政部对专项经费实行绩效考评制度。考评结果将作为中心成员单位以后年度承担工作任务、安排经费预算的重要依据。

第二十三条 对于弄虚作假、挤占、截留、挪用专项经费等违反财经纪律和财务制度的行为,科技部、财政部将根据具体情况及有关规定,对中心成员单位及有关责任人予以查处。触犯刑律的,由司法机关依法追究刑事责任。

第六章 附 则

第二十四条 本办法由科技部、财政部负责解释。

第二十五条 本办法自发布之日起执行。

国家重点基础研究发展计划
资源环境领域项目数据汇交暂行办法

(2008年3月18日科学技术部、财政部发布 国科发基[2008]142号)

第一章 总则

第一条 为规范和加强国家重点基础研究发展计划(973计划)资源环境领域项目数据汇交工作,促进项目数据的共享,根据《国家重点基础研究发展计划管理办法》,制定本办法。

第二条 973计划资源环境领域项目(以下简称"项目")数据按数据汇交的标准和规范,进行项目数据的汇交,形成完整的项目数据集,开展共享服务,为国家科技计划项目数据汇交管理提供示范。

第三条 本办法所指的项目数据是在973计划资源环境领域项目执行过程中形成的项目新增原始数据、研究数据以及应用软件等。

第四条 项目数据汇交过程中涉及保密或知识产权问题,按照国家有关法律、法规执行。

第二章 组织管理

第五条 科学技术部负责组织实施项目数据汇交工作。其主要职责是:

(一)制定相关管理办法;

(二)认定数据汇交管理中心;

(三)审批项目数据汇交计划;

(四)负责数据汇交与共享的监督与评估。

第六条 项目承担单位和项目首席科学家负责项目数据产出和汇交。其主要职责是:

(一)编制项目数据汇交计划;

(二)按照项目数据汇交计划,汇编项目数据;

(三)按照统一标准,汇交项目数据;

(四)审核项目数据质量。

第七条 项目依托部门负责协助管理和监督项目数据汇交工作。其主要职责是:

(一)审核项目数据汇交计划;

(二)督促项目数据产出与汇交。

第八条 973计划资源环境领域项目数据汇交管理中心(以下简称"数据汇交中心")负责项目数据接收、保存、管理和服务,具体执行项目数据的汇交工作,其主要职责是:

(一)汇编项目数据标准和规范;

(二)为项目数据汇交计划提供咨询;

(三)按照项目数据汇交计划,接收项目数据,保障数据安全;

(四)负责项目数据质量的复核;

(五)负责项目数据的日常管理和共享服务。

第三章 汇交内容

第九条 汇交的项目数据包括项目新增原始数据、研究分析数据以及应用软件等。新增原始数据指项目产生的观测数据、监测数据、探测数据、试验数据、实验数据、调查数据、考察数据等。研究分析数据指对原始数据进行处理和加工后成的数据。应用软件指项目支持开发的数据处理、加工和分析软件及其使用说明。

第十条 汇交的项目数据格式包括文本数据、数值数据、图形数据、图像数据、多媒体数据等。汇交的项目数据以数字化形式提交。数据标准按数据汇交中心规定的标准执行。

第四章 数据汇交计划

第十一条 数据汇交计划应包括在项目计划任务书中。数据汇交计划内容包括项目数据集名称及主要内容、数据类型、数据格式、保密级别、保护期限、共享方式、相关软件工具以及经费概算等。

第十二条 数据汇交计划经科学技术部审批后执行,并留存数据汇交中心备案。数据汇交计划在项目中期评估后可做相应的调整,调整后的数据汇交计划经科技部批准执行,并留存数据汇交中心备案。

第五章 数据汇交流程

第十三条 项目承担单位和项目首席科学家根据项目数据汇交计划,在项目验收前两个月向数据汇交中心汇交数据。

第十四条 汇交的数据集应有元数据和数据说明,同时提供项目承担单位和项目首席科学家的数据质量审核报告。

第十五条 数据汇交中心收到项目汇交数据后,在一个月内完成汇交数据的审核。对通过数据审核的项目,开具项目数据汇交证明,未通过数据审核的项目,限期重新汇交。

第十六条 数据汇交工作在项目验收前完成。因特殊原因不能按时完成数据汇交的,应向科学技术部提交延迟汇交数据的申请和新的汇交时间表,经批准后可以进行项目验收。

第六章 数据管理

第十七条 数据汇交中心对汇交的项目数据进行分类、分级存储和管理,确保项目数据的物理安全,不得擅自修改和删除汇交的项目数据。

第十八条 数据汇交中心在数据汇交工作完成后一个月内,向社会发布项目汇交数据的元数据。

第十九条 项目数据汇交管理中心负责建立数据用户信息库,跟踪项目汇交数据的使用情况,定期发布汇交数据用户使用报告。

第七章 权益保护

第二十条 数据汇交中心负责保护项目和课题承担单位的合法权益,对项目数据可设置保护期,保护期一般不超过两年,特殊情况需要延长的,须报科学技术部批准。保护期内的项目数据仅供项目和课题承担单位及其授权范围内的用户访问和使用。保护期结束后,数据汇交中心以在线、离线等方式分期、分批向全社会提供数据共享服务。

第二十一条 用户利用汇交数据产生的研究成果注明数据源。

第八章 监督与信用管理

第二十二条 科学技术部定期组织专家检查数据汇交工作的执行情况,并接受用户的举报和投诉。对不按照数据汇交计划执行数据汇交的单位和个人,科学技术部将通报其上级主管部门。

第二十三条 数据汇交中心没有履行职责,影响项目数据的汇交与共享,科学技术部将追究有关责任人和数据汇交中心的责任。

第九章 附 则

第二十四条 本办法自颁布之日起实施。

第二十五条 本办法由科学技术部负责解释。

地震科学数据共享管理办法

(2006年6月20日中国地震局发布 中震发测[2006]65号)

第一章 总 则

第一条 为加强和规范地震科学数据共享的管理,促进地震科学数据共享,使地震科学数据更好地为科学研究、经济建设、社会发展和国家安全服务,制定本办法。

第二条 本办法所称地震科学数据共享,是指实现地震科学数据开放和共用等活动的总称。

第三条 在中华人民共和国境内从事地震科学数据的采集、处理、汇交、保管、服务、使用的单位和个人,应当遵守本办法。

第四条 地震工作部门各单位收集并存档的各种地震科学数据,其他部门或单位为保障重大工程的地震安全而专门建设和管理的专用地震监测台网和强震动监测设施所收集并存档的地震科学数据,均属于共享范围。

鼓励社会各界积极参与地震科学数据共享工作。

第五条 国务院地震工作主管部门负责全国地震科学数据共享工作的管理与监督。

省级人民政府负责管理地震工作的部门,负责本行政区域内地震科学数据共享工作的管理与监督。

第六条 地震科学数据共享服务机构由地震科学数据共享中心和共享分中心构成。国务院地震工作主管部门设立国家地震科学数据共享中心,国务院地震工作主管部门直属单位和省级人民政府负责管理地震工作的部门设立共享分中心。

第七条 地震科学数据共享服务机构承担地震科学数据的汇集、整理、保管和服务工作。

共享中心负责地震科学数据共享的技术管理和对共享分中心的指导。

第八条 提供、使用、保管涉密地震科学数据,应当遵守国家有关保密法律法规和规章的规定。

本办法所称涉密地震科学数据,是指涉及国家安全与社会稳定的数据,以及国家规定的其他保密数据。

第九条 任何单位和个人不得利用地震科学数据及其共享技术平台从事危害国家安全、社会公共利益和他人合法权益的活动。

第二章 地震科学数据产出与汇交

第十条 各类地震监测台网以及利用政府财政资金和通过政府间的国际合作实施的地震科技项目,通过观测、探测、调查、实验等方式产生的各种原始数据,以及由这些数据加工处理而形成的各类数据产品等,均属于共享的地震科学数据,应当汇交到地震科学数据共享服务机构。

第十一条 地震监测台网和地震科技项目负责人,既是数据生产者,同时也是数据汇交的责任人;地震监测台网所在单位和科技项目承担单位为数据汇交责任单位,负责敦促汇交责任人及时汇交科学数据。

第十二条 地震监测台网所获得的各种观测数据和资料,由汇交责任人按照台网运行的数据流程和有关规定汇交。

地震科技项目所获得的各种数据,在项目完成并经汇交责任单位审核后,由汇交责任人向地震科学数据共享服务机构汇交。

第十三条 地震科学数据的生产者应对数据质量负责,数据汇交责任单位应对数据质量负监督责任。

禁止伪造地震科学数据和在数据汇交过程中弄虚作假。

第十四条 根据国家知识产权保护相关法律法规的规定，依法保护提供地震科学数据的单位和个人的正当权益。

第三章 地震科学数据管理与服务

第十五条 地震科学数据共享服务机构，应按照数据的自然属性对地震科学数据进行分类，实施数据的有效管理。

第十六条 根据地震科学数据发布和共享的范围，地震科学数据划分为以下四级：

一级数据：凡可向社会公众公开发布的数据；

二级数据：能够向国内、国外用户提供的数据；

三级数据：可以向国内用户提供的数据；

四级数据：只允许向特定范围的用户提供的数据。

地震科学数据的级别超出规定时限的应予调整。

第十七条 地震科学数据共享服务机构应通过网站发布数据，或者使用磁盘、光盘、纸介质等多种形式向用户提供数据。

第十八条 地震科学数据共享服务机构应依据用户的工作单位性质、利用地震科学数据从事活动的属性和提供数据的形式无偿或者有偿提供数据。

第十九条 地震科学数据共享服务机构向用户提供从国内外其他单位和个人交换来的地震科学数据，应遵守交换协议的相关条款。

第二十条 地震科学数据共享服务机构应当建立健全规章制度、采取可靠的技术措施，妥善保管数据和资料，并保障共享技术平台正常运转。

对属于保密性的数据，按其密级分别采取特殊的保管措施。

第四章 地震科学数据共享与使用

第二十一条 用户应根据共享权限使用相应级别的数据，经批准也可以使用其他级别的数据。

第二十二条 用户使用一级数据，可以在地震科学数据共享服务机构的网站上浏览、查询和下载。

用户使用二级和三级数据，应在地震科学数据共享服务机构的网站上完成相应的注册程序后获得，必要时也可通过签订合同的方式获得。

用户使用四级数据，应向地震科学数据共享服务机构提出申请，并经审核后方可获取所需数据。

第二十三条 用户对获取的地震科学数据，只享有有限的、不排它的使用权。

第二十四条 除了一级数据或另有合同规定的以外，用户不得直接或者变相转让获得的数据，也不得用于营利性活动。

第二十五条 用户应在所发布的成果中注明数据资料来源；应接受并积极配合地震科学数据共享服务机构开展的用户需求调查和数据资源调查；有义务反馈数据使用情况、产生的效益、意见和建议。

第二十六条 地震科学数据共享服务机构不对用户因使用提供的数据产生的各种损失和不利后果负责。

第五章 罚 则

第二十七条 地震科学数据的用户违反本办法的规定，有下列行为之一的，由国务院地震工作主管部门或者省级人民政府负责管理地震工作的部门依据职权，责令改正，并没收非法所得；情节严重的，停止提供地震科学数据；构成犯罪的，依法追究刑事责任：

（一）采用非法手段取得未经授权数据的；

（二）将所获得的地震科学数据直接或者变相转让，致使数据提供者的权益受到损害的；

（三）发表成果未注明数据或者资料来源，引发纠纷的；

（四）按非营利性活动无偿获取的地震科学数据，用于营利性活动的。

第二十八条 地震科学数据汇交责任人和责任单位，违反本办法的规定，有下列行为之一的，由国务院地震工作主管部门或者省级人民政府负责管理地震工作的部门依据职权,责令改正;情节严重的,通报批评,并依法对责任人给予行政处分;构成犯罪的,依法追究刑事责任:

(一)不向指定的地震科学数据共享服务机构汇交数据,严重影响数据共享工作的;

(二)伪造地震科学数据或者在数据汇交中弄虚作假,数据存在严重质量问题的;

(三)汇交数据不完整,缺失严重的。

第二十九条 地震科学数据共享服务机构,违反本办法的规定,有下列行为之一的,由国务院地震工作主管部门或者省级人民政府负责管理地震工作的部门依据职权,责令改正;情节严重的,通报批评,并对责任人依法给予行政处分;构成犯罪的,依法追究刑事责任:

(一)没有采取有效的安全保障措施,致使汇交的数据丢失或损坏的;

(二)向用户提供从国内外其他单位和个人交换来的地震科学数据,不遵守交换协议相关条款,引发纠纷的;

(三)不认真履行与用户签订的合同,使用户工作受到严重影响的。

第三十条 地震科学数据共享管理部门,违反本办法的规定,不履行监督管理职责,或者发现违规违法行为不予查处,造成严重后果的,对有关责任人依法给予行政处分;构成犯罪的,依法追究刑事责任。

第三十一条 提供、使用和保管涉密地震科学数据,违反国家有关保密法律法规和规章的规定,对有关责任人依法给予行政处分;构成犯罪的,依法追究刑事责任。

第六章 附 则

第三十二条 地震科学数据共享管理部门或者服务机构可根据本办法制定具体的实施细则。

第三十三条 凡与本办法规定不符者,以本办法为准。

第三十四条 本办法自2006年7月1日起施行。

气象资料共享管理办法

(2001年12月21日中国气象局发布　中国气象局令第4号)

第一章　总　则

第一条　为了加强气象资料共享,进一步促进气象资料更好地为经济建设、国防建设、社会发展和人民生活服务,依据《中华人民共和国气象法》有关规定,制定本办法。

第二条　各级气象主管机构组织提供气象资料共享,以及用户使用其提供共享的气象资料,应当遵守本办法。

第三条　本办法所称气象资料,是指各级气象主管机构组织收集并存档的各种气象观(探)测记录,以及由这些记录加工处理而成的各类气象数据集、各种气候统计值和数值分析资料等。

第四条　国务院气象主管机构负责全国气象资料共享工作的管理。地方各级气象主管机构负责本行政区域内气象资料共享工作的管理。

第五条　提供涉密气象资料共享,以及使用、保管共享的涉密气象资料,应当遵守《中华人民共和国保守国家秘密法》和《气象部门保守国家秘密实施细则》等有关规定。

第二章　共享气象资料的提供

第六条　各级气象主管机构负责共享气象资料提供工作的单位,应当通过网络适时、滚动向社会发布下列基本气象资料,供公众无偿下载:

(一)我国参加世界气象组织全球通信系统(GTS)交换的地面气象站的定时(4次)观测报告和高空站的定时(2次)观测报告;

(二)我国参加地面气候资料国际交换的气象站(附录1)的气温、气压、湿度、风、降水、日照等要素的当年的月、年统计值。

第七条　各级气象主管机构负责共享气象资料提供工作的单位,应当免费向从事气象工作的机构、事业单位开展的公益服务、非营利性科研和教育机构从事的非商业性活动提供所需的气象资料。有关部门和单位与气象部门合作开展的业务和科研项目所需的气象资料,按双方建立合作关系时商定的原则和方法处理。为企业、事业单位从事的经营性活动提供所需的气象资料,除收取资料复制和交付成本费外,可以补偿性收取资料加工处理费。

第八条　各级气象主管机构负责共享气象资料提供工作的单位,为各级党委、人民政府及其防灾减灾机构,以及外国驻华使馆、领事馆、联合国驻华机构提供其开展公务活动所需的气象资料,不收取费用。

第九条　国务院气象主管机构负责共享气象资料提供工作的单位,向用户提供从其他国家气象部门交换来的气象资料,必须遵守有关国家气象部门提供交换资料时附加的使用限制条件。各级气象主管机构负责共享气象资料提供工作的单位,向用户提供从其他从事气象工作的机构、有关部门和科研单位交换来的资料,应当遵守有关机构、部门和单位提供交换资料时附加的使用限制条件。

第十条　各级气象主管机构负责共享气象资料提供工作的单位,只负责提供本级气象主管机构组织收集和存档的气象资料。除各级气象主管机构负责共享气象资料提供工作的单位之外,各级气象主管机构所属的其他单位和个人不得从事或变相从事气象资料提供工作。

第三章　共享气象资料的使用

第十一条　用户要求提供气象资料时,应当凭有效证件，并提交包括所索取气象资料的用途、类别、范围、数量，以及是否涉外使用等内容的证明文件。

第十二条 用户对各级气象主管机构组织提供的气象资料，只享有有限的、不排他的使用权。

第十三条 用户不得有偿或无偿转让其从各级气象主管机构获得的气象资料，包括用户对这些气象资料进行单位换算、介质转换或者量度变换后形成的新资料，以及对其进行实质性加工后形成的新资料。

第十四条 用户不得直接将其从各级气象主管机构获得的气象资料，用作向外分发或供外部使用的数据库、产品和服务的一部分，也不得间接用作生成它们的基础。用户从各级气象主管机构获得气象资料，可以在内部分发；可以存放在仅供本单位使用的局域网上，但不得与广域网、互联网相连接。

第十五条 用户从各级气象主管机构获得的用于非经营性活动的气象资料，不得用于经营性活动。

第四章 罚 则

第十六条 违反本办法规定，有下列行为之一的，由有关气象主管机构责令其改正，给予警告，并处以一万元以下罚款；情节严重的，停止向其提供气象资料。

（一）将所获得的气象资料或者这些气象资料的使用权，向国内外其他单位和个人无偿转让的；

（二）将所获得气象资料直接向外分发或用作供外部使用的数据库、产品和服务的一部分，或者间接用作生成它们的基础的；

（三）将存放所获得气象资料的局域网与广域网、互联网相连接的；

（四）将所获得气象资料进行单位换算、介质转换或者量度变换后形成的新资料，或者对所获得气象资料进行实质性加工后形成的新资料向外分发的；

（五）不按要求使用从国内外交换来的气象资料的。

第十七条 违反本办法规定，将所获得的气象资料或者这些气象资料的使用权，向国内外其他单位和个人有偿转让的，由有关气象主管机构责令其改正，给予警告，并处以三万元以下的罚款；情节严重的，停止向其提供气象资料。

第十八条 违反本办法规定，将通过网络无偿下载的或按公益使用免费获取的气象资料，用于经营性活动的，由有关气象主管机构责令其改正，给予警告，并处以五万元以下罚款。情节严重的，停止向其提供气象资料。

第十九条 违反本办法规定，有下列行为之一的，由有关气象主管机构责令其限期改正；情节严重的，对责任人员依法给予行政处分：

（一）不适时向社会发布基本气象资料的；

（二）不免费向从事气象工作的机构、国内非营利性科研和教育机构从事的非商业性活动提供气象资料的；

（三）不及时向各级党委、人民政府，以及外国驻华使馆、领事馆、联合国驻华机构提供其开展公务活动所需气象资料的；

（四）向用户提供与其他国家气象部门交换来的气象资料，不遵守有关国家气象部门提供交换资料时附加的使用限制条件的；

（五）向用户提供与其他从事气象工作的机构、有关部门和科研单位交换来的气象等资料，不遵守有关机构、部门和单位提供交换资料时附加的使用限制条件的。

第二十条 提供涉密气象资料共享，以及使用、保管共享的涉密气象资料，不遵守《中华人民共和国保守国家秘密法》和《气象部门保守国家秘密实施细则》等法律、法规等规定的，由有关部门依照上述法律、法规的规定进行处罚。

第五章 附 则

第二十一条 本办法中下列术语的含义是：

（一）用户，是指独立法人单位，不含其下属单位。

（二）免费，按世界气象组织40号（Cg－Ⅻ）决议给出的定义，是指除复制和交付资料所需的成本费外，不再征收任何资料采集和存档所花的费用。

（三）资料复制和交付成本费，是指为用户提供气象资料过程中对气象资料检索、摘录、加工、复制所需的人员工时、设备损耗、能源消耗以及复制载体、通讯传输等项费用。

（四）资料加工处理费，是指对所收集的气象资料进行加工处理和归档所需的人员工时、设备损耗、能源消耗等项费用。

第二十二条 为索取气象资料的外国机构和个人提供气象资料，可参照本办法有关条款的规定执行。

第二十三条 各级气象主管机构可以根据本办法制定具体的实施办法。

第二十四条 本办法由国务院气象主管机构负责解释。

第二十五条 本办法自公布之日起执行。

关于推进采用国际标准的若干意见

(2002年7月23日国家质量监督检验检疫总局、国家发展计划委员会、
国家经济贸易委员会、科学技术部、财政部、对外贸易经济合作部、
国家标准化管理委员会发布 国质检标联[2002]209号)

采用国际标准和国外先进标准是我国的一项重大技术经济政策,是促进技术进步、提高产品质量、扩大对外开放、加快与国际惯例接轨的重要措施。

为了引导和鼓励企业积极采用国际标准和国外先进标准(以下简称采标),提高产品竞争力,根据《中华人民共和国标准化法》中关于"国家鼓励积极采用国际标准"的要求,提出如下意见。

一、各级政府要把采标工作与国家其他有关技术经济政策紧密结合起来,把采标工作纳入本部门、本地区发展规划和年度计划。对采标的项目,各级技术进步计划中应尽可能优先安排。

二、企业的基本建设、技术改造、技术引进要与采标工作相结合,对重点产品采标,需要进行技术改造的,有关管理部门应按国家技术改造的有关规定,优先纳入各级技术改造计划。在技术引进中,要优先引进有利于使产品质量和性能达到国际标准和国外先进标准的技术设备及有关技术文件。对重大技术改造和技术引进项目的立项应进行"采标"水平的评审。

三、企事业单位开发新产品应积极采标。在相关技术指标相同或接近的情况下,采标的新产品可优先列入各级科技开发计划。对采标重点产品开发项目,凡符合国家科技计划规定,并且相关重要技术指标与其他同类产品基本相同的,优先列入国家科技计划。

在积极鼓励企事业单位采标的同时,国家鼓励企事业单位加强对技术标准的研究,并通过对技术标准的研制,最终能够形成拥有自主知识产权的技术标准,进而争取形成国际标准。国家将对承担国际标准的研究、起草工作及相关活动提供配套支持。

四、企业的质量管理工作,要与采标工作相结合,积极按 GB/T19000—ISO9000《质量管理和质量保证》系列国家标准的要求建立质量体系。

五、国家对采标产品实行标志制度。对于采标产品,企业可以自愿申请使用"采用国际标准产品标志"(简称采标标志),采标标志的申请程序和使用要求按国家质量监督检验检疫总局颁发的《采用国际标准产品标志管理办法》的规定执行。

六、评定国家和省级名牌产品和审定免检产品时,对采标产品,在同等条件下要给予优先考虑。

七、对于国家重点工程项目和政府采购,在设备定购、原材料、备品备件采购时,要优先采购采标的产品。

八、各级标准化管理部门要积极支持和鼓励企业参与国际标准化活动,鼓励承担国际标准的起草工作。要把我国优势产业的标准按有关国际标准化组织规定的程序,推荐作为国标标准的草案,争取发布为国际标准。

九、标准化管理部门要积极组织分析国际标准和国外先进标准的发展动态,对于适合我国国情的国际标准,在制定国家标准或行业标准时要积极采用。鼓励企业标准采用国外先进标准。

十、各级标准化管理部门和技术服务单位要及时为企业采标提供标准资料和咨询服务。各级

科技和标准情报部门都要积极搜集、研究和翻译国际标准和国外先进标准和情报资料,为企业提供最新的标准信息。

十一、对经济效益和社会效益显著的采标项目,可按有关规定,申报国家科技进步奖。

十二、各地方和国务院有关部门可根据本《意见》的要求,制定具体的鼓励性政策措施。

药物非临床研究质量管理规范

(2003年8月6日国家食品药品监督管理局发布 国家食品药品监督管理局令第2号)

第一章 总 则

第一条 为提高药物非临床研究的质量,确保实验资料的真实性、完整性和可靠性,保障人民用药安全,根据《中华人民共和国药品管理法》,制定本规范。

第二条 本规范适用于为申请药品注册而进行的非临床研究。药物非临床安全性评价研究机构必须遵循本规范。

第二章 组织机构和人员

第三条 非临床安全性评价研究机构应建立完善的组织管理体系,配备机构负责人、质量保证部门负责人和相应的工作人员。

第四条 非临床安全性评价研究机构的人员,应符合下列要求:

(一)具备严谨的科学作风和良好的职业道德以及相应的学历,经过专业培训,具备所承担的研究工作需要的知识结构、工作经验和业务能力;

(二)熟悉本规范的基本内容,严格履行各自职责,熟练掌握并严格执行与所承担工作有关的标准操作规程;

(三)及时、准确和清楚地进行试验观察记录,对实验中发生的可能影响实验结果的任何情况应及时向专题负责人书面报告;

(四)根据工作岗位的需要着装,遵守健康检查制度,确保供试品、对照品和实验系统不受污染;

(五)定期进行体检,患有影响研究结果的疾病者,不得参加研究工作;

(六)经过培训、考核,并取得上岗资格。

第五条 非临床安全性评价研究机构负责人应具备医学、药学或其它相关专业本科以上学历及相应的业务素质和工作能力。机构负责人职责为:

(一)全面负责非临床安全性评价研究机构的建设和组织管理;

(二)建立工作人员学历、专业培训及专业工作经历的档案材料;

(三)确保各种设施、设备和实验条件符合要求;

(四)确保有足够数量的工作人员,并按规定履行其职责;

(五)聘任质量保证部门的负责人,并确保其履行职责;

(六)制定主计划表,掌握各项研究工作的进展;

(七)组织制定和修改标准操作规程,并确保工作人员掌握相关的标准操作规程;

(八)每项研究工作开始前,聘任专题负责人,有必要更换时,应记录更换的原因和时间;

(九)审查批准实验方案和总结报告;

(十)及时处理质量保证部门的报告,详细记录采取的措施;

(十一)确保供试品、对照品的质量和稳定性符合要求;

(十二)与协作或委托单位签订书面合同。

第六条 非临床安全性评价研究机构应设立独立的质量保证部门,其人员的数量根据非临床安全性评价研究机构的规模而定。质量保证部门负责人的职责为:

(一)保存非临床研究机构的主计划表、实验方案和总结报告的副本;

(二)审核实验方案、实验记录和总结报告

（三）对每项研究实施检查，并根据其内容和持续时间制定审查和检查计划，详细记录检查的内容、发现的问题、采取的措施等，并在记录上签名，保存备查；

（四）定期检查动物饲养设施、实验仪器和档案管理；

（五）向机构负责人和/或专题负责人书面报告检查发现的问题及建议；

（六）参与标准操作规程的制定，保存标准操作规程的副本。

第七条 每项研究工作必须聘任专题负责人。专题负责人职责为：

（一）全面负责该项研究工作的运行管理；

（二）制定实验方案，严格执行实验方案，分析研究结果，撰写总结报告；

（三）执行标准操作规程的规定，及时提出修订或补充相应的标准操作规程的建议；

（四）确保参与研究的工作人员明确所承担的工作，并掌握相应的标准操作规程；

（五）掌握研究工作的进展，检查各种实验记录，确保其及时、直接、准确和清楚；

（六）详细记录实验中出现的意外情况和采取的措施；

（七）实验结束后，将实验方案、原始资料、应保存的标本、各种有关记录文件和总结报告等归档保存；

（八）及时处理质量保证部门提出的问题，确保研究工作各环节符合要求。

第三章 实验设施

第八条 根据所从事的非临床研究的需要，建立相应的实验设施。各种实验设施应保持清洁卫生，运转正常；各类设施布局应合理，防止交叉污染；环境条件及其调控应符合不同设施的要求。

第九条 具备设计合理、配置适当的动物饲养设施，并能根据需要调控温度、湿度、空气洁净度、通风和照明等环境条件。实验动物设施条件应与所使用的实验动物级别相符。动物饲养设施主要包括以下几方面：

（一）不同种属动物或不同实验系统的饲养和管理设施；

（二）动物的检疫和患病动物的隔离治疗设施；

（三）收集和处置试验废弃物的设施；

（四）清洗消毒设施；

（五）供试品和对照品含有挥发性、放射性或生物危害性等物质时，应设置相应的饲养设施。

第十条 具备饲料、垫料、笼具及其它动物用品的存放设施。各类设施的配置应合理，防止与实验系统相互污染。易腐败变质的动物用品应有适当的保管措施。

第十一条 具有供试品和对照品的处置设施：

（一）接收和贮藏供试品和对照品的设施；

（二）供试品和对照品的配制和贮存设施。

第十二条 根据工作需要设立相应的实验室；使用有生物危害性的动物、微生物、放射性等材料应设立专门实验室，并应符合国家有关管理规定。

第十三条 具备保管实验方案、各类标本、原始记录、总结报告及有关文件档案的设施。

第十四条 根据工作需要配备相应的环境调控设施。

第四章 仪器设备和实验材料

第十五条 根据研究工作的需要配备相应的仪器设备，放置地点合理，并有专人负责保管，定期进行检查、清洁保养、测试和校正，确保仪器设备的性能稳定可靠。

第十六条 实验室内应备有相应仪器设备保养、校正及使用方法的标准操作规程。对仪器设备的使用、检查、测试、校正及故障修理，应详细记录日期、有关情况及操作人员的姓名等。

第十七条 供试品和对照品的管理应符合下列要求：

（一）实验用的供试品和对照品，应有专人保管，有完善的接收、登记和分发的手续，供试品和对照品的批号、稳定性、含量或浓度、纯度及其它理化性质应有记录，对照品为市售商品时，可用其标签或其它标示内容；

（二）供试品和对照品的贮存保管条件应符合要求，贮存的容器应贴有标签，标明品名、缩写名、代号、批号、有效期和贮存条件；

（三）供试品和对照品在分发过程中应避免污染或变质，分发的供试品和对照品应及时贴上准确的标签，并按批号记录分发、归还的日期和数量；

（四）需要将供试品和对照品与介质混合时，应在给药前测定其混合的均匀性，必要时还应定期测定混合物中供试品和对照品的浓度和稳定性，混合物中任一组分有失效期的，应在容器标签上标明，两种以上组分均有失效日期的，以最早的失效日期为准。

第十八条　实验室的试剂和溶液等均应贴有标签，标明品名、浓度、贮存条件、配制日期及有效期等。试验中不得使用变质或过期的试剂和溶液。

第十九条　动物的饲料和饮水应定期检验，确保其符合营养和卫生标准。影响实验结果的污染因素应低于规定的限度，检验结果应作为原始资料保存。

第二十条　动物饲养室内使用的清洁剂、消毒剂及杀虫剂等，不得影响实验结果，并应详细记录其名称、浓度、使用方法及使用的时间等。

第五章　标准操作规程

第二十一条　制定与实验工作相适应的标准操作规程。需要制定的标准操作规程主要包括以下方面：

（一）标准操作规程的编辑和管理；

（二）质量保证程序；

（三）供试品和对照品的接收、标识、保存、处理、配制、领用及取样分析；

（四）动物房和实验室的准备及环境因素的调控；

（五）实验设施和仪器设备的维护、保养、校正、使用和管理；

（六）计算机系统的操作和管理；

（七）实验动物的运输、检疫、编号及饲养管理；

（八）实验动物的观察记录及实验操作；

（九）各种实验样品的采集、各种指标的检查和测定等操作技术；

（十）濒死或已死亡动物的检查处理；

（十一）动物的尸检、组织病理学检查；

（十二）实验标本的采集、编号和检验；

（十三）各种实验数据的管理和处理；

（十四）工作人员的健康检查制度；

（十五）动物尸体及其它废弃物的处理；

（十六）需要制定标准操作规程的其它工作。

第二十二条　标准操作规程经质量保证部门签字确认和机构负责人批准后生效。失效的标准操作规程除一份存档之外应及时销毁。

第二十三条　标准操作规程的制定、修改、生效日期及分发、销毁情况应记录并归档。

第二十四条　标准操作规程的存放应方便使用。研究过程中任何偏离标准操作规程的操作，都应经专题负责人批准，并加以记录。标准操作规程的改动，应经质量保证部门负责人确认，机构负责人书面批准。

第六章　研究工作的实施

第二十五条　每项研究均应有专题名称或代号，并在有关文件资料及实验记录中统一使用该名称或代号。

第二十六条　实验中所采集的各种标本应标明专题名称或代号、动物编号和收集日期。

第二十七条　专题负责人应制定实验方案，经质量保证部门审查，机构负责人批准后方可执行，批准日期作为实验的起始日期。接受委托的研究，实验方案应经委托单位认可。

第二十八条　实验方案的主要内容如下：

（一）研究专题的名称或代号及研究目的；

（二）非临床安全性评价研究机构和委托单位的名称及地址；

（三）专题负责人和参加实验的工作人员姓名；

（四）供试品和对照品的名称、缩写名、代号、批号、有关理化性质及生物特性；

（五）实验系统及选择理由；

（六）实验动物的种、系、数量、年龄、性别、体重范围、来源和等级；

（七）实验动物的识别方法；

（八）实验动物饲养管理的环境条件；

（九）饲料名称或代号；

（十）实验用的溶媒、乳化剂及其它介质；

（十一）供试品和对照品的给药途径、方法、剂量、频率和用药期限及选择的理由；

（十二）所用毒性研究指导原则的文件及文献；

（十三）各种指标的检测方法和频率；

（十四）数据统计处理方法；

（十五）实验资料的保存地点。

第二十九条 研究过程中需要修改实验方案时，应经质量保证部门审查，机构负责人批准。变更的内容、理由及日期，应记入档案，并与原实验方案一起保存。

第三十条 专题负责人全面负责研究专题的运行管理。参加实验的工作人员，应严格执行实验方案和相应的标准操作规程，发现异常现象时应及时向专题负责人报告。

第三十一条 所有数据的记录应做到及时、直接、准确、清楚和不易消除，并应注明记录日期，记录者签名。记录的数据需要修改时，应保持原记录清楚可辨，并注明修改的理由及修改日期，修改者签名。

第三十二条 动物出现非供试品引起的疾病或出现干扰研究目的的异常情况时，应立即隔离或处死。需要用药物治疗时，应经专题负责人批准，并详细记录治疗的理由、批准手续、检查情况、药物处方、治疗日期和结果等。治疗措施不得干扰研究。

第三十三条 研究工作结束后，专题负责人应及时写出总结报告，签名或盖章后交质量保证部门负责人审查和签署意见，机构负责人批准。批准日期作为实验结束日期。

第三十四条 总结报告主要内容如下：

（一）研究专题的名称或代号及研究目的；

（二）非临床安全性评价研究机构和委托单位的名称和地址；

（三）研究起止日期；

（四）供试品和对照品的名称、缩写名、代号、批号、稳定性、含量、浓度、纯度、组分及其它特性；

（五）实验动物的种、系、数量、年龄、性别、体重范围、来源、动物合格证号及签发单位、接收日期和饲养条件；

（六）供试品和对照品的给药途径、剂量、方法、频率和给药期限；

（七）供试品和对照品的剂量设计依据；

（八）影响研究可靠性和造成研究工作偏离实验方案的异常情况；

（九）各种指标检测方法和频率；

（十）专题负责人与所有参加工作的人员姓名和承担的工作内容；

（十一）分析数据所采用的统计方法；

（十二）实验结果和结论；

（十三）原始资料和标本的保存地点。

第三十五条 总结报告经机构负责人签字后，需要修改或补充时，有关人员应详细说明修改或补充的内容、理由和日期，经专题负责人认可，并经质量保证部门负责人审查和机构负责人批准。

第七章 资料档案

第三十六条 研究工作结束后，专题负责人应将实验方案、标本、原始资料、文字记录和总结报告的原件、与实验有关的各种书面文件、质量保证部门的检查报告等按标准操作规程的要求整理交资料档案室，并按标准操作规程的要求编号归档。

第三十七条 研究项目被取消或中止时，专题负责人应书面说明取消或中止原因，并将上述实验资料整理归档。

第三十八条 资料档案室应有专人负责，按标准操作规程的要求进行管理。

第三十九条 实验方案、标本、原始资料、文字记录、总结报告以及其它资料的保存期，应在药物上市后至少五年。

第四十条 质量容易变化的标本，如组织器官、电镜标本、血液涂片等的保存期，应以能够进行质量评价为时限。

第八章 监督检查

第四十一条 国家食品药品监督管理局负责组织实施对非临床安全性评价研究机构的检查。

第四十二条 凡为在中华人民共和国申请药品注册而进行的非临床研究,都应接受药品监督管理部门的监督检查。

第九章 附 则

第四十三条 本规范所用术语定义如下:

(一)非临床研究,系指为评价药物安全性,在实验室条件下,用实验系统进行的各种毒性试验,包括单次给药的毒性试验、反复给药的毒性试验、生殖毒性试验、遗传毒性试验、致癌试验、局部毒性试验、免疫原性试验、依赖性试验、毒代动力学试验及与评价药物安全性有关的其它试验。

(二)非临床安全性评价研究机构,系指从事药物非临床研究的实验室。

(三)实验系统,系指用于毒性试验的动物、植物、微生物以及器官、组织、细胞、基因等。

(四)质量保证部门,系指非临床安全性评价研究机构内履行有关非临床研究工作质量保证职能的部门。

(五)专题负责人,系指负责组织实施某项研究工作的人员。

(六)供试品,系指供非临床研究的药品或拟开发为药品的物质。

(七)对照品,系指非临床研究中与供试品作比较的物质。

(八)原始资料,系指记载研究工作的原始观察记录和有关文书材料,包括工作记录、各种照片、缩微胶片、缩微复制品、计算机打印资料、磁性载体、自动化仪器记录材料等。

(九)标本,系指采自实验系统用于分析观察和测定的任何材料。

(十)委托单位,系指委托非临床安全性评价研究机构进行非临床研究的单位。

(十一)批号,系指用于识别"批"的一组数字或字母加数字,以保证供试品或对照品的可追溯性。

第四十四条 本规范由国家食品药品监督管理局负责解释。

第四十五条 本规范自 2003 年 9 月 1 日起施行,原国家药品监督管理局 1999 年 10 月 14 日发布的《药品非临床研究质量管理规范(试行)》同时废止。

国防科技工业标准化科研管理实施细则

(2004年2月20日国防科工委发布　科工法[2004]175号)

第一条　为规范国防科技工业标准化科研管理工作，依据《国防科技工业技术基础科研管理办法》，制定本细则。

第二条　本细则适用于国家军用标准和核、航天、航空、船舶及兵器行业标准的制修订、标准化技术研究以及标准化技术管理等科研项目的管理。

第三条　国防科技工业标准化科研管理包括计划管理、预算项目库项目管理和计划项目管理等工作。

第四条　标准化年度科研计划是开展标准化科研工作的依据。标准化年度科研计划的编制与下达程序如下：

（一）每年6月底前，国防科工委编写并发布下一年度标准化科研计划编制要点。

（二）有关部门（单位）根据发布的标准化年度科研计划编制要点，组织编制本部门（单位）下一年度标准化科研计划建议草案并报国防科工委。

计划建议草案中的项目应从标准化预算项目库中选取。

（三）国防科工委对有关部门（单位）上报的年度计划建议草案进行审查，编制年度标准化科研预算草案。

（四）年度标准化科研第一轮预算经财政部批准后，国防科工委根据预算指标编制年度标准化计划建议及第二轮预算。

（五）第二轮预算经财政部批准后，国防科工委编制下达年度标准化科研计划，并对标准化技术研究和标准化技术管理项目下达《国防科技工业技术基础科研项目任务书》。

（六）有关部门（单位）根据国防科工委下达的标准化年度科研计划，转发或编制下达实施计划，并报国防科工委备案。

第五条　国防科工委于每年3月底和9月底对标准化年度科研计划完成情况进行考核。

第六条　标准化科研项目实行预算项目库管理。科研项目进入预算项目库的基本程序如下：

（一）有关部门（单位）根据国防科技工业标准化中长期计划、国防科技工业标准体系表及科研生产需要，组织项目承担单位编写《国防科技工业技术基础科研项目论证报告》，并将本部门（单位）审查通过的项目论证报告报国防科工委。

（二）国防科技工业标准化研究中心对有关部门（单位）上报的论证报告进行形式审查，审查通过的项目论证报告进入技术评审阶段。

（三）国防科工委各专业标准化技术委员会负责对相关专业的标准化科研项目论证报告进行技术评审，其他项目由国防科工委另行组织专家进行技术评审。

（四）国防科工委根据评审结论将有关项目编入标准化科研预算项目库。

第七条　科研项目论证报告的编写、审查及评审按《标准化科研项目论证基本要求（试行）》执行。

第八条　国防科工委对预算项目库实施动态管理，定期进行补充和清理。

（一）国防科工委每年进行两批预算项目库的项目论证，有关部门（单位）于每年4月底前和8月底前，分两批将本部门（单位）的项目论证报告报国防科工委科技与质量司；

（二）国防科工委定期对预算项目库中的项目进行清理，预算项目库项目经相关标准化技术委员会或相关专家评审后进行分别处理。对于需求发生重大变化、技术落后,已无研究必要的项目予以删除;对于需求发生变化、研究方向符合技术发展趋势,但研究内容等需要进行重大调整的项目由项目论证单位进行补充论证。

第九条 标准化科研项目应列入项目承担单位的科研生产计划。

第十条 对于标准化技术研究项目,项目承担单位应编制项目实施方案,项目承担单位的主管部门(单位)对项目实施方案进行评审。项目实施方案主要包括以下内容:

(一)项目来源:引用国防科工委关于国防军工技术基础年度科研计划下达文件的文号、项目计划号等;

(二)项目主要研究内容:应根据《国防科技工业技术基础科研项目任务书》的相关内容进行细化;

(三)项目实施的技术途径:应详细说明实施本项目所采用的技术途径、技术方法、项目实施的组织等内容;

(四)项目成果:主要说明项目应取得的重要阶段成果和最终成果;

(五)项目进度:应根据计划的要求详细列出项目实施进度,针对主要研究内容和成果列出具体时间节点。

第十一条 标准制修订项目的工作程序应符合《国防科技工业标准制定工作程序(试行)》的有关规定。

第十二条 对项目进度、项目经费、标准名称、标准适用范围、标准级别、研究项目的技术指标发生变化的,项目承担单位应编写《国防科技工业技术基础科研项目调整申请报告》,经主管部门(单位)审核后于计划规定完成时间 6 个月以前报国防科工委。

对于标准制修订项目及研究项目技术内容发生重大变化的,项目承担单位在上报《国防科技工业技术基础科研项目调整申请报告》的同时应提交补充论证报告。

第十三条 国防科工委组织有关专家对调整申请报告、原论证报告及补充论证报告进行审查后,批复是否同意调整。

批准调整后的项目按调整批复的要求开展工作。

第十四条 标准制修订项目完成后,应按《国防科技工业标准制定工作程序(试行)》组织进行审查、报批。标准审查工作应符合《标准审查工作要求》、《国防科工委专业标准化技术委员会工作细则》的有关规定。

第十五条 标准化研究项目完成《国防科技工业技术基础科研项目任务书》规定的所有任务后,项目承担单位需编写工作总结报告和《国防科技工业技术基础科研项目验收报告》并通过主管部门(单位)向国防科工委提出项目验收申请。

第十六条 国防科工委对研究项目情况进行审查,组织验收或委托有关部门(单位)组织验收。

第十七条 标准化研究项目验收的依据是标准化年度科研计划和任务书。

项目验收可采用会议方式进行,也可采用函审方式进行。

第十八条 标准化技术管理项目完成《国防科技工业技术基础科研项目任务书》规定的所有任务后,项目承担单位应编写工作总结报告,经主管部门(单位)上报国防科工委。

第十九条 标准制修订项目成果的归档,按照《国防科技工业标准制定工作程序(试行)》的有关规定执行。

第二十条 标准化研究项目成果的归档内容包括:

(一)项目论证报告;

(二)项目任务书;

(三)工作总结报告;

(四)研究报告(包括重要的阶段研究报告);

(五)计算机软件及文档(软件开发项目);

(六)技术基础项目验收报告;

(七)其他相关资料。

以上资料应包括纸型文本原件和相关的电子文本。

第二十一条 标准化技术管理项目成果的归档内容包括:

(一)工作总结报告;

(二)相关工作成果,如有关会议的相关资

料、会议纪要等(涉及项目立项、审查等工作的工作成果随相关项目归档)。

第二十二条 项目承担单位完成归档工作后,应同时将归档材料报国防科工委备案。

第二十三条 本实施细则自颁布之日起施行。

放射性同位素与射线装置安全和防护条例

(2005年9月14日国务院发布 中华人民共和国国务院令第449号)

第一章 总 则

第一条 为了加强对放射性同位素、射线装置安全和防护的监督管理,促进放射性同位素、射线装置的安全应用,保障人体健康,保护环境,制定本条例。

第二条 在中华人民共和国境内生产、销售、使用放射性同位素和射线装置,以及转让、进出口放射性同位素的,应当遵守本条例。

本条例所称放射性同位素包括放射源和非密封放射性物质。

第三条 国务院环境保护主管部门对全国放射性同位素、射线装置的安全和防护工作实施统一监督管理。

国务院公安、卫生等部门按照职责分工和本条例的规定,对有关放射性同位素、射线装置的安全和防护工作实施监督管理。

县级以上地方人民政府环境保护主管部门和其他有关部门,按照职责分工和本条例的规定,对本行政区域内放射性同位素、射线装置的安全和防护工作实施监督管理。

第四条 国家对放射源和射线装置实行分类管理。根据放射源、射线装置对人体健康和环境的潜在危害程度,从高到低将放射源分为Ⅰ类、Ⅱ类、Ⅲ类、Ⅳ类、Ⅴ类,具体分类办法由国务院环境保护主管部门制定;将射线装置分为Ⅰ类、Ⅱ类、Ⅲ类,具体分类办法由国务院环境保护主管部门商国务院卫生主管部门制定。

第二章 许可和备案

第五条 生产、销售、使用放射性同位素和射线装置的单位,应当依照本章规定取得许可证。

第六条 生产放射性同位素、销售和使用Ⅰ类放射源、销售和使用Ⅰ类射线装置的单位的许可证,由国务院环境保护主管部门审批颁发。

前款规定之外的单位的许可证,由省、自治区、直辖市人民政府环境保护主管部门审批颁发。

国务院环境保护主管部门向生产放射性同位素的单位颁发许可证前,应当将申请材料印送其行业主管部门征求意见。

环境保护主管部门应当将审批颁发许可证的情况通报同级公安部门、卫生主管部门。

第七条 生产、销售、使用放射性同位素和射线装置的单位申请领取许可证,应当具备下列条件:

(一)有与所从事的生产、销售、使用活动规模相适应的、具备相应专业知识和防护知识及健康条件的专业技术人员;

(二)有符合国家环境保护标准、职业卫生标准和安全防护要求的场所、设施和设备;

(三)有专门的安全和防护管理机构或者专职、兼职安全和防护管理人员,并配备必要的防护用品和监测仪器;

(四)有健全的安全和防护管理规章制度、辐射事故应急措施;

(五)产生放射性废气、废液、固体废物的,具有确保放射性废气、废液、固体废物达标排放的处理能力或者可行的处理方案。

第八条 生产、销售、使用放射性同位素和射线装置的单位,应当事先向有审批权的环境保护主管部门提出许可申请,并提交符合本条例第七条规定条件的证明材料。

使用放射性同位素和射线装置进行放射诊疗的医疗卫生机构,还应当获得放射源诊疗技术和医用辐射机构许可。

第九条 环境保护主管部门应当自受理申请之日起20个工作日内完成审查，符合条件的，颁发许可证，并予以公告；不符合条件的，书面通知申请单位并说明理由。

第十条 许可证包括下列主要内容：
（一）单位的名称、地址、法定代表人；
（二）所从事活动的种类和范围；
（三）有效期限；
（四）发证日期和证书编号。

第十一条 持证单位变更单位名称、地址、法定代表人的，应当自变更登记之日起20日内，向原发证机关申请办理许可证变更手续。

第十二条 有下列情形之一的，持证单位应当按照原申请程序，重新申请领取许可证：
（一）改变所从事活动的种类或者范围的；
（二）新建或者改建、扩建生产、销售、使用设施或者场所的。

第十三条 许可证有效期为5年。有效期届满，需要延续的，持证单位应当于许可证有效期届满30日前，向原发证机关提出延续申请。原发证机关应当自受理延续申请之日起，在许可证有效期届满前完成审查，符合条件的，予以延续；不符合条件的，书面通知申请单位并说明理由。

第十四条 持证单位部分终止或者全部终止生产、销售、使用放射性同位素和射线装置活动的，应当向原发证机关提出部分变更或者注销许可证申请，由原发证机关核查合格后，予以变更或者注销许可证。

第十五条 禁止无许可证或者不按照许可证规定的种类和范围从事放射性同位素和射线装置的生产、销售、使用活动。

禁止伪造、变造、转让许可证。

第十六条 国务院对外贸易主管部门会同国务院环境保护主管部门、海关总署、国务院质量监督检验检疫部门和生产放射性同位素的单位的行业主管部门制定并公布限制进出口放射性同位素目录和禁止进出口放射性同位素目录。

进口列入限制进出口目录的放射性同位素，应当在国务院环境保护主管部门审查批准后，由国务院对外贸易主管部门依据国家对外贸易的有关规定签发进口许可证。进口限制进出口目录和禁止进出口目录之外的放射性同位素，依据国家对外贸易的有关规定办理进口手续。

第十七条 申请进口列入限制进出口目录的放射性同位素，应当符合下列要求：
（一）进口单位已经取得与所从事活动相符的许可证；
（二）进口单位具有进口放射性同位素使用期满后的处理方案，其中，进口Ⅰ类、Ⅱ类、Ⅲ类放射源的，应当具有原出口方负责回收的承诺文件；
（三）进口的放射源应当有明确标号和必要说明文件，其中，Ⅰ类、Ⅱ类、Ⅲ类放射源的标号应当刻制在放射源本体或者密封包壳体上，Ⅳ类、Ⅴ类放射源的标号应当记录在相应说明文件中；
（四）将进口的放射性同位素销售给其他单位使用的，还应当具有与使用单位签订的书面协议以及使用单位取得的许可证复印件。

第十八条 进口列入限制进出口目录的放射性同位素的单位，应当向国务院环境保护主管部门提出进口申请，并提交符合本条例第十七条规定要求的证明材料。

国务院环境保护主管部门应当自受理申请之日起10个工作日内完成审查，符合条件的，予以批准；不符合条件的，书面通知申请单位并说明理由。

海关验凭放射性同位素进口许可证办理有关进口手续。进口放射性同位素的包装材料依法需要实施检疫的，依照国家有关检疫法律、法规的规定执行。

对进口的放射源，国务院环境保护主管部门还应当同时确定与其标号相对应的放射源编码。

第十九条 申请转让放射性同位素，应当符合下列要求：
（一）转出、转入单位持有与所从事活动相符的许可证；
（二）转入单位具有放射性同位素使用期满后的处理方案；
（三）转让双方已经签订书面转让协议。

第二十条 转让放射性同位素，由转入单位向其所在地省、自治区、直辖市人民政府环境保护主管部门提出申请，并提交符合本条例第十九条规定要求的证明材料。

省、自治区、直辖市人民政府环境保护主管部门应当自受理申请之日起15个工作日内完成审查，符合条件的，予以批准；不符合条件的，书面通知申请单位并说明理由。

第二十一条 放射性同位素的转出、转入单位应当在转让活动完成之日起20日内，分别向其所在地省、自治区、直辖市人民政府环境保护主管部门备案。

第二十二条 生产放射性同位素的单位，应当建立放射性同位素产品台账，并按照国务院环境保护主管部门制定的编码规则，对生产的放射源统一编码。放射性同位素产品台账和放射源编码清单应当报国务院环境保护主管部门备案。

生产的放射源应当有明确标号和必要说明文件。其中，Ⅰ类、Ⅱ类、Ⅲ类放射源的标号应当刻制在放射源本体或者密封包壳体上，Ⅳ类、Ⅴ类放射源的标号应当记录在相应说明文件中。

国务院环境保护主管部门负责建立放射性同位素备案信息管理系统，与有关部门实行信息共享。

未列入产品台账的放射性同位素和未编码的放射源，不得出厂和销售。

第二十三条 持有放射源的单位将废旧放射源交回生产单位、返回原出口方或者送交放射性废物集中贮存单位贮存的，应当在该活动完成之日起20日内向其所在地省、自治区、直辖市人民政府环境保护主管部门备案。

第二十四条 本条例施行前生产和进口的放射性同位素，由放射性同位素持有单位在本条例施行之日起6个月内，到其所在地省、自治区、直辖市人民政府环境保护主管部门办理备案手续，省、自治区、直辖市人民政府环境保护主管部门应当对放射源进行统一编码。

第二十五条 使用放射性同位素的单位需要将放射性同位素转移到外省、自治区、直辖市使用的，应当持许可证复印件向使用地省、自治区、直辖市人民政府环境保护主管部门备案，并接受当地环境保护主管部门的监督管理。

第二十六条 出口列入限制进出口目录的放射性同位素，应当提供进口方可以合法持有放射性同位素的证明材料，并由国务院环境保护主管部门依照有关法律和我国缔结或者参加的国际条约、协定的规定，办理有关手续。

出口放射性同位素应当遵守国家对外贸易的有关规定。

第三章 安全和防护

第二十七条 生产、销售、使用放射性同位素和射线装置的单位，应当对本单位的放射性同位素、射线装置的安全和防护工作负责，并依法对其造成的放射性危害承担责任。

生产放射性同位素的单位的行业主管部门，应当加强对生产单位安全和防护工作的管理，并定期对其执行法律、法规和国家标准的情况进行监督检查。

第二十八条 生产、销售、使用放射性同位素和射线装置的单位，应当对直接从事生产、销售、使用活动的工作人员进行安全和防护知识教育培训，并进行考核；考核不合格的，不得上岗。

辐射安全关键岗位应当由注册核安全工程师担任。辐射安全关键岗位名录由国务院环境保护主管部门商国务院有关部门制定并公布。

第二十九条 生产、销售、使用放射性同位素和射线装置的单位，应当严格按照国家关于个人剂量监测和健康管理的规定，对直接从事生产、销售、使用活动的工作人员进行个人剂量监测和职业健康检查，建立个人剂量档案和职业健康监护档案。

第三十条 生产、销售、使用放射性同位素和射线装置的单位，应当对本单位的放射性同位素、射线装置的安全和防护状况进行年度评估。发现安全隐患的，应当立即进行整改。

第三十一条 生产、销售、使用放射性同位素和射线装置的单位需要终止的，应当事先对本单位的放射性同位素和放射性废物进行清理登记，作出妥善处理，不得留有安全隐患。生产、销售、使用放射性同位素和射线装置的单位发生变更的，由变更后的单位承担处理责任。变更前当事人对此另有约定的，从其约定；但是，约定中不得免除当事人的处理义务。

在本条例施行前已经终止的生产、销售、使用放射性同位素和射线装置的单位，其未安全处理的废旧放射源和放射性废物，由所在地省、自治区、直辖市人民政府环境保护主管部门提出处理方案，及时进行处理。所需经费由省级以上人民政府承担。

第三十二条 生产、进口放射源的单位销售Ⅰ类、Ⅱ类、Ⅲ类放射源给其他单位使用的，应当与使用放射源的单位签订废旧放射源返回协议；使用放射源的单位应当按照废旧放射源返回协议规定将废旧放射源交回生产单位或者返回原出口方。确实无法交回生产单位或者返回原出口方的，送交有相应资质的放射性废物集中贮存单位贮存。

使用放射源的单位应当按照国务院环境保护主管部门的规定，将Ⅳ类、Ⅴ类废旧放射源进行包装整备后送交有相应资质的放射性废物集中贮存单位贮存。

第三十三条 使用Ⅰ类、Ⅱ类、Ⅲ类放射源的场所和生产放射性同位素的场所，以及终结运行后产生放射性污染的射线装置，应当依法实施退役。

第三十四条 生产、销售、使用、贮存放射性同位素和射线装置的场所，应当按照国家有关规定设置明显的放射性标志，其入口处应当按照国家有关安全和防护标准的要求，设置安全和防护设施以及必要的防护安全联锁、报警装置或者工作信号。射线装置的生产调试和使用场所，应当具有防止误操作、防止工作人员和公众受到意外照射的安全措施。

放射性同位素的包装容器、含放射性同位素的设备和射线装置，应当设置明显的放射性标识和中文警示说明；放射源上能够设置放射性标识的，应当一并设置。运输放射性同位素和含放射源的射线装置的工具，应当按照国家有关规定设置明显的放射性标志或者显示危险信号。

第三十五条 放射性同位素应当单独存放，不得与易燃、易爆、腐蚀性物品等一起存放，并指定专人负责保管。贮存、领取、使用、归还放射性同位素时，应当进行登记、检查，做到账物相符。对放射性同位素贮存场所应当采取防火、防水、防盗、防丢失、防破坏、防射线泄漏的安全措施。

对放射源还应当根据其潜在危害的大小，建立相应的多层防护和安全措施，并对可移动的放射源定期进行盘存，确保其处于指定位置，具有可靠的安全保障。

第三十六条 在室外、野外使用放射性同位素和射线装置的，应当按照国家安全和防护标准的要求划出安全防护区域，设置明显的放射性标志，必要时设专人警戒。

在野外进行放射性同位素示踪试验的，应当经省级以上人民政府环境保护主管部门商同级有关部门批准方可进行。

第三十七条 辐射防护器材、含放射性同位素的设备和射线装置，以及含有放射性物质的产品和伴有产生X射线的电器产品，应当符合辐射防护要求。不合格的产品不得出厂和销售。

第三十八条 使用放射性同位素和射线装置进行放射诊疗的医疗卫生机构，应当依据国务院卫生主管部门有关规定和国家标准，制定与本单位从事的诊疗项目相适应的质量保证方案，遵守质量保证监测规范，按照医疗照射正当化和辐射防护最优化的原则，避免一切不必要的照射，并事先告知患者和受检者辐射对健康的潜在影响。

第三十九条 金属冶炼厂回收冶炼废旧金属时，应当采取必要的监测措施，防止放射性物质熔入产品中。监测中发现问题的，应当及时通知所在地设区的市级以上人民政府环境保护主管部门。

第四章　辐射事故应急处理

第四十条 根据辐射事故的性质、严重程度、可控性和影响范围等因素，从重到轻将辐射事故分为特别重大辐射事故、重大辐射事故、较大辐射事故和一般辐射事故四个等级。

特别重大辐射事故，是指Ⅰ类、Ⅱ类放射源丢失、被盗、失控造成大范围严重辐射污染后果，或者放射性同位素和射线装置失控导致3人以上（含3人）急性死亡。

重大辐射事故，是指Ⅰ类、Ⅱ类放射源丢失、被盗、失控，或者放射性同位素和射线装置失控导致2人以下（含2人）急性死亡或者10人以上（含10人）急性重度放射病、局部器官残疾。

较大辐射事故，是指Ⅲ类放射源丢失、被盗、失控，或者放射性同位素和射线装置失控导致9人以下（含9人）急性重度放射病、局部器官残疾。

一般辐射事故，是指Ⅳ类、Ⅴ类放射源丢失、被盗、失控，或者放射性同位素和射线装置失控导致人员受到超过年剂量限值的照射。

第四十一条 县级以上人民政府环境保护主管部门应当会同同级公安、卫生、财政等部门编制辐射事故应急预案，报本级人民政府批准。辐射事故应急预案应当包括下列内容：

（一）应急机构和职责分工；

（二）应急人员的组织、培训以及应急和救助的装备、资金、物资准备；

（三）辐射事故分级与应急响应措施；

（四）辐射事故调查、报告和处理程序。

生产、销售、使用放射性同位素和射线装置的单位，应当根据可能发生的辐射事故的风险，制定本单位的应急方案，做好应急准备。

第四十二条 发生辐射事故时，生产、销售、使用放射性同位素和射线装置的单位应当立即启动本单位的应急方案，采取应急措施，并立即向当地环境保护主管部门、公安部门、卫生主管部门报告。

环境保护主管部门、公安部门、卫生主管部门接到辐射事故报告后，应当立即派人赶赴现场，进行现场调查，采取有效措施，控制并消除事故影响，同时将辐射事故信息报告本级人民政府和上级人民政府环境保护主管部门、公安部门、卫生主管部门。

县级以上地方人民政府及其有关部门接到辐射事故报告后，应当按照事故分级报告的规定及时将辐射事故信息报告上级人民政府及其有关部门。发生特别重大辐射事故和重大辐射事故后，事故发生地省、自治区、直辖市人民政府和国务院有关部门应当在4小时内报告国务院；特殊情况下，事故发生地人民政府及其有关部门可以直接向国务院报告，并同时报告上级人民政府及其有关部门。

禁止缓报、瞒报、谎报或者漏报辐射事故。

第四十三条 在发生辐射事故或者有证据证明辐射事故可能发生时，县级以上人民政府环境保护主管部门有权采取下列临时控制措施：

（一）责令停止导致或者可能导致辐射事故的作业；

（二）组织控制事故现场。

第四十四条 辐射事故发生后，有关县级以上人民政府应当按照辐射事故的等级，启动并组织实施相应的应急预案。

县级以上人民政府环境保护主管部门、公安部门、卫生主管部门，按照职责分工做好相应的辐射事故应急工作：

（一）环境保护主管部门负责辐射事故的应急响应、调查处理和定性定级工作，协助公安部门监控追缴丢失、被盗的放射源；

（二）公安部门负责丢失、被盗放射源的立案侦查和追缴；

（三）卫生主管部门负责辐射事故的医疗应急。

环境保护主管部门、公安部门、卫生主管部门应当及时相互通报辐射事故应急响应、调查处理、定性定级、立案侦查和医疗应急情况。国务院指定的部门根据环境保护主管部门确定的辐射事故的性质和级别，负责有关国际信息通报工作。

第四十五条 发生辐射事故的单位应当立即将可能受到辐射伤害的人员送至当地卫生主管部门指定的医院或者有条件救治辐射损伤病人的医院，进行检查和治疗，或者请求医院立即派人赶赴事故现场，采取救治措施。

第五章　监督检查

第四十六条 县级以上人民政府环境保护主管部门和其他有关部门应当按照各自职责对生产、销售、使用放射性同位素和射线装置的单位进行监督检查。

被检查单位应当予以配合，如实反映情况，提供必要的资料，不得拒绝和阻碍。

第四十七条 县级以上人民政府环境保护主管部门应当配备辐射防护安全监督员。辐射防护安全监督员由从事辐射防护工作，具有辐射防护安全知识并经省级以上人民政府环境保护主管部门认可的专业人员担任。辐射防护安全监督员应当定期接受专业知识培训和考核。

第四十八条 县级以上人民政府环境保护主管部门在监督检查中发现生产、销售、使用放射性同位素和射线装置的单位有不符合原发证条件的情形的，应当责令其限期整改。

监督检查人员依法进行监督检查时，应当出示证件，并为被检查单位保守技术秘密和业务秘密。

第四十九条 任何单位和个人对违反本条例的行为，有权向环境保护主管部门和其他有关部门检举；对环境保护主管部门和其他有关部门未依法履行监督管理职责的行为，有权向本级人民政府、上级人民政府有关部门检举。接到举报的有关人民政府、环境保护主管部门和其他有关部门对有关举报应当及时核实、处理。

第六章 法律责任

第五十条 违反本条例规定，县级以上人民政府环境保护主管部门有下列行为之一的，对直接负责的主管人员和其他直接责任人员，依法给予行政处分；构成犯罪的，依法追究刑事责任：

（一）向不符合本条例规定条件的单位颁发许可证或者批准不符合本条例规定条件的单位进口、转让放射性同位素的；

（二）发现未依法取得许可证的单位擅自生产、销售、使用放射性同位素和射线装置，不予查处或者接到举报后不依法处理的；

（三）发现未经依法批准擅自进口、转让放射性同位素，不予查处或者接到举报后不依法处理的；

（四）对依法取得许可证的单位不履行监督管理职责或者发现违反本条例规定的行为不予查处的；

（五）在放射性同位素、射线装置安全和防护监督管理工作中有其他渎职行为的。

第五十一条 违反本条例规定，县级以上人民政府环境保护主管部门和其他有关部门有下列行为之一的，对直接负责的主管人员和其他直接责任人员，依法给予行政处分；构成犯罪的，依法追究刑事责任：

（一）缓报、瞒报、谎报或者漏报辐射事故的；

（二）未按照规定编制辐射事故应急预案或者不依法履行辐射事故应急职责的。

第五十二条 违反本条例规定，生产、销售、使用放射性同位素和射线装置的单位有下列行为之一的，由县级以上人民政府环境保护主管部门责令停止违法行为，限期改正；逾期不改正的，责令停产停业或者由原发证机关吊销许可证；有违法所得的，没收违法所得；违法所得10万元以上的，并处违法所得1倍以上5倍以下的罚款；没有违法所得或者违法所得不足10万元的，并处1万元以上10万元以下的罚款：

（一）无许可证从事放射性同位素和射线装置生产、销售、使用活动的；

（二）未按照许可证的规定从事放射性同位素和射线装置生产、销售、使用活动的；

（三）改变所从事活动的种类或者范围以及新建、改建或者扩建生产、销售、使用设施或者场所，未按照规定重新申请领取许可证的；

（四）许可证有效期届满，需要延续而未按照规定办理延续手续的；

（五）未经批准，擅自进口或者转让放射性同位素的。

第五十三条 违反本条例规定，生产、销售、使用放射性同位素和射线装置的单位变更单位名称、地址、法定代表人，未依法办理许可证变更手续的，由县级以上人民政府环境保护主管部门责令限期改正，给予警告；逾期不改正的，由原发证机关暂扣或者吊销许可证。

第五十四条 违反本条例规定，生产、销售、使用放射性同位素和射线装置的单位部分终止或者全部终止生产、销售、使用活动，未按照规定办理许可证变更或者注销手续的，由县级以上人民政府环境保护主管部门责令停止违法行为，限期改正；逾期不改正的，处1万元以上10万元以下的罚款；造成辐射事故，构成犯罪的，依法追究刑事责任。

第五十五条 违反本条例规定，伪造、变造、转让许可证的,由县级以上人民政府环境保护主管部门收缴伪造、变造的许可证或者由原发证机关吊销许可证,并处5万元以上10万元以下的罚款;构成犯罪的,依法追究刑事责任。

违反本条例规定,伪造、变造、转让放射性同位素进口和转让批准文件的,由县级以上人民政府环境保护主管部门收缴伪造、变造的批准文件或者由原批准机关撤销批准文件,并处5万元以上10万元以下的罚款;情节严重的,可以由原发证机关吊销许可证;构成犯罪的,依法追究刑事责任。

第五十六条 违反本条例规定,生产、销售、使用放射性同位素的单位有下列行为之一的,由县级以上人民政府环境保护主管部门责令限期改正,给予警告;逾期不改正的,由原发证机关暂扣或者吊销许可证:

(一)转入、转出放射性同位素未按照规定备案的;

(二)将放射性同位素转移到外省、自治区、直辖市使用,未按照规定备案的;

(三)将废旧放射源交回生产单位、返回原出口方或者送交放射性废物集中贮存单位贮存,未按照规定备案的。

第五十七条 违反本条例规定,生产、销售、使用放射性同位素和射线装置的单位有下列行为之一的,由县级以上人民政府环境保护主管部门责令停止违法行为,限期改正;逾期不改正的,处1万元以上10万元以下的罚款:

(一)在室外、野外使用放射性同位素和射线装置,未按照国家有关安全和防护标准的要求划出安全防护区域和设置明显的放射性标志的;

(二)未经批准擅自在野外进行放射性同位素示踪试验的。

第五十八条 违反本条例规定,生产放射性同位素的单位有下列行为之一的,由县级以上人民政府环境保护主管部门责令限期改正,给予警告;逾期不改正的,依法收缴其未备案的放射性同位素和未编码的放射源,处5万元以上10万元以下的罚款,并可以由原发证机关暂扣或者吊销许可证:

(一)未建立放射性同位素产品台账的;

(二)未按照国务院环境保护主管部门制定的编码规则,对生产的放射源进行统一编码的;

(三)未将放射性同位素产品台账和放射源编码清单报国务院环境保护主管部门备案的;

(四)出厂或者销售未列入产品台账的放射性同位素和未编码的放射源的。

第五十九条 违反本条例规定,生产、销售、使用放射性同位素和射线装置的单位有下列行为之一的,由县级以上人民政府环境保护主管部门责令停止违法行为,限期改正;逾期不改正的,由原发证机关指定有处理能力的单位代为处理或者实施退役,费用由生产、销售、使用放射性同位素和射线装置的单位承担,并处1万元以上10万元以下的罚款:

(一)未按照规定对废旧放射源进行处理的;

(二)未按照规定对使用Ⅰ类、Ⅱ类、Ⅲ类放射源的场所和生产放射性同位素的场所,以及终结运行后产生放射性污染的射线装置实施退役的。

第六十条 违反本条例规定,生产、销售、使用放射性同位素和射线装置的单位有下列行为之一的,由县级以上人民政府环境保护主管部门责令停止违法行为,限期改正;逾期不改正的,责令停产停业,并处2万元以上20万元以下的罚款;构成犯罪的,依法追究刑事责任:

(一)未按照规定对本单位的放射性同位素、射线装置安全和防护状况进行评估或者发现安全隐患不及时整改的;

(二)生产、销售、使用、贮存放射性同位素和射线装置的场所未按照规定设置安全和防护设施以及放射性标志的。

第六十一条 违反本条例规定,造成辐射事故的,由原发证机关责令限期改正,并处5万元以上20万元以下的罚款;情节严重的,由原发证机关吊销许可证;构成违反治安管理行为的,由公安机关依法予以治安处罚;构成犯罪的,依法追究刑事责任。

因辐射事故造成他人损害的,依法承担民事责任。

第六十二条 生产、销售、使用放射性同位素和射线装置的单位被责令限期整改,逾期不整改或者经整改仍不符合原发证条件的,由原发证机关暂扣或者吊销许可证。

第六十三条 违反本条例规定,被依法吊销许可证的单位或者伪造、变造许可证的单位,5年内不得申请领取许可证。

第六十四条 县级以上地方人民政府环境保护主管部门的行政处罚权限的划分,由省、自治区、直辖市人民政府确定。

第七章 附 则

第六十五条 军用放射性同位素、射线装置安全和防护的监督管理,依照《中华人民共和国放射性污染防治法》第六十条的规定执行。

第六十六条 劳动者在职业活动中接触放射性同位素和射线装置造成的职业病的防治,依照《中华人民共和国职业病防治法》和国务院有关规定执行。

第六十七条 放射性同位素的运输,放射性同位素和射线装置生产、销售、使用过程中产生的放射性废物的处置,依照国务院有关规定执行。

第六十八条 本条例中下列用语的含义:

放射性同位素,是指某种发生放射性衰变的元素中具有相同原子序数但质量不同的核素。

放射源,是指除研究堆和动力堆核燃料循环范畴的材料以外,永久密封在容器中或者有严密包层并呈固态的放射性材料。

射线装置,是指X线机、加速器、中子发生器以及含放射源的装置。

非密封放射性物质,是指非永久密封在包壳里或者紧密地固结在覆盖层里的放射性物质。

转让,是指除进出口、回收活动之外,放射性同位素所有权或者使用权在不同持有者之间的转移。

伴有产生X射线的电器产品,是指不以产生X射线为目的,但在生产或者使用过程中产生X射线的电器产品。

辐射事故,是指放射源丢失、被盗、失控,或者放射性同位素和射线装置失控导致人员受到意外的异常照射。

第六十九条 本条例自2005年12月1日起施行。1989年10月24日国务院发布的《放射性同位素与射线装置放射防护条例》同时废止。

武器装备研制生产标准化工作规定

(2004年2月19日国防科工委发布 科工法[2004]176号)

第一章 总 则

第一条 为规范武器装备型号(以下简称型号)研制、生产的标准化工作,制定本规定。

第二条 型号标准化工作是型号研制、生产的组成部分,贯穿于研制、生产全过程,型号的研制和生产必须开展标准化工作。型号标准化工作计划应纳入型号研制生产计划。

第三条 型号标准化工作的主要任务是实施标准和标准化要求,对标准和标准化要求的实施情况进行监督,开展产品通用化、系列化、组合化(以下简称"三化")设计。

第四条 型号标准化工作由型号总设计师领导,标准化工作系统组织实施,型号设计、制造、试验和管理的有关人员共同完成。

型号行政指挥系统负责安排型号标准化工作计划,提供经费和其他保障条件。

国防科工委、军工集团公司、企业标准化职能机构为型号标准化工作提供技术服务和指导,对标准的实施情况进行监督。

第二章 组织与职责

第五条 总设计师在组建型号设计师系统时,应同时组建型号标准化工作系统。

标准化工作系统由武器装备系统、分系统和设备研制单位以及标准化研究机构的有关人员组成。标准化工作系统负责人由型号总设计师或副总设计师兼任;在分系统研制单位设标准化主任设计师,在设备研制单位设标准化主管设计师。

第六条 标准化工作系统在系统负责人领导下,提出型号标准化工作计划、经费预算和其他保障条件的建议,完成以下标准化工作任务:

(一)建立和完善型号标准化文件体系;

(二)组织和协调型号研制有关标准的实施;

(三)组织研究和解决型号研制中共性的标准化问题;

(四)监督标准实施,组织标准化评审和图纸及技术文件的标准化检查;

(五)协调系统、分系统、设备之间的标准化工作;

(六)组织开展产品"三化"工作;

(七)提出研制所需标准制修订建议。

第七条 各级标准化职能机构在型号标准化工作中履行以下职责:

(一)组织制定研制、生产所需的标准;

(二)对型号研制、生产提供标准化服务和技术指导;

(三)对标准实施情况进行监督检查;

(四)协调各型号之间的标准化工作,解决有关问题;

(五)承担生产定型和批量生产阶段的标准化工作。

第三章 研制生产各阶段的标准化工作

第八条 标准化工作系统应在型号研制各阶段,按系统、分系统、设备组织开展标准化工作。

第九条 参加立项论证的科研生产单位在论证阶段应配合论证单位提出标准化要求,投标单位在投标时应针对招标书中的标准化要求提出实施方案。

第十条 标准化工作系统应在方案阶段开展以下标准化工作:

（一）组织编制和评审产品标准化大纲；
（二）编制标准选用范围和标准件、原材料、元器件选用范围；
（三）组织提出产品"三化"方案；
（四）提出研制所需标准制修订的建议。

第十一条 标准化工作系统应在工程研制阶段开展以下标准化工作：
（一）完善型号标准化文件（包括编制工艺标准化综合要求）；
（二）组织实施标准，协调实施过程中的各种问题；
（三）组织有关人员实施设计规范、工艺规范和试验规范；
（四）组织开展产品"三化"设计工作；
（五）组织标准化评审和图样及技术文件的标准化检查。

第十二条 标准化工作系统应在设计定型（鉴定）阶段开展以下标准化工作：
（一）全面检查标准及标准化要求的实施情况；
（二）进行设计定型（鉴定）的图样和技术文件的标准化检查；
（三）编制设计定型（鉴定）标准化审查报告；
（四）对型号研制标准化工作进行全面总结。

第十三条 生产单位标准化职能机构应在生产（工艺）定型阶段开展以下标准化工作：
（一）组织编制工艺标准化大纲；
（二）编制工艺标准及工装标准选用范围；
（三）组织实施工艺、工装标准，协调实施过程中出现的问题；
（四）组织开展工装"三化"设计工作；
（五）进行生产（工艺）定型的图样和技术文件的标准化检查；
（六）全面检查工艺、工装标准实施情况，编制生产（工艺）定型标准化审查报告；
（七）对生产定型阶段标准化工作进行全面总结。

第十四条 生产单位标准化职能机构应在生产阶段开展以下标准化工作：
（一）组织实施定型文件规定的标准；
（二）研究解决标准版本更新代替有关问题；
（三）简化标准件、原材料、元器件品种规格；
（四）解决和协调生产中有关标准化问题。

第十五条 产品改进时，应根据改进的内容和要求，参照研制各阶段标准化工作内容开展必要的标准化工作。

第四章 型号标准化文件体系

第十六条 型号标准化文件体系由型号标准化管理文件、型号标准化技术文件、型号标准化评审文件及型号标准化信息资料等构成。
型号标准化管理文件和型号标准化技术文件应履行与同级设计文件相同的审批手续。

第十七条 型号标准化管理文件是指为组织开展和管理型号标准化工作而编制的标准化文件，包括型号标准化工作计划、过程管理、工作系统管理等方面的文件。

第十八条 型号标准化技术文件是指针对型号研制、生产需要对各类技术要求和相关问题作出统一规定而编制的标准化文件，主要包括下列文件：
（一）产品标准化大纲和工艺标准化大纲；
（二）标准选用范围；
（三）标准件、原材料、元器件选用范围；
（四）标准实施指导文件；
（五）技术要素的统一化规定；
（六）定型标准化审查报告。

第十九条 型号标准化评审文件是指研制各阶段标准化评审和图样及技术文件标准化检查所产生的各种文件，主要包括下列文件：
（一）标准化评审申请报告、评审结论；
（二）图样和技术文件标准化检查纪录；
（三）标准化工作检查报告等。

第二十条 型号标准化信息资料是指开展型号标准化工作过程中总结、记录与反馈各种标准化信息产生的资料。主要包括标准化工作总结、标准化问题处理记录、标准实施信息等。型号标准化信息资料应保证其记实性、准确性和反馈的及时性。

第二十一条 产品标准化大纲主要规定以下内容：

（一）型号标准化目标及工作范围；
（二）实施标准要求；
（三）产品"三化"要求，接口互换性要求；
（四）建立型号标准化文件体系要求；
（五）图样和技术文件完整性、正确性、统一性要求；
（六）各阶段应完成的主要任务、工作项目；
（七）系统、分系统、设备等单位间标准化工作协调的原则、办法和程序。

第二十二条 工艺标准化大纲主要规定以下内容：
（一）工艺、工装标准化目标及工作范围；
（二）实施标准要求；
（三）工装的"三化"要求；
（四）工艺文件、工装设计文件的完整性、正确性、统一性要求；
（五）应完成的主要任务、工作项目。

第二十三条 设计定型（鉴定）标准化审查报告包括以下主要内容：
（一）标准及标准化要求的实施情况；
（二）图样和技术文件完整性、正确性及统一性评价；
（三）产品"三化"水平评价，标准化系数计算；
（四）标准化效益分析评估；
（五）存在的问题及改进的措施意见；
（六）审查结论。

第二十四条 生产（工艺）定型标准化审查报告包括以下主要内容：
（一）标准及标准化要求的实施情况；
（二）工艺文件、工装设计文件的完整性、正确性及统一性评价；
（三）工装"三化"水平评价，标准化系数计算；
（四）标准化效益分析评估；
（五）存在的问题及改进的措施意见；
（六）审查结论。

第五章 标准的实施与监督

第二十五条 标准应由研制单位产品设计、制造、试验及管理人员选用并剪裁后，将实施要求及标准编号纳入型号文件，在研制、生产过程中组织实施；不需要剪裁的标准选用后直接实施。

第二十六条 型号研制、生产过程中，研制生产单位必须实施法律、法规以及规范性文件规定强制执行的标准，以及型号研制生产合同、型号文件规定执行的各类标准。

第二十七条 型号研制过程中，一般应在标准选用范围内选用相应的标准，在标准件、原材料、元器件选用范围内选用相应的成品。超出标准选用范围的，应按照该型号对技术要求偏离所作的规定办理审批手续。

第二十八条 型号研制生产合同、型号文件中直接引用的标准或标准条款，应予实施；被引用标准中所引用的标准（间接引用标准），其中需要执行的要求应在型号研制生产合同、型号文件中直接写明，未直接写明的要求仅供参考。

第二十九条 当型号文件规定实施的标准有新版标准时，应结合型号具体情况进行技术经济分析和综合权衡，尽可能采用和实施新版标准。

采用新版标准代替原规定的标准时，应提出相应的实施要求和措施，解决新旧标准过渡期间的互换性与协调问题。

第三十条 型号研制、生产过程中，标准化工作系统或企业标准化职能机构应加强标准实施的内部监督，进行图样和技术文件的标准化检查，组织方案阶段、工程研制阶段和定型阶段的标准化评审，将标准实施监督工作纳入质量保证系统。

第三十一条 研制生产过程中，国防科工委、军工集团公司对标准实施工作进行全面监督，对法律、法规、规范性文件规定的以及影响产品效能和质量的重要标准的实施进行专项检查。

第三十二条 型号研制阶段实施标准和开展型号标准化工作所需的费用列入型号科研试制费；实施标准所需设备、仪器及其他技术改造的费用列入技术改造相应科目。

生产阶段实施标准和开展标准化工作所需经费摊入产品成本。

第六章 附 则

第三十三条 国防科技工业主导民品研制、生产的标准化工作参照本规定执行。

第三十四条 本规定由国防科学技术工业委员会负责解释。

第三十五条 本规定自颁布之日起施行。

国家科学技术学术著作出版基金管理办法(试行)

(1997年3月11日国家科委、财政部、新闻出版署发布　国科发财字[1997]104号)

第一章　总　则

第一条　为支持优秀科技学术著作出版,繁荣科技出版事业,促进科技事业发展,特设立国家科学技术学术著作出版基金(以下简称学术著作出版基金),并制定本办法。

第二条　学术著作出版基金面向全国,专项用于资助自然科学和技术科学方面优秀的和重要的学术著作的出版。

第三条　科技学术著作出版工作要按照党和出版方针、政策,坚持为人民服务,为社会主义服务的方向。努力为加速科技进步,促进经济发展,提高国民素质服务。

第四条　学术著作出版基金的使用以国家科技发展政策为导向,与国家科学研究和人才培养计划相结合,实行自由申请、公平竞争、专家评议、择优支持的办法。

第五条　学术著作出版基金由国家科学技术学术著作出版基金委员会管理。在科技方面接受国家科委的指导。在出版业务方面接受新闻出版署的指导。经费管理工作由国家科委归口并接受国家财政、审计部门的指导和监督。

第二章　组织机构和职责

第六条　由国家科委、财政部、新闻出版署、国防科工委、中国科协、中国科学院、中国工程院、国家自然科学基金委员会等部门和单位的管理专家、科技专家和科技出版专家组成国家科学技术学术著作出版基金委员会(以下简称出版基金委)。出版基金委设主任一人,常务副主任一人,副主任及委员若干人。出版基金委的职能和主要工作任务是组织制定科技学术著作基金资助出版工作规划,发布年度资助项目指南,审定年度工作计划和工作总结,批准年度资助项目方案和出版基金预算、决算。

第七条　出版基金委委员实行聘任制,由中国科学院、中国工程院、国家自然科学基金委员会等单位共同提出委员推荐名单,经与有关部门协商一致后由国家科委和新闻出版署聘任。委员任期以三年为一届,每次换届应至少有半数成员继续连任,但委员连任不超过三届。

第八条　出版基金委委托权威评审机构(暂由国家自然科学基金委员会负责)负责学术著作出版基金资助项目的评审工作。

第九条　出版基金委下设办公室(暂由国家科委委托有关机构管理),负责基金的日常管理工作。主要任务是组织项目的申请和评审,监督检查资助项目的执行情况,草拟年度工作计划和工作总结,审核基金预算和决算,管理科技学术著作出版的成果等。

第十条　出版基金财务部门(暂由国家科委委托有关机构管理)负责出版基金的预算、决算及资金收支等各项财务管理工作。

第三章　基金来源和使用

第十一条　学术著作出版基金主要来源:
1. 国家财政专项补助。
2. 各级政府部门、单位、社会团体和个人的赞助或捐赠。
3. 存款利息及各种收益。
4. 受资助的专著出版后的盈利上交部分。

5. 其他收入。

第十二条 学术著作出版基金全额存入指定的国家银行,每年的资助金总额和评审管理费以当年基金利息为限。

第十三条 出版基金资助金用于弥补受资助的学术著作在出版过程中所发生直接费用的不足部分。

第十四条 学术著作出版资助项目的资助金额最高不超过10万元。

第十五条 评审管理费用于学术著作出版基金管理和评审工作所必需的办公费用。评审管理费的提取比例由国家科委会商财政部核定。

第十六条 出版基金本息不得用于购买股票、风险债券,以及进行生产经营和房地产等风险性投资。

第十七条 受资助的学术著作发行后如有盈利,出版单位应按有关规定返还受资助的出版资金。为鼓励出版单位多出书、出好书,将给予出版单位返还受资助出版资金一定比例的奖励。

第四章 基金资助范围

第十八条 学术著作出版基金资助范围包括:

1. 学术专著,即作者(或所在单位)在某一学科领域内从事多年系统深入的研究,撰写的在理论上有重要意义或在实验上有重大发现的学术著作。

2. 基础理论著作,即作者荟集国内外某一学科领域的已有资料、前人成果,经过分析整理,撰写的具有独到见解或新颖体系,对科学发展或培养科技人才有重要作用的系统性理论著作。

3. 应用技术著作,即作者把已有科学理论用于生产实践或者总结生产实践中的先进技术和经验,撰写的给社会带来较大经济效益的著作。

第十九条 下列情况暂不属于资助范围:
1. 译著、论文集;
2. 科普读物;
3. 教科书、工具书。

第五章 申 请

第二十条 申请者必须具备下列条件。

1. 申请者必须是著作权所有者。受委托申请者须持有著作权所有者的委托书或法律证据;著作权属多人时,须有全体人员的签署意见。

2. 申请者须在已完成全部书稿或大部分书稿之后方可提出申请。

3. 申请者确属无学术著作出版经费来源,或在出版时经费确有困难。

4. 申请者在申请学术著作出版基金资助前,须持有与有关出版单位的协议书。

5. 申请者在申请时,必须附有3名具有教授、研究员、编审或相应的高级专业技术职务同行专家的推荐书。

第二十一条 申请者须填写《国家科学技术学术著作出版基金申请书》一式四份,并附相应材料,如:书稿的"前言"和"目录"(至少到节一级),能反映书稿水平和特点的部分样稿(一章或若干节),主要参考文献(注明出处、时间)和其它可反映水平的材料(奖励情况、鉴定证书、学术评价)等。

第二十二条 学术著作出版基金的申请由出版基金委办公室受理。

第二十三条 出版基金委办公室每年接受申请一次,受理时间为3月1日至5月31日。

第六章 评议和审批

第二十四条 出版基金委办公室对申请项目进行形式审查,形式审查时间为6月1日至6月30日。出版基金委办公室将符合申请条件的学术著作送交评审机构进行评审。

第二十五条 评审工作必须采取回避制度。专家或直系亲属如有申请项目送交评审时,专家本人一律回避评审活动。

第二十六条 出版基金委办公室将评审机构提交的评审结果报送出版基金委委员评议后,编制资助项目方案,提交出版基金委审批。出版基金委在审定资助项目方案时,委员出席人数必须超过委员总人数的 2/3，委员总人数半数以上通过有效。

第二十七条 资助项目方案批准后，9 月 30 日前，出版基金委将获得资助的学术著作名单在有关报刊上予以公布，同时通知著作申请人，著作申请人根据获准资助项目的通知与出版单位签订正式出版合同，并将出版合同复印件报送出版基金委办公室备案。

第七章 基金管理和监督

第二十八条 出版基金委办公室根据每年资金来源，项目资助指南和基金委年度工作计划，审核基金财务管理部门编制的当年本息收入和资助金及评审管理费的预算，并根据基金预算，拟定资助方案，一并报出版基金委审批。

第二十九条 基金财务管理部门根据基金委批准公布的资助项目名单，按计划进度向指定出版单位拨款。财务管理部门根据出版基金年度执行情况，编制资助金和评审管理费年终决算，经出版基金委办公室核准后，报出版基金委审批。

第三十条 财务管理部门要严格执行国家有关财经法规和财务制度的规定，接受上级财务管理部门的检查、监督。

第三十一条 受资助的出版单位，必须指定专门银行账号，单独建账，专款专用。

第三十二条 出版基金委办公室负责监督和管理项目执行情况，对承接著作出版任务的出版单位行进定期审计和专项审计。

第三十三条 出版单位须在受资助著作印刷出版后一个月内，将样本三本（套）送交出版基金委办公室。如遇不能按期按质完成出版任务，出版基金委办公室可向基金委提出撤消资助和中止出版的建议，出版基金委审批后，出版基金办公室通知著作人和出版单位，并由基金财务部门收回资助金。

第八章 附 则

第三十四条 学术著作出版基金资助出版的科技学术著作在出版时，须在扉页标注"国家科学技术学术著作出版基金资助出版"。

第三十五条 本办法自公布之日起实行。

关于调整科技期刊申报程序和审批办法的通知

(2005年4月20日新闻出版署(国家版权局)发布　新出联[2005]9号)

各省、自治区、直辖市新闻出版局和科技厅(委)，解放军总政治部宣传部新闻出版局，中央和国家机关各部委、各人民团体有关期刊主管部门：

科技期刊审批工作是科技管理工作和出版管理工作的重要组成部分，关系到我国科技事业和新闻出版业的繁荣发展。为了深入贯彻实施《行政许可法》，严格依法行政，现根据国务院《出版管理条例》等法规规定，对科技期刊申报程序和审批办法调整如下：

一、关于申报程序

创办科技期刊的单位，必须符合《出版管理条例》和国家出版行政部门有关规定要求的条件。

创办科技期刊的单位，要在充分做好调研论证的基础上，认真填写《期刊创办申请表》(《期刊创办申请表》可以从新闻出版总署和科技部等有关部门网站下载)，并附详细的可行性论证报告，向自己的行政主管部门提交办刊申请。行政主管部门要对拟创办期刊进行认真研究，并按照有关要求，切实担负起主管部门的责任。创办期刊的单位与行政主管部门的关系必须是行政隶属关系，不能是挂靠关系或合作关系。

中央和国家机关、各全国性群众团体所属单位创办科技期刊，由其主管部门向国家出版行政部门正式行文，同时报送国家科技行政部门。

中央和国家机关、全国性群众团体设在京外的所属单位创办科技期刊，报送申请报告时还须提供所在地省级出版行政部门的审核意见。

地方单位创办科技期刊，由拟办科技期刊的行政主管部门向所在地省级出版行政部门提出申请。省级出版行政部门经征求省级科技行政部门意见后提出审核意见，向国家出版行政部门申报，同时报送国家科技行政部门。

国家科技行政部门须在规定时间内，将审核意见函告国家出版行政部门。国家出版行政部门按照规定时间，向提出创刊申请的中央部门或省级出版行政部门做出同意或不同意的批复，同时抄送国家科技行政部门。

解放军系统创办科技期刊，由解放军总政治部宣传部新闻出版局向国家出版行政部门申报。

二、关于报送材料

创办科技期刊的申报材料，主要包括行政主管部门的正式申请报告、主办单位填写的《期刊创办申请表》、可行性论证报告、主办单位的资质证明材料的复印件等。

各地出版行政部门和期刊主管部门，应根据本行业、本领域、本地区的实际情况，按照有关规定对拟创办的科技期刊进行严格把关，对申办的有关文件进行认真审查。

向国家出版行政部门和国家科技行政部门报送的材料，须有正式申报文件一式二份，同时报送电子文本一份。国家出版行政部门的电子信箱：gappbk@vip.sina.com。

三、关于科技期刊的变更

科技期刊的更名、主管主办单位的变更、办刊宗旨的变更、语种、发行范围的变更和登记地的变更，其报送渠道和材料与创办期刊的要求相同。其中，涉及主管主办单位变更的，须提供原主管主办单位同意变更的文字材料以及新主管主办单位资质证明材料的复印件并由新的行政主管部门申请上报。

科技期刊变更刊期和出版增刊，由科技期刊的主管部门向所在地省级出版行政部门申请。省级出版行政部门受国家出版行政部门委托，依据有关规定进行核批。刊期变更为周刊的，须依创办期刊程序报国家出版行政部门审批。

四、关于申报时间

国家出版行政部门和科技行政部门每年分两次受理申报。时间分别为每年的2月1日至28日和8月1日至31日。

本通知自颁布之日起实施。原新闻出版署1988年11月24日颁布的《期刊管理暂行规定》,原国家科委、新闻出版署1991年6月5日颁布的《科学技术期刊管理办法》等文件中与本办法不一致之处,以本通知为准。

【参阅目录】

科研条件建设"十五"发展纲要
　　国科发财字[2001]298号
　　2001年8月15日

"十一五"国家科技基础条件平台建设实施意见
　　国科发财字[2005]295号
　　2005年7月18日

海水利用标准发展计划
　　国标委工交联[2006]8号
　　2006年1月25日

民用核安全设备监督管理条例
　　国务院令第500号
　　2007年7月11日

国务院关于加强食品等产品安全监督管理的特别规定
　　国务院令第503号
　　2007年7月26日

国务院关于加强测绘工作的意见
　　国发[2007]30号
　　2007年9月13日

国家科委关于加强信息资源建设的若干意见
　　国科发信字[1997]199号
　　1997年4月28日

科技金融与税收

中华人民共和国企业所得税法

(2007年3月16日第十届全国人民代表大会第五次会议通过
2007年3月16日中华人民共和国主席令第63号发布)

目 录

第一章 总则
第二章 应纳税所得额
第三章 应纳税额
第四章 税收优惠
第五章 源泉扣缴
第六章 特别纳税调整
第七章 征收管理
第八章 附则

第一章 总 则

第一条 在中华人民共和国境内,企业和其他取得收入的组织(以下统称企业)为企业所得税的纳税人,依照本法的规定缴纳企业所得税。

个人独资企业、合伙企业不适用本法。

第二条 企业分为居民企业和非居民企业。

本法所称居民企业,是指依法在中国境内成立,或者依照外国(地区)法律成立但实际管理机构在中国境内的企业。

本法所称非居民企业,是指依照外国(地区)法律成立且实际管理机构不在中国境内,但在中国境内设立机构、场所的,或者在中国境内未设立机构、场所,但有来源于中国境内所得的企业。

第三条 居民企业应当就其来源于中国境内、境外的所得缴纳企业所得税。

非居民企业在中国境内设立机构、场所的,应当就其所设机构、场所取得的来源于中国境内的所得,以及发生在中国境外但与其所设机构、场所有实际联系的所得,缴纳企业所得税。

非居民企业在中国境内未设立机构、场所的,或者虽设立机构、场所但取得的所得与其所设机构、场所没有实际联系的,应当就其来源于中国境内的所得缴纳企业所得税。

第四条 企业所得税的税率为25%。

非居民企业取得本法第三条第三款规定的所得,适用税率为20%。

第二章 应纳税所得额

第五条 企业每一纳税年度的收入总额,减除不征税收入、免税收入、各项扣除以及允许弥补的以前年度亏损后的余额,为应纳税所得额。

第六条 企业以货币形式和非货币形式从各种来源取得的收入,为收入总额。包括:

(一)销售货物收入;
(二)提供劳务收入;
(三)转让财产收入;
(四)股息、红利等权益性投资收益;
(五)利息收入;
(六)租金收入;
(七)特许权使用费收入;
(八)接受捐赠收入;
(九)其他收入。

第七条 收入总额中的下列收入为不征税收入:

(一)财政拨款;
(二)依法收取并纳入财政管理的行政事业性收费、政府性基金;
(三)国务院规定的其他不征税收入。

第八条 企业实际发生的与取得收入有关的、合理的支出,包括成本、费用、税金、损失和其他支出,准予在计算应纳税所得额时扣除。

第九条 企业发生的公益性捐赠支出,在年度利润总额12%以内的部分,准予在计算应纳税所得额时扣除。

第十条 在计算应纳税所得额时,下列支出不得扣除:

(一)向投资者支付的股息、红利等权益性投资收益款项;

(二)企业所得税税款;

(三)税收滞纳金;

(四)罚金、罚款和被没收财物的损失;

(五)本法第九条规定以外的捐赠支出;

(六)赞助支出;

(七)未经核定的准备金支出;

(八)与取得收入无关的其他支出。

第十一条 在计算应纳税所得额时,企业按照规定计算的固定资产折旧,准予扣除。

下列固定资产不得计算折旧扣除:

(一)房屋、建筑物以外未投入使用的固定资产;

(二)以经营租赁方式租入的固定资产;

(三)以融资租赁方式租出的固定资产;

(四)已足额提取折旧仍继续使用的固定资产;

(五)与经营活动无关的固定资产;

(六)单独估价作为固定资产入账的土地;

(七)其他不得计算折旧扣除的固定资产。

第十二条 在计算应纳税所得额时,企业按照规定计算的无形资产摊销费用,准予扣除。

下列无形资产不得计算摊销费用扣除:

(一)自行开发的支出已在计算应纳税所得额时扣除的无形资产;

(二)自创商誉;

(三)与经营活动无关的无形资产;

(四)其他不得计算摊销费用扣除的无形资产。

第十三条 在计算应纳税所得额时,企业发生的下列支出作为长期待摊费用,按照规定摊销的,准予扣除:

(一)已足额提取折旧的固定资产的改建支出;

(二)租入固定资产的改建支出;

(三)固定资产的大修理支出;

(四)其他应当作为长期待摊费用的支出。

第十四条 企业对外投资期间,投资资产的成本在计算应纳税所得额时不得扣除。

第十五条 企业使用或者销售存货,按照规定计算的存货成本,准予在计算应纳税所得额时扣除。

第十六条 企业转让资产,该项资产的净值,准予在计算应纳税所得额时扣除。

第十七条 企业在汇总计算缴纳企业所得税时,其境外营业机构的亏损不得抵减境内营业机构的盈利。

第十八条 企业纳税年度发生的亏损,准予向以后年度结转,用以后年度的所得弥补,但结转年限最长不得超过五年。

第十九条 非居民企业取得本法第三条第三款规定的所得,按照下列方法计算其应纳税所得额:

(一)股息、红利等权益性投资收益和利息、租金、特许权使用费所得,以收入全额为应纳税所得额;

(二)转让财产所得,以收入全额减除财产净值后的余额为应纳税所得额;

(三)其他所得,参照前两项规定的方法计算应纳税所得额。

第二十条 本章规定的收入、扣除的具体范围、标准和资产的税务处理的具体办法,由国务院财政、税务主管部门规定。

第二十一条 在计算应纳税所得额时,企业财务、会计处理办法与税收法律、行政法规的规定不一致的,应当依照税收法律、行政法规的规定计算。

第三章 应纳税额

第二十二条 企业的应纳税所得额乘以适用税率,减除依照本法关于税收优惠的规定减免和抵免的税额后的余额,为应纳税额。

第二十三条 企业取得的下列所得已在境外缴纳的所得税税额,可以从其当期应纳税额中抵免,抵免限额为该项所得依照本法规定计算的应纳税额;超过抵免限额的部分,可以在以后五个年度内,用每年度抵免限额抵免当年应抵税额后的余额进行抵补：

（一）居民企业来源于中国境外的应税所得；

（二）非居民企业在中国境内设立机构、场所,取得发生在中国境外但与该机构、场所有实际联系的应税所得。

第二十四条 居民企业从其直接或者间接控制的外国企业分得的来源于中国境外的股息、红利等权益性投资收益,外国企业在境外实际缴纳的所得税税额中属于该项所得负担的部分,可以作为该居民企业的可抵免境外所得税税额,在本法第二十三条规定的抵免限额内抵免。

第四章 税收优惠

第二十五条 国家对重点扶持和鼓励发展的产业和项目,给予企业所得税优惠。

第二十六条 企业的下列收入为免税收入：

（一）国债利息收入；

（二）符合条件的居民企业之间的股息、红利等权益性投资收益；

（三）在中国境内设立机构、场所的非居民企业从居民企业取得与该机构、场所有实际联系的股息、红利等权益性投资收益；

（四）符合条件的非营利组织的收入。

第二十七条 企业的下列所得,可以免征、减征企业所得税：

（一）从事农、林、牧、渔业项目的所得；

（二）从事国家重点扶持的公共基础设施项目投资经营的所得；

（三）从事符合条件的环境保护、节能节水项目的所得；

（四）符合条件的技术转让所得；

（五）本法第三条第三款规定的所得。

第二十八条 符合条件的小型微利企业,减按20%的税率征收企业所得税。

国家需要重点扶持的高新技术企业,减按15%的税率征收企业所得税。

第二十九条 民族自治地方的自治机关对本民族自治地方的企业应缴纳的企业所得税中属于地方分享的部分,可以决定减征或者免征。自治州、自治县决定减征或者免征的,须报省、自治区、直辖市人民政府批准。

第三十条 企业的下列支出,可以在计算应纳税所得额时加计扣除：

（一）开发新技术、新产品、新工艺发生的研究开发费用；

（二）安置残疾人员及国家鼓励安置的其他就业人员所支付的工资。

第三十一条 创业投资企业从事国家需要重点扶持和鼓励的创业投资,可以按投资额的一定比例抵扣应纳税所得额。

第三十二条 企业的固定资产由于技术进步等原因,确需加速折旧的,可以缩短折旧年限或者采取加速折旧的方法。

第三十三条 企业综合利用资源,生产符合国家产业政策规定的产品所取得的收入,可以在计算应纳税所得额时减计收入。

第三十四条 企业购置用于环境保护、节能节水、安全生产等专用设备的投资额,可以按一定比例实行税额抵免。

第三十五条 本法规定的税收优惠的具体办法,由国务院规定。

第三十六条 根据国民经济和社会发展的需要,或者由于突发事件等原因对企业经营活动产生重大影响的,国务院可以制定企业所得税专项优惠政策,报全国人民代表大会常务委员会备案。

第五章 源泉扣缴

第三十七条 对非居民企业取得本法第三条第三款规定的所得应缴纳的所得税,实行源泉扣缴,以支付人为扣缴义务人。税款由扣缴义务人在每次支付或者到期应支付时,从支付或者到期应支付的款项中扣缴。

第三十八条 对非居民企业在中国境内取得工程作业和劳务所得应缴纳的所得税,税务机关可以指定工程价款或者劳务费的支付人为扣缴义务人。

第三十九条 依照本法第三十七条、第三十八条规定应当扣缴的所得税,扣缴义务人未依法扣缴或者无法履行扣缴义务的,由纳税人在所得发生地缴纳。纳税人未依法缴纳的,税务机关可以从该纳税人在中国境内其他收入项目的支付人应付的款项中,追缴该纳税人的应纳税款。

第四十条 扣缴义务人每次代扣的税款,应当自代扣之日起七日内缴入国库,并向所在地的税务机关报送扣缴企业所得税报告表。

第六章 特别纳税调整

第四十一条 企业与其关联方之间的业务往来,不符合独立交易原则而减少企业或者其关联方应纳税收入或者所得额的,税务机关有权按照合理方法调整。

企业与其关联方共同开发、受让无形资产,或者共同提供、接受劳务发生的成本,在计算应纳税所得额时应当按照独立交易原则进行分摊。

第四十二条 企业可以向税务机关提出与其关联方之间业务往来的定价原则和计算方法,税务机关与企业协商、确认后,达成预约定价安排。

第四十三条 企业向税务机关报送年度企业所得税纳税申报表时,应当就其与关联方之间的业务往来,附送年度关联业务往来报告表。

税务机关在进行关联业务调查时,企业及其关联方,以及与关联业务调查有关的其他企业,应当按照规定提供相关资料。

第四十四条 企业不提供与其关联方之间业务往来资料,或者提供虚假、不完整资料,未能真实反映其关联业务往来情况的,税务机关有权依法核定其应纳税所得额。

第四十五条 由居民企业,或者由居民企业和中国居民控制的设立在实际税负明显低于本法第四条第一款规定税率水平的国家(地区)的企业,并非由于合理的经营需要而对利润不作分配或者减少分配的,上述利润中应归属于该居民企业的部分,应当计入该居民企业的当期收入。

第四十六条 企业从其关联方接受的债权性投资与权益性投资的比例超过规定标准而发生的利息支出,不得在计算应纳税所得额时扣除。

第四十七条 企业实施其他不具有合理商业目的的安排而减少其应纳税收入或者所得额的,税务机关有权按照合理方法调整。

第四十八条 税务机关依照本章规定作出纳税调整,需要补征税款的,应当补征税款,并按照国务院规定加收利息。

第七章 征收管理

第四十九条 企业所得税的征收管理除本法规定外,依照《中华人民共和国税收征收管理法》的规定执行。

第五十条 除税收法律、行政法规另有规定外,居民企业以企业登记注册地为纳税地点;但登记注册地在境外的,以实际管理机构所在地为纳税地点。

居民企业在中国境内设立不具有法人资格的营业机构的,应当汇总计算并缴纳企业所得税。

第五十一条 非居民企业取得本法第三条第二款规定的所得,以机构、场所所在地为纳税地点。非居民企业在中国境内设立两个或者两个以上机构、场所的,经税务机关审核批准,可以选择由其主要机构、场所汇总缴纳企业所得税。

非居民企业取得本法第三条第三款规定的所得,以扣缴义务人所在地为纳税地点。

第五十二条 除国务院另有规定外,企业之间不得合并缴纳企业所得税。

第五十三条 企业所得税按纳税年度计算。纳税年度自公历1月1日起至12月31日止。

企业在一个纳税年度中间开业,或者终止经营活动,使该纳税年度的实际经营期不足十二个月的,应当以其实际经营期为一个纳税年度。

企业依法清算时,应当以清算期间作为一个纳税年度。

第五十四条 企业所得税分月或者分季预缴。

企业应当自月份或者季度终了之日起十五日内,向税务机关报送预缴企业所得税纳税申报表,预缴税款。

企业应当自年度终了之日起五个月内,向税务机关报送年度企业所得税纳税申报表,并汇算清缴,结清应缴应退税款。

企业在报送企业所得税纳税申报表时,应当按照规定附送财务会计报告和其他有关资料。

第五十五条 企业在年度中间终止经营活动的,应当自实际经营终止之日起六十日内,向税务机关办理当期企业所得税汇算清缴。

企业应当在办理注销登记前,就其清算所得向税务机关申报并依法缴纳企业所得税。

第五十六条 依照本法缴纳的企业所得税,以人民币计算。所得以人民币以外的货币计算的,应当折合成人民币计算并缴纳税款。

第八章 附 则

第五十七条 本法公布前已经批准设立的企业,依照当时的税收法律、行政法规规定,享受低税率优惠的,按照国务院规定,可以在本法施行后五年内,逐步过渡到本法规定的税率;享受定期减免税优惠的,按照国务院规定,可以在本法施行后继续享受到期满为止,但因未获利而尚未享受优惠的,优惠期限从本法施行年度起计算。

法律设置的发展对外经济合作和技术交流的特定地区内,以及国务院已规定执行上述地区特殊政策的地区内新设立的国家需要重点扶持的高新技术企业,可以享受过渡性税收优惠,具体办法由国务院规定。

国家已确定的其他鼓励类企业,可以按照国务院规定享受减免税优惠。

第五十八条 中华人民共和国政府同外国政府订立的有关税收的协定与本法有不同规定的,依照协定的规定办理。

第五十九条 国务院根据本法制定实施条例。

第六十条 本法自2008年1月1日起施行。1991年4月9日第七届全国人民代表大会第四次会议通过的《中华人民共和国外商投资企业和外国企业所得税法》和1993年12月13日国务院发布的《中华人民共和国企业所得税暂行条例》同时废止。

中华人民共和国企业所得税法实施条例

(2007年12月6日国务院发布 中华人民共和国国务院令第512号)

第一章 总 则

第一条 根据《中华人民共和国企业所得税法》(以下简称企业所得税法)的规定,制定本条例。

第二条 企业所得税法第一条所称个人独资企业、合伙企业,是指依照中国法律、行政法规成立的个人独资企业、合伙企业。

第三条 企业所得税法第二条所称依法在中国境内成立的企业,包括依照中国法律、行政法规在中国境内成立的企业、事业单位、社会团体以及其他取得收入的组织。

企业所得税法第二条所称依照外国(地区)法律成立的企业,包括依照外国(地区)法律成立的企业和其他取得收入的组织。

第四条 企业所得税法第二条所称实际管理机构,是指对企业的生产经营、人员、账务、财产等实施实质性全面管理和控制的机构。

第五条 企业所得税法第二条第三款所称机构、场所,是指在中国境内从事生产经营活动的机构、场所,包括:

(一)管理机构、营业机构、办事机构;
(二)工厂、农场、开采自然资源的场所;
(三)提供劳务的场所;
(四)从事建筑、安装、装配、修理、勘探等工程作业的场所;
(五)其他从事生产经营活动的机构、场所。

非居民企业委托营业代理人在中国境内从事生产经营活动的,包括委托单位或者个人经常代其签订合同,或者储存、交付货物等,该营业代理人视为非居民企业在中国境内设立的机构、场所。

第六条 企业所得税法第三条所称所得,包括销售货物所得、提供劳务所得、转让财产所得、股息红利等权益性投资所得、利息所得、租金所得、特许权使用费所得、接受捐赠所得和其他所得。

第七条 企业所得税法第三条所称来源于中国境内、境外的所得,按照以下原则确定:

(一)销售货物所得,按照交易活动发生地确定;
(二)提供劳务所得,按照劳务发生地确定;
(三)转让财产所得,不动产转让所得按照不动产所在地确定,动产转让所得按照转让动产的企业或者机构、场所所在地确定,权益性投资资产转让所得按照被投资企业所在地确定;
(四)股息、红利等权益性投资所得,按照分配所得的企业所在地确定;
(五)利息所得、租金所得、特许权使用费所得,按照负担、支付所得的企业或者机构、场所所在地确定,或者按照负担、支付所得的个人的住所地确定;
(六)其他所得,由国务院财政、税务主管部门确定。

第八条 企业所得税法第三条所称实际联系,是指非居民企业在中国境内设立的机构、场所拥有据以取得所得的股权、债权,以及拥有、管理、控制据以取得所得的财产等。

第二章 应纳税所得额

第一节 一般规定

第九条 企业应纳税所得额的计算,以权责发生制为原则,属于当期的收入和费用,不论款项是否收付,均作为当期的收入和费用;不属于当期的收入和费用,即使款项已经在当期收付,均不作为当期的收入和费用。本条例和国务院财政、税务主管部门另有规定的除外。

第十条 企业所得税法第五条所称亏损,是指企业依照企业所得税法和本条例的规定将每一纳税年度的收入总额减除不征税收入、免税收入和各项扣除后小于零的数额。

第十一条 企业所得税法第五十五条所称清算所得,是指企业的全部资产可变现价值或者交易价格减除资产净值、清算费用以及相关税费等后的余额。

投资方企业从被清算企业分得的剩余资产,其中相当于从被清算企业累计未分配利润和累计盈余公积中应当分得的部分,应当确认为股息所得;剩余资产减除上述股息所得后的余额,超过或者低于投资成本的部分,应当确认为投资资产转让所得或者损失。

第二节 收 入

第十二条 企业所得税法第六条所称企业取得收入的货币形式,包括现金、存款、应收账款、应收票据、准备持有至到期的债券投资以及债务的豁免等。

企业所得税法第六条所称企业取得收入的非货币形式,包括固定资产、生物资产、无形资产、股权投资、存货、不准备持有至到期的债券投资、劳务以及有关权益等。

第十三条 企业所得税法第六条所称企业以非货币形式取得的收入,应当按照公允价值确定收入额。

前款所称公允价值,是指按照市场价格确定的价值。

第十四条 企业所得税法第六条第(一)项所称销售货物收入,是指企业销售商品、产品、原材料、包装物、低值易耗品以及其他存货取得的收入。

第十五条 企业所得税法第六条第(二)项所称提供劳务收入,是指企业从事建筑安装、修理修配、交通运输、仓储租赁、金融保险、邮电通信、咨询经纪、文化体育、科学研究、技术服务、教育培训、餐饮住宿、中介代理、卫生保健、社区服务、旅游、娱乐、加工以及其他劳务服务活动取得的收入。

第十六条 企业所得税法第六条第(三)项所称转让财产收入,是指企业转让固定资产、生物资产、无形资产、股权、债权等财产取得的收入。

第十七条 企业所得税法第六条第(四)项所称股息、红利等权益性投资收益,是指企业因权益性投资从被投资方取得的收入。

股息、红利等权益性投资收益,除国务院财政、税务主管部门另有规定外,按照被投资方作出利润分配决定的日期确认收入的实现。

第十八条 企业所得税法第六条第(五)项所称利息收入,是指企业将资金提供他人使用但不构成权益性投资,或者因他人占用本企业资金取得的收入,包括存款利息、贷款利息、债券利息、欠款利息等收入。

利息收入,按照合同约定的债务人应付利息的日期确认收入的实现。

第十九条 企业所得税法第六条第(六)项所称租金收入,是指企业提供固定资产、包装物或者其他有形资产的使用权取得的收入。

租金收入,按照合同约定的承租人应付租金的日期确认收入的实现。

第二十条 企业所得税法第六条第(七)项所称特许权使用费收入,是指企业提供专利权、非专利技术、商标权、著作权以及其他特许权的使用权取得的收入。

特许权使用费收入,按照合同约定的特许权使用人应付特许权使用费的日期确认收入的实现。

第二十一条 企业所得税法第六条第(八)项所称接受捐赠收入,是指企业接受的来自其他企业、组织或者个人无偿给予的货币性资产、非货币性资产。

接受捐赠收入,按照实际收到捐赠资产的日期确认收入的实现。

第二十二条 企业所得税法第六条第(九)项所称其他收入,是指企业取得的除企业所得税法第六条第(一)项至第(八)项规定的收入外的其他收入,包括企业资产溢余收入、逾期未退包装物押金收入、确实无法偿付的应付款项、已作坏账损失处理后又收回的应收款项、债务重组收入、补贴收入、违约金收入、汇兑收益等。

第二十三条 企业的下列生产经营业务可以分期确认收入的实现：

（一）以分期收款方式销售货物的，按照合同约定的收款日期确认收入的实现；

（二）企业受托加工制造大型机械设备、船舶、飞机，以及从事建筑、安装、装配工程业务或者提供其他劳务等，持续时间超过12个月的，按照纳税年度内完工进度或者完成的工作量确认收入的实现。

第二十四条 采取产品分成方式取得收入的，按照企业分得产品的日期确认收入的实现，其收入额按照产品的公允价值确定。

第二十五条 企业发生非货币性资产交换，以及将货物、财产、劳务用于捐赠、偿债、赞助、集资、广告、样品、职工福利或者利润分配等用途的，应当视同销售货物、转让财产或者提供劳务，但国务院财政、税务主管部门另有规定的除外。

第二十六条 企业所得税法第七条第（一）项所称财政拨款，是指各级人民政府对纳入预算管理的事业单位、社会团体等组织拨付的财政资金，但国务院和国务院财政、税务主管部门另有规定的除外。

企业所得税法第七条第（二）项所称行政事业性收费，是指依照法律法规等有关规定，按照国务院规定程序批准，在实施社会公共管理，以及在向公民、法人或者其他组织提供特定公共服务过程中，向特定对象收取并纳入财政管理的费用。

企业所得税法第七条第（二）项所称政府性基金，是指企业依照法律、行政法规等有关规定，代政府收取的具有专项用途的财政资金。

企业所得税法第七条第（三）项所称国务院规定的其他不征税收入，是指企业取得的，由国务院财政、税务主管部门规定专项用途并经国务院批准的财政性资金。

第三节 扣 除

第二十七条 企业所得税法第八条所称有关的支出，是指与取得收入直接相关的支出。

企业所得税法第八条所称合理的支出，是指符合生产经营活动常规，应当计入当期损益或者有关资产成本的必要和正常的支出。

第二十八条 企业发生的支出应当区分收益性支出和资本性支出。收益性支出在发生当期直接扣除；资本性支出应当分期扣除或者计入有关资产成本，不得在发生当期直接扣除。

企业的不征税收入用于支出所形成的费用或者财产，不得扣除或者计算对应的折旧、摊销扣除。

除企业所得税法和本条例另有规定外，企业实际发生的成本、费用、税金、损失和其他支出，不得重复扣除。

第二十九条 企业所得税法第八条所称成本，是指企业在生产经营活动中发生的销售成本、销货成本、业务支出以及其他耗费。

第三十条 企业所得税法第八条所称费用，是指企业在生产经营活动中发生的销售费用、管理费用和财务费用，已经计入成本的有关费用除外。

第三十一条 企业所得税法第八条所称税金，是指企业发生的除企业所得税和允许抵扣的增值税以外的各项税金及其附加。

第三十二条 企业所得税法第八条所称损失，是指企业在生产经营活动中发生的固定资产和存货的盘亏、毁损、报废损失，转让财产损失，呆账损失，坏账损失，自然灾害等不可抗力因素造成的损失以及其他损失。

企业发生的损失，减除责任人赔偿和保险赔款后的余额，依照国务院财政、税务主管部门的规定扣除。

企业已经作为损失处理的资产，在以后纳税年度又全部收回或者部分收回时，应当计入当期收入。

第三十三条 企业所得税法第八条所称其他支出，是指除成本、费用、税金、损失外，企业在生产经营活动中发生的与生产经营活动有关的、合理的支出。

第三十四条 企业发生的合理的工资薪金支出，准予扣除。

前款所称工资薪金，是指企业每一纳税年度支付给在本企业任职或者受雇的员工的所有现金形式或者非现金形式的劳动报酬,包括基本工资、奖金、津贴、补贴、年终加薪、加班工资,以及与员工任职或者受雇有关的其他支出。

第三十五条 企业依照国务院有关主管部门或者省级人民政府规定的范围和标准为职工缴纳的基本养老保险费、基本医疗保险费、失业保险费、工伤保险费、生育保险费等基本社会保险费和住房公积金,准予扣除。

企业为投资者或者职工支付的补充养老保险费、补充医疗保险费,在国务院财政、税务主管部门规定的范围和标准内,准予扣除。

第三十六条 除企业依照国家有关规定为特殊工种职工支付的人身安全保险费和国务院财政、税务主管部门规定可以扣除的其他商业保险费外,企业为投资者或者职工支付的商业保险费,不得扣除。

第三十七条 企业在生产经营活动中发生的合理的不需要资本化的借款费用,准予扣除。

企业为购置、建造固定资产、无形资产和经过12个月以上的建造才能达到预定可销售状态的存货发生借款的,在有关资产购置、建造期间发生的合理的借款费用,应当作为资本性支出计入有关资产的成本,并依照本条例的规定扣除。

第三十八条 企业在生产经营活动中发生的下列利息支出,准予扣除:

(一)非金融企业向金融企业借款的利息支出、金融企业的各项存款利息支出和同业拆借利息支出、企业经批准发行债券的利息支出;

(二)非金融企业向非金融企业借款的利息支出,不超过按照金融企业同期同类贷款利率计算的数额的部分。

第三十九条 企业在货币交易中,以及纳税年度终了时将人民币以外的货币性资产、负债按照期末即期人民币汇率中间价折算为人民币时产生的汇兑损失,除已经计入有关资产成本以及与向所有者进行利润分配相关的部分外,准予扣除。

第四十条 企业发生的职工福利费支出,不超过工资薪金总额14%的部分,准予扣除。

第四十一条 企业拨缴的工会经费,不超过工资薪金总额2%的部分,准予扣除。

第四十二条 除国务院财政、税务主管部门另有规定外,企业发生的职工教育经费支出,不超过工资薪金总额2.5%的部分,准予扣除;超过部分,准予在以后纳税年度结转扣除。

第四十三条 企业发生的与生产经营活动有关的业务招待费支出,按照发生额的60%扣除,但最高不得超过当年销售(营业)收入的5‰。

第四十四条 企业发生的符合条件的广告费和业务宣传费支出,除国务院财政、税务主管部门另有规定外,不超过当年销售(营业)收入15%的部分,准予扣除;超过部分,准予在以后纳税年度结转扣除。

第四十五条 企业依照法律、行政法规有关规定提取的用于环境保护、生态恢复等方面的专项资金,准予扣除。上述专项资金提取后改变用途的,不得扣除。

第四十六条 企业参加财产保险,按照规定缴纳的保险费,准予扣除。

第四十七条 企业根据生产经营活动的需要租入固定资产支付的租赁费,按照以下方法扣除:

(一)以经营租赁方式租入固定资产发生的租赁费支出,按照租赁期限均匀扣除;

(二)以融资租赁方式租入固定资产发生的租赁费支出,按照规定构成融资租入固定资产价值的部分应当提取折旧费用,分期扣除。

第四十八条 企业发生的合理的劳动保护支出,准予扣除。

第四十九条 企业之间支付的管理费、企业内营业机构之间支付的租金和特许权使用费,以及非银行企业内营业机构之间支付的利息,不得扣除。

第五十条 非居民企业在中国境内设立的机构、场所,就其中国境外总机构发生的与该机构、场所生产经营有关的费用,能够提供总机构出具的费用汇集范围、定额、分配依据和方法等证明文件,并合理分摊的,准予扣除。

第五十一条 企业所得税法第九条所称公益性捐赠,是指企业通过公益性社会团体或者县级以上人民政府及其部门,用于《中华人民共和国公益事业捐赠法》规定的公益事业的捐赠。

第五十二条 本条例第五十一条所称公益性社会团体,是指同时符合下列条件的基金会、慈善组织等社会团体：

（一）依法登记，具有法人资格；

（二）以发展公益事业为宗旨，且不以营利为目的；

（三）全部资产及其增值为该法人所有；

（四）收益和营运结余主要用于符合该法人设立目的的事业；

（五）终止后的剩余财产不归属任何个人或者营利组织；

（六）不经营与其设立目的无关的业务；

（七）有健全的财务会计制度；

（八）捐赠者不以任何形式参与社会团体财产的分配；

（九）国务院财政、税务主管部门会同国务院民政部门等登记管理部门规定的其他条件。

第五十三条 企业发生的公益性捐赠支出，不超过年度利润总额12%的部分，准予扣除。

年度利润总额，是指企业依照国家统一会计制度的规定计算的年度会计利润。

第五十四条 企业所得税法第十条第（六）项所称赞助支出，是指企业发生的与生产经营活动无关的各种非广告性质支出。

第五十五条 企业所得税法第十条第（七）项所称未经核定的准备金支出，是指不符合国务院财政、税务主管部门规定的各项资产减值准备、风险准备等准备金支出。

第四节 资产的税务处理

第五十六条 企业的各项资产，包括固定资产、生物资产、无形资产、长期待摊费用、投资资产、存货等，以历史成本为计税基础。

前款所称历史成本，是指企业取得该项资产时实际发生的支出。

企业持有各项资产期间资产增值或者减值，除国务院财政、税务主管部门规定可以确认损益外，不得调整该资产的计税基础。

第五十七条 企业所得税法第十一条所称固定资产，是指企业为生产产品、提供劳务、出租或者经营管理而持有的、使用时间超过12个月的非货币性资产，包括房屋、建筑物、机器、机械、运输工具以及其他与生产经营活动有关的设备、器具、工具等。

第五十八条 固定资产按照以下方法确定计税基础：

（一）外购的固定资产，以购买价款和支付的相关税费以及直接归属于使该资产达到预定用途发生的其他支出为计税基础；

（二）自行建造的固定资产，以竣工结算前发生的支出为计税基础；

（三）融资租入的固定资产，以租赁合同约定的付款总额和承租人在签订租赁合同过程中发生的相关费用为计税基础，租赁合同未约定付款总额的，以该资产的公允价值和承租人在签订租赁合同过程中发生的相关费用为计税基础；

（四）盘盈的固定资产，以同类固定资产的重置完全价值为计税基础；

（五）通过捐赠、投资、非货币性资产交换、债务重组等方式取得的固定资产，以该资产的公允价值和支付的相关税费为计税基础；

（六）改建的固定资产，除企业所得税法第十三条第（一）项和第（二）项规定的支出外，以改建过程中发生的改建支出增加计税基础。

第五十九条 固定资产按照直线法计算的折旧，准予扣除。

企业应当自固定资产投入使用月份的次月起计算折旧；停止使用的固定资产，应当自停止使用月份的次月起停止计算折旧。

企业应当根据固定资产的性质和使用情况，合理确定固定资产的预计净残值。固定资产的预计净残值一经确定，不得变更。

第六十条 除国务院财政、税务主管部门另有规定外，固定资产计算折旧的最低年限如下：

（一）房屋、建筑物，为20年；

（二）飞机、火车、轮船、机器、机械和其他生产设备，为10年；

（三）与生产经营活动有关的器具、工具、家具等，为5年；

（四）飞机、火车、轮船以外的运输工具，为4年；

（五）电子设备，为3年。

第六十一条 从事开采石油、天然气等矿资源的企业，在开始商业性生产前发生的费用和有关固定资产的折耗、折旧方法,由国务院财政、税务主管部门另行规定。

第六十二条 生产性生物资产按照以下方法确定计税基础:

(一)外购的生产性生物资产,以购买价款和支付的相关税费为计税基础;

(二)通过捐赠、投资、非货币性资产交换、债务重组等方式取得的生产性生物资产,以该资产的公允价值和支付的相关税费为计税基础。

前款所称生产性生物资产,是指企业为生产农产品、提供劳务或者出租等而持有的生物资产,包括经济林、薪炭林、产畜和役畜等。

第六十三条 生产性生物资产按照直线法计算的折旧,准予扣除。

企业应当自生产性生物资产投入使用月份的次月起计算折旧;停止使用的生产性生物资产,应当自停止使用月份的次月起停止计算折旧。

企业应当根据生产性生物资产的性质和使用情况,合理确定生产性生物资产的预计净残值。生产性生物资产的预计净残值一经确定,不得变更。

第六十四条 生产性生物资产计算折旧的最低年限如下:

(一)林木类生产性生物资产,为10年;

(二)畜类生产性生物资产,为3年。

第六十五条 企业所得税法第十二条所称无形资产,是指企业为生产产品、提供劳务、出租或者经营管理而持有的、没有实物形态的非货币性长期资产,包括专利权、商标权、著作权、土地使用权、非专利技术、商誉等。

第六十六条 无形资产按照以下方法确定计税基础:

(一)外购的无形资产,以购买价款和支付的相关税费以及直接归属于使该资产达到预定用途发生的其他支出为计税基础;

(二)自行开发的无形资产,以开发过程中该资产符合资本化条件后至达到预定用途前发生的支出为计税基础;

(三)通过捐赠、投资、非货币性资产交换、债务重组等方式取得的无形资产,以该资产的公允价值和支付的相关税费为计税基础。

第六十七条 无形资产按照直线法计算的摊销费用,准予扣除。

无形资产的摊销年限不得低于10年。

作为投资或者受让的无形资产,有关法律规定或者合同约定了使用年限的,可以按照规定或者约定的使用年限分期摊销。

外购商誉的支出,在企业整体转让或者清算时,准予扣除。

第六十八条 企业所得税法第十三条第(一)项和第(二)项所称固定资产的改建支出,是指改变房屋或者建筑物结构、延长使用年限等发生的支出。

企业所得税法第十三条第(一)项规定的支出,按照固定资产预计尚可使用年限分期摊销;第(二)项规定的支出,按照合同约定的剩余租赁期限分期摊销。

改建的固定资产延长使用年限的,除企业所得税法第十三条第(一)项和第(二)项规定外,应当适当延长折旧年限。

第六十九条 企业所得税法第十三条第(三)项所称固定资产的大修理支出,是指同时符合下列条件的支出:

(一)修理支出达到取得固定资产时的计税基础50%以上;

(二)修理后固定资产的使用年限延长2年以上。

企业所得税法第十三条第(三)项规定的支出,按照固定资产尚可使用年限分期摊销。

第七十条 企业所得税法第十三条第(四)项所称其他应当作为长期待摊费用的支出,自支出发生月份的次月起,分期摊销,摊销年限不得低于3年。

第七十一条 企业所得税法第十四条所称投资资产,是指企业对外进行权益性投资和债权性投资形成的资产。

企业在转让或者处置投资资产时,投资资产的成本,准予扣除。

投资资产按照以下方法确定成本:

(一)通过支付现金方式取得的投资资产,以购买价款为成本;

(二)通过支付现金以外的方式取得的投资

资产，以该资产的公允价值和支付的相关税费为成本。

第七十二条 企业所得税法第十五条所称存货，是指企业持有以备出售的产品或者商品、处在生产过程中的在产品、在生产或者提供劳务过程中耗用的材料和物料等。

存货按照以下方法确定成本：

（一）通过支付现金方式取得的存货，以购买价款和支付的相关税费为成本；

（二）通过支付现金以外的方式取得的存货，以该存货的公允价值和支付的相关税费为成本；

（三）生产性生物资产收获的农产品，以产出或者采收过程中发生的材料费、人工费和分摊的间接费用等必要支出为成本。

第七十三条 企业使用或者销售的存货的成本计算方法，可以在先进先出法、加权平均法、个别计价法中选用一种。计价方法一经选用，不得随意变更。

第七十四条 企业所得税法第十六条所称资产的净值和第十九条所称财产净值，是指有关资产、财产的计税基础减除已经按照规定扣除的折旧、折耗、摊销、准备金等后的余额。

第七十五条 除国务院财政、税务主管部门另有规定外，企业在重组过程中，应当在交易发生时确认有关资产的转让所得或者损失，相关资产应当按照交易价格重新确定计税基础。

第三章 应纳税额

第七十六条 企业所得税法第二十二条规定的应纳税额的计算公式为：

应纳税额 = 应纳税所得额 × 适用税率 - 减免税额 - 抵免税额

公式中的减免税额和抵免税额，是指依照企业所得税法和国务院的税收优惠规定减征、免征和抵免的应纳税额。

第七十七条 企业所得税法第二十三条所称已在境外缴纳的所得税税额，是指企业来源于中国境外的所得依照中国境外税收法律以及相关规定应当缴纳并已经实际缴纳的企业所得税性质的税款。

第七十八条 企业所得税法第二十三条所称抵免限额，是指企业来源于中国境外的所得，依照企业所得税法和本条例的规定计算的应纳税额。除国务院财政、税务主管部门另有规定外，该抵免限额应当分国（地区）不分项计算，计算公式如下：

抵免限额 = 中国境内、境外所得依照企业所得税法和本条例的规定计算的应纳税总额 × 来源于某国（地区）的应纳税所得额 ÷ 中国境内、境外应纳税所得总额

第七十九条 企业所得税法第二十三条所称5个年度，是指从企业取得的来源于中国境外的所得，已经在中国境外缴纳的企业所得税性质的税额超过抵免限额的当年的次年起连续5个纳税年度。

第八十条 企业所得税法第二十四条所称直接控制，是指居民企业直接持有外国企业20%以上股份。

企业所得税法第二十四条所称间接控制，是指居民企业以间接持股方式持有外国企业20%以上股份，具体认定办法由国务院财政、税务主管部门另行制定。

第八十一条 企业依照企业所得税法第二十三条、第二十四条的规定抵免企业所得税税额时，应当提供中国境外税务机关出具的税款所属年度的有关纳税凭证。

第四章 税收优惠

第八十二条 企业所得税法第二十六条第（一）项所称国债利息收入，是指企业持有国务院财政部门发行的国债取得的利息收入。

第八十三条 企业所得税法第二十六条第（二）项所称符合条件的居民企业之间的股息、红利等权益性投资收益，是指居民企业直接投资于其他居民企业取得的投资收益。企业所得税法第二十六条第（二）项和第（三）项所称股息、红利等权益性投资收益，不包括连续持有居民企业公开发行并上市流通的股票不足12个月取得的投资收益。

第八十四条 企业所得税法第二十六条第

(四)项所称符合条件的非营利组织,是指同时符合下列条件的组织:

(一)依法履行非营利组织登记手续;

(二)从事公益性或者非营利性活动;

(三)取得的收入除用于与该组织有关的、合理的支出外,全部用于登记核定或者章程规定的公益性或者非营利性事业;

(四)财产及其孳息不用于分配;

(五)按照登记核定或者章程规定,该组织注销后的剩余财产用于公益性或者非营利性目的,或者由登记管理机关转赠给与该组织性质、宗旨相同的组织,并向社会公告;

(六)投入人对投入该组织的财产不保留或者享有任何财产权利;

(七)工作人员工资福利开支控制在规定的比例内,不变相分配该组织的财产。

前款规定的非营利组织的认定管理办法由国务院财政、税务主管部门会同国务院有关部门制定。

第八十五条 企业所得税法第二十六条第(四)项所称符合条件的非营利组织的收入,不包括非营利组织从事营利性活动取得的收入,但国务院财政、税务主管部门另有规定的除外。

第八十六条 企业所得税法第二十七条第(一)项规定的企业从事农、林、牧、渔业项目的所得,可以免征、减征企业所得税,是指:

(一)企业从事下列项目的所得,免征企业所得税:

1. 蔬菜、谷物、薯类、油料、豆类、棉花、麻类、糖料、水果、坚果的种植;
2. 农作物新品种的选育;
3. 中药材的种植;
4. 林木的培育和种植;
5. 牲畜、家禽的饲养;
6. 林产品的采集;
7. 灌溉、农产品初加工、兽医、农技推广、农机作业和维修等农、林、牧、渔服务业项目;
8. 远洋捕捞。

(二)企业从事下列项目的所得,减半征收企业所得税:

1. 花卉、茶以及其他饮料作物和香料作物的种植;
2. 海水养殖、内陆养殖。

企业从事国家限制和禁止发展的项目,不得享受本条规定的企业所得税优惠。

第八十七条 企业所得税法第二十七条第(二)项所称国家重点扶持的公共基础设施项目,是指《公共基础设施项目企业所得税优惠目录》规定的港口码头、机场、铁路、公路、城市公共交通、电力、水利等项目。

企业从事前款规定的国家重点扶持的公共基础设施项目的投资经营的所得,自项目取得第一笔生产经营收入所属纳税年度起,第一年至第三年免征企业所得税,第四年至第六年减半征收企业所得税。

企业承包经营、承包建设和内部自建自用本条规定的项目,不得享受本条规定的企业所得税优惠。

第八十八条 企业所得税法第二十七条第(三)项所称符合条件的环境保护、节能节水项目,包括公共污水处理、公共垃圾处理、沼气综合开发利用、节能减排技术改造、海水淡化等。项目的具体条件和范围由国务院财政、税务主管部门商国务院有关部门制订,报国务院批准后公布施行。

企业从事前款规定的符合条件的环境保护、节能节水项目的所得,自项目取得第一笔生产经营收入所属纳税年度起,第一年至第三年免征企业所得税,第四年至第六年减半征收企业所得税。

第八十九条 依照本条例第八十七条和第八十八条规定享受减免税优惠的项目,在减免税期限内转让的,受让方自受让之日起,可以在剩余期限内享受规定的减免税优惠;减免税期限届满后转让的,受让方不得就该项目重复享受减免税优惠。

第九十条 企业所得税法第二十七条第(四)项所称符合条件的技术转让所得免征、减征企业所得税,是指一个纳税年度内,居民企业技术转让所得不超过500万元的部分,免征企业所得税;超过500万元的部分,减半征收企业所得税。

第九十一条 非居民企业取得企业所得税法第二十七条第(五)项规定的所得,减按10%的税率征收企业所得税。

下列所得可以免征企业所得税：

（一）外国政府向中国政府提供贷款取得的利息所得；

（二）国际金融组织向中国政府和居民企业提供优惠贷款取得的利息所得；

（三）经国务院批准的其他所得。

第九十二条 企业所得税法第二十八条第一款所称符合条件的小型微利企业，是指从事国家非限制和禁止行业，并符合下列条件的企业：

（一）工业企业，年度应纳税所得额不超过30万元，从业人数不超过100人，资产总额不超过3000万元；

（二）其他企业，年度应纳税所得额不超过30万元，从业人数不超过80人，资产总额不超过1000万元。

第九十三条 企业所得税法第二十八条第二款所称国家需要重点扶持的高新技术企业，是指拥有核心自主知识产权，并同时符合下列条件的企业：

（一）产品（服务）属于《国家重点支持的高新技术领域》规定的范围；

（二）研究开发费用占销售收入的比例不低于规定比例；

（三）高新技术产品（服务）收入占企业总收入的比例不低于规定比例；

（四）科技人员占企业职工总数的比例不低于规定比例；

（五）高新技术企业认定管理办法规定的其他条件。

《国家重点支持的高新技术领域》和高新技术企业认定管理办法由国务院科技、财政、税务主管部门商国务院有关部门制订，报国务院批准后公布施行。

第九十四条 企业所得税法第二十九条所称民族自治地方，是指依照《中华人民共和国民族区域自治法》的规定，实行民族区域自治的自治区、自治州、自治县。

对民族自治地方内国家限制和禁止行业的企业，不得减征或者免征企业所得税。

第九十五条 企业所得税法第三十条第（一）项所称研究开发费用的加计扣除，是指企业为开发新技术、新产品、新工艺发生的研究开发费用，未形成无形资产计入当期损益的，在按照规定据实扣除的基础上，按照研究开发费用的50%加计扣除；形成无形资产的，按照无形资产成本的150%摊销。

第九十六条 企业所得税法第三十条第（二）项所称企业安置残疾人员所支付的工资的加计扣除，是指企业安置残疾人员的，在按照支付给残疾职工工资据实扣除的基础上，按照支付给残疾职工工资的100%加计扣除。残疾人员的范围适用《中华人民共和国残疾人保障法》的有关规定。

企业所得税法第三十条第（二）项所称企业安置国家鼓励安置的其他就业人员所支付的工资的加计扣除办法，由国务院另行规定。

第九十七条 企业所得税法第三十一条所称抵扣应纳税所得额，是指创业投资企业采取股权投资方式投资于未上市的中小高新技术企业2年以上的，可以按照其投资额的70%在股权持有满2年的当年抵扣该创业投资企业的应纳税所得额；当年不足抵扣的，可以在以后纳税年度结转抵扣。

第九十八条 企业所得税法第三十二条所称可以采取缩短折旧年限或者采取加速折旧的方法的固定资产，包括：

（一）由于技术进步，产品更新换代较快的固定资产；

（二）常年处于强震动、高腐蚀状态的固定资产。

采取缩短折旧年限方法的，最低折旧年限不得低于本条例第六十条规定折旧年限的60%；采取加速折旧方法的，可以采取双倍余额递减法或者年数总和法。

第九十九条 企业所得税法第三十三条所称减计收入，是指企业以《资源综合利用企业所得税优惠目录》规定的资源作为主要原材料，生产国家非限制和禁止并符合国家和行业相关标准的产品取得的收入，减按90%计入收入总额。

前款所称原材料占生产产品材料的比例不得低于《资源综合利用企业所得税优惠目录》规定

的标准。

第一百条 企业所得税法第三十四条所称税额抵免,是指企业购置并实际使用《环境保护专用设备企业所得税优惠目录》、《节能节水专用设备企业所得税优惠目录》和《安全生产专用设备企业所得税优惠目录》规定的环境保护、节能节水、安全生产等专用设备的,该专用设备的投资额的10%可以从企业当年的应纳税额中抵免;当年不足抵免的,可以在以后5个纳税年度结转抵免。

享受前款规定的企业所得税优惠的企业,应当实际购置并自身实际投入使用前款规定的专用设备;企业购置上述专用设备在5年内转让、出租的,应当停止享受企业所得税优惠,并补缴已经抵免的企业所得税税款。

第一百零一条 本章第八十七条、第九十九条、第一百条规定的企业所得税优惠目录,由国务院财政、税务主管部门商国务院有关部门制订,报国务院批准后公布施行。

第一百零二条 企业同时从事适用不同企业所得税待遇的项目的,其优惠项目应当单独计算所得,并合理分摊企业的期间费用;没有单独计算的,不得享受企业所得税优惠。

第五章 源泉扣缴

第一百零三条 依照企业所得税法对非居民企业应当缴纳的企业所得税实行源泉扣缴的,应当依照企业所得税法第十九条的规定计算应纳税所得额。

企业所得税法第十九条所称收入全额,是指非居民企业向支付人收取的全部价款和价外费用。

第一百零四条 企业所得税法第三十七条所称支付人,是指依照有关法律规定或者合同约定对非居民企业直接负有支付相关款项义务的单位或者个人。

第一百零五条 企业所得税法第三十七条所称支付,包括现金支付、汇拨支付、转账支付和权益兑价支付等货币支付和非货币支付。

企业所得税法第三十七条所称到期应支付的款项,是指支付人按照权责发生制原则应计入相关成本、费用的应付款项。

第一百零六条 企业所得税法第三十八条规定的可以指定扣缴义务人的情形,包括:

(一)预计工程作业或者提供劳务期限不足一个纳税年度,且有证据表明不履行纳税义务的;

(二)没有办理税务登记或者临时税务登记,且未委托中国境内的代理人履行纳税义务的;

(三)未按照规定期限办理企业所得税纳税申报或者预缴申报的。

前款规定的扣缴义务人,由县级以上税务机关指定,并同时告知扣缴义务人所扣税款的计算依据、计算方法、扣缴期限和扣缴方式。

第一百零七条 企业所得税法第三十九条所称所得发生地,是指依照本条例第七条规定的原则确定的所得发生地。在中国境内存在多处所得发生地的,由纳税人选择其中之一申报缴纳企业所得税。

第一百零八条 企业所得税法第三十九条所称该纳税人在中国境内其他收入,是指该纳税人在中国境内取得的其他各种来源的收入。

税务机关在追缴该纳税人应纳税款时,应当将追缴理由、追缴数额、缴纳期限和缴纳方式等告知该纳税人。

第六章 特别纳税调整

第一百零九条 企业所得税法第四十一条所称关联方,是指与企业有下列关联关系之一的企业、其他组织或者个人:

(一)在资金、经营、购销等方面存在直接或者间接的控制关系;

(二)直接或者间接地同为第三者控制;

(三)在利益上具有相关联的其他关系。

第一百一十条 企业所得税法第四十一条所称独立交易原则,是指没有关联关系的交易各方,按照公平成交价格和营业常规进行业务往来遵循的原则。

第一百一十一条 企业所得税法第四十一条所称合理方法,包括:

(一)可比非受控价格法,是指按照没有关联关系的交易各方进行相同或者类似业务往来的价格进行定价的方法；

（二）再销售价格法，是指按照从关联方购进商品再销售给没有关联关系的交易方的价格，减除相同或者类似业务的销售毛利进行定价的方法；

（三）成本加成法，是指按照成本加合理的费用和利润进行定价的方法；

（四）交易净利润法，是指按照没有关联关系的交易各方进行相同或者类似业务往来取得的净利润水平确定利润的方法；

（五）利润分割法，是指将企业与其关联方的合并利润或者亏损在各方之间采用合理标准进行分配的方法；

（六）其他符合独立交易原则的方法。

第一百一十二条 企业可以依照企业所得税法第四十一条第二款的规定，按照独立交易原则与其关联方分摊共同发生的成本，达成成本分摊协议。

企业与其关联方分摊成本时，应当按照成本与预期收益相配比的原则进行分摊，并在税务机关规定的期限内，按照税务机关的要求报送有关资料。

企业与其关联方分摊成本时违反本条第一款、第二款规定的，其自行分摊的成本不得在计算应纳税所得额时扣除。

第一百一十三条 企业所得税法第四十二条所称预约定价安排，是指企业就其未来年度关联交易的定价原则和计算方法，向税务机关提出申请，与税务机关按照独立交易原则协商、确认后达成的协议。

第一百一十四条 企业所得税法第四十三条所称相关资料，包括：

（一）与关联业务往来有关的价格、费用的制定标准、计算方法和说明等同期资料；

（二）关联业务往来所涉及的财产、财产使用权、劳务等的再销售（转让）价格或者最终销售（转让）价格的相关资料；

（三）与关联业务调查有关的其他企业应当提供的与被调查企业可比的产品价格、定价方式以及利润水平等资料；

（四）其他与关联业务往来有关的资料。

企业所得税法第四十三条所称与关联业务调查有关的其他企业，是指与被调查企业在生产经营内容和方式上相类似的企业。

企业应当在税务机关规定的期限内提供与关联业务往来有关的价格、费用的制定标准、计算方法和说明等资料。关联方以及与关联业务调查有关的其他企业应当在税务机关与其约定的期限内提供相关资料。

第一百一十五条 税务机关依照企业所得税法第四十四条的规定核定企业的应纳税所得额时，可以采用下列方法：

（一）参照同类或者类似企业的利润率水平核定；

（二）按照企业成本加合理的费用和利润的方法核定；

（三）按照关联企业集团整体利润的合理比例核定；

（四）按照其他合理方法核定。

企业对税务机关按照前款规定的方法核定的应纳税所得额有异议的，应当提供相关证据，经税务机关认定后，调整核定的应纳税所得额。

第一百一十六条 企业所得税法第四十五条所称中国居民，是指根据《中华人民共和国个人所得税法》的规定，就其从中国境内、境外取得的所得在中国缴纳个人所得税的个人。

第一百一十七条 企业所得税法第四十五条所称控制，包括：

（一）居民企业或者中国居民直接或者间接单一持有外国企业10%以上有表决权股份，且由其共同持有该外国企业50%以上股份；

（二）居民企业，或者居民企业和中国居民持股比例没有达到第（一）项规定的标准，但在股份、资金、经营、购销等方面对该外国企业构成实质控制。

第一百一十八条 企业所得税法第四十五条所称实际税负明显低于企业所得税法第四条第一款规定税率水平，是指低于企业所得税法第四条第一款规定税率的50%。

第一百一十九条 企业所得税法第四十六条所称债权性投资，是指企业直接或者间接从关联方获得的，需要偿还本金和支付利息或者需要以其他具有支付利息性质的方式予以补偿的融资。

企业间接从关联方获得的债权性投资，包括：

（一）关联方通过无关联第三方提供的债权性投资；

（二）无关联第三方提供的、由关联方担保且负有连带责任的债权性投资；

（三）其他间接从关联方获得的具有负债实质的债权性投资。

企业所得税法第四十六条所称权益性投资，是指企业接受的不需要偿还本金和支付利息，投资人对企业净资产拥有所有权的投资。

企业所得税法第四十六条所称标准，由国务院财政、税务主管部门另行规定。

第一百二十条 企业所得税法第四十七条所称不具有合理商业目的，是指以减少、免除或者推迟缴纳税款为主要目的。

第一百二十一条 税务机关根据税收法律、行政法规的规定，对企业作出特别纳税调整的，应当对补征的税款，自税款所属纳税年度的次年6月1日起至补缴税款之日止的期间，按日加收利息。

前款规定加收的利息，不得在计算应纳税所得额时扣除。

第一百二十二条 企业所得税法第四十八条所称利息，应当按照税款所属纳税年度中国人民银行公布的与补税期间同期的人民币贷款基准利率加5个百分点计算。

企业依照企业所得税法第四十三条和本条例的规定提供有关资料的，可以只按前款规定的人民币贷款基准利率计算利息。

第一百二十三条 企业与其关联方之间的业务往来，不符合独立交易原则，或者企业实施其他不具有合理商业目的安排的，税务机关有权在该业务发生的纳税年度起10年内，进行纳税调整。

第七章 征收管理

第一百二十四条 企业所得税法第五十条所称企业登记注册地，是指企业依照国家有关规定登记注册的住所地。

第一百二十五条 企业汇总计算并缴纳企业所得税时，应当统一核算应纳税所得额，具体办法由国务院财政、税务主管部门另行制定。

第一百二十六条 企业所得税法第五十一条所称主要机构、场所，应当同时符合下列条件：

（一）对其他各机构、场所的生产经营活动负有监督管理责任；

（二）设有完整的账簿、凭证，能够准确反映各机构、场所的收入、成本、费用和盈亏情况。

第一百二十七条 企业所得税法第五十一条所称经税务机关审核批准，是指经各机构、场所所在地税务机关的共同上级税务机关审核批准。

非居民企业经批准汇总缴纳企业所得税后，需要增设、合并、迁移、关闭机构、场所或者停止机构、场所业务的，应当事先由负责汇总申报缴纳企业所得税的主要机构、场所向其所在地税务机关报告；需要变更汇总缴纳企业所得税的主要机构、场所的，依照前款规定办理。

第一百二十八条 企业所得税分月或者分季预缴，由税务机关具体核定。

企业根据企业所得税法第五十四条规定分月或者分季预缴企业所得税时，应当按照月度或者季度的实际利润额预缴；按照月度或者季度的实际利润额预缴有困难的，可以按照上一纳税年度应纳税所得额的月度或者季度平均额预缴，或者按照经税务机关认可的其他方法预缴。预缴方法一经确定，该纳税年度内不得随意变更。

第一百二十九条 企业在纳税年度内无论盈利或者亏损，都应当依照企业所得税法第五十四条规定的期限，向税务机关报送预缴企业所得税纳税申报表、年度企业所得税纳税申报表、财务会计报告和税务机关规定应当报送的其他有关资料。

第一百三十条 企业所得以人民币以外的货币计算的，预缴企业所得税时，应当按照月度或者季度最后一日的人民币汇率中间价，折合成人民币计算应纳税所得额。年度终了汇算清缴时，对已经按照月度或者季度预缴税款的，不再重新折合计算，只就该纳税年度内未缴纳企业所得税的部分，按照纳税年度最后一日的人民币汇率中间价，折合成人民币计算应纳税所得额。

经税务机关检查确认，企业少计或者多计前

款规定的所得的,应当按照检查确认补税或者退税时的上一个月最后一日的人民币汇率中间价,将少计或者多计的所得折合成人民币计算应纳税所得额,再计算应补缴或者应退的税款。

第八章 附 则

第一百三十一条 企业所得税法第五十七条第一款所称本法公布前已经批准设立的企业,是指企业所得税法公布前已经完成登记注册的企业。

第一百三十二条 在香港特别行政区、澳门特别行政区和台湾地区成立的企业,参照适用企业所得税法第二条第二款、第三款的有关规定。

第一百三十三条 本条例自2008年1月1日起施行。1991年6月30日国务院发布的《中华人民共和国外商投资企业和外国企业所得税法实施细则》和1994年2月4日财政部发布的《中华人民共和国企业所得税暂行条例实施细则》同时废止。

关于促进科技成果转化有关个人所得税问题的通知

(1999年7月1日国家税务总局发布 国税发[1999]125号)

各省、自治区、直辖市和计划单列市地方税务局：

为便于《财政部、国家税务总局关于促进科技成果转化有关税收政策的通知》(财税字[1999]45号)的贯彻执行，现将有关个人所得税的问题明确如下：

一、科研机构、高等学校转化职务科技成果以股份或出资比例等股份形式给予科技人员个人奖励，经主管税务机关审核后，暂不征收个人所得税。

为了便于主管税务机关审核，奖励单位或获奖人应向主管税务机关提供有关部门根据国家科委和国家工商行政管理局联合制定的《关于以高新技术成果出资入股若干问题的规定》(国科发政字[1997]326号)和科学技术部和国家工商行政管理局联合制定的《〈关于以高新技术成果出资入股高若干问题的规定〉实施办法》(国科发政字[1998]171号)出具的《出资入股高新技术成果认定书》、工商行政管理部门办理的企业登记手续及经工商行政管理机关登记注册的评估机构的技术成果价值评估报告和确认书。不提供上述资料的，不得享受暂不征收个人所得税优惠政策。

上述科研机构是指按中央机构编制委员会和国家科学技术委员会《关于科研事业单位机构设置审批事项的通知》(中编办发[1997]14号)的规定设置审批的自然科学研究事业单位机构。

上述高等学校是指全日制普通高等学校(包括大学、专门学院和高等专科学校)。

二、在获奖人按股份、出资比例获得分红时，对其所得按"利息、股息、红利所得"应税项目征收个人所得税。

三、获奖人转让股权、出资比例，对其所得按"财产转让所得"应税项目征收个人所得税，财产原值为零。

四、享受上述优惠政策的科技人员必须是科研机构和高等学校的在编正式职工。

关于企业技术创新有关企业所得税优惠政策的通知

(2006年9月8日财政部、国家税务总局发布　财税[2006]88号)

各省、自治区、直辖市、计划单列市财政厅(局)、国家税务局、地方税务局,新疆生产建设兵团财务局:

为贯彻实施《国家中长期科学和技术发展规划纲要(2006—2020年)》(国发[2005]44号),根据《国务院关于印发实施〈国家中长期科学和技术发展规划纲要(2006—2020年)〉若干配套政策的通知》(国发[2006]6号)的有关规定,现将有关企业技术创新的企业所得税优惠政策明确如下:

一、关于技术开发费

对财务核算制度健全、实行查账征税的内外资企业、科研机构、大专院校等(以下统称企业),其研究开发新产品、新技术、新工艺所发生的技术开发费,按规定予以税前扣除。

对上述企业在一个纳税年度实际发生的下列技术开发费项目,包括新产品设计费,工艺规程制定费,设备调整费,原材料和半成品的试制费,技术图书资料费,未纳入国家计划的中间实验费,研究机构人员的工资,用于研究开发的仪器、设备的折旧,委托其他单位和个人进行科研试制的费用,与新产品的试制和技术研究直接相关的其他费用,在按规定实行100%扣除基础上,允许再按当年实际发生额的50%在企业所得税税前加计扣除。

企业年度实际发生的技术开发费当年不足抵扣的部分,可在以后年度企业所得税应纳税所得额中结转抵扣,抵扣的期限最长不得超过五年。

二、关于职工教育经费

对企业当年提取并实际使用的职工教育经费,在不超过计税工资总额2.5%以内的部分,可在企业所得税前扣除。

三、关于加速折旧

企业用于研究开发的仪器和设备,单位价值在30万元以下的,可一次或分次计入成本费用,在企业所得税税前扣除,其中达到固定资产标准的应单独管理,不再提取折旧。

企业用于研究开发的仪器和设备,单位价值在30万元以上的,允许其采取双倍余额递减法或年数总和法实行加速折旧,具体折旧方法一经确定,不得随意变更。

前两款所述仪器和设备,是指2006年1月1日以后企业新购进的用于研究开发的仪器和设备。

四、关于高新技术企业税收优惠政策

自2006年1月1日起,国家高新技术产业开发区内新创办的高新技术企业,自获利年度起两年内免征企业所得税,免税期满后减按15%的税率征收企业所得税。

上述企业在投产经营后,其获利年度以第一个获得利润的纳税年度开始计算;企业开办初期有亏损的,可以依照税法规定逐年结转弥补,其获利年度以弥补后有利润的纳税年度开始计算。

按照现行规定享受新办高新技术企业自投产年度起两年免征企业所得税优惠政策的内资企业,应继续执行原优惠政策至期满,不再享受自获利年度起两年免征企业所得税的优惠政策。

本通知自2006年1月1日起执行,此前有关规定与本通知不一致的,按本通知规定执行。国家今后对税收制度进行改革,有关税收优惠政策按新的税收规定执行。

请遵照执行。

关于调整企业所得税工资支出税前扣除政策的通知

(2006年9月1日财政部、国家税务总局发布 财税[2006]126号)

各省、自治区、直辖市、计划单列市财政厅(局)、国家税务局、地方税务局,新疆生产建设兵团财务局:

经国务院批准,现就企业所得税工资支出税前扣除政策调整的有关问题通知如下:

一、自2006年7月1日起,将企业工资支出的税前扣除限额调整为人均每月1600元。企业实际发放的工资额在上述扣除限额以内的部分,允许在企业所得税税前据实扣除;超过上述扣除限额的部分,不得扣除。

对企业在2006年6月30日前发放的工资仍按政策调整前的扣除标准执行,超过规定扣除标准的部分,不得结转到今年后6个月扣除。

二、各省、自治区、直辖市人民政府在不高于20%的幅度内调增计税工资扣除限额的规定停止执行。

三、原按国家规定可按照工资总额增长幅度低于经济效益增长幅度、职工平均工资增长幅度低于劳动生产率增长幅度的原则(以下简称"两个低于"原则),执行工效挂钩办法的国有及国有控股企业可继续适用工效挂钩办法。企业实际发放的工资总额在核定额度内的部分,可据实扣除;超过部分不得扣除。

四、国有及国有控股和改组改制后的金融保险企业计税工资,可以比照工效挂钩办法,按照"两个低于"原则,由国务院财政、税务主管部门核定。

五、企业支付给职工的各种形式的劳动报酬及其他相关支出,包括奖金、津贴、补贴和其他工资性支出,都应计入企业的工资总额。

六、各地不得擅自提高企业工资支出的税前扣除限额,扩大实行工效挂钩办法的企业范围。各地已出台不符合上述政策的规定,应一律停止执行。

七、各级税务机关应认真落实上述政策规定,对计税工资扣除政策调整减少企业所得税收入的影响情况进行测算,据此及时调整每个企业今年7月~12月的预缴企业所得税额。

八、本通知自2006年7月1日起执行。财政部、国家税务总局《关于调整计税工资扣除限额的通知》(财税字[1996]43号)和《关于调整计税工资扣除限额等有关问题的通知》(财税字[1999]258号)第一条同时废止。

关于促进创业投资企业发展有关税收政策的通知

(2007年2月7日财政部、国家税务总局发布　财税[2007]31号)

各省、自治区、直辖市、计划单列市财政厅(局)、国家税务局、地方税务局,新疆生产建设兵团财务局:

为贯彻国务院《关于印发实施〈国家中长期科学和技术发展规划纲要(2006—2020年)〉若干配套政策的通知》(国发[2006]6号)精神,结合《创业投资企业管理暂行办法》(发展改革委等10部门令第39号,以下简称《办法》),为扶持创业投资企业发展,现就有关税收政策问题通知如下:

一、创业投资企业采取股权投资方式投资于未上市中小高新技术企业2年以上(含2年),凡符合下列条件的,可按其对中小高新技术企业投资额的70%抵扣该创业投资企业的应纳税所得额。

(一)经营范围符合《办法》规定,且工商登记为"创业投资有限责任公司"、"创业投资股份有限公司"等专业性创业投资企业。在2005年11月15日《办法》发布前完成工商登记的,可保留原有工商登记名称,但经营范围须符合《办法》规定。

(二)遵照《办法》规定的条件和程序完成备案程序,经备案管理部门核实,投资运作符合《办法》有关规定。

(三)创业投资企业投资的中小高新技术企业职工人数不超过500人,年销售额不超过2亿元,资产总额不超过2亿元。

(四)创业投资企业申请投资抵扣应纳税所得额时,所投资的中小高新技术企业当年用于高新技术及其产品研究开发经费须占本企业销售额的5%以上(含5%),技术性收入与高新技术产品销售收入的合计须占本企业当年总收入的60%以上(含60%)。

高新技术企业认定和管理办法,按照科技部、财政部、国家税务总局《关于印发〈中国高新技术产品目录2006〉的通知》(国科发计字[2006]370号)、科技部《国家高新技术产业开发区高新技术企业认定条件和办法》(国科发火字[2000]324号)、《关于国家高新技术产业开发区外高新技术企业认定有关执行规定的通知》(国科发火字[2000]120号)等规定执行。

二、创业投资企业按本通知第一条规定计算的应纳税所得额抵扣额,符合抵扣条件并在当年不足抵扣的,可在以后纳税年度逐年延续抵扣。

三、创业投资企业从事股权投资业务的其他所得税事项,按照国家税务总局《关于企业股权投资业务若干所得税问题的通知》(国税发[2000]118号)的有关规定执行。

四、创业投资企业申请享受投资抵扣应纳税所得额应向其所在地的主管税务机关报送以下资料:

(一)经备案管理部门核实的创业投资企业投资运作情况等证明材料;

(二)中小高新技术企业投资合同的复印件及实投资金验资证明等相关材料;

(三)中小高新技术企业基本情况,以及省级科技部门出具的高新技术企业认定证书和高新技术项目认定证书的复印件。

五、当地主管税务机关对创业投资企业的申请材料进行汇总审核并签署相关意见后,按备案管理部门的不同层次报上级主管机关:

(一)凡按照《办法》规定在创业投资企业所在地省级(含副省级城市)管理有关部门备案的,报省、自治区、直辖市税务部门,省级财政、税务部门共同审核;

（二）凡按照《办法》规定在国务院有关管理部门备案的，报国家税务总局，财政部和国家税务总局共同审核。

六、财政部、国家税务总局会同有关部门审核公布在国务院有关管理部门备案的享受税收优惠的具体创业投资企业名单。省、自治区、直辖市财政、税务部门会同有关部门审核公布在省级有关管理部门备案的享受税收优惠的具体创业投资企业名单，并报财政部、国家税务总局备案。

七、本通知自2006年1月1日起实施。各级财政、税务等管理部门要及时审核创业投资企业报送的相关资料，认真做好税收优惠政策的贯彻落实工作。

请遵照执行。

财政部　国家税务总局
二〇〇七年二月七日

鼓励软件产业和集成电路产业发展的若干政策

(2000年6月24日国务院发布 国发[2000]18号)

为推动我国软件产业和集成电路产业的发展,增强信息产业创新能力和国际竞争力,带动传统产业改造和产品升级换代,进一步促进国民经济持续、快速、健康发展,制定以下政策。

第一章 政策目标

第一条 通过政策引导,鼓励资金、人才等资源投向软件产业和集成电路产业,进一步促进我国信息产业快速发展,力争到2010年使我国软件产业研究开发和生产能力达到或接近国际先进水平,并使我国集成电路产业成为世界主要开发和生产基地之一。

第二条 鼓励国内企业充分利用国际、国内两种资源,努力开拓两个市场。经过5到10年的努力,国产软件产品能够满足国内市场大部分需求,并有大量出口;国产集成电路产品能够满足国内市场大部分需求,并有一定数量的出口,同时进一步缩小与发达国家在开发和生产技术上的差距。

第二章 投融资政策

第三条 多方筹措资金,加大对软件产业的投入。

(一)建立软件产业风险投资机制,鼓励对软件产业的风险投资。由国家扶持,成立风险投资公司,设立风险投资基金。初期国家可安排部分种子资金,同时通过社会定向募股和吸收国内外风险投资基金等方式筹措资金。风险投资公司按风险投资的运作规律,以企业化方式运作和管理,其持有的软件企业股份在该软件企业上市交易的当日即可进入市场流通,但风险投资公司为该软件企业发起人的,按有关法律规定办理。

(二)"十五"计划中适当安排一部分预算内基本建设资金,用于软件产业和集成电路产业的基础设施建设和产业化项目。在高等院校、科研院所等科研力量集中的地区、建立若干个由国家扶持的软件园区。国家计委、财政部、科技部、信息产业部在安排年度计划时,应从其掌握的科技发展资金中各拿出一部分,用于支持基础软件开发,或作为软件产业的孵化开办资金。

第四条 为软件企业在国内外上市融资创造条件。

(一)尽快开辟证券市场创业板。软件企业不分所有制性质,凡符合证券市场创业板上市条件的,应优先予以安排。

(二)对具有良好市场前景及人才优势的软件企业,在资产评估中无形资产占净资产的比例可由投资方自行商定。

(三)支持软件企业到境外上市融资。经审核符合境外上市资格的软件企业,均可允许到境外申请上市筹资。

第三章 税收政策

第五条 国家鼓励在我国境内开发生产软件产品。对增值税一般纳税人销售其自行开发生产的软件产品,2010年前按17%的法定税率征收增值税,对实际税负超过3%的部分即征即退,由企业用于研究开发软件产品和扩大再生产。

第六条 在我国境内设立的软件企业可享受企业所得税优惠政策。新创办软件企业经认定后,自获利年度起,享受企业所得税"两免三减半"的优惠政策。

第七条 对国家规划布局内的重点软件企

业,当年未享受免税优惠的减按10%的税率征收企业所得税。国家规划布局内的重点软件企业名单由国家计委、信息产业部、外经贸部和国家税务总局共同确定。

第八条 对软件企业进口所需的自用设备,以及按照合同随设备进口的技术(含软件)及配套件、备件,除列入《外商投资项目不予免税的进口商品目录》和《国内投资项目不予免税的进口商品目录》的商品外,均可免征关税和进口环节增值税。

第九条 软件企业人员薪酬和培训费用可按实际发生额在企业所得税税前列支。

第四章 产业技术政策

第十条 支持开发重大共性软件和基础软件。国家科技经费重点支持具有基础性、战略性、前瞻性和重大关键共性软件技术的研究与开发,主要包括操作系统、大型数据库管理系统、网络平台、开发平台、信息安全、嵌入式系统、大型应用软件系统等基础软件和共性软件。属于国家支持的上述软件研究开发项目,应以企业为主,产学研结合,通过公开招标方式,择优选定项目承担者。

第十一条 支持国内企业、科研院所、高等院校与外国企业联合设立研究与开发中心。

第五章 出口政策

第十二条 软件出口纳入中国进出口银行业务范围,并享受优惠利率的信贷支持;同时,国家出口信用保险机构应提供出口信用保险。

第十三条 软件产品年出口额超过100万美元的软件企业,可享有软件自营出口权。

第十四条 海关要为软件的生产开发业务提供便捷的服务。在国家扶持的软件园区内为承接国外客户软件设计与服务而建立研究开发中心时,对用于仿真用户环境的设备采取保税措施。

第十五条 根据重点软件企业参与国际交往的实际需要,对企业高中级管理人员和高中级技术人员简化出入境审批手续,适当延长有效期。具体办法由外交部会同有关部门另行制定。

第十六条 采取适应软件贸易特点的外汇管理办法。根据软件产品交易(含软件外包加工)的特点,对软件产品出口实行不同于其他产品的外贸、海关和外汇管理办法,以适应软件企业从事国际商务活动的需要。

第十七条 鼓励软件出口型企业通过GB/T19000ISO9000系列质量保证体系认证和CMM(能力成熟度模型)认证。其认证费用通过中央外贸发展基金适当予以支持。

第六章 收入分配政策

第十八条 软件企业可依照国家有关法律法规,根据本企业经济效益和社会平均工资,自主决定企业工资总额和工资水平。

第十九条 建立软件企业科技人员收入分配激励机制,鼓励企业对作出突出贡献的科技人员给予重奖。

第二十条 软件企业可允许技术专利和科技成果作价入股,并将该股份给予发明者和贡献者。由本企业形成的科技成果,可根据《中华人民共和国促进科技成果转化法》规定,将过去3至5年科技成果转化所形成的利润按规定的比例折股分配。群体或个人从企业外带入的专利技术和非专利技术,可直接在企业作价折股分配。

第二十一条 在创业板上市的软件企业,如实行企业内部高级管理人员和技术骨干认股权的,应在招股说明书中详细披露,并按创业板上市规则的要求向证券交易所提供必要的说明材料。上述认股权在公开发行的股份中所占的比例由公司董事会决定。

第七章 人才吸引与培养政策

第二十二条 国家教育部门要根据市场需求进一步扩大软件人才培养规模,并依托高等院校、科研院所建立一批软件人才培养基地。

(一)发挥国内教育资源的优势,在现有高等院校、中等专科学校中扩大软件专业招生规模,多层次培养软件人才。当前要尽快扩大硕士、博士、博士后等高级软件人才的培养规模,鼓励有条件的高等院校设立软件学院;理工科院校的非计算机专业应设置软件应用课程,培养复合型人才。

(二)成人教育和业余教育(电大等)应设立或加强软件专业教学,积极支持企业、科研院所和社会力量开展各种软件技术培训,加强在职员工的知识更新与再教育。在有条件的部门和地区,积极推行现代远程教育。在工程技术人员技术职称评定工作中,应逐步将软件和计算机应用知识纳入考核范围。

(三)由国家外国专家局和教育部共同设立专项基金,支持高层次软件科研人员出国进修,聘请外国软件专家来华讲学和工作。

第二十三条 进入国家扶持的软件园区的软件系统分析员和系统工程师,凡具有中级以上技术职称,或有重大发明创造的,由本单位推荐并经有关部门考核合格,应准予本人和配偶及未成年子女在该软件园区所在地落户。

第二十四条 实施全球化人才战略,吸引国内外软件技术人员在国内创办软件企业。国内高等院校、科研院所的科技人员创办软件企业,有关部门应给予一定的资金扶持,在人员流动方面也应放宽条件;国外留学生和外籍人员在国内创办软件企业的,享受国家对软件企业的各项优惠政策。

第八章 采购政策

第二十五条 国家投资的重大工程和重点应用系统,应优先由国内企业承担,在同等性能价格比条件下应优先采用国产软件系统。编制工程预算时,应将软件与技术服务作为单独的预算项目,并确保经费到位。

第二十六条 企事业单位所购软件,凡购置成本达到固定资产标准或构成无形资产的,可以按固定资产或无形资产进行核算,经税务部门批准,其折旧或摊销年限可以适当缩短,最短可为2年。

第二十七条 政府机构购买的软件、涉及国家主权和经济安全的软件,应当采用政府采购的方式进行。

第九章 软件企业认定制度

第二十八条 软件企业的认定标准由信息产业部会同教育部、科技部、国家税务总局等有关部门制定。

第二十九条 软件企业实行年审制度。年审不合格的企业,即取消其软件企业的资格,并不再享受有关优惠政策。

第三十条 软件企业的认定和年审的组织工作由经上级信息产业主管部门授权的地(市)级以上软件行业协会或相关协会具体负责。软件企业的名单由行业协会初选,报经同级信息产业主管部门审核,并会签同级税务部门批准后正式公布。

第三十一条 信息产业部、国家质量技术监督局负责拟定软件产品国家标准。

第十章 知识产权保护

第三十二条 国务院著作权行政管理部门要规范和加强软件著作权登记制度,鼓励软件著作权登记,并依据国家法律对已经登记的软件予以重点保护。

第三十三条 为了保护中外著作权人的合法权益,任何单位在其计算机系统中不得使用未经授权许可的软件产品。

第三十四条 加大打击走私和盗版软件的力度,严厉查处组织制作、生产、销售盗版软件的活动。自2000年下半年起,公安部、信息产业部、国家工商局、国家知识产权局、国家版权局和国家税务总局要定期开展联合打击盗版软件的专项斗争。

第十一章 行业组织和行业管理

第三十五条 各级信息产业主管部门对软件产业实行行业管理和监督。

第三十六条 信息产业主管部门要充分发挥软件行业协会在市场调查、信息交流、咨询评估、行业自律、知识产权保护、资质认定、政策研究等方面的作用,促进软件产业的健康发展。

第三十七条 软件行业协会开展活动所需经费主要由协会成员共同承担,经主管部门申请,财政也可适当予以支持。

第三十八条 软件行业协会必须按照公开、公正、公平的原则,履行其所承担的软件企业认定职能。

第三十九条 将软件产品产值和出口额纳入国家有关统计范围,并在信息产业目录中单独列出。

第十二章 集成电路产业政策

第四十条 鼓励境内外企业在中国境内设立合资和独资的集成电路生产企业,凡符合条件的,有关部门应按程序抓紧审批。

第四十一条 对增值税一般纳税人销售其自产的集成电路产品(含单晶硅片),2010年前按17%的法定税率征收增值税,对实际税负超过6%的部分即征即退,由企业用于研究开发新的集成电路和扩大再生产。

第四十二条 符合下列条件之一的集成电路生产企业,按鼓励外商对能源、交通投资的税收优惠政策执行。

(一)投资额超过80亿元人民币;

(二)集成电路线宽小于0.25μm的。

第四十三条 符合第四十二条规定的生产企业,海关应为其提供通关便利。具体办法由海关总署制定。

第四十四条 符合第四十二条规定的生产企业进口自用生产性原材料、消耗品,免征关税和进口环节增值税。由信息产业部会同国家计委、外经贸部、海关总署等有关部门负责,拟定集成电路免税商品目录,报经国务院批准后执行。

第四十五条 为规避汇率风险,允许符合第四十二条规定的企业将准备用于在中国境内再投资的税后利润以外币方式存入专用账户,由外汇管理部门监管。

第四十六条 集成电路生产企业的生产性设备的折旧年限最短可为3年。

第四十七条 集成电路生产企业引进集成电路技术和成套生产设备,单项进口的集成电路专用设备与仪器,按《外商投资产业指导目录》和《当前国家重点鼓励发展的产业、产品和技术目录》的有关规定办理,免征进口关税和进口环节增值税。

第四十八条 境内集成电路设计企业设计的集成电路,如在境内确实无法生产,可在国外生产芯片,其加工合同(包括规格、数量)经行业主管部门认定后,进口时按优惠暂定税率征收关税。

第四十九条 集成电路企业的认定,由集成电路项目审批部门征求同级税务部门意见后确定。

第五十条 集成电路设计产品视同软件产品,受知识产权方面的法律保护。国家鼓励对集成电路设计产品进行评测和登记。

第五十一条 集成电路设计业视同软件产业,适用软件产业有关政策。

第十三章 附 则

第五十二条 凡在我国境内设立的软件企业和集成电路企业,不分所有制性质,均可享受本政策。

第五十三条 本政策自发布之日起实施。

关于鼓励软件产业和集成电路产业发展有关税收政策问题的通知

(2000年9月22日财政部、国家税务总局、海关总署发布　财税[2000]第025号)

各省、自治区、直辖市、计划单列市财政厅(局)、国家税务局、地方税务局,海关总署广东分署、各直属海关:

为贯彻落实《国务院关于印发鼓励软件产业和集成电路产业发展若干政策的通知》(国发[2000]18号)的精神,推动我国软件产业和集成电路产业的发展,增强信息产业创新能力和国际竞争力,现就鼓励软件产业和集成电路产业发展的有关税收政策问题通知如下:

一、关于鼓励软件产业发展的税收政策

(一)自2000年6月24日起至2010年底以前,对增值税一般纳税人销售其自行开发生产的软件产品,按17%的法定税率征收增值税后,对其增值税实际税负超过3%的部分实行即征即退政策。所退税款由企业用于研究开发软件产品和扩大再生产,不作为企业所得税应税收入,不予征收企业所得税。

增值税一般纳税人将进口的软件进行转换等本地化改造后对外销售,其销售的软件可按照自行开发生产的软件产品的有关规定享受即征即退的税收优惠政策。

本地化改造是指对进口软件重新设计、改进、转换等工作,单纯对进口软件进行汉字化处理后再销售的不包括在内。

企业自营出口或委托、销售给出口企业出口的软件产品,不适用增值税即征即退办法。

(二)对我国境内新办软件生产企业经认定后,自开始获利年度起,第一年和第二年免征企业所得税,第三年至第五年减半征收企业所得税。

(三)对国家规划布局内的重点软件生产企业,如当年未享受免税优惠的,减按10%的税率征收企业所得税。

(四)软件生产企业的工资和培训费用,可按实际发生额在计算应纳税所得额时扣除。

(五)对经认定的软件生产企业进口所需的自用设备,以及按照合同随设备进口的技术(含软件)及配套件、备件,不需出具确认书、不占用投资总额,除国务院国发[1997]37号文件规定的《外商投资项目不予免税的进口商品目录》和《国内投资项目不予免税的进口商品目录》所列商品外,免征关税和进口环节增值税。

(六)企事业单位购进软件,凡购置成本达到固定资产标准或构成无形资产,可以按照固定资产或无形资产进行核算。内资企业经主管税务机关核准;投资额在3000万美元以上的外商投资企业,报由国家税务总局批准;投资额在3000万美元以下的外商投资企业,经主管税务机关核准,其折旧或摊销年限可以适当缩短,最短可为2年。

(七)集成电路设计企业视同软件企业,享受软件企业的有关税收政策。

集成电路设计是将系统、逻辑与性能的设计要求转化为具体的物理版图的过程。

二、关于鼓励集成电路产业发展的税收政策

(一)自2000年6月24日起至2010年底以前,对增值税一般纳税人销售其自行生产的集成电路产品(含单晶硅片),按17%的法定税率征收增值税后,对其增值税实际税负超过6%的部分实行即征即退政策。所退税款由企业用于研究开发集成电路产品和扩大再生产,不作为企业所得税应税收入,不予征收企业所得税。

集成电路产品是指通过特定加工将电器元件集成在一块半导体单晶片或陶瓷基片上,封装在一个外壳内,执行特定电路或系统功能的产品。

单晶硅片是呈单晶状态的半导体硅材料。

企业自营出口或委托、销售给出口企业出口的集成电路产品，不适用增值税即征即退办法。

（二）集成电路生产企业的生产性设备，内资企业经主管税务机关核准；投资额在 3000 万美元以上的外商投资企业，报由国家税务总局批准；投资额在 3000 万美元以下的外商投资企业，经主管税务机关核准，其折旧年限可以适当缩短，最短可为 3 年。

（三）投资额超过 80 亿元人民币或集成电路线宽小于 0.25μm 的集成电路生产企业，可享受以下税收优惠政策：

1. 按鼓励外商对能源、交通投资的税收优惠政策执行。

2. 进口自用生产性原材料、消耗品，免征关税和进口环节增值税。

对符合上述规定的集成电路生产企业，海关应为其提供通关便利。

（四）对经认定的集成电路生产企业引进集成电路技术和成套生产设备，单项进口的集成电路专用设备与仪器，除国务院国发[1997]37 号文件规定的《外商投资项目不予免税的进口商品目录》和《国内投资项目不予免税的进口商品目录》所列商品外，免征关税和进口环节增值税。

（五）集成电路设计企业设计的集成电路，如在境内确实无法生产，可在国外生产芯片，其加工合同（包括规格、数量）经行业主管部门认定后，进口时按优惠暂定税率征收关税。

三、关于税务管理

（一）软件企业的认定标准由信息产业部会同教育部、科技部、国家税务总局等有关部门制定。经由地（市）级以上软件行业协会或相关协会初选，报经同级信息产业主管部门审核，并会签同级税务部门批准后列入正式公布名单的软件企业，可以享受税收优惠政策。

国家规划布局内的重点软件企业名单由国家计委、信息产业部、外经贸部和国家税务总局共同确定。

（二）经由集成电路项目审批部门征求同级税务部门意见后确定的集成电路生产企业，可以享受税收优惠政策。

符合上述第二条第（三）款条件的集成电路免税商品目录由信息产业部会同国家计委、外经贸部、海关总署等有关部门拟定，报经国务院批准后执行。

（三）集成电路设计企业的认定和管理，按软件企业的认定管理办法执行。

（四）增值税一般纳税人在销售计算机软件、集成电路（含单晶硅片）的同时销售其他货物，其计算机软件、集成电路（含单晶硅片）难以单独核算进项税额的，应按照开发生产计算机软件、集成电路（含单晶硅片）的实际成本或销售收入比例确定其应分摊的进项税额。

（五）软件企业和集成电路生产企业实行年审制度，年审不合格的企业，取消其软件企业或集成电路生产企业的资格，并不再享受有关税收优惠政策。

准予和取消享受税收优惠政策的企业一经认定，应立即通知企业所在地主管海关。

关于软件、集成电路产品以及软件、集成电路企业的具体管理办法另行制定。

本通知中未明确生效时间的政策，一律从 2000 年 7 月 1 日起开始执行。此前规定与本通知有抵触的，以本通知为准。

请遵照执行。

关于嵌入式软件增值税政策的通知

(2008年6月30日财政部、国家税务总局发布　财税[2008]92号)

各省、自治区、直辖市、计划单列市财政厅(局)、国家税务总局，新疆生产建设兵团财务局：

为更好落实软件增值税优惠政策，促进软件产业发展，根据各地反映的情况，经研究，就嵌入式软件增值税政策明确如下：

一、增值税一般纳税人随同计算机网络、计算机硬件和机器设备等一并销售其自行开发生产的嵌入式软件，如果能够按照《财政部国家税务总局关于贯彻落实〈中共中央国务院关于加强技术创新，发展高科技，实现产业化的决定〉有关税收问题的通知》(财税字[1999]273号)第一条第三款的规定，分别核算嵌入式软件与计算机硬件、机器设备等的销售额，可以享受软件产品增值税优惠政策。凡不能分别核算销售额的，仍按照《财政部国家税务总局关于增值税若干政策的通知》(财税[2005]165号)第十一条第一款规定，不予退税。

二、纳税人按照下列公式核算嵌入式软件的销售额

嵌入式软件销售额＝嵌入式软件与计算机硬件、机器设备销售额合计－[计算机硬件、机器设备成本×(1＋成本利润率)]

上述公式中的成本是指，销售自产(或外购)的计算机硬件与机器设备的实际生产(或采购)成本。成本利润率是指，纳税人一并销售的计算机硬件与机器设备的成本利润率，实际成本利润率高于10%的，按实际成本利润率确定，低于10%的，按10%确定。

三、税务机关应按下列公式计算嵌入式软件的即征即退税额，并办理退税

即征即退税额＝嵌入式软件销售额×17%－嵌入式软件销售额×3%

四、税务机关应定期对纳税人的生产(或采购)成本等进行重点检查，审核纳税人是否如实核算成本及利润。对于软件销售额偏高、成本或利润计算明显不合理的，应及时纠正，涉嫌偷骗税的，应移交税务稽查部门处理。

五、本通知自《财政部国家税务总局关于增值税若干政策的通知》(财税[2005]165号)发布之日起执行。《财政部国家税务总局关于嵌入式软件增值税政策问题的通知》(财税[2006]174号)停止执行。本通知发布之前，纳税人销售软件产品符合本通知规定条件的，各地按本通知规定办理退税。

财政部　国家税务总局
二〇〇八年六月三十日

科普税收优惠政策实施办法

(2003年11月14日科技部、财政部、国家税务总局、海关总署、新闻出版总署发布　国科发政字[2003]第416号)

为实施《关于鼓励我国科普事业发展税收政策问题的通知》(财税[2003]55号,以下简称《通知》),现就科普基地、科普活动等有关认定工作规定如下:

一、关于综合类科技报纸和科技音像制品的认定

1.《通知》第一条所称的综合类科技报纸和科技音像制品是指以普及科学知识、倡导科学方法、传播科学思想、弘扬科学精神为宗旨,经批准正式出版的报纸和音像制品。

2. 新闻出版总署根据报纸经批准的办报宗旨和业务范围提出《综合类科技报纸名单》。新闻出版总署会同财政部、国家税务总局每年对《综合类科技报纸名单》调整一次,并将调整情况通报科技部。

根据有关文件要求,由省级新闻出版行政部门对符合条件的综合类科技报纸办理认定手续,财政部门办理增值税先征后返审核退付,并将有关情况通报同级科技行政部门。

3. 科技音像制品的范围要根据《通知》要求严格执行。出版单位对符合增值税退税条件的科技音像制品认定手续,财政部门办理增值税审核退付手续,并将有关情况通报同级科技行政部门。

二、关于科技馆、自然博物馆等科普基地的认定

1. 科技馆、对公众开放的自然博物馆、天文馆(站、台)、气象台(站)、地震台(站)和设有植物园、标本馆、陈列馆等科普场所的高校和科研机构可以申请科普基地认定。

申请认定为科普基地的科技馆等,必须专门从事面向公众的科普活动,有开展科普活动的科普专职工作人员、场所、设施、工作经费等条件。有关科普工作的经费不得挪用,科普场所不得改作他用。

2. 申请认定为科普基地的自然博物馆、天文馆(站、台)、气象台(站)、地震台(站)以及设有植物园、标本馆、陈列馆等科普场所的高校和科研机构必须同时具备以下条件:

(1)面向公众从事《科普法》所规定的科普活动,有稳定的科普活动投入;

(2)有适合常年向公众开放的一定的科普设施、器材和场所等,累计每年不能少于200天;对青少年实行优惠或免费开放的时间不少于每年20天(含法定节假日);

(3)有常设内部科普工作机构并配备有必要的专职科普工作人员;

(4)有明确的科普工作规划和年度科普工作计划。

3. 符合以上条件的科技馆、自然博物馆等申请认定为科普基地的单位,应附相关证明材料、资料,经所在地的地(市)级科技行政管理部门审核同意后,报所在地的省级(包括省、自治区、直辖市、计划单列市,以下同)科技行政管理部门审核。省级科技行政管理部门应当在批准后的一个月内,向同级财政、税务部门和国家科学技术部备案。

4. 经认定的科普基地开展科普活动的门票收入申请免征营业税时,须持科普基地认定批准文件、其他证明文件以及税务机关要求的其他材料,向所在地主管税务机关提出申请,经审核批准后,享受《通知》规定的税收优惠政策。取得享受税收优惠资格的科普基地,需进口科普影视作品的,应按海关规定向所在地海关备案。

5. 省级科技行政管理部门会同同级财政、税务部门对经认定的科普基地每年进行一次年检。不合格者，取消其科普基地资格，并将有关情况报科技部备案。

三、关于党政部门开展科普活动的认定

1. 县及县级以上（含县级市、区、旗等）的党委、政府及其工作部门以及科协、工会、妇联、共青团组织开展的科普活动，同时具备下列条件的，可以申请享受《通知》规定的税收优惠。

（1）必须是符合《科普法》规定，以普及科学知识、倡导科学方法、传播科学思想、弘扬科学精神为宗旨的社会性、群众性科普活动；

（2）地方党委、政府及其工作部门和科协、工会、妇联、共青团必须是科普活动的主办单位，并且应当设置有专门的科普活动组织工作机构；

（3）应当有具体的科普活动方案；

（4）应当建立有完备的组织管理、财务管理等制度。

2. 举办符合以上条件的科普活动的地方党政部门等单位，应当在活动举办一个月前，向所在地的地（市）级科技行政管理部门提出认定申请，并提交科普活动批件、科普活动方案（包括主办单位、承办单位、活动目的、活动规模、门票定价等内容）等相关文件。

接受申请后，地（市）级科技行政管理部门认为必要的，应当负责活动的现场监督和过程管理。活动结束后一个月内，主办单位应当将科普活动总结报告以及相关证明材料、资料报经所在地的地（市）级科技行政管理部门审核同意后，由所在地的省级科技行政管理部门审批，并在批准后一个月内向同级财政、税务部门和国家科学技术部备案。

3. 跨省举办的科普活动，只得选择在一个省份申请认定，不得重复申请认定。

4. 对经认定的科普活动申请免征门票收入营业税时，主办单位须持科普活动认定批准文件、其他证明文件以及税务机关要求的其他材料，向所在地主管税务机关提出申请，经审核批准后，享受《通知》规定的税收优惠政策。

四、关于科普基地进口科普影视作品的认定

1. 《通知》规定的从境外购买科普影视作品播映权而进口的拷贝、工作带必须同时符合下列条件：

（1）必须是由按照本办法经认定的科普基地自行进口或委托进口的；

（2）必须属于《通知》附件3所列税号范围；

（3）必须是为其自用，不得进行商业销售或挪作他用。

2. 经认定的科普基地进口的科普影视作品拷贝、工作带符合以上条件的，可以提出申请，并附带进口影视作品的合同、协议（含中文译本）和相关资料报经所在地的地（市）级科技行政管理部门初审合格后，由所在地的省级科技、新闻出版行政管理部门批准，并在批准后一个月内向同级财政部门及国家科学技术部和新闻出版总署备案。

3. 对经认定的进口科普影视作品的拷贝、工作带申请享受税收优惠时，科普基地须持进口科普影视作品批准文件、其他证明文件以及海关要求的其他材料，向所在地海关提出申请，海关按规定办理减免税手续。

五、地（市）级科技行政管理部门受理科普基地认定申请后，应当在十五个工作日内作出初审决定。省级科技行政管理部门应当自收到初审决定之日起十五个工作日内作出是否认定的决定。不予认定的，应当说明理由并书面通知申请人。经过认定的，报同级财政、税务部门和国家科学技术部备案。

六、各省级科技行政管理部门可以根据本办法，结合本地区的实际情况，会同同级财政、税务、新闻出版等部门制定相应的实施细则，并报国家科学技术部备案。

七、本办法自2003年6月1日起施行。

关于鼓励科普事业发展的进口税收政策的通知

(2007年1月22日财政部发布 财关税[2007]4号)

科技部、海关总署：

经国务院批准，自2006年1月1日至2008年12月31日，对公众开放的科技馆、自然博物馆、天文馆(站、台)和气象台(站)、地震台(站)、高校和科研机构对外开放的科普基地，从境外购买自用科普影视作品播映权而进口的拷贝、工作带，免征进口关税，不征进口环节增值税；对上述科普单位以其他形式进口的自用影视作品，免征关税和进口环节增值税。进口影视作品的商品名称及税号范围见附件。

以上科普单位进口的自用科普影视作品，由省、自治区、直辖市和计划单列市科委(厅、局)认定。

经认定享受税收优惠政策的进口科普影视作品，由海关凭相关证明办理免税手续。

附件：进口影视作品的商品名称及税号范围(略)

财政部

科技开发用品免征进口税收暂行规定

(2007年1月31日财政部、海关总署、国家税务总局发布 财政部等3部门令[2007]第44号)

第一条 为了鼓励科学研究和技术开发,促进科技进步,规范科技开发用品的免税进口行为,根据国务院关于同意对科教用品进口实行税收优惠政策的决定,制定本规定。

第二条 下列科学研究、技术开发机构,在2010年12月31日前,在合理数量范围内进口国内不能生产或者性能不能满足需要的科技开发用品,免征进口关税和进口环节增值税、消费税:

(一)科技部会同财政部、海关总署和国家税务总局核定的科技体制改革过程中转制为企业和进入企业的主要从事科学研究和技术开发工作的机构;

(二)国家发展和改革委员会会同财政部、海关总署和国家税务总局核定的国家工程研究中心;

(三)国家发展和改革委员会会同财政部、海关总署、国家税务总局和科技部核定的企业技术中心;

(四)科技部会同财政部、海关总署和国家税务总局核定的国家重点实验室和国家工程技术研究中心;

(五)财政部会同国务院有关部门核定的其他科学研究、技术开发机构。

第三条 免税进口科技开发用品的具体范围,按照本规定所附《免税进口科技开发用品清单》执行。

财政部会同有关部门根据科技开发用品的需求变化及国内生产发展情况,适时对《免税进口科技开发用品清单》进行调整。

第四条 依照本规定免税进口的科技开发用品,应当直接用于本单位的科学研究和技术开发,不得擅自转让或移作他用。

第五条 经海关核准的单位,其免税进口的科技开发用品可以用于其他单位的科学研究和技术开发活动。

第六条 违反规定,将免税进口的科学研究和技术开发用品擅自转让或者移作他用的,按照有关规定处罚,有关单位在1年内不得享受本税收优惠政策;依法被追究刑事责任的,有关单位在3年内不得享受本税收优惠政策。

第七条 海关总署根据本规定制定海关具体实施办法。

第八条 本规定自2007年2月1日起施行。

附件:

免税进口科技开发用品清单

(一)研究开发、科学试验用的分析、测量、检查、计量、观测、发生信号的仪器、仪表及其附件;

(二)为科学研究、技术开发提供必要条件的实验室设备(不包括中试设备);

(三)计算机工作站,中型、大型计算机;

(四)在海关监管期内用于维修依照本规定已免税进口的仪器、仪表和设备或者用于改进、扩充该仪器、仪表和设备的功能而单独进口的专用零部件及配件;

(五)各种载体形式的图书、报刊、讲稿、计算机软件；

(六)标本、模型；

(七)实验用材料；

(八)实验用动物；

(九)研究开发、科学试验和教学用的医疗检测、分析仪器及其附件(限于医药类科学研究、技术开发机构)；

(十)优良品种植物及种子(限于农林类科学研究、技术开发机构)；

(十一)专业级乐器和音像资料(限于艺术类科学研究、技术开发机构)；

(十二)特殊需要的体育器材(限于体育类科学研究、技术开发机构)；

(十三)研究开发用的非汽油、柴油动力样车(限于汽车类研究开发机构)。

科学研究和教学用品免征进口税收规定

(2007年1月31日财政部、海关总署、国家税务总局发布 财政部等3部门令[2007]第45号)

第一条 为了促进科学研究和教育事业的发展,推动科教兴国战略的实施,规范科学研究和教学用品的免税进口行为,根据国务院关于同意对科教用品进口实行税收优惠政策的决定,制定本规定。

第二条 科学研究机构和学校,以科学研究和教学为目的,在合理数量范围内进口国内不能生产或者性能不能满足需要的科学研究和教学用品,免征进口关税和进口环节增值税、消费税。

第三条 本规定所称科学研究机构和学校,是指:

(一)国务院部委、直属机构和省、自治区、直辖市、计划单列市所属专门从事科学研究工作的各类科研院所;

(二)国家承认学历的实施专科及以上高等学历教育的高等学校;

(三)财政部会同国务院有关部门核定的其他科学研究机构和学校。

第四条 免税进口科学研究和教学用品的具体范围,按照本规定所附《免税进口科学研究和教学用品清单》执行。

财政部会同国务院有关部门根据科学研究和教学用品的需求及国内生产发展情况,适时对《免税进口科学研究和教学用品清单》进行调整。

第五条 依照本规定免税进口的科学研究和教学用品,应当直接用于本单位的科学研究和教学,不得擅自转让或移作他用。

第六条 经海关核准的单位,其免税进口的科学研究和教学用品可用于其他单位的科学研究和教学活动。

第七条 违反规定,将免税进口的科学研究和技术开发用品擅自转让或者移作他用的,按照有关规定处罚,有关单位在1年内不得享受本税收优惠政策;依法被追究刑事责任的,有关单位在3年内不得享受本税收优惠政策。

第八条 海关总署根据本规定制定海关具体实施办法。

第九条 本规定自2007年2月1日起施行。

关于国家大学科技园有关税收政策问题的通知

(2007年8月20日财政部、国家税务总局发布　财税[2007]120号)

各省、自治区、直辖市、计划单列市财政厅(局)、国家税务局、地方税务局,新疆生产建设兵团财务局:

为贯彻落实《国务院关于印发实施〈国家中长期科学和技术发展规划纲要(2006—2020年)〉若干配套政策的通知》(国发[2006]6号),经研究,现就符合条件的国家大学科技园有关税收政策问题通知如下:

一、国家大学科技园(以下简称科技园)是以具有较强科研实力的大学为依托,将大学的综合智力资源优势与其他社会优势资源相组合,为高等学校科技成果转化、高新技术企业孵化、创新创业人才培养、产学研结合提供支撑的平台和服务的机构。自2008年1月1日至2010年12月31日,对符合条件的科技园自用以及无偿或通过出租等方式提供给孵化企业使用的房产、土地,免征房产税和城镇土地使用税;对其向孵化企业出租场地、房屋以及提供孵化服务的收入,免征营业税。

二、对符合非营利组织条件的科技园的收入,自2008年1月1日起按照税法及其有关规定享受企业所得税优惠政策。

三、享受本通知规定的房产税、城镇土地使用税以及营业税优惠政策的科技园,应同时符合下列条件:

(一)科技园的成立和运行符合国务院科技和教育行政主管部门公布的认定和管理办法,经国务院科技和教育行政管理部门认定,并取得国家大学科技园资格;

(二)科技园应将面向孵化企业出租场地、房屋以及提供孵化服务的业务收入在财务上单独核算;

(三)科技园内提供给孵化企业使用的场地面积应占科技园可自主支配场地面积的60%以上(含60%),孵化企业数量应占科技园内企业总数量的90%以上(含90%)。

四、本通知所称"孵化企业"应当同时符合以下条件:

(一)企业注册地及工作场所必须在科技园的工作场地内;

(二)属新注册企业或申请进入科技园前企业成立时间不超过3年;

(三)企业在科技园内孵化的时间不超过3年;

(四)企业注册资金不超过500万元;

(五)属迁入企业的,上年营业收入不超过200万元;

(六)企业租用科技园内孵化场地面积不高于1000平方米;

(七)企业从事研究、开发、生产的项目或产品应属于科学技术部等部门印发的《中国高新技术产品目录》范围,且《中国高新技术产品目录》范围内项目或产品的研究、开发、生产业务取得的收入应占企业年收入的50%以上。

五、本通知所称"孵化服务"是指为孵化企业提供的属于营业税"服务业"税目中"代理业"、"租赁业"和"其他服务业"中的咨询和技术服务范围内的服务。

六、国务院科技和教育行政主管部门负责对科技园是否符合本通知规定的各项条件进行事前审核确认,并出具相应的证明材料。

七、各主管税务机关要严格执行税收政策,按照税收减免管理办法的有关规定为符合条件的科技园办理税收减免,加强对科技园的日常税收管理和服务。主管税务机关要定期对享受税收优惠政策的科技园进行监督检查,发现问题的,及时向上级机关报告,并按照税收征管法以及税收减免管理办法的有关规定处理。

请遵照执行。

关于科技企业孵化器有关税收政策问题的通知

(2007年8月20日财政部、国家税务总局发布　财税[2007]121号)

各省、自治区、直辖市、计划单列市财政厅(局)、国家税务局、地方税务局,新疆生产建设兵团财务局:

为贯彻落实《国务院关于印发实施〈国家中长期科学和技术发展规划纲要(2006—2020年)〉若干配套政策的通知》(国发[2006]6号),经研究,现就符合条件的科技企业孵化器(高新技术创业服务中心)有关税收政策问题通知如下:

一、科技企业孵化器(也称高新技术创业服务中心,以下简称孵化器)是以促进科技成果转化、培养高新技术企业和企业家为宗旨的科技创业服务机构。自2008年1月1日至2010年12月31日,对符合条件的孵化器自用以及无偿或通过出租等方式提供给孵化企业使用的房产、土地,免征房产税和城镇土地使用税;对其向孵化企业出租场地、房屋以及提供孵化服务的收入,免征营业税。

二、对符合非营利组织条件的孵化器的收入,自2008年1月1日起按照税法及其有关规定享受企业所得税优惠政策。

三、享受本通知规定的房产税、城镇土地使用税以及营业税优惠政策的孵化器,应同时符合下列条件:

(一)孵化器的成立和运行符合国务院科技行政主管部门发布的认定和管理办法,经国务院科技行政管理部门认定,并取得国家高新技术创业服务中心资格;

(二)孵化器应将面向孵化企业出租场地、房屋以及提供孵化服务的业务收入在财务上单独核算;

(三)孵化器内提供给孵化企业使用的场地面积应占孵化器可自主支配场地面积的75%以上(含75%),孵化企业数量应占孵化器内企业总数量的90%以上(含90%)。

四、本通知所称"孵化企业"应当同时符合以下条件:

(一)企业注册地及办公场所必须在孵化器的孵化场地内;

(二)属新注册企业或申请进入孵化器前企业成立时间不超过2年;

(三)企业在孵化器内孵化的时间不超过3年;

(四)企业注册资金不超过200万元;

(五)属迁入企业的,上年营业收入不超过200万元;

(六)企业租用孵化器内孵化场地面积低于1000平方米;

(七)企业从事研究、开发、生产的项目或产品应属于科学技术部等部门颁布的《中国高新技术产品目录》范围,且《中国高新技术产品目录》范围内项目或产品的研究、开发、生产业务取得的收入应占企业年收入的50%以上。

五、本通知所称"孵化服务"是指为孵化企业提供的属于营业税"服务业"税目中"代理业"、"租赁业"和"其他服务业"中的咨询和技术服务范围内的服务。

六、国务院科技行政主管部门负责对孵化器是否符合本通知规定的各项条件进行事前审核确认,并出具相应的证明材料。

七、各主管税务机关要严格执行税收政策,按照税收减免管理办法的有关规定为符合条件的孵化器办理税收减免,加强对孵化器的日常税收管理和服务。主管税务机关要定期对享受税收优惠政策的孵化器进行监督检查,发现问题的,及时向上级机关报告,并按照税收征管法以及税收减免管理办法的有关规定处理。

请遵照执行。

关于建立风险投资机制的若干意见

(1999年12月30日国务院办公厅转发 1999年11月16日科技部、国家计委、国家经贸委、财政部、人民银行、税务局、证监会发布 国办发[1999]105号)

为贯彻《中共中央、国务院关于加强技术创新,发展高科技,实现产业化的决定》(中发[1999]14号)中"要培育有利于高新技术产业发展的资本市场。逐步建立风险投资机制"的精神,指导、规范风险投资活动,推动风险投资事业的健康发展,现就建立风险投资机制提出以下意见:

一、建立风险投资机制的意义

(一)创新是一个民族进步的灵魂,是国家兴旺发达的不竭动力。技术创新,既是经济可持续发展的根本推动力量,也是提高国际竞争力和实现经济安全的根本保障。要使知识有效地转化为高新技术,高新技术有效地实现产业化,需要建立一个能有效地动员和集中创业资本、促进知识向高新技术转化、加速高新技术成果商品化和产业化进程的风险投资机制。建立规范的风险投资机制,对于推进国家技术创新体系建设,提高国民经济整体素质和综合国力,实现跨越式发展具有重要意义。建立有效的风险投资机制,对于高新技术的开发及其成果的产业化,具有重要作用。

(二)近几年,我国科学技术的发展支持了国民经济的建设,技术进步对经济增长的贡献率有所提高。但是,科技向现实生产力转化能力薄弱,高新技术产业化程度低,具有自主知识产权的高新技术企业少的状况还未根本改变。在国际市场竞争日趋激烈的条件下,缺乏自主的技术创新能力,难以保证国民经济的可持续发展和国家经济安全。建立风险投资机制,促进高新技术产业的发展,是实施科教兴国战略的要求。

(三)风险投资(又称创业投资)是指向主要属于科技型的高成长性创业企业提供股权资本,并为其提供经营管理和咨询服务,以期在被投资企业发展成熟后,通过股权转让获取中长期资本增值收益的投资行为。建立风险投资机制要创造良好的外部环境和改革制度,培育适应社会主义市场经济规律的,有利于加速技术创新和成果转化的,能将经济部门推进技术进步与金融部门保障支持有机结合的经济运行体系。其主要内容包括:投资主体、投资对象、撤出渠道、中介服务机构、监管系统等。

(四)建立风险投资机制的目的,是促进高新技术成果走向市场、实现产业化,提高科技进步对经济增长的贡献率,通过创造良好的外部环境,促使企业积极参与技术创新和科技创业活动,推动产业、产品结构的调整和升级形成良性循环。

二、建立风险投资机制的基本原则

(五)按照社会主义市场经济规律建立风险投资机制。要面向市场,拓展创业资本来源;运用市场机制,强化风险投资主体内部的责任约束和利益激励;按照规范、有序的原则培育服务于风险投资市场的中介服务机构;根据我国的实际情况,有步骤地培育有利于风险投资撤出和高新技术产业发展的资本市场体系;建立风险投资的风险防范、信息披露和监管系统;制定相应法规为国际创业资本的进入和撤出提供便利条件,逐步与国际风险投资市场接轨。

(六)充分发挥各级人民政府和社会力量的积极性,加快风险投资体系的建设。国家按照"制定政策、创造环境、加强监管、控制风险"的原则,推进风险投资体系的建设;鼓励地方、企业、金融机构、个人、外商等各类投资者积极推动和参与风险投资事业的发展;拓宽市场准入渠道,对风投资活动以及各类机构和个人对风险投资机构的投资,给予必要的扶持政策;制定与风险投资有关的一系列法规和制度,建立相关的监管标准和监管系统;在推进风险投资机制建设中,要重视发挥科技创业服务中心、高新技术开发区、高等学校科技园区及其他机构的作用。

三、培育风险投资主体

(七)风险投资公司和风险投资基金,是风险投资主体中的主导性机构。其主要服务对象是高新技术企业及科技型中小企业;主要功能是吸收各类投资者的创业资本,为高新技术产业化,提供资本金、经营管理及其他方面的支持;主要成员是专门从事风险投资的专家型人才;资本运作的主要方式是"战略投资"方式,还可以采用股权投资、可转换证券等多种方式进行投资。

(八)风险投资公司是以风险投资为主要经营活动的非金融性企业,其主营业务是向高新技术企业及科技型中小企业进行投资,转让由投资所形成的股权,为高新技术企业提供融资咨询,参与被投资企业的经营管理等。风险投资公司设立时要注意政企分开,鼓励非国有企业、个人、外商及其他机构投资入股。风险投资公司采取有限责任公司、股份有限公司等形式并积极探索新的运作模式。允许风险投资公司运用全额资本金进行投资。

(九)风险投资基金是专门从事风险投资以促进科技型中小企业发展的一种投资基金。为适应风险投资的特点,风险投资基金应采取私募方式,向确定的投资者发行基金份额。其募集对象可以是个人、企业、机构投资者、境外投资者,应拓宽民间资本来源;同时,对投资者的风险承受能力应有一定要求。投资者所承诺的资金可以分期到位。风险投资基金应按封闭式设立,即事先确定发行总额和存续期限,在存续期限内基金份额不得赎回。

(十)风险投资公司和风险投资基金的实收货币资本必须充足。风险投资公司和风险投资基金对高新技术企业的投资额应占其实收资本的较大比重,为规避风险,对特定企业或单一项目投资比例不宜过高。

(十一)风险投资机构的主要管理人员应具备懂技术、会管理、无不良记录、诚实申报个人财产并愿意为业务损失承担相关责任等条件。

(十二)风险投资机构要建立完善的内部激励机制和约束机制。按照允许和鼓励资本、技术等生产要素参与收益分配的原则,可以采取经营管理人员持有股份等形式调动其积极性;通过出资人与经营管理人员间的契约,根据经营绩效约定股份期权的类型、数量、赠与条件、约束条件、执行办法等,同时明确高层管理人员对渎职、重大失误等行为承担的责任。

风险投资公司和风险投资基金的成立和审批,必须按照国务院有关部门制定的办法和程序进行。

四、建立风险投资撤出机制

(十三)建立和拓宽撤出渠道,推动风险投资的发展。"撤出"是指风险投资通过转让股权获取回报的经营行为。要遵循资本运作的客观规律,创造顺畅的撤出渠道,以便有效吸引社会资金进入风险投资领域,保障风险投资的良性循环,解决创业资本的股权流动、风险分散、价值评价等问题。

风险投资的主要撤出方式:企业购并、股权回购、股票市场上市等。

(十四)企业购并是指高新技术企业在未上市前,将部分股权或全部股权向其他企业或个人转让的行为。允许和鼓励非银行金融机构、上市公司、产业投资基金和其他公司及个人参与对高新技术企业的购并活动。

(十五)股权回购是指企业购回风险投资机构在本企业所持股权的行为。金融机构、中小企业信贷担保基金及其他各类担保机构,要积极支持高新技术企业的股权回购活动。

(十六)条件成熟时,在现有的上海、深圳证券交易所专门设立高新技术企业板块,为高新技术企业特别是科技型中小企业上市和交易服务,这既能充分利用现有设施和监管资源,有利于证券市场的集中统一监管,又能较快地拓宽和完善风险投资撤出渠道。其发行上市、交易的具体办法,由证监会制定。

(十七)境外创业板块股票市场也是可利用的风险投资撤出渠道之一,如美国的那斯达克

（NASDAQ）市场和香港联合证券交易所设立的创业板块等。在政策上向高新技术企业境外上市倾斜，有利于利用国际资本发展我国高新技术产业，有利于吸引境外创业资本进入我国风险投资市场，有利于高新技术企业走向国际市场。上市、交易的具体办法，由证监会制定。

五、完善中介服务机构体系

（十八）充分发挥中介服务机构在咨询、监督、评估等方面的重要作用。风险投资要求目前已有的中介服务机构为其提供服务，还要求针对其特殊性和专门需要，设立包括行业协会、科技项目评估机构、技术经纪机构、风险投资咨询顾问机构等专门的中介服务机构。

（十九）中介服务机构的设立要严格执行政企分开的原则，使之成为自创信誉、自负盈亏、自担经济法律责任的法人实体。按诚信、公正、科学的原则，依法开展经营活动。

（二十）经审批成立的风险投资行业协会，作为风险投资主体、高新技术企业、有关中介服务机构等的行业自律组织，开展行业规范和服务标准的制定工作，对其成员的执业情况进行评定，形成自律机制；开展风险投资人才培训和民间国际交流活动等。

六、建立健全鼓励和引导风险投资的政策和法规体系

（二十一）为推进规范的风险投资机制的建立，根据本意见，国务院有关部门将制定建立风险投资公司和风险投资基金的申请、审批、管理等具体实施办法；研究制定有利于风险投资发展的财税、金融扶持政策和鼓励境外创业资本进入风险投资市场的政策；研究制定在上海、深圳证券交易所设立"高新技术企业板块"的实施方案，研究制定科技型中小企业股票发行、上市、交易的有关政策和法规；研究制定科技型中小企业到境外创业板市场发行证券和上市的有关政策；研究制定建立风险投资行业协会的审批、管理办法。

（二十二）国务院有关部门将根据国家产业政策、技术政策和产业、产品结构调整战略目标，定期制定颁布风险投资项目（领域）指南，引导创业资本投向。

风险投资是一项投资周期长、风险程度高、竞争性强的特殊资本运作方式。各地在推动建立风险投资机制时应注意防范风险，依法有序发展，避免一哄而起，避免出现单纯依靠或主要依靠政府出资建立风险投资机构的现象。应当鼓励以民间资本为主，政府以引导、扶持和有限参与为基本原则。各省、自治区、直辖市人民政府应根据本地区科技、经济和市场发展水平，坚持近期目标和长远目标相结合，采取切实可行的措施，着重在创造环境、完善市场机制、吸引国内外创业资本方面发挥作用，积极稳妥地推进风险投资事业的发展。

关于创业投资引导基金规范设立与运作的指导意见

(2008年10月18日国务院办公厅转发 发展改革委、财政部、商务部发布 国办发[2008]116号)

为贯彻《国务院关于实施〈国家中长期科学和技术发展规划纲要(2006—2020年)〉若干配套政策的通知》(国发[2006]6号)精神,配合《创业投资企业管理暂行办法》(发展改革委等十部委令2005年第39号)实施,促进创业投资引导基金(以下简称引导基金)的规范设立与运作,扶持创业投资企业发展,现提出如下意见:

一、引导基金的性质与宗旨

引导基金是由政府设立并按市场化方式运作的政策性基金,主要通过扶持创业投资企业发展,引导社会资金进入创业投资领域。引导基金本身不直接从事创业投资业务。

引导基金的宗旨是发挥财政资金的杠杆放大效应,增加创业投资资本的供给,克服单纯通过市场配置创业投资资本的市场失灵问题。特别是通过鼓励创业投资企业投资处于种子期、起步期等创业早期的企业,弥补一般创业投资企业主要投资于成长期、成熟期和重建企业的不足。

二、引导基金的设立与资金来源

地市级以上人民政府有关部门可以根据创业投资发展的需要和财力状况设立引导基金。其设立程序为:由负责推进创业投资发展的有关部门和财政部门共同提出设立引导基金的可行性方案,报同级人民政府批准后设立。各地应结合本地实际情况制订和不断完善引导基金管理办法,管理办法由财政部门和负责推进创业投资发展的有关部门共同研究提出。

引导基金应以独立事业法人的形式设立,由有关部门任命或派出人员组成的理事会行使决策管理职责,并对外行使引导基金的权益和承担相应义务与责任。

引导基金的资金来源:支持创业投资企业发展的财政性专项资金;引导基金的投资收益与担保收益;闲置资金存放银行或购买国债所得的利息收益;个人、企业或社会机构无偿捐赠的资金等。

三、引导基金的运作原则与方式

引导基金应按照"政府引导、市场运作,科学决策、防范风险"的原则进行投资运作,扶持对象主要是按照《创业投资企业管理暂行办法》规定程序备案的在中国境内设立的各类创业投资企业。在扶持创业投资企业设立与发展的过程中,要创新管理模式,实现政府政策意图和所扶持创业投资企业按市场原则运作的有效结合;要探索建立科学合理的决策、考核机制,有效防范风险,实现引导基金自身的可持续发展;引导基金不用于市场已经充分竞争的领域,不与市场争利。

引导基金的运作方式:(一)参股。引导基金主要通过参股方式,吸引社会资本共同发起设立创业投资企业。(二)融资担保。根据信贷征信机构提供的信用报告,对历史信用记录良好的创业投资企业,可采取提供融资担保方式,支持其通过债权融资增强投资能力。(三)跟进投资或其他方式。产业导向或区域导向较强的引导基金,可探索通过跟进投资或其他方式,支持创业投资企业发展并引导其投资方向。其中,跟进投资仅限于当创业投资企业投资创业早期企业或需要政府重点扶持和鼓励的高新技术等产业领域的创业企业时,引导基金可以按适当股权比例向该创业企业投资,但不得以"跟进投资"之名,直接从事创业投资运作业务,而应发挥商业性创业投资企业发现投资项目、评估投资项目和实施投资管理的作用。

引导基金所扶持的创业投资企业,应当在其

公司章程或有限合伙协议等法律文件中,规定以一定比例资金投资于创业早期企业或需要政府重点扶持和鼓励的高新技术等产业领域的创业企业。引导基金应当监督所扶持创业投资企业按照规定的投资方向进行投资运作,但不干预所扶持创业投资企业的日常管理。引导基金不担任所扶持公司型创业投资企业的受托管理机构或有限合伙型创业投资企业的普通合伙人,不参与投资设立创业投资管理企业。

四、引导基金的管理

引导基金应当遵照国家有关预算和财务管理制度的规定,建立完善的内部管理制度和外部监管与监督制度。引导基金可以专设管理机构负责引导基金的日常管理与运作事务,也可委托符合资质条件的管理机构负责引导基金的日常管理与运作事务。

引导基金受托管理机构应当符合下列资质条件:(1)具有独立法人资格;(2)其管理团队具有一定的从业经验,具有较高的政策水平和管理水平;(3)最近3年以上持续保持良好的财务状况;(4)没有受过行政主管机关或者司法机关重大处罚的不良纪录;(5)严格按委托协议管理引导基金资产。

引导基金应当设立独立的评审委员会,对引导基金支持方案进行独立评审,以确保引导基金决策的民主性和科学性。评审委员会成员由政府有关部门、创业投资行业自律组织的代表以及社会专家组成,成员人数应当为单数。其中,创业投资行业自律组织的代表和社会专家不得少于半数。引导基金拟扶持项目单位的人员不得作为评审委员会成员参与对拟扶持项目的评审。引导基金理事会根据评审委员会的评审结果,对拟扶持项目进行决策。

引导基金应当建立项目公示制度,接受社会对引导基金的监督,确保引导基金运作的公开性。

五、对引导基金的监管与指导

引导基金纳入公共财政考核评价体系。财政部门和负责推进创业投资发展的有关部门对所设立引导基金实施监管与指导,按照公共性原则,对引导基金建立有效的绩效考核制度,定期对引导基金政策目标、政策效果及其资产情况进行评估。

引导基金理事会应当定期向财政部门和负责推进创业投资发展的有关部门报告运作情况。运作过程中的重大事件及时报告。

六、引导基金的风险控制

应通过制订引导基金章程,明确引导基金运作、决策及管理的具体程序和规定,以及申请引导基金扶持的相关条件。申请引导基金扶持的创业投资企业,应当建立健全业绩激励机制和风险约束机制,其高级管理人员或其管理顾问机构的高级管理人员应当已经取得良好管理业绩。

引导基金章程应当具体规定引导基金对单个创业投资企业的支持额度以及风险控制制度。以参股方式发起设立创业投资企业的,可在符合相关法律法规规定的前提下,事先通过公司章程或有限合伙协议约定引导基金的优先分配权和优先清偿权,以最大限度控制引导基金的资产风险。以提供融资担保方式和跟进投资方式支持创业投资企业的,引导基金应加强对所支持创业投资企业的资金使用监管,防范财务风险。

引导基金不得用于从事贷款或股票、期货、房地产、基金、企业债券、金融衍生品等投资以及用于赞助、捐赠等支出。闲置资金只能存放银行或购买国债。

引导基金的闲置资金以及投资形成的各种资产及权益,应当按照国家有关财务规章制度进行管理。引导基金投资形成股权的退出,应按照公共财政的原则和引导基金的运作要求,确定退出方式及退出价格。

七、指导意见的组织实施

本指导意见发布后,新设立的引导基金应遵循本指导意见进行设立和运作,已设立的引导基金应按照本指导意见逐步规范运作。

科技型中小企业创业投资引导基金管理暂行办法

(2007年7月6日财政部、科技部发布 财企[2007]128号)

第一章 总 则

第一条 为贯彻《国务院关于实施〈国家中长期科学和技术发展规划纲要(2006—2020年)〉若干配套政策的通知》(国发[2006]6号),支持科技型中小企业自主创新,根据《国务院办公厅转发科学技术部、财政部关于科技型中小企业技术创新基金的暂行规定的通知》(国办发[1999]47号),制定本办法。

第二条 科技型中小企业创业投资引导基金(以下简称引导基金)专项用于引导创业投资机构向初创期科技型中小企业投资。

第三条 引导基金的资金来源为,中央财政科技型中小企业技术创新基金;从所支持的创业投资机构回收的资金和社会捐赠的资金。

第四条 引导基金按照项目选择市场化、资金使用公共化、提供服务专业化的原则运作。

第五条 引导基金的引导方式为阶段参股、跟进投资、风险补助和投资保障。

第六条 财政部、科技部聘请专家组成引导基金评审委员会,对引导基金支持的项目进行评审;委托科技部科技型中小企业技术创新基金管理中心(以下简称创新基金管理中心)负责引导基金的日常管理。

第二章 支持对象

第七条 引导基金的支持对象为:在中华人民共和国境内从事创业投资的创业投资企业、创业投资管理企业、具有投资功能的中小企业服务机构(以下统称创业投资机构),及初创期科技型中小企业。

第八条 本办法所称的创业投资企业,是指具有融资和投资功能,主要从事创业投资活动的公司制企业或有限合伙制企业。申请引导基金支持的创业投资企业应当具备下列条件:

(一)经工商行政管理部门登记;

(二)实收资本(或出资额)在10 000万元人民币以上,或者出资人首期出资在3000万元人民币以上,且承诺在注册后5年内总出资额达到10 000万元人民币以上,所有投资者以货币形式出资;

(三)有明确的投资领域,并对科技型中小企业投资累计5000万元以上;

(四)有至少3名具备5年以上创业投资或相关业务经验的专职高级管理人员;

(五)有至少3个对科技型中小企业投资的成功案例,即投资所形成的股权年平均收益率不低于20%,或股权转让收入高于原始投资20%以上;

(六)管理和运作规范,具有严格合理的投资决策程序和风险控制机制;

(七)按照国家企业财务、会计制度规定,有健全的内部财务管理制度和会计核算办法;

(八)不投资于流动性证券、期货、房地产业以及国家政策限制类行业。

第九条 本办法所称的创业投资管理企业,是指由职业投资管理人组建的为投资者提供投资管理服务的公司制企业或有限合伙制企业。申请引导基金支持的创业投资管理企业应具备下列条件:

(一)符合本办法第八条第(一)、第(四)、第(五)、第(六)、第(七)项条件;

（二）实收资本（或出资额）在100万元人民币以上；

（三）管理的创业资本在5000万元人民币以上。

第十条 本办法所称的具有投资功能的中小企业服务机构，是指主要从事为初创期科技型中小企业提供创业辅导、技术服务和融资服务，且具有投资能力的科技企业孵化器、创业服务中心等中小企业服务机构。申请引导基金支持的中小企业服务机构需具备以下条件：

（一）符合本办法第八条第（五）、第（六）、第（七）项条件；

（二）具有企业或事业法人资格；

（三）有至少2名具备3年以上创业投资或相关业务经验的专职管理人员；

（四）正在辅导的初创期科技型中小企业不低于50家（以签订《服务协议》为准）；

（五）能够向初创期科技型中小企业提供固定的经营场地；

（六）对初创期科技型中小企业的投资或委托管理的投资累计在500万元人民币以上。

第十一条 本办法所称的初创期科技型中小企业，是指主要从事高新技术产品研究、开发、生产和服务，成立期限在5年以内的非上市公司。享受引导基金支持的初创期科技型中小企业，应当具备下列条件：

（一）具有企业法人资格；

（二）职工人数在300人以下，具有大专以上学历的科技人员占职工总数的比例在30%以上，直接从事研究开发的科技人员占职工总数比例在10%以上；

（三）年销售额在3000万元人民币以下，净资产在2000万元人民币以下，每年用于高新技术研究开发的经费占销售额的5%以上。

第三章 阶段参股

第十二条 阶段参股是指引导基金向创业投资企业进行股权投资，并在约定的期限内退出。主要支持发起设立新的创业投资企业。

第十三条 符合本办法规定条件的创业投资机构作为发起人发起设立新的创业投资企业时，可以申请阶段参股。

第十四条 引导基金的参股比例最高不超过创业投资企业实收资本（或出资额）的25%，且不能成为第一大股东。

第十五条 引导基金投资形成的股权，其他股东或投资者可以随时购买。自引导基金投入后3年内购买的，转让价格为引导基金原始投资额；超过3年的，转让价格为引导基金原始投资额与按照转让时中国人民银行公布的1年期贷款基准利率计算的收益之和。

第十六条 申请引导基金参股的创业投资企业应当在《投资人协议》和《企业章程》中明确下列事项：

（一）在有受让方的情况下，引导基金可以随时退出。

（二）引导基金参股期限一般不超过5年。

（三）在引导基金参股期内，对初创期科技型中小企业的投资总额不低于引导基金出资额的2倍。

（四）引导基金不参与日常经营和管理，但对初创期科技型中小企业的投资情况拥有监督权。创新基金管理中心可以组织社会中介机构对创业投资企业进行年度专项审计。创业投资机构未按《投资人协议》和《企业章程》约定向初创期中小企业投资的，引导基金有权退出。

（五）参股创业投资企业发生清算时，按照法律程序清偿债权人的债权后，剩余财产首先清偿引导基金。

第四章 跟进投资

第十七条 跟进投资是指对创业投资机构选定投资的初创期科技型中小企业，引导基金与创业投资机构共同投资。

第十八条 创业投资机构在选定投资项目后或实际完成投资1年内，可以申请跟进投资。

第十九条 引导基金按创业投资机构实际投资额50%以下的比例跟进投资，每个项目不超过300万元人民币。

第二十条 引导基金跟进投资形成的股权委

托共同投资的创业投资机构管理。

创新基金管理中心应当与共同投资的创业投资机构签订《股权托管协议》，明确双方的权利、责任、义务、股权退出的条件或时间等。

第二十一条　引导基金按照投资收益的 50% 向共同投资的创业投资机构支付管理费和效益奖励，剩余的投资收益由引导基金收回。

第二十二条　引导基金投资形成的股权一般在 5 年内退出。股权退出由共同投资的创业投资机构负责实施。

第二十三条　共同投资的创业投资机构不得先于引导基金退出其在被投资企业的股权。

第五章　风险补助

第二十四条　风险补助是指引导基金对已投资于初创期科技型中小企业的创业投资机构予以一定的补助。

第二十五条　创业投资机构在完成投资后，可以申请风险补助。

第二十六条　引导基金按照最高不超过创业投资机构实际投资额的 5% 给予风险补助，补助金额最高不超过 500 万元人民币。

第二十七条　风险补助资金用于弥补创业投资损失。

第六章　投资保障

第二十八条　投资保障是指创业投资机构将正在进行高新技术研发、有投资潜力的初创期科技型中小企业确定为"辅导企业"后，引导基金对"辅导企业"给予资助。

投资保障分两个阶段进行。在创业投资机构与"辅导企业"签订《投资意向书》后，引导基金对"辅导企业"给予投资前资助；在创业投资机构完成投资后，引导基金对"辅导企业"给予投资后资助。

第二十九条　创业投资机构可以与"辅导企业"共同提出投资前资助申请。

第三十条　申请投资前资助的，创业投资机构应当与"辅导企业"签订《投资意向书》，并出具《辅导承诺书》，明确以下事项：

（一）获得引导基金资助后，由创业投资机构向"辅导企业"提供无偿创业辅导的主要内容。辅导期一般为 1 年，最长不超过 2 年。

（二）辅导期内"辅导企业"应达到的符合创业投资机构投资的条件。

（三）创业投资机构与"辅导企业"双方违约责任的追究。

第三十一条　符合本办法第三十条规定的，引导基金可以给予"辅导企业"投资前资助，资助金额最高不超过 100 万元人民币。资助资金主要用于补助"辅导企业"高新技术研发的费用支出。

第三十二条　经过创业辅导，创业投资机构实施投资后，创业投资机构与"辅导企业"可以共同申请投资后资助。引导基金可以根据情况，给予"辅导企业"最高不超过 200 万元人民币的投资后资助。资助资金主要用于补助"辅导企业"高新技术产品产业化的费用支出。

第三十三条　对辅导期结束未实施投资的，创业投资机构和"辅导企业"应分别提交专项报告，说明原因。对不属于不可抗力而未按《投资意向书》和《辅导承诺书》履约的，由创新基金管理中心依法收回投资前资助资金，并在有关媒体上公布违约的创业投资机构和"辅导企业"名单。

第七章　管理与监督

第三十四条　财政部、科技部履行下列职责：

（一）制定引导基金项目评审规程；

（二）聘请有关专家组成引导基金评审委员会；

（三）根据引导基金评审委员会评审结果，审定所要支持的项目；

（四）指导、监督创新基金管理中心对引导基金的日常管理工作；

（五）委托第三方机构，对引导基金的运作情况进行评估，对获得引导基金支持的创业投资机构的经营业绩进行评价。

第三十五条　引导基金评审委员会履行下列职责：

依据评审标准和评审规程公开、公平、公正地对引导基金项目进行评审。

第三十六条 创新基金管理中心履行下列职责：

（一）对申请引导基金的项目进行受理和初审，向引导基金评审委员会提出初审意见；

（二）受财政部、科技部委托，作为引导基金出资人代表，管理引导基金投资形成的股权，负责实施引导基金投资形成的股权退出工作；

（三）监督检查引导基金所支持项目的实施情况，定期向财政部、科技部报告监督检查情况，并对监督检查结果提出处理建议。

第三十七条 经引导基金评审委员会评审的支持项目，在有关媒体上公示，公示期为两周。对公示中发现问题的项目，引导基金不予支持。

第八章 附 则

第三十八条 引导基金项目管理办法由科技部会同财政部另行制定。

第三十九条 本办法由财政部会同科技部负责解释。

创业投资企业管理暂行办法

(2005年9月7日国务院批准,2005年11月15日国家发展改革委、科技部、财政部、商务部、中国人民银行、国家税务总局、国家工商行政管理总局、中国银监会、中国证监会、国家外汇管理局联合发布,国家发展改革委等10部门令第39号)

第一章 总 则

第一条 为促进创业投资企业发展,规范其投资运作,鼓励其投资中小企业特别是中小高新技术企业,依据《中华人民共和国公司法》、《中华人民共和国中小企业促进法》等法律法规,制定本办法。

第二条 本办法所称创业投资企业,系指在中华人民共和国境内注册设立的主要从事创业投资的企业组织。

前款所称创业投资,系指向创业企业进行股权投资,以期所投资创业企业发育成熟或相对成熟后主要通过股权转让获得资本增值收益的投资方式。

前款所称创业企业,系指在中华人民共和国境内注册设立的处于创建或重建过程中的成长性企业,但不含已经在公开市场上市的企业。

第三条 国家对创业投资企业实行备案管理。凡遵照本办法规定完成备案程序的创业投资企业,应当接受创业投资企业管理部门的监管,投资运作符合有关规定的可享受政策扶持。未遵照本办法规定完成备案程序的创业投资企业,不受创业投资企业管理部门的监管,不享受政策扶持。

第四条 创业投资企业的备案管理部门分国务院管理部门和省级(含副省级城市)管理部门两级。国务院管理部门为国家发展和改革委员会;省级(含副省级城市)管理部门由同级人民政府确定,报国务院管理部门备案后履行相应的备案管理职责,并在创业投资企业备案管理业务上接受国务院管理部门的指导。

第五条 外商投资创业投资企业适用《外商投资创业投资企业管理规定》。依法设立的外商投资创业投资企业,投资运作符合相关条件,可以享受本办法给予创业投资企业的相关政策扶持。

第二章 创业投资企业的设立与备案

第六条 创业投资企业可以以有限责任公司、股份有限公司或法律规定的其他企业组织形式设立。

以公司形式设立的创业投资企业,可以委托其他创业投资企业、创业投资管理顾问企业作为管理顾问机构,负责其投资管理业务。委托人和代理人的法律关系适用《中华人民共和国民法通则》、《中华人民共和国合同法》等有关法律法规。

第七条 申请设立创业投资企业和创业投资管理顾问企业,依法直接到工商行政管理部门注册登记。

第八条 在国家工商行政管理部门注册登记的创业投资企业,向国务院管理部门申请备案。

在省级及省级以下工商行政管理部门注册登记的创业投资企业,向所在地省级(含副省级城市)管理部门申请备案。

第九条 创业投资企业向管理部门备案应当具备下列条件:

(一)已在工商行政管理部门办理注册登记。

(二)经营范围符合本办法第十二条规定。

(三)实收资本不低于3000万元人民币,或者首期实收资本不低于 1000 万元人民币且全体投资者承诺在注册后的 5 年内补足不低于 3000 万元人民币实收资本。

（四）投资者不得超过 200 人。其中，以有限责任公司形式设立创业投资企业的，投资者人数不得超过 50 人。单个投资者对创业投资企业的投资不得低于 100 万元人民币。所有投资者应当以货币形式出资。

（五）有至少 3 名具备 2 年以上创业投资或相关业务经验的高级管理人员承担投资管理责任。委托其他创业投资企业、创业投资管理顾问企业作为管理顾问机构负责其投资管理业务的，管理顾问机构必须有至少 3 名具备 2 年以上创业投资或相关业务经验的高级管理人员对其承担投资管理责任。

前款所称"高级管理人员"，系指担任副经理及以上职务或相当职务的管理人员。

第十条 创业投资企业向管理部门备案时，应当提交下列文件：

（一）公司章程等规范创业投资企业组织程序和行为的法律文件。

（二）工商登记文件与营业执照的复印件。

（三）投资者名单、承诺出资额和已缴出资额的证明。

（四）高级管理人员名单、简历。

由管理顾问机构受托其投资管理业务的，还应提交下列文件：

（一）管理顾问机构的公司章程等规范其组织程序和行为的法律文件。

（二）管理顾问机构的工商登记文件与营业执照的复印件。

（三）管理顾问机构的高级管理人员名单、简历。

（四）委托管理协议。

第十一条 管理部门在收到创业投资企业的备案申请后，应当在 5 个工作日内，审查备案申请文件是否齐全，并决定是否受理其备案申请。在受理创业投资企业的备案申请后，应当在 20 个工作日内，审查申请人是否符合备案条件，并向其发出"已予备案"或"不予备案"的书面通知。对"不予备案"的，应当在书面通知中说明理由。

第三章 创业投资企业的投资运作

第十二条 创业投资企业的经营范围限于：

（一）创业投资业务。

（二）代理其他创业投资企业等机构或个人的创业投资业务。

（三）创业投资咨询业务。

（四）为创业企业提供创业管理服务业务。

（五）参与设立创业投资企业与创业投资管理顾问机构。

第十三条 创业投资企业不得从事担保业务和房地产业务，但是购买自用房地产除外。

第十四条 创业投资企业可以以全额资产对外投资。其中，对企业的投资，仅限于未上市企业。但是所投资的未上市企业上市后，创业投资企业所持股份的未转让部分及其配售部分不在此限。其他资金只能存放银行、购买国债或其他固定收益类的证券。

第十五条 经与被投资企业签订投资协议，创业投资企业可以以股权和优先股、可转换优先股等准股权方式对未上市企业进行投资。

第十六条 创业投资企业对单个企业的投资不得超过创业投资企业总资产的 20%。

第十七条 创业投资企业应当在章程、委托管理协议等法律文件中，明确管理运营费用或管理顾问机构的管理顾问费用的计提方式，建立管理成本约束机制。

第十八条 创业投资企业可以从已实现投资收益中提取一定比例作为对管理人员或管理顾问机构的业绩报酬，建立业绩激励机制。

第十九条 创业投资企业可以事先确定有限的存续期限，但是最短不得短于 7 年。

第二十条 创业投资企业可以在法律规定的范围内通过债权融资方式增强投资能力。

第二十一条 创业投资企业应当按照国家有关企业财务会计制度的规定，建立健全内部财务管理制度和会计核算办法。

第四章　对创业投资企业的政策扶持

第二十二条　国家与地方政府可以设立创业投资引导基金,通过参股和提供融资担保等方式扶持创业投资企业的设立与发展。具体管理办法另行制定。

第二十三条　国家运用税收优惠政策扶持创业投资企业发展并引导其增加对中小企业特别是中小高新技术企业的投资。具体办法由国务院财税部门会同有关部门另行制定。

第二十四条　创业投资企业可以通过股权上市转让、股权协议转让、被投资企业回购等途径,实现投资退出。国家有关部门应当积极推进多层次资本市场体系建设,完善创业投资企业的投资退出机制。

第五章　对创业投资企业的监管

第二十五条　管理部门已予备案的创业投资企业及其管理顾问机构,应当遵循本办法第二、第三章各条款的规定进行投资运作,并接受管理部门的监管。

第二十六条　管理部门已予备案的创业投资企业及其管理顾问机构,应当在每个会计年度结束后的4个月内向管理部门提交经注册会计师审计的年度财务报告与业务报告,并及时报告投资运作过程中的重大事件。

前款所称重大事件,系指:

(一)修改公司章程等重要法律文件。
(二)增减资本。
(三)分立与合并。
(四)高级管理人员或管理顾问机构变更。
(五)清算与结业。

第二十七条　管理部门应当在每个会计年度结束后的5个月内,对创业投资企业及其管理顾问机构是否遵守第二、第三章各条款规定,进行年度检查。在必要时,可在第二、第三章相关条款规定的范围内,对其投资运作进行不定期检查。

对未遵守第二、三章各条款规定进行投资运作的,管理部门应当责令其在30个工作日内改正;未改正的,应当取消备案,并在自取消备案之日起的3年内不予受理其重新备案申请。

第二十八条　省级(含副省级城市)管理部门应当及时向国务院管理部门报告所辖地区创业投资企业的备案情况,并于每个会计年度结束后的6个月内报告已纳入备案管理范围的创业投资企业的投资运作情况。

第二十九条　国务院管理部门应当加强对省级(含副省级城市)管理部门的指导。对未履行管理职责或管理不善的,应当建议其改正;造成不良后果的,应当建议其追究相关管理人员的失职责任。

第三十条　创业投资行业协会依据本办法和相关法律、法规及规章,对创业投资企业进行自律管理,并维护本行业的自身权益。

第六章　附　则

第三十一条　本办法由国家发展和改革委员会会同有关部门解释。

第三十二条　本办法自2006年3月1日起施行。

外商投资创业投资企业管理规定

(2003年1月30日对外贸易经济合作部、科学技术部、国家工商行政管理总局、
国家税务总局、国家外汇管理局发布 对外贸易经济合作部等5部门令第2号)

第一章 总 则

第一条 为鼓励外国公司、企业和其他经济组织或个人(以下简称外国投资者)来华从事创业投资,建立和完善中国的创业投资机制,根据《中华人民共和国中外合作经营企业法》、《中华人民共和国中外合资经营企业法》、《中华人民共和国外资企业法》、《公司法》及其他相关的法律法规,制定本规定。

第二条 本规定所称外商投资创业投资企业(以下简称创投企业)是指外国投资者或外国投资者与根据中国法律注册成立的公司、企业或其他经济组织(以下简称中国投资者),根据本规定在中国境内设立的以创业投资为经营活动的外商投资企业。

第三条 本规定所称创业投资是指主要向未上市高新技术企业(以下简称所投资企业)进行股权投资,并为之提供创业管理服务,以期获取资本增值收益的投资方式。

第四条 创投企业可以采取非法人制组织形式,也可以采取公司制组织形式。

采取非法人制组织形式的创投企业(以下简称非法人制创投企业)的投资者对创投企业的债务承担连带责任。非法人制创投企业的投资者也可以在创投企业合同中约定在非法人制创投企业资产不足以清偿该债务时由第七条所述的必备投资者承担连带责任,其他投资者以其认缴的出资额为限承担责任。

采用公司制组织形式的创投企业(以下简称公司制创投企业)的投资者以其各自认缴的出资额为限对创投企业承担责任。

第五条 创投企业应遵守中国有关法律法规,符合外商投资产业政策,不得损害中国的社会公共利益。创投企业在中国境内的正当经营活动及合法权益受中国法律的保护。

第二章 设立与登记

第六条 设立创投企业应具备下列条件:

(一)投资者人数在2人以上50人以下;且应至少拥有一个第七条所述的必备投资者;

(二)非法人制创投企业投资者认缴出资总额的最低限额为1000万美元;公司制创投企业投资者认缴资本总额的最低限额为500万美元。除第七条所述必备投资者外,其他每个投资者的最低认缴出资额不得低于100万美元。外国投资者以可自由兑换的货币出资,中国投资者以人民币出资;

(三)有明确的组织形式;

(四)有明确合法的投资方向;

(五)除了将本企业经营活动授予一家创业投资管理公司进行管理的情形外,创投企业应有三名以上具备创业投资从业经验的专业人员;

(六)法律、行政法规规定的其他条件。

第七条 必备投资者应当具备下列条件:

(一)以创业投资为主营业务;

(二)在申请前三年其管理的资本累计不低于1亿美元,且其中至少5000万美元已经用于进行创业投资。在必备投资者为中国投资者的情形下,本款业绩要求为:在申请前三年其管理的资本累计不低于1亿元人民币,且其中至少5000万元人民币已经用于进行创业投资;

(三)拥有3名以上具有3年以上创业投资

从业经验的专业管理人员；

（四）如果某一投资者的关联实体满足上述条件，则该投资者可以申请成为必备投资者。本款所称关联实体是指该投资者控制的某一实体、或控制该投资者的某一实体、或与该投资者共同受控于某一实体的另一实体。本款所称控制是指控制方拥有被控制方超过50％的表决权；

（五）必备投资者及其上述关联实体均应未被所在国司法机关和其他相关监管机构禁止从事创业投资或投资咨询业务或以欺诈等原因进行处罚；

（六）非法人制创投企业的必备投资者，对创投企业的认缴出资及实际出资分别不低于投资者认缴出资总额及实际出资总额的1％，且应对创投企业的债务承担连带责任；公司制创投企业的必备投资者，对创投企业的认缴出资及实际出资分别不低于投资者认缴出资总额及实际出资总额的30％。

第八条 设立创投企业按以下程序办理：

（一）投资者须向拟设立创投企业所在地省级外经贸主管部门报送设立申请书及有关文件；

（二）省级外经贸主管部门应在收到全部上报材料后15天内完成初审并上报对外贸易经济合作部（以下简称审批机构）；

（三）审批机构在收到全部上报材料之日起45天内，经商科学技术部同意后，做出批准或不批准的书面决定。予以批准的，发给《外商投资企业批准证书》；

（四）获得批准设立的创投企业应自收到审批机构颁发的《外商投资企业批准证书》之日起一个月内，持此证书向国家工商行政管理部门或所在地具有外商投资企业登记管理权的省级工商行政管理部门（以下简称登记机关）申请办理注册登记手续。

第九条 申请设立创投企业应当向审批机构报送以下文件：

（一）必备投资者签署的设立申请书；

（二）投资各方签署的创投企业合同及章程；

（三）必备投资者书面声明（声明内容包括：投资者符合第七条规定的资格条件；所有提供的材料真实性；投资者将严格遵循本规定及中国其他有关法律法规的要求）；

（四）律师事务所出具的对必备投资者合法存在及其上述声明已获得有效授权和签署的法律意见书；

（五）必备投资者的创业投资业务说明、申请前三年其管理资本的说明、其已投资资本的说明，及其拥有的创业投资专业管理人员简历；

（六）投资者的注册登记证明（复印件）、法定代表人证明（复印件）；

（七）名称登记机关出具的创投企业名称预先核准通知书；

（八）如果必备投资者的资格条件是依据第七条第（四）款的规定，则还应报送其符合条件的关联实体的相关材料；

（九）审批机构要求的其他与申请设立有关的文件。

第十条 创投企业应当在名称中加注创业投资字样。除创投企业外，其他外商投资企业不得在名称中使用创业投资字样。

第十一条 申请设立创投企业应当向登记机关报送下列文件，并对其真实性、有效性负责：

（一）创投企业董事长或联合管理委员会负责人签署的设立登记申请书；

（二）合同、章程以及审批机构的批准文件和批准证书；

（三）投资者的合法开业证明或身份证明；

（四）投资者的资信证明；

（五）法定代表人的任职文件、身份证明和企业董事、经理等人员的备案文件；

（六）企业名称预先核准通知书；

（七）企业住所或营业场所证明。

申请设立非法人制创投企业，还应当提交境外必备投资者的章程或合伙协议。企业投资者中含本规定第七条第四款规定的投资者的，还应当提交关联实体为其出具的承担出资连带责任的担保函。

以上文件应使用中文。使用外文的，应提供规范的中文译本。

创投企业登记事项变更应依法向原登记机关申请办理变更登记。

第十二条 经登记机关核准的公司制创投企

业,领取《企业法人营业执照》;经登记机关核准的非法人制创投企业,领取《营业执照》。

《营业执照》应载明非法人制创投企业投资者认缴的出资总额和必备投资者名称。

第三章 出资及相关变更

第十三条 非法人制创投企业的投资者的出资及相关变更应符合如下规定:

(一)投资者可以根据创业投资进度分期向创投企业注入认缴出资,最长不得超过5年。各期投入资本额由创投企业根据创投企业合同及其与所投资企业签定的协议自主制定。投资者应在创投企业合同中约定投资者不如期出资的责任和相关措施;

(二)投资者在创投企业存续期内一般不得减少其认缴出资额。如果占出资额超过50%的投资者和必备投资者同意且创投企业不违反最低1000万美元认缴出资额的要求,经审批机构批准,投资者可以减少其认缴资本额(但投资者根据本条第(五)款规定减少其已投资的资本额或在创投企业投资期限届满后减少未使用的认缴出资额不在此限)。在此情况下,投资者应当在创投企业合同中规定减少认缴出资额的条件、程序和办法;

(三)必备投资者在创投企业存续期内不得从创投企业撤出。特殊情况下确需撤出的,应获得占总出资额超过50%的其他投资者同意,并应将其权益转让给符合第七条要求的新投资者,且应当相应修改创投企业的合同和章程,并报审批机构批准。

其他投资者如转让其认缴资本额或已投入资本额,须按创投企业合同的约定进行,且受让人应符合本规定第六条的有关要求。投资各方应相应修改创投企业合同和章程,并报审批机构备案;

(四)创投企业设立后,如果有新的投资者申请加入,须符合本规定和创投企业合同的约定,经必备投资者同意,相应修改创投企业合同和章程,并报审批机构备案;

(五)创投企业出售或以其他方式处置其在所投资企业的利益而获得的收入中相当于其原出资额的部分,可以直接分配给投资各方。此类分配构成投资者减少其已投资的资本额。创投企业应当在创投企业合同中约定此类分配的具体办法,并在向其投资者作出该等分配之前至少30天内向审批机构和所在地外汇局提交一份要求相应减少投资者已投入资本额的备案说明,同时证明创投企业投资者未到位的认缴出资额及创投企业当时拥有的其他资金至少相当于创投企业当时承担的投资义务的要求。但该分配不应成为创投企业对因其违反任何投资义务所产生的诉讼请求的抗辩理由。

第十四条 非法人制创投企业向登记机关申请变更登记时,上述规定中审批机关出具的相关备案证明可替代相应的审批文件。

第十五条 非法人制创投企业投资者根据创业投资进度缴付出资后,应持相关验资报告向原登记机关申请办理出资备案手续。登记机关根据其实际出资状况在其《营业执照》出资额栏目后加注实缴出资额数目。

非法人制创投企业超过最长投资期限仍未缴付或缴清出资的,登记机关根据现行规定予以处罚。

第十六条 公司制创投企业投资者的出资及相关变更按现行规定办理。

第四章 组织机构

第十七条 非法人制创投企业设联合管理委员会。公司制创投企业设董事会。联合管理委员会或董事会的组成由投资者在创投企业合同及章程中予以约定。联合管理委员会或董事会代表投资者管理创投企业。

第十八条 联合管理委员会或董事会下设经营管理机构,根据创投企业的合同及章程中规定的权限,负责日常经营管理工作,执行联合管理委员会或董事会的投资决策。

第十九条 经营管理机构的负责人应当符合下列条件:

(一)具有完全的民事行为能力;

(二)无犯罪记录;

(三)无不良经营记录;

（四）应具有创业投资业的从业经验，且无违规操作记录；
（五）审批机构要求的与经营管理资格有关的其他条件。

第二十条 经营管理机构应定期向联合管理委员会或董事会报告以下事项：
（一）经授权的重大投资活动；
（二）中期、年度业绩报告和财务报告；
（三）法律、法规规定的其他事项；
（四）创投企业合同及章程中规定的有关事项。

第二十一条 联合管理委员会或董事会可以不设立经营管理机构，而将该创投企业的日常经营权授予一家创业投资管理企业或另一家创投企业进行管理。该创业投资管理企业可以是内资创业投资管理企业，也可以是外商投资创业投资管理企业，或境外创业投资管理企业。在此情形下，该创投企业与该创业投资管理企业应签订管理合同，约定创投企业和创业投资管理企业的权利义务。该管理合同应经全体投资者同意并报审批机构批准后方可生效。

第二十二条 创投企业的投资者可以在创业投资合同中依据国际惯例约定内部收益分配机制和奖励机制。

第五章 创业投资管理企业

第二十三条 受托管理创投企业的创业投资管理企业应具备下列条件：
（一）以受托管理创投企业的投资业务为主营业务；
（二）拥有三名以上具有三年以上创业投资从业经验的专业管理人员；
（三）注册资本或出资总额不低于100万元人民币或等值外汇；
（四）有完善的内部控制制度。

第二十四条 创业投资管理企业可以采取公司制组织形式，也可以采取合伙制组织形式。

第二十五条 同一创业投资管理企业可以受托管理不同的创投企业。

第二十六条 创业投资管理企业应定期向委托方的联合管理委员会或董事会报告第二十条所列事项。

第二十七条 设立外商投资创业投资管理企业应符合本规定第二十三条的条件，经拟设立外商投资创业投资管理公司所在地省级外经贸主管部门报审批机构批准。审批机构在收到全部上报材料之日起45天内，做出批准或不批准的书面决定。予以批准的，发给《外商投资企业批准证书》。获得批准设立的外商投资创业投资管理企业应自收到审批机构颁发的《外商投资企业批准证书》之日起一个月内，持此证书向登记机关申请办理注册登记手续。

第二十八条 申请设立外商投资创业投资管理公司应当向审批机构报送以下文件：
（一）设立申请书；
（二）外商投资创业投资管理公司合同及章程；
（三）投资者的注册登记证明（复印件）、法定代表人证明（复印件）；
（四）审批机构要求的其他与申请设立有关的文件。

第二十九条 外商投资创业投资管理企业名称应当加注创业投资管理字样。除外商投资创业投资管理企业外，其他外商投资企业不得在名称中使用创业投资管理字样。

第三十条 获得批准接受创投企业委托在华从事创业投资管理业务的境外创业投资管理企业，应当自管理合同获得批准之日起30日内，向登记机关申请办理营业登记手续。

申请营业登记应报送下列文件，并对其真实性、有效性负责：
（一）境外创业投资管理企业董事长或有权签字人签署的登记申请书；
（二）经营管理合同及审批机构的批准文件；
（三）境外创业投资管理企业的章程或合伙协议；
（四）境外创业投资管理企业的合法开业证明；
（五）境外创业投资管理企业的资信证明；
（六）境外创业投资管理企业委派的中国项目负责人的授权书、简历及身份证明；

（七）境外创业投资管理企业在华营业场所证明。

以上文件应使用中文。使用外文的,应提供规范的中文译本。

第六章　经营管理

第三十一条　创投企业可以经营以下业务：

（一）以全部自有资金进行股权投资,具体投资方式包括新设企业、向已设立企业投资、接受已设立企业投资者股权转让以及国家法律法规允许的其他方式；

（二）提供创业投资咨询；

（三）为所投资企业提供管理咨询；

（四）审批机构批准的其他业务。

创投企业资金应主要用于向所投资企业进行股权投资。

第三十二条　创投企业不得从事下列活动：

（一）在国家禁止外商投资的领域投资；

（二）直接或间接投资于上市交易的股票和企业债券,但所投资企业上市后,创投企业所持股份不在此列；

（三）直接或间接投资于非自用不动产；

（四）贷款进行投资；

（五）挪用非自有资金进行投资；

（六）向他人提供贷款或担保,但创投企业对所投资企业1年以上的企业债券和可以转换为所投资企业股权的债券性质的投资不在此列（本款规定并不涉及所投资企业能否发行该等债券）；

（七）法律、法规以及创投企业合同禁止从事的其他事项。

第三十三条　投资者应在创投企业合同中约定对外投资期限。

第三十四条　创投企业主要从出售或以其他方式处置其在所投资企业的股权获得收益。创投企业出售或以其他方式处置其在所投资企业的股权时,可以依法选择适用的退出机制,包括：

（一）将其持有的所投资企业的部分股权或全部股权转让给其他投资者；

（二）与所投资企业签订股权回购协议,由所投资企业在一定条件下依法回购其所持有的股权；

（三）所投资企业在符合法律、行政法规规定的上市条件时可以申请到境内外证券市场上市。创投企业可以依法通过证券市场转让其拥有的所投资企业的股份。

（四）中国法律、行政法规允许的其他方式。

所投资企业向创投企业回购该创投企业所持股权的具体办法由审批机构会同登记机关另行制订。

第三十五条　创投企业应当依照国家税法的规定依法申报纳税。对非法人制创投企业,可以由投资各方依照国家税法的有关规定,分别申报缴纳企业所得税；也可以由非法人制创投企业提出申请,经批准后,依照税法规定统一计算缴纳企业所得税。

非法人制创投企业企业所得税的具体征收管理办法由国家税务总局另行颁布。

第三十六条　创投企业中属于外国投资者的利润等收益汇出境外的,应当凭管理委员会或董事会的分配决议,由会计师事务所出具的审计报告、外方投资者投资资金流入证明和验资报告、完税证明和税务申报单（享受减免税优惠的,应提供税务部门出具的减免税证明文件）,从其外汇帐户中支付或者到外汇指定银行购汇汇出。

外国投资者回收的对创投企业的出资可依法申购外汇汇出。公司制创投企业开立和使用外汇帐户、资本变动及其他外汇收支事项,按照现行外汇管理规定办理。非法人制创投企业外汇管理规定由国家外汇管理局另行制定。

第三十七条　投资者应在合同、章程中约定创投企业的经营期限,一般不得超过12年。经营期满,经审批机构批准,可以延期。

经审批机构批准,创投企业可以提前解散,终止合同和章程。但是,如果非法人制创投企业的所有投资均已被出售或通过其他方式变卖,其债务亦已全部清偿,且其剩余财产均已被分配给投资者,则毋需上述批准即可进入解散和终止程序,但该非法人制创业投资企业应在该等解散生效前至少30天内向审批机构提交一份书面备案说明。

创投企业解散,应按有关规定进行清算。

第三十八条　创投企业应当自清算结束之日

起30日内向原登记机关申请注销登记。

申请注销登记,应当提交下列文件,并对其真实性、有效性负责:

(一)董事长或联合管理委员会负责人或清算组织负责人签署的注销登记申请书;

(二)董事会或联合管理委员会的决议;

(三)清算报告;

(四)税务机关、海关出具的注销登记证明;

(五)审批机构的批准文件或备案文件;

(六)法律、行政法规规定应当提交的其他文件。

经登记机关核准注销登记,创投企业终止。

非法人制创投企业必备投资者承担的连带责任不因非法人制创投企业的终止而豁免。

第七章 审核与监管

第三十九条 创投企业境内投资比照执行《指导外商投资方向规定》和《外商投资产业指导目录》的规定。

第四十条 创投企业投资于任何鼓励类和允许类的所投资企业,应向所投资企业当地授权的外经贸部门备案。当地授权的外经贸部门应在收到备案材料后15天内完成备案审核手续并向所投资企业颁发外商投资企业批准证书。所投资企业持外商投资企业批准证书向登记机关申请办理注册登记手续。登记机关依照有关法律和行政法规规定决定准予登记或不予登记。准予登记的,颁发外商投资企业法人营业执照。

第四十一条 创投企业投资于限制类的所投资企业,应向所投资企业所在地省级外经贸主管部门提出申请,并提供下列材料:

(一)创投企业关于投资资金充足的声明;

(二)创投企业的批准证书和营业执照(复印件);

(三)创投企业(与所投资企业其他投资者)签定的所投资企业合同与章程。

省级外经贸主管部门接到上述申请之日起45日内作出同意或不同意的书面批复。作出同意批复的,颁发外商投资企业批准证书。所投资企业持该批复文件和外商投资企业批准证书向登记机关申请登记。登记机关依照有关法律和行政法规规定决定准予登记或不予登记。准予登记的,颁发外商投资企业法人营业执照。

第四十二条 创投企业投资属于服务贸易领域逐步开放的外商投资项目,按国家有关规定审批。

第四十三条 创投企业增加或转让其在所投资企业投资等行为,按照第四十条、第四十一条和第四十二条规定的程序办理。

第四十四条 创投企业应在履行完第四十条、第四十一条、第四十二条和第四十三条规定的程序之日起一个月内向审批机构备案。

第四十五条 创投企业还应在每年3月份将上一年度的资金筹集和使用情况报审批机构备案。

审批机构在接到该备案材料起5个工作日内应出具备案登记证明。该备案登记证明将作为创投企业参加联合年检的必备材料之一。凡未按上述规定备案的,审批机构将商国务院有关部门后予以相应处罚。

第四十六条 创投企业的所投资企业注册资本中,如果创投企业投资的比例中外国投资者的实际出资比例或与其他外国投资者联合投资的比例总和不低于25%,则该所投资企业将享受外商投资企业有关优惠待遇;如果创投企业投资的比例中外国投资者的实际出资比例或与其他外国投资者联合投资的比例总和低于该所投资企业注册资本的25%,则该所投资企业将不享受外商投资企业有关优惠待遇。

第四十七条 已成立的含有境内自然人投资者的内资企业在接受创业投资企业投资变更为外商投资企业后,可以继续保留其原有境内自然人投资者的股东地位。

第四十八条 创投企业经营管理机构的负责人和创业投资管理企业的负责人如有违法操作行为,除依法追究责任外,情节严重的,不得继续从事创业投资及相关的投资管理活动。

第八章 附 则

第四十九条 香港特别行政区、澳门特别行政区、台湾地区的投资者在大陆投资设立创投企业,参照本规定执行。

第五十条 本规定由对外贸易经济合作部、科学技术部、国家工商行政管理总局、国家税务总局和国家外汇管理局负责解释。

第五十一条 本规定自二〇〇三年三月一日起施行。对外贸易经济合作部、科学技术部和国家工商行政管理总局于二〇〇一年八月二十八日发布的《关于设立外商投资创业投资企业的暂行规定》同日废止。

关于产业技术研究与开发资金试行创业风险投资的若干指导意见

(2007年1月31日财政部、国家发展改革委发布 财建[2007]8号)

各省、自治区、直辖市、计划单列市财政厅(局)、发展改革委:

按照《中华人民共和国促进科技成果转化法》、《国务院办公厅转发财政部、科技部关于改进和加强中央财政科技经费管理若干意见》(国办发[2006]56号)等有关法律法规以及文件精神,为贯彻落实科学发展观,建设创新型国家,扶持公益性和国家战略性产业发展,促进我国创业风险投资事业的快速、健康发展,财政部、国家发展改革委决定拿出部分国家产业技术研究与开发资金试行创业风险投资。现就有关事项提出如下意见:

一、创业风险投资的原则

(一)市场运作。要面向市场,发挥政府资金的引导作用,充分吸引社会资本投向高技术产业;创业风险投资项目按市场化运作,自主经营,自负盈亏;政府部门不干预项目承担单位的经营,管理机构受政府委托按出资额行使出资人权利并承担相应责任。

(二)鼓励创新。产业技术研究与开发资金试行创业风险投资,主要投向是高技术产业的种子期和起步期的公益性或公共性科技研发和成果转化项目,项目具有原始创新、集成创新或消化吸收再创新属性,不同于一般商业风险投资,不以利益最大化为目的。

(三)引导为主。产业技术研究与开发资金试行创业风险投资,目的是引导社会资本投向高技术产业,解决高技术产业在种子期和起步期资金不足问题,不占大股、不行使经营主导权,调动项目承担单位的积极性,分摊风险。

(四)规范管理。建立规范的项目遴选机制,通过多种方式,加强管理机构能力培养,强化管理机构责任,建立有效的风险防范体系和利益激励机制;按照公共财政原则,在条件成熟时,及时退出创业风险投资并将回收资金上缴中央财政。

二、创业风险投资受托管理机构

(一)创业风险投资受托管理机构的确定。

创业风险投资委托专业管理机构管理,财政部会同国家发展改革委通过招标的方式确定专业管理机构,并与专业管理机构签订委托协议。

(二)受托管理机构的资质:

1. 具有企业法人资格;

2. 注册资金不少于1亿元;

3. 从事创业风险投资管理业务5年以上;

4. 有3年以上创业风险投资相关经历的从业人员至少5名;

5. 有完善的创业风险投资管理制度;

6. 有创业风险投资项目运作的成功经验。

(三)受托管理机构的职责:

1. 按照本意见及有关规定的要求,推荐投资项目;

2. 受委托以投资额为限对被投资企业行使出资人权利,包括向被投资企业派遣董事、监事,通过股东会、董事会、监事会依法行使权利;

3. 充分利用自身资源和创业投资经验为被投资企业提供各种增值服务,帮助企业建立规范的管理制度,促进企业发展;

4. 定期向财政部和国家发展改革委报告被投资企业项目进展情况、股本变化情况以及其他重大情况;

5. 根据要求,组织创业风险投资退出,并及时将回收资金上缴中央财政。

三、创业风险投资项目的选择

(一)风险投资项目要符合以下条件:

1. 具有公益性、公共性技术属性,能明显提升产业自主创新能力和企业核心竞争力;
2. 拥有自主知识产权且技术含量较高;
3. 近期内筹集资金能力相对较弱的,但具有良好市场前景、预期盈利能力较强。

(二)创业风险投资项目可以采取以下两种方式筛选和确定:

1. 国家发展改革委会同财政部根据国家经济、科技发展战略和规划等公布创业风险投资项目申报指南,各地发展改革委会同财政厅(局)按本意见规定的要求组织相关项目并向国家发展改革委和财政部推荐,国家发展改革委会同财政部组织专家评审后,在受托管理机构与被投资单位协商一致并签订投资协议的基础上,批复投资项目和投资额度。

2. 受托管理机构推荐投资项目。受托管理机构根据本意见规定的原则和要求在国家发展改革委和财政部确定的创业风险投资支持重点领域内评估、筛选本机构已经投资的项目,上报国家发展改革委和财政部,国家发展改革委会同财政部在专家评审的基础上,批复投资项目和投资额度。

(三)申报创业风险投资项目需要提交的材料:

1. 项目可行性研究报告和专家初步论证意见;
2. 项目申报单位近两年经中介机构审计的财务报告和资信材料;
3. 项目申报单位现有的股权结构;
4. 项目申报单位同意国家财政投资参股的决议;
5. 其他相关材料。

四、资金的拨付

财政部依据批复的投资项目名单、金额以及受托管理机构与被投资单位签订的投资协议,按照有关规定,将资金拨付受托管理机构的托管专户,由受托管理机构拨付被投资单位。

受托管理机构的托管专户需在财政部指定的代理银行范围内开设,并由财政部、受托管理机构、开户银行3家签订协议,明确托管机构只有接到财政部的拨款通知后,方可通知银行拨付资金。

因特殊原因无法继续执行的,受托管理机构要及时将投资资金缴回中央财政。

五、创业风险投资的退出

创业风险投资项目通过企业并购、股权回购、股票市场上市等方式实现退出。

受托管理机构负责对投资项目退出时机进行考察,在退出时机成熟时运作退出,并及时将退出时机、退出方式等情况报告财政部和国家发展改革委。

退出的资金(含回收的股息、股利)直接收回到托管专户,由受托管理机构及时上缴中央财政。

六、委托经费

委托管理机构管理创业风险投资,需支付一定委托费用。委托费用分为两个部分,一部分是日常管理费,按不超过投资余额的3%确定;另一部分是效益奖励,按不超过总投资收益(弥补亏损后的净收益)的一定比例确定。委托经费的具体安排在委托协议中约定。

七、考核与监督

(一)受托管理机构依照本意见和委托协议约定事项,认真履行相应管理职责。受托管理机构应制定相应的风险投资管理制度、工作流程和风险防范制度,设置相应的业务机构。

(二)财政部和国家发展改革委对受托管理机构进行考核与监督,有权对受托管理机构实施不定期检查,对受托专户的资金进行监控。受托管理机构应定期向财政部和国家发展改革委报送受托管理机构的财务报告和创业风险投资管理报告,每年至少报送一次,报告主要包括:

1. 受托管理机构的资产、负债及所有者权益情况;
2. 受托管理机构的经营情况;
3. 创业风险投资规模、投资完成情况;
4. 投资企业经营情况;
5. 创业风险投资的退出和收益情况;
6. 委托协议约定的其他事项。

(三)受托管理机构有下列情形之一的,财政部和国家发展改革委有权撤销或更换受托管理机构,必要时可诉诸法律手段:

1. 不再具备本意见规定的资质条件;
2. 有重大违法违规行为;
3. 依法撤销、解散、宣告破产;

4. 委托协议约定的其他情形。

产业技术研究与开发资金试行创业风险投资是财政资金支持高技术产业方式新的、有益的探索。但创业风险投资具有投资周期长、风险程度高等特点,需注意防范风险,依法有序发展,注重充分发挥市场机制的作用,发挥财政资金的种子作用,积极稳妥地推进创业风险投资事业的发展。

关于商业银行改善和加强对高新技术企业金融服务的指导意见

(2006年12月28日银行业监督管理委员会发布　银监发[2006]94号)

各银监局,各政策性银行、国有商业银行、股份制商业银行、金融资产管理公司,国家邮政局邮政储汇局,银监会直接监管的信托公司、财务公司、金融租赁公司:

为实施《国家中长期科学和技术发展规划纲要(2006—2020年)》若干配套政策,营造支持和激励自主创新的金融环境,引导商业银行改善和加强对高新技术企业金融服务,中国银监会根据国家相关法律、法规,提出以下指导意见。

第一条 本文中所称的商业银行包括国有商业银行、股份制商业银行、城市商业银行、农村商业银行、农村合作银行和农村信用社。除政策性银行外,其他银行业金融机构可参照执行。

本文中所称的高新技术企业是指科技部和省、自治区、直辖市、计划单列市科技行政管理部门根据《国家高新技术产业开发区高新技术企业认定条件和办法》(国科发火字[2000]324号)、《国家高新技术产业开发区外高新技术企业认定条件和办法》(国科发火字[1996]018号)和《关于国家高新技术产业开发区外高新技术企业认定有关执行规定的通知》(国科火字[2000]120号)认定的企业。

第二条 商业银行要确立金融服务科技的意识,应当遵循自主经营、自负盈亏、自担风险和市场运作的原则,促进自主创新能力提高和科技产业发展,实现对高新技术企业金融服务的商业性可持续发展。

第三条 商业银行应当根据高新技术企业金融需求特点,完善业务流程、内部控制和风险管理,改善和加强对高新技术企业服务。

第四条 商业银行应当重点加强和改善对以下高新技术企业的服务,根据国家产业政策和投资政策,积极给予信贷支持:

(一)承担《国家中长期科学和技术发展规划纲要(2006—2020年)》确定的"重点领域及其优先主题"、"重大专项"和"前沿技术"开发任务的企业;

(二)担负有经国家有权部门批准的国家和省级立项的高新技术项目,拥有自主知识产权、有望形成新兴产业的高新技术成果转化项目和科技成果商品化及产业化较成熟的企业;

(三)属于电子与信息(尤其是软件和集成电路)、现代农业(尤其是农业科技产业化以及农业科研院所技术推广项目)、生物工程和新医药、新材料及应用、先进制造、航空航天、新能源与高效节能、环境保护、海洋工程、核应用技术等高技术含量、高附加值、高成长性行业的企业;

(四)产品技术处于国内领先水平,具备良好的国内外市场前景,市场竞争力较强,经济效益和社会效益较好且信用良好的企业;

(五)符合国家产业政策,科技含量较高、创新性强、成长性好,具有良好产业发展前景的科技型小企业。尤其是国家高新技术产业开发区内,或在高新技术开发区外但经过省级以上科技行政管理部门认定的,从事新技术、新工艺研究、开发、应用的科技型小企业。

第五条 商业银行拟提供授信的高新技术企业,应当同时满足以下条件:

(一)符合国家有关法律法规、产业政策以及国家制定的重点行业规划和《国家中长期科学和技术发展规划纲要(2006—2020年)》等相关要求;

(二)经国家批准的有关项目,其资本金、土地占用标准、环境保护、能源消耗、生产安全等方面符合相关要求；

（三）知识产权归属明晰、无重大知识产权纠纷的企业；

（四）产权清晰，建立了良好的公司治理结构、规范的内部管理制度和健全的财务管理制度，管理层具有较强的市场开拓能力和较高的经营管理水平，并有持续创新意识，具有较强的偿债能力和抗风险能力的企业；

（五）符合商业银行现行授信制度、内部控制和风险管理要求及商业银行认为应当满足的其他条件。

第六条 商业银行应当对高新技术企业进行必要的市场细分，针对不同行业和不同发展阶段的高新技术企业特点，积极开展制度创新和产品创新，开发符合高新技术企业需求的金融产品和业务流程，为其提供授信、结算、结售汇、银行卡、现金管理、财务顾问等各项服务。

第七条 商业银行应当对有效益、有还贷能力的自主创新产品出口所需的流动资金贷款根据信贷原则优先安排、重点支持，对资信好的自主创新产品出口企业可核定一定的授信额度，在授信额度内，根据信贷、结算管理要求，及时提供多种金融服务。

第八条 商业银行应当与科技型小企业建立稳定的银企关系，改善对小企业科技创新的金融服务，对创新能力强的予以重点扶持。应按照银监会《银行开展小企业贷款业务指导意见》（银监发〔2005〕54号）加强对科技型小企业的信贷支持。

第九条 商业银行应当根据高新技术企业融资需求和现金流量特点，设定合理的授信期限和还款方式，可采取分期定额、利随本清、灵活地附加必要宽限期（期内只付息不还本）等还款方式。

第十条 商业银行对高新技术企业授信，应当探索和开展多种形式的担保方式，如出口退税质押、股票质押、股权质押、保单质押、债券质押、仓单质押和其他权益抵（质）押等。对拥有自主知识产权并经国家有权部门评估的高新技术企业，还可以试办知识产权质押贷款。除资产抵、质押外，还应当加强与专业担保机构的合作，接受专业担保机构的第三方担保。

对科技型小企业授信，可以由借款人提供符合规定的企业资产、业主或主要股东个人财产抵质押以及保证担保，采取抵押、质押、保证的组合担保方式，满足其贷款需求。

第十一条 商业银行应当主动加强与政府部门沟通，及时获取相关信息。对获得国家财政贴息、科技型小企业技术创新基金支持或政府出资的专业担保机构担保的企业，应积极予以信贷支持。

第十二条 商业银行应当正确把握高新技术企业的生命周期和成长特点，根据企业技术的成熟程度和所处的产业化、市场化阶段及企业成长阶段的金融需求特点和风险状况，及时调整业务经营策略、准入及退出标准和信贷结构。

第十三条 商业银行应当按照银监会《商业银行授信工作尽职指引》（银监发〔2004〕51号）和《商业银行小企业授信工作尽职指引（试行）》（银监发〔2006〕69号）要求，加强对高新技术企业授信管理。

第十四条 商业银行应当提高识别、评价高新技术和自主知识产权及其发展方向和市场前景的能力，必要时可引入外部专家评审机制，根据需要委托相关领域的专家对其技术、产品、市场和法律、政策等进行调查和评估。

第十五条 商业银行对高新技术企业提供信贷支持应当引入贷款的风险定价机制，可在法律法规和政策允许的范围内，根据风险水平、筹资成本、管理成本、贷款目标收益、资本回报要求以及当地市场利率水平等因素自主确定贷款利率，对不同条件的借款人实行差别利率。

第十六条 商业银行应当加强与其他银行业金融机构的合作，对融资需求较大的高新技术项目，可通过组织银团贷款等方式实现利益共享、风险共担。

第十七条 商业银行应当实施有效的授信后管理，关注高新技术发展趋势，及时发现所授信高新技术企业的潜在风险并进行风险预警提示。发生影响客户履约能力的重大事项时，及时采取必要措施，并视情况决定是否对授信进行调整。

第十八条 商业银行应当加强对高新技术企业贷款的风险分类管理，并按照《金融企业呆账准备金提取管理办法》(财金[2005]49号)足额计提准备,增强抵御风险能力,弥补贷款损失。

请各银监局将本文转发至辖内各银监分局、城市商业银行、城市信用社、农村商业银行、农村合作银行和农村信用社。

二〇〇六年十二月二十八日

支持国家重大科技项目政策性金融政策实施细则

(2006年12月28日银行业监督管理委员会发布 银监发[2006]95号)

第一章 总则

第一条 为实施《国家中长期科学和技术发展规划纲要(2006—2020年)》(以下简称《规划纲要》)若干配套政策,营造激励自主创新的金融环境,鼓励和引导政策性银行等金融机构为国家重大科技项目提供金融服务,加强政策性金融对自主创新和产业化的支持力度,中国银行业监督管理委员会(以下简称银监会)根据国家有关法律、法规,制定本实施细则。

第二条 本实施细则所称政策性金融是指国家为实现特定的政策目标,要求或通过金融机构对指定的项目、产业或地域提供的金融服务。

第三条 政策性银行应当强化社会责任意识,将支持国家重大科技项目和高新技术作为落实科学发展观、推动创新型社会建设、促进可持续发展的具体举措,以及培养和拓展银行客户群的有效手段。

第四条 政策性银行应当设立专门账户,反映支持国家重大科技项目的各类政策性专项业务和项目,实行项目专项管理、单独核算。

第五条 政策性银行应当遵循政策性、安全性、流动性和效益性原则,自主经营、独立审贷、自担风险,对国家重大科技项目给予重点支持。

第六条 政策性银行应当严格依照本实施细则开办相关业务。银监会及其派出机构依法对政策性银行支持国家重大科技项目的业务活动进行监管。

第二章 支持领域和条件

第七条 政策性银行支持的国家重大科技项目包括:《规划纲要》中的重大专项和国家主要科技计划中的重大项目、经国家有关部门认定并推荐的国家重大科技专项、国家重大科技产业化项目的规模化融资和科技成果转化项目、高新技术产业化项目、引进技术消化吸收项目、高新技术产品出口项目等。

第八条 政策性银行支持的国家重大科技项目应当具备以下条件:

(一)符合《规划纲要》制定的相关政策,符合国家行业规划、产业政策、项目审核程序、用地政策、用地标准、环境保护、生产安全等方面的要求;

(二)在政策性银行支持的范围内,优先选择列入国家科技计划,且产品和技术具有创新性的项目;

(三)符合国家有关法律法规的规定,项目的建设需得到国家有权部门的批准,确保贷款资金用于国家重大科技项目;

(四)具备良好的国内外市场前景、较强的竞争力和盈利能力;

(五)项目申请人应当为在工商行政管理部门(或主管机关)依法核准登记注册的企(事)业法人,具备承担民事责任的资格,自主经营、独立核算;

(六)项目申请人建立了产权清晰、职责明确、分工合理、相互制衡的公司治理结构,制定了规范的内部管理制度和可操作的风险管理制度;

(七)项目申请人具有足够的偿债能力或风险覆盖能力,能提供符合法律规定的第三方保证或抵质押担保；

（八）政策性银行认为应当满足的其他条件。

第九条 国家通过招标投标方式确定国家重大科技项目政策性金融服务的承办人，政策性银行作为投标人依法进行投标活动。商业银行等机构对于通过国家组织的招投标获得的政策性金融业务，应当严格按照招投标约定的条件承办，分账管理。

第三章 风险防范与控制

第十条 政策性银行按照国家有关规定，享受支持的经认定的国家重大科技项目的风险补偿和贴息政策。未经认定的项目按照市场化原则运作。

第十一条 政策性银行应当高度关注国家重大科技项目和高新技术贷款的技术风险、信用风险、市场风险、操作风险、法律风险等各类风险，加强对这些风险的识别、计量、监测和控制，根据这些贷款授信的流程和特点制定专门的风险管理办法及业务操作规程，建立相应的风险管理及内控制度，建立健全激励约束和考核评价机制。

第十二条 政策性银行应当按照国家重大科技项目贷款申请的受理、审核、审批、贷后管理等环节分别制定各自的职业道德标准和行为规范，明确相应的权责和考核标准。

第十三条 政策性银行应当建立健全相应的统计信息系统，确保贷款信息的准确性、真实性、完整性，有效监控贷款整体情况。

第十四条 政策性银行应当根据重大科技项目和高新技术贷款借款人拟采用或已采用技术的原创性、领先性、适用性、知识产权的可保护性和这些技术及其相关产品的市场前景，正确评估贷款的现金流情况，并结合贷款的第三方保证、抵质押担保和其他风险缓释因素，正确评估此类贷款的债项等级。

第十五条 政策性银行应当根据重大科技项目和高新技术贷款借款人的资产负债情况、技术创新能力、经营能力、产业政策导向、政策支持力度等正确评估借款人信用等级。

第十六条 政策性银行应当根据重大科技项目和高新技术贷款借款人拟采用或已采用技术的成熟程度和所处的产业化、市场化阶段，审慎考虑银行适合承担的风险。应当注意通过与风险投资基金、产业投资基金、财政投融资或其他权益性投融资合作，或通过开展银团贷款、政府转贷款，或其他方式如保险、资产证券化、信用衍生品等分散和转移贷款风险。

第十七条 政策性银行应当基于风险可控和合规的原则，积极探索以知识产权和其他形式的无形资产为抵质押的贷款试点工作。

第十八条 政策性银行应当引入专家评审机制。根据需要委托技术、金融、财务、相关产业及法律等领域的专家对项目的技术、产品、市场、财务状况及政策法规等方面进行调查和评估。

第十九条 项目借款人必须在政策性银行或其指定的代理行设立专用账户，实行专项管理、专项核算、专款专用，严格按政策性银行的信贷管理规定及合同要求使用资金。

第二十条 政策性银行应当建立风险预警机制。在项目借款人出现信用结构缺损、挪用贷款、资本金不到位、企业经营出现重组改制、法律诉讼、重大违约及恶性事件等重大风险情况时，停止发放贷款，并提前收回已发放的贷款本息。

第二十一条 政策性银行应当积极支持科技型小企业，建立和完善贷款的风险定价机制、独立核算机制、高效的贷款审批机制、激励约束机制、专业化的人员培训机制和违约信息通报机制。

第二十二条 政策性银行应当根据贷款的风险情况，准确进行贷款的五级分类，并按照《金融企业呆账准备提取管理办法》（财金〔2005〕49号）足额计提准备，增强抵御风险能力，弥补贷款损失。

第四章 附 则

第二十三条 本实施细则由银监会解释和修改。

第二十四条 本实施细则自印发之日起施行。

中国进出口银行支持高新技术企业发展特别融资账户实施细则

(2006年6月30日中国进出口银行发布 进出银[2006]120号)

第一章 总 则

第一条 为贯彻全国科技大会精神,实施《国家中长期科学和技术发展规划纲要(2006—2020年)》,落实《实施〈国家中长期科学和技术发展规划纲要(2006—2020年)〉的若干配套政策》,制定本实施细则。

第二条 中国进出口银行(以下简称"进出口银行")设立支持高新技术企业发展特别融资账户(以下简称"特别融资账户")。该帐户通过创业风险投资,扶持中小型高新技术企业发展,增强企业自主创新能力,提高我国高新技术企业的国际竞争力。

第三条 本《实施细则》所称中小型高新技术企业,系指由中方控股、主要从事高新技术产品研发和生产的中小企业。

本条第一款所称高新技术企业根据《国家高新技术产业开发区高新技术企业认定条件和办法》认定。

本条第一款所称高新技术产品根据《中国高新技术产品目录》和《中国高新技术产品出口目录》认定。

本条第一款所称中小型企业根据《中小企业标准暂行规定》认定。

第四条 特别融资账户从事创业风险投资业务,按照市场化原则经营。

第五条 中国进出口银行设立投资部,负责特别融资账户的经营管理。

投资部与进出口银行其他部门之间建立财务防火墙。特别融资账户的业务由进出口银行自主经营,独立核算。

第六条 特别融资账户的初始规模为50亿元人民币,全部由进出口银行发行债券筹集。

根据业务发展需要,特别融资账户还可以通过进出口银行发债、接受外部资金委托等方式获得后续资金。

第七条 特别融资账户采取直接投资和间接投资模式。

本条第一款所称直接投资系指进出口银行通过特别融资账户直接对创业企业进行投资与管理。

本条第一款所称间接投资系指进出口银行通过特别融资账户与外部机构合资成立"创业风险投资机构",然后再通过该机构对创业企业进行投资和管理。

第八条 特别融资账户的投资范围包括:

(一)创业风险投资业务;

(二)代理其他投资机构的投资业务;

(三)投资咨询业务;

(四)为被投资企业提供管理服务业务;

(五)参与设立创业风险投资机构与创业风险投资管理顾问机构。

第二章 直接投资要求

第九条 本章所称投资系指通过普通股、优先股、可转换债券、可转换优先股等方式,直接对创业企业进行投资。

第十条 除第一章第三条所规定的内容外,被投资企业还应符合以下标准:

(一)符合国家产业政策,产品和技术具有创新性,具有自主知识产权和品牌,优选列入国家科技计划的项目;

（二）被投资企业应产权清晰、管理规范、公司治理结构完善；

（三）应具备良好的国内外市场前景、较强的竞争力和盈利能力；

（四）被投资企业应具备高成长性和竞争优势；

（五）被投资企业的核心团队应具有敬业精神、良好的资信记录和卓越的执行能力；

（六）能够使投资获得良好收益；

（七）拥有明确的退出计划并具有可行性；

（八）其他进出口银行认为应该满足的条件。

第十一条 特别融资账户的投资对象主要是处于种子期、起步期、成长期和扩展期的企业。

第十二条 特别融资账户须遵守以下投资限制：

（一）对创业企业的投资期限一般不超过10年，特殊情况下可以延长；

（二）对单个创业企业投资额原则上不超过特别融资账户总规模的10%，但特殊情况除外；

（三）不得投资于上市公司的股票，但因所投资企业上市而持有的部分及其增资配股增加的部分不受此限；

（四）以直接或间接投资方式拥有的股权资产原则上不低于特别融资账户已投资总资产的70%。实际投资之前或投资过程中的间歇资金可以银行存款、政府债券及其他中国人民银行认可的货币性金融工具的形式持有。

第三章 直接投资决策

第十三条 直接投资项目的来源包括但不限于：

（一）各级政府部门（如科技部、国防科工委）、科研院所、国家高新技术产业开发区推荐的项目；

（二）各金融机构、企业、中介机构推荐的项目；

（三）投资部主动搜集的项目；

（四）潜在客户通过各种方式自行申请的项目。

第十四条 投资部对所有项目申请都要进行初期筛选，重点检验项目的完整性和合格性。

完整的项目信息应至少包括：

（一）企业营业执照；

（二）企业概况、业务概况及公司竞争优势；

（三）技术和产品的创新性；

（四）经审计和最近三年财务报表（种子期企业除外）；

（五）主要经营风险分析；

（六）筹资用途。

以上信息须随附主管部门审批文件、政府给予企业优惠政策的批文，且申请文件内容应符合进出口银行投资部的相关要求。

第十五条 投资部通过信件或电子邮件将初选结果通知申请人。对未通过的项目，应向申请人简要说明理由，同时将项目材料整理归档，以便后期跟踪研究。

对通过的项目，创业企业应提供《商业计划书》，内容至少包括：

（一）计划书摘要；

（二）公司及其未来；

（三）管理；

（四）财务说明；

（五）风险因素；

（六）投资回报与退出渠道；

（七）经营分析与预测；

（八）财务报告；

（九）预测；

（十）图表信息。

第十六条 对通过初期筛选的项目，应提交投资预审委员会决定是否立项。

投资预审委员会由进出口银行的技术、金融、财务、相关产业及法律等领域的专家组成。必要时，也可调用外部专家参与预审。

投资预审委员会应从技术和产品、管理团队、市场、财务状况及政策法律等方面对申请立项的项目进行评估。任何项目，只要有一个方面不能满足投资立项要求，均不能立项。

第十七条 投资项目被批准立项后，投资部应及时组织专家调查组进行尽职调查工作。除银行内部专家，还可聘请外部专家或中介机构参加专家调查组。

尽职调查应涉及被投资企业的生产、营销、研发、财务等各个方面，并对被投资企业所有办公、研发及生产场所进行实地考察和核实。

调查组应与被投资企业所有高级管理人进行沟通，并对行业、市场、技术、行政、银行、税务、法律及同业竞争等情况展开外围调查。

调查组应对合作方式、合作框架的制度性安排、股权设计、出资方式、投资成本及退出通道选择方案设计等进行调查和研究。

调查组应在全面调查的基础上出具审慎调查报告，对被投资企业的各方面情况进行评价。对被认为有投资价值的项目，调查组还应完成投资建议书。

第十八条 投资部应在收到调查组提交的审慎调查报告和投资建议书后，提请召开投资决策委员会会议。

投资决策委员会由进出口银行主管副行长、投资部和相关部门总经理室成员组成，负责项目投资和退出决策。对尚有疑问的专业问题，可以聘请外部专家提供决策咨询意见。

投资决策委员会应对投资的可行性进行评估，并根据评估结果形成评议文件。

对于投资额超过3000万元人民币的项目，投资决策委员会在做出决定之后，还须提交进出口银行行长做最终决策。

第四章 直接投资实施与管理

第十九条 投资决策委员会或进出口银行行长做出最终决策后，投资部应及时通知被投资企业，并做好法律文件的谈判准备。

第二十条 进出口银行聘请额法律顾问负责起草法律文件并出具法律意见书，投资部应予以配合。

第二十一条 相关法律文件应由进出口银行行长或其授权代表签署。

第二十二条 投资部应根据与被投资创业企业达成的投资协议管理投资项目，确保投资安全。

第二十三条 投资管理可以采取以下两种方式：

（一）向被投资创业企业委派董事；

（二）向被投资创业企业委派高级财务管理人员，代表进出口银行进行财务管理。

第二十四条 投资部进行投资管理的主要职责是：

（一）监管职能，即对被投资创业企业进行跟踪管理，密切监督被投资企业的资金使用情况和企业发展状况，定期完成投资后续管理报告。

（二）增值服务，即向被投资创业企业提供再融资、上市、战略管理等服务。

第二十五条 被投资创业企业应定期向进出口银行保送以下材料：

（一）按季度报送的材料，包括：1. 未经审计的财务报表，包括截至每季度末的资产负债表、季度损益表和现金流量表，报表编制须符合我国会计准则和相关企业会计制度；2. 企业经营情况和尚未履行承诺的说明；3. 与企业管理层活动有关的资料。

（二）每年度报送的材料，包括：1. 经审计的财务报表，包括截至每年度末的企业资产负债表、年度损益表和现金流量表，报表编制须符合我国会计准则和相关企业会计制度，并和上一年度财务报表和经营计划相比较；2. 企业经营情况、纳税情况的详细报告，对企业发展的展望以及对重要事件的说明。

第五章 直接投资退出

第二十六条 投资退出应按照投资协议执行，保证投资及时按照有关协议退出。

第二十七条 如投资协议仅对投资退出做了原则性规定，投资决策委员会应制定专人与有关各方协商，及时就投资退出的具体细节与各方达成一致，并监督有关方面执行。

第二十八条 存在多种退出机会时，投资决策委员会应对项目退出的各种方案进行分析和比较，提出最优方案，并报进出口银行行长批准。

第二十九条 投资部应负责管理和监督从被投资企业退出，并按照投资决策委员会的指示采取行动。

第三十条 投资退出方式主要包括：

（一）境内外公开上市发行股票。

（二）股权转让，包括管理层收购和员工收购、一般购并、第二期购并等。

（三）破产清算。

第六章　间接投资

第三十一条　进出口银行可以用特别融资账户内资产与外部投资者发起设立新创业风险投资机构，以间接投资的方式支持中小型高新技术企业发展。

前款所指外部投资者主要包括：外国投资者、国内企业、金融机构以及地方政府。

第三十二条　新创业风险投资机构应满足以下条件：

（一）新创业风险投资机构以支持我国中小型高新技术企业发展为主要方向；

（二）新创业风险投资机构最小规模为1亿元人民币；

（三）进出口银行（通过特别融资账户）对新创业风险投资机构的投资比例一般不超过该机构资本规模的30%。

（四）其他进出口银行认为应该满足的条件。

第三十三条　在合作接洽阶段，投资部应获得外部投资者的以下信息：

（一）外部投资者的营业执照、企业介绍、银行资信证明及经审计的近三年年度财务报表；

（二）外部投资者的公司章程；

（三）双方合作的项目建议书及可行性研究报告；

（四）投资意向函；

（五）有权部门的审批文件；

（六）商业计划书；

（七）其他有关资料。

第三十四条　投资部应组织人员对认为符合条件的投资者进行考察并完成考察报告。

第三十五条　投资部应根据可行性研究报告、考察报告及其他有关材料完成合作建议书。

第三十六条　投资部应将合作建议书报投资决策委员会审议，并报进出口银行行长最终批准。

第三十七条　投资部应根据批准后的方案，与外部投资者谈判。法律文件由进出口银行聘请的法律顾问负责起草，并报投资决策委员会审议批准。

第三十八条　进出口银行行长或其授权代表与外部投资者签订《合资合同》或《合作合同》。

第三十九条　根据我国有关法规及《合资合同》或《合作合同》，投资部应准备有关注资审批文件，并在规定期限内向新创业风险投资机构注资。注资后，投资部应督促新创业风险投资机构及时提供验资报告。

第四十条　由投资部总经理提名，经主管副行长批准，可以向新创业风险投资机构选派董事及管理人员。

第四十一条　新创业风险投资机构在管理过程中应遵守进出口银行投资部的投资标准和处理利益冲突的程序，应提交符合行业惯例的报告。核心人员应履行尽职义务。

第四十二条　进出口银行从新创业投资机构退出应按照《合资合同》或《合作合同》的规定严格执行。

第七章　附　　则

第四十三条　本《实施细则》由进出口银行解释和修改。

第四十四条　本《实施细则》自2006年7月1日起颁布实施。

关于利用金融手段支持国家科技兴贸创新基地的指导意见

(2008年3月10日商务部、科学技术部、中国进出口银行发布 商产发[2008]66号)

建设国家科技兴贸创新基地是围绕建设创新型国家的战略任务,加强贸易、产业与科技有机结合,推动自主创新发展的重要举措,目的是深入贯彻落实科学发展观,以市场为导向、以产业为基础、以科技为动力、以企业为主体,扶持一批自主创新能力强、拥有自主知识产权的国内企业成长壮大,形成产业特色鲜明的产业集群基地,进而促进我国外贸增长方式的转变。

为推动国家科技兴贸创新基地(以下简称"基地")又好又快发展,支持基地内企业"内联外引",参与国际贸易和海外经营,现就利用金融手段支持基地建设发展和基地内企业发展提出如下指导意见:

一、商务部、科技部、中国进出口银行按照"商务部、科技部积极组织推动,进出口银行独立审贷,进行市场化操作"的原则,共同搭建商务、科技、金融合作平台,支持国家科技兴贸创新基地的建设与发展。

二、各级商务、科技主管部门和中国进出口银行各营业机构应尽快建立工作沟通与协调机制,根据各地科技兴贸创新基地的特点,深入调研,掌握基地建设发展和基地内企业融资需求及困难,探索并实施符合当地实际情况的融资支持措施,帮助科技兴贸创新基地建设企业完善基地硬件设施,支持基地内企业积极利用银行融资服务把握商机,提高经营效益。

三、各级商务、科技主管部门应积极落实国家发展高新技术产业的相关政策措施,与当地有关部门协调配合,扶持基地投融资平台建设,帮助基地建设投资主体理顺与当地政府部门的关系,提升基地建设投资主体和基地内企业的融资能力。

四、对经济效益、市场前景和发展潜力较好的基地建设项目或基地内企业进出口融资需求,各级商务、科技主管部门应积极向中国进出口银行各营业机构予以推荐,帮助基地建设企业或基地内企业使用中国进出口银行出口基地建设贷款和出口企业固定资产投资贷款、高新技术产品出口卖方信贷、进口信贷等各项金融产品,协助企业解决发展中的融资难问题,促进企业项目的顺利实施。

五、中国进出口银行各营业机构应积极与当地商务、科技主管部门密切配合。对上述两部门推荐的项目,在项目已获国家科技计划立项或研发经费等有关投入补贴的情况下,按照有关信贷政策,优先为项目实施企业提供便捷的融资服务,并在信贷条件等方面给予适当优惠。项目实施过程中,当地商务、科技主管部门应积极向商务部、科技部汇报有关项目进展,发挥国家科技计划专家库的作用,为项目可行性研究、评价、论证提供技术支持,降低企业申贷成本、提高企业申贷效率。

六、中国进出口银行各营业机构应在当地商务、科技主管部门指导配合下,积极向基地内企业介绍本行的传统和创新金融产品,如高新技术产品出口卖方信贷、境外投资贷款、技术装备进口信贷、进出口租赁贷款、出口基地建设贷款、出口企业固定资产投资贷款、特别融资账户业务以及联合融资、银团贷款和项目融资等。同时,发挥中国进出口银行在国际结算、结售汇、贸易融资、对外担保等中间业务、国际经济合作及金融创新产品方面的综合优势,进一步加强与当地商务、科技主管部门的合作,为企业提供一揽子综合金融服务,满足基地内企业多元化融资需求。

七、中国进出口银行各营业机构应积极组织

出口基地建设贷款和出口企业固定资产投资贷款业务试点工作,对基地建设企业和基地内企业相关贷款申请,积极研究并提出相应融资建议。

八、针对申贷的基地建设企业或基地内企业可能存在的担保难问题,中国进出口银行各营业机构应会同当地商务、科技主管部门,加强与当地中国出口信用保险公司营业机构的沟通,争取其为企业提供融资便利和担保融资服务,加强金融同业合作,联合多方力量,协助企业解决融资难题。

九、中国进出口银行各营业机构应积极配合当地商务、科技主管部门构建高新技术企业出口信息平台,运用国别信息、国际市场信息、行业信息为基地内企业拓展海外市场提供信息支持,提供投资和汇率等风险规避措施和理财建议,帮助企业实现资金的安全有效配置和运营。

十、中国进出口银行各营业机构应积极与各级商务、科技主管部门在政策规划、项目信息、人员培训和宣传方面加强合作与交流,利用自身金融专业优势,开展科技金融相关领域的合作调查和课题研究,为提升科技兴贸创新基地内高新技术企业筹融资水平提供必要的贸易、金融专业培训。

上述内容请各单位认真落实。有关事宜,请与商务部(机电和科技产业司)、科学技术部(火炬中心)和中国进出口银行(业务开发与创新部)联系。

中华人民共和国商务部
中华人民共和国科学技术部
中国进出口银行
二〇〇八年三月十日

国家开发银行高新技术领域软贷款实施细则

(2006年11月24日国家开发银行发布 开行发[2006]399号)

第一章 总 则

第一条 为实施《国家中长期科学和技术发展规划纲要(2006—2020年)》若干配套政策,营造激励自主创新的金融环境,推动企业成为技术创新的主体,促进高新技术产业发展,根据国家有关法律、法规,制定本实施细则。

第二条 国家开发银行(以下简称"开发行")发放软贷款遵循开发性、安全性、流动性、效益性的原则,支持国家科学技术发展规划的实施,同时加强风险控制,确保贷款安全。

第三条 开发银行在国务院批准的软贷款规模内,根据市场需求和风险控制需要,确定不同地区、行业或单个借款人的软贷款使用数额。

第二章 贷款用途和条件

第四条 开发银行软贷款主要支持以下领域:

(一)国家重大科技产业化项目、科技成果转化项目和高新技术产业化项目;

(二)《国家中长期科学和技术发展规划纲要》提出的国家重大科技专项项目;

(三)国家863计划、科技支撑计划、国家科技基础条件平台建设专项提出的重大项目和重点项目;

(四)提高产业技术创新能力的国家重大科技基础设施和科技产业环境建设项目;

(五)高新技术企业或创业风险投资机构;

(六)其他国家明确需要扶持而民间资本和外资又不易或不宜进入的高新技术项目。

第五条 申请使用开发银行软贷款的借款人应具备以下条件:

(一)在工商行政管理部门(或主管机关)依法核准登记注册的企(事)业法人,具备承担民事责任的资格,自主经营、独立核算,能够对贷款资金的使用和其所投资建设的项目全过程负责。

(二)具有足够的偿债能力或风险覆盖能力,建立了风险分担机制。能提供符合法律规定的第三方保证或抵质押担保,或能提供企业(项目)的增信措施和文件。

(三)愿意推进信用建设并接受开发银行的信用审查,具备申请开发银行软贷款的信用等级资格。

(四)建立了分工合理、职责清晰、相互制衡的公司治理结构,制订了规范的内部管理制度和可操作的风险管理制度。

(五)确保贷款用于高新技术领域,项目的建设需得到国家有关部门的批准,不得挪用贷款资金和擅自更改贷款用途,不得违反国家有关法律法规的规定。

(六)开发银行认为必要的其他条件。

第六条 资本金比例要求

(一)借款人借入开发银行软贷款用于参股投资企业或项目时,软贷款占参股企业注册资本或项目资本金总额的比例不得超过50%。

(二)以实物、土地使用权等作价入股的企业,必须经有具备相关资质的资产评估机构依照法律法规评估作价,作价出资的比例不得超过项目资本金总额的20%,国家有特别规定的除外;以自主知识产权作价入股的,按照国家有关规定执行。

(三)软贷款应与项目的其他资本金同比例注入,并视不同时期资本金的变化情况进行软贷款的增减调整。对于贷款额较大或风险较大的项目,采取定期评价、分期注资的贷款投入方式。

第七条 贷款担保

(一)保证人应具有代为清偿债务的能力,抵质押物必须符合国家法律法规规定。

(二)土地、建筑物、设备、知识产权、依法可以转让的股份、股票等可以作为开发银行软贷款的担保物权。

(三)借款人的股东或主要管理层可以提供个人无限责任担保,但需有抵质押方式配合和补充。

第三章 贷款品种、期限和利率

第八条 开发银行软贷款包括人民币软贷款和外币软贷款。

第九条 按照"风险收益匹配、阶段性持股"的原则,软贷款的期限原则上不超过10年,宽限期一般为2~3年,最长不超过5年。

第十条 高新技术项目软贷款的利率在中国人民银行规定的同档次贷款基准利率上准许下浮,利率下浮比率和利率结构安排视项目科技含量和风险控制能力灵活制定,原则上最大下浮幅度不得超过中国人民银行的规定。软贷款合同期内的利率调整按照国家和开发银行的有关规定执行。

第十一条 对列入国家重大科技专项、国家863计划、国家科技支撑计划的项目,软贷款的利率可以在中国人民银行规定的利率最大下浮幅度基础上再下浮10%。

第四章 项目受理和审批

第十二条 软贷款的受理和评审按照开发银行评审管理规定执行,涉及国家重大战略技术和核心技术的项目进入开发银行军工类项目审批流程。

第十三条 省、自治区、直辖市、计划单列市科技行政主管部门可以向所在地开发银行分行推荐列入本地区科技发展规划的重点项目。对有科技部门引导资金介入的项目,或者贷款贴息、研发补贴、风险补偿、税收优惠等扶持政策落实的本地区重大科技项目,同等条件下开发银行优先受理。

第十四条 各级科技行政主管部门协助完成所推荐项目的初步审查,提出项目的技术性、先进性、效益性、阶段性等初审结论和项目的书面推荐意见。

第十五条 软贷款的审批按照开发银行现行的审批制度执行。

第五章 风险防范与控制

第十六条 项目的评审应含以下内容:

(一)项目的评审采用"信用评审与贷款评审"的二元评审方式。原则上信用等级为BBB一级以上的借款人具备申请软贷款的条件。

(二)项目风险边界。根据借款人的信用级别、风险限额、行业发展前景、综合贡献度和市场的风险度量结果,确定风险边界,原则上软贷款额度应在风险边界以内。

(三)项目信用结构的构建。为防范长期贷款风险,软贷款项目应建立完善的信用结构。根据项目的现金流测算和借款人管理能力、风险控制能力的评估结果,落实合规的担保措施;借款人可将回收的资金、分红、股权和债权转让收入、处置变现抵质押资产收入及政府补贴等作为增信手段。

(四)引入专家评审机制。根据需要委托专家对贷款项目进行技术和市场审查并出具专家评审意见。

第十七条 软贷款的发放要根据项目的成熟度、法人机制的建立和信用结构完善的情况"总量承诺,分期放款"。

第十八条 软贷款坚持阶段性持股原则。开发银行与借款人共同商讨设计软贷款的退出时机和退出方式,具体方法包括但不限于以下两种:

(一)借贷双方按照合同约定或经协商,可将软贷款转换为硬贷款。

(二)借款人通过资本市场融资、引入战略投资者、股东增资扩股等方式扩大资本金来源,经开发银行同意,可提前偿还软贷款。

第十九条 借款人必须在所在地开发银行分行设立专项账户,实行专项管理、专项核算、专款专用,严格按开发银行的信贷管理规定及合同要求使用资金。

第二十条 科学技术部与开发银行总行建立跨区域重点项目贷款协调机制和重大风险预警通报机制。开发银行对借款人定期进行信用评审复核。出现信用结构缺损、挪用贷款、其他资本金不到位、企业经营出现重组改制导致不符合原软贷款条件、法律诉讼、重大违约及恶性事件等重大风险情况时,开发银行停止发放软贷款,并提前收回已发放的软贷款本息。

第二十一条 开发银行按照《国家开发银行呆账准备管理办法》建立高新技术贷款项目的准备金,用于弥补高新技术贷款的损失。

第六章 附 则

第二十二条 本实施细则由开发银行负责解释。

第二十三条 本实施细则自2006年11月24日起施行。

国家开发银行、科学技术部关于对创新型试点企业进行重点融资支持的通知

(2007年6月16日国家开发银行、科学技术部发布　开行发[2007]225号)

开发银行总行营业部、各分行、代表处，总行企业局；各省、自治区、直辖市、计划单列市、新疆生产建设兵团科技厅(委、局)；各创新型试点企业：

为贯彻落实党的十六届五中、六中全会和全国科技大会精神，促进企业成为技术创新的主体，国家开发银行(以下简称"开发银行")和科学技术部(以下简称"科技部")决定共同推动创新型企业试点工作(以下简称"试点工作")，通过开发性金融合作支持企业增强自主创新能力。现将有关事项通知如下：

一、支持范围

支持范围：经科技部会同有关部门确定的创新型试点企业(以下简称"试点企业")。根据试点工作的发展要求，科技部会同有关部门定期更新试点企业名单，并列入开发性金融支持范围(首批支持的企业名单见附件1)。

二、工作措施和支持方式

(一)科技部通过科技政策、国家科技计划等支持试点企业加强技术开发，促进成果转化和产业化，增强企业的融资能力，并适时向开发银行推荐试点企业的重大融资项目。科技部政策体改司负责此项工作的具体安排和统筹协调。

(二)开发银行运用开发性金融产品和金融服务对试点企业给予重点支持。对符合技术援助、软贷款和硬贷款发放条件的企业，按照开发银行有关规定和评审程序给予贷款支持；同时开发银行还将发挥其财务顾问、债券承销、基金业务等方面以及创新产品的综合优势，推进金融产品创新适应试点企业不断发展的融资需要。

(三)各省、自治区、直辖市、计划单列市、新疆生产建设兵团科技管理部门受科技部委托对所在地的试点企业进行联系和管理，可以依托多种形式的科技金融合作平台，或直接向所在地开发银行分支机构推荐试点企业的融资项目，并协助完成所推荐项目的初步审查。

(四)开发银行投资业务局负责开发银行支持试点企业工作的总体协调和调度管理，并在每季末对各分支机构上报的贷款情况表予以汇总分析，同时将汇总分析报告抄送科技部政策体改司。

(五)开发银行总行营业部、各分行、代表处，总行企业局负责与试点企业具体联系，及时了解其融资需求并提供财务顾问服务，积极受理企业的贷款申请，加快项目评审进度，及时予以信贷支持；对于不符合贷款条件的项目，应向企业说明理由并提出完善风险控制机制和信用体系建设的意见和建议；每个季度末向总行投资业务局上报贷款情况表(上报表式见附件2)。对所在地科技管理部门会同同级有关部门确定的本地区创新型试点企业，可以参照本通知内容，给予融资支持。

(六)各试点企业要加强与所在地开发银行分支机构的联系，根据企业发展规划自行向开发银行分支机构提出融资需求；要按照开发银行有关规定推进信用建设，完善法人治理结构，建立规范的内部管理制度和风险管理制度，提高偿债能力或风险覆盖能力，严格按照合同约定用途使用贷款，保证贷款安全。

附件：1. 首批列入开发性金融支持的创新型试点企业名单(共103家)(略)

　　　2. 国家开发银行分支机构支持创新型试点企业贷款汇总表(略)

国家开发银行　科学技术部
二〇〇七年六月十六日

关于进一步加强金融与科技合作大力推动农业科技成果转化和产业化的通知

(2008年7月21日中国农业发展银行、科学技术部发布 农发银发[2008]175号)

为深入贯彻《国家中长期科学和技术发展规划纲要(2006—2020年)》(以下简称《规划纲要》)及其配套政策有关精神,加快社会主义新农村建设步伐,促进农业增效、农民增收和农村社会经济的全面发展,中国农业发展银行(以下简称农发行)与科学技术部(以下简称科技部)决定,进一步加强金融与科技合作,大力推进农业科技成果转化和产业化。现将有关事项通知如下:

一、充分认识加强金融与科技合作对推进农业科技成果转化和产业化的重要作用

加快农业科技成果转化和产业化,是解决"三农"问题,推进社会主义新农村建设的一项根本措施。在农业科技成果转化和产业化进程中,资金问题始终是主要的制约因素。加强金融与科技部门合作,是解决这一"瓶颈"的现实选择。

(一)推进农业科技成果转化和产业化是社会主义新农村建设的根本要求。我国自然资源的硬约束不断增强,人均耕地、水资源量明显低于世界平均水平;粮食、棉花等主要农产品的需求呈刚性增长;农业增产、农民增收和农产品竞争力增强的压力将长期存在;农业结构不合理、产业化发展水平及农产品附加值低;生态与环境状况依然严峻,严重制约农业的可持续发展;食物安全、生态安全问题突出。我国的基本国情及面临的严峻挑战,决定了必须把科技进步作为社会主义新农村建设和解决"三农"问题的根本措施。不仅要大力提高农业科技水平,而且要加快农业科技成果转化和产业化速度,推动农业科技向传统农业渗透和扩散,提高科技对农业增长的贡献率,提高农业综合生产能力,加快建设现代农业的步伐。

(二)增加资金投入是推进农业科技成果转化和产业化的物质基础。随着农业科技成果转化和产业化进程的不断加快,相应的资金需求量也随之增加。虽然农业科技成果转化和产业化已形成多元化的资金供给格局,但资金供给量远远不能满足需求,资金不足依然是制约农业科技成果转化和产业化的"瓶颈"。由于缺乏资金,很多本应能够形成生产力的农业科技成果得不到转化,不仅造成科技资源的浪费和农业生产的潜在损失,而且因为不能形成"科研—生产—效益—资金—科研"的良性循环,致使科研成果二次开发能力薄弱,科技自主创新能力得不到有效提升。因此,充分发挥科技在农业及农村经济发展中的作用,迫切需要加大农业科技成果转化和产业化的资金投入。

(三)实行金融与科技部门合作是推进农业科技成果转化和产业化的有效途径。农业科技成果转化和产业化的实施主体大多处于初创或成长期,企业经济实力较弱,自身筹资能力有限,迫切需要政府扶持和外部融资。科技部门对于农业科技成果转化和产业化具有政策扶持、技术引导和科研专家等多方面的优势,但由于各级科技部门农业科技投入有限,远远不能满足农业科技成果转化和产业化的需要。金融部门由于受专业技术和条件的限制,对农业科技成果的甄别能力有限,对贷款的投向投量及风险点难以做到科学准确地把握。因此,金融与科技部门联手合作,为银企之间构建资金与科技相结合的桥梁与纽带,共同推进农业科技成果转化和产业化拓展了广阔的空间。

二、实施倾斜信贷政策推进农业科技成果转化和产业化

农发行作为我国唯一的农业政策性银行,多年来以贯彻落实国家政策为己任,充分发挥了政策性金融支农作用。农发行开办农业科技贷款，专项用于推进农业科技成果转化和产业化。

(一)明确农业科技贷款范围和对象。凡列入《规划纲要》的农业科技发展优先主题领域的科技成果的转化和产业化项目，都属于农业科技贷款支持范围。从事农业科技成果转化和产业化生产的企业法人和从事农业科技成果转化的农业科技推广单位和科研院校(所)等事业法人，均可以申请农业科技贷款。

(二)增大农业科技信贷投入力度。充分发挥农发行政策性金融的导向作用，结合农村经济发展的实际，按照因地制宜、区别对待和择优扶持的原则，进一步加大农业科技成果转化和产业化信贷资金投入。一是支持国家重大农业科技专项，国家重大农业科技产业化项目的规模化融资和科技成果转化项目，农业高新技术产业化项目，引进技术消化吸收项目和农业高新技术产品出口项目。二是支持对社会主义新农村建设有重大影响，科技含量高，地方政府重点扶持的项目。三是支持国家产业政策鼓励发展，有财政专项资金补贴，突出地方农业经济发展特色的能源、环保和提高农业综合生产能力的项目。四是支持附加值高，技术和市场成熟，农村经济发展迫切需要，经济效益和社会效益显著的农业科技成果转化和产业化项目。

(三)完善金融服务手段和措施。农发行各省级分行每年要安排一定的农业科技贷款信贷计划，对贷款额度较大或在全国有重大影响的农业科技贷款项目，各分行要纳入年初贷款计划需求编报中反映，总行将优先安排贷款规模。对科技部门推荐的农业科技成果转化和产业化项目，要优先受理申请，优先组织调查(评估)，优先审查审批，优先安排资金规模。

三、统筹协调农业科技成果转化和产业化实施进程

科技部门要充分发挥制定和实施国家科技发展政策，落实"科技兴农"战略的重要职能，在科技政策制定、成果转化应用、专家咨询培训、引导补助资金和科技计划项目推广等诸多方面发挥优势和组织协调作用。

(一)加强农业科技成果转化和产业化政策引导。推进农业科技成果转化和产业化进程，科技部门要加强宏观管理和统筹协调，组织好转化和产业化发展规划，为政府决策提供科技支撑；加强科技管理与统筹协调，密切与各地方、各部门之间的联系；进一步改革农业科技推广体制，积极探索农业科技成果转化和产业化新模式；优化农业科技成果转化和产业化工作的政策环境，激发基层科技人员的积极性。

(二)加大农业科技成果转化和产业化技术支持。要大力推广先进适用技术，全面推动农业科技进步。加速农业新品种、新技术、新成果的转化、应用和推广，进一步提高粮食主产区的综合生产能力；大力推广农产品深加工技术，提高农产品附加值；发挥农业科技园区等科技示范基地和农业产业化龙头企业的示范和辐射作用，带动农民致富，促进农业产业化经营。组织实施好"星火富民"、"粮食丰产"等科技工程。

(三)切实做好农业科技成果转化和产业化资金协调。改善和加强对农业科技企业和科研机构的科技金融服务，协调推进农业科技成果转化和产业化的财政性科技资金投入，支持利用财政资金设立的科技计划(专项)基金，为农业科技成果转化和产业化提供贷款贴息、担保。加强农业领域各类科技计划(专项)与农业科技贷款的衔接。创新投入方式，鼓励和引导科技担保机构、创业投资机构、科技企业孵化器和农业科技园区为农业科技贷款搭建服务平台。各地科技部门可以通过多种形式扶持服务平台和企业，积极为农业科技贷款提供技术评价等方面的服务。

四、构建推进农业科技成果转化和产业化工作机制

推进农业科技成果转化和产业化进程，需要有关部门的通力合作。农发行与科技部门要充分发挥各自的优势，促进农业政策性金融与农业科技的融合，逐步建立健全"科技部门推荐、银行独立审贷、双方联合监管"的工作机制。

(一)定期沟通，建立工作协商与项目推荐制度。科技部与农发行总行要加强在政策研究、合作机制以及重大项目协调等方面的合作。各省级科技部门(含计划单列市，下同)要与农发行省级分行建立项目推荐和工作协调制度，每季度向农发行省级分行报送《农业科技贷款项目推荐表》（见附件），同时报送科技部条件财务司；每半年要召开一次由双方单位领导、职能部门负责人等参加的工作联席会议。

（二）防控风险，实行银行独立审贷与专家咨询制度。农发行对科技部门推荐的项目实行独立审贷，对科技成果的先进性和实用性，要主动征求科技部门的意见。科技部门要配合农发行开展业务宣传，不断完善农业科技贷款主体信用等级评价制度，对专业性强和技术性复杂的项目，要积极推荐资深行业和技术专家，配合农发行开展项目调查和评估工作，有效防范信贷风险。

（三）强化管理，构建和谐有效的督导制度。各级科技部门与农发行要密切协作，加强指导服务和监督检查。对农业科技贷款的使用情况和借款人的经营情况要进行跟踪问效，必要时双方可共同组织检查。每年末各省级科技部门和农发行省级分行要将当年项目推荐、贷款投放和经济效益等情况分别上报科技部和农发行总行。要不断总结科技与金融合作的经验，创新合作形式，深化合作内容，完善合作机制，促进农业科技成果转化和产业化沿着科学的轨道持续健康有效发展。对于工作成绩突出的地区，农发行和科技部将予以表彰，对开展合作中遇到的问题请及时反映。

关于纳税人向科技型中小企业技术创新基金捐赠有关所得税政策问题的通知

(2006年12月31日财政部、国家税务总局发布 财税[2006]171号)

各省、自治区、直辖市、计划单列市财政厅(局)、国家税务局、地方税务局、新疆生产建设兵团财务局：

根据《国务院关于实施〈国家中长期科学和技术发展规划纲要(2006—2020年)〉若干配套政策的通知》(国发[2006]6号)精神，为鼓励社会资金捐赠创新活动，现对纳税人向科技型中小企业技术创新基金捐赠有关所得税政策问题明确如下：

一、对企事业单位、社会团体和个人等社会力量通过公益性的社会团体和国家机关向科技部科技型中小企业技术创新基金管理中心用于科技型中小企业技术创新基金的捐赠，企业在年度企业所得税应纳税所得额3%以内的部分，个人在申报个人所得税应纳税所得额30%以内的部分，准予在计算缴纳所得税税前扣除。

二、科技部科技型中小企业技术创新基金管理中心对纳税人向科技型中小企业技术创新基金的捐赠，实行封闭式财务管理，全部捐赠资产专项用于科技型中小企业技术创新基金事业，并制定相应的管理办法，管好、用好捐赠资产。

三、本通知所称科技型中小企业技术创新基金，是指1999年5月经国务院批准设立，由科技部主管的科技型中小企业技术创新基金。所称科技部科技型中小企业技术创新基金管理中心是指1999年经批准成立的，专门负责科技部科技型中小企业技术创新基金管理工作的非营利事业法人。

四、本通知自2007年1月1日起执行。

请遵照执行。

财政部 国家税务总局
二〇〇六年十二月三十一日

关于进一步发挥信用保险作用支持高新技术企业发展有关问题的通知

(2007年5月10日科学技术部、中国出口信用保险公司发布　国科发财字[2007]254号)

各省、自治区、直辖市、计划单列市科技厅(委、局),各国家高新技术产业开发区,中国出口信用保险公司各分支机构:

为贯彻实施《国家中长期科学和技术发展规划纲要(2006—2020年)》,根据中国保监会、科技部《关于加强和改善对高新技术企业保险服务有关问题的通知》(保监发[2006]129号)、财政部《关于进一步支持出口信用保险为高新技术企业提供服务的通知》(财金[2006]118号)的要求,现就进一步发挥出口信用保险作用,支持高新技术企业发展的有关问题通知如下:

一、各科技主管部门和国家高新技术产业开发区要高度重视信用保险在支持高新技术产品出口、高新技术企业"走出去"以及高新技术企业融资等方面的作用,发挥科技部门了解熟悉科技项目和高新技术企业的优势,采取政策和资金等多种方式,加强引导和宣传,指导、帮助和扶持高新技术企业运用信用保险工具。

二、中国出口信用保险公司(以下简称中国信保)及其各分支机构要注重发挥政策性保险机构的职能,积极参与和支持国家自主创新战略的实施。对列入《中国高新技术产品出口目录》产品的出口,根据不同的出口方式,提供短期出口信用保险、中长期出口信用保险、海外投资保险保障;对列入《中国高新技术产品目录》产品的国内销售,提供国内贸易信用保险保障;对列入《鼓励外商投资高新技术产品目录》的产品,积极为国外的投资商提供来华投资保险。发挥中国信保在风险管理和信息服务的专业优势,通过国内外买家资信调查、资信评估、对外担保、应收账款代理追收等服务手段,提高企业防范风险能力,促进高新技术企业的市场化发展。

三、科技部与中国信保建立经常性联系机制,双方加强在科技政策、信息、专家以及人员等方面的合作交流。具体工作由科技部条件财务司和中国信保业务发展部负责。

各省、自治区、直辖市、计划单列市科技厅(局、委),各国家高新技术产业开发区管委会与中国信保各分支机构要建立区域性的业务协调和信息沟通机制。各地科技部门、国家高新技术产业开发区管委会,中国信保各分支机构设立联络员,负责本地区的对口联系和业务协调。

四、探索并实践通过国家财政科技投入引导和推动信用保险发展的新模式。鼓励各地科技部门、国家高新技术产业开发区管委会制定出台有效措施,先行先试,扶持具有自主知识产权的高新技术企业在信用保险的保障下开展国际化经营。各科技保险创新试点地区、科技兴贸高新技术产品出口基地应当利用科技发展资金,扶持具有自主知识产权的高新技术企业降低投保成本,提高市场竞争力,不断开拓国内外市场。

五、为降低高新技术企业的投保成本,中国信保将为投保信用保险的高新技术企业提供优惠保险费率和保险条件,并按最低成本价计收资信调查费,同时为投保的高新技术企业提供承保和理赔绿色通道。

六、中国信保将充分发挥信用保险的便利融资功能,拓宽高新技术企业的融资渠道,帮助高新技术企业利用信用保险获得融资便利。中国信保将加强与有关银行的合作,为企业搭建信用保险项下的融资平台。中国信保各分支机构要主动配合各地科技部门、国家高新技术产业开发区管委会落实针对高新技术企业的各项金融支持政策和出口扶持政策,发挥协同作用,为高新技术企业,特别是中小高新技术企业,提供融资便利,解决融资难问题。

七、科技部与中国信保将针对高新技术企业在高新技术产品出口、高新技术企业"走出去"以及高新技术企业融资等方面的实际情况,共同开展调研活动,研究提出信用保险支持高新技术企业发展的政策建议。共同组织培训并开展相关活动,培养一批懂科技、了解信用保险的专门人才,扩大信用保险在科技界的影响。同时,不断加强产品和服务创新,丰富和完善支持高新技术企业发展的措施和手段,增强对高新技术企业的支持服务能力。

请各单位将贯彻落实本通知的情况及实际工作中存在的问题和建议及时报科技部条件财务司和中国信保业务发展部。各地科技部门、国家高新技术产业开发区管委会和中国信保各分支机构于5月28日前将本单位联络员姓名、职务、联系方式(电话、传真、手机、邮箱、地址)通过电子邮件分别报科技部条件财务司和中国信保业务发展部。

关于加强和改善对高新技术企业保险服务有关问题的通知

(2006年12月28日中国保险监督管理委员会、科学技术部发布　保监发[2006]129号)

各保监局,各省、自治区、直辖市、计划单列市科技厅(局、委),各国家高新技术产业开发区,中国出口信用保险公司、华泰财产保险股份有限公司:

为贯彻实施《国家中长期科学和技术发展规划纲要(2006—2020年)》(国发[2005]44号)和《国务院关于保险业改革发展的若干意见》(国发[2006]23号),根据国务院《关于印发实施〈国家中长期科学和技术发展规划纲要(2006—2020年)〉若干配套政策的通知》(国发[2006]6号)等文件的有关规定,现就加强和改善对高新技术企业保险服务有关问题通知如下:

一、大力推动科技保险创新发展,逐步建立高新技术企业创新产品研发、科技成果转让的保险保障机制。科技保险的险种由保监会和科技部共同分批组织开发并确定,第一批险种包括高新技术企业产品研发责任保险、关键研发设备保险、营业中断保险、出口信用保险、高管人员和关键研发人员团体健康保险和意外保险等6个险种。政策性出口信用保险由中国出口信用保险公司经营,其他险种初期由华泰财产保险股份有限公司进行试点经营,期限一年。

上述6个险种作为高新科技研发保险险种,其保费支出纳入企业技术开发费用,享受国家规定的税收优惠政策。

二、探索并实践通过国家财政科技投入引导推动科技保险发展的新模式,并由保监会、科技部在国家高新技术产业开发区、保险创新试点城市和火炬创新试验城市中选择科技保险试点地区,开展科技保险发展新模式的试点。

各地科技主管部门、国家高新技术产业开发区要积极宣传和动员本地区高新技术企业参与科技保险,运用保险手段为科技发展服务。

三、高新技术企业可以为符合团体人数要求的关键研发人员投保团体保险。

四、中国出口信用保险公司对列入《中国高新技术产品出口目录》的产品出口信用保险业务,在限额审批方面,同等条件下实行限额优先;在保险费率方面,给予公司规定的最高优惠。

加快出口信用保险产品创新、服务创新和模式创新,加强中国出口信用保险公司与有关部门的合作,推进高新技术企业软件出口新险种的开发,解决软件等高新技术产品出口和高新技术企业"走出去"中的收汇风险和融资需求,推动高新技术企业投保出口信用险项下的融资业务发展。

在积极发展政策性出口信用保险的基础上,适当增加商业性出口信用保险业务经营主体,发展多种形式的出口信用保险业务,支持高新技术产品出口。

五、发挥保险中介机构在高新技术企业承保理赔、风险管理和保险产品开发方面的积极作用。鼓励高新技术企业和保险公司采用保险中介服务,支持设立专门为高新技术企业服务的保险中介机构,鼓励在国家高新技术产业开发区内设立保险中介机构及其分支机构。

鼓励保险经纪公司参与科技保险产品创新,专门为高新技术企业服务的保险中介机构资格由保监会和科技部共同认定,享受科技中介机构有关优惠政策。

六、加强保险机构和保险中介机构对高新技术企业的风险管理工作,为高新技术企业提供方便快捷的保险服务,提高理赔服务质量,建立高新技术企业保险理赔快速通道,提高理赔效率,加快理赔速度。建立科技保险风险数据库,科学厘定科技保险产品费率。

七、加强在科技保险领域内的国际合作。充分借鉴国外开展科技保险业务的经验和做法,鼓励国内保险机构在人员交流、技术研讨和专业培训等方面与境外保险机构的合作。

八、大力提升保险行业在实施自主创新战略、建设创新型国家目标中的保险保障作用,分散高新技术企业的创新创业风险。保监会和科技部共同制定科技保险中长期发展专项规划,加强在科技保险业务和保险资金运用等多方面支持国家科技发展的统筹工作。

九、各地保险和科技主管部门要加强与地方财政、税务部门的协调和沟通,推动高新技术企业运用保险手段分散风险,并及时将试点情况向保监会和科技部报告。

十、本文中关键研发人员是指高新技术企业中关键技术成果的主要完成人、重大研发项目的负责人或对主导产品、核心技术进行重大创新、改进的主要技术人员。高新技术企业的资格,按照国家有关高新技术企业认定的相关规定执行。

十一、本通知自发布之日起实施。由中国保监会、科技部负责解释。

二〇〇六年十二月二十八日

关于利用出口信用保险实施科技兴贸战略的通知

(2004年7月26日商务部、中国出口信用保险公司发布 商技发[2004]368号)

各省、自治区、直辖市及计划单列市商务主管部门,中国出口信用保险公司各分支机构:

为进一步深入实施"科技兴贸"战略,贯彻落实国务院办公厅转发的商务部等部门《关于进一步实施科技兴贸战略的若干意见》(国办发[2003]92号)(以下简称:国办92号文件,详见附件),促进我国高新技术产品出口,优化出口商品结构,提高外贸出口的质量、档次和效益,现就进一步利用出口信用保险,实施科技兴贸战略的有关事宜通知如下:

一、建立有效协调机制,共同营造良好的出口环境

为认真贯彻落实国办92号文件精神,扩大高新技术、高附加值产品的出口,各地商务主管部门与中国出口信用保险公司(以下简称"中国信保")各地方机构要建立有效的协调机制,结合地方高新技术产品生产、加工、出口的特点,深入了解、掌握企业的实际需求,研究支持高新技术产品出口的具体措施。

二、确定重点行业和产品,加大支持力度

中国信保要在加强对高新技术产品出口整体扶持力度的基础上,加大对重点行业、重点产品的支持力度。将列入《中国高新技术产品出口目录》(2003年版)(以下简称《目录》,1875种HS8位编码产品,详见 http://kjs.mofcom.gov.cn/article/200307/20030700110027_1.xml)的产品以及信息通信、生物医药、软件、航空航天、新材料等高新技术产业作为业务重点,在承保程序、限额审批、理赔速度和费率灵活性等方面予以全面支持。在承保程序方面,对列入《目录》产品的承保给予"绿色通道"支持,对符合承保条件的客户,争取5个工作日内制作完成保单;在限额审批方面,同等条件下,限额优先保证列入《目录》产品的投保。在理赔速度方面,对符合理赔条件的案件,在收到完整、有效的索赔单证后,3个月内完成理赔工作。在费率灵活方面,在信保公司规定的浮动范围内对列入《目录》产品的保险费率给予最高优惠。各地商务主管部门要会同地方政府有关部门对列入《目录》的产品以及重点高新技术企业投保出口信用保险给予进一步扶持措施。

三、缓解企业资金紧张状况,提供信用保险项下融资便利

根据高新技术企业出口中对资金的需求,商务部、中国信保要协同地方商务主管部门和有关商业银行利用出口信用保险的融资功能,为企业搭建出口信用保险项下的融资平台,增加融资渠道,为高新技术产品出口企业提供融资便利,缓解资金紧张状况。

四、积极支持创新研发,量身定做承保模式

中国信保要依据国家产业政策和高新技术产品出口的特点,量身定做承保模式,为国家重点支持发展的行业和企业创新研发提供支持,促进高新技术产业的发展;尽快推出软件出口信用保险新的承保模式,为软件出口企业提供收汇风险保障;向软件出口企业的融资需求倾斜,提供对外保函服务等。

五、发挥信用保险作用,防范技术性贸易壁垒风险

各地商务主管部门和中国信保地方机构要进一步研究高新技术产品和技术出口中面临的技术性贸易壁垒情况,充分发挥出口信用保险的政策性保障作用,扩大政治风险的承保范围,为出口企业应对技术性贸易壁垒提供风险保障措施。

六、加强服务与宣传,提高企业抗风险能力

中国信保要依靠自身的通信手段、数据库和信息网络,为中小高新技术产品出口企业提供开拓国际市场的信息、风险控制和应收账款管理服务;要继续通过深圳高交会等高技术产品交易平台和举办面向高新技术企业的对口宣传、推介会等方式宣传出口信用保险制度,帮助科技型中小企业树立风险管理意识,加强出口应收账款管理,规避出口贸易风险。各地商务主管部门要对中国信保的宣传活动给予大力支持。

以上要求请各地认真贯彻执行。执行中如有问题,请及时向商务部(科技司)和中国信保(业务发展部)反馈。

附件:国务院办公厅转发商务部等部门关于进一步实施科技兴贸战略若干意见的通知(国办发[2003]92号)(略)

中华人民共和国商务部
中国出口信用保险公司
二〇〇四年七月二十六日

关于开展科技保险创新试点工作的通知

(2007年3月22日科技部、中国保监会发布　国科办财字[2007]24号)

各有关省、自治区、直辖市科技厅(委、局)、国家高新技术企业开发区管委会、保监局：

为贯彻落实《国家中长期科学和技术发展规划纲要(2006—2020年)》配套政策，根据中国保监会、科技部《关于加强和改善对高新技术企业保险服务有关问题的通知》(保监发[2006]129号)精神，科技部、中国保监会将在国家高新技术产业开发区、保险创新试点城市和火炬创新试验城市中选择科技保险试点地区，推动科技保险事业的发展。现将有关事项通知如下：

一、试点的任务

1. 通过政府的引导和推动，提高高新技术企业的保险意识，形成科技保险发展新模式的应用示范。

2. 指导高新技术企业通过保险工具为企业的技术创新活动分散风险、提供保障；收集科技保险支持企业技术创新的经验、模式和案例。

3. 进一步研究开发适合高新技术企业需求的保险产品。

4. 积累科技保险数据，检验科技保险条款的科学性和合理性。

二、申报科技保险试点的条件

1. 高新技术企业数量在100家以上。

2. 试点地区科技部门或国家高新技术产业开发区管委会制定了对高新技术企业参与科技保险的支持政策。

三、申请程序

1. 请准备申请成为科技保险创新试点地区的政府(管委会)向省级科技部门提出申请。

2. 省级科技部门会同当地保监局对申请材料进行审核后，报送科技部并抄送中国保监会，各省市提出的试点地区不得超过2家。

3. 科技部、中国保监会将对申请材料进行综合评估，选择确定"科技保险创新试点地区"。

4. 科技部、中国保监会将与试点地区签订相关合作备忘录，正式启动试点。

四、申报时间

申请材料请于2007年4月20日前报送科技部、中国保监会。

五、联系人

科技部条件财务司　沈文京 010-58881686

中国保监会发展改革部　高大宏 010-66286559

科技部　中国保监会

二〇〇七年三月二十二日

关于加强中小企业信用担保体系建设的意见

(2006年11月23日国务院办公厅转发 发展改革委、财政部、人民银行、税务总局、银监会发布 国办发[2006]90号)

近年来,主要以中小企业为服务对象的中小企业信用担保机构快速发展,担保资金不断增加,业务水平和运行质量稳步提高,服务领域进一步拓展,为解决中小企业融资难和担保难等问题发挥了重要作用。但也要看到,目前中小企业信用担保体系建设还存在许多问题,主要是担保机构总体规模较小,实力较弱,抵御风险能力不强,行业管理不完善等,亟须采取有效措施加以解决。根据《中华人民共和国中小企业促进法》和《国务院关于鼓励支持和引导个体私营等非公有制经济发展的若干意见》(国发[2005]3号)的要求,为促进中小企业信用担保机构持续健康发展,现提出如下意见:

一、建立健全担保机构的风险补偿机制

(一)切实落实《中华人民共和国中小企业促进法》有关规定,在国家用于促进中小企业发展的各种专项资金(基金)中,安排部分资金用于支持中小企业信用担保体系建设。各地区也要结合实际,积极筹措资金,加大对中小企业信用担保体系建设的支持力度。

(二)鼓励中小企业信用担保机构出资人增加资本金投入。对于由政府出资设立,经济效益和社会效益显著的担保机构,各地区要视财力逐步建立合理的资本金补充和扩充机制,采取多种形式增强担保机构的资本实力,提高其风险防范能力。

(三)各地区、各部门要积极创造条件,采取多种措施,组织和推进中小企业信用担保体系建设,引导担保机构充分发挥服务职能,根据有关法律法规和政策,积极为有市场、有效益、信用好的中小企业开展担保业务,切实缓解中小企业融资难、担保难等问题。

(四)为提高中小企业信用担保机构抵御风险的能力,各地区可根据实际,逐步建立主要针对从事中小企业贷款担保的担保机构的损失补偿机制。鼓励有条件的地区建立中小企业信用担保基金和区域性再担保机构,以参股、委托运作和提供风险补偿等方式支持担保机构的设立与发展,完善中小企业信用担保体系的增信、风险补偿机制。

二、完善担保机构税收优惠等支持政策

(五)继续执行《国务院办公厅转发国家经贸委关于鼓励和促进中小企业发展若干政策意见的通知》(国办发[2000]59号)中规定的对符合条件的中小企业信用担保机构免征三年营业税的税收优惠政策。同时,进一步研究完善促进担保机构发展的其他税收政策。

(六)开展贷款担保业务的担保机构,按照不超过当年年末责任余额1%的比例以及税后利润的一定比例提取风险准备金。风险准备金累计达到其注册资本金30%以上的,超出部分可转增资本金。担保机构实际发生的代偿损失,可按照规定在企业所得税税前扣除。

(七)为促进担保机构的可持续发展,对主要从事中小企业贷款担保的担保机构,担保费率实行与其运营风险成本挂钩的办法。基准担保费率可按银行同期贷款利率的50%执行,具体担保费率可依项目风险程度在基准费率基础上上下浮动30%~50%,也可经担保机构监管部门同意后由担保双方自主商定。

三、推进担保机构与金融机构的互利合作

(八)按照平等、自愿、公平及等价有偿、诚实信用的原则,鼓励、支持金融机构与担保机构加强互利合作。鼓励金融机构和担保机构根据双方的风险控制能力合理确定担保放大倍数，发挥各自优势，加强沟通协作，防范和化解中小企业信贷融资风险，促进中小企业信贷融资业务健康发展。

（九）金融机构要针对中小企业的特点，创新与担保机构的合作方式，拓展合作领域，积极开展金融产品创新，推出更多适合中小企业多样化融资需求的金融产品和服务项目。政策性银行可依托中小商业银行和担保机构，开展以中小企业为主要服务对象的转贷款、担保贷款业务。

（十）金融机构要在控制风险的前提下，合理下放对小企业贷款的审批权限，简化审贷程序，提高贷款审批效率。对运作规范、信用良好、资本实力和风险控制能力较强的担保机构承保的优质项目，可按人民银行利率管理规定适当下浮贷款利率。

四、切实为担保机构开展业务创造有利条件

（十一）担保机构开展担保业务中涉及工商、房产、土地、车辆、船舶、设备和其他动产、股权、商标专用权、专利权等抵押物登记和出质登记，凡符合要求的，登记部门要按照《中华人民共和国担保法》的规定为其办理相关登记手续。担保机构可以查询、抄录或复印与担保合同和客户有关的登记资料，登记部门要提供便利。

（十二）登记部门要简化程序、提高效率，积极推进抵押物登记、出质登记的标准化和电子化，提高服务水平，降低登记成本。同时，担保机构办理代偿、清偿、过户等手续的费用，要按国家有关规定予以减免。在办理有关登记手续过程中，有关部门不得指定评估机构对抵押物（质物）进行强制性评估，不得干预担保机构正常开展业务。

（十三）各部门和有关方面按照规定可向社会公开的企业信用信息，应向担保机构开放，支持担保机构开展与担保业务有关的信息查询。有条件的地方要建立互联互通机制，实现可公开企业信用信息与担保业务信息的互联互通和资源共享。

五、加强对担保机构的指导和服务

（十四）全国中小企业信用担保体系建设工作由发展改革委牵头，财政部、人民银行、税务总局、银监会参加，各部门要密切配合，加强沟通与协调，及时研究解决工作中的重大问题。地方各级人民政府要加强领导，提高认识，高度重视中小企业信用担保体系建设工作，将其纳入中小企业成长工程，积极采取措施予以推进。

（十五）加强对担保机构经营的指导。各地区要指导和督促担保机构加强内部管理，规范经营行为，完善各种规章制度，努力提高经营水平和防控风险能力。要建立健全担保机构的信用评级制度，督促担保机构到有资质的评级机构进行信用评级，并将信用等级向社会公布。根据实际情况对担保机构实行备案管理，全面掌握担保机构经营状况，及时跟踪指导。

（十六）积极为担保机构做好服务工作。各地区要组织开展面向中小企业信用担保机构的信息咨询、经验交流、业务培训、行业统计、权益保护、行业自律及对外交流等工作，切实推进担保机构自身建设和文化建设，促进担保机构持续健康发展。

关于中小企业信用担保体系建设相关金融服务工作的指导意见

(2006年12月26日中国人民银行发布　银发[2006]451号)

中国人民银行上海总部,各分行、营业管理部、省会(首府)城市中心支行、副省级城市中心支行;各政策性银行、国有商业银行、股份制商业银行:

现将《国务院办公厅转发发展改革委等部门关于加强中小企业信用担保体系建设意见的通知》(国办发[2006]90号)转发你们,并就银行系统进一步鼓励和支持中小企业发展,支持实施"中小企业成长工程",做好中小企业信用担保体系建设相关金融服务工作提出如下意见。

一、高度重视支持中小企业发展,努力为中小企业发展提供更多务实有效的金融服务

目前,中小企业数量已占我国企业总数的98%以上,中小企业发展在促进经济增长、扩大就业、推动技术创新、调整经济结构、催生新产业方面的作用越来越重要。人民银行各级分支机构和相关金融机构要把支持中小企业发展作为一个大战略,以贯彻落实国办发[2006]90号文件为契机,对各自所辖范围内近年来支持中小企业发展相关情况进行一次全面、认真的综合评估,寻找差距,深挖潜力,进一步配合相关部门,采取务实有效的服务措施,努力使辖内对中小企业的金融服务工作再上新台阶。人民银行各级分支机构和相关金融机构要通过金融产品和服务方式创新,完善配套服务措施,多方面拓宽中小企业融资渠道,鼓励、支持和引导中小企业走"专、精、特、新"的发展道路,支持中小企业发展劳动密集型产业,鼓励中小企业进入现代服务业、装备制造业和高新技术产业,支持发展中小企业集群,增强中小企业自主创新能力,进一步引导中小企业实施品牌战略,推动中小企业提高整体素质和市场竞争力。

二、推进中小企业担保机构与金融机构的互利合作,为中小企业发展创造良好的融资环境

人民银行各级分支机构和相关金融机构要结合辖内实际情况,配合有关部门,积极探索创新,及时研究制订实施细则,认真贯彻落实国办发[2006]90号文件提出的推进担保机构与金融机构互利合作的相关政策原则。对具有法定资质的抵押担保登记部门已经出质登记、可用于抵押担保的动产和不动产物品或权利,金融机构在审核认可抵押担保品时,要简化程序,提高效率,方便企业。按照规定可以向担保机构开放的企业信用信息,经人民银行确认,各金融机构要向担保机构开放,为担保机构查询企业信用信息提供便利。有条件的地区,人民银行分支机构可逐步探索组织信用评级机构开展对中小企业信用担保机构的信用评级工作,并及时将信用评级结果录入企业信用信息基础数据库,供金融机构查询、使用,努力做好中小企业信用信息服务工作。

三、要把支持中小企业发展作为一项长期战略,保持银行业支持政策的连续性、稳定性和可持续性

金融支持中小企业发展是一项长期任务和系统工程。人民银行各级分支机构和相关金融机构出台支持中小企业发展的措施要立足现实,着眼长远,着力加强制度建设和机制建设,保持政策的连续性、稳定性和可持续性,切忌"走形式","搞运动"。要结合中小企业的地域、行业和规模等特点,加强市场细分,制订长期规划,注重培育潜在客户和培养企业信用意识及诚信意识,完善融资环境,同中小企业建立务实、长期的银企合作关系,扶持中小企业有序发展壮大。在支持中小企业发展和加强中小企业信用担保体系建设的同时,要注意防范信贷风险,并努力防止中小企业融资风险通过担保机构向金融机构转移。

四、加强金融支持中小企业的数据信息的统计制度建设和信息沟通交流

人民银行各级分支机构和相关金融机构要进一步加强对中小企业贷款投向的动态跟踪监测和信息反馈工作。加强辖区内金融机构对中小企业提供融资的数据统计和信息的归集、整理,密切关注金融机构与担保机构的合作情况和辖区内企业信用体系建设情况,有关情况及建议要及时向人民银行总行报告。

请人民银行上海总部,各分行、营业管理部、省会(首府)城市中心支行将本通知及时转发至辖区内相关金融机构,并认真做好贯彻落实工作。

附件:国务院办公厅转发发展改革委等部门关于加强中小企业信用担保体系建设意见的通知(略)

中国人民银行
二〇〇六年十二月二十六日

关于落实国务院加快振兴装备制造业的若干意见有关进口税收政策的通知

(2007年1月14日财政部、国家发展改革委、海关总署、国家税务总局发布　财关税[2007]11号)

各省、自治区、直辖市、计划单列市财政厅(局)、发展改革委(计委)、经(贸)委、国家税务局,新疆生产建设兵团财务局、发展改革委,海关总署广东分署、各直属海关,财政部驻各省、自治区、直辖市、计划单列市财政监察专员办事处:

为提高我国企业的核心竞争力及自主创新能力,促进装备制造业的发展,贯彻落实国务院关于加快振兴装备制造业的有关进口税收优惠政策精神,现将有关问题通知如下:

一、在国务院确定的对促进国民经济可持续发展有显著效果,对结构调整、产业升级、企业创新有积极带动作用的重大技术装备关键领域内(见附件1),由财政部会同发展改革委、海关总署、税务总局制定专项进口税收政策,对国内企业为开发、制造这些装备而进口的部分关键零部件和国内不能生产的原材料所缴纳的进口关税和进口环节增值税实行先征后退。所退税款一般作为国家投资处理,转作国家资本金,主要用于企业新产品的研制生产以及自主创新能力建设。

二、财政部会同发展改革委、海关总署、税务总局等部门及相关行业协会在详细了解各类重大技术装备的国内外开发制造情况、供需状况、关键零部件和原材料国内生产水平的基础上,针对重大装备各领域逐项明确专项进口税收政策的具体内容,包括享受政策的各项重大装备的具体规格及要求、为制造该装备确需进口的关键零部件和国内不能生产的原材料的范围以及退税税款的财务处理方式。以上各领域的专项进口税收政策由财政部商有关部门后对外公布实施。

三、各专项进口税收政策公布后,相关重大技术装备制造企业如需进口政策规定内的关键零部件和原材料,可通过企业所在地省级人民政府或同级财政部门向财政部提出享受进口税收优惠政策的申请;中央企业直接向财政部提出申请(企业申请文件的内容见附件2)。

四、财政部收到退税申请文件后,对企业提供的相关材料进行审核,同时转请国家发展改革委等有关部门就申请企业开发、制造的技术装备规格是否符合政策规定提出审核意见。财政部应在收到申请文件的40个工作日内,对申请企业是否符合政策规定的退税条件做出答复。

经审核,对于符合退税条件的企业,由财政部出具重大装备制造企业退税确认书,并就所退税款转作国家资本金的实施期限做出规定。

五、相关重大技术装备制造企业在进口专项政策退税商品目录所列货物时应单独报关。对取得财政部出具的重大装备制造企业退税确认书的企业,凭退税确认书到其主管地海关申请办理退税,具体退税程序按照《财政部、国家经贸委、税务总局、海关总署关于对部分进口商品予以退税的通知》[(94)财预字42号]的规定执行。

六、企业收到退税税款后,应区别以下情况在规定的期限内将所退税款转作国家资本金:

(一)国有独资企业直接增加注册资本金。

(二)其他企业按下列方式转作国家资本金:含国有股东的公司制企业,由国有股东持有新增国家资本金所形成的股份(存在多个国有股东的,持股比例由各国有股东协商确定);无国有股东的企业,由各级人民政府授权的国有资产运营公司持有国家资本金所形成的股份。

(三)上市公司按照证监会有关定向增发新股的规定执行。

七、财政部驻各地财政监察专员办事处负责对企业退税税款转增国家资本金的执行情况进行监督、检查。企业完成转国家资本金程序后,将有关会计记账凭证复印件送财政部及财政部驻当地财政监察专员办事处备案,并按规定办理企业国有资产产权登记。如企业未能按期将退税税款转作国家资本金,应将所退税款及时退还国库。对违反上述规定的企业,将依照《财政违法行为处罚处分条例》(国务院令第 427 号)等法规予以处理。

对企业采取伪造、涂改、贿赂或其他非法手段所骗取的退税税款应予追缴,并按照《中华人民共和国海关法》及其他有关法律、法规的规定处理。构成犯罪的,依法追究刑事责任。

八、实施退税优惠政策后的每年年底,财政部会同发展改革委、海关总署、国家税务总局等部门根据企业申请、政策实施效果等情况,适时调整下一年度各专项政策的退税商品目录。

九、对于已实施进口零部件、原材料先征后退政策的重大技术装备,经财政部会同发展改革委、海关总署、国家税务总局共同审核确认,停止执行相应整机和成套设备的进口免税政策;对其中部分整机和设备,根据上下游产业的供需情况,经财政部会同发展改革委等有关部门严格审核,采取降低优惠幅度或缩小免税范围的过渡措施,在一定期限内继续给予进口税收优惠,过渡期结束后完全停止执行整机的进口免税政策。

附件:1. 国务院确定的 16 个重大技术装备关键领域

2. 企业退税申请文件内容

抄送:各省、自治区、直辖市、计划单列市人民政府,国务院各部委、各直属机构。

附件 1:

国务院确定的 16 个重大技术装备关键领域

一、大型清洁高效发电装备:百万千瓦核电机组、超超临界火电机组、燃气-蒸汽联合循环机组、整体煤气化燃气-蒸汽联合循环机组、大型循环流化床锅炉、大型水电机组及抽水蓄能水电站机组、大型空冷电站机组及大功率风力发电机等新能源装备。

二、特高压输变电设备:1000 千伏特高压交流和±800 千伏直流输变电成套设备,500 千伏交直流和 750 千伏交流输变电关键设备。

三、大型石化设备:百万吨级大型成套设备和对二甲苯(PX)、对苯二甲酸(PTA)、聚酯成套设备。

四、大型煤化工成套设备

五、大型薄板冷热连轧成套设备及涂镀层加工成套设备

六、大型煤炭井下综合采掘、提升和洗选设备以及大型露天矿设备

七、大型船舶、海洋工程设备:大型海洋石油工程装备、30 万吨矿石和原油运输船、海上浮动生产储油轮(FPSO)、10 000 箱以上集装箱船、LNG 运输船等大型高技术、高附加值船舶及大功率柴油机等配套设备。

八、轨道交通设备:200 公里以上高速列车、新型地铁车辆。

九、大型环保及资源综合利用设备:大气治理设备、城市及工业污水处理设备、固体废弃物处理设备等大型环保设备以及海水淡化、报废汽车处理等资源综合利用设备。

十、大型施工机械:大断面岩石掘进机等。

十一、重大工程自动化控制系统和关键精密测试仪器。

十二、大型、精密、高速数控设备和数控系统及功能部件。

十三、新型纺织机械:日产 200 吨以上涤纶短纤维成套设备、高速粘胶长丝连续纺丝机、高效现代化成套棉纺设备、机电一体化剑杆织机和喷气织机等。

十四、新型、大马力农业装备:大马力拖拉机、半喂入水稻联合收割机、玉米联合收割机、采棉机等。

十五、集成电路关键设备、新型平板显示器件生产设备、电子元器件生产设备、无铅工艺的整机联装设备、数字化医疗影像设备、生物工程和医疗生产专用设备。

十六、民用飞机及发动机、机载设备。

附件2：

企业退税申请文件内容

一、企业性质、股权结构、注册资本以及经营范围；

二、企业财务状况；

三、企业开发、制造重大技术装备的进展情况及生产计划，包括申请享受退税政策的重大技术装备的商品名称、规格型号；

四、拟进口符合退税政策范围的关键零部件和原材料的种类、数量、进口时间、进口金额、预计缴纳进口税额等；

五、经国有独资企业总经理办公会、公司制企业股东大会等企业权力机构批准的将所退税款转国家资本金的具体方案，包括明确股权持有人，拟折股的价格，转股的实施时间约定等内容，其中上市公司须由董事会出具将上述方案提交股东大会审议的承诺书。无国有股东的，须提交本企业与各级人民政府授权的国有资产运营公司签订的参股意向性协议。

关于《财政部 国家发展改革委 海关总署 国家税务总局关于落实国务院加快振兴装备制造业的若干意见有关进口税收政策的通知》执行问题

(2008年4月11日海关总署发布 海关总署公告2008年第24号)

根据《财政部 国家发展改革委 海关总署 国家税务总局关于落实国务院加快振兴装备制造业的若干意见有关进口税收政策的通知》(财关税[2007]11号)的有关规定,自2008年1月1日起(以海关接受企业申报的日期为准),对国内企业为开发、制造大型非公路矿用自卸车而进口部分关键零部件、原材料所缴纳的进口关税和进口环节增值税实行先征后退。现将有关执行问题公告如下:

一、公告所称大型非公路矿用自卸车主要包括:额定装载质量不小于108吨的大型电动轮非公路矿用自卸车和额定装载质量不小于85吨的大型机械传动非公路矿用自卸车。

二、享受先征后退政策的进口关键零部件、原材料清单(简称先征后退清单)详见附件。先征后退清单所列进口关键零部件、原材料实行年度暂定关税税率的,按暂定关税税率执行。今后对先征后退清单所列品种将根据企业申请、政策实施效果、国内配套能力等情况适时进行调整。

三、享受先征后退政策的企业进口上述关键零部件、原材料时,应向海关单独申报进口,并凭财政部出具的重大装备制造企业退税确认书直接向进口地海关申请办理先征后退手续。具体操作程序按现行有关先征后退规定办理。

四、对2008年1月1日起至本公告发布前已经进口的关键零部件、原材料,经海关审核无误的准予按照本公告规定办理先征后退手续。

五、自2008年4月1日起,对新批准的内外资投资项目(以项目的审批、核准或备案日期为准,下同),进口额定装载质量不大于328吨的非公路电动轮自卸车(税号:87041030)、额定装载质量不大于40吨的非公路铰接式自卸车(税号:87041090)和所有规格的机械传动非公路刚性自卸车(税号:87041090),一律停止执行进口免税政策。

2008年4月1日以前批准的内外资投资项目,其项目单位于2008年10月1日前持项目确认书等相关资料向海关申请办理减免税审批手续,且海关予以受理的,其进口符合原免税条件的上述装备仍可按照《国务院关于调整进口设备税收政策的通知》(国发[1997]37号)的有关规定执行;自2008年10月1日起,各海关不再受理上述内外资投资项目项下进口额定装载质量不大于328吨的非公路电动轮自卸车、额定装载质量不大于40吨的非公路铰接式自卸车和所有规格的机械传动非公路刚性自卸车的减免税备案和审批申请。

特此公告。

附件:大型非公路矿用自卸车进口关键零部件、原材料退税商品清单(略)

二〇〇八年四月十一日

关于中小企业信用担保机构免征营业税有关问题的通知

(2006年4月3日国家发展改革委、国家税务总局发布　发改企业[2006]563号)

各省、自治区、直辖市及计划单列市、新疆生产建设兵团发展改革委、经贸委(经委)、中小企业局、地方税务局：

为贯彻落实《中华人民共和国中小企业促进法》、《国务院办公厅转发国家经贸委关于鼓励和促进中小企业发展若干政策意见的通知》(国办发[2000]59号)和国家发展改革委和国家税务总局《关于继续做好中小企业信用担保机构免征营业税有关问题的通知》(发改企业[2004]303号)以及国务院领导关于促进中小企业信用担保机构发展的有关批示精神,现就继续做好中小企业信用担保机构免征营业税工作有关问题通知如下：

一、信用担保机构免税基本条件

(一)经政府授权部门(中小企业政府管理部门)同意,依法登记注册为企业法人,且主要从事为中小企业提供担保服务的机构。

(二)不以营利为主要目的,担保业务收费标准报经所在地人民政府中小企业主管部门和同级人民政府物价部门批准。

(三)具备健全的内部管理制度和为中小企业提供担保的能力,经营业绩突出,对受保项目具有完善的事前评估、事中监控、事后追偿与处置机制；注册资金超过2000万元。

(四)对中小企业累计贷款担保金额占其累计担保业务总额的80%,对单个受保企业提供的担保余额不超过担保机构自身实收资本总额的10%,并且其单笔担保责任金额最高不超过4000万元人民币。

(五)担保资金与担保贷款放大比例不低于3倍,并且其代偿额占担保资金比例不超过5%。

(六)接受所在地政府中小企业管理部门的监管,按照要求向所在地政府中小企业管理部门报送担保业务情况和财务会计报表。

享受三年营业税减免政策期限已满的担保机构,仍符合上述条件的,可以继续申请减免税。

二、免税程序

由担保机构自愿申请,经省级中小企业管理部门和省级地方税务部门审核、推荐后,由国家发展改革委和国家税务总局审核批准并下发免税名单,名单内的担保机构应持有关文件到主管税务机关申请办理免税手续,各地税务机关按照国家发展改革委和国家税务总局下发的名单审核批准并办理免税手续后,担保机构可以享受营业税免税政策。

三、免税期限

营业税免税期限为三年,免税时间自担保机构主管税务机关办理免税手续之日起计算。

四、各省、自治区、直辖市、计划单列市中小企业管理部门、地方税务局要根据本通知要求,按照公开、公正原则,认真做好本地区中小企业信用担保机构审核推荐工作。

五、各省、自治区、直辖市、计划单列市中小企业管理部门、地方税务局要根据实际情况,对前期信用担保机构营业税减免工作落实情况及实施效果开展监督检查,对享受营业税减免政策的中小企业信用担保机构实行动态管理。对于违反规定,不符合减免条件的担保机构,一经发现要如实上报国家发展改革委并国家税务总局取消其继续享受免税的资格。

六、请各省、自治区、直辖市、计划单列市中小企业管理部门会同地方税务局认真做好有关工作,将下列材料以书面形式一式二份于2006年6月15日前报国家发展改革委中小企业司和国家税务总局流转税司。

(一)前四批中小企业信用担保机构营业税减免工作的成效、存在问题及建议。

(二)符合免税条件的中小企业信用担保机构名单(此名单应经过公示)。

(三)符合免税条件的中小企业信用担保机构登记表(见附表)、营业执照和公司章程复印件。

(四)经审查前四批不符合免税条件的中小企业信用担保机构取消名单及理由。

联系单位:国家发展改革委中小企业司

联系人:张海鹰

联系电话:010 – 68535638

财政部关于进一步支持出口信用保险为高技术企业提供服务的通知

(2006年12月7日财政部发布 财金[2006]118号)

中国出口信用保险公司：

为落实《中共中央国务院关于实施科技规划纲要、增强自主创新能力的决定》(中发[2006]4号)和《国务院关于实施〈国家中长期科学和技术发展规划纲要(2006—2020年)〉的若干配套政策》，加强出口信用保险对自主创新的支持，进一步促进出口信用保险为高新技术企业提供服务，现就有关事项通知如下：

一、要充分发挥出口信用保险对推动高新技术企业出口的作用。要主动贴近市场深入了解企业需求，根据高新技术企业的特点，不断改善服务，加强保险新产品的开发，完善业务种类，积极为高新技术产品出口提供收汇保障。

二、要优先为高新技术企业出口提供保险保障。在国家规定的政策范围内，适当简化承保、理赔手续，加快承保和理赔工作的速度。进一步推动保险项下融资业务，扩大与商业银行的合作，拓宽高新技术企业的融资渠道。

三、要加强出口信用保险宣传。要向高新技术企业广泛推介出口信用保险，提高高新技术企业的风险防范意识，引导高新技术企业利用出口信用保险手段，建立风险控制机制，增强国际竞争力。

四、要强化海外风险信息的收集和分析工作。发挥出口信用保险机构的信息资源优势和商账追收经验，为高新技术企业提供信息咨询、商账管理等全方位服务。

五、要加强同科技部、财政部等有关部门的沟通。及时汇报工作情况，反映实际工作中出现的问题，不断增强为高新技术企业提供服务的能力。

二○○六年十二月七日

【参阅目录】

关于加强中小企业信用管理工作的若干意见
  国经贸中小企[2001]368号
  2001年4月20日

科技成果与知识产权

中华人民共和国专利法

（1984年3月12日第六届全国人民代表大会常务委员会第四次会议通过　根据1992年9月4日第七届全国人民代表大会常务委员会第二十七次会议《关于修改〈中华人民共和国专利法〉的决定》第一次修正　根据2000年8月25日第九届全国人民代表大会常务委员会第十七次会议《关于修改〈中华人民共和国专利法〉的决定》第二次修正　根据2008年12月27日第十一届全国人民代表大会常务委员会第六次会议《关于修改〈中华人民共和国专利法〉的决定》第三次修正）

目　录

第一章　总则
第二章　授予专利权的条件
第三章　专利的申请
第四章　专利申请的审查和批准
第五章　专利权的期限、终止和无效
第六章　专利实施的强制许可
第七章　专利权的保护
第八章　附则

第一章　总　则

第一条　为了保护专利权人的合法权益，鼓励发明创造，推动发明创造的应用，提高创新能力，促进科学技术进步和经济社会发展，制定本法。

第二条　本法所称的发明创造是指发明、实用新型和外观设计。

发明，是指对产品、方法或者其改进所提出的新的技术方案。

实用新型，是指对产品的形状、构造或者其结合所提出的适于实用的新的技术方案。

外观设计，是指对产品的形状、图案或者其结合以及色彩与形状、图案的结合所作出的富有美感并适于工业应用的新设计。

第三条　国务院专利行政部门负责管理全国的专利工作；统一受理和审查专利申请，依法授予专利权。

省、自治区、直辖市人民政府管理专利工作的部门负责本行政区域内的专利管理工作。

第四条　申请专利的发明创造涉及国家安全或者重大利益需要保密的，按照国家有关规定办理。

第五条　对违反法律、社会公德或者妨害公共利益的发明创造，不授予专利权。

对违反法律、行政法规的规定获取或者利用遗传资源，并依赖该遗传资源完成的发明创造，不授予专利权。

第六条　执行本单位的任务或者主要是利用本单位的物质技术条件所完成的发明创造为职务发明创造。职务发明创造申请专利的权利属于该单位；申请被批准后，该单位为专利权人。

非职务发明创造，申请专利的权利属于发明人或者设计人；申请被批准后，该发明人或者设计人为专利权人。

利用本单位的物质技术条件所完成的发明创造，单位与发明人或者设计人订有合同，对申请专利的权利和专利权的归属作出约定的，从其约定。

第七条　对发明人或者设计人的非职务发明创造专利申请，任何单位或者个人不得压制。

第八条　两个以上单位或者个人合作完成的发明创造、一个单位或者个人接受其他单位或者个人委托所完成的发明创造，除另有协议的以外，申请专利的权利属于完成或者共同完成的单位或者个人；申请被批准后，申请的单位或者个人为专利权人。

第九条 同样的发明创造只能授予一项专利权。但是,同一申请人同日对同样的发明创造既申请实用新型专利又申请发明专利,先获得的实用新型专利权尚未终止,且申请人声明放弃该实用新型专利权的,可以授予发明专利权。

两个以上的申请人分别就同样的发明创造申请专利的,专利权授予最先申请的人。

第十条 专利申请权和专利权可以转让。

中国单位或者个人向外国人、外国企业或者外国其他组织转让专利申请权或者专利权的,应当依照有关法律、行政法规的规定办理手续。

转让专利申请权或者专利权的,当事人应当订立书面合同,并向国务院专利行政部门登记,由国务院专利行政部门予以公告。专利申请权或者专利权的转让自登记之日起生效。

第十一条 发明和实用新型专利权被授予后,除本法另有规定的以外,任何单位或者个人未经专利权人许可,都不得实施其专利,即不得为生产经营目的制造、使用、许诺销售、销售、进口其专利产品,或者使用其专利方法以及使用、许诺销售、销售、进口依照该专利方法直接获得的产品。

外观设计专利权被授予后,任何单位或者个人未经专利权人许可,都不得实施其专利,即不得为生产经营目的制造、许诺销售、销售、进口其外观设计专利产品。

第十二条 任何单位或者个人实施他人专利的,应当与专利权人订立实施许可合同,向专利权人支付专利使用费。被许可人无权允许合同规定以外的任何单位或者个人实施该专利。

第十三条 发明专利申请公布后,申请人可以要求实施其发明的单位或者个人支付适当的费用。

第十四条 国有企业事业单位的发明专利,对国家利益或者公共利益具有重大意义的,国务院有关主管部门和省、自治区、直辖市人民政府报经国务院批准,可以决定在批准的范围内推广应用,允许指定的单位实施,由实施单位按照国家规定向专利权人支付使用费。

第十五条 专利申请权或者专利权的共有人对权利的行使有约定的,从其约定。没有约定的,共有人可以单独实施或者以普通许可方式允许他人实施该专利;许可他人实施该专利的,收取的使用费应当在共有人之间分配。

除前款规定的情形外,行使共有的专利申请权或者专利权应当取得全体共有人的同意。

第十六条 被授予专利权的单位应当对职务发明创造的发明人或者设计人给予奖励;发明创造专利实施后,根据其推广应用的范围和取得的经济效益,对发明人或者设计人给予合理的报酬。

第十七条 发明人或者设计人有权在专利文件中写明自己是发明人或者设计人。

专利权人有权在其专利产品或者该产品的包装上标明专利标识。

第十八条 在中国没有经常居所或者营业所的外国人、外国企业或者外国其他组织在中国申请专利的,依照其所属国同中国签订的协议或者共同参加的国际条约,或者依照互惠原则,根据本法办理。

第十九条 在中国没有经常居所或者营业所的外国人、外国企业或者外国其他组织在中国申请专利和办理其他专利事务的,应当委托依法设立的专利代理机构办理。

中国单位或者个人在国内申请专利和办理其他专利事务的,可以委托依法设立的专利代理机构办理。

专利代理机构应当遵守法律、行政法规,按照被代理人的委托办理专利申请或者其他专利事务;对被代理人发明创造的内容,除专利申请已经公布或者公告的以外,负有保密责任。专利代理机构的具体管理办法由国务院规定。

第二十条 任何单位或者个人将在中国完成的发明或者实用新型向外国申请专利的,应当事先报经国务院专利行政部门进行保密审查。保密审查的程序、期限等按照国务院的规定执行。

中国单位或者个人可以根据中华人民共和国参加的有关国际条约提出专利国际申请。申请人提出专利国际申请的,应当遵守前款规定。

国务院专利行政部门依照中华人民共和国参加的有关国际条约、本法和国务院有关规定处理专利国际申请。

对违反本条第一款规定向外国申请专利的发明或者实用新型,在中国申请专利的,不授予专利权。

第二十一条 国务院专利行政部门及其专利复审委员会应当按照客观、公正、准确、及时的要求,依法处理有关专利的申请和请求。

国务院专利行政部门应当完整、准确、及时发布专利信息,定期出版专利公报。

在专利申请公布或者公告前,国务院专利行政部门的工作人员及有关人员对其内容负有保密责任。

第二章 授予专利权的条件

第二十二条 授予专利权的发明和实用新型,应当具备新颖性、创造性和实用性。

新颖性,是指该发明或者实用新型不属于现有技术;也没有任何单位或者个人就同样的发明或者实用新型在申请日以前向国务院专利行政部门提出过申请,并记载在申请日以后公布的专利申请文件或者公告的专利文件中。

创造性,是指与现有技术相比,该发明具有突出的实质性特点和显著的进步,该实用新型具有实质性特点和进步。

实用性,是指该发明或者实用新型能够制造或者使用,并且能够产生积极效果。

本法所称现有技术,是指申请日以前在国内外为公众所知的技术。

第二十三条 授予专利权的外观设计,应当不属于现有设计;也没有任何单位或者个人就同样的外观设计在申请日以前向国务院专利行政部门提出过申请,并记载在申请日以后公告的专利文件中。

授予专利权的外观设计与现有设计或者现有设计特征的组合相比,应当具有明显区别。

授予专利权的外观设计不得与他人在申请日以前已经取得的合法权利相冲突。

本法所称现有设计,是指申请日以前在国内外为公众所知的设计。

第二十四条 申请专利的发明创造在申请日以前六个月内,有下列情形之一的,不丧失新颖性:

(一)在中国政府主办或者承认的国际展览会上首次展出的;

(二)在规定的学术会议或者技术会议上首次发表的;

(三)他人未经申请人同意而泄露其内容的。

第二十五条 对下列各项,不授予专利权:

(一)科学发现;

(二)智力活动的规则和方法;

(三)疾病的诊断和治疗方法;

(四)动物和植物品种;

(五)用原子核变换方法获得的物质;

(六)对平面印刷品的图案、色彩或者二者的结合作出的主要起标识作用的设计。

对前款第(四)项所列产品的生产方法,可以依照本法规定授予专利权。

第三章 专利的申请

第二十六条 申请发明或者实用新型专利的,应当提交请求书、说明书及其摘要和权利要求书等文件。

请求书应当写明发明或者实用新型的名称,发明人的姓名,申请人姓名或者名称、地址,以及其他事项。

说明书应当对发明或者实用新型作出清楚、完整的说明,以所属技术领域的技术人员能够实现为准;必要的时候,应当有附图。摘要应当简要说明发明或者实用新型的技术要点。

权利要求书应当以说明书为依据,清楚、简要地限定要求专利保护的范围。

依赖遗传资源完成的发明创造,申请人应当在专利申请文件中说明该遗传资源的直接来源和原始来源;申请人无法说明原始来源的,应当陈述理由。

第二十七条 申请外观设计专利的,应当提交请求书、该外观设计的图片或者照片以及对该外观设计的简要说明等文件。

申请人提交的有关图片或者照片应当清楚地显示要求专利保护的产品的外观设计。

第二十八条 国务院专利行政部门收到专利申请文件之日为申请日。如果申请文件是邮寄的,以寄出的邮戳日为申请日。

第二十九条　申请人自发明或者实用新型在外国第一次提出专利申请之日起十二个月内,或者自外观设计在外国第一次提出专利申请之日起六个月内,又在中国就相同主题提出专利申请的,依照该外国同中国签订的协议或者共同参加的国际条约,或者依照相互承认优先权的原则,可以享有优先权。

申请人自发明或者实用新型在中国第一次提出专利申请之日起十二个月内,又向国务院专利行政部门就相同主题提出专利申请的,可以享有优先权。

第三十条　申请人要求优先权的,应当在申请的时候提出书面声明,并且在三个月内提交第一次提出的专利申请文件的副本;未提出书面声明或者逾期未提交专利申请文件副本的,视为未要求优先权。

第三十一条　一件发明或者实用新型专利申请应当限于一项发明或者实用新型。属于一个总的发明构思的两项以上的发明或者实用新型,可以作为一件申请提出。

一件外观设计专利申请应当限于一项外观设计。同一产品两项以上的相似外观设计,或者用于同一类别并且成套出售或者使用的产品的两项以上外观设计,可以作为一件申请提出。

第三十二条　申请人可以在被授予专利权之前随时撤回其专利申请。

第三十三条　申请人可以对其专利申请文件进行修改,但是,对发明和实用新型专利申请文件的修改不得超出原说明书和权利要求书记载的范围,对外观设计专利申请文件的修改不得超出原图片或者照片表示的范围。

第四章　专利申请的审查和批准

第三十四条　国务院专利行政部门收到发明专利申请后,经初步审查认为符合本法要求的,自申请日起满十八个月,即行公布。国务院专利行政部门可以根据申请人的请求早日公布其申请。

第三十五条　发明专利申请自申请日起三年内,国务院专利行政部门可以根据申请人随时提出的请求,对其申请进行实质审查;申请人无正当理由逾期不请求实质审查的,该申请即被视为撤回。

国务院专利行政部门认为必要的时候,可以自行对发明专利申请进行实质审查。

第三十六条　发明专利的申请人请求实质审查的时候,应当提交在申请日前与其发明有关的参考资料。

发明专利已经在外国提出过申请的,国务院专利行政部门可以要求申请人在指定期限内提交该国为审查其申请进行检索的资料或者审查结果的资料;无正当理由逾期不提交的,该申请即被视为撤回。

第三十七条　国务院专利行政部门对发明专利申请进行实质审查后,认为不符合本法规定的,应当通知申请人,要求其在指定的期限内陈述意见,或者对其申请进行修改;无正当理由逾期不答复的,该申请即被视为撤回。

第三十八条　发明专利申请经申请人陈述意见或者进行修改后,国务院专利行政部门仍然认为不符合本法规定的,应当予以驳回。

第三十九条　发明专利申请经实质审查没有发现驳回理由的,由国务院专利行政部门作出授予发明专利权的决定,发给发明专利证书,同时予以登记和公告。发明专利权自公告之日起生效。

第四十条　实用新型和外观设计专利申请经初步审查没有发现驳回理由的,由国务院专利行政部门作出授予实用新型专利权或者外观设计专利权的决定,发给相应的专利证书,同时予以登记和公告。实用新型专利权和外观设计专利权自公告之日起生效。

第四十一条　国务院专利行政部门设立专利复审委员会。专利申请人对国务院专利行政部门驳回申请的决定不服的,可以自收到通知之日起三个月内,向专利复审委员会请求复审。专利复审委员会复审后,作出决定,并通知专利申请人。

专利申请人对专利复审委员会的复审决定不服的,可以自收到通知之日起三个月内向人民法院起诉。

第五章 专利权的期限、终止和无效

第四十二条 发明专利权的期限为二十年,实用新型专利权和外观设计专利权的期限为十年,均自申请日起计算。

第四十三条 专利权人应当自被授予专利权的当年开始缴纳年费。

第四十四条 有下列情形之一的,专利权在期限届满前终止:

(一)没有按照规定缴纳年费的;

(二)专利权人以书面声明放弃其专利权的。

专利权在期限届满前终止的,由国务院专利行政部门登记和公告。

第四十五条 自国务院专利行政部门公告授予专利权之日起,任何单位或者个人认为该专利权的授予不符合本法有关规定的,可以请求专利复审委员会宣告该专利权无效。

第四十六条 专利复审委员会对宣告专利权无效的请求应当及时审查和作出决定,并通知请求人和专利权人。宣告专利权无效的决定,由国务院专利行政部门登记和公告。

对专利复审委员会宣告专利权无效或者维持专利权的决定不服的,可以自收到通知之日起三个月内向人民法院起诉。人民法院应当通知无效宣告请求程序的对方当事人作为第三人参加诉讼。

第四十七条 宣告无效的专利权视为自始即不存在。

宣告专利权无效的决定,对在宣告专利权无效前人民法院作出并已执行的专利侵权的判决、调解书,已经履行或者强制执行的专利侵权纠纷处理决定,以及已经履行的专利实施许可合同和专利权转让合同,不具有追溯力。但是因专利权人的恶意给他人造成的损失,应当给予赔偿。

依照前款规定不返还专利侵权赔偿金、专利使用费、专利权转让费,明显违反公平原则的,应当全部或者部分返还。

第六章 专利实施的强制许可

第四十八条 有下列情形之一的,国务院专利行政部门根据具备实施条件的单位或者个人的申请,可以给予实施发明专利或者实用新型专利的强制许可:

(一)专利权人自专利权被授予之日起满三年,且自提出专利申请之日起满四年,无正当理由未实施或者未充分实施其专利的;

(二)专利权人行使专利权的行为被依法认定为垄断行为,为消除或者减少该行为对竞争产生的不利影响的。

第四十九条 在国家出现紧急状态或者非常情况时,或者为了公共利益的目的,国务院专利行政部门可以给予实施发明专利或者实用新型专利的强制许可。

第五十条 为了公共健康目的,对取得专利权的药品,国务院专利行政部门可以给予制造并将其出口到符合中华人民共和国参加的有关国际条约规定的国家或者地区的强制许可。

第五十一条 一项取得专利权的发明或者实用新型比前已经取得专利权的发明或者实用新型具有显著经济意义的重大技术进步,其实施又有赖于前一发明或者实用新型的实施的,国务院专利行政部门根据后一专利权人的申请,可以给予实施前一发明或者实用新型的强制许可。

在依照前款规定给予实施强制许可的情形下,国务院专利行政部门根据前一专利权人的申请,也可以给予实施后一发明或者实用新型的强制许可。

第五十二条 强制许可涉及的发明创造为半导体技术的,其实施限于公共利益的目的和本法第四十八条第(二)项规定的情形。

第五十三条 除依照本法第四十八条第(二)项、第五十条规定给予的强制许可外,强制许可的实施应当主要为了供应国内市场。

第五十四条 依照本法第四十八条第(一)项、第五十一条规定申请强制许可的单位或者个人应当提供证据,证明其以合理的条件请求专利权人许可其实施专利,但未能在合理的时间内获得许可。

第五十五条 国务院专利行政部门作出的给予实施强制许可的决定,应当及时通知专利权人,并予以登记和公告。

给予实施强制许可的决定,应当根据强制许可的理由规定实施的范围和时间。强制许可的理由消除并不再发生时,国务院专利行政部门应当根据专利权人的请求,经审查后作出终止实施强制许可的决定。

第五十六条 取得实施强制许可的单位或者个人不享有独占的实施权,并且无权允许他人实施。

第五十七条 取得实施强制许可的单位或者个人应当付给专利权人合理的使用费,或者依照中华人民共和国参加的有关国际条约的规定处理使用费问题。付给使用费的,其数额由双方协商;双方不能达成协议的,由国务院专利行政部门裁决。

第五十八条 专利权人对国务院专利行政部门关于实施强制许可的决定不服的,专利权人和取得实施强制许可的单位或者个人对国务院专利行政部门关于实施强制许可的使用费的裁决不服的,可以自收到通知之日起三个月内向人民法院起诉。

第七章 专利权的保护

第五十九条 发明或者实用新型专利权的保护范围以其权利要求的内容为准,说明书及附图可以用于解释权利要求的内容。

外观设计专利权的保护范围以表示在图片或者照片中的该产品的外观设计为准,简要说明可以用于解释图片或者照片所表示的该产品的外观设计。

第六十条 未经专利权人许可,实施其专利,即侵犯其专利权,引起纠纷的,由当事人协商解决;不愿协商或者协商不成的,专利权人或者利害关系人可以向人民法院起诉,也可以请求管理专利工作的部门处理。管理专利工作的部门处理时,认定侵权行为成立的,可以责令侵权人立即停止侵权行为,当事人不服的,可以自收到处理通知之日起十五日内依照《中华人民共和国行政诉讼法》向人民法院起诉;侵权人期满不起诉又不停止侵权行为的,管理专利工作的部门可以申请人民法院强制执行。进行处理的管理专利工作的部门应当事人的请求,可以就侵犯专利权的赔偿数额进行调解;调解不成的,当事人可以依照《中华人民共和国民事诉讼法》向人民法院起诉。

第六十一条 专利侵权纠纷涉及新产品制造方法的发明专利的,制造同样产品的单位或者个人应当提供其产品制造方法不同于专利方法的证明。

专利侵权纠纷涉及实用新型专利或者外观设计专利的,人民法院或者管理专利工作的部门可以要求专利权人或者利害关系人出具由国务院专利行政部门对相关实用新型或者外观设计进行检索、分析和评价后作出的专利权评价报告,作为审理、处理专利侵权纠纷的证据。

第六十二条 在专利侵权纠纷中,被控侵权人有证据证明其实施的技术或者设计属于现有技术或者现有设计的,不构成侵犯专利权。

第六十三条 假冒专利的,除依法承担民事责任外,由管理专利工作的部门责令改正并予公告,没收违法所得,可以并处违法所得四倍以下的罚款;没有违法所得的,可以处二十万元以下的罚款;构成犯罪的,依法追究刑事责任。

第六十四条 管理专利工作的部门根据已经取得的证据,对涉嫌假冒专利行为进行查处时,可以询问有关当事人,调查与涉嫌违法行为有关的情况;对当事人涉嫌违法行为的场所实施现场检查;查阅、复制与涉嫌违法行为有关的合同、发票、账簿以及其他有关资料;检查与涉嫌违法行为有关的产品,对有证据证明是假冒专利的产品,可以查封或者扣押。

管理专利工作的部门依法行使前款规定的职权时,当事人应当予以协助、配合,不得拒绝、阻挠。

第六十五条 侵犯专利权的赔偿数额按照权利人因被侵权所受到的实际损失确定;实际损失难以确定的,可以按照侵权人因侵权所获得的利益确定。权利人的损失或者侵权人获得的利益难以确定的,参照该专利许可使用费的倍数合理确定。赔偿数额还应当包括权利人为制止侵权行为所支付的合理开支。

权利人的损失、侵权人获得的利益和专利许可使用费均难以确定的，人民法院可以根据专利权的类型、侵权行为的性质和情节等因素，确定给予一万元以上一百万元以下的赔偿。

第六十六条 专利权人或者利害关系人有证据证明他人正在实施或者即将实施侵犯专利权的行为，如不及时制止将会使其合法权益受到难以弥补的损害的，可以在起诉前向人民法院申请采取责令停止有关行为的措施。

申请人提出申请时，应当提供担保；不提供担保的，驳回申请。

人民法院应当自接受申请之时起四十八小时内作出裁定；有特殊情况需要延长的，可以延长四十八小时。裁定责令停止有关行为的，应当立即执行。当事人对裁定不服的，可以申请复议一次；复议期间不停止裁定的执行。

申请人自人民法院采取责令停止有关行为的措施之日起十五日内不起诉的，人民法院应当解除该措施。

申请有错误的，申请人应当赔偿被申请人因停止有关行为所遭受的损失。

第六十七条 为了制止专利侵权行为，在证据可能灭失或者以后难以取得的情况下，专利权人或者利害关系人可以在起诉前向人民法院申请保全证据。

人民法院采取保全措施，可以责令申请人提供担保；申请人不提供担保的，驳回申请。

人民法院应当自接受申请之时起四十八小时内作出裁定；裁定采取保全措施的，应当立即执行。

申请人自人民法院采取保全措施之日起十五日内不起诉的，人民法院应当解除该措施。

第六十八条 侵犯专利权的诉讼时效为二年，自专利权人或者利害关系人得知或者应当得知侵权行为之日起计算。

发明专利申请公布后至专利权授予前使用该发明未支付适当使用费的，专利权人要求支付使用费的诉讼时效为二年，自专利权人得知或者应当得知他人使用其发明之日起计算，但是，专利权人于专利权授予之日前即已得知或者应当得知的，自专利权授予之日起计算。

第六十九条 有下列情形之一的，不视为侵犯专利权：

（一）专利产品或者依照专利方法直接获得的产品，由专利权人或者经其许可的单位、个人售出后，使用、许诺销售、销售、进口该产品的；

（二）在专利申请日前已经制造相同产品、使用相同方法或者已经作好制造、使用的必要准备，并且仅在原有范围内继续制造、使用的；

（三）临时通过中国领陆、领水、领空的外国运输工具，依照其所属国同中国签订的协议或者共同参加的国际条约，或者依照互惠原则，为运输工具自身需要而在其装置和设备中使用有关专利的；

（四）专为科学研究和实验而使用有关专利的；

（五）为提供行政审批所需要的信息，制造、使用、进口专利药品或者专利医疗器械的，以及专门为其制造、进口专利药品或者专利医疗器械的。

第七十条 为生产经营目的使用、许诺销售或者销售不知道是未经专利权人许可而制造并售出的专利侵权产品，能证明该产品合法来源的，不承担赔偿责任。

第七十一条 违反本法第二十条规定向外国申请专利，泄露国家秘密的，由所在单位或者上级主管机关给予行政处分；构成犯罪的，依法追究刑事责任。

第七十二条 侵夺发明人或者设计人的非职务发明创造专利申请权和本法规定的其他权益的，由所在单位或者上级主管机关给予行政处分。

第七十三条 管理专利工作的部门不得参与向社会推荐专利产品等经营活动。

管理专利工作的部门违反前款规定的，由其上级机关或者监察机关责令改正，消除影响，有违法收入的予以没收；情节严重的，对直接负责的主管人员和其他直接责任人员依法给予行政处分。

第七十四条 从事专利管理工作的国家机关工作人员以及其他有关国家机关工作人员玩忽职守、滥用职权、徇私舞弊，构成犯罪的，依法追究刑事责任；尚不构成犯罪的，依法给予行政处分。

第八章 附 则

第七十五条 向国务院专利行政部门申请专利和办理其他手续,应当按照规定缴纳费用。

第七十六条 本法自 1985 年 4 月 1 日起施行。

中华人民共和国著作权法

(1990年9月7日第七届全国人民代表大会常务委员会第十五次会议通过 根据2001年10月27日第九届全国人民代表大会常务委员会第二十四次会议《关于修改〈中华人民共和国著作权法〉的决定》修正)

目 录

第一章 总则
第二章 著作权
　第一节 著作权人及其权利
　第二节 著作权归属
　第三节 权利的保护期
　第四节 权利的限制
第三章 著作权许可使用和转让合同
第四章 出版、表演、录音录像、播放
　第一节 图书、报刊的出版
　第二节 表演
　第三节 录音录像
　第四节 广播电台、电视台播放
第五章 法律责任和执法措施
第六章 附则

第一章 总 则

第一条 为保护文学、艺术和科学作品作者的著作权,以及与著作权有关的权益,鼓励有益于社会主义精神文明、物质文明建设的作品的创作和传播,促进社会主义文化和科学事业的发展与繁荣,根据宪法制定本法。

第二条 中国公民、法人或者其他组织的作品,不论是否发表,依照本法享有著作权。

外国人、无国籍人的作品根据其作者所属国或者经常居住地国同中国签订的协议或者共同参加的国际条约享有的著作权,受本法保护。

外国人、无国籍人的作品首次在中国境内出版的,依照本法享有著作权。

未与中国签订协议或者共同参加国际条约的国家的作者以及无国籍人的作品首次在中国参加的国际条约的成员国出版的,或者在成员国和非成员国同时出版的,受本法保护。

第三条 本法所称的作品,包括以下列形式创作的文学、艺术和自然科学、社会科学、工程技术等作品:

(一)文字作品;
(二)口述作品;
(三)音乐、戏剧、曲艺、舞蹈、杂技艺术作品;
(四)美术、建筑作品;
(五)摄影作品;
(六)电影作品和以类似摄制电影的方法创作的作品;
(七)工程设计图、产品设计图、地图、示意图等图形作品和模型作品;
(八)计算机软件;
(九)法律、行政法规规定的其他作品。

第四条 依法禁止出版、传播的作品,不受本法保护。

著作权人行使著作权,不得违反宪法和法律,不得损害公共利益。

第五条 本法不适用于:

(一)法律、法规,国家机关的决议、决定、命令和其他具有立法、行政、司法性质的文件,及其官方正式译文;
(二)时事新闻;
(三)历法、通用数表、通用表格和公式。

第六条 民间文学艺术作品的著作权保护办法由国务院另行规定。

第七条 国务院著作权行政管理部门主管全国的著作权管理工作；各省、自治区、直辖市人民政府的著作权行政管理部门主管本行政区域的著作权管理工作。

第八条 著作权人和与著作权有关的权利人可以授权著作权集体管理组织行使著作权或者与著作权有关的权利。著作权集体管理组织被授权后，可以以自己的名义为著作权人和与著作权有关的权利人主张权利，并可以作为当事人进行涉及著作权或者与著作权有关的权利的诉讼、仲裁活动。

著作权集体管理组织是非营利性组织，其设立方式、权利义务、著作权许可使用费的收取和分配，以及对其监督和管理等由国务院另行规定。

第二章 著 作 权

第一节 著作权人及其权利

第九条 著作权人包括：
（一）作者；
（二）其他依照本法享有著作权的公民、法人或者其他组织。

第十条 著作权包括下列人身权和财产权：
（一）发表权，即决定作品是否公之于众的权利；
（二）署名权，即表明作者身份，在作品上署名的权利；
（三）修改权，即修改或者授权他人修改作品的权利；
（四）保护作品完整权，即保护作品不受歪曲、篡改的权利；
（五）复制权，即以印刷、复印、拓印、录音、录像、翻录、翻拍等方式将作品制作一份或者多份的权利；
（六）发行权，即以出售或者赠与方式向公众提供作品的原件或者复制件的权利；
（七）出租权，即有偿许可他人临时使用电影作品和以类似摄制电影的方法创作的作品、计算机软件的权利，计算机软件不是出租的主要标的除外；
（八）展览权，即公开陈列美术作品、摄影作品的原件或者复制件的权利；
（九）表演权，即公开表演作品，以及用各种手段公开播送作品的表演的权利；
（十）放映权，即通过放映机、幻灯机等技术设备公开再现美术、摄影、电影和以类似摄制电影的方法创作的作品等的权利；
（十一）广播权，即以无线方式公开广播或者传播作品，以有线传播或者转播的方式向公众传播广播的作品，以及通过扩音器或者其他传送符号、声音、图像的类似工具向公众传播广播的作品的权利；
（十二）信息网络传播权，即以有线或者无线方式向公众提供作品，使公众可以在其个人选定的时间和地点获得作品的权利；
（十三）摄制权，即以摄制电影或者以类似摄制电影的方法将作品固定在载体上的权利；
（十四）改编权，即改变作品，创作出具有独创性的新作品的权利；
（十五）翻译权，即将作品从一种语言文字转换成另一种语言文字的权利；
（十六）汇编权，即将作品或者作品的片段通过选择或者编排，汇集成新作品的权利；
（十七）应当由著作权人享有的其他权利。

著作权人可以许可他人行使前款第（五）项至第（十七）项规定的权利，并依照约定或者本法有关规定获得报酬。

著作权人可以全部或者部分转让本条第一款第（五）项至第（十七）项规定的权利，并依照约定或者本法有关规定获得报酬。

第二节 著作权归属

第十一条 著作权属于作者，本法另有规定的除外。

创作作品的公民是作者。

由法人或者其他组织主持，代表法人或者其他组织意志创作，并由法人或者其他组织承担责任的作品，法人或者其他组织视为作者。

如无相反证明，在作品上署名的公民、法人或者其他组织为作者。

第十二条 改编、翻译、注释、整理已有作品而产生的作品,其著作权由改编、翻译、注释、整理人享有,但行使著作权时不得侵犯原作品的著作权。

第十三条 两人以上合作创作的作品,著作权由合作作者共同享有。没有参加创作的人,不能成为合作作者。

合作作品可以分割使用的,作者对各自创作的部分可以单独享有著作权,但行使著作权时不得侵犯合作作品整体的著作权。

第十四条 汇编若干作品、作品的片段或者不构成作品的数据或者其他材料,对其内容的选择或者编排体现独创性的作品,为汇编作品,其著作权由汇编人享有,但行使著作权时,不得侵犯原作品的著作权。

第十五条 电影作品和以类似摄制电影的方法创作的作品的著作权由制片者享有,但编剧、导演、摄影、作词、作曲等作者享有署名权,并有权按照与制片者签订的合同获得报酬。

电影作品和以类似摄制电影的方法创作的作品中的剧本、音乐等可以单独使用的作品的作者有权单独行使其著作权。

第十六条 公民为完成法人或者其他组织工作任务所创作的作品是职务作品,除本条第二款的规定以外,著作权由作者享有,但法人或者其他组织有权在其业务范围内优先使用。作品完成两年内,未经单位同意,作者不得许可第三人以与单位使用的相同方式使用该作品。

有下列情形之一的职务作品,作者享有署名权,著作权的其他权利由法人或者其他组织享有,法人或者其他组织可以给予作者奖励:

(一)主要是利用法人或者其他组织的物质技术条件创作,并由法人或者其他组织承担责任的工程设计图、产品设计图、地图、计算机软件等职务作品;

(二)法律、行政法规规定或者合同约定著作权由法人或者其他组织享有的职务作品。

第十七条 受委托创作的作品,著作权的归属由委托人和受托人通过合同约定。合同未作明确约定或者没有订立合同的,著作权属于受托人。

第十八条 美术等作品原件所有权的转移,不视为作品著作权的转移,但美术作品原件的展览权由原件所有人享有。

第十九条 著作权属于公民的,公民死亡后,其本法第十条第一款第(五)项至第(十七)项规定的权利在本法规定的保护期内,依照继承法的规定转移。

著作权属于法人或者其他组织的,法人或者其他组织变更、终止后,其本法第十条第一款第(五)项至第(十七)项规定的权利在本法规定的保护期内,由承受其权利义务的法人或者其他组织享有;没有承受其权利义务的法人或者其他组织的,由国家享有。

第三节 权利的保护期

第二十条 作者的署名权、修改权、保护作品完整权的保护期不受限制。

第二十一条 公民的作品,其发表权、本法第十条第一款第(五)项至第(十七)项规定的权利的保护期为作者终生及其死亡后五十年,截止于作者死亡后第五十年的12月31日;如果是合作作品,截止于最后死亡的作者死亡后第五十年的12月31日。

法人或者其他组织的作品、著作权(署名权除外)由法人或者其他组织享有的职务作品,其发表权、本法第十条第一款第(五)项至第(十七)项规定的权利的保护期为五十年,截止于作品首次发表后第五十年的12月31日,但作品自创作完成后五十年内未发表的,本法不再保护。

电影作品和以类似摄制电影的方法创作的作品、摄影作品,其发表权、本法第十条第一款第(五)项至第(十七)项规定的权利的保护期为五十年,截止于作品首次发表后第五十年的12月31日,但作品自创作完成后五十年内未发表的,本法不再保护。

第四节 权利的限制

第二十二条 在下列情况下使用作品,可以不经著作权人许可,不向其支付报酬,但应当指明作者姓名、作品名称,并且不得侵犯著作权人依照本法享有的其他权利:

（一）为个人学习、研究或者欣赏，使用他人已经发表的作品；

（二）为介绍、评论某一作品或者说明某一问题，在作品中适当引用他人已经发表的作品；

（三）为报道时事新闻，在报纸、期刊、广播电台、电视台等媒体中不可避免地再现或者引用已经发表的作品；

（四）报纸、期刊、广播电台、电视台等媒体刊登或者播放其他报纸、期刊、广播电台、电视台等媒体已经发表的关于政治、经济、宗教问题的时事性文章，但作者声明不许刊登、播放的除外；

（五）报纸、期刊、广播电台、电视台等媒体刊登或者播放在公众集会上发表的讲话，但作者声明不许刊登、播放的除外；

（六）为学校课堂教学或者科学研究，翻译或者少量复制已经发表的作品，供教学或科研人员使用，但不得出版发行；

（七）国家机关为执行公务在合理范围内使用已经发表的作品；

（八）图书馆、档案馆、纪念馆、博物馆、美术馆等为陈列或者保存版本的需要，复制本馆收藏的作品；

（九）免费表演已经发表的作品，该表演未向公众收取费用，也未向表演者支付报酬；

（十）对设置或者陈列在室外公共场所的艺术作品进行临摹、绘画、摄影、录像；

（十一）将中国公民、法人或者其他组织已经发表的以汉语言文字创作的作品翻译成少数民族语言文字作品在国内出版发行；

（十二）将已经发表的作品改成盲文出版。

前款规定适用于对出版者、表演者、录音录像制作者、广播电台、电视台的权利的限制。

第二十三条 为实施九年制义务教育和国家教育规划而编写出版教科书，除作者事先声明不许使用的外，可以不经著作权人许可，在教科书中汇编已经发表的作品片段或者短小的文字作品、音乐作品或者单幅的美术作品、摄影作品，但应当按照规定支付报酬，指明作者姓名、作品名称，并且不得侵犯著作权人依照本法享有的其他权利。

前款规定适用于对出版者、表演者、录音录像制作者、广播电台、电视台的权利的限制。

第三章 著作权许可使用和转让合同

第二十四条 使用他人作品应当同著作权人订立许可使用合同，本法规定可以不经许可的除外。

许可使用合同包括下列主要内容：

（一）许可使用的权利种类；

（二）许可使用的权利是专有使用权或者非专有使用权；

（三）许可使用的地域范围、期间；

（四）付酬标准和办法；

（五）违约责任；

（六）双方认为需要约定的其他内容。

第二十五条 转让本法第十条第一款第（五）项至第（十七）项规定的权利，应当订立书面合同。

权利转让合同包括下列主要内容：

（一）作品的名称；

（二）转让的权利种类、地域范围；

（三）转让价金；

（四）交付转让价金的日期和方式；

（五）违约责任；

（六）双方认为需要约定的其他内容。

第二十六条 许可使用合同和转让合同中著作权人未明确许可、转让的权利，未经著作权人同意，另一方当事人不得行使。

第二十七条 使用作品的付酬标准可以由当事人约定，也可以按照国务院著作权行政管理部门会同有关部门制定的付酬标准支付报酬。当事人约定不明确的，按照国务院著作权行政管理部门会同有关部门制定的付酬标准支付报酬。

第二十八条 出版者、表演者、录音录像制作者、广播电台、电视台等依照本法有关规定使用他人作品的，不得侵犯作者的署名权、修改权、保护作品完整权和获得报酬的权利。

第四章 出版、表演、录音录像、播放

第一节 图书、报刊的出版

第二十九条 图书出版者出版图书应当和著作权人订立出版合同,并支付报酬。

第三十条 图书出版者对著作权人交付出版的作品,按照合同约定享有的专有出版权受法律保护,他人不得出版该作品。

第三十一条 著作权人应当按照合同约定期限交付作品。图书出版者应当按照合同约定的出版质量、期限出版图书。

图书出版者不按照合同约定期限出版,应当依照本法第五十三条的规定承担民事责任。

图书出版者重印、再版作品的,应当通知著作权人,并支付报酬。图书脱销后,图书出版者拒绝重印、再版的,著作权人有权终止合同。

第三十二条 著作权人向报社、期刊社投稿的,自稿件发出之日起十五日内未收到报社通知决定刊登的,或者自稿件发出之日起三十日内未收到期刊社通知决定刊登的,可以将同一作品向其他报社、期刊社投稿。双方另有约定的除外。

作品刊登后,除著作权人声明不得转载、摘编的外,其他报刊可以转载或者作为文摘、资料刊登,但应当按照规定向著作权人支付报酬。

第三十三条 图书出版者经作者许可,可以对作品修改、删节。

报社、期刊社可以对作品作文字性修改、删节。对内容的修改,应当经作者许可。

第三十四条 出版改编、翻译、注释、整理、汇编已有作品而产生的作品,应当取得改编、翻译、注释、整理、汇编作品的著作权人和原作品的著作权人许可,并支付报酬。

第三十五条 出版者有权许可或者禁止他人使用其出版的图书、期刊的版式设计。

前款规定的权利的保护期为十年,截止于使用该版式设计的图书、期刊首次出版后第十年的12月31日。

第二节 表 演

第三十六条 使用他人作品演出,表演者(演员、演出单位)应当取得著作权人许可,并支付报酬。演出组织者组织演出,由该组织者取得著作权人许可,并支付报酬。

使用改编、翻译、注释、整理已有作品而产生的作品进行演出,应当取得改编、翻译、注释、整理作品的著作权人和原作品的著作权人许可,并支付报酬。

第三十七条 表演者对其表演享有下列权利:

(一)表明表演者身份;
(二)保护表演形象不受歪曲;
(三)许可他人从现场直播和公开传送其现场表演,并获得报酬;
(四)许可他人录音录像,并获得报酬;
(五)许可他人复制、发行录有其表演的录音录像制品,并获得报酬;
(六)许可他人通过信息网络向公众传播其表演,并获得报酬。

被许可人以前款第(三)项至第(六)项规定的方式使用作品,还应当取得著作权人许可,并支付报酬。

第三十八条 本法第三十七条第一款第(一)项、第(二)项规定的权利的保护期不受限制。

本法第三十七条第一款第(三)项至第(六)项规定的权利的保护期为五十年,截止于该表演发生后第五十年的12月31日。

第三节 录音录像

第三十九条 录音录像制作者使用他人作品制作录音录像制品,应当取得著作权人许可,并支付报酬。

录音录像制作者使用改编、翻译、注释、整理已有作品而产生的作品,应当取得改编、翻译、注释、整理作品的著作权人和原作品著作权人许可,并支付报酬。

录音制作者使用他人已经合法录制为录音制品的音乐作品制作录音制品,可以不经著作权人

许可,但应当按照规定支付报酬;著作权人声明不许使用的不得使用。

第四十条 录音录像制作者制作录音录像制品,应当同表演者订立合同,并支付报酬。

第四十一条 录音录像制作者对其制作的录音录像制品,享有许可他人复制、发行、出租、通过信息网络向公众传播并获得报酬的权利;权利的保护期为五十年,截止于该制品首次制作完成后第五十年的12月31日。

被许可人复制、发行、通过信息网络向公众传播录音录像制品,还应当取得著作权人、表演者许可,并支付报酬。

第四节 广播电台、电视台播放

第四十二条 广播电台、电视台播放他人未发表的作品,应当取得著作权人许可,并支付报酬。

广播电台、电视台播放他人已发表的作品,可以不经著作权人许可,但应当支付报酬。

第四十三条 广播电台、电视台播放已经出版的录音制品,可以不经著作权人许可,但应当支付报酬。当事人另有约定的除外。具体办法由国务院规定。

第四十四条 广播电台、电视台有权禁止未经其许可的下列行为:

(一)将其播放的广播、电视转播;

(二)将其播放的广播、电视录制在音像载体上以及复制音像载体。

前款规定的权利的保护期为五十年,截止于该广播、电视首次播放后第五十年的12月31日。

第四十五条 电视台播放他人的电影作品和以类似摄制电影的方法创作的作品、录像制品,应当取得制片者或者录像制作者许可,并支付报酬;播放他人的录像制品,还应当取得著作权人许可,并支付报酬。

第五章 法律责任和执法措施

第四十六条 有下列侵权行为的,应当根据情况,承担停止侵害、消除影响、赔礼道歉、赔偿损失等民事责任:

(一)未经著作权人许可,发表其作品的;

(二)未经合作作者许可,将与他人合作创作的作品当作自己单独创作的作品发表的;

(三)没有参加创作,为谋取个人名利,在他人作品上署名的;

(四)歪曲、篡改他人作品的;

(五)剽窃他人作品的;

(六)未经著作权人许可,以展览、摄制电影和以类似摄制电影的方法使用作品,或者以改编、翻译、注释等方式使用作品的,本法另有规定的除外;

(七)使用他人作品,应当支付报酬而未支付的;

(八)未经电影作品和以类似摄制电影的方法创作的作品、计算机软件、录音录像制品的著作权人或者与著作权有关的权利人许可,出租其作品或者录音录像制品的,本法另有规定的除外;

(九)未经出版者许可,使用其出版的图书、期刊的版式设计的;

(十)未经表演者许可,从现场直播或者公开传送其现场表演,或者录制其表演的;

(十一)其他侵犯著作权以及与著作权有关的权益的行为。

第四十七条 有下列侵权行为的,应当根据情况,承担停止侵害、消除影响、赔礼道歉、赔偿损失等民事责任;同时损害公共利益的,可以由著作权行政管理部门责令停止侵权行为,没收违法所得,没收、销毁侵权复制品,并处以罚款;情节严重的,著作权行政管理部门还可以没收主要用于制作侵权复制品的材料、工具、设备等;构成犯罪的,依法追究刑事责任:

(一)未经著作权人许可,复制、发行、表演、放映、广播、汇编、通过信息网络向公众传播其作品的,本法另有规定的除外;

(二)出版他人享有专有出版权的图书的;

(三)未经表演者许可,复制、发行录有其表演的录音录像制品,或者通过信息网络向公众传播其表演的,本法另有规定的除外;

(四)未经录音录像制作者许可,复制、发行、通过信息网络向公众传播其制作的录音录像制品的,本法另有规定的除外;

（五）未经许可,播放或者复制广播、电视的,本法另有规定的除外;

（六）未经著作权人或者与著作权有关的权利人许可,故意避开或者破坏权利人为其作品、录音录像制品等采取的保护著作权或者与著作权有关的权利的技术措施的,法律、行政法规另有规定的除外;

（七）未经著作权人或者与著作权有关的权利人许可,故意删除或者改变作品、录音录像制品等的权利管理电子信息的,法律、行政法规另有规定的除外;

（八）制作、出售假冒他人署名的作品的。

第四十八条　侵犯著作权或者与著作权有关的权利的,侵权人应当按照权利人的实际损失给予赔偿;实际损失难以计算的,可以按照侵权人的违法所得给予赔偿。赔偿数额还应当包括权利人为制止侵权行为所支付的合理开支。

权利人的实际损失或者侵权人的违法所得不能确定的,由人民法院根据侵权行为的情节,判决给予五十万元以下的赔偿。

第四十九条　著作权人或者与著作权有关的权利人有证据证明他人正在实施或者即将实施侵犯其权利的行为,如不及时制止将会使其合法权益受到难以弥补的损害的,可以在起诉前向人民法院申请采取责令停止有关行为和财产保全的措施。

人民法院处理前款申请,适用《中华人民共和国民事诉讼法》第九十三条至第九十六条和第九十九条的规定。

第五十条　为制止侵权行为,在证据可能灭失或者以后难以取得的情况下,著作权人或者与著作权有关的权利人可以在起诉前向人民法院申请保全证据。

人民法院接受申请后,必须在四十八小时内作出裁定;裁定采取保全措施的,应当立即开始执行。

人民法院可以责令申请人提供担保,申请人不提供担保的,驳回申请。

申请人在人民法院采取保全措施后十五日内不起诉的,人民法院应当解除保全措施。

第五十一条　人民法院审理案件,对于侵犯著作权或者与著作权有关的权利的,可以没收违法所得、侵权复制品以及进行违法活动的财物。

第五十二条　复制品的出版者、制作者不能证明其出版、制作有合法授权的,复制品的发行者或者电影作品或者以类似摄制电影的方法创作的作品、计算机软件、录音录像制品的复制品的出租者不能证明其发行、出租的复制品有合法来源的,应当承担法律责任。

第五十三条　当事人不履行合同义务或者履行合同义务不符合约定条件的,应当依照《中华人民共和国民法通则》、《中华人民共和国合同法》等有关法律规定承担民事责任。

第五十四条　著作权纠纷可以调解,也可以根据当事人达成的书面仲裁协议或者著作权合同中的仲裁条款,向仲裁机构申请仲裁。

当事人没有书面仲裁协议,也没有在著作权合同中订立仲裁条款的,可以直接向人民法院起诉。

第五十五条　当事人对行政处罚不服的,可以自收到行政处罚决定书之日起三个月内向人民法院起诉,期满不起诉又不履行的,著作权行政管理部门可以申请人民法院执行。

第六章　附　　则

第五十六条　本法所称的著作权即版权。

第五十七条　本法第二条所称的出版,指作品的复制、发行。

第五十八条　计算机软件、信息网络传播权的保护办法由国务院另行规定。

第五十九条　本法规定的著作权人和出版者、表演者、录音录像制作者、广播电台、电视台的权利,在本法施行之日尚未超过本法规定的保护期的,依照本法予以保护。

本法施行前发生的侵权或者违约行为,依照侵权或者违约行为发生时的有关规定和政策处理。

第六十条　本法自1991年6月1日起施行。

中华人民共和国合同法
（节选）

（1999年3月15日第九届全国人民代表大会第二次会议通过　1999年3月15日中华人民共和国主席令第15号公布　自1999年10月1日起施行）

目　录

总则

第一章　一般规定
第二章　合同的订立
第三章　合同的效力
第四章　合同的履行
第五章　合同的变更和转让
第六章　合同的权利义务终止
第七章　违约责任
第八章　其他规定

分则

第十八章　技术合同

附则

总　则

第一章　一般规定

第一条　为了保护合同当事人的合法权益，维护社会经济秩序，促进社会主义现代化建设，制定本法。

第二条　本法所称合同是平等主体的自然人、法人、其他组织之间设立、变更、终止民事权利义务关系的协议。婚姻、收养、监护等有关身份关系的协议，适用其他法律的规定。

第三条　合同当事人的法律地位平等，一方不得将自己的意志强加给另一方。

第四条　当事人依法享有自愿订立合同的权利，任何单位和个人不得非法干预。

第五条　当事人应当遵循公平原则确定各方的权利和义务。

第六条　当事人行使权利、履行义务应当遵循诚实信用原则。

第七条　当事人订立、履行合同，应当遵守法律、行政法规，尊重社会公德，不得扰乱社会经济秩序，损害社会公共利益。

第八条　依法成立的合同，对当事人具有法律约束力。当事人应当按照约定履行自己的义务，不得擅自变更或者解除合同。依法成立的合同，受法律保护。

第二章　合同的订立

第九条　当事人订立合同，应当具有相应的民事权利能力和民事行为能力。当事人依法可以委托代理人订立合同。

第十条　当事人订立合同，有书面形式、口头形式和其他形式。

法律、行政法规规定采用书面形式的，应当采用书面形式。当事人约定采用书面形式的，应当采用书面形式。

第十一条　书面形式是指合同书、信件和数据电文（包括电报、电传、传真、电子数据交换和电子邮件）等可以有形地表现所载内容的形式。

第十二条　合同的内容由当事人约定，一般包括以下条款：

（一）当事人的名称或者姓名和住所；
（二）标的；
（三）数量；

（四）质量；
（五）价款或者报酬；
（六）履行期限、地点和方式；
（七）违约责任；
（八）解决争议的方法。
当事人可以参照各类合同的示范文本订立合同。

第十三条　当事人订立合同，采取要约、承诺方式。

第十四条　要约是希望和他人订立合同的意思表示，该意思表示应当符合下列规定：
（一）内容具体确定；
（二）表明经受要约人承诺，要约人即受该意思表示约束。

第十五条　要约邀请是希望他人向自己发出要约的意思表示。寄送的价目表、拍卖公告、招标公告、招股说明书、商业广告等为要约邀请。商业广告的内容符合要约规定的，视为要约。

第十六条　要约到达受要约人时生效。
采用数据电文形式订立合同，收件人指定特定系统接收数据电文的，该数据电文进入该特定系统的时间，视为到达时间；未指定特定系统的，该数据电文进入收件人的任何系统的首次时间，视为到达时间。

第十七条　要约可以撤回。撤回要约的通知应当在要约到达受要约人之前或者与要约同时到达受要约人。

第十八条　要约可以撤销。撤销要约的通知应当在受要约人发出承诺通知之前到达受要约人。

第十九条　有下列情形之一的，要约不得撤销：
（一）要约人确定了承诺期限或者以其他形式明示要约不可撤销；
（二）受要约人有理由认为要约是不可撤销的，并已经为履行合同作了准备工作。

第二十条　有下列情形之一的，要约失效：
（一）拒绝要约的通知到达要约人；
（二）要约人依法撤销要约；
（三）承诺期限届满，受要约人未作出承诺；
（四）受要约人对要约的内容作出实质性变更。

第二十一条　承诺是受要约人同意要约的意思表示。

第二十二条　承诺应当以通知的方式作出，但根据交易习惯或者要约表明可以通过行为作出承诺的除外。

第二十三条　承诺应当在要约确定的期限内到达要约人。
要约没有确定承诺期限的，承诺应当依照下列规定到达：
（一）要约以对话方式作出的，应当即时作出承诺，但当事人另有约定的除外；
（二）要约以非对话方式作出的，承诺应当在合理期限内到达。

第二十四条　要约以信件或者电报作出的，承诺期限自信件载明的日期或者电报交发之日开始计算。信件未载明日期的，自投寄该信件的邮戳日期开始计算。要约以电话、传真等快速通讯方式作出的，承诺期限自要约到达受要约人时开始计算。

第二十五条　承诺生效时合同成立。

第二十六条　承诺通知到达要约人时生效。承诺不需要通知的，根据交易习惯或者要约的要求作出承诺的行为时生效。采用数据电文形式订立合同的，承诺到达的时间适用本法第十六条第二款的规定。

第二十七条　承诺可以撤回。撤回承诺的通知应当在承诺通知到达要约人之前或者与承诺通知同时到达要约人。

第二十八条　受要约人超过承诺期限发出承诺的，除要约人及时通知受要约人该承诺有效的以外，为新要约。

第二十九条　受要约人在承诺期限内发出承诺，按照通常情形能够及时到达要约人，但因其他原因承诺到达要约人时超过承诺期限的，除要约人及时通知受要约人因承诺超过期限不接受该承诺的以外，该承诺有效。

第三十条　承诺的内容应当与要约的内容一致。受要约人对要约的内容作出实质性变更的，为新要约。有关合同标的、数量、质量、价款或者报酬、履行期限、履行地点和方式、违约责任和解决争议方法等的变更,是对要约内容的实质性变更。

第三十一条 承诺对要约的内容作出非实质性变更的,除要约人及时表示反对或者要约表明承诺不得对要约的内容作出任何变更的以外,该承诺有效,合同的内容以承诺的内容为准。

第三十二条 当事人采用合同书形式订立合同的,自双方当事人签字或者盖章时合同成立。

第三十三条 当事人采用信件、数据电文等形式订立合同的,可以在合同成立之前要求签订确认书。签订确认书时合同成立。

第三十四条 承诺生效的地点为合同成立的地点。

采用数据电文形式订立合同的,收件人的主营业地为合同成立的地点;没有主营业地的,其经常居住地为合同成立的地点。当事人另有约定的,按照其约定。

第三十五条 当事人采用合同书形式订立合同的,双方当事人签字或者盖章的地点为合同成立的地点。

第三十六条 法律、行政法规规定或者当事人约定采用书面形式订立合同,当事人未采用书面形式但一方已经履行主要义务,对方接受的,该合同成立。

第三十七条 采用合同书形式订立合同,在签字或者盖章之前,当事人一方已经履行主要义务,对方接受的,该合同成立。

第三十八条 国家根据需要下达指令性任务或者国家订货任务的,有关法人、其他组织之间应当依照有关法律、行政法规规定的权利和义务订立合同。

第三十九条 采用格式条款订立合同的,提供格式条款的一方应当遵循公平原则确定当事人之间的权利和义务,并采取合理的方式提请对方注意免除或者限制其责任的条款,按照对方的要求,对该条款予以说明。格式条款是当事人为了重复使用而预先拟定,并在订立合同时未与对方协商的条款。

第四十条 格式条款具有本法第五十二条和第五十三条规定情形的,或者提供格式条款一方免除其责任、加重对方责任、排除对方主要权利的,该条款无效。

第四十一条 对格式条款的理解发生争议的,应当按照通常理解予以解释。对格式条款有两种以上解释的,应当作出不利于提供格式条款一方的解释。格式条款和非格式条款不一致的,应当采用非格式条款。

第四十二条 当事人在订立合同过程中有下列情形之一,给对方造成损失的,应当承担损害赔偿责任:

(一)假借订立合同,恶意进行磋商;

(二)故意隐瞒与订立合同有关的重要事实或者提供虚假情况;

(三)有其他违背诚实信用原则的行为。

第四十三条 当事人在订立合同过程中知悉的商业秘密,无论合同是否成立,不得泄露或者不正当地使用。泄露或者不正当地使用该商业秘密给对方造成损失的,应当承担损害赔偿责任。

第三章 合同的效力

第四十四条 依法成立的合同,自成立时生效。

法律、行政法规规定应当办理批准、登记等手续生效的,依照其规定。

第四十五条 当事人对合同的效力可以约定附条件。附生效条件的合同,自条件成就时生效。附解除条件的合同,自条件成就时失效。

当事人为自己的利益不正当地阻止条件成就的,视为条件已成就;不正当地促成条件成就的,视为条件不成就。

第四十六条 当事人对合同的效力可以约定附期限。附生效期限的合同,自期限届至时生效。附终止期限的合同,自期限届满时失效。

第四十七条 限制民事行为能力人订立的合同,经法定代理人追认后,该合同有效,但纯获利益的合同或者与其年龄、智力、精神健康状况相适应而订立的合同,不必经法定代理人追认。

相对人可以催告法定代理人在一个月内予以追认。法定代理人未作表示的,视为拒绝追认。合同被追认之前,善意相对人有撤销的权利。撤销应当以通知的方式作出。

第四十八条 行为人没有代理权、超越代理权或者代理权终止后以被代理人名义订立的合同,未经被代理人追认,对被代理人不发生效力,由行为人承担责任。

相对人可以催告被代理人在一个月内予以追认。被代理人未作表示的,视为拒绝追认。合同被追认之前,善意相对人有撤销的权利。撤销应当以通知的方式作出。

第四十九条 行为人没有代理权、超越代理权或者代理权终止后以被代理人名义订立合同,相对人有理由相信行为人有代理权的,该代理行为有效。

第五十条 法人或者其他组织的法定代表人、负责人超越权限订立的合同,除相对人知道或者应当知道其超越权限的以外,该代表行为有效。

第五十一条 无处分权的人处分他人财产,经权利人追认或者无处分权的人订立合同后取得处分权的,该合同有效。

第五十二条 有下列情形之一的,合同无效:
(一)一方以欺诈、胁迫的手段订立合同,损害国家利益;
(二)恶意串通,损害国家、集体或者第三人利益;
(三)以合法形式掩盖非法目的;
(四)损害社会公共利益;
(五)违反法律、行政法规的强制性规定。

第五十三条 合同中的下列免责条款无效:
(一)造成对方人身伤害的;
(二)因故意或者重大过失造成对方财产损失的。

第五十四条 下列合同,当事人一方有权请求人民法院或者仲裁机构变更或者撤销:
(一)因重大误解订立的;
(二)在订立合同时显失公平的。

一方以欺诈、胁迫的手段或者乘人之危,使对方在违背真实意思的情况下订立的合同,受损害方有权请求人民法院或者仲裁机构变更或者撤销。当事人请求变更的,人民法院或者仲裁机构不得撤销。

第五十五条 有下列情形之一的,撤销权消灭:
(一)具有撤销权的当事人自知道或者应当知道撤销事由之日起一年内没有行使撤销权;
(二)具有撤销权的当事人知道撤销事由后明确表示或者以自己的行为放弃撤销权。

第五十六条 无效的合同或者被撤销的合同自始没有法律约束力。合同部分无效,不影响其他部分效力的,其他部分仍然有效。

第五十七条 合同无效、被撤销或者终止的,不影响合同中独立存在的有关解决争议方法的条款的效力。

第五十八条 合同无效或者被撤销后,因该合同取得的财产,应当予以返还;不能返还或者没有必要返还的,应当折价补偿。有过错的一方应当赔偿对方因此所受到的损失,双方都有过错的,应当各自承担相应的责任。

第五十九条 当事人恶意串通,损害国家、集体或者第三人利益的,因此取得的财产收归国家所有或者返还集体、第三人。

第四章 合同的履行

第六十条 当事人应当按照约定全面履行自己的义务。

当事人应当遵循诚实信用原则,根据合同的性质、目的和交易习惯履行通知、协助、保密等义务。

第六十一条 合同生效后,当事人就质量、价款或者报酬、履行地点等内容没有约定或者约定不明确的,可以协议补充;不能达成补充协议的,按照合同有关条款或者交易习惯确定。

第六十二条 当事人就有关合同内容约定不明确,依照本法第六十一条的规定仍不能确定的,适用下列规定:
(一)质量要求不明确的,按照国家标准、行业标准履行;没有国家标准、行业标准的,按照通常标准或者符合合同目的的特定标准履行。
(二)价款或者报酬不明确的,按照订立合同时履行地的市场价格履行;依法应当执行政府定价或者政府指导价的,按照规定履行。
(三)履行地点不明确,给付货币的,在接受货币一方所在地履行;交付不动产的,在不动产所在地履行；其他标的,在履行义务一方所在地履行。

（四）履行期限不明确的,债务人可以随时履行,债权人也可以随时要求履行,但应当给对方必要的准备时间。

（五）履行方式不明确的,按照有利于实现合同目的的方式履行。

（六）履行费用的负担不明确的,由履行义务一方负担。

第六十三条　执行政府定价或者政府指导价的,在合同约定的交付期限内政府价格调整时,按照交付时的价格计价。逾期交付标的物的,遇价格上涨时,按照原价格执行；价格下降时,按照新价格执行。逾期提取标的物或者逾期付款的,遇价格上涨时,按照新价格执行；价格下降时,按照原价格执行。

第六十四条　当事人约定由债务人向第三人履行债务的,债务人未向第三人履行债务或者履行债务不符合约定,应当向债权人承担违约责任。

第六十五条　当事人约定由第三人向债权人履行债务的,第三人不履行债务或者履行债务不符合约定,债务人应当向债权人承担违约责任。

第六十六条　当事人互负债务,没有先后履行顺序的,应当同时履行。一方在对方履行之前有权拒绝其履行要求。一方在对方履行债务不符合约定时,有权拒绝其相应的履行要求。

第六十七条　当事人互负债务,有先后履行顺序,先履行一方未履行的,后履行一方有权拒绝其履行要求。先履行一方履行债务不符合约定的,后履行一方有权拒绝其相应的履行要求。

第六十八条　应当先履行债务的当事人,有确切证据证明对方有下列情形之一的,可以中止履行：

（一）经营状况严重恶化；

（二）转移财产、抽逃资金,以逃避债务；

（三）丧失商业信誉；

（四）有丧失或者可能丧失履行债务能力的其他情形。

当事人没有确切证据中止履行的,应当承担违约责任。

第六十九条　当事人依照本法第六十八条的规定中止履行的,应当及时通知对方。对方提供适当担保时,应当恢复履行。中止履行后,对方在合理期限内未恢复履行能力并且未提供适当担保的,中止履行的一方可以解除合同。

第七十条　债权人分立、合并或者变更住所没有通知债务人,致使履行债务发生困难的,债务人可以中止履行或者将标的物提存。

第七十一条　债权人可以拒绝债务人提前履行债务,但提前履行不损害债权人利益的除外。

债务人提前履行债务给债权人增加的费用,由债务人负担。

第七十二条　债权人可以拒绝债务人部分履行债务,但部分履行不损害债权人利益的除外。

债务人部分履行债务给债权人增加的费用,由债务人负担。

第七十三条　因债务人怠于行使其到期债权,对债权人造成损害的,债权人可以向人民法院请求以自己的名义代位行使债务人的债权,但该债权专属于债务人自身的除外。代位权的行使范围以债务人的债权为限。债权人行使代位权的必要费用,由债务人负担。

第七十四条　因债务人放弃其到期债权或者无偿转让财产,对债权人造成损害的,债权人可以请求人民法院撤销债务人的行为。债务人以明显不合理的低价转让财产,对债权人造成损害,并且受让人知道该情形的,债权人也可以请求人民法院撤销债务人的行为。

撤销权的行使范围以债权人的债权为限。债权人行使撤销权的必要费用,由债务人负担。

第七十五条　撤销权自债权人知道或者应当知道撤销事由之日起一年内行使。自债务人的行为发生之日起五年内没有行使撤销权的,该撤销权消灭。

第七十六条　合同生效后,当事人不得因姓名、名称的变更或者法定代表人、负责人、承办人的变动而不履行合同义务。

第五章　合同的变更和转让

第七十七条　当事人协商一致,可以变更合同。

法律、行政法规规定变更合同应当办理批准、登记等手续的，依照其规定。

第七十八条 当事人对合同变更的内容约定不明确的，推定为未变更。

第七十九条 债权人可以将合同的权利全部或者部分转让给第三人，但有下列情形之一的除外：

（一）根据合同性质不得转让；
（二）按照当事人约定不得转让；
（三）依照法律规定不得转让。

第八十条 债权人转让权利的，应当通知债务人。未经通知，该转让对债务人不发生效力。

债权人转让权利的通知不得撤销，但经受让人同意的除外。

第八十一条 债权人转让权利的，受让人取得与债权有关的从权利，但该从权利专属于债权人自身的除外。

第八十二条 债务人接到债权转让通知后，债务人对让与人的抗辩，可以向受让人主张。

第八十三条 债务人接到债权转让通知时，债务人对让与人享有债权，并且债务人的债权先于转让的债权到期或者同时到期的，债务人可以向受让人主张抵销。

第八十四条 债务人将合同的义务全部或者部分转移给第三人的，应当经债权人同意。

第八十五条 债务人转移义务的，新债务人可以主张原债务人对债权人的抗辩。

第八十六条 债务人转移义务的，新债务人应当承担与主债务有关的从债务，但该从债务专属于原债务人自身的除外。

第八十七条 法律、行政法规规定转让权利或者转移义务应当办理批准、登记等手续的，依照其规定。

第八十八条 当事人一方经对方同意，可以将自己在合同中的权利和义务一并转让给第三人。

第八十九条 权利和义务一并转让的，适用本法第七十九条、第八十一条至第八十三条、第八十五条至第八十七条的规定。

第九十条 当事人订立合同后合并的，由合并后的法人或者其他组织行使合同权利，履行合同义务。当事人订立合同后分立的，除债权人和债务人另有约定的以外，由分立的法人或者其他组织对合同的权利和义务享有连带债权，承担连带债务。

第六章 合同的权利义务终止

第九十一条 有下列情形之一的，合同的权利义务终止：

（一）债务已经按照约定履行；
（二）合同解除；
（三）债务相互抵销；
（四）债务人依法将标的物提存；
（五）债权人免除债务；
（六）债权债务同归于一人；
（七）法律规定或者当事人约定终止的其他情形。

第九十二条 合同的权利义务终止后，当事人应当遵循诚实信用原则，根据交易习惯履行通知、协助、保密等义务。

第九十三条 当事人协商一致，可以解除合同。

当事人可以约定一方解除合同的条件。解除合同的条件成就时，解除权人可以解除合同。

第九十四条 有下列情形之一的，当事人可以解除合同：

（一）因不可抗力致使不能实现合同目的；
（二）在履行期限届满之前，当事人一方明确表示或者以自己的行为表明不履行主要债务；
（三）当事人一方迟延履行主要债务，经催告后在合理期限内仍未履行；
（四）当事人一方迟延履行债务或者有其他违约行为致使不能实现合同目的；
（五）法律规定的其他情形。

第九十五条 法律规定或者当事人约定解除权行使期限，期限届满当事人不行使的，该权利消灭。

法律没有规定或者当事人没有约定解除权行使期限，经对方催告后在合理期限内不行使的，该权利消灭。

第九十六条 当事人一方依照本法第九十三

条第二款、第九十四条的规定主张解除合同的,应当通知对方。合同自通知到达对方时解除。对方有异议的,可以请求人民法院或者仲裁机构确认解除合同的效力。

法律、行政法规规定解除合同应当办理批准、登记等手续的,依照其规定。

第九十七条 合同解除后,尚未履行的,终止履行;已经履行的,根据履行情况和合同性质,当事人可以要求恢复原状、采取其他补救措施,并有权要求赔偿损失。

第九十八条 合同的权利义务终止,不影响合同中结算和清理条款的效力。

第九十九条 当事人互负到期债务,该债务的标的物种类、品质相同的,任何一方可以将自己的债务与对方的债务抵销,但依照法律规定或者按照合同性质不得抵销的除外。

当事人主张抵销的,应当通知对方。通知自到达对方时生效。抵销不得附条件或附期限。

第一百条 当事人互负债务,标的物种类、品质不相同的,经双方协商一致,也可以抵销。

第一百零一条 有下列情形之一,难以履行债务的,债务人可以将标的物提存:

(一)债权人无正当理由拒绝受领;
(二)债权人下落不明;
(三)债权人死亡未确定继承人或者丧失民事行为能力未确定监护人;
(四)法律规定的其他情形。

标的物不适于提存或者提存费用过高的,债务人依法可以拍卖或者变卖标的物,提存所得的价款。

第一百零二条 标的物提存后,除债权人下落不明的以外,债务人应当及时通知债权人或者债权人的继承人、监护人。

第一百零三条 标的物提存后,毁损、灭失的风险由债权人承担。提存期间,标的物的孳息归债权人所有。提存费用由债权人负担。

第一百零四条 债权人可以随时领取提存物,但债权人对债务人负有到期债务的,在债权人未履行债务或者提供担保之前,提存部门根据债务人的要求应当拒绝其领取提存物。

债权人领取提存物的权利,自提存之日起五年内不行使而消灭,提存物扣除提存费用后归国家所有。

第一百零五条 债权人免除债务人部分或者全部债务的,合同的权利义务部分或者全部终止。

第一百零六条 债权和债务同归于一人的,合同的权利义务终止,但涉及第三人利益的除外。

第七章 违约责任

第一百零七条 当事人一方不履行合同义务或者履行合同义务不符合约定的,应当承担继续履行、采取补救措施或者赔偿损失等违约责任。

第一百零八条 当事人一方明确表示或者以自己的行为表明不履行合同义务的,对方可以在履行期限届满之前要求其承担违约责任。

第一百零九条 当事人一方未支付价款或者报酬的,对方可以要求其支付价款或者报酬。

第一百一十条 当事人一方不履行非金钱债务或者履行非金钱债务不符合约定的,对方可以要求履行,但有下列情形之一的除外:

(一)法律上或者事实上不能履行;
(二)债务的标的不适于强制履行或者履行费用过高;
(三)债权人在合理期限内未要求履行。

第一百一十一条 质量不符合约定的,应当按照当事人的约定承担违约责任。对违约责任没有约定或者约定不明确,依照本法第六十一条的规定仍不能确定的,受损害方根据标的的性质以及损失的大小,可以合理选择要求对方承担修理、更换、重作、退货、减少价款或者报酬等违约责任。

第一百一十二条 当事人一方不履行合同义务或者履行合同义务不符合约定的,在履行义务或者采取补救措施后,对方还有其他损失的,应当赔偿损失。

第一百一十三条 当事人一方不履行合同义务或者履行合同义务不符合约定,给对方造成损失的,损失赔偿额应当相当于因违约所造成的损失,包括合同履行后可以获得的利益,但不得超过违反合同一方订立合同时预见到或者应当预见到的因违反合同可能造成的损失。

经营者对消费者提供商品或者服务有欺诈行

为的,依照《中华人民共和国消费者权益保护法》的规定承担损害赔偿责任。

第一百一十四条 当事人可以约定一方违约时应当根据违约情况向对方支付一定数额的违约金,也可以约定因违约产生的损失赔偿额的计算方法。

约定的违约金低于造成的损失的,当事人可以请求人民法院或者仲裁机构予以增加;约定的违约金过分高于造成的损失的,当事人可以请求人民法院或者仲裁机构予以适当减少。

当事人就迟延履行约定违约金的,违约方支付违约金后,还应当履行债务。

第一百一十五条 当事人可以依照《中华人民共和国担保法》约定一方向对方给付定金作为债权的担保。债务人履行债务后,定金应当抵作价款或者收回。给付定金的一方不履行约定的债务的,无权要求返还定金;收受定金的一方不履行约定的债务的,应当双倍返还定金。

第一百一十六条 当事人既约定违约金,又约定定金的,一方违约时,对方可以选择适用违约金或者定金条款。

第一百一十七条 因不可抗力不能履行合同的,根据不可抗力的影响,部分或者全部免除责任,但法律另有规定的除外。当事人迟延履行后发生不可抗力的,不能免除责任。

本法所称不可抗力,是指不能预见、不能避免并不能克服的客观情况。

第一百一十八条 当事人一方因不可抗力不能履行合同的,应当及时通知对方,以减轻可能给对方造成的损失,并应当在合理期限内提供证明。

第一百一十九条 当事人一方违约后,对方应当采取适当措施防止损失的扩大;没有采取适当措施致使损失扩大的,不得就扩大的损失要求赔偿。

当事人因防止损失扩大而支出的合理费用,由违约方承担。

第一百二十条 当事人双方都违反合同的,应当各自承担相应的责任。

第一百二十一条 当事人一方因第三人的原因造成违约的,应当向对方承担违约责任。当事人一方和第三人之间的纠纷,依照法律规定或者按照约定解决。

第一百二十二条 因当事人一方的违约行为,侵害对方人身、财产权益的,受损害方有权选择依照本法要求其承担违约责任或者依照其他法律要求其承担侵权责任。

第八章 其他规定

第一百二十三条 其他法律对合同另有规定的,依照其规定。

第一百二十四条 本法分则或者其他法律没有明文规定的合同,适用本法总则的规定,并可以参照本法分则或者其他法律最相类似的规定。

第一百二十五条 当事人对合同条款的理解有争议的,应当按照合同所使用的词句、合同的有关条款、合同的目的、交易习惯以及诚实信用原则,确定该条款的真实意思。

合同文本采用两种以上文字订立并约定具有同等效力的,对各文本使用的词句推定具有相同含义。各文本使用的词句不一致的,应当根据合同的目的予以解释。

第一百二十六条 涉外合同的当事人可以选择处理合同争议所适用的法律,但法律另有规定的除外。涉外合同的当事人没有选择的,适用与合同有最密切联系的国家的法律。

在中华人民共和国境内履行的中外合资经营企业合同、中外合作经营企业合同、中外合作勘探开发自然资源合同,适用中华人民共和国法律。

第一百二十七条 工商行政管理部门和其他有关行政主管部门在各自的职权范围内,依照法律、行政法规的规定,对利用合同危害国家利益、社会公共利益的违法行为,负责监督处理;构成犯罪的,依法追究刑事责任。

第一百二十八条 当事人可以通过和解或者调解解决合同争议。

当事人不愿和解、调解或者和解、调解不成的,可以根据仲裁协议向仲裁机构申请仲裁。涉外合同的当事人可以根据仲裁协议向中国仲裁机构或者其他仲裁机构申请仲裁。当事人没有订立仲裁协议或者仲裁协议无效的,可以向人民法院起诉。当事人应当履行发生法律效力的判决、仲裁裁决、调解书；拒不履行的，对方可以请求人民法院执行。

第一百二十九条 因国际货物买卖合同和技术进出口合同争议提起诉讼或者申请仲裁的期限为四年，自当事人知道或者应当知道其权利受到侵害之日起计算。因其他合同争议提起诉讼或者申请仲裁的期限，依照有关法律的规定。

……

分 则

第十八章 技术合同

第一节 一般规定

第三百二十二条 技术合同是当事人就技术开发、转让、咨询或者服务订立的确立相互之间权利和义务的合同。

第三百二十三条 订立技术合同，应当有利于科学技术的进步，加速科学技术成果的转化、应用和推广。

第三百二十四条 技术合同的内容由当事人约定，一般包括以下条款：
（一）项目名称；
（二）标的的内容、范围和要求；
（三）履行的计划、进度、期限、地点、地域和方式；
（四）技术情报和资料的保密；
（五）风险责任的承担；
（六）技术成果的归属和收益的分成办法；
（七）验收标准和方法；
（八）价款、报酬或者使用费及其支付方式；
（九）违约金或者损失赔偿的计算方法；
（十）解决争议的方法；
（十一）名词和术语的解释。

与履行合同有关的技术背景资料、可行性论证和技术评价报告、项目任务书和计划书、技术标准、技术规范、原始设计和工艺文件，以及其他技术文档，按照当事人的约定可以作为合同的组成部分。

技术合同涉及专利的，应当注明发明创造的名称、专利申请人和专利权人、申请日期、申请号、专利号以及专利权的有效期限。

第三百二十五条 技术合同价款、报酬或者使用费的支付方式由当事人约定，可以采取一次总算、一次总付或者一次总算、分期支付，也可以采取提成支付或者提成支付附加预付入门费的方式。

约定提成支付的，可以按照产品价格、实施专利和使用技术秘密后新增的产值、利润或者产品销售额的一定比例提成，也可以按照约定的其他方式计算。提成支付的比例可以采取固定比例、逐年递增比例或者逐年递减比例。

约定提成支付的，当事人应当在合同中约定查阅有关会计帐目的办法。

第三百二十六条 职务技术成果的使用权、转让权属于法人或者其他组织的，法人或者其他组织可以就该项职务技术成果订立技术合同。法人或者其他组织应当从使用和转让该项职务技术成果所取得的收益中提取一定比例，对完成该项职务技术成果的个人给予奖励或者报酬。法人或者其他组织订立技术合同转让职务技术成果时，职务技术成果的完成人享有以同等条件优先受让的权利。

职务技术成果是执行法人或者其他组织的工作任务，或者主要是利用法人或者其他组织的物质技术条件所完成的技术成果。

第三百二十七条 非职务技术成果的使用权、转让权属于完成技术成果的个人，完成技术成果的个人可以就该项非职务技术成果订立技术合同。

第三百二十八条 完成技术成果的个人有在有关技术成果文件上写明自己是技术成果完成者的权利和取得荣誉证书、奖励的权利。

第三百二十九条 非法垄断技术、妨碍技术进步或者侵害他人技术成果的技术合同无效。

第二节 技术开发合同

第三百三十条 技术开发合同是指当事人之间就新技术、新产品、新工艺或者新材料及其系统的研究开发所订立的合同。

技术开发合同包括委托开发合同和合作开发合同。

技术开发合同应当采用书面形式。

当事人之间就具有产业应用价值的科技成果实施转化订立的合同,参照技术开发合同的规定。

第三百三十一条 委托开发合同的委托人应当按照约定支付研究开发经费和报酬;提供技术资料、原始数据;完成协作事项;接受研究开发成果。

第三百三十二条 委托开发合同的研究开发人应当按照约定制定和实施研究开发计划;合理使用研究开发经费;按期完成研究开发工作,交付研究开发成果,提供有关的技术资料和必要的技术指导,帮助委托人掌握研究开发成果。

第三百三十三条 委托人违反约定造成研究开发工作停滞、延误或者失败的,应当承担违约责任。

第三百三十四条 研究开发人违反约定造成研究开发工作停滞、延误或者失败的,应当承担违约责任。

第三百三十五条 合作开发合同的当事人应当按照约定进行投资,包括以技术进行投资;分工参与研究开发工作;协作配合研究开发工作。

第三百三十六条 合作开发合同的当事人违反约定造成研究开发工作停滞、延误或者失败的,应当承担违约责任。

第三百三十七条 因作为技术开发合同标的的技术已经由他人公开,致使技术开发合同的履行没有意义的,当事人可以解除合同。

第三百三十八条 在技术开发合同履行过程中,因出现无法克服的技术困难,致使研究开发失败或者部分失败的,该风险责任由当事人约定。没有约定或者约定不明确,依照本法第六十一条的规定仍不能确定的,风险责任由当事人合理分担。

当事人一方发现前款规定的可能致使研究开发失败或者部分失败的情形时,应当及时通知另一方并采取适当措施减少损失。没有及时通知并采取适当措施,致使损失扩大的,应就扩大的损失承担责任。

第三百三十九条 委托开发完成的发明创造,除当事人另有约定的以外,申请专利的权利属于研究开发人。研究开发人取得专利权的,委托人可以免费实施该专利。

研究开发人转让专利申请权的,委托人享有以同等条件优先受让的权利。

第三百四十条 合作开发完成的发明创造,除当事人另有约定的以外,申请专利的权利属于合作开发的当事人共有。当事人一方转让其共有的专利申请权的,其他各方享有以同等条件优先受让的权利。

合作开发的当事人一方声明放弃其共有的专利申请权的,可以由另一方单独申请或者由其他各方共同申请。申请人取得专利权的,放弃专利申请权的一方可以免费实施该专利。

合作开发的当事人一方不同意申请专利的,另一方或者其他各方不得申请专利。

第三百四十一条 委托开发或者合作开发完成的技术秘密成果的使用权、转让权以及利益的分配办法,由当事人约定。没有约定或者约定不明确,依照本法第六十一条的规定仍不能确定的,当事人均有使用和转让的权利,但委托开发的研究开发人不得在向委托人交付研究开发成果之前,将研究开发成果转让给第三人。

第三节 技术转让合同

第三百四十二条 技术转让合同包括专利权转让、专利申请权转让、技术秘密转让、专利实施许可合同。

技术转让合同应当采用书面形式。

第三百四十三条 技术转让合同可以约定让与人和受让人实施专利或者使用技术秘密的范围,但不得限制技术竞争和技术发展。

第三百四十四条 专利实施许可合同只在该专利权的存续期间内有效。专利权有效期限届满或者专利权被宣布无效的,专利权人不得就该专利与他人订立专利实施许可合同。

第三百四十五条 专利实施许可合同的让与人应当按照约定许可受让人实施专利,交付实施专利有关的技术资料,提供必要的技术指导。

第三百四十六条 专利实施许可合同的受让人应当按照约定实施专利,不得许可约定以外的第三人实施该专利;并按照约定支付使用费。

第三百四十七条 技术秘密转让合同的让与人应当按照约定提供技术资料,进行技术指导,保证技术的实用性、可靠性,承担保密义务。

第三百四十八条 技术秘密转让合同的受让人应当按照约定使用技术,支付使用费,承担保密义务。

第三百四十九条 技术转让合同的让与人应当保证自己是所提供的技术的合法拥有者,并保证所提供的技术完整、无误、有效,能够达到约定的目标。

第三百五十条 技术转让合同的受让人应当按照约定的范围和期限,对让与人提供的技术中尚未公开的秘密部分,承担保密义务。

第三百五十一条 让与人未按照约定转让技术的,应当返还部分或者全部使用费,并应当承担违约责任;实施专利或者使用技术秘密超越约定的范围的,违反约定擅自许可第三人实施该项专利或者使用该项技术秘密的,应当停止违约行为,承担违约责任;违反约定的保密义务的,应当承担违约责任。

第三百五十二条 受让人未按照约定支付使用费的,应当补交使用费并按照约定支付违约金;不补交使用费或者支付违约金的,应当停止实施专利或者使用技术秘密,交还技术资料,承担违约责任;实施专利或者使用技术秘密超越约定的范围的,未经让与人同意擅自许可第三人实施该专利或者使用该技术秘密的,应当停止违约行为,承担违约责任;违反约定的保密义务的,应当承担违约责任。

第三百五十三条 受让人按照约定实施专利、使用技术秘密侵害他人合法权益的,由让与人承担责任,但当事人另有约定的除外。

第三百五十四条 当事人可以按照互利的原则,在技术转让合同中约定实施专利、使用技术秘密后续改进的技术成果的分享办法。没有约定或者约定不明确,依照本法第六十一条的规定仍不能确定的,一方后续改进的技术成果,其他各方无权分享。

第三百五十五条 法律、行政法规对技术进出口合同或者专利、专利申请合同另有规定的,依照其规定。

第四节 技术咨询合同和技术服务合同

第三百五十六条 技术咨询合同包括就特定技术项目提供可行性论证、技术预测、专题技术调查、分析评价报告等合同。

技术服务合同是指当事人一方以技术知识为另一方解决特定技术问题所订立的合同,不包括建设工程合同和承揽合同。

第三百五十七条 技术咨询合同的委托人应当按照约定阐明咨询的问题,提供技术背景材料及有关技术资料、数据;接受受托人的工作成果,支付报酬。

第三百五十八条 技术咨询合同的受托人应当按照约定的期限完成咨询报告或者解答问题;提出的咨询报告应当达到约定的要求。

第三百五十九条 技术咨询合同的委托人未按照约定提供必要的资料和数据,影响工作进度和质量,不接受或者逾期接受工作成果的,支付的报酬不得追回,未支付的报酬应当支付。

技术咨询合同的受托人未按期提出咨询报告或者提出的咨询报告不符合约定的,应当承担减收或者免收报酬等违约责任。

技术咨询合同的委托人按照受托人符合约定要求的咨询报告和意见作出决策所造成的损失,由委托人承担,但当事人另有约定的除外。

第三百六十条 技术服务合同的委托人应当按照约定提供工作条件,完成配合事项;接受工作成果并支付报酬。

第三百六十一条 技术服务合同的受托人应当按照约定完成服务项目,解决技术问题,保证工作质量,并传授解决技术问题的知识。

第三百六十二条 技术服务合同的委托人不履行合同义务或者履行合同义务不符合约定,影响工作进度和质量,不接受或者逾期接受工作成果的,支付的报酬不得追回,未支付的报酬应当支付。

技术服务合同的受托人未按照合同约定完成服务工作的,应当承担免收报酬等违约责任。

第三百六十三条 在技术咨询合同、技术服务合同履行过程中,受托人利用委托人提供的技术资料和工作条件完成的新的技术成果,属于受托人。委托人利用受托人的工作成果完成的新的技术成果,属于委托人。当事人另有约定的,按照其约定。

第三百六十四条 法律、行政法规对技术中介合同、技术培训合同另有规定的,依照其规定。

……

附 则

第四百二十八条 本法自1999年10月1日起施行,《中华人民共和国经济合同法》、《中华人民共和国涉外经济合同法》、《中华人民共和国技术合同法》同时废止。

中华人民共和国促进科技成果转化法

(1996年5月15日第八届全国人民代表大会常务委员会第十九次会议通过 1996年5月15日中华人民共和国主席令第68号公布 自1996年10月1日起施行)

第一章 总 则

第一条 为了促进科技成果转化为现实生产力,规范科技成果转化活动,加速科学技术进步,推动经济建设和社会发展,制定本法。

第二条 本法所称科技成果转化,是指为提高生产力水平而对科学研究与技术开发所产生的具有实用价值的科技成果所进行的后续试验、开发、应用、推广直至形成新产品、新工艺、新材料,发展新产业等活动。

第三条 科技成果转化活动应当有利于提高经济效益、社会效益和保护环境与资源,有利于促进经济建设、社会发展和国防建设。

科技成果转化活动应当遵循自愿、互利、公平、诚实信用的原则,依法或者依照合同的约定,享受利益,承担风险。科技成果转化中的知识产权受法律保护。

科技成果转化活动应当遵守法律,维护国家利益,不得损害社会公共利益。

第四条 国务院科学技术行政部门、计划部门、经济综合管理部门和其他有关行政部门依照国务院规定的职责范围,管理、指导和协调科技成果转化工作。

地方各级人民政府负责管理、指导和协调本行政区域内的科技成果转化工作。

第二章 组织实施

第五条 国务院和地方各级人民政府应当将科技成果的转化纳入国民经济和社会发展计划,并组织协调实施有关科技成果的转化。

第六条 国务院有关部门和省、自治区、直辖市人民政府定期发布科技成果目录和重点科技成果转化项目指南,优先安排和支持下列项目的实施:

(一)明显提高产业技术水平和经济效益的;
(二)形成产业规模,具有国际经济竞争能力的;
(三)合理开发和利用资源、节约能源、降低消耗以及防治环境污染的;
(四)促进高产、优质、高效农业和农村经济发展的;
(五)加速少数民族地区、边远贫困地区社会经济发展的。

第七条 国家通过制定政策措施,提倡和鼓励采用先进技术、工艺和装备,不断改进、限制使用或者淘汰落后技术、工艺和装备。

第八条 各级人民政府组织实施的重点科技成果转化项目,可以由有关部门组织采用公开招标的方式实施转化。有关部门应当对中标单位提供招标时确定的资助或者其他条件。

第九条 科技成果持有者可以采用下列方式进行科技成果转化:

(一)自行投资实施转化;
(二)向他人转让该科技成果;
(三)许可他人使用该科技成果;
(四)以该科技成果作为合作条件,与他人共同实施转化;
(五)以该科技成果作价投资,折算股份或者出资比例。

第十条 企业为采用新技术、新工艺、新材料和生产新产品,可以自行发布信息或者委托技术交易中介机构征集其所需的科技成果,或者征寻科技成果转化的合作者。

第十一条 企业依法有权独立或者与境内外

企业、事业单位和其他合作者联合实施科技成果转化。

企业可以通过公平竞争，独立或者与其他单位联合承担政府组织实施的科技研究开发和科技成果转化项目。

第十二条 国家鼓励研究开发机构、高等院校等事业单位与生产企业相结合，联合实施科技成果转化。

研究开发机构、高等院校等事业单位，可以参与政府有关部门或者企业实施科技成果转化的招标投标活动。

第十三条 国家鼓励农业科研机构、农业试验示范单位独立或者与其他单位合作实施农业科技成果转化。

农业科研机构为推进其科技成果转化，可以依法经营其独立研究开发或者与其他单位合作研究开发并经过审定的优良品种。

第十四条 国家设立的研究开发机构、高等院校所取得的具有实用价值的职务科技成果，本单位未能适时地实施转化的，科技成果完成人和参加人在不变更职务科技成果权属的前提下，可以根据与本单位的协议进行该项科技成果的转化，并享有协议规定的权益。该单位对上述科技成果转化活动应当予以支持。

科技成果完成人或者课题负责人，不得阻碍职务科技成果的转化，不得将职务科技成果及其技术资料和数据占为己有，侵犯单位的合法权益。

第十五条 科技成果完成单位、科技成果转化实施单位和科技成果转化投资单位，就科技成果的后续试验、开发、应用和生产经营进行合作，应当签订合同，约定各方享有的权利和承担的风险。

第十六条 科技成果转化活动中对科技成果进行检测和价值评估，必须遵循公正、客观的原则，不得提供虚假的检测结果或者评估证明。

国家设立的研究开发机构、高等院校和国有企业与中国境外的企业、其他组织或者个人合作进行科技成果转化活动，必须按照国家有关规定对科技成果的价值进行评估。

科技成果转化中的对外合作，涉及国家秘密事项的，依法按照规定的程序事先经过批准。

第十七条 依法设立的从事技术交易的场所或者机构，可以进行下列推动科技成果转化的活动：

（一）介绍和推荐先进、成熟、实用的科技成果；

（二）提供科技成果转化需要的经济信息、技术信息、环境信息和其他有关信息；

（三）进行技术贸易活动；

（四）为科技成果转化提供其他咨询服务。

第十八条 在技术交易中从事代理或者居间等有偿服务的中介机构，须按照国家有关规定领取营业执照；在该机构中从事经纪业务的人员，须按照国家有关规定取得资格证书。

第十九条 国家鼓励企业、事业单位和农村科技经济合作组织进行中间试验、工业性试验、农业试验示范和其他技术创新和技术服务活动。

从事科技成果转化的中间试验基地、工业性试验基地、农业试验示范基地以及其他技术创新和技术服务机构可以进行下列活动：

（一）对新产品、新工艺进行中间试验和工业性试验；

（二）面向社会进行地区或者行业科技成果系统化、工程化的配套开发和技术创新；

（三）为中小企业、乡镇企业、农村科技经济合作组织提供技术和技术服务；

（四）为转化高技术成果、创办相关企业提供综合配套服务。

前款所列基地和机构的基本建设经国务院有关部门和省、自治区、直辖市人民政府批准，纳入国家或者地方有关规划。

第二十条 科技成果转化的试验产品，按照国家有关试销产品的规定，经有关部门批准，可以在核定的试销期内试销。试产、试销上述产品应当符合国家有关技术、质量、安全、卫生等标准。

第三章 保障措施

第二十一条 国家财政用于科学技术、固定资产投资和技术改造的经费，应当有一定比例用于科技成果转化。科技成果转化的国家财政经费，主要用于科技成果转化的引导资金、贷款贴息、补助资金和风险投资以及其他促进科技成果转化的资金用途。

第二十二条　国家对科技成果转化活动实行税收优惠政策。具体办法由国务院规定。

第二十三条　国家金融机构应当在信贷方面支持科技成果转化，逐步增加用于科技成果转化的贷款。

第二十四条　国家鼓励设立科技成果转化基金或者风险基金，其资金来源由国家、地方、企业、事业单位以及其他组织或者个人提供，用于支持高投入、高风险、高产出的科技成果的转化，加速重大科技成果的产业化。

科技成果转化基金和风险基金的设立及其资金使用，依照国家有关规定执行。

第二十五条　国家推进科学技术信息网络的建设和发展，建立科技成果信息资料库，面向全国，提供科技成果信息服务。

第四章　技术权益

第二十六条　科技成果完成单位与其他单位合作进行科技成果转化的，应当依法由合同约定该科技成果有关权益的归属。合同未作约定的，按照下列原则办理：

（一）在合作转化中无新的发明创造的，该科技成果的权益，归该科技成果完成单位；

（二）在合作转化中产生新的发明创造的，该新发明创造的权益归合作各方共有；

（三）对合作转化中产生的科技成果，各方都有实施该项科技成果的权利，转让该科技成果应经合作各方同意。

第二十七条　科技成果完成单位与其他单位合作进行科技成果转化的，合作各方应当就保守技术秘密达成协议；当事人不得违反协议或者违反权利人有关保守技术秘密的要求，披露、允许他人使用该技术。

技术交易场所或者中介机构对其在从事代理或者居间服务中知悉的有关当事人的技术秘密，负有保密义务。

第二十八条　企业、事业单位应当建立健全技术秘密保护制度，保护本单位的技术秘密。职工应当遵守本单位的技术秘密保护制度。

企业、事业单位可以与参加科技成果转化的有关人员签订在职期间或者离职、离休、退休后一定期限内保守本单位技术秘密的协议；有关人员不得违反协议约定，泄露本单位的技术秘密和从事与原单位相同的科技成果转化活动。

职工不得将职务科技成果擅自转让或者变相转让。

第二十九条　科技成果完成单位将其职务科技成果转让给他人的，单位应当从转让该项职务科技成果所取得的净收入中，提取不低于百分之二十的比例，对完成该项科技成果及其转化做出重要贡献的人员给予奖励。

第三十条　企业、事业单位独立研究开发或者与其他单位合作研究开发的科技成果实施转化成功投产后，单位应当连续三至五年从实施该科技成果新增留利中提取不低于百分之五的比例，对完成该项科技成果及其转化做出重要贡献的人员给予奖励。

采用股份形式的企业，可以对在科技成果的研究开发、实施转化中做出重要贡献的有关人员的报酬或者奖励，按照国家有关规定将其折算为股份或者出资比例。该持股人依据其所持股份或者出资比例分享收益。

第五章　法律责任

第三十一条　违反本法规定，在科技成果转化活动中弄虚作假，采取欺骗手段，骗取奖励和荣誉称号、诈骗钱财、非法牟利的，责令改正，取消该奖励和荣誉称号，没收违法所得，并处以罚款。给他人造成经济损失的，依法承担民事赔偿责任。构成犯罪的，依法追究刑事责任。

第三十二条　违反本法规定，对科技成果进行检测或者价值评估，故意提供虚假检测结果或者评估证明的，责令改正，予以警告，没收违法所得，并对该检测组织者、评估机构处以罚款；情节严重的，依法吊销营业执照和资格证书。给他人造成经济损失的，依法承担民事赔偿责任。

第三十三条　各级人民政府科学技术行政部门和其他有关部门工作人员在科技成果转化中玩

忽职守、徇私舞弊的,给予行政处分;构成犯罪的,依法追究刑事责任。

第三十四条 违反本法规定,以唆使窃取、利诱胁迫等手段侵占他人的科技成果,侵犯他人合法权益的,依法承担民事赔偿责任,可以处以罚款;构成犯罪的,依法追究刑事责任。

第三十五条 违反本法规定,职工未经单位允许,泄露本单位的技术秘密,或者擅自转让、变相转让职务科技成果的,参加科技成果转化的有关人员违反与本单位的协议,在离职、离休、退休后约定的期限内从事与原单位相同的科技成果转化活动的,依照有关规定承担法律责任。

第三十六条 在技术交易中从事代理或者居间服务的中介机构和从事经纪业务的人员,欺骗委托人的,或者与当事人一方串通欺骗另一方当事人的,责令改正,予以警告,除依法承担民事赔偿责任外,没收违法所得,并处以罚款;情节严重的,依法吊销营业执照和资格证书;构成犯罪的,依法追究刑事责任。

第六章 附 则

第三十七条 本法自 1996 年 10 月 1 日起施行。

中华人民共和国植物新品种保护条例

(1997年3月20日国务院发布 中华人民共和国国务院令第213号)

第一章 总 则

第一条 为了保护植物新品种权,鼓励培育和使用植物新品种,促进农业、林业的发展,制定本条例。

第二条 本条例所称植物新品种,是指经过人工培育的或者对发现的野生植物加以开发,具备新颖性、特异性、一致性和稳定性并有适当命名的植物品种。

第三条 国务院农业、林业行政部门(以下统称审批机关)按照职责分工共同负责植物新品种权申请的受理和审查并对符合本条例规定的植物新品种授予植物新品种权(以下称品种权)。

第四条 完成关系国家利益或者公共利益并有重大应用价值的植物新品种育种的单位或者个人,由县级以上人民政府或者有关部门给予奖励。

第五条 生产、销售和推广被授予品种权的植物新品种(以下称授权品种),应当按照国家有关种子的法律、法规的规定审定。

第二章 品种权的内容和归属

第六条 完成育种的单位或者个人对其授权品种,享有排他的独占权。任何单位或者个人未经品种权所有人(以下称品种权人)许可,不得为商业目的生产或者销售该授权品种的繁殖材料,不得为商业目的将该授权品种的繁殖材料重复使用于生产另一品种的繁殖材料;但是,本条例另有规定的除外。

第七条 执行本单位的任务或者主要是利用本单位的物质条件所完成的职务育种,植物新品种的申请权属于该单位;非职务育种,植物新品种的申请权属于完成育种的个人。申请被批准后,品种权属于申请人。

委托育种或者合作育种,品种权的归属由当事人在合同中约定;没有合同约定的,品种权属于受委托完成或者共同完成育种的单位或者个人。

第八条 一个植物新品种只能授予一项品种权。两个以上的申请人分别就同一个植物新品种申请品种权的,品种权授予最先申请的人;同时申请的,品种权授予最先完成该植物新品种育种的人。

第九条 植物新品种的申请权和品种权可以依法转让。

中国的单位或者个人就其在国内培育的植物新品种向外国人转让申请权或者品种权的,应当经审批机关批准。

国有单位在国内转让申请权或者品种权的,应当按照国家有关规定报经有关行政主管部门批准。

转让申请权或者品种权的,当事人应当订立书面合同,并向审批机关登记,由审批机关予以公告。

第十条 在下列情况下使用授权品种的,可以不经品种权人许可,不向其支付使用费,但是不得侵犯品种权人依照本条例享有的其他权利:

(一)利用授权品种进行育种及其他科研活动;

(二)农民自繁自用授权品种的繁殖材料。

第十一条 为了国家利益或者公共利益,审批机关可以作出实施植物新品种强制许可的决定,并予以登记和公告。

取得实施强制许可的单位或者个人应当付给品种权人合理的使用费,其数额由双方商定;双方不能达成协议的,由审批机关裁决。

品种权人对强制许可决定或者强制许可使用费的裁决不服的,可以自收到通知之日起3个月内向人民法院提起诉讼。

第十二条 不论授权品种的保护期是否届满,销售该授权品种应当使用其注册登记的名称。

第三章 授予品种权的条件

第十三条 申请品种权的植物新品种应当属于国家植物品种保护名录中列举的植物的属或者种。植物品种保护名录由审批机关确定和公布。

第十四条 授予品种权的植物新品种应当具备新颖性。新颖性,是指申请品种权的植物新品种在申请日前该品种繁殖材料未被销售,或者经育种者许可,在中国境内销售该品种繁殖材料未超过1年;在中国境外销售藤本植物、林木、果树和观赏树木品种繁殖材料未超过6年,销售其他植物品种繁殖材料未超过4年。

第十五条 授予品种权的植物新品种应当具备特异性。特异性,是指申请品种权的植物新品种应当明显区别于在递交申请以前已知的植物品种。

第十六条 授予品种权的植物新品种应当具备一致性。一致性,是指申请品种权的植物新品种经过繁殖,除可以预见的变异外,其相关的特征或者特性一致。

第十七条 授予品种权的植物新品种应当具备稳定性。稳定性,是指申请品种权的植物新品种经过反复繁殖后或者在特定繁殖周期结束时,其相关的特征或者特性保持不变。

第十八条 授予品种权的植物新品种应当具备适当的名称,并与相同或者相近的植物属或者种中已知品种的名称相区别。该名称经注册登记后即为该植物新品种的通用名称。

下列名称不得用于品种命名:
(一)仅以数字组成的;
(二)违反社会公德的;
(三)对植物新品种的特征、特性或者育种者的身份等容易引起误解的。

第四章 品种权的申请和受理

第十九条 中国的单位和个人申请品种权的,可以直接或者委托代理机构向审批机关提出申请。

中国的单位和个人申请品种权的植物新品种涉及国家安全或者重大利益需要保密的,应当按照国家有关规定办理。

第二十条 外国人、外国企业或者外国其他组织在中国申请品种权的,应当按其所属国和中华人民共和国签订的协议或者共同参加的国际条约办理,或者根据互惠原则,依照本条例办理。

第二十一条 申请品种权的,应当向审批机关提交符合规定格式要求的请求书、说明书和该品种的照片。

申请文件应当使用中文书写。

第二十二条 审批机关收到品种权申请文件之日为申请日;申请文件是邮寄的,以寄出的邮戳日为申请日。

第二十三条 申请人自在外国第一次提出品种权申请之日起12个月内,又在中国就该植物新品种提出品种权申请的,依照该外国同中华人民共和国签订的协议或者共同参加的国际条约,或者根据相互承认优先权的原则,可以享有优先权。

申请人要求优先权的,应当在申请时提出书面说明,并在3个月内提交经原受理机关确认的第一次提出的品种权申请文件的副本;未依照本条例规定提出书面说明或者提交申请文件副本的,视为未要求优先权。

第二十四条 对符合本条例第二十一条规定的品种权申请,审批机关应当予以受理,明确申请日、给予申请号,并自收到申请之日起1个月内通知申请人缴纳申请费。

对不符合或者经修改仍不符合本条例第二十一条规定的品种权申请,审批机关不予受理,并通知申请人。

第二十五条 申请人可以在品种权授予前修改或者撤回品种权申请。

第二十六条 中国的单位或者个人将国内培育的植物新品种向国外申请品种权的,应当向审批机关登记。

第五章 品种权的审查与批准

第二十七条 申请人缴纳申请费后，审批机关对品种权申请的下列内容进行初步审查：

（一）是否属于植物品种保护名录列举的植物属或者种的范围；

（二）是否符合本条例第二十条的规定；

（三）是否符合新颖性的规定；

（四）植物新品种的命名是否适当。

第二十八条 审批机关应当自受理品种权申请之日起6个月内完成初步审查。对经初步审查合格的品种权申请，审批机关予以公告，并通知申请人在3个月内缴纳审查费。

对经初步审查不合格的品种权申请，审批机关应当通知申请人在3个月内陈述意见或者予以修正；逾期未答复或者修正后仍然不合格的，驳回申请。

第二十九条 申请人按照规定缴纳审查费后，审批机关对品种权申请的特异性、一致性和稳定性进行实质审查。

申请人未按照规定缴纳审查费的，品种权申请视为撤回。

第三十条 审批机关主要依据申请文件和其他有关书面材料进行实质审查。审批机关认为必要时，可以委托指定的测试机构进行测试或者考察业已完成的种植或者其他试验的结果。

因审查需要，申请人应当根据审批机关的要求提供必要的资料和该植物新品种的繁殖材料。

第三十一条 对经实质审查符合本条例规定的品种权申请，审批机关应当作出授予品种权的决定，颁发品种权证书，并予以登记和公告。

对经实质审查不符合本条例规定的品种权申请，审批机关予以驳回，并通知申请人。

第三十二条 审批机关设立植物新品种复审委员会。

对审批机关驳回品种权申请的决定不服的，申请人可以自收到通知之日起3个月内，向植物新品种复审委员会请求复审。植物新品种复审委员会应当自收到复审请求书之日起6个月内作出决定，并通知申请人。

申请人对植物新品种复审委员会的决定不服的，可以自接到通知之日起15日内向人民法院提起诉讼。

第三十三条 品种权被授予后，在自初步审查合格公告之日起至被授予品种权之日止的期间，对未经申请人许可，为商业目的生产或者销售该授权品种的繁殖材料的单位和个人，品种权人享有追偿的权利。

第六章 期限、终止和无效

第三十四条 品种权的保护期限，自授权之日起，藤本植物、林木、果树和观赏树木为20年，其他植物为15年。

第三十五条 品种权人应当自被授予品种权的当年开始缴纳年费，并且按照审批机关的要求提供用于检测的该授权品种的繁殖材料。

第三十六条 有下列情形之一的，品种权在其保护期限届满前终止：

（一）品种权人以书面声明放弃品种权的；

（二）品种权人未按照规定缴纳年费的；

（三）品种权人未按照审批机关的要求提供检测所需的该授权品种的繁殖材料的；

（四）经检测该授权品种不再符合被授予品种权时的特征和特性的。

品种权的终止，由审批机关登记和公告。

第三十七条 自审批机关公告授予品种权之日起，植物新品种复审委员会可以依据职权或者依据任何单位或者个人的书面请求，对不符合本条例第十四条、第十五条、第十六条和第十七条规定的，宣告品种权无效；对不符合本条例第十八条规定的，予以更名。宣告品种权无效或者更名的决定，由审批机关登记和公告，并通知当事人。

对植物新品种复审委员会的决定不服的，可以自收到通知之日起3个月内向人民法院提起诉讼。

第三十八条 被宣告无效的品种权视为自始不存在。

宣告品种权无效的决定，对在宣告前人民法院作出并已执行的植物新品种侵权的判决、裁定，省级以上人民政府农业、林业行政部门作出并已执行的植物新品种侵权处理决定,以及已经履行的植物新品种实施许可合同和植物新品种权转让合同,不具有追溯力;但是,因品种权人的恶意给他人造成损失的,应当给予合理赔偿。

依照前款规定,品种权人或者品种权转让人不向被许可实施人或者受让人返还使用费或者转让费,明显违反公平原则的,品种权人或者品种权转让人应当向被许可实施人或者受让人返还全部或者部分使用费或者转让费。

第七章 罚 则

第三十九条 未经品种权人许可,以商业目的生产或者销售授权品种的繁殖材料的,品种权人或者利害关系人可以请求省级以上人民政府农业、林业行政部门依据各自的职权进行处理,也可以直接向人民法院提起诉讼。

省级以上人民政府农业、林业行政部门依据各自的职权,根据当事人自愿的原则,对侵权所造成的损害赔偿可以进行调解。调解达成协议的,当事人应当履行;调解未达成协议的,品种权人或者利害关系人可以依照民事诉讼程序向人民法院提起诉讼。

省级以上人民政府农业、林业行政部门依据各自的职权处理品种权侵权案件时,为维护社会公共利益,可以责令侵权人停止侵权行为,没收违法所得,可以并处违法所得5倍以下的罚款。

第四十条 假冒授权品种的,由县级以上人民政府农业、林业行政部门依据各自的职权责令停止假冒行为,没收违法所得和植物品种繁殖材料,并处违法所得1倍以上5倍以下的罚款;情节严重,构成犯罪的,依法追究刑事责任。

第四十一条 省级以上人民政府农业、林业行政部门依据各自的职权在查处品种权侵权案件和县级以上人民政府农业、林业行政部门依据各自的职权在查处假冒授权品种案件时,根据需要,可以封存或者扣押与案件有关的植物品种的繁殖材料,查阅、复制或者封存与案件有关的合同、帐册及有关文件。

第四十二条 销售授权品种未使用其注册登记的名称的,由县级以上人民政府农业、林业行政部门依据各自的职权责令限期改正,可以处1000元以下的罚款。

第四十三条 当事人就植物新品种的申请权和品种权的权属发生争议的,可以向人民法院提起诉讼。

第四十四条 县级以上人民政府农业、林业行政部门的及有关部门的工作人员滥用职权、玩忽职守、徇私舞弊、索贿受贿,构成犯罪的,依法追究刑事责任;尚不构成犯罪的,依法给予行政处分。

第八章 附 则

第四十五条 审批机关可以对本条例施行前首批列入植物品种保护名录的和本条例施行后新列入植物品种保护名录的植物属或者种的新颖性要求作出变通性规定。

第四十六条 本条例自1997年10月1日起施行。

计算机软件保护条例

(2001年12月20日国务院发布 中华人民共和国国务院令第339号)

第一章 总 则

第一条 为了保护计算机软件著作权人的权益,调整计算机软件在开发、传播和使用中发生的利益关系,鼓励计算机软件的开发与应用,促进软件产业和国民经济信息化的发展,根据《中华人民共和国著作权法》,制定本条例。

第二条 本条例所称计算机软件(以下简称软件),是指计算机程序及其有关文档。

第三条 本条例下列用语的含义:

(一)计算机程序,是指为了得到某种结果而可以由计算机等具有信息处理能力的装置执行的代码化指令序列,或者可以被自动转换成代码化指令序列的符号化指令序列或者符号化语句序列。同一计算机程序的源程序和目标程序为同一作品。

(二)文档,是指用来描述程序的内容、组成、设计、功能规格、开发情况、测试结果及使用方法的文字资料和图表等,如程序设计说明书、流程图、用户手册等。

(三)软件开发者,是指实际组织开发、直接进行开发,并对开发完成的软件承担责任的法人或者其他组织;或者依靠自己具有的条件独立完成软件开发,并对软件承担责任的自然人。

(四)软件著作权人,是指依照本条例的规定,对软件享有著作权的自然人、法人或者其他组织。

第四条 受本条例保护的软件必须由开发者独立开发,并已固定在某种有形物体上。

第五条 中国公民、法人或者其他组织对其所开发的软件,不论是否发表,依照本条例享有著作权。

外国人、无国籍人的软件首先在中国境内发行的,依照本条例享有著作权。

外国人、无国籍人的软件,依照其开发者所属国或者经常居住地国同中国签订的协议或者依照中国参加的国际条约享有的著作权,受本条例保护。

第六条 本条例对软件著作权的保护不延及开发软件所用的思想、处理过程、操作方法或者数学概念等。

第七条 软件著作权人可以向国务院著作权行政管理部门认定的软件登记机构办理登记。软件登记机构发放的登记证明文件是登记事项的初步证明。

办理软件登记应当缴纳费用。软件登记的收费标准由国务院著作权行政管理部门会同国务院价格主管部门规定。

第二章 软件著作权

第八条 软件著作权人享有下列各项权利:

(一)发表权,即决定软件是否公之于众的权利;

(二)署名权,即表明开发者身份,在软件上署名的权利;

(三)修改权,即对软件进行增补、删节,或者改变指令、语句顺序的权利;

(四)复制权,即将软件制作一份或者多份的权利;

(五)发行权,即以出售或者赠与方式向公众提供软件的原件或者复制件的权利;

(六)出租权,即有偿许可他人临时使用软件的权利,但是软件不是出租的主要标的的除外;

(七)信息网络传播权,即以有线或者无线方式向公众提供软件，使公众可以在其个人选定的时间和地点获得软件的权利；

（八）翻译权，即将原软件从一种自然语言文字转换成另一种自然语言文字的权利；

（九）应当由软件著作权人享有的其他权利。

软件著作权人可以许可他人行使其软件著作权，并有权获得报酬。

软件著作权人可以全部或者部分转让其软件著作权，并有权获得报酬。

第九条　软件著作权属于软件开发者，本条例另有规定的除外。

如无相反证明，在软件上署名的自然人、法人或者其他组织为开发者。

第十条　由两个以上的自然人、法人或者其他组织合作开发的软件，其著作权的归属由合作开发者签订书面合同约定。无书面合同或者合同未作明确约定，合作开发的软件可以分割使用的，开发者对各自开发的部分可以单独享有著作权；但是，行使著作权时，不得扩展到合作开发的软件整体的著作权。合作开发的软件不能分割使用的，其著作权由各合作开发者共同享有，通过协商一致行使；不能协商一致，又无正当理由的，任何一方不得阻止他方行使除转让权以外的其他权利，但是所得收益应当合理分配给所有合作开发者。

第十一条　接受他人委托开发的软件，其著作权的归属由委托人与受托人签订书面合同约定；无书面合同或者合同未作明确约定的，其著作权由受托人享有。

第十二条　由国家机关下达任务开发的软件，著作权的归属与行使由项目任务书或者合同规定；项目任务书或者合同中未作明确规定的，软件著作权由接受任务的法人或者其他组织享有。

第十三条　自然人在法人或者其他组织中任职期间所开发的软件有下列情形之一的，该软件著作权由该法人或者其他组织享有，该法人或者其他组织可以对开发软件的自然人进行奖励：

（一）针对本职工作中明确指定的开发目标所开发的软件；

（二）开发的软件是从事本职工作活动所预见的结果或者自然的结果；

（三）主要使用了法人或者其他组织的资金、专用设备、未公开的专门信息等物质技术条件所开发并由法人或者其他组织承担责任的软件。

第十四条　软件著作权自软件开发完成之日起产生。

自然人的软件著作权，保护期为自然人终生及其死亡后50年，截止于自然人死亡后第50年的12月31日；软件是合作开发的，截止于最后死亡的自然人死亡后第50年的12月31日。

法人或者其他组织的软件著作权，保护期为50年，截止于软件首次发表后第50年的12月31日，但软件自开发完成之日起50年内未发表的，本条例不再保护。

第十五条　软件著作权属于自然人的，该自然人死亡后，在软件著作权的保护期内，软件著作权的继承人可以依照《中华人民共和国继承法》的有关规定，继承本条例第八条规定的除署名权以外的其他权利。

软件著作权属于法人或者其他组织的，法人或者其他组织变更、终止后，其著作权在本条例规定的保护期内由承受其权利义务的法人或者其他组织享有；没有承受其权利义务的法人或者其他组织的，由国家享有。

第十六条　软件的合法复制品所有人享有下列权利：

（一）根据使用的需要把该软件装入计算机等具有信息处理能力的装置内；

（二）为了防止复制品损坏而制作备份复制品。这些备份复制品不得通过任何方式提供给他人使用，并在所有人丧失该合法复制品的所有权时，负责将备份复制品销毁；

（三）为了把该软件用于实际的计算机应用环境或者改进其功能、性能而进行必要的修改；但是，除合同另有约定外，未经该软件著作权人许可，不得向任何第三方提供修改后的软件。

第十七条　为了学习和研究软件内含的设计思想和原理，通过安装、显示、传输或者存储软件等方式使用软件的，可以不经软件著作权人许可，不向其支付报酬。

第三章 软件著作权的许可使用和转让

第十八条 许可他人行使软件著作权的,应当订立许可使用合同。

许可使用合同中软件著作权人未明确许可的权利,被许可人不得行使。

第十九条 许可他人专有行使软件著作权的,当事人应当订立书面合同。

没有订立书面合同或者合同中未明确约定为专有许可的,被许可行使的权利应当视为非专有权利。

第二十条 转让软件著作权的,当事人应当订立书面合同。

第二十一条 订立许可他人专有行使软件著作权的许可合同,或者订立转让软件著作权合同,可以向国务院著作权行政管理部门认定的软件登记机构登记。

第二十二条 中国公民、法人或者其他组织向外国人许可或者转让软件著作权的,应当遵守《中华人民共和国技术进出口管理条例》的有关规定。

第四章 法律责任

第二十三条 除《中华人民共和国著作权法》或者本条例另有规定外,有下列侵权行为的,应当根据情况,承担停止侵害、消除影响、赔礼道歉、赔偿损失等民事责任:

(一)未经软件著作权人许可,发表或者登记其软件的;

(二)将他人软件作为自己的软件发表或者登记的;

(三)未经合作者许可,将与他人合作开发的软件作为自己单独完成的软件发表或者登记的;

(四)在他人软件上署名或者更改他人软件上的署名的;

(五)未经软件著作权人许可,修改、翻译其软件的;

(六)其他侵犯软件著作权的行为。

第二十四条 除《中华人民共和国著作权法》、本条例或者其他法律、行政法规另有规定外,未经软件著作权人许可,有下列侵权行为的,应当根据情况,承担停止侵害、消除影响、赔礼道歉、赔偿损失等民事责任;同时损害社会公共利益的,由著作权行政管理部门责令停止侵权行为,没收违法所得,没收、销毁侵权复制品,可以并处罚款;情节严重的,著作权行政管理部门并可以没收主要用于制作侵权复制品的材料、工具、设备等;触犯刑律的,依照刑法关于侵犯著作权罪、销售侵权复制品罪的规定,依法追究刑事责任:

(一)复制或者部分复制著作权人的软件的;

(二)向公众发行、出租、通过信息网络传播著作权人的软件的;

(三)故意避开或者破坏著作权人为保护其软件著作权而采取的技术措施的;

(四)故意删除或者改变软件权利管理电子信息的;

(五)转让或者许可他人行使著作权人的软件著作权的。

有前款第(一)项或者第(二)项行为的,可以并处每件100元或者货值金额5倍以下的罚款;有前款第(三)项、第(四)项或者第(五)项行为的,可以并处5万元以下的罚款。

第二十五条 侵犯软件著作权的赔偿数额,依照《中华人民共和国著作权法》第四十八条的规定确定。

第二十六条 软件著作权人有证据证明他人正在实施或者即将实施侵犯其权利的行为,如不及时制止,将会使其合法权益受到难以弥补的损害的,可以依照《中华人民共和国著作权法》第四十九条的规定,在提起诉讼前向人民法院申请采取责令停止有关行为和财产保全的措施。

第二十七条 为了制止侵权行为,在证据可能灭失或者以后难以取得的情况下,软件著作权人可以依照《中华人民共和国著作权法》第五十条的规定,在提起诉讼前向人民法院申请保全证据。

第二十八条 软件复制品的出版者、制作者不能证明其出版、制作有合法授权的,或者软件复制品的发行者、出租者不能证明其发行、出租的复制品有合法来源的,应当承担法律责任。

第二十九条 软件开发者开发的软件,由于可供选用的表达方式有限而与已经存在的软件相似的,不构成对已经存在的软件的著作权的侵犯。

第三十条 软件的复制品持有人不知道也没有合理理由应当知道该软件是侵权复制品的,不承担赔偿责任;但是,应当停止使用、销毁该侵权复制品。如果停止使用并销毁该侵权复制品将给复制品使用人造成重大损失的,复制品使用人可以在向软件著作权人支付合理费用后继续使用。

第三十一条 软件著作权侵权纠纷可以调解。

软件著作权合同纠纷可以依据合同中的仲裁条款或者事后达成的书面仲裁协议,向仲裁机构申请仲裁。

当事人没有在合同中订立仲裁条款,事后又没有书面仲裁协议的,可以直接向人民法院提起诉讼。

第五章 附 则

第三十二条 本条例施行前发生的侵权行为,依照侵权行为发生时的国家有关规定处理。

第三十三条 本条例自2002年1月1日起施行。1991年6月4日国务院发布的《计算机软件保护条例》同时废止。

计算机软件著作权登记办法

(2002年2月20日国家版权局发布　国家版权局令第1号)

第一章　总　则

第一条　为贯彻《计算机软件保护条例》(以下简称《条例》)制定本办法。

第二条　为促进我国软件产业发展,增强我国信息产业的创新能力和竞争能力,国家著作权行政管理部门鼓励软件登记,并对登记的软件予以重点保护。

第三条　本办法适用于软件著作权登记、软件著作权专有许可合同和转让合同登记。

第四条　软件著作权登记申请人应当是该软件的著作权人以及通过继承、受让或者承受软件著作权的自然人、法人或者其他组织。

软件著作权合同登记的申请人,应当是软件著作权专有许可合同或者转让合同的当事人。

第五条　申请人或者申请人之一为外国人、无国籍人的,适用本办法。

第六条　国家版权局主管全国软件著作权登记管理工作。

国家版权局认定中国版权保护中心为软件登记机构。

经国家版权局批准,中国版权保护中心可以在地方设立软件登记办事机构。

第二章　登记申请

第七条　申请登记的软件应是独立开发的,或者经原著作权人许可对原有软件修改后形成的在功能或者性能方面有重要改进的软件。

第八条　合作开发的软件进行著作权登记的,可以由全体著作权人协商确定一名著作权人作为代表办理。著作权人协商不一致时,任何著作权人均可在不损害其他著作权人利益的前提下申请登记,但应当注明其他著作权人。

第九条　申请软件著作权登记的,应当向中国版权保护中心提交以下材料:

(一)按要求填写的软件著作权登记申请表;

(二)软件的鉴别材料;

(三)相关的证明文件。

第十条　软件的鉴别材料包括程序和文档的鉴别材料。

程序和文档的鉴别材料应当由源程序和任何一种文档前、后各连续30页组成。整个程序和文档不到60页的,应当提交整个源程序和文档。除特定情况外,程序每页不少于50行,文档每页不少于30行。

第十一条　申请软件著作权登记的,应当提交以下主要证明文件:

(一)自然人、法人或者其他组织的身份证明;

(二)有著作权归属书面合同或者项目任务书的,应当提交合同或者项目任务书;

(三)经原软件著作权人许可,在原有软件上开发的软件,应当提交原著作权人的许可证明;

(四)权利继承人、受让人或者承受人,提交权利继承、受让或者承受的证明。

第十二条　申请软件著作权登记的,可以选择以下方式之一对鉴别材料作例外交存:

(一)源程序的前、后各连续的30页,其中的机密部分用黑色宽斜线覆盖,但覆盖部分不得超过交存源程序的50%;

(二)源程序连续的前10页,加上源程序的任何部分的连续的50页;

(三)目标程序的前、后各连续的30页,加上源程序的任何部分的连续的20页。

文档作例外交存的,参照前款规定处理。

第十三条 软件著作权登记时,申请人可以申请将源程序、文档或者样品进行封存。除申请人或者司法机关外,任何人不得启封。

第十四条 软件著作权转让合同或者专有许可合同当事人可以向中国版权保护中心申请合同登记。申请合同登记时,应当提交以下材料:

(一)按要求填写的合同登记表;

(二)合同复印件;

(三)申请人身份证明。

第十五条 申请人在登记申请批准之前,可以随时请求撤回申请。

第十六条 软件著作权登记人或者合同登记人可以对已经登记的事项作变更或者补充。申请登记变更或者补充时,申请人应当提交以下材料:

(一)按照要求填写的变更或者补充申请表;

(二)登记证书或者证明的复印件;

(三)有关变更或者补充的材料。

第十七条 登记申请应当使用中国版权保护中心制定的统一表格,并由申请人盖章(签名)。

申请表格应当使用中文填写。提交的各种证件和证明文件是外文的,应当附中文译本。

申请登记的文件应当使用国际标准 A4 型 297mm×210mm(长×宽)纸张。

第十八条 申请文件可以直接递交或者挂号邮寄。申请人提交有关申请文件时,应当注明申请人、软件的名称,有受理号或登记号的,应当注明受理号或登记号。

第三章 审查和批准

第十九条 对于本办法第九条和第十四条所指的申请,以收到符合本办法第二章规定的材料之日为受理日,并书面通知申请人。

第二十条 中国版权保护中心应当自受理日起 60 日内审查完成所受理的申请,申请符合《条例》和本办法规定的,予以登记,发给相应的登记证书,并予以公告。

第二十一条 有下列情况之一的,不予登记并书面通知申请人:

(一)表格内容填写不完整、不规范,且未在指定期限内补正的;

(二)提交的鉴别材料不是《条例》规定的软件程序和文档的;

(三)申请文件中出现的软件名称、权利人署名不一致,且未提交证明文件的;

(四)申请登记的软件存在权属争议的。

第二十二条 中国版权保护中心要求申请人补正其他登记材料的,申请人应当在 30 日内补正,逾期未补正的,视为撤回申请。

第二十三条 国家版权局根据下列情况之一,可以撤销登记:

(一)最终的司法判决;

(二)著作权行政管理部门作出的行政处罚决定。

第二十四条 中国版权保护中心可以根据申请人的申请,撤销登记。

第二十五条 登记证书遗失或损坏的,可申请补发或换发。

第四章 软件登记公告

第二十六条 除本办法另有规定外,任何人均可查阅软件登记公告以及可公开的有关登记文件。

第二十七条 软件登记公告的内容如下:

(一)软件著作权的登记;

(二)软件著作权合同登记事项;

(三)软件登记的撤销;

(四)其他事项。

第五章 费 用

第二十八条 申请软件登记或者办理其他事项,应当交纳下列费用:

(一)软件著作权登记费;

(二)软件著作权合同登记费;

(三)变更或补充登记费;

(四)登记证书费;

(五)封存保管费;

(六)例外交存费;

(七)查询费;

（八）撤销登记申请费；
（九）其他需交纳的费用。

具体收费标准由国家版权局会同国务院价格主管部门规定并公布。

第二十九条 申请人自动撤回申请或者登记机关不予登记的，所交费用不予退回。

第三十条 本办法第二十八条规定的各种费用，可以通过邮局或银行汇付，也可以直接向中国版权保护中心交纳。

第六章 附 则

第三十一条 本办法规定的、中国版权保护中心指定的各种期限，第一日不计算在内。期限以年或者月计算的，以最后一个月的相应日为届满日；该月无相应日的，以该月的最后一日为届满日。届满日是法定节假日的，以节假日后的第一个工作日为届满日。

第三十二条 申请人向中国版权保护中心邮寄的各种文件，以寄出的邮戳日为递交日。信封上寄出的邮戳日不清晰的，除申请人提出证明外，以收到日为递交日。中国版权保护中心邮寄的各种文件，送达地是省会、自治区首府及直辖市的，自文件发出之日满十五日，其他地区满二十一日，推定为收件人收到文件之日。

第三十三条 申请人因不可抗力或其他正当理由，延误了本办法规定或者中国版权保护中心指定的期限，在障碍消除后三十日内，可以请求顺延期限。

第三十四条 本办法由国家版权局负责解释和补充修订。

第三十五条 本办法自发布之日起实施。

信息网络传播权保护条例

(2006年5月18日国务院发布　中华人民共和国国务院令第468号)

第一条　为保护著作权人、表演者、录音录像制作者(以下统称权利人)的信息网络传播权,鼓励有益于社会主义精神文明、物质文明建设的作品的创作和传播,根据《中华人民共和国著作权法》(以下简称著作权法),制定本条例。

第二条　权利人享有的信息网络传播权受著作权法和本条例保护。除法律、行政法规另有规定的外,任何组织或者个人将他人的作品、表演、录音录像制品通过信息网络向公众提供,应当取得权利人许可,并支付报酬。

第三条　依法禁止提供的作品、表演、录音录像制品,不受本条例保护。

权利人行使信息网络传播权,不得违反宪法和法律、行政法规,不得损害公共利益。

第四条　为了保护信息网络传播权,权利人可以采取技术措施。

任何组织或者个人不得故意避开或者破坏技术措施,不得故意制造、进口或者向公众提供主要用于避开或者破坏技术措施的装置或者部件,不得故意为他人避开或者破坏技术措施提供技术服务。但是,法律、行政法规规定可以避开的除外。

第五条　未经权利人许可,任何组织或者个人不得进行下列行为:

(一)故意删除或者改变通过信息网络向公众提供的作品、表演、录音录像制品的权利管理电子信息,但由于技术上的原因无法避免删除或者改变的除外;

(二)通过信息网络向公众提供明知或者应知未经权利人许可被删除或者改变权利管理电子信息的作品、表演、录音录像制品。

第六条　通过信息网络提供他人作品,属于下列情形的,可以不经著作权人许可,不向其支付报酬:

(一)为介绍、评论某一作品或者说明某一问题,在向公众提供的作品中适当引用已经发表的作品;

(二)为报道时事新闻,在向公众提供的作品中不可避免地再现或者引用已经发表的作品;

(三)为学校课堂教学或者科学研究,向少数教学、科研人员提供少量已经发表的作品;

(四)国家机关为执行公务,在合理范围内向公众提供已经发表的作品;

(五)将中国公民、法人或者其他组织已经发表的、以汉语言文字创作的作品翻译成的少数民族语言文字作品,向中国境内少数民族提供;

(六)不以营利为目的,以盲人能够感知的独特方式向盲人提供已经发表的文字作品;

(七)向公众提供在信息网络上已经发表的关于政治、经济问题的时事性文章;

(八)向公众提供在公众集会上发表的讲话。

第七条　图书馆、档案馆、纪念馆、博物馆、美术馆等可以不经著作权人许可,通过信息网络向本馆馆舍内服务对象提供本馆收藏的合法出版的数字作品和依法为陈列或者保存版本的需要以数字化形式复制的作品,不向其支付报酬,但不得直接或者间接获得经济利益。当事人另有约定的除外。

前款规定的为陈列或者保存版本需要以数字化形式复制的作品,应当是已经损毁或者濒临损毁、丢失或者失窃,或者其存储格式已经过时,并且在市场上无法购买或者只能以明显高于标定的价格购买的作品。

第八条　为通过信息网络实施九年制义务教育或者国家教育规划,可以不经著作权人许可,使用其已经发表作品的片断或者短小的文字作品、音乐作品或者单幅的美术作品、摄影作品制作课件,由制作课件或者依法取得课件的远程教育机构通过信息网络向注册学生提供,但应当向著作权人支付报酬。

第九条 为扶助贫困,通过信息网络向农村地区的公众免费提供中国公民、法人或者其他组织已经发表的种植养殖、防病治病、防灾减灾等与扶助贫困有关的作品和适应基本文化需求的作品,网络服务提供者应当在提供前公告拟提供的作品及其作者、拟支付报酬的标准。自公告之日起30日内,著作权人不同意提供的,网络服务提供者不得提供其作品;自公告之日起满30日,著作权人没有异议的,网络服务提供者可以提供其作品,并按照公告的标准向著作权人支付报酬。网络服务提供者提供著作权人的作品后,著作权人不同意提供的,网络服务提供者应当立即删除著作权人的作品,并按照公告的标准向著作权人支付提供作品期间的报酬。

依照前款规定提供作品的,不得直接或者间接获得经济利益。

第十条 依照本条例规定不经著作权人许可、通过信息网络向公众提供其作品的,还应当遵守下列规定:

(一)除本条例第六条第(一)项至第(六)项、第七条规定的情形外,不得提供作者事先声明不许提供的作品;

(二)指明作品的名称和作者的姓名(名称);

(三)依照本条例规定支付报酬;

(四)采取技术措施,防止本条例第七条、第八条、第九条规定的服务对象以外的其他人获得著作权人的作品,并防止本条例第七条规定的服务对象的复制行为对著作权人利益造成实质性损害;

(五)不得侵犯著作权人依法享有的其他权利。

第十一条 通过信息网络提供他人表演、录音录像制品的,应当遵守本条例第六条至第十条的规定。

第十二条 属于下列情形的,可以避开技术措施,但不得向他人提供避开技术措施的技术、装置或者部件,不得侵犯权利人依法享有的其他权利:

(一)为学校课堂教学或者科学研究,通过信息网络向少数教学、科研人员提供已经发表的作品、表演、录音录像制品,而该作品、表演、录音录像制品只能通过信息网络获取;

(二)不以营利为目的,通过信息网络以盲人能够感知的独特方式向盲人提供已经发表的文字作品,而该作品只能通过信息网络获取;

(三)国家机关依照行政、司法程序执行公务;

(四)在信息网络上对计算机及其系统或者网络的安全性能进行测试。

第十三条 著作权行政管理部门为了查处侵犯信息网络传播权的行为,可以要求网络服务提供者提供涉嫌侵权的服务对象的姓名(名称)、联系方式、网络地址等资料。

第十四条 对提供信息存储空间或者提供搜索、链接服务的网络服务提供者,权利人认为其服务所涉及的作品、表演、录音录像制品,侵犯自己的信息网络传播权或者被删除、改变了自己的权利管理电子信息的,可以向该网络服务提供者提交书面通知,要求网络服务提供者删除该作品、表演、录音录像制品,或者断开与该作品、表演、录音录像制品的链接。通知书应当包含下列内容:

(一)权利人的姓名(名称)、联系方式和地址;

(二)要求删除或者断开链接的侵权作品、表演、录音录像制品的名称和网络地址;

(三)构成侵权的初步证明材料。

权利人应当对通知书的真实性负责。

第十五条 网络服务提供者接到权利人的通知书后,应当立即删除涉嫌侵权的作品、表演、录音录像制品,或者断开与涉嫌侵权的作品、表演、录音录像制品的链接,并同时将通知书转送提供作品、表演、录音录像制品的服务对象;服务对象网络地址不明、无法转送的,应当将通知书的内容同时在信息网络上公告。

第十六条 服务对象接到网络服务提供者转送的通知书后,认为其提供的作品、表演、录音录像制品未侵犯他人权利的,可以向网络服务提供者提交书面说明,要求恢复被删除的作品、表演、录音录像制品,或者恢复与被断开的作品、表演、录音录像制品的链接。书面说明应当包含下列内容：

（一）服务对象的姓名（名称）、联系方式和地址；

（二）要求恢复的作品、表演、录音录像制品的名称和网络地址；

（三）不构成侵权的初步证明材料。

服务对象应当对书面说明的真实性负责。

第十七条　网络服务提供者接到服务对象的书面说明后，应当立即恢复被删除的作品、表演、录音录像制品，或者可以恢复与被断开的作品、表演、录音录像制品的链接，同时将服务对象的书面说明转送权利人。权利人不得再通知网络服务提供者删除该作品、表演、录音录像制品，或者断开与该作品、表演、录音录像制品的链接。

第十八条　违反本条例规定，有下列侵权行为之一的，根据情况承担停止侵害、消除影响、赔礼道歉、赔偿损失等民事责任；同时损害公共利益的，可以由著作权行政管理部门责令停止侵权行为，没收违法所得，并可处以10万元以下的罚款；情节严重的，著作权行政管理部门可以没收主要用于提供网络服务的计算机等设备；构成犯罪的，依法追究刑事责任：

（一）通过信息网络擅自向公众提供他人的作品、表演、录音录像制品的；

（二）故意避开或者破坏技术措施的；

（三）故意删除或者改变通过信息网络向公众提供的作品、表演、录音录像制品的权利管理电子信息，或者通过信息网络向公众提供明知或者应知未经权利人许可而被删除或者改变权利管理电子信息的作品、表演、录音录像制品的；

（四）为扶助贫困通过信息网络向农村地区提供作品、表演、录音录像制品超过规定范围，或者未按照公告的标准支付报酬，或者在权利人不同意提供其作品、表演、录音录像制品后未立即删除的；

（五）通过信息网络提供他人的作品、表演、录音录像制品，未指明作品、表演、录音录像制品的名称或者作者、表演者、录音录像制作者的姓名（名称），或者未支付报酬，或者未依照本条例规定采取技术措施防止服务对象以外的其他人获得

他人的作品、表演、录音录像制品，或者未防止服务对象的复制行为对权利人利益造成实质性损害的。

第十九条　违反本条例规定，有下列行为之一的，由著作权行政管理部门予以警告，没收违法所得，没收主要用于避开、破坏技术措施的装置或者部件；情节严重的，可以没收主要用于提供网络服务的计算机等设备，并可处以10万元以下的罚款；构成犯罪的，依法追究刑事责任：

（一）故意制造、进口或者向他人提供主要用于避开、破坏技术措施的装置或者部件，或者故意为他人避开或者破坏技术措施提供技术服务的；

（二）通过信息网络提供他人的作品、表演、录音录像制品，获得经济利益的；

（三）为扶助贫困通过信息网络向农村地区提供作品、表演、录音录像制品，未在提供前公告作品、表演、录音录像制品的名称和作者、表演者、录音录像制作者的姓名（名称）以及报酬标准的。

第二十条　网络服务提供者根据服务对象的指令提供网络自动接入服务，或者对服务对象提供的作品、表演、录音录像制品提供自动传输服务，并具备下列条件的，不承担赔偿责任：

（一）未选择并且未改变所传输的作品、表演、录音录像制品；

（二）向指定的服务对象提供该作品、表演、录音录像制品，并防止指定的服务对象以外的其他人获得。

第二十一条　网络服务提供者为提高网络传输效率，自动存储从其他网络服务提供者获得的作品、表演、录音录像制品，根据技术安排自动向服务对象提供，并具备下列条件的，不承担赔偿责任：

（一）未改变自动存储的作品、表演、录音录像制品；

（二）不影响提供作品、表演、录音录像制品的原网络服务提供者掌握服务对象获取该作品、表演、录音录像制品的情况；

（三）在原网络服务提供者修改、删除或者屏蔽该作品、表演、录音录像制品时，根据技术安排自动予以修改、删除或者屏蔽。

第二十二条　网络服务提供者为服务对象提

供信息存储空间,供服务对象通过信息网络向公众提供作品、表演、录音录像制品,并具备下列条件的,不承担赔偿责任:

(一)明确标示该信息存储空间是为服务对象所提供,并公开网络服务提供者的名称、联系人、网络地址;

(二)未改变服务对象所提供的作品、表演、录音录像制品;

(三)不知道也没有合理的理由应当知道服务对象提供的作品、表演、录音录像制品侵权;

(四)未从服务对象提供作品、表演、录音录像制品中直接获得经济利益;

(五)在接到权利人的通知书后,根据本条例规定删除权利人认为侵权的作品、表演、录音录像制品。

第二十三条 网络服务提供者为服务对象提供搜索或者链接服务,在接到权利人的通知书后,根据本条例规定断开与侵权的作品、表演、录音录像制品的链接的,不承担赔偿责任;但是,明知或者应知所链接的作品、表演、录音录像制品侵权的,应当承担共同侵权责任。

第二十四条 因权利人的通知导致网络服务提供者错误删除作品、表演、录音录像制品,或者错误断开与作品、表演、录音录像制品的链接,给服务对象造成损失的,权利人应当承担赔偿责任。

第二十五条 网络服务提供者无正当理由拒绝提供或者拖延提供涉嫌侵权的服务对象的姓名(名称)、联系方式、网络地址等资料的,由著作权行政管理部门予以警告;情节严重的,没收主要用于提供网络服务的计算机等设备。

第二十六条 本条例下列用语的含义:

信息网络传播权,是指以有线或者无线方式向公众提供作品、表演或者录音录像制品,使公众可以在其个人选定的时间和地点获得作品、表演或者录音录像制品的权利。

技术措施,是指用于防止、限制未经权利人许可浏览、欣赏作品、表演、录音录像制品的或者通过信息网络向公众提供作品、表演、录音录像制品的有效技术、装置或者部件。

权利管理电子信息,是指说明作品及其作者、表演及其表演者、录音录像制品及其制作者的信息,作品、表演、录音录像制品权利人的信息和使用条件的信息,以及表示上述信息的数字或者代码。

第二十七条 本条例自2006年7月1日起施行。

集成电路布图设计保护条例

(2001年4月2日国务院发布 中华人民共和国国务院令第300号)

第一章 总 则

第一条 为了保护集成电路布图设计专有权,鼓励集成电路技术的创新,促进科学技术的发展,制定本条例。

第二条 本条例下列用语的含义:

(一)集成电路,是指半导体集成电路,即以半导体材料为基片,将至少有一个是有源元件的两个以上元件和部分或者全部互连线路集成在基片之中或者基片之上,以执行某种电子功能的中间产品或者最终产品;

(二)集成电路布图设计(以下简称布图设计),是指集成电路中至少有一个是有源元件的两个以上元件和部分或者全部互连线路的三维配置,或者为制造集成电路而准备的上述三维配置;

(三)布图设计权利人,是指依照本条例的规定,对布图设计享有专有权的自然人、法人或者其他组织;

(四)复制,是指重复制作布图设计或者含有该布图设计的集成电路的行为;

(五)商业利用,是指为商业目的进口、销售或者以其他方式提供受保护的布图设计、含有该布图设计的集成电路或者含有该集成电路的物品的行为。

第三条 中国自然人、法人或者其他组织创作的布图设计,依照本条例享有布图设计专有权。

外国人创作的布图设计首先在中国境内投入商业利用的,依照本条例享有布图设计专有权。

外国人创作的布图设计,其创作者所属国同中国签订有关布图设计保护协议或者与中国共同参加有关布图设计保护国际条约的,依照本条例享有布图设计专有权。

第四条 受保护的布图设计应当具有独创性,即该布图设计是创作者自己的智力劳动成果,并且在其创作时该布图设计在布图设计创作者和集成电路制造者中不是公认的常规设计。

受保护的由常规设计组成的布图设计,其组合作为整体应当符合前款规定的条件。

第五条 本条例对布图设计的保护,不延及思想、处理过程、操作方法或者数学概念等。

第六条 国务院知识产权行政部门依照本条例的规定,负责布图设计专有权的有关管理工作。

第二章 布图设计专有权

第七条 布图设计权利人享有下列专有权:

(一)对受保护的布图设计的全部或者其中任何具有独创性的部分进行复制;

(二)将受保护的布图设计、含有该布图设计的集成电路或者含有该集成电路的物品投入商业利用。

第八条 布图设计专有权经国务院知识产权行政部门登记产生。

未经登记的布图设计不受本条例保护。

第九条 布图设计专有权属于布图设计创作者,本条例另有规定的除外。

由法人或者其他组织主持,依据法人或者其他组织的意志而创作,并由法人或者其他组织承担责任的布图设计,该法人或者其他组织是创作者。

由自然人创作的布图设计,该自然人是创作者。

第十条 两个以上自然人、法人或者其他组织合作创作的布图设计,其专有权的归属由合作者约定;未作约定或者约定不明的,其专有权由合作者共同享有。

第十一条 受委托创作的布图设计,其专有权的归属由委托人和受托人双方约定;未作约定或者约定不明的,其专有权由受托人享有。

第十二条 布图设计专有权的保护期为10年,自布图设计登记申请之日或者在世界任何地方首次投入商业利用之日起计算,以较前日期为准。但是,无论是否登记或者投入商业利用,布图设计自创作完成之日起15年后,不再受本条例保护。

第十三条 布图设计专有权属于自然人的,该自然人死亡后,其专有权在本条例规定的保护期内依照继承法的规定转移。

布图设计专有权属于法人或者其他组织的,法人或者其他组织变更、终止后,其专有权在本条例规定的保护期内由承继其权利、义务的法人或者其他组织享有;没有承继其权利、义务的法人或者其他组织的,该布图设计进入公有领域。

第三章 布图设计的登记

第十四条 国务院知识产权行政部门负责布图设计登记工作,受理布图设计登记申请。

第十五条 申请登记的布图设计涉及国家安全或者重大利益,需要保密的,按照国家有关规定办理。

第十六条 申请布图设计登记,应当提交:
(一)布图设计登记申请表;
(二)布图设计的复制件或者图样;
(三)布图设计已投入商业利用的,提交含有该布图设计的集成电路样品;
(四)国务院知识产权行政部门规定的其他材料。

第十七条 布图设计自其在世界任何地方首次商业利用之日起2年内,未向国务院知识产权行政部门提出登记申请的,国务院知识产权行政部门不再予以登记。

第十八条 布图设计登记申请经初步审查,未发现驳回理由的,由国务院知识产权行政部门予以登记,发给登记证明文件,并予以公告。

第十九条 布图设计登记申请人对国务院知识产权行政部门驳回其登记申请的决定不服的,可以自收到通知之日起3个月内,向国务院知识产权行政部门请求复审。国务院知识产权行政部门复审后,作出决定,并通知布图设计登记申请人。布图设计登记申请人对国务院知识产权行政部门的复审决定仍不服的,可以自收到通知之日起3个月内向人民法院起诉。

第二十条 布图设计获准登记后,国务院知识产权行政部门发现该登记不符合本条例规定的,应当予以撤销,通知布图设计权利人,并予以公告。布图设计权利人对国务院知识产权行政部门撤销布图设计登记的决定不服的,可以自收到通知之日起3个月内向人民法院起诉。

第二十一条 在布图设计登记公告前,国务院知识产权行政部门的工作人员对其内容负有保密义务。

第四章 布图设计专有权的行使

第二十二条 布图设计权利人可以将其专有权转让或者许可他人使用其布图设计。

转让布图设计专有权的,当事人应当订立书面合同,并向国务院知识产权行政部门登记,由国务院知识产权行政部门予以公告。布图设计专有权的转让自登记之日起生效。

许可他人使用其布图设计的,当事人应当订立书面合同。

第二十三条 下列行为可以不经布图设计权利人许可,不向其支付报酬:
(一)为个人目的或者单纯为评价、分析、研究、教学等目的而复制受保护的布图设计的;
(二)在依据前项评价、分析受保护的布图设计的基础上,创作出具有独创性的布图设计的;
(三)对自己独立创作的与他人相同的布图设计进行复制或者将其投入商业利用的。

第二十四条 受保护的布图设计、含有该布图设计的集成电路或者含有该集成电路的物品,由布图设计权利人或者经其许可投放市场后,他人再次商业利用的,可以不经布图设计权利人许可,并不向其支付报酬。

第二十五条 在国家出现紧急状态或者非常

情况时，或者为了公共利益的目的，或者经人民法院、不正当竞争行为监督检查部门依法认定布图设计权利人有不正当竞争行为而需要给予补救时，国务院知识产权行政部门可以给予使用其布图设计的非自愿许可。

第二十六条 国务院知识产权行政部门作出给予使用布图设计非自愿许可的决定，应当及时通知布图设计权利人。

给予使用布图设计非自愿许可的决定，应当根据非自愿许可的理由，规定使用的范围和时间，其范围应当限于为公共目的非商业性使用，或者限于经人民法院、不正当竞争行为监督检查部门依法认定布图设计权利人有不正当竞争行为而需要给予的补救。

非自愿许可的理由消除并不再发生时，国务院知识产权行政部门应当根据布图设计权利人的请求，经审查后作出终止使用布图设计非自愿许可的决定。

第二十七条 取得使用布图设计非自愿许可的自然人、法人或者其他组织不享有独占的使用权，并且无权允许他人使用。

第二十八条 取得使用布图设计非自愿许可的自然人、法人或者其他组织应当向布图设计权利人支付合理的报酬，其数额由双方协商；双方不能达成协议的，由国务院知识产权行政部门裁决。

第二十九条 布图设计权利人对国务院知识产权行政部门关于使用布图设计非自愿许可的决定不服的，布图设计权利人和取得非自愿许可的自然人、法人或者其他组织对国务院知识产权行政部门关于使用布图设计非自愿许可的报酬的裁决不服的，可以自收到通知之日起3个月内向人民法院起诉。

第五章　法律责任

第三十条 除本条例另有规定的外，未经布图设计权利人许可，有下列行为之一的，行为人必须立即停止侵权行为，并承担赔偿责任：

（一）复制受保护的布图设计的全部或者其中任何具有独创性的部分的；

（二）为商业目的进口、销售或者以其他方式提供受保护的布图设计、含有该布图设计的集成电路或者含有该集成电路的物品的。

侵犯布图设计专有权的赔偿数额，为侵权人所获得的利益或者被侵权人所受到的损失，包括被侵权人为制止侵权行为所支付的合理开支。

第三十一条 未经布图设计权利人许可，使用其布图设计，即侵犯其布图设计专有权，引起纠纷的，由当事人协商解决；不愿协商或者协商不成的，布图设计权利人或者利害关系人可以向人民法院起诉，也可以请求国务院知识产权行政部门处理。国务院知识产权行政部门处理时，认定侵权行为成立的，可以责令侵权人立即停止侵权行为，没收、销毁侵权产品或者物品。当事人不服的，可以自收到处理通知之日起15日内依照《中华人民共和国行政诉讼法》向人民法院起诉；侵权人期满不起诉又不停止侵权行为的，国务院知识产权行政部门可以请求人民法院强制执行。应当事人的请求，国务院知识产权行政部门可以就侵犯布图设计专有权的赔偿数额进行调解；调解不成的，当事人可以依照《中华人民共和国民事诉讼法》向人民法院起诉。

第三十二条 布图设计权利人或者利害关系人有证据证明他人正在实施或者即将实施侵犯其专有权的行为，如不及时制止将会使其合法权益受到难以弥补的损害的，可以在起诉前依法向人民法院申请采取责令停止有关行为和财产保全的措施。

第三十三条 在获得含有受保护的布图设计的集成电路或者含有该集成电路的物品时，不知道也没有合理理由应当知道其中含有非法复制的布图设计，而将其投入商业利用的，不视为侵权。

前款行为人得到其中含有非法复制的布图设计的明确通知后，可以继续将现有的存货或者此前的订货投入商业利用，但应当向布图设计权利人支付合理的报酬。

第三十四条 国务院知识产权行政部门的工作人员在布图设计管理工作中玩忽职守、滥用职权、徇私舞弊，构成犯罪的，依法追究刑事责任；尚不构成犯罪的，依法给予行政处分。

第六章 附 则

第三十五条 申请布图设计登记和办理其他手续,应当按照规定缴纳费用。缴费标准由国务院物价主管部门、国务院知识产权行政部门制定,并由国务院知识产权行政部门公告。

第三十六条 本条例自2001年10月1日起施行。

中药品种保护条例

(1992年10月14日国务院发布　中华人民共和国国务院令第106号)

第一章　总　则

第一条　为了提高中药品种的质量,保护中药生产企业的合法权益,促进中药事业的发展,制定本条例。

第二条　本条例适用于中国境内生产制造的中药品种,包括中成药、天然药物的提取物及其制剂和中药人工制成品。申请专利的中药品种,依照专利法的规定办理,不适用本条例。

第三条　国家鼓励研制开发临床有效的中药品种,对质量稳定、疗效确切的中药品种实行分级保护制度。

第四条　国务院卫生行政部门负责全国中药品种保护的监督管理工作。国家中药生产经营主管部门协同管理全国中药品种的保护工作。

第二章　中药保护品种等级的划分和审批

第五条　依照本条例受保护的中药品种,必须是列入国家药品标准的品种。经国务院卫生行政部门认定,列为省、自治区、直辖市药品标准的品种,也可以申请保护。受保护的中药品种分为一、二级。

第六条　符合下列条件之一的中药品种,可以申请一级保护:
(一)对特定疾病有特殊疗效的;
(二)相当于国家一级保护野生药材物种的人工制成品;
(三)用于预防和治疗特殊疾病的。

第七条　符合下列条件之一的中药品种,可以申请二级保护:
(一)符合本条例第六条规定的品种或者已经解除一级保护的品种;
(二)对特定疾病有显著疗效的;
(三)从天然药物中提取的有效物质及特殊制剂。

第八条　国务院卫生行政部门批准的新药,按照国务院卫生行政部门规定的保护期给予保护;其中,符合本条例第六条、第七条规定的,在国务院卫生行政部门批准的保护期限届满前六个月,可以重新依照本条例的规定申请保护。

第九条　申请办理中药品种保护的程序:
(一)中药生产企业对其生产的符合本条例第五条、第六条、第七条、第八条规定的中药品种,可以向所在地省、自治区、直辖市中药生产经营主管部门提出申请,经中药生产经营主管部门签署意见后转送同级卫生行政部门,由省、自治区、直辖市卫生行政部门初审签署意见后,报国务院卫生行政部门。特殊情况下,中药生产企业也可以直接向国家中药生产经营主管部门提出申请,由国家中药生产经营主管部门签署意见后转送国务院卫生行政部门,或者直接向国务院卫生行政部门提出申请。
(二)国务院卫生行政部门委托国家中药品种保护审评委员会负责对申请保护的中药品种进行审评。国家中药品种保护审评委员会应当自接到申请报告书之日起六个月内做出审评结论。
(三)根据国家中药品种保护审评委员会的审评结论,由国务院卫生行政部门征求国家中药生产经营主管部门的意见后决定是否给予保护。批准保护的中药品种,由国务院卫生行政部门发给《中药保护品种证书》。国务院卫生行政部门负责组织国家中药品种保护审评委员会,委员会成员由国务院卫生行政部门与国家中药生产经营主管部门协商后,聘请中医药方面的医疗、科研、检验及经营、管理专家担任。

第十条 申请中药品种保护的企业,应当按照国务院卫生行政部门的规定,向国家中药品种保护审评委员会提交完整的资料。

第十一条 对批准保护的中药品种以及保护期满的中药品种,由国务院卫生行政部门在指定的专业报刊上予以公告。

第三章 中药保护品种的保护

第十二条 中药保护品种的保护期限:中药一级保护品种分别为三十年、二十年、十年。中药二级保护品种为七年。

第十三条 中药一级保护品种的处方组成、工艺制法,在保护期限内由获得《中药保护品种证书》的生产企业和有关的药品生产经营主管部门、卫生行政部门及有关单位和个人负责保密,不得公开。负有保密责任的有关部门、企业和单位应当按照国家有关规定,建立必要的保密制度。

第十四条 向国外转让中药一级保护品种的处方组成、工艺制法,应当按照国家有关保密的规定办理。

第十五条 中药一级保护品种因特殊情况需要延长保护期限的,由生产企业在该品种保护期满前六个月,依照本条例第九条规定的程序申报。延长的保护期限由国务院卫生行政部门根据国家中药品种保护审评委员会的审评结果确定;但是,每次延长的保护期限不得超过第一次批准的保护期限。

第十六条 中药二级保护品种在保护期满后可以延长七年。申请延长保护期的中药二级保护品种,应当在保护期满前六个月,由生产企业依照本条例第九条规定的程序申报。

第十七条 被批准保护的中药品种,在保护期内限于由获得《中药保护品种证书》的企业生产;但是,本条例第十九条另有规定的除外。

第十八条 国务院卫生行政部门批准保护的中药品种如果在批准前是由多家企业生产的,其中未申请《中药证书》的企业应当自公告发布之日起六个月内向国务院卫生行政部门申报,并依照本条例第十条的规定提供有关资料,由国务院卫生行政部门指定药品检验机构对该申报品种进行同品种的质量检验。

国务院卫生行政部门根据检验结果,可以采取以下措施:

(一)对达到国家药品标准的,经征求国家中药生产经营主管部门意见后,补发《中药保护品种证书》。

(二)对未达到国家药品标准的,依照药品管理的法律、行政法规的规定撤销该中药品种的批准文号。

第十九条 对临床用药紧缺的中药保护品种,根据国家中药生产经营主管部门提出的仿制建议,经国务院卫生行政部门批准,由仿制企业所在地的省、自治区、直辖市卫生行政部门对生产同一中药保护品种的企业发放批准文号。该企业应当付给持有《中药证书》并转让该中药品种的处方组成、工艺制法的企业合理的使用费,其数额由双方商定;双方不能达成协议的,由国务院卫生行政部门裁决。

第二十条 生产中药保护品种的企业及中药生产经营主管部门,应当根据省、自治区、直辖市卫生行政部门提出的要求,改进生产条件,提高品种质量。

第二十一条 中药保护品种在保护期内向国外申请注册的,须经国务院卫生行政部门批准。

第四章 罚 则

第二十二条 违反本条例第十三条的规定,造成泄密的责任人员,由其所在单位或者上级机关给予行政处分;构成犯罪的,依法追究刑事责任。

第二十三条 违反本条例第十六条的规定,擅自仿制中药保护品种的,由县级以上卫生行政部门以生产假药依法论处。伪造《中药保护品种证书》及有关证明文件进行生产、销售的,由县级以上卫生行政部门没收其全部有关药品及违法所得,并可以处以有关药品正品价格三倍以下罚款。上述行为构成犯罪的,由司法机关依法追究刑事责任。

第二十四条 当事人对卫生行政部门的处罚决定不服的,可以依照有关法律、行政法规的规定,申请行政复议或者提起行政诉讼。

第五章 附 则

第二十五条 有关中药保护品种的申报要求、申报表格等,由国务院卫生行政部门制定。

第二十六条 本条例由国务院卫生行政部门负责解释。

第二十七条 本条例自1993年1月1日起施行。

中华人民共和国专利法实施细则

(2001年6月15日中华人民共和国国务院令第306号公布,根据2002年12月28日《国务院关于修改〈中华人民共和国专利法实施细则〉的决定》修订)

第一章 总 则

第一条 根据《中华人民共和国专利法》(以下简称专利法),制定本细则。

第二条 专利法所称发明,是指对产品、方法或者其改进所提出的新的技术方案。

专利法所称实用新型,是指对产品的形状、构造或者其结合所提出的适于实用的新的技术方案。

专利法所称外观设计,是指对产品的形状、图案或者其结合以及色彩与形状、图案的结合所作出的富有美感并适于工业应用的新设计。

第三条 专利法和本细则规定的各种手续,应当以书面形式或者国务院专利行政部门规定的其他形式办理。

第四条 依照专利法和本细则规定提交的各种文件应当使用中文;国家有统一规定的科技术语的,应当采用规范词;外国人名、地名和科技术语没有统一中文译文的,应当注明原文。

依照专利法和本细则规定提交的各种证件和证明文件是外文的,国务院专利行政部门认为必要时,可以要求当事人在指定期限内附送中文译文;期满未附送的,视为未提交该证件和证明文件。

第五条 向国务院专利行政部门邮寄的各种文件,以寄出的邮戳日为递交日;邮戳日不清晰的,除当事人能够提出证明外,以国务院专利行政部门收到日为递交日。

国务院专利行政部门的各种文件,可以通过邮寄、直接送交或者其他方式送达当事人。当事人委托专利代理机构的,文件送交专利代理机构;未委托专利代理机构的,文件送交请求书中指明的联系人。

国务院专利行政部门邮寄的各种文件,自文件发出之日起满15日,推定为当事人收到文件之日。

根据国务院专利行政部门规定应当直接送交的文件,以交付日为送达日。

文件送交地址不清,无法邮寄的,可以通过公告的方式送达当事人。自公告之日起满1个月,该文件视为已经送达。

第六条 专利法和本细则规定的各种期限的第一日不计算在期限内。期限以年或者月计算的,以其最后一月的相应日为期限届满日;该月无相应日的,以该月最后一日为期限届满日;期限届满日是法定节假日的,以节假日后的第一个工作日为期限届满日。

第七条 当事人因不可抗拒的事由而延误专利法或者本细则规定的期限或者国务院专利行政部门指定的期限,导致其权利丧失的,自障碍消除之日起2个月内,最迟自期限届满之日起2年内,可以向国务院专利行政部门说明理由并附具有关证明文件,请求恢复权利。

当事人因正当理由而延误专利法或者本细则规定的期限或者国务院专利行政部门指定的期限,导致其权利丧失的,可以自收到国务院专利行政部门的通知之日起2个月内向国务院专利行政部门说明理由,请求恢复权利。

当事人请求延长国务院专利行政部门指定的期限的,应当在期限届满前,向国务院专利行政部门说明理由并办理有关手续。

本条第一款和第二款的规定不适用专利法第二十四条、第二十九条、第四十二条、第六十二条规定的期限。

第八条 发明专利申请涉及国防方面的国家秘密需要保密的,由国防专利机构受理;国务院专利行政部门受理的涉及国防方面的国家秘密需要保密的发明专利申请,应当移交国防专利机构审查,由国务院专利行政部门根据国防专利机构的审查意见作出决定。

除前款规定的外,国务院专利行政部门受理发明专利申请后,应当将需要进行保密审查的申请转送国务院有关主管部门审查;有关主管部门应当自收到该申请之日起4个月内,将审查结果通知国务院专利行政部门;需要保密的,由国务院专利行政部门按照保密专利申请处理,并通知申请人。

第九条 专利法第五条所称违反国家法律的发明创造,不包括仅其实施为国家法律所禁止的发明创造。

第十条 除专利法第二十八条和第四十二条规定的情形外,专利法所称申请日,有优先权的,指优先权日。

本细则所称申请日,除另有规定的外,是指专利法第二十八条规定的申请日。

第十一条 专利法第六条所称执行本单位的任务所完成的职务发明创造,是指:
(一)在本职工作中作出的发明创造;
(二)履行本单位交付的本职工作之外的任务所作出的发明创造;
(三)退职、退休或者调动工作后1年内作出的,与其在原单位承担的本职工作或者原单位分配的任务有关的发明创造。

专利法第六条所称本单位,包括临时工作单位;专利法第六条所称本单位的物质技术条件,是指本单位的资金、设备、零部件、原材料或者不对外公开的技术资料等。

第十二条 专利法所称发明人或者设计人,是指对发明创造的实质性特点作出创造性贡献的人。在完成发明创造过程中,只负责组织工作的人、为物质技术条件的利用提供方便的人或者从事其他辅助工作的人,不是发明人或者设计人。

第十三条 同样的发明创造只能被授予一项专利。

依照专利法第九条的规定,两个以上的申请人在同一日分别就同样的发明创造申请专利的,应当在收到国务院专利行政部门的通知后自行协商确定申请人。

第十四条 中国单位或者个人向外国人转让专利申请权或者专利权的,由国务院对外经济贸易主管部门会同国务院科学技术行政部门批准。

第十五条 除依照专利法第十条规定转让专利权外,专利权因其他事由发生转移的,当事人应当凭有关证明文件或者法律文书向国务院专利行政部门办理专利权人变更手续。

专利权人与他人订立的专利实施许可合同,应当自合同生效之日起3个月内向国务院专利行政部门备案。

第二章 专利的申请

第十六条 以书面形式申请专利的,应当向国务院专利行政部门提交申请文件一式两份。

以国务院专利行政部门规定的其他形式申请专利的,应当符合规定的要求。

申请人委托专利代理机构向国务院专利行政部门申请专利和办理其他专利事务的,应当同时提交委托书,写明委托权限。

申请人有2人以上且未委托专利代理机构的,除请求书中另有声明的外,以请求书中指明的第一申请人为代表人。

第十七条 专利法第二十六条第二款所称请求书中的其他事项,是指:
(一)申请人的国籍;
(二)申请人是企业或者其他组织的,其总部所在地的国家;
(三)申请人委托专利代理机构的,应当注明的有关事项;申请人未委托专利代理机构的,其联系人的姓名、地址、邮政编码及联系电话;
(四)要求优先权的,应当注明的有关事项;
(五)申请人或者专利代理机构的签字或者盖章;
(六)申请文件清单;
(七)附加文件清单;
(八)其他需要注明的有关事项。

第十八条 发明或者实用新型专利申请的说明书应当写明发明或者实用新型的名称,该名称应当与请求书中的名称一致。说明书应当包括下列内容:

(一)技术领域:写明要求保护的技术方案所属的技术领域;

(二)背景技术:写明对发明或者实用新型的理解、检索、审查有用的背景技术;有可能的,并引证反映这些背景技术的文件;

(三)发明内容:写明发明或者实用新型所要解决的技术问题以及解决其技术问题采用的技术方案,并对照现有技术写明发明或者实用新型的有益效果;

(四)附图说明:说明书有附图的,对各幅附图作简略说明;

(五)具体实施方式:详细写明申请人认为实现发明或者实用新型的优选方式;必要时,举例说明;有附图的,对照附图。

发明或者实用新型专利申请人应当按照前款规定的方式和顺序撰写说明书,并在说明书每一部分前面写明标题,除非其发明或者实用新型的性质用其他方式或者顺序撰写能节约说明书的篇幅并使他人能够准确理解其发明或者实用新型。

发明或者实用新型说明书应当用词规范、语句清楚,并不得使用"如权利要求……所述的……"一类的引用语,也不得使用商业性宣传用语。

发明专利申请包含一个或者多个核苷酸或者氨基酸序列的,说明书应当包括符合国务院专利行政部门规定的序列表。申请人应当将该序列表作为说明书的一个单独部分提交,并按照国务院专利行政部门的规定提交该序列表的计算机可读形式的副本。

第十九条 发明或者实用新型的几幅附图可以绘在一张图纸上,并按照"图1,图2,……"顺序编号排列。

附图的大小及清晰度,应当保证在该图缩小到三分之二时仍能清晰地分辨出图中的各个细节。

发明或者实用新型说明书文字部分中未提及的附图标记不得在附图中出现,附图中未出现的附图标记不得在说明书文字部分中提及。申请文件中表示同一组成部分的附图标记应当一致。

附图中除必需的词语外,不应当含有其他注释。

第二十条 权利要求书应当说明发明或者实用新型的技术特征,清楚、简要地表述请求保护的范围。

权利要求书有几项权利要求的,应当用阿拉伯数字顺序编号。

权利要求书中使用的科技术语应当与说明书中使用的科技术语一致,可以有化学式或者数学式,但是不得有插图。除绝对必要的外,不得使用"如说明书……部分所述"或者"如图……所示"的用语。

权利要求中的技术特征可以引用说明书附图中相应的标记,该标记应当放在相应的技术特征后并置于括号内,便于理解权利要求。附图标记不得解释为对权利要求的限制。

第二十一条 权利要求书应当有独立权利要求,也可以有从属权利要求。

独立权利要求应当从整体上反映发明或者实用新型的技术方案,记载解决技术问题的必要技术特征。

从属权利要求应当用附加的技术特征,对引用的权利要求作进一步限定。

第二十二条 发明或者实用新型的独立权利要求应当包括前序部分和特征部分,按照下列规定撰写:

(一)前序部分:写明要求保护的发明或者实用新型技术方案的主题名称和发明或者实用新型主题与最接近的现有技术共有的必要技术特征;

(二)特征部分:使用"其特征是……"或者类似的用语,写明发明或者实用新型区别于最接近的现有技术的技术特征。这些特征和前序部分写明的特征合在一起,限定发明或者实用新型要求保护的范围。

发明或者实用新型的性质不适于用前款方式表达的,独立权利要求可以用其他方式撰写。

一项发明或者实用新型应当只有一个独立权利要求,并写在同一发明或者实用新型的从属权利要求之前。

第二十三条 发明或者实用新型的从属权利要求应当包括引用部分和限定部分,按照下列规定撰写:

(一)引用部分:写明引用的权利要求的编号及其主题名称;

(二)限定部分:写明发明或者实用新型附加的技术特征。

从属权利要求只能引用在前的权利要求。引用两项以上权利要求的多项从属权利要求,只能以择一方式引用在前的权利要求,并不得作为另一项多项从属权利要求的基础。

第二十四条 说明书摘要应当写明发明或者实用新型专利申请所公开内容的概要,即写明发明或者实用新型的名称和所属技术领域,并清楚地反映所要解决的技术问题、解决该问题的技术方案的要点以及主要用途。

说明书摘要可以包含最能说明发明的化学式;有附图的专利申请,还应当提供一幅最能说明该发明或者实用新型技术特征的附图。附图的大小及清晰度应当保证在该图缩小到 4 厘米 × 6 厘米时,仍能清晰地分辨出图中的各个细节。摘要文字部分不得超过 300 个字。摘要中不得使用商业性宣传用语。

第二十五条 申请专利的发明涉及新的生物材料,该生物材料公众不能得到,并且对该生物材料的说明不足以使所属领域的技术人员实施其发明的,除应当符合专利法和本细则的有关规定外,申请人还应当办理下列手续:

(一)在申请日前或者最迟在申请日(有优先权的,指优先权日),将该生物材料的样品提交国务院专利行政部门认可的保藏单位保藏,并在申请时或者最迟自申请日起 4 个月内提交保藏单位出具的保藏证明和存活证明;期满未提交证明的,该样品视为未提交保藏;

(二)在申请文件中,提供有关该生物材料特征的资料;

(三)涉及生物材料样品保藏的专利申请应当在请求书和说明书中写明该生物材料的分类命名(注明拉丁文名称)、保藏该生物材料样品的单位名称、地址、保藏日期和保藏编号;申请时未写明的,应当自申请日起 4 个月内补正;期满未补正的,视为未提交保藏。

第二十六条 发明专利申请人依照本细则第二十五条的规定保藏生物材料样品的,在发明专利申请公布后,任何单位或者个人需要将该专利申请所涉及的生物材料作为实验目的使用的,应当向国务院专利行政部门提出请求,并写明下列事项:

(一)请求人的姓名或者名称和地址;

(二)不向其他任何人提供该生物材料的保证;

(三)在授予专利权前,只作为实验目的使用的保证。

第二十七条 依照专利法第二十七条规定提交的外观设计的图片或者照片,不得小于 3 厘米 × 8 厘米,并不得大于 15 厘米 × 22 厘米。

同时请求保护色彩的外观设计专利申请,应当提交彩色图片或者照片一式两份。

申请人应当就每件外观设计产品所需要保护的内容提交有关视图或者照片,清楚地显示请求保护的对象。

第二十八条 申请外观设计专利的,必要时应当写明对外观设计的简要说明。

外观设计的简要说明应当写明使用该外观设计的产品的设计要点、请求保护色彩、省略视图等情况。简要说明不得使用商业性宣传用语,也不能用来说明产品的性能。

第二十九条 国务院专利行政部门认为必要时,可以要求外观设计专利申请人提交使用外观设计的产品样品或者模型。样品或者模型的体积不得超过 30 厘米 × 30 厘米 × 30 厘米,重量不得超过 15 公斤。易腐、易损或者危险品不得作为样品或者模型提交。

第三十条 专利法第二十二条第三款所称已有的技术,是指申请日(有优先权的,指优先权日)前在国内外出版物上公开发表、在国内公开使用或者以其他方式为公众所知的技术,即现有技术。

第三十一条 专利法第二十四条第(二)项所称学术会议或者技术会议,是指国务院有关主管部门或者全国性学术团体组织召开的学术会议或者技术会议。

申请专利的发明创造有专利法第二十四条第（一）项或者第（二）项所列情形的，申请人应当在提出专利申请时声明，并自申请日起2个月内，提交有关国际展览会或者学术会议、技术会议的组织单位出具的有关发明创造已经展出或者发表，以及展出或者发表日期的证明文件。

申请专利的发明创造有专利法第二十四条第（三）项所列情形的，国务院专利行政部门认为必要时，可以要求申请人在指定期限内提交证明文件。

申请人未依照本条第二款的规定提出声明和提交证明文件的，或者未依照本条第三款的规定在指定期限内提交证明文件的，其申请不适用专利法第二十四条的规定。

第三十二条 申请人依照专利法第三十条的规定办理要求优先权手续的，应当在书面声明中写明第一次提出专利申请（以下称在先申请）的申请日、申请号和受理该申请的国家；书面声明中未写明在先申请的申请日和受理该申请的国家的，视为未提出声明。

要求外国优先权的，申请人提交的在先申请文件副本应当经原受理机关证明；提交的证明材料中，在先申请人的姓名或者名称与在后申请的申请人姓名或者名称不一致的，应当提交优先权转让证明材料；要求本国优先权的，申请人提交的在先申请文件副本应当由国务院专利行政部门制作。

第三十三条 申请人在一件专利申请中，可以要求一项或者多项优先权；要求多项优先权的，该申请的优先权期限从最早的优先权日起计算。

申请人要求本国优先权，在先申请是发明专利申请的，可以就相同主题提出发明或者实用新型专利申请；在先申请是实用新型专利申请的，可以就相同主题提出实用新型或者发明专利申请。但是，提出后一申请时，在先申请的主题有下列情形之一的，不得作为要求本国优先权的基础：

（一）已经要求外国优先权或者本国优先权的；

（二）已经被授予专利权的；

（三）属于按照规定提出的分案申请的。

申请人要求本国优先权的，其在先申请自后一申请提出之日起即视为撤回。

第三十四条 在中国没有经常居所或者营业所的申请人，申请专利或者要求外国优先权的，国务院专利行政部门认为必要时，可以要求其提供下列文件：

（一）国籍证明；

（二）申请人是企业或者其他组织的，其营业所或者总部所在地的证明文件；

（三）申请人的所属国，承认中国单位和个人可以按照该国国民的同等条件，在该国享有专利权、优先权和其他与专利有关的权利的证明文件。

第三十五条 依照专利法第三十一条第一款规定，可以作为一件专利申请提出的属于一个总的发明构思的两项以上的发明或者实用新型，应当在技术上相互关联，包含一个或者多个相同或者相应的特定技术特征，其中特定技术特征是指每一项发明或者实用新型作为整体，对现有技术作出贡献的技术特征。

第三十六条 专利法第三十一条第二款所称同一类别，是指产品属于分类表中同一小类；成套出售或者使用，是指各产品的设计构思相同，并且习惯上是同时出售、同时使用。

依照专利法第三十一条第二款规定将两项以上外观设计作为一件申请提出的，应当将各项外观设计顺序编号标在每件使用外观设计产品的视图名称之前。

第三十七条 申请人撤回专利申请的，应当向国务院专利行政部门提出声明，写明发明创造的名称、申请号和申请日。

撤回专利申请的声明在国务院专利行政部门作好公布专利申请文件的印刷准备工作后提出的，申请文件仍予公布；但是，撤回专利申请的声明应当在以后出版的专利公报上予以公告。

第三章 专利申请的审查和批准

第三十八条 在初步审查、实质审查、复审和无效宣告程序中，实施审查和审理的人员有下列情形之一的，应当自行回避，当事人或者其他利害关系人可以要求其回避：

（一）是当事人或者其代理人的近亲属的；

(二)与专利申请或者专利权有利害关系的;

(三)与当事人或者其代理人有其他关系,可能影响公正审查和审理的;

(四)专利复审委员会成员曾参与原申请的审查的。

第三十九条 国务院专利行政部门收到发明或者实用新型专利申请的请求书、说明书(实用新型必须包括附图)和权利要求书,或者外观设计专利申请的请求书和外观设计的图片或者照片后,应当明确申请日、给予申请号,并通知申请人。

第四十条 专利申请文件有下列情形之一的,国务院专利行政部门不予受理,并通知申请人:

(一)发明或者实用新型专利申请缺少请求书、说明书(实用新型无附图)和权利要求书的,或者外观设计专利申请缺少请求书、图片或者照片的;

(二)未使用中文的;

(三)不符合本细则第一百二十条第一款规定的;

(四)请求书中缺少申请人姓名或者名称及地址的;

(五)明显不符合专利法第十八条或者第十九条第一款的规定的;

(六)专利申请类别(发明、实用新型或者外观设计)不明确或者难以确定的。

第四十一条 说明书中写有对附图的说明但无附图或者缺少部分附图的,申请人应当在国务院专利行政部门指定的期限内补交附图或者声明取消对附图的说明。申请人补交附图的,以向国务院专利行政部门提交或者邮寄附图之日为申请日;取消对附图的说明的,保留原申请日。

第四十二条 一件专利申请包括两项以上发明、实用新型或者外观设计的,申请人可以在本细则第五十四条第一款规定的期限届满前,向国务院专利行政部门提出分案申请;但是,专利申请已经被驳回、撤回或者视为撤回的,不能提出分案申请。

国务院专利行政部门认为一件专利申请不符合专利法第三十一条和本细则第三十五条或者第三十六条的规定的,应当通知申请人在指定期限内对其申请进行修改;申请人期满未答复的,该申请视为撤回。

分案的申请不得改变原申请的类别。

第四十三条 依照本细则第四十二条规定提出的分案申请,可以保留原申请日,享有优先权的,可以保留优先权日,但是不得超出原申请公开的范围。

分案申请应当依照专利法及本细则的规定办理有关手续。

分案申请的请求书中应当写明原申请的申请号和申请日。提交分案申请时,申请人应当提交原申请文件副本;原申请享有优先权的,并应当提交原申请的优先权文件副本。

第四十四条 专利法第三十四条和第四十条所称初步审查,是指审查专利申请是否具备专利法第二十六条或者第二十七条规定的文件和其他必要的文件,这些文件是否符合规定的格式,并审查下列各项:

(一)发明专利申请是否明显属于专利法第五条、第二十五条的规定,或者不符合专利法第十八条、第十九条第一款的规定,或者明显不符合专利法第三十一条第一款、第三十三条、本细则第二条第一款、第十八条、第二十条的规定;

(二)实用新型专利申请是否明显属于专利法第五条、第二十五条的规定,或者不符合专利法第十八条、第十九条第一款的规定,或者明显不符合专利法第二十六条第三款、第四款、第三十一条第一款、第三十三条、本细则第二条第二款、第十三条第一款、第十八条至第二十三条、第四十三条第一款的规定,或者依照专利法第九条规定不能取得专利权;

(三)外观设计专利申请是否明显属于专利法第五条的规定,或者不符合专利法第十八条、第十九条第一款的规定,或者明显不符合专利法第三十一条第二款、第三十三条、本细则第二条第三款、第十三条第一款、第四十三条第一款的规定,或者依照专利法第九条规定不能取得专利权。

国务院专利行政部门应当将审查意见通知申请人,要求其在指定期限内陈述意见或者补正;申请人期满未答复的,其申请视为撤回。申请人陈述意见或者补正后,国务院专利行政部门仍然认为不符合前款所列各项规定的,应当予以驳回。

第四十五条 除专利申请文件外,申请人向国务院专利行政部门提交的与专利申请有关的其他文件,有下列情形之一的,视为未提交:

(一)未使用规定的格式或者填写不符合规定的;

(二)未按照规定提交证明材料的。

国务院专利行政部门应当将视为未提交的审查意见通知申请人。

第四十六条 申请人请求早日公布其发明专利申请的,应当向国务院专利行政部门声明。国务院专利行政部门对该申请进行初步审查后,除予以驳回的外,应当立即将申请予以公布。

第四十七条 申请人依照专利法第二十七条的规定写明使用外观设计的产品及其所属类别时,应当使用国务院专利行政部门公布的外观设计产品分类表。未写明使用外观设计的产品所属类别或者所写的类别不确切的,国务院专利行政部门可以予以补充或者修改。

第四十八条 自发明专利申请公布之日起至公告授予专利权之日前,任何人均可以对不符合专利法规定的专利申请向国务院专利行政部门提出意见,并说明理由。

第四十九条 发明专利申请人因有正当理由无法提交专利法第三十六条规定的检索资料或者审查结果资料的,应当向国务院专利行政部门声明,并在得到有关资料后补交。

第五十条 国务院专利行政部门依照专利法第三十五条第二款的规定对专利申请自行进行审查时,应当通知申请人。

第五十一条 发明专利申请人在提出实质审查请求时以及在收到国务院专利行政部门发出的发明专利申请进入实质审查阶段通知书之日起的3个月内,可以对发明专利申请主动提出修改。

实用新型或者外观设计专利申请人自申请日起2个月内,可以对实用新型或者外观设计专利申请主动提出修改。

申请人在收到国务院专利行政部门发出的审查意见通知书后对专利申请文件进行修改的,应当按照通知书的要求进行修改。

国务院专利行政部门可以自行修改专利申请文件中文字和符号的明显错误。国务院专利行政部门自行修改的,应当通知申请人。

第五十二条 发明或者实用新型专利申请的说明书或者权利要求书的修改部分,除个别文字修改或者增删外,应当按照规定格式提交替换页。外观设计专利申请的图片或者照片的修改,应当按照规定提交替换页。

第五十三条 依照专利法第三十八条的规定,发明专利申请经实质审查应当予以驳回的情形是指:

(一)申请不符合本细则第二条第一款规定的;

(二)申请属于专利法第五条、第二十五条的规定,或者不符合专利法第二十二条、本细则第十三条第一款、第二十条第一款、第二十一条第二款的规定,或者依照专利法第九条规定不能取得专利权的;

(三)申请不符合专利法第二十六条第三款、第四款或者第三十一条第一款的规定的;

(四)申请的修改不符合专利法第三十三条规定,或者分案的申请不符合本细则第四十三条第一款规定的。

第五十四条 国务院专利行政部门发出授予专利权的通知后,申请人应当自收到通知之日起2个月内办理登记手续。申请人按期办理登记手续的,国务院专利行政部门应当授予专利权,颁发专利证书,并予以公告。

期满未办理登记手续的,视为放弃取得专利权的权利。

第五十五条 授予实用新型专利权的决定公告后,实用新型专利权人可以请求国务院专利行政部门作出实用新型专利检索报告。

请求作出实用新型专利检索报告的,应当提交请求书,并指明实用新型专利的专利号。每项请求应当限于一项实用新型专利。

国务院专利行政部门收到作出实用新型专利检索报告的请求后,应当进行审查。请求不符合规定要求的,应当通知请求人在指定期限内补正。

第五十六条 经审查,实用新型专利检索报告请求书符合规定的,国务院专利行政部门应当及时作出实用新型专利检索报告。

经检索，国务院专利行政部门认为所涉及的实用新型专利不符合专利法第二十二条关于新颖性或者创造性的规定的，应当引证对比文件，说明理由，并附具所引证对比文件的复印件。

第五十七条 国务院专利行政部门对专利公告、专利文件中出现的错误，一经发现，应当及时更正，并对所作更正予以公告。

第四章 专利申请的复审与专利权的无效宣告

第五十八条 专利复审委员会由国务院专利行政部门指定的技术专家和法律专家组成，主任委员由国务院专利行政部门负责人兼任。

第五十九条 依照专利法第四十一条的规定向专利复审委员会请求复审的，应当提交复审请求书，说明理由，必要时还应当附具有关证据。

复审请求书不符合规定格式的，复审请求人应当在专利复审委员会指定的期限内补正；期满未补正的，该复审请求视为未提出。

第六十条 请求人在提出复审请求或者在对专利复审委员会的复审通知书作出答复时，可以修改专利申请文件；但是，修改应当仅限于消除驳回决定或者复审通知书指出的缺陷。

修改的专利申请文件应当提交一式两份。

第六十一条 专利复审委员会应当将受理的复审请求书转交国务院专利行政部门原审查部门进行审查。原审查部门根据复审请求人的请求，同意撤销原决定的，专利复审委员会应据此作出复审决定，并通知复审请求人。

第六十二条 专利复审委员会进行复审后，认为复审请求不符合专利法和本细则有关规定的，应当通知复审请求人，要求其在指定期限内陈述意见。期满未答复的，该复审请求视为撤回；经陈述意见或者进行修改后，专利复审委员会认为仍不符合专利法和本细则有关规定的，应当作出维持原驳回决定的复审决定。

专利复审委员会进行复审后，认为原驳回决定不符合专利法和本细则有关规定的，或者认为经过修改的专利申请文件消除了原驳回决定指出的缺陷的，应当撤销原驳回决定，由原审查部门继续进行审查程序。

第六十三条 复审请求人在专利复审委员会作出决定前，可以撤回其复审请求。

复审请求人在专利复审委员会作出决定前撤回其复审请求的，复审程序终止。

第六十四条 依照专利法第四十五条的规定，请求宣告专利权无效或者部分无效的，应当向专利复审委员会提交专利权无效宣告请求书和必要的证据一式两份。无效宣告请求书应当结合提交的所有证据，具体说明无效宣告请求的理由，并指明每项理由所依据的证据。

前款所称无效宣告请求的理由，是指被授予专利的发明创造不符合专利法第二十二条、第二十三条、第二十六条第三款、第四款、第三十三条或者本细则第二条、第十三条第一款、第二十条第一款、第二十一条第二款的规定，或者属于专利法第五条、第二十五条的规定，或者依照专利法第九条规定不能取得专利权。

第六十五条 专利权无效宣告请求书不符合本细则第六十四条规定的，专利复审委员会不予受理。

在专利复审委员会就无效宣告请求作出决定之后，又以同样的理由和证据请求无效宣告的，专利复审委员会不予受理。

以授予专利权的外观设计与他人在先取得的合法权利相冲突为理由请求宣告外观设计专利权无效，但是未提交生效的能够证明权利冲突的处理决定或者判决的，专利复审委员会不予受理。

专利权无效宣告请求书不符合规定格式的，无效宣告请求人应当在专利复审委员会指定的期限内补正；期满未补正的，该无效宣告请求视为未提出。

第六十六条 在专利复审委员会受理无效宣告请求后，请求人可以在提出无效宣告请求之日起1个月内增加理由或者补充证据。逾期增加理由或者补充证据的，专利复审委员会可以不予考虑。

第六十七条 专利复审委员会应当将专利权无效宣告请求书和有关文件的副本送交专利权人，要求其在指定的期限内陈述意见。

专利权人和无效宣告请求人应当在指定期限

内答复专利复审委员会发出的转送文件通知书或者无效宣告请求审查通知书;期满未答复的,不影响专利复审委员会审理。

第六十八条 在无效宣告请求的审查过程中,发明或者实用新型专利的专利权人可以修改其权利要求书,但是不得扩大原专利的保护范围。

发明或者实用新型专利的专利权人不得修改专利说明书和附图,外观设计专利的专利权人不得修改图片、照片和简要说明。

第六十九条 专利复审委员会根据当事人的请求或者案情需要,可以决定对无效宣告请求进行口头审理。

专利复审委员会决定对无效宣告请求进行口头审理的,应当向当事人发出口头审理通知书,告知举行口头审理的日期和地点。当事人应当在通知书指定的期限内作出答复。

无效宣告请求人对专利复审委员会发出的口头审理通知书在指定的期限内未作答复,并且不参加口头审理的,其无效宣告请求视为撤回;专利权人不参加口头审理的,可以缺席审理。

第七十条 在无效宣告请求审查程序中,专利复审委员会指定的期限不得延长。

第七十一条 专利复审委员会对无效宣告的请求作出决定前,无效宣告请求人可以撤回其请求。

无效宣告请求人在专利复审委员会作出决定之前撤回其请求的,无效宣告请求审查程序终止。

第五章 专利实施的强制许可

第七十二条 自专利权被授予之日起满3年后,任何单位均可以依照专利法第四十八条的规定,请求国务院专利行政部门给予强制许可。

请求强制许可的,应当向国务院专利行政部门提交强制许可请求书,说明理由并附具有关证明文件各一式两份。

国务院专利行政部门应当将强制许可请求书的副本送交专利权人,专利权人应当在国务院专利行政部门指定的期限内陈述意见;期满未答复的,不影响国务院专利行政部门作出关于强制许可的决定。

国务院专利行政部门作出的给予实施强制许可的决定,应当限定强制许可实施主要是为供应国内市场的需要;强制许可涉及的发明创造是半导体技术的,强制许可实施仅限于公共的非商业性使用,或者经司法程序或者行政程序确定为反竞争行为而给予救济的使用。

第七十三条 依照专利法第五十四条的规定,请求国务院专利行政部门裁决使用费数额的,当事人应当提出裁决请求书,并附具双方不能达成协议的证明文件。国务院专利行政部门应当自收到请求书之日起3个月内作出裁决,并通知当事人。

第六章 对职务发明创造的发明人或者设计人的奖励和报酬

第七十四条 被授予专利权的国有企业事业单位应当自专利权公告之日起3个月内发给发明人或者设计人奖金。一项发明专利的奖金最低不少于2000元;一项实用新型专利或者外观设计专利的奖金最低不少于500元。

由于发明人或者设计人的建议被其所属单位采纳而完成的发明创造,被授予专利权的国有企业事业单位应当从优发给奖金。

发给发明人或者设计人的奖金,企业可以计入成本,事业单位可以从事业费中列支。

第七十五条 被授予专利权的国有企业事业单位在专利权有效期限内,实施发明创造专利后,每年应当从实施该项发明或者实用新型专利所得利润纳税后提取不低于2%或者从实施该项外观设计专利所得利润纳税后提取不低于0.2%,作为报酬支付发明人或者设计人;或者参照上述比例,发给发明人或者设计人一次性报酬。

第七十六条 被授予专利权的国有企业事业单位许可其他单位或者个人实施其专利的,应当从许可实施该项专利收取的使用费纳税后提取不低于10%作为报酬支付发明人或者设计人。

第七十七条 本章关于奖金和报酬的规定,中国其他单位可以参照执行。

第七章 专利权的保护

第七十八条 专利法和本细则所称管理专利工作的部门,是指由省、自治区、直辖市人民政府以及专利管理工作量大又有实际处理能力的设区的市人民政府设立的管理专利工作的部门。

第七十九条 除专利法第五十七条规定的外,管理专利工作的部门应当事人请求,还可以对下列专利纠纷进行调解:

(一)专利申请权和专利权归属纠纷;

(二)发明人、设计人资格纠纷;

(三)职务发明的发明人、设计人的奖励和报酬纠纷;

(四)在发明专利申请公布后专利权授予前使用发明而未支付适当费用的纠纷。

对于前款第(四)项所列的纠纷,专利权人请求管理专利工作的部门调解,应当在专利权被授予之后提出。

第八十条 国务院专利行政部门应当对管理专利工作的部门处理和调解专利纠纷进行业务指导。

第八十一条 当事人请求处理或者调解专利纠纷的,由被请求人所在地或者侵权行为地的管理专利工作的部门管辖。

两个以上管理专利工作的部门都有管辖权的专利纠纷,当事人可以向其中一个管理专利工作的部门提出请求;当事人向两个以上有管辖权的管理专利工作的部门提出请求的,由最先受理的管理专利工作的部门管辖。

管理专利工作的部门对管辖权发生争议的,由其共同的上级人民政府管理专利工作的部门指定管辖;无共同上级人民政府管理专利工作的部门的,由国务院专利行政部门指定管辖。

第八十二条 在处理专利侵权纠纷过程中,被请求人提出无效宣告请求并被专利复审委员会受理的,可以请求管理专利工作的部门中止处理。

管理专利工作的部门认为被请求人提出的中止理由明显不能成立的,可以不中止处理。

第八十三条 专利权人依照专利法第十五条的规定,在其专利产品或者该产品的包装上标明专利标记的,应当按照国务院专利行政部门规定的方式予以标明。

第八十四条 下列行为属于假冒他人专利的行为:

(一)未经许可,在其制造或者销售的产品、产品的包装上标注他人的专利号;

(二)未经许可,在广告或者其他宣传材料中使用他人的专利号,使人将所涉及的技术误认为是他人的专利技术;

(三)未经许可,在合同中使用他人的专利号,使人将合同涉及的技术误认为是他人的专利技术;

(四)伪造或者变造他人的专利证书、专利文件或者专利申请文件。

第八十五条 下列行为属于以非专利产品冒充专利产品、以非专利方法冒充专利方法的行为:

(一)制造或者销售标有专利标记的非专利产品;

(二)专利权被宣告无效后,继续在制造或者销售的产品上标注专利标记;

(三)在广告或者其他宣传材料中将非专利技术称为专利技术;

(四)在合同中将非专利技术称为专利技术;

(五)伪造或者变造专利证书、专利文件或者专利申请文件。

第八十六条 当事人因专利申请权或者专利权的归属发生纠纷,已请求管理专利工作的部门处理或者向人民法院起诉的,可以请求国务院专利行政部门中止有关程序。

依照前款规定请求中止有关程序的,应当向国务院专利行政部门提交请求书,并附具管理专利工作的部门或者人民法院的有关受理文件副本。

在管理专利工作的部门作出的处理决定或者人民法院作出的判决生效后,当事人应当向国务院专利行政部门办理恢复有关程序的手续。自请求中止之日起1年内,有关专利申请权或者专利权归属的纠纷未能结案,需要继续中止有关程序的,请求人应当在该期限内请求延长中止。期满未请求延长的,国务院专利行政部门自行恢复有关程序。

第八十七条 人民法院在审理民事案件中裁定对专利权采取保全措施的,国务院专利行政部门在协助执行时中止被保全的专利权的有关程序。保全期限届满,人民法院没有裁定继续采取保全措施的,国务院专利行政部门自行恢复有关程序。

第八章 专利登记和专利公报

第八十八条 国务院专利行政部门设置专利登记簿,登记下列与专利申请和专利权有关的事项:

(一)专利权的授予;
(二)专利申请权、专利权的转移;
(三)专利权的质押、保全及其解除;
(四)专利实施许可合同的备案;
(五)专利权的无效宣告;
(六)专利权的终止;
(七)专利权的恢复;
(八)专利实施的强制许可;
(九)专利权人的姓名或者名称、国籍和地址的变更。

第八十九条 国务院专利行政部门定期出版专利公报,公布或者公告下列内容:

(一)专利申请中记载的著录事项;
(二)发明或者实用新型说明书的摘要,外观设计的图片或者照片及其简要说明;
(三)发明专利申请的实质审查请求和国务院专利行政部门对发明专利申请自行进行实质审查的决定;
(四)保密专利的解密;
(五)发明专利申请公布后的驳回、撤回和视为撤回;
(六)专利权的授予;
(七)专利权的无效宣告;
(八)专利权的终止;
(九)专利申请权、专利权的转移;
(十)专利实施许可合同的备案;
(十一)专利权的质押、保全及其解除;
(十二)专利实施的强制许可的给予;
(十三)专利申请或者专利权的恢复;
(十四)专利权人的姓名或者名称、地址的变更;
(十五)对地址不明的当事人的通知;
(十六)国务院专利行政部门作出的更正;
(十七)其他有关事项。

发明或者实用新型的说明书及其附图、权利要求书由国务院专利行政部门另行全文出版。

第九章 费 用

第九十条 向国务院专利行政部门申请专利和办理其他手续时,应当缴纳下列费用:

(一)申请费、申请附加费、公布印刷费;
(二)发明专利申请实质审查费、复审费;
(三)专利登记费、公告印刷费、申请维持费、年费;
(四)著录事项变更费、优先权要求费、恢复权利请求费、延长期限请求费、实用新型专利检索报告费;
(五)无效宣告请求费、中止程序请求费、强制许可请求费、强制许可使用费的裁决请求费。

前款所列各种费用的缴纳标准,由国务院价格管理部门会同国务院专利行政部门规定。

第九十一条 专利法和本细则规定的各种费用,可以直接向国务院专利行政部门缴纳,也可以通过邮局或者银行汇付,或者以国务院专利行政部门规定的其他方式缴纳。

通过邮局或者银行汇付的,应当在送交国务院专利行政部门的汇单上写明正确的申请号或者专利号以及缴纳的费用名称。不符合本款规定的,视为未办理缴费手续。

直接向国务院专利行政部门缴纳费用的,以缴纳当日为缴费日。以邮局汇付方式缴纳费用的,以邮局汇出的邮戳日为缴费日。以银行汇付方式缴纳费用的,以银行实际汇出日为缴费日;但是,自汇出日至国务院专利行政部门收到日超过15日的,除邮局或者银行出具证明外,以国务院专利行政部门收到日为缴费日。

多缴、重缴、错缴专利费用的,当事人可以自缴费日起1年内,向国务院专利行政部门提出退款请求。

第九十二条　申请人应当在收到受理通知书后,最迟自申请之日起 2 个月内缴纳申请费、公布印刷费和必要的附加费;期满未缴纳或者未缴足的,其申请视为撤回。

申请人要求优先权的,应当在缴纳申请费的同时缴纳优先权要求费;期满未缴纳或者未缴足的,视为未要求优先权。

第九十三条　当事人请求实质审查、恢复权利或者复审的,应当在专利法及本细则规定的相关期限内缴纳费用;期满未缴纳或者未缴足的,视为未提出请求。

第九十四条　发明专利申请人自申请日起满 2 年尚未被授予专利权的,自第三年度起应当缴纳申请维持费。

第九十五条　申请人办理登记手续时,应当缴纳专利登记费、公告印刷费和授予专利权当年的年费。发明专利申请人应当一并缴纳各个年度的申请维持费,授予专利权的当年不包括在内。期满未缴纳费用的,视为未办理登记手续。以后的年费应当在前一年度期满前 1 个月内预缴。

第九十六条　专利权人未按时缴纳授予专利权当年以后的年费或者缴纳的数额不足的,国务院专利行政部门应当通知专利权人自应当缴纳年费期满之日起 6 个月内补缴,同时缴纳滞纳金;滞纳金的金额按照每超过规定的缴费时间 1 个月,加收当年全额年费的 5% 计算;期满未缴纳的,专利权自应当缴纳年费期满之日起终止。

第九十七条　著录事项变更费、实用新型专利检索报告费、中止程序请求费、强制许可请求费、强制许可使用费的裁决请求费、无效宣告请求费应当自提出请求之日起 1 个月内,按照规定缴纳;延长期限请求费应当在相应期限届满之日前缴纳;期满未缴纳或者未缴足的,视为未提出请求。

第九十八条　申请人或者专利权人缴纳本细则规定的各种费用有困难的,可以按照规定向国务院专利行政部门提出减缴或者缓缴的请求。减缴或者缓缴的办法由国务院专利行政部门商国务院财政部门、国务院价格管理部门规定。

第十章　关于国际申请的特别规定

第九十九条　国务院专利行政部门根据专利法第二十条规定,受理按照专利合作条约提出的专利国际申请。

按照专利合作条约提出并指定中国的专利国际申请(以下简称国际申请)进入中国国家阶段的条件和程序适用本章的规定;本章没有规定的,适用专利法及本细则其他各章的有关规定。

第一百条　按照专利合作条约已确定国际申请日并指定中国的国际申请,视为向国务院专利行政部门提出的专利申请,该国际申请日视为专利法第二十八条所称的申请日。

在国际阶段,国际申请或者国际申请中对中国的指定撤回或者视为撤回的,该国际申请在中国的效力终止。

第一百零一条　国际申请的申请人应当在专利合作条约第二条所称的优先权日(本章简称"优先权日")起 30 个月内,向国务院专利行政部门办理国际申请进入中国国家阶段的下列手续:

(一)提交其国际申请进入中国国家阶段的书面声明。声明中应当写明国际申请号,并以中文写明要求获得的专利权类型、发明创造的名称、申请人姓名或者名称、申请人的地址和发明人的姓名,上述内容应当与国际局的记录一致;

(二)缴纳本细则第九十条第一款规定的申请费、申请附加费和公布印刷费;

(三)国际申请以中文以外的文字提出的,应当提交原始国际申请的说明书、权利要求书、附图中的文字和摘要的中文译文;国际申请以中文提出的,应当提交国际公布文件中的摘要副本;

(四)国际申请有附图的,应当提交附图副本。国际申请以中文提出的,应当提交国际公布文件中的摘要附图副本。

申请人在前款规定的期限内未办理进入中国国家阶段手续的,在缴纳宽限费后,可以在自优先权日起 32 个月的相应期限届满前办理。

第一百零二条　申请人在本细则第一百零一条第二款规定的期限内未办理进入中国国家阶段手续,或者在该期限届满时有下列情形之一的,其国际申请在中国的效力终止：

（一）进入中国国家阶段声明中未写明国际申请号的；

（二）未缴纳本细则第九十条第一款规定的申请费、公布印刷费和本细则第一百零一条第二款规定的宽限费的；

（三）国际申请以中文以外的文字提出而未提交原始国际申请的说明书和权利要求书的中文译文的。

国际申请在中国的效力已经终止的，不适用本细则第七条第二款的规定。

第一百零三条 申请人办理进入中国国家阶段手续时有下列情形之一的，国务院专利行政部门应当通知申请人在指定期限内补正：

（一）未提交摘要的中文译文或者摘要副本的；

（二）未提交附图副本或者摘要附图副本的；

（三）未在进入中国国家阶段声明中以中文写明发明创造的名称、申请人姓名或者名称、申请人的地址和发明人的姓名的；

（四）进入中国国家阶段声明的内容或者格式不符合规定的。

期限届满申请人未补正的，其申请视为撤回。

第一百零四条 国际申请在国际阶段作过修改，申请人要求以经修改的申请文件为基础进行审查的，申请人应当在国务院专利行政部门作好国家公布的准备工作前提交修改的中文译文。在该期间内未提交中文译文的，对申请人在国际阶段提出的修改，国务院专利行政部门不予考虑。

第一百零五条 申请人办理进入中国国家阶段手续时，还应当满足下列要求：

（一）国际申请中未指明发明人的，在进入中国国家阶段声明中指明发明人姓名；

（二）国际阶段向国际局已办理申请人变更手续的，应当提供变更后的申请人享有申请权的证明材料；

（三）申请人与作为优先权基础的在先申请的申请人不是同一人，或者提出在先申请后更改姓名的，必要时，应当提供申请人享有优先权的证明材料；

（四）国际申请涉及的发明创造有专利法第二十四条第（一）项或者第（二）项所列情形之一，在提出国际申请时作过声明的，应当在进入中国国家阶段声明中予以说明，并自办理进入中国国家阶段手续之日起2个月内提交本细则第三十一条第二款规定的有关证明文件。

申请人未满足前款第（一）项、第（二）项和第（三）项要求的，国务院专利行政部门应当通知申请人在指定期限内补正。期满未补正第（一）项或者第（二）项内容的，该申请视为撤回；期满未补正第（三）项内容的，该优先权要求视为未提出。

申请人未满足本条第一款第（四）项要求的，其申请不适用专利法第二十四条的规定。

第一百零六条 申请人按照专利合作条约的规定，对生物材料样品的保藏已作出说明的，视为已经满足了本细则第二十五条第（三）项的要求。申请人应当在进入中国国家阶段声明中指明记载生物材料样品保藏事项的文件以及在该文件中的具体记载位置。

申请人在原始提交的国际申请的说明书中已记载生物材料样品保藏事项，但是没有在进入中国国家阶段声明中指明的，应当在办理进入中国国家阶段手续之日起4个月内补正。期满未补正的，该生物材料视为未提交保藏。

申请人在办理进入中国国家阶段手续之日起4个月内向国务院专利行政部门提交生物材料样品保藏证明和存活证明的，视为在本细则第二十五条第（一）项规定的期限内提交。

第一百零七条 申请人在国际阶段已要求一项或者多项优先权，在进入中国国家阶段时该优先权要求继续有效的，视为已经依照专利法第三十条的规定提出了书面声明。

申请人在国际阶段提出的优先权书面声明有书写错误或者未写明在先申请的申请号的，可以在办理进入中国国家阶段手续时提出改正请求或者写明在先申请的申请号。申请人提出改正请求的，应当缴纳改正优先权要求请求费。

申请人在国际阶段已依照专利合作条约的规定，提交过在先申请文件副本的，办理进入中国国家阶段手续时不需要向国务院专利行政部门提交在先申请文件副本。申请人在国际阶段未提交在先申请文件副本的,国务院专利行政部门认为必要时,可以通知申请人在指定期限内补交。申请人期满未补交的,其优先权要求视为未提出。

优先权要求在国际阶段视为未提出并经国际局公布该信息,申请人有正当理由的,可以在办理进入中国国家阶段手续时请求国务院专利行政部门恢复其优先权要求。

第一百零八条 在优先权日起30个月期满前要求国务院专利行政部门提前处理和审查国际申请的,申请人除应当办理进入中国国家阶段手续外,还应当依照专利合作条约第二十三条第二款规定提出请求。国际局尚未向国务院专利行政部门传送国际申请的,申请人应当提交经确认的国际申请副本。

第一百零九条 要求获得实用新型专利权的国际申请,申请人可以在办理进入中国国家阶段手续之日起1个月内,向国务院专利行政部门提出修改说明书、附图和权利要求书。

要求获得发明专利权的国际申请,适用本细则第五十一条第一款的规定。

第一百一十条 申请人发现提交的说明书、权利要求书或者附图中的文字的中文译文存在错误的,可以在下列规定期限内依照原始国际申请文本提出改正:

(一)在国务院专利行政部门作好国家公布的准备工作之前;

(二)在收到国务院专利行政部门发出的发明专利申请进入实质审查阶段通知书之日起3个月内。

申请人改正译文错误的,应当提出书面请求,提交译文的改正页,并缴纳规定的译文改正费。

申请人按照国务院专利行政部门的通知书的要求改正译文的,应当在指定期限内办理本条第二款规定的手续;期满未办理规定手续的,该申请视为撤回。

第一百一十一条 对要求获得发明专利权的国际申请,国务院专利行政部门经初步审查认为符合专利法和本细则有关规定的,应当在专利公报上予以公布;国际申请以中文以外的文字提出的,应当公布申请文件的中文译文。

要求获得发明专利权的国际申请,由国际局以中文进行国际公布的,自国际公布日起适用专利法第十三条的规定;由国际局以中文以外的文字进行国际公布的,自国务院专利行政部门公布之日起适用专利法第十三条的规定。

对国际申请,专利法第二十一条和第二十二条中所称的公布是指本条第一款所规定的公布。

第一百一十二条 国际申请包含两项以上发明或者实用新型的,申请人在办理进入中国国家阶段手续后,依照本细则第四十二条第一款的规定,可以提出分案申请。

在国际阶段,国际检索单位或者国际初步审查单位认为国际申请不符合专利合作条约规定的单一性要求时,申请人未按照规定缴纳附加费,导致国际申请某些部分未经国际检索或者未经国际初步审查,在进入中国国家阶段时,申请人要求将所述部分作为审查基础,国务院专利行政部门认为国际检索单位或者国际初步审查单位对发明单一性的判断正确的,应当通知申请人在指定期限内缴纳单一性恢复费。期满未缴纳或者未足额缴纳的,国际申请中未经检索或者未经国际初步审查的部分视为撤回。

第一百一十三条 申请人依照本细则第一百零一条的规定提交文件和缴纳费用的,以国务院专利行政部门收到文件之日为提交日、收到费用之日为缴纳日。

提交的文件邮递延误的,申请人自发现延误之日起1个月内证明该文件已经在本细则第一百零一条规定的期限届满之日前5日交付邮寄的,该文件视为在期限届满之日收到。但是,申请人提供证明的时间不得迟于本细则第一百零一条规定的期限届满后6个月。

申请人依照本细则第一百零一条的规定向国务院专利行政部门提交文件,可以使用传真方式。申请人使用传真方式的,以国务院专利行政部门收到传真件之日为提交日。申请人应当自发送传真之日起14日内向国务院专利行政部门提交传真件的原件。期满未提交原件的,视为未提交该文件。

第一百一十四条 国际申请要求优先权的,申请人应当在办理进入中国国家阶段手续时缴纳优先权要求费;未缴纳或者未足额缴纳的,国务院专利行政部门应当通知申请人在指定的期限内缴纳；期满仍未缴纳或者未足额缴纳的，视为未要求该优先权。

第一百一十五条 国际申请在国际阶段被有关国际单位拒绝给予国际申请日或者宣布视为撤回的，申请人在收到通知之日起2个月内，可以请求国际局将国际申请档案中任何文件的副本转交国务院专利行政部门，并在该期限内向国务院专利行政部门办理本细则第一百零一条规定的手续，国务院专利行政部门应当在接到国际局传送的文件后，对国际单位作出的决定是否正确进行复查。

第一百一十六条 基于国际申请授予的专利权，由于译文错误，致使依照专利法第五十六条规定确定的保护范围超出国际申请的原文所表达的范围的，以依据原文限制后的保护范围为准；致使保护范围小于国际申请的原文所表达的范围的，以授权时的保护范围为准。

第十一章 附 则

第一百一十七条 经国务院专利行政部门同意，任何人均可以查阅或者复制已经公布或者公告的专利申请的案卷和专利登记簿，并可以请求国务院专利行政部门出具专利登记簿副本。

已视为撤回、驳回和主动撤回的专利申请的案卷，自该专利申请失效之日起满2年后不予保存。

已放弃、宣告全部无效和终止的专利权的案卷，自该专利权失效之日起满3年后不予保存。

第一百一十八条 向国务院专利行政部门提交申请文件或者办理各种手续，应当使用国务院专利行政部门制定的统一格式，由申请人、专利权人、其他利害关系人或者其代表人签字或者盖章；委托专利代理机构的，由专利代理机构盖章。

请求变更发明人姓名、专利申请人和专利权人的姓名或者名称、国籍和地址、专利代理机构的名称、地址和代理人姓名的，应当向国务院专利行政部门办理著录事项变更手续，并附具变更理由的证明材料。

第一百一十九条 向国务院专利行政部门邮寄有关申请或者专利权的文件，应当使用挂号信函，不得使用包裹。

除首次提交申请文件外，向国务院专利行政部门提交各种文件、办理各种手续时，应当标明申请号或者专利号、发明创造名称和申请人或者专利权人姓名或者名称。

一件信函中应当只包含同一申请的文件。

第一百二十条 各类申请文件应当打字或者印刷，字迹呈黑色，整齐清晰，并不得涂改。附图应当用制图工具和黑色墨水绘制，线条应当均匀清晰，并不得涂改。

请求书、说明书、权利要求书、附图和摘要应当分别用阿拉伯数字顺序编号。

申请文件的文字部分应当横向书写。纸张限于单面使用。

第一百二十一条 国务院专利行政部门根据专利法和本细则制定专利审查指南。

第一百二十二条 本细则自2001年7月1日起施行。1992年12月12日国务院批准修订、1992年12月21日中国专利局发布的《中华人民共和国专利法实施细则》同时废止。

专利实施强制许可办法

(2003年6月13日国家知识产权局发布 国家知识产权局局长令第31号)

第一章 总 则

第一条 为规范实施发明专利或者实用新型专利的强制许可(以下简称强制许可)的给予、费用裁决和终止程序,根据《中华人民共和国专利法》(以下简称专利法)、《中华人民共和国专利法实施细则》(以下简称专利法实施细则)以及有关法律法规,制定本办法。

第二条 国家知识产权局负责受理和审查强制许可、强制许可使用费裁决和终止强制许可的请求并作出决定。

第三条 请求给予强制许可、请求裁决强制许可使用费和请求终止强制许可,应当使用中文以书面形式办理。

依照本办法提交的证件、证明文件是外文的,当事人应当同时提交中文译文。未按规定提交中文译文的,视为未提交该证件、证明文件。

第四条 具备实施条件的单位以合理的条件请求发明或者实用新型专利权人许可实施其专利,而未能在合理长的时间内获得这种许可的,可以根据专利法第四十八条的规定请求给予实施发明专利或者实用新型专利的强制许可。

一项取得专利权的发明或者实用新型比前已经取得专利权的发明或者实用新型具有显著经济意义的重大技术进步,其实施又有赖于前一发明或者实用新型的实施的,该专利权人可以根据专利法第五十条的规定请求给予实施前一专利的强制许可,前一专利权人也可以请求给予实施后一专利的强制许可。

在国家出现紧急状态或者非常情况时,或者为了公共利益的目的,国务院有关主管部门有权根据专利法第四十九条的规定请求给予实施发明专利或者实用新型专利的强制许可。

第五条 请求人委托专利代理机构提出强制许可请求的,应当提交委托书,写明委托权限。

请求人有两个以上且未委托专利代理机构的,除请求书中另有声明外,以请求书中指明的第一请求人为代表人。

第二章 强制许可请求的审查和决定

第六条 请求给予强制许可的,应当向国家知识产权局提交强制许可请求书,写明下列各项:

(一)请求人的姓名或者名称、地址;

(二)请求人的国籍或者其总部所在的国家;

(三)被请求强制许可的发明专利或实用新型专利的名称、专利号、申请日及授权公告日;

(四)被请求强制许可的发明专利或实用新型专利的专利权人姓名或者名称;

(五)请求给予强制许可的理由和事实;

(六)请求人委托专利代理机构的,应当注明的有关事项;请求人未委托专利代理机构的,其联系人的姓名、地址、邮政编码及联系电话;

(七)请求人的签字或者盖章;委托代理机构的,还应当有该专利代理机构的盖章;

(八)附加文件清单;

(九)其他需要注明的事项。

请求书及其附加文件应当一式两份。

第七条 强制许可请求涉及多项发明专利或者实用新型专利的,如果涉及两个或者两个以上的专利权人,应当按不同专利权人分别提交请求书。

第八条 强制许可请求有下列情形之一的,国家知识产权局不予受理,并通知请求人:

(一)被请求强制许可的发明专利或者实用

新型专利的专利号不明确或者难以确定；

（二）请求文件未使用中文；

（三）明显不具备请求强制许可的理由。

第九条 请求文件不符合本办法第六条、第七条规定的，请求人应当在收到通知之日起15日内进行补正。期满未补正的，该请求视为未提出。

请求人应当自提出强制许可请求之日起1个月内缴纳强制许可请求费；逾期未缴纳或者未缴足的，该请求视为未提出。

第十条 对符合专利法、专利法实施细则及本办法规定的强制许可请求，国家知识产权局应当将请求书副本送交专利权人。专利权人应当在指定期限内陈述意见。期满未答复的，不影响国家知识产权局作出决定。

第十一条 国家知识产权局应当对请求人陈述的理由和提交的有关证明文件进行审查。需要实地核查的，国家知识产权局应当指派两名以上工作人员实地核查。

请求人陈述的理由和提交的有关证明文件不充分或不真实的，国家知识产权局在作出驳回强制许可请求的决定前应当通知请求人，给予其陈述意见的机会。

第十二条 请求人或者专利权人要求听证的，由国家知识产权局组织听证。

国家知识产权局应当在举行听证7日前通知请求人、专利权人和其他利害关系人。

除涉及国家秘密、商业秘密或者个人隐私外，听证公开进行。

国家知识产权局举行听证时，请求人、专利权人和其他利害关系人可以进行申辩和质证。

举行听证时应当制作听证笔录，交听证参加人员确认无误后签字或者盖章。

根据专利法第四十九条规定请求给予强制许可的，本条规定的听证程序不予适用。

第十三条 有下列情形之一的，国家知识产权局应当作出驳回强制许可请求的决定，并通知请求人：

（一）请求人不具备本办法第四条规定的主体资格；

（二）请求给予强制许可的理由不符合专利法第四十八条、第四十九条和第五十条的规定；

（三）强制许可请求涉及的发明创造是半导体技术的，其理由不符合专利法实施细则第七十二条的规定。

请求人对驳回强制许可请求的决定不服的，可以自收到通知之日起3个月内向人民法院起诉。

第十四条 请求人可以随时撤回其强制许可请求。请求人在国家知识产权局作出决定前撤回其请求的，强制许可请求的审查程序终止。

在国家知识产权局作出决定前，请求人与专利权人订立了专利实施许可合同的，应当及时通知国家知识产权局，并撤回其强制许可请求。

第十五条 强制许可请求经审查没有发现驳回理由的，国家知识产权局应当作出给予强制许可的决定，写明下列各项：

（一）取得实施强制许可的个人或者单位的姓名或者名称、地址；

（二）被强制许可的发明专利或实用新型专利的名称、专利号、申请日及授权公告日；

（三）给予强制许可的范围、规模和期限；

（四）决定的理由、事实和法律依据；

（五）国家知识产权局的印章及负责人签字；

（六）决定的日期；

（七）其他有关事项。

给予强制许可的决定应当及时通知请求人和专利权人。

第十六条 专利权人对给予强制许可的决定不服的，可以自收到通知之日起3个月内向人民法院起诉。

第十七条 已生效的给予强制许可的决定应当在专利登记簿上登记并在国家知识产权局专利公报、政府网站和中国知识产权报上予以公告。

第三章 强制许可使用费裁决请求的审查和裁决

第十八条 请求国家知识产权局裁决强制许可使用费的，应当符合下列条件：

（一）给予强制许可的决定已公告；

（二）请求人是专利权人或者取得实施强制许可的单位或者个人；

(三)双方经协商不能达成协议。

第十九条 请求裁决强制许可使用费的,应当提交强制许可使用费裁决请求书,写明下列各项:

(一)请求人的姓名或者名称、地址;
(二)请求人的国籍或者请求人总部所在的国家;
(三)给予强制许可的决定的文号;
(四)被请求人的姓名或者名称、地址;
(五)请求裁决强制许可使用费的理由;
(六)请求人委托专利代理机构的,应当注明的有关事项;请求人未委托专利代理机构的,其联系人的姓名、地址、邮政编码及联系电话;
(七)请求人的签字或者盖章;委托代理机构的,还应当有该专利代理机构的盖章;
(八)附加文件清单;
(九)其他需要注明的事项。

请求人应当提交请求书及其附加文件一式两份。

第二十条 强制许可使用费裁决请求有下列情形之一的,国家知识产权局不予受理,并通知请求人:

(一)所涉及的给予强制许可的决定不明确或者尚未公告;
(二)请求文件未使用中文;
(三)明显不具备请求裁决强制许可使用费的理由。

第二十一条 请求文件不符合本办法第十九条规定的,请求人应当在收到通知之日起15日内进行补正。期满未补正的,该请求视为未提出。

请求人应当自提出请求之日起1个月内缴纳强制许可使用费的裁决请求费;逾期未缴纳或者未缴足的,该请求视为未提出。

第二十二条 对符合专利法、专利法实施细则及本办法规定的强制许可使用费裁决请求,国家知识产权局应当将请求书副本送交对方当事人,对方当事人应当在指定期限内陈述意见。期满未答复的,不影响国家知识产权局作出决定。

强制许可使用费裁决过程中,当事人双方可以提交书面意见。国家知识产权局可以根据案情需要听取当事人双方的口头意见。

第二十三条 请求人可以随时撤回其裁决请求。请求人在国家知识产权局作出决定前撤回其裁决请求的,裁决程序终止。

第二十四条 国家知识产权局应当自收到请求书之日起3个月内作出强制许可使用费的裁决决定。

第二十五条 强制许可使用费裁决决定应当写明下列各项:

(一)取得实施强制许可的个人或者单位的姓名或者名称、地址;
(二)被强制许可的发明专利或实用新型专利的名称、专利号、申请日及授权公告日;
(三)裁决的内容及其理由;
(四)国家知识产权局的印章及负责人签字;
(五)决定的日期;
(六)其他有关事项。

强制许可使用费裁决决定应当及时通知双方当事人。

第二十六条 专利权人和取得实施强制许可的单位或者个人对强制许可使用费的裁决决定不服的,可以自收到通知之日起3个月内向人民法院起诉。

第四章 终止强制许可请求的审查和决定

第二十七条 给予强制许可的决定规定的强制许可期限届满时,强制许可自动终止。

强制许可自动终止的,国家知识产权局应当在专利登记簿上登记并在国家知识产权局专利公报、政府网站和中国知识产权报上予以公告。

第二十八条 给予强制许可的决定规定的强制许可期限届满前,强制许可的理由消除并不再发生的,专利权人可以请求国家知识产权局作出终止强制许可的决定。

请求终止强制许可的,应当提交终止强制许可请求书,写明下列各项:

(一)专利权人的姓名或者名称、地址;
(二)专利权人的国籍或者其总部所在的国家;
(三)被请求终止的给予强制许可的决定的

文号;

(四)请求终止强制许可的理由和事实;

(五)专利权人委托专利代理机构的,应当注明的有关事项;专利权人未委托专利代理机构的,其联系人的姓名、地址、邮政编码及联系电话;

(六)专利权人的签字或者盖章;委托代理机构的,还应当有该专利代理机构的盖章;

(七)附加文件清单;

(八)其他需要注明的事项。

专利权人应当提交请求书及其附加文件一式两份。

第二十九条 终止强制许可请求有下列情形之一的,国家知识产权局不予受理,并通知请求人:

(一)请求人不是被强制许可的发明专利或者实用新型专利的权利人的;

(二)未写明请求终止的给予强制许可的决定的文号;

(三)请求文件未使用中文;

(四)明显不具备终止强制许可的理由。

第三十条 终止强制许可请求文件不符合本办法第二十八条规定的,请求人应当在收到通知之日起15日内进行补正。期满未补正的,该请求视为未提出。

第三十一条 对符合本办法规定的终止强制许可请求,国家知识产权局应当将请求书副本送交取得实施强制许可的单位或者个人。取得实施强制许可的单位或者个人应当在指定期限内陈述意见。期满未答复的,不影响国家知识产权局作出决定。

第三十二条 国家知识产权局应当对专利权人陈述的理由和提交的有关证明文件进行审查。需要实地核查的,国家知识产权局应当指派两名以上工作人员实地核查。

专利权人陈述的理由和提交的有关证明文件不充分或不真实的,国家知识产权局在作出决定前应当通知专利权人,给予其陈述意见的机会。

第三十三条 经审查认为请求终止强制许可的理由不成立的,国家知识产权局应当作出驳回终止强制许可请求的决定。

专利权人对驳回终止强制许可请求的决定不服的,可以自收到通知之日起3个月内向人民法院起诉。

第三十四条 专利权人可以随时撤回其终止强制许可请求。专利权人在国家知识产权局作出决定前撤回其请求的,相关程序终止。

第三十五条 终止强制许可的请求经审查没有发现驳回理由的,国家知识产权局应当作出终止强制许可的决定,写明下列各项:

(一)专利权人的姓名或者名称、地址;

(二)取得实施强制许可的个人或者单位的姓名或者名称、地址;

(三)发明专利或实用新型专利的名称、专利号、申请日及授权公告日;

(四)给予强制许可的决定的文号;

(五)决定的事实和法律依据;

(六)国家知识产权局的印章及负责人签字;

(七)决定的日期;

(八)其他有关事项。

终止强制许可请求的决定应当及时通知专利权人和取得实施强制许可的单位或者个人。

第三十六条 取得实施强制许可的单位或者个人对终止强制许可的决定不服的,可以自收到通知之日起3个月内向人民法院起诉。

第三十七条 已生效的终止强制许可的决定应当在专利登记簿上登记并在国家知识产权局专利公报、政府网站和中国知识产权报上予以公告。

第五章 附 则

第三十八条 本办法由国家知识产权局负责解释。

第三十九条 本办法自2003年7月15日起施行。

涉及公共健康问题的专利实施强制许可办法

(2005年11月29日国家知识产权局发布　国家知识产权局令第37号)

第一条　为了解决我国面临的公共健康问题，并帮助有关国家、地区解决其面临的公共健康问题，落实世界贸易组织多哈部长级会议《关于TRIPS协议与公共健康的宣言》(下称"多哈宣言")和世界贸易组织总理事会《关于实施TRIPS协议与公共健康的多哈宣言第6段的决议》(下称"总理事会决议")，根据《中华人民共和国专利法》(下称"专利法")，制定本办法。

第二条　本办法所称传染病，是指导致公共健康问题的艾滋病、肺结核、疟疾以及《中华人民共和国传染病防治法》规定的其他传染病。

本办法所称药品，是指在医药领域用于治疗本条第一款所述传染病的任何专利产品或者通过专利方法制造的产品，包括制造前述产品所需的有效成分和使用前述产品所需的诊断试剂。

第三条　在我国预防或者控制传染病的出现、流行，以及治疗传染病，属于专利法第四十九条所述为了公共利益目的的行为。

传染病在我国的出现、流行导致公共健康危机的，属于专利法第四十九条所述国家紧急状态。

第四条　治疗某种传染病的药品在我国被授予专利权，我国具有该药品的生产能力，国务院有关主管部门可以依据专利法第四十九条的规定，请求国家知识产权局授予实施该专利的强制许可（下称强制许可）。

第五条　治疗某种传染病的药品在我国被授予专利权，我国不具有生产该药品的能力或者生产能力不足的，国务院有关主管部门可以请求国家知识产权局授予强制许可，允许被许可人进口世界贸易组织成员利用总理事会决议确定的制度为我国解决公共健康问题而制造的该种药品。

第六条　国家知识产权局授予本办法第五条所述强制许可的，被许可人以及其他任何单位或者个人不得将依照该强制许可决定进口的药品出口到其他任何国家或者地区。

第七条　国家知识产权局授予本办法第五条所述强制许可的，被许可人应当向专利权人支付合理的报酬。但该药品的生产者已经向该专利权人支付报酬的，被许可人可以不向专利权人支付报酬。

第八条　治疗某种传染病的药品在我国被授予专利权，任何单位或者个人在其他国家或者地区购买专利权人制造并售出的或者经专利权人许可而制造并售出的该种药品，将其进口到我国的，无需请求国家知识产权局授予强制许可。

第九条　世界贸易组织成员按照总理事会决议确定的机制通报世界贸易组织TRIPS理事会，希望进口治疗某种传染病的药品的，或者非世界贸易组织成员的最不发达国家通过外交渠道通知我国政府，希望从我国进口治疗某种传染病的药品的，国务院有关主管部门可以请求国家知识产权局授予强制许可，允许被许可人利用总理事会决议确定的制度制造该种药品并将其出口到上述成员或者国家。

第十条　国家知识产权局授予本办法第九条所述专利强制许可的，应当在其作出的强制许可决定中明确记载总理事会决议规定的有关要求。被许可人应当遵守该强制许可决定规定的要求。

第十一条　国家知识产权局授予本办法第九条所述强制许可的，被许可人应当向该药品的专利权人支付合理的报酬。

第十二条　依照本办法第四条、第五条和第九条请求强制许可的，除本办法有专门规定的以外，适用《专利实施强制许可办法》的规定。

第十三条　本办法自2006年1月1日起施行。

中华人民共和国知识产权海关保护条例

(2003年12月2日中华人民共和国国务院令第395号公布)

第一章 总 则

第一条 为了实施知识产权海关保护，促进对外经济贸易和科技文化交往，维护公共利益，根据《中华人民共和国海关法》，制定本条例。

第二条 本条例所称知识产权海关保护，是指海关对与进出口货物有关并受中华人民共和国法律、行政法规保护的商标专用权、著作权和与著作权有关的权利、专利权(以下统称知识产权)实施的保护。

第三条 国家禁止侵犯知识产权的货物进出口。

海关依照有关法律和本条例的规定实施知识产权保护，行使《中华人民共和国海关法》规定的有关权力。

第四条 知识产权权利人请求海关实施知识产权保护的，应当向海关提出采取保护措施的申请。

第五条 进口货物的收货人或者其代理人、出口货物的发货人或者其代理人应当按照国家规定，向海关如实申报与进出口货物有关的知识产权状况，并提交有关证明文件。

第六条 海关实施知识产权保护时，应当保守有关当事人的商业秘密。

第二章 知识产权的备案

第七条 知识产权权利人可以依照本条例的规定，将其知识产权向海关总署申请备案；申请备案的，应当提交申请书。申请书应当包括下列内容：

(一)知识产权权利人的名称或者姓名、注册地或者国籍等；

(二)知识产权的名称、内容及其相关信息；

(三)知识产权许可行使状况；

(四)知识产权权利人合法行使知识产权的货物的名称、产地、进出境地海关、进出口商、主要特征、价格等；

(五)已知的侵犯知识产权货物的制造商、进出口商、进出境地海关、主要特征、价格等。

前款规定的申请书内容有证明文件的，知识产权权利人应当附送证明文件。

第八条 海关总署应当自收到全部申请文件之日起30个工作日内作出是否准予备案的决定，并书面通知申请人；不予备案的，应当说明理由。

有下列情形之一的，海关总署不予备案：

(一)申请文件不齐全或者无效的；

(二)申请人不是知识产权权利人的；

(三)知识产权不再受法律、行政法规保护的。

第九条 海关发现知识产权权利人申请知识产权备案未如实提供有关情况或者文件的，海关总署可以撤销其备案。

第十条 知识产权海关保护备案自海关总署准予备案之日起生效，有效期为10年。

知识产权有效的，知识产权权利人可以在知识产权海关保护备案有效期届满前6个月内，向海关总署申请续展备案。每次续展备案的有效期为10年。

知识产权海关保护备案有效期届满而不申请续展或者知识产权不再受法律、行政法规保护的，知识产权海关保护备案随即失效。

第十一条 备案知识产权的情况发生改变的，知识产权权利人应当自发生改变之日起30个工作日内,向海关总署办理备案变更或者注销手续。

第三章 扣留侵权嫌疑货物的申请及其处理

第十二条 知识产权权利人发现侵权嫌疑货物即将进出口的,可以向货物进出境地海关提出扣留侵权嫌疑货物的申请。

第十三条 知识产权权利人请求海关扣留侵权嫌疑货物的,应当提交申请书及相关证明文件,并提供足以证明侵权事实明显存在的证据。

申请书应当包括下列主要内容:

(一)知识产权权利人的名称或者姓名、注册地或者国籍等;

(二)知识产权的名称、内容及其相关信息;

(三)侵权嫌疑货物收货人和发货人的名称;

(四)侵权嫌疑货物名称、规格等;

(五)侵权嫌疑货物可能进出境的口岸、时间、运输工具等。

侵权嫌疑货物涉嫌侵犯备案知识产权的,申请书还应当包括海关备案号。

第十四条 知识产权权利人请求海关扣留侵权嫌疑货物的,应当向海关提供不超过货物等值的担保,用于赔偿可能因申请不当给收货人、发货人造成的损失,以及支付货物由海关扣留后的仓储、保管和处置等费用;知识产权权利人直接向仓储商支付仓储、保管费用的,从担保中扣除。具体办法由海关总署制定。

第十五条 知识产权权利人申请扣留侵权嫌疑货物,符合本条例第十三条的规定,并依照本条例第十四条的规定提供担保的,海关应当扣留侵权嫌疑货物,书面通知知识产权权利人,并将海关扣留凭单送达收货人或者发货人。

知识产权权利人申请扣留侵权嫌疑货物,不符合本条例第十三条的规定,或者未依照本条例第十四条的规定提供担保的,海关应当驳回申请,并书面通知知识产权权利人。

第十六条 海关发现进出口货物有侵犯备案知识产权嫌疑的,应当立即书面通知知识产权权利人。知识产权权利人自通知送达之日起3个工作日内依照本条例第十三条的规定提出申请,并依照本条例第十四条的规定提供担保的,海关应当扣留侵权嫌疑货物,书面通知知识产权权利人,并将海关扣留凭单送达收货人或者发货人。知识产权权利人逾期未提出申请或者未提供担保的,海关不得扣留货物。

第十七条 经海关同意,知识产权权利人和收货人或者发货人可以查看有关货物。

第十八条 收货人或者发货人认为其货物未侵犯知识产权权利人的知识产权的,应当向海关提出书面说明并附送相关证据。

第十九条 涉嫌侵犯专利权货物的收货人或者发货人认为其进出口货物未侵犯专利权的,可以在向海关提供货物等值的担保金后,请求海关放行其货物。知识产权权利人未能在合理期限内向人民法院起诉的,海关应当退还担保金。

第二十条 海关发现进出口货物有侵犯备案知识产权嫌疑并通知知识产权权利人后,知识产权权利人请求海关扣留侵权嫌疑货物的,海关应当自扣留之日起30个工作日内对被扣留的侵权嫌疑货物是否侵犯知识产权进行调查、认定;不能认定的,应当立即书面通知知识产权权利人。

第二十一条 海关对被扣留的侵权嫌疑货物进行调查,请求知识产权主管部门提供协助的,有关知识产权主管部门应当予以协助。

知识产权主管部门处理涉及进出口货物的侵权案件请求海关提供协助的,海关应当予以协助。

第二十二条 海关对被扣留的侵权嫌疑货物及有关情况进行调查时,知识产权权利人和收货人或者发货人应当予以配合。

第二十三条 知识产权权利人在向海关提出采取保护措施的申请后,可以依照《中华人民共和国商标法》、《中华人民共和国著作权法》或者《中华人民共和国专利法》的规定,在起诉前就被扣留的侵权嫌疑货物向人民法院申请采取责令停止侵权行为或者财产保全的措施。

海关收到人民法院有关责令停止侵权行为或者财产保全的协助执行通知的,应当予以协助。

第二十四条 有下列情形之一的,海关应当放行被扣留的侵权嫌疑货物:

(一)海关依照本条例第十五条的规定扣留

侵权嫌疑货物,自扣留之日起20个工作日内未收到人民法院协助执行通知的;

(二)海关依照本条例第十六条的规定扣留侵权嫌疑货物,自扣留之日起50个工作日内未收到人民法院协助执行通知,并且经调查不能认定被扣留的侵权嫌疑货物侵犯知识产权的;

(三)涉嫌侵犯专利权货物的收货人或者发货人在向海关提供与货物等值的担保金后,请求海关放行其货物的;

(四)海关认为收货人或者发货人有充分的证据证明其货物未侵犯知识产权权利人的知识产权的。

第二十五条 海关依照本条例的规定扣留侵权嫌疑货物,知识产权权利人应当支付有关仓储、保管和处置等费用。知识产权权利人未支付有关费用的,海关可以从其向海关提供的担保金中予以扣除,或者要求担保人履行有关担保责任。

侵权嫌疑货物被认定为侵犯知识产权的,知识产权权利人可以将其支付的有关仓储、保管和处置等费用计入其为制止侵权行为所支付的合理开支。

第二十六条 海关实施知识产权保护发现涉嫌犯罪案件的,应当将案件依法移送公安机关处理。

第四章 法律责任

第二十七条 被扣留的侵权嫌疑货物,经海关调查后认定侵犯知识产权的,由海关予以没收。

海关没收侵犯知识产权货物后,应当将侵犯知识产权货物的有关情况书面通知知识产权权利人。

被没收的侵犯知识产权货物可以用于社会公益事业,海关应当转交给有关公益机构用于社会公益事业;知识产权权利人有收购意愿的,海关可以有偿转让给知识产权权利人。被没收的侵犯知识产权货物无法用于社会公益事业且知识产权权利人无收购意愿的,海关可以在消除侵权特征后依法拍卖;侵权特征无法消除的,海关应当予以销毁。

第二十八条 个人携带或者邮寄进出境的物品,超出自用、合理数量,并侵犯本条例第二条规定的知识产权的,由海关予以没收。

第二十九条 海关接受知识产权保护备案和采取知识产权保护措施的申请后,因知识产权权利人未提供确切情况而未能发现侵权货物、未能及时采取保护措施或者采取保护措施不力的,由知识产权权利人自行承担责任。

知识产权权利人请求海关扣留侵权嫌疑货物后,海关不能认定被扣留的侵权嫌疑货物侵犯知识产权权利人的知识产权,或者人民法院判定不侵犯知识产权权利人的知识产权的,知识产权权利人应当依法承担赔偿责任。

第三十条 进口或者出口侵犯知识产权货物,构成犯罪的,依法追究刑事责任。

第三十一条 海关工作人员在实施知识产权保护时,玩忽职守、滥用职权、徇私舞弊,构成犯罪的,依法追究刑事责任;尚不构成犯罪的,依法给予行政处分。

第五章 附 则

第三十二条 知识产权权利人将其知识产权向海关总署备案的,应当按照国家有关规定缴纳备案费。

第三十三条 本条例自2004年3月1日起施行。1995年7月5日国务院发布的《中华人民共和国知识产权海关保护条例》同时废止。

国防专利条例

(2004 年 9 月 17 日国务院、中央军事委员会发布　中华人民共和国国务院、中华人民共和国中央军事委员会令第 418 号)

第一章　总　　则

第一条　为了保护有关国防的发明专利权,确保国家秘密,便利发明创造的推广应用,促进国防科学技术的发展,适应国防现代化建设的需要,根据《中华人民共和国专利法》,制定本条例。

第二条　国防专利是指涉及国防利益以及对国防建设具有潜在作用需要保密的发明专利。

第三条　国家国防专利机构(以下简称国防专利机构)负责受理和审查国防专利申请。经国防专利机构审查认为符合本条例规定的,由国务院专利行政部门授予国防专利权。

国务院国防科学技术工业主管部门和中国人民解放军总装备部(以下简称总装备部)分别负责地方系统和军队系统的国防专利管理工作。

第四条　涉及国防利益或者对国防建设具有潜在作用被确定为绝密级国家秘密的发明不得申请国防专利。

国防专利申请以及国防专利的保密工作,在解密前依照《中华人民共和国保守国家秘密法》和国家有关规定进行管理。

第五条　国防专利权的保护期限为 20 年,自申请日起计算。

第六条　国防专利在保护期内,因情况变化需要变更密级、解密或者国防专利权终止后需要延长保密期限的,国防专利机构可以作出变更密级、解密或者延长保密期限的决定;但是对在申请国防专利前已被确定为国家秘密的,应当征得原确定密级和保密期限的机关、单位或者其上级机关的同意。

被授予国防专利权的单位或者个人(以下统称国防专利权人)可以向国防专利机构提出变更密级、解密或者延长保密期限的书面申请;属于国有企业事业单位或者军队单位的,应当附送原确定密级和保密期限的机关、单位或者其上级机关的意见。

国防专利机构应当将变更密级、解密或者延长保密期限的决定,在该机构出版的《国防专利内部通报》上刊登,并通知国防专利权人,同时将解密的国防专利报送国务院专利行政部门转为普通专利。国务院专利行政部门应当及时将解密的国防专利向社会公告。

第七条　国防专利申请权和国防专利权经批准可以向国内的中国单位和个人转让。

转让国防专利申请权或者国防专利权,应当确保国家秘密不被泄露,保证国防和军队建设不受影响,并向国防专利机构提出书面申请,由国防专利机构进行初步审查后依照本条例第三条第二款规定的职责分工,及时报送国务院国防科学技术工业主管部门、总装备部审批。

国务院国防科学技术工业主管部门、总装备部应当自国防专利机构受理申请之日起 30 日内作出批准或者不批准的决定;作出不批准决定的,应当书面通知申请人并说明理由。

经批准转让国防专利申请权或者国防专利权的,当事人应当订立书面合同,并向国防专利机构登记,由国防专利机构在《国防专利内部通报》上刊登。国防专利申请权或者国防专利权的转让自登记之日起生效。

第八条　禁止向国外的单位和个人以及在国内的外国人和外国机构转让国防专利申请权和国防专利权。

第九条　需要委托专利代理机构申请国防专

利和办理其他国防专利事务的,应当委托国防专利机构指定的专利代理机构办理。专利代理机构及其工作人员对在办理国防专利申请和其他国防专利事务过程中知悉的国家秘密,负有保密义务。

第二章 国防专利的申请、审查和授权

第十条 申请国防专利的,应当向国防专利机构提交请求书、说明书及其摘要和权利要求书等文件。

国防专利申请人应当按照国防专利机构规定的要求和统一格式撰写申请文件,并亲自送交或者经过机要通信以及其他保密方式传交国防专利机构,不得按普通函件邮寄。

国防专利机构收到国防专利申请文件之日为申请日;申请文件通过机要通信邮寄的,以寄出的邮戳日为申请日。

第十一条 国防专利机构定期派人到国务院专利行政部门查看普通专利申请,发现其中有涉及国防利益或者对国防建设具有潜在作用需要保密的,经国务院专利行政部门同意后转为国防专利申请,并通知申请人。

普通专利申请转为国防专利申请后,国防专利机构依照本条例的有关规定对该国防专利申请进行审查。

第十二条 授予国防专利权的发明,应当具备新颖性、创造性和实用性。

新颖性,是指在申请日之前没有同样的发明在国外出版物上公开发表过、在国内出版物上发表过、在国内使用过或者以其他方式为公众所知,也没有同样的发明由他人提出过申请并在申请日以后获得国防专利权。

创造性,是指同申请日之前已有的技术相比,该发明有突出的实质性特点和显著的进步。

实用性,是指该发明能够制造或者使用,并且能够产生积极效果。

第十三条 申请国防专利的发明在申请日之前6个月内,有下列情形之一的,不丧失新颖性:

(一)在国务院有关主管部门、中国人民解放军有关主管部门举办的内部展览会上首次展出的;

(二)在国务院有关主管部门、中国人民解放军有关主管部门召开的内部学术会议或者技术会议上首次发表的;

(三)他人未经国防专利申请人同意而泄露其内容的。

有前款所列情形的,国防专利申请人应当在申请时声明,并自申请日起2个月内提供有关证明文件。

第十四条 国防专利机构对国防专利申请进行审查后,认为不符合本条例规定的,应当通知国防专利申请人在指定的期限内陈述意见或者对其国防专利申请进行修改、补正;无正当理由逾期不答复的,该国防专利申请即被视为撤回。

国防专利申请人在自申请日起6个月内或者在对第一次审查意见通知书进行答复时,可以对其国防专利申请主动提出修改。

申请人对其国防专利申请文件进行修改不得超出原说明书和权利要求书记载的范围。

第十五条 国防专利申请人陈述意见或者对国防专利申请进行修改、补正后,国防专利机构认为仍然不符合本条例规定的,应当予以驳回。

第十六条 国防专利机构设立国防专利复审委员会,负责国防专利的复审和无效宣告工作。

国防专利复审委员会由技术专家和法律专家组成,其主任委员由国防专利机构负责人兼任。

第十七条 国防专利申请人对国防专利机构驳回申请的决定不服的,可以自收到通知之日起3个月内,向国防专利复审委员会请求复审。国防专利复审委员会复审并作出决定后,通知国防专利申请人。

第十八条 国防专利申请经审查认为没有驳回理由或者驳回后经过复审认为不应当驳回的,由国务院专利行政部门作出授予国防专利权的决定,并委托国防专利机构颁发国防专利证书,同时在国务院专利行政部门出版的专利公报上公告该国防专利的申请日、授权日和专利号。国防专利机构应当将该国防专利的有关事项予以登记,并在《国防专利内部通报》上刊登。

第十九条 任何单位或者个人认为国防专利权的授予不符合本条例规定的,可以向国防专利复审委员会提出宣告该国防专利权无效的请求。

第二十条　国防专利复审委员会对宣告国防专利权无效的请求进行审查并作出决定后,通知请求人和国防专利权人。宣告国防专利权无效的决定,国防专利机构应当予以登记并在《国防专利内部通报》上刊登,国务院专利行政部门应当在专利公报上公布。

第三章　国防专利的实施

第二十一条　国防专利机构应当自授予国防专利权之日起3个月内,将该国防专利有关文件副本送交国务院有关主管部门或者中国人民解放军有关主管部门。收到文件副本的部门,应当在4个月内就该国防专利的实施提出书面意见,并通知国防专利机构。

第二十二条　国务院有关主管部门、中国人民解放军有关主管部门,可以允许其指定的单位实施本系统或者本部门内的国防专利;需要指定实施本系统或者本部门以外的国防专利的,应当向国防专利机构提出书面申请,由国防专利机构依照本条例第三条第二款规定的职责分工报国务院国防科学技术工业主管部门、总装备部批准后实施。

国防专利机构对国防专利的指定实施予以登记,并在《国防专利内部通报》上刊登。

第二十三条　实施他人国防专利的单位应当与国防专利权人订立书面实施合同,依照本条例第二十五条的规定向国防专利权人支付费用,并报国防专利机构备案。实施单位不得允许合同规定以外的单位实施该国防专利。

第二十四条　国防专利权人许可国外的单位或者个人实施其国防专利的,应当确保国家秘密不被泄露,保证国防和军队建设不受影响,并向国防专利机构提出书面申请,由国防专利机构进行初步审查后依照本条例第三条第二款规定的职责分工,及时报送国务院国防科学技术工业主管部门、总装备部审批。

国务院国防科学技术工业主管部门、总装备部应当自国防专利机构受理申请之日起30日内作出批准或者不批准的决定;作出不批准决定的,应当书面通知申请人并说明理由。

第二十五条　实施他人国防专利的,应当向国防专利权人支付国防专利使用费。实施使用国家直接投入的国防科研经费或者其他国防经费进行科研活动所产生的国防专利,符合产生该国防专利的经费使用目的的,可以只支付必要的国防专利实施费;但是,科研合同另有约定或者科研任务书另有规定的除外。

前款所称国防专利实施费,是指国防专利实施中发生的为提供技术资料、培训人员以及进一步开发技术等所需的费用。

第二十六条　国防专利指定实施的实施费或者使用费的数额,由国防专利权人与实施单位协商确定;不能达成协议的,由国防专利机构裁决。

第二十七条　国家对国防专利权人给予补偿。国防专利机构在颁发国防专利证书后,向国防专利权人支付国防专利补偿费,具体数额由国防专利机构确定。属于职务发明的,国防专利权人应当将不少于50%的补偿费发给发明人。

第四章　国防专利的管理和保护

第二十八条　国防专利机构出版的《国防专利内部通报》属于国家秘密文件,其知悉范围由国防专利机构确定。

《国防专利内部通报》刊登下列内容:
(一)国防专利申请中记载的著录事项;
(二)国防专利的权利要求书;
(三)发明说明书的摘要;
(四)国防专利权的授予;
(五)国防专利权的终止;
(六)国防专利权的无效宣告;
(七)国防专利申请权、国防专利权的转移;
(八)国防专利的指定实施;
(九)国防专利实施许可合同的备案;
(十)国防专利的变更密级、解密;
(十一)国防专利保密期限的延长;
(十二)国防专利权人的姓名或者名称、地址的变更;
(十三)其他有关事项。

第二十九条　国防专利权被授予后,有下列情形之一的,经国防专利机构同意,可以查阅国防专利说明书：

（一）提出宣告国防专利权无效请求的；
（二）需要实施国防专利的；
（三）发生国防专利纠纷的；
（四）因国防科研需要的。

查阅者对其在查阅过程中知悉的国家秘密负有保密义务。

第三十条 国务院有关主管部门、中国人民解放军有关主管部门和各省、自治区、直辖市的国防科学技术工业管理部门应当指定一个机构管理国防专利工作，并通知国防专利机构。该管理国防专利工作的机构在业务上受国防专利机构指导。

承担国防科研、生产任务以及参与军事订货的军队单位、国务院履行出资人职责的企业和国务院直属事业单位，应当指定相应的机构管理本单位的国防专利工作。

第三十一条 国防专利机构应当事人请求，可以对下列国防专利纠纷进行调解：

（一）国防专利申请权和国防专利权归属纠纷；
（二）国防专利发明人资格纠纷；
（三）职务发明的发明人的奖励和报酬纠纷；
（四）国防专利使用费和实施费纠纷。

第三十二条 除《中华人民共和国专利法》和本条例另有规定的以外，未经国防专利权人许可实施其国防专利，即侵犯其国防专利权，引起纠纷的，由当事人协商解决；不愿协商或者协商不成的，国防专利权人或者利害关系人可以向人民法院起诉，也可以请求国防专利机构处理。

第三十三条 违反本条例规定，泄露国家秘密的，依照《中华人民共和国保守国家秘密法》和国家有关规定处理。

第五章 附 则

第三十四条 向国防专利机构申请国防专利和办理其他手续，应当按照规定缴纳费用。

第三十五条 《中华人民共和国专利法》和《中华人民共和国专利法实施细则》的有关规定适用于国防专利，但本条例有专门规定的依照本条例的规定执行。

第三十六条 本条例自2004年11月1日起施行。1990年7月30日国务院、中央军事委员会批准的《国防专利条例》同时废止。

关于促进科技成果转化的若干规定

(1999年3月30日国务院办公厅转发 科技部、教育部、人事部、财政部、
中国人民银行、国家税务总局、中国工商行政管理局发布 国办发[1999]29号)

为了鼓励科研机构、高等学校及其科技人员研究开发高新技术,转化科技成果,发展高新技术产业,进一步落实《中华人民共和国科学技术进步法》和《中华人民共和国促进科技成果转化法》,作出如下规定:

一、鼓励高新技术研究开发和成果转化

1. 科研机构、高等学校及其科技人员可以采取多种方式转化高新技术成果,创办高新技术企业。以高新技术成果向有限责任公司或非公司制企业出资入股的,高新技术成果的作价金额可达到公司或企业注册资本的35%,另有约定的除外。

2. 科研机构、高等学校转化职务科技成果,应当依法对研究开发该项科技成果的职务科技成果完成人和为成果转化做出重要贡献的其他人员给予奖励。其中,以技术转让方式将职务科技成果提供给他人实施的,应当从技术转让所取得的净收入中提取不低于20%的比例用于一次性奖励;自行实施转化或与他人合作实施转化的,科研机构或高等学校应当在项目成功投产后,连续在3~5年内,从实施该科技成果的年净收入中提取不低5%的比例用于奖励,或者参照此比例,给予一次性奖励;采用股份形式的企业实施转化的,也可以用不低于科技成果入股时作价金额20%的股份给予奖励,该持股人依据其所持股份分享收益。在研究开发和成果转化中作出主要贡献的人员,所得奖励份额应不低于奖励总额的50%。

上述奖励总额超过技术转让净收入或科技成果作价金额50%,以及超过实施转化年净收入20%的,由该单位职工代表大会讨论决定。

以股份或出资比例等股权形式给予奖励的,获奖人按股份、出资比例分红,或转让股权所得时,应依法缴纳个人所得税。

3. 国有科研机构、高等学校持有的高新技术成果在成果完成后一年未实施转化的,科技成果完成人和参加人在不变更职务科技成果权属的前提下,可以根据与本单位的协议进行该项科技成果的转化,并享有协议约定的权益。科技成果完成人自行创办企业实施转化该项成果的,本单位可依法约定在该企业中享有股权或出资比例,也可以依法以技术转让的方式取得技术转让收入。

对多人组成的课题组完成的职务成果,仅部分成果完成人实施转化的,单位在同其签订成果转化协议时,应通过奖励或适当的利益补偿方式保障其他完成人的利益。

本单位应当积极组织力量支持、帮助成果完成人进行成果转化。

4. 对科技成果转化执行现行的税收优惠政策。科研机构、高等学校的技术转让收入免征营业税。科研单位、高等学校服务于各业的技术成果转让、技术培训、技术咨询、技术承包所取得的技术性服务收入暂免征收所得税。

5. 科技人员可以在完成本职工作的前提下,在其他单位兼职从事研究开发和成果转化活动。高等学校应当支持本单位科技人员利用节假日和工作日从事研究开发和成果转化活动,学校应当建章立制予以规范和保障。

国有科研机构、高等学校及其科技人员可以离岗创办高新技术企业或到其他高新技术企业转化科技成果。实行人员竞争上岗的科研机构、高等学校,应允许离岗人员在单位规定的期限内(一般为2年)回原单位竞争上岗,保障重新上岗者享有与连续工作的人员同等的福利和待遇。

科技人员兼职或离岗期间的工资、医疗、意外

伤害等待遇和各种保险，原则上应由用人单位负责。科研机构、高等学校应按照国家的有关规定，制定具体办法予以规范，并与用人单位和兼职人员签订书面协议予以确定。

从事上述活动的人员不得侵害本单位或原单位的技术经济权益。从事军事科学技术研究的科技人员兼职或离岗，执行国家关于军工单位人员管理的有关规定；高等学校有教学任务的科技人员兼职不得影响教学任务。

二、保障高新技术企业经营自主权

6. 科技人员创办高新技术企业，应当贯彻"自愿组合、自筹资金、自主经营、自负盈亏、自我约束、自我发展"的原则，应当遵守国家的法律法规，遵从与本单位签订的协议。

7. 要妥善解决集体性质高新技术企业中历史遗留的产权关系不清问题。

集体性质高新技术企业过去在创办及后来的发展过程中，国有企事业单位拨入过资产并已明确约定是投资或债权关系的，按照约定办理；未作约定的，由双方协商并重新约定产权关系或按有关规定界定产权；与国有企事业单位建立过挂靠关系、贷款担保关系的，国有企事业单位一般不享有资产权益，但国有企事业单位对集体性质的高新技术企业履行了债务连带责任的，应予追索清偿或依照有关规定转为投资；对属于个人投资形成的资产，产权归个人所有。

对集体性质高新技术企业仍在实施的由国有企事业单位持有并提供的高新技术成果，当初没有约定投资或债权关系的，可以根据该项技术目前的市场竞争力，以及有关各方在技术创新各阶段的物资技术投入情况，按照有关规定重新界定产权。

8. 允许国有和集体性质的高新技术企业吸收本单位的业务骨干参股，以增强企业的凝聚力；企业实行公司制改造时，允许业务骨干作为公司发起人。

9. 国有科研机构、高等学校与其投资创办的高新技术企业要实行所有权与经营权分离，合理确定投资回报比例，为企业留足发展资金。要保障企业经营管理人员和研究开发队伍的稳定，在经营决策、用人、分配等方面赋予企业经营者充分自主权。任何单位或个人都不得随意摊派或无偿占用企业的资源。

三、为高新技术成果转化创造环境条件

10. 各地方要支持高新技术创业服务中心（科技企业孵化器）和其他中介服务机构的建设与发展，有关部门在资金投入上要给予支持，政策上要给予扶持。要引导这类机构不以赢利为目的，以优惠价格为科研机构、高等学校和科技人员转化高新技术成果，创办高新技术企业提供场地、设施和服务。

高新技术创业服务中心和其他中介服务机构要按社会主义市场经济办法，以市场为导向，为转化科技成果做好服务，求得发展。有条件的高新技术创业服务中心可以依据《中华人民共和国促进科技成果转化法》及其他有关法律、法规和文件规定，建立风险基金（创业基金）和贷款担保基金，为高新技术企业的创业和发展提供融资帮助。

11. 政府利用竞标择优机制，以财政经费支持科技成果转化，包括采用投资、贷款贴息、补助资金和风险投资等形式支持成果转化活动。有条件的地方可以按照国家的有关规定，设立科技成果转化基金或风险基金。商业银行应对符合信贷条件的高新技术成果转化项目积极发放贷款。

各地方、各部门在落实国家股票发行计划时，应对符合条件的高新技术企业给予重点支持。

12. 独立科研机构转制为企业的，参照本规定执行。

各地方、各部门应该积极鼓励各种科技成果转化活动，鼓励科研机构、高等学校和科技人员兴办高新技术企业，鼓励科技开发应用型科研院所转制为科技型企业，切实加强对科技成果转化工作的领导。各地方、各部门应及时研究科研机构、高等学校和科技人员发展高新技术产业中出现的新情况、新问题，制定切实可行的实施办法，优化政策环境，推动我国高新技术产业发展跃上新台阶。

科技部 教育部 人事部 财政部
中国人民银行 国家税务总局
中国工商行政管理局

关于促进自主创新成果产业化的若干政策

(2008年12月15日国务院办公厅转发 发展改革委、科技部、财政部、教育部、人民银行、税务总局、知识产权局、中科院、工程院发布 国办发[2008]128号)

改革开放以来,我国自主创新成果产业化取得显著成绩,但也存在企业技术创新能力不强,自主创新成果转移机制不健全,工程化和系统集成能力薄弱,产业化资金难以筹措,配套政策措施不到位等突出问题。根据《国务院关于印发实施〈国家中长期科学和技术发展规划纲要(2006—2020年)〉若干配套政策的通知》(国发[2006]6号)要求,为加快推进自主创新成果产业化,提高产业核心竞争力,促进高新技术产业的发展,制定本政策。

一、培育企业自主创新成果产业化能力

(一)提高企业的技术开发和工程化集成能力。按照建立以企业为主体、市场为导向、产学研相结合的技术创新体系的总要求,支持企业与高等院校、科研机构以产学研结合等形式,共建国家工程(技术)研究中心、国家工程实验室、国家重点实验室等产业技术开发体系;支持国家认定的企业技术中心建设工程化试验设施。同时,积极发挥行业协会在自主创新成果产业化中的咨询、信息、桥梁等作用。

(二)启动实施自主创新成果产业化专项工程。国家在信息、生物、航空航天、新材料、先进能源、现代农业、先进制造、节能减排、海洋开发等重点领域,选择一批重大自主创新成果,实施自主创新成果产业化专项工程,给予适当的政策、资金等支持。发展改革委要会同有关部门抓紧制定具体办法,做好组织实施工作。各地区要结合当地实际,采取多种形式实施自主创新成果产业化项目。

(三)切实落实促进自主创新成果产业化的税收扶持政策。鼓励企业加大对自主创新成果产业化的研发投入,对新技术、新产品、新工艺等研发费用,按照有关税收法律和政策规定,在计算应纳税所得额时加计扣除。企业按照《当前优先发展的高技术产业化重点领域指南》实施的自主创新成果产业化项目,符合《产业结构调整指导目录》鼓励类条件的,按相关规定享受进口税收优惠。

二、大力推动自主创新成果的转移

(四)完善自主创新成果发布机制。高等院校、科研机构以及其他单位使用财政资金开展研究开发的,要及时通过网络等形式,将有关自主创新项目以及知识产权、技术转移等情况向社会公开发布(国家法律法规规定不能公开的除外),有关公开发布的要求必须在项目合同中予以明确。要不断完善国防科技成果解密制度,适时发布具有民用产业化前景的自主创新成果。要充分利用各类知识产权交易市场发布知识产权信息。

(五)鼓励高等院校和科研机构向企业转移自主创新成果。发展改革、教育、科技、知识产权等部门要指导、支持高等院校、科研机构和企业,强化自主创新项目的筛选、评估和知识产权保护,完善技术转移机制,积极推动自主创新成果的转移和许可使用。鼓励企业间技术成果的转移。高等院校和科研机构技术转让所得,按照有关税收法律和政策规定享受企业所得税优惠。

(六)鼓励科研人员开展自主创新成果产业化活动。高等院校和科研机构在专业技术职务评聘中,要将科研人员开展自主创新成果产业化情况作为重要的评价内容,引导、支持科研人员积极投身于自主创新成果产业化活动。对在自主创新成果产业化工作中做出突出贡献的人员,应依据《中华人民共和国促进科技成果转化法》等法律法规给予奖励。

三、加大自主创新成果产业化投融资支持力度

（七）加大政府投入力度。各级人民政府要根据财力的增长情况，继续增加投入。主要通过无偿资助、贷款贴息、补助（引导）资金、保费补贴和创业风险投资等方式，加大对自主创新成果产业化的支持，加快自主创新成果的推广应用，提高自主创新成果产业化水平。

（八）加快发展创业风险投资。鼓励按照市场机制设立创业风险投资基金，引导社会资金流向创业风险投资领域，扶持承担自主创新成果产业化任务企业的设立与发展。发展改革和财政等部门要积极培育、发展创业风险投资，对高技术产业领域处于种子期、起步期的重点自主创新成果产业化项目予以支持。

（九）加大信贷支持力度。商业银行要根据国家产业政策和信贷政策，结合自身特点和业务需要，按照信贷原则，加大对自主创新成果产业化项目的信贷支持力度。加强担保机构等融资支撑平台建设，为自主创新成果产业化项目融资提供服务。

四、营造有利于自主创新成果产业化的良好环境

（十）积极推动自主创新成果转化为技术标准。国家标准化管理委员会要加强指导协调，加大对重大自主创新成果形成国家标准或行业标准的支持力度，建立完善技术标准转化机制。对具备条件的，要及时推进自主创新成果形成技术标准。

（十一）加快自主创新成果产业化市场环境建设。知识产权部门要会同有关部门完善知识产权许可、技术转移等制度和政策，加大保护知识产权的执法力度，健全知识产权保护体系。切实做好自主创新成果产业化的知识产权风险评估工作，确保核心技术获得专利保护。财政部门要进一步落实政府采购自主创新产品的各项制度。商务部门要研究制定促进自主创新成果产业化的对外贸易政策，支持自主创新产品和技术参与国际市场竞争。加快研究建立自主创新产品的风险化解机制，推动自主创新产品开拓市场。

（十二）建立健全自主创新成果产业化中介服务体系。科技、知识产权等中介服务机构要客观、科学评估自主创新成果产业化价值和市场前景，努力提供优良的技术咨询、技术服务和知识产权服务。加强自主创新成果信息平台建设，不断提升服务能力。

（十三）积极培育自主创新成果产业化人才队伍。加快技术经纪、技术推广和知识产权评估等方面的人才培养。积极推动事业单位与企业社会保障制度的衔接，促进高等院校、科研机构与企业之间人才的合理流动。鼓励海外留学人员、华人华侨回国开展自主创新成果产业化活动。

五、切实做好组织协调工作

（十四）加强自主创新成果产业化的引导和协调。发展改革委等部门要加强对自主创新成果产业化的总体规划和协调，定期发布《当前优先发展的高技术产业化重点领域指南》，及时发布自主创新成果产业化专项工程内容及进展情况，指导社会中介机构尽快建立自主创新成果评价认证体系，做好自主创新成果及产业化信息统计和发布工作。有关部门、地方人民政府以及行业协会等要密切配合，形成工作合力。

（十五）抓紧制定完善具体落实措施。自主创新成果产业化事关经济发展方式转变和产业结构优化升级。各地区、各有关部门要高度重视，加强调查研究，结合实际抓紧制定和完善配套措施及具体办法，积极研究解决工作中遇到的问题。发展改革委要会同有关部门加强监督检查，确保各项政策措施落到实处。

关于国家科研计划项目研究成果知识产权管理的若干规定

(2002年4月14日国务院办公厅转发 2002年3月5日科技部、财政部发布 国办发[2002]30号)

为贯彻落实《中共中央国务院关于加强技术创新,发展高科技,实现产业化的决定》(中发[1999]14号)精神,促进我国自主知识产权总量的增加,加速科技成果转化,保障国家、单位和个人的合法权益,对以财政资金资助为主的国家科研计划项目(包括科研专项项目,以下简称科研项目)研究成果的知识产权管理,作出如下规定。

一、科研项目研究成果及其形成的知识产权,除涉及国家安全、国家利益和重大社会公共利益的以外,国家授予科研项目承担单位(以下简称项目承担单位)。项目承担单位可以依法自主决定实施、许可他人实施、转让、作价入股等,并取得相应的收益。同时,在特定情况下,国家根据需要保留无偿使用、开发、使之有效利用和获取收益的权利。

二、单位申请承担科研项目时,须提交该项目的知识产权可行性分析报告。项目执行过程中,项目承担单位须根据相关领域知识产权的发展动态,及时调整研究策略和措施。

三、项目承担单位须建立规范有效的知识产权管理制度,对项目执行过程中产生的研究成果及时采取知识产权保护措施,依法取得相关知识产权,并予以有效管理和充分使用。

四、科研计划归口管理部门要将知识产权管理制度是否健全作为确定项目承担单位的重要条件。在科研项目合同中须明确约定项目承担单位管理、保护研究成果知识产权的义务,并依据合同对履行义务情况组织检查和验收。对不履行义务或履行不当、造成重大损失的,依法追究项目承担单位和主要责任人的责任。

科研计划归口管理部门对涉及国家安全、国家利益和重大社会公共利益的科研项目,须在立项或验收时予以确认,明确项目成果知识产权管理方式,拟定成果转化和应用方案。

五、科研项目研究成果取得相关知识产权的申请费用、维持费用等知识产权事务费用,一般由项目承担单位负担。经财政部门批准,在国家有关科研计划经费中可以开支知识产权事务费,用于补助负担上述费用确有困难的项目承担单位。

六、国务院有关部门和省、自治区、直辖市人民政府可以根据国家需要,报请国务院批准,决定科研项目研究成果在一定的范围内推广应用,允许指定的单位实施,并区别不同情况,决定实施单位或无偿使用,或由实施单位按照国家有关规定向项目承担单位支付知识产权使用费。

七、项目承担单位应当建立科技成果转化机制,采取有效措施,积极促进科研项目研究成果的转化。项目承担单位转让科研项目研究成果知识产权时,成果完成人享有同等条件下优先受让的权利。

八、项目承担单位要按照《中华人民共和国促进科技成果转化法》、《中华人民共和国专利法》和《国务院办公厅转发科技部等部门关于促进科技成果转化若干规定的通知》(国办发[1999]29号)等有关规定,对科研项目研究成果完成人和为成果转化做出贡献的人员给予奖励和报酬。

九、科技部、财政部会同有关部门,根据本规定修订和完善各项科研计划管理制度,明确知识产权管理办法,制定科研项目合同知识产权标准条款,并负责组织实施和监督检查。

关于加强国家科技计划知识产权管理工作的规定

(2003年4月4日科技部发布 国科发政字[2003]94号)

为了加快实施专利战略,充分发挥知识产权制度对国家科技计划的引导、保障和激励作用,促进国家科技计划项目在高起点上创新,实现技术跨越发展,现就加强国家科技计划知识产权管理工作做如下规定:

一、在国家科技计划项目的申请、立项、执行、验收以及监督管理中全面落实专利战略。各类科技计划应当根据各自特点确定知识产权目标,把专利权、植物新品种权、计算机软件著作权、技术秘密等知识产权的取得、保护和运用,作为科技计划管理的重要内容。

科技行政管理部门、科技计划管理单位(包括科技行政管理部门内的计划管理机构、受科技行政管理部门委托管理科技计划项目的组织等)、科技计划项目承担单位,以及参与项目实施的个人,应当按照本规定的要求,强化知识产权意识,提高管理水平,明确职责和任务,切实做好计划项目的知识产权管理工作。

二、科技行政管理部门编制科技计划项目指南时,对于明确提出技术指标要求的重点领域,应委托有关机构对国内外(包括主要国家和地区、主要研究机构和企业等)的知识产权状况进行调查,形成调查分析报告,作为制定发布指南的依据和确定项目研究开发路线的参考,避免研究开发盲目性和重复。

知识产权调查和分析报告向项目申请单位公开。

三、科技计划项目申请单位应当具备完善的知识产权管理制度,有专门的机构或人员负责知识产权事务,有用于知识产权管理和保护工作的专门经费,并为应用开发类申请项目指定专门的知识产权协调员。

上述规定作为受理项目申请的必要条件,申请单位在申报项目时一并提交相关材料和情况。

四、申请国家科技计划项目应当在项目建议书中写明项目拟达到的知识产权目标,包括通过研究开发所能获取的知识产权的类型、数量及其获得的阶段,并附知识产权检索分析依据。

五、科技行政管理部门应当把知识产权作为独立指标列入科技计划项目评审指标体系,合理确定知识产权指标在整个评价指标体系中的权重。

科技计划管理单位组织项目评审时,应根据需要聘请知识产权专家参加,或者委托知识产权中介机构,对同一项目申请者的知识产权目标可行性进行汇总和评估,并将评估结果作为项目评审的依据。

对批准立项的项目,应在项目合同或计划任务书中明确约定项目的知识产权具体目标、任务。

六、科技行政管理部门在下达任务书或签订合同时,对涉及国家安全、国家利益和重大社会公共利益的项目,应当明确约定国家对研究成果拥有的权利,并指定机构负责成果及其知识产权的管理,同时保障研究开发人员根据法律法规和政策应当享有的精神权利、奖励和报酬。

七、国家科技计划项目下达后,项目承担单位应当按照以下要求加强相关知识产权管理工作:

(一)指定专人负责项目的知识产权管理工作,并根据需要委托知识产权中介机构代理知识产权申请保护事宜。

(二)对项目执行中形成的资料、数据的保管和使用,专利申请、植物新品种登记、软件登记等保护手续的履行等,承担单位应当做出明确规定,使项目实施各阶段所产生的各种形式的成果能够及时、准确、有效地得到保护。对可能形成专利的科研项目,承担单位要建立论文发表的登记审查制度,以保证科研成果能够符合专利审查条件。

(三)对项目的知识产权权属问题做出详细规定,确保国家科技计划项目成果的知识产权权属清晰。内容包括:在单位已有科技成果基础上执行国家项目,国家项目成果与已有成果的界限;项目实施过程中需购入技术的,与技术转让方的权利利益关系;项目实施中与第三方合作或向第三方转委托时,与第三方的权利利益关系等。承担单位为执行项目与第三方签订的技术合同,报科技行政管理部门备案。

(四)在项目执行过程中跟踪该领域的知识产权动态,及时调整研究策略和措施。对以取得自主知识产权为目标的项目,如发生原定技术目标已被申请知识产权保护,失去继续研究价值的,应当报请科技计划管理单位及时向科技行政管理部门报告,重新调整研究开发方案。

(五)安排项目参与人员参加知识产权培训,向有关人员说明项目的知识产权管理政策,并就项目的知识产权归属、资料和数据保管与使用、技术秘密的保密义务等签订协议。

八、科技行政管理部门、科技计划管理单位应当对项目执行中的知识产权管理情况进行监督,并作为中期检查工作的重要内容。科技计划管理单位在中期检查中应当依据合同或计划任务书,对项目承担单位的知识产权工作进行评价,并向科技行政管理部门提交情况报告;报告应当包括总体进展情况、存在的主要问题、应当进一步采取的措施。

九、科技行政管理部门组织项目验收时,应根据需要吸收知识产权专家或者委托知识产权中介机构,以项目合同或计划任务书约定的知识产权目标为依据,对项目的知识产权管理和保护情况做出评价。

项目承担单位在验收时应当提交项目形成的成果的知识产权清单,包括论文、数据、非专利技术的技术秘密保护情况,专利、植物新品种、软件的知识产权申请、审查、登记或授权的法律文件;对项目研发中与第三方的知识产权关系等做出说明。未能完成合同或计划任务书约定的知识产权目标的,应提交情况说明报告。

十、科研项目研究成果取得相关知识产权的申请费用、维持费用等知识产权事务费用,一般由项目承担单位负担。国家科技计划项目经费中可以列支知识产权事务经费,用于专利申请和维持等费用。

经财政部门批准,在国家有关科研计划经费中可以开支知识产权事务费,用于补助负担上述费用确有困难的项目承担单位,和具有抢占国际专利竞争制高点意义的重大专利的国外专利申请和维持费。

对于在国家科技、经济、社会发展有重大影响的科技计划项目成果,要积极利用专利优先审查机制,加快审查速度,依法维护国家利益。

十一、国家科技计划项目研究成果及其形成的知识产权,除涉及国家安全、国家利益和重大社会公共利益的以外,国家授予项目承担单位。项目承担单位可以依法自主决定实施、许可他人实施、转让、作价入股等,并取得相应的收益。

十二、科技行政管理部门应研究制定相关政策措施,对承担国家科技计划项目获得知识产权的质量和数量较高的单位,给予表彰奖励,并在新项目评审中优先安排;建立和完善计划项目知识产权统计和公报制度,为公众提供计划项目成果知识产权信息平台,促进计划项目成果的扩散和应用。

十三、为促进计划项目的产业化开发和应用,科技行政管理部门应引导项目承担单位以计划项目的研究开发为龙头,以向产业领域应用和转移为目的,与相关产业领域的企业建立知识产权(技术)联盟。在研究开发阶段,联盟各单位实施的科技计划项目和自主创新活动实现合理分工,协同配套,约定知识产权分享原则;在获取知识产权后的应用阶段,各单位通过相互许可,为产业发展提供完整的技术权利支撑。

各类科技成果产业化计划、科技型中小企业创新基金等,对知识产权联盟的科技创新活动给予重点支持。

十四、科技行政管理部门应当联合有关部门开展知识产权培训工作。要制定长期培训计划,针对不同对象推动知识产权理论、操作实务、战略应用等方面的培训,对项目实施人员开展基础知识培训和专利说明书撰写等方面的辅导,对知识产权管理人员系统进行管理方法、手段、方案以及知识产权评估等方面的专业培训,对计划管理人员和项目承担单位主要领导普及知识产权法律知识和战略观念等,不断提高计划项目管理和实施人员的知识产权意识,形成一支专业化的知识产权管理队伍。

十五、科技行政管理部门、科技计划管理单位应发挥知识产权中介服务机构的作用,扶持和规范科技查新、分析机构,鼓励有关行业科技信息机构加工采集与本行业有关的专利和非专利技术信息,形成一批为科技计划项目提供高质量服务的重点中介机构,使查新、分析、知识产权申请和保护等工作与科技创新活动实现有机结合。

科技行政管理部门应当建立国家科技计划重点领域和专项知识产权信息库,可以委托科技信息机构、研究机构建设或根据需要新建,跟踪国内外相关知识产权动态,为项目承担单位的知识产权工作提供信息服务。

十六、科技部综合计划部门、政策法规部门根据本规定修改和完善相关科技计划管理制度,并负责监督检查。

关于加强国家科技计划成果管理的暂行规定

(2003年6月18日科技部发布 国科发计字[2003]196号)

为及时、准确地掌握国家科技计划成果情况,促进国家科技计划成果的推广应用及产业化,维护国家安全和利益,对国家科技计划成果管理特作如下规定。

一、本规定所称国家科技计划成果系指科技部归口管理并由中央财政支持的科技计划项目和课题(以下统称项目)在实施中所取得的重要进展和验收成果(含新技术、新产品、新工艺、新材料、新设计、新装置、计算机软件和生物、矿产新品种以及专利、论文和专著等),其中对国家安全、国家利益和社会公共利益有重大影响,技术上有重大创新、在国际上处于领先水平,或有重大推广应用价值、产业化前景及经济效益显著的属于重大成果。

二、实行国家科技计划重大成果报告制度。项目实施过程中取得重大成果时,项目承担单位应及时填写国家科技计划重大成果报告表(附件1,略),并按计划管理渠道向科技部的计划管理机构(以下简称"计划管理机构")报告,报告中要重点说明成果应用及产业化前景情况。计划管理机构审查后确定为重大成果的向科技部成果管理机构(以下简称"成果管理机构")报告。对确定为取得重大成果的项目,计划管理机构应及时要求项目承担单位加强成果的管理。

对于未按合同规定完成及未取得预期成果的国家科技计划项目,项目承担单位应将有关情况通过项目年度执行情况报告按计划管理渠道向计划管理机构报告。

国家科技计划通过验收的成果必须严格执行《科技成果登记办法》,项目承担单位应于验收后1个月内履行登记手续。计划管理机构负责检查项目验收成果的登记执行情况,督促项目承担单位及时进行成果登记。计划管理机构应汇总年度项目重大成果验收情况(包括项目名称、成果名称、所属计划名称和计划项目编号、承担单位名称、验收结论、验收日期),于每年1月底前将上年度项目重大成果验收情况报成果管理机构。各地方、各部门科技行政管理部门对于已登记的国家科技计划成果应及时汇总并报送成果管理机构。

三、实行国家科技计划重大成果发布制度。科技部负责国家科技计划重大成果发布及管理,定期或按需发布重大成果新闻。

国家科技计划重大成果产生后,需要对外宣传发布的,项目承担单位应及时填写国家科技计划重大成果发布申请表(附件2,略),并按计划管理渠道经计划管理机构汇总审核后向成果管理机构申请。成果管理机构收到申请后将及时研究是否发布并予以回复。对未能安排发布的,经成果管理机构同意后,项目承担单位可自行发布。未向计划管理机构申报,并经成果管理机构同意,项目承担单位不得自行发布。科技部新闻宣传主管机构会同成果管理机构和计划管理机构筹划组织重大成果的新闻发布。

国家科技计划成果进行新闻发布时应注重客观、准确和时效性,所发布的成果必须声明得到何种国家科技计划支持及计划项目编号。成果归属关系存在争议或成果发布、发表将影响专利申请或其它知识产权保护的不得先行对外发布、发表。成果的发布、发表不得损害国家安全和利益,不得泄露国家秘密。

四、规范国家科技计划项目产生的学术报告、论文和专著的发表。实施国家科技计划项目产生的学术报告、论文和专著在进行对外公开发表时,无论个人或单位,必须标注所属国家科技计划专项经费资助字样和计划项目编号,且不得影响项目的专利申请或其他知识产权保护;公开发表后,应将学术报告、论文和专著的名称、发表刊物名称以及著作权人等基本情况报告项目承担单位。涉及重大成果的学术报告、论文和专著公开发表后，项目承担单位应按计划管理渠道将学术报告、论文和专著的名称、发表刊物名称以及著作权人等情况在编制计划项目年度执行情况时向计划管理机构报告。

五、国家科技计划成果管理要切实落实专利战略和技术标准战略。

对涉及国家安全、国家利益和重大社会公共利益，或国家财政投入数额巨大的国家科技计划重大项目，计划管理机构应通过合同约定国家和项目承担单位各自对研究成果和知识产权拥有的权益，并指定机构对项目执行中的成果和知识产权保护按照有关规定实施管理和监督。重大项目的承担单位在报告项目年度执行情况时对于产生的成果情况和知识产权保护情况要予以重点说明。国家科技计划一般项目研究成果的知识产权管理按《关于国家科研计划项目研究成果知识产权管理的若干规定》和相关规定执行。

国家科技计划项目实施过程中应注重相关技术标准的研制。对于已通过合同约定技术标准目标的项目，项目承担单位在编制项目年度执行情况报告时对标准研制情况要予以重点说明；项目验收时，计划管理机构应按合同要求对约定的技术标准目标进行验收。对于合同中没有约定技术标准目标的项目，在项目实施过程中或验收后产生的成果有望形成国家或行业技术标准的，项目承担单位应及时按计划管理渠道报告计划管理机构，计划管理机构应采取相应措施支持项目承担单位积极开展相关技术标准制定工作。

六、认真管理和应用国家科技计划形成的科学数据、档案和仪器设备。国家科技计划项目实施过程中，项目承担单位应按《科学技术研究课题档案管理规范》和有关国家科技计划项目科学数据管理规定要求将项目实施所取得的实验报告、数据手稿、图纸、声像及其它形式的科学数据进行收集整理，建立档案。项目验收时，计划管理机构应检查项目实施产生的科学数据和档案是否系统、完整和准确，并以此作为项目通过验收的基本条件，以便于按相关规定和约定进行查询共享。重大成果的档案清单及其管理情况由项目承担单位负责在项目验收结束后1个月内通过计划管理渠道向计划管理机构报告。

在实施国家科技计划项目过程中，对于用国家资助的项目经费购置的单台价值人民币10万元以上的（含10万元）仪器设备，项目承担单位应将仪器设备清单（包括仪器设备名称、型号规格、生产厂商和购买价格）通过编制项目年度执行情况报告按计划管理渠道向计划管理机构报告。其中单台价值在人民币100万元以上的（含100万元），要附运行使用状况和主要应用领域说明，同时注明能否对外开放使用，并提交相应的管理办法。

七、各地方、各部门科技行政管理部门应根据科技部的统一要求加强科技计划成果信息管理系统建设，健全和完善国家科技计划成果信息平台，同时，要加强宣传，扩大国家科技计划成果的社会影响，促进其推广应用。

八、国家科技计划成果涉及国家秘密的，有关各方应遵照《中华人民共和国保守国家秘密法》和《科学技术保密规定》及相关规定实施管理。

九、加强国家科技计划成果管理是科技管理工作的重要组成部分，各地方、各部门科技行政管理部门应配合科技部督促、检查本规定的执行。计划管理机构应将项目承担单位和人员在项目实施过程中执行本规定的情况列入国家科技计划信用记录系统，并按有关要求进行信用管理。对于不按要求执行本规定的项目承担单位和有关人员，计划管理机构可提出警告，并视情况决定1~2年不受理其申报或参与国家科技计划项目。对于执行本规定信用记录好的单位和个人，计划立项时，在同等条件下，计划管理机构可予以优先考虑。

十、地方和部门科技行政管理部门可参照本规定制定本地区、本部门所属科技计划成果管理的具体办法及措施。

十一、本规定自发布之日起实行。

关于国际科技合作项目知识产权管理的暂行规定

(2006年11月29日科技部发布　国科发外字[2006]479号)

为贯彻落实《中共中央国务院关于实施科技规划纲要，增强自主创新能力的决定》(中发[2006]4号)和《国家中长期科学和技术发展规划纲要(2006—2020年)》的精神，进一步加强国际科学技术合作中的知识产权管理和保护，保障合作各方的知识产权权益，制定本规定。

一、在国际科技合作协定、协议的磋商谈判以及国际科技合作项目的申请立项、组织实施、评估验收、监督检查等各项工作中全面加强知识产权管理和保护。

负责或者参与国际科技合作协定、协议以及国际科技合作项目谈判、管理和实施的各有关单位和个人，应按照本规定的要求，认真履行知识产权相关工作职责，切实做好国际科技合作项目的知识产权管理和保护工作。

二、本规定适用于下列国际科技合作项目

1. 由科学技术部代表中国政府与其他外国政府或者国际组织签订并由科学技术部负责组织实施的政府间国际科技合作协定下所列的政府间国际科技合作项目；

2. 由国务院有关部门与外国政府部门签订的部门间科技合作协议以及省级人民政府与外国州级政府签订的省州间国际科技合作协议下所列的国际科技合作项目；

3. 国家科研计划以及其他由政府财政资金资助设立的国际科技合作项目。

三、科学技术部归口管理全国的国际科技合作知识产权管理和保护工作。国务院其他有关部门、各省级人民政府负责由本部门、本地区组织实施的国际科技合作项目的知识产权管理和保护工作。

四、国务院各有关部门、各省级人民政府及其授权或委托负责项目组织实施管理的机构(以下统称"项目管理部门")应当采取有效措施，指导企业、科研院所、高等院校做好国际科技合作项目中的知识产权保护和管理工作，合理安排与其他合作方的知识产权关系，妥善处理合作过程中出现的知识产权问题，加快形成具有自主知识产权的科研成果。

五、国际科技合作项目的承担单位(以下简称"项目承担单位")应当建立和完善知识产权管理制度，加大知识产权工作经费投入，设立专门的知识产权工作机构、配备专门人员或者委托知识产权中介服务机构负责项目的知识产权管理和保护工作，提高处理国际科技合作项目所涉知识产权事务的能力和水平，有效维护我方的合法权益。

六、处理国际科技合作中的知识产权问题应遵循平等互利、尊重协议、信守承诺的原则，遵守我国相关知识产权法律法规以及我国参加或与合作国签订的有关知识产权保护的国际公约或双边条约。

七、负责政府间国际科技合作协定或者部门间、省州间国际科技合作协议以及国际科技合作项目谈判的有关单位，应当根据拟开展国际合作的领域、项目等具体情况，自行或者委托知识产权中介机构、专家研究提出有关知识产权方面的谈判原则和具体方案，作为谈判和确定国际科技合作中所涉知识产权问题的参考依据之一。

八、在签订政府间国际科技合作协定或者部门间、省州间国际科技合作协议时，应按照本规定的要求，对国际科技合作所涉知识产权问题做出事先安排，通过与外国合作方进行协商，达成知识产权条款或者专门的知识产权协议，明确研究成果的知识产权归属和利用等方面的基本原则，确保我国能够有效掌握、合理分享合作研究成果及其知识产权权益。

九、对于必须掌握自主知识产权或者有明确技术指标要求的国际科技合作项目,国际科技合作项目申请单位要在项目建议书中写明项目计划达到的知识产权具体目标、与外方合作的内容以及知识产权分享与利用的方案,包括通过研究开发所能获取的知识产权的类型、数量及其获得的阶段,并附知识产权检索分析依据。

十、项目管理部门应当将知识产权管理制度建立、知识产权工作机构设置、知识产权工作经费配备等情况作为遴选和确定国际科技合作项目及项目承担单位的重要指标之一,并在与项目承担单位签署的任务书或项目合同书中明确约定该项目的知识产权具体目标、保护方式、中方与外国合作方的权利归属与分享以及项目承担单位的管理职责等事项。

十一、项目承担单位在与外国合作方签订项目合作协议时,应按照本规定在项目合作协议中设立知识产权专门条款或者双方另行签署专门的知识产权协议,对合作中所涉及或产生的知识产权归属及权益分配、违约责任、争议处理等知识产权事项做出具体约定,并按照原项目申请渠道报项目管理部门备案。

项目实施过程中,以付薪金方式聘请来华的外国专家,在华工作期间作出的智力劳动成果,应当约定其知识产权属于聘请单位,成果完成人享有身份权和荣誉权。项目承担单位需要派遣人员赴外国合作方进行研究的,应当与出国人员签订保密协议,确保国家秘密及本单位的技术秘密不向外泄密。

十二、国际科技合作项目实施过程中,项目承担单位要按照本规定以及与项目管理单位签署的任务书或项目合同书中的有关要求,切实履行知识产权管理职责,采取必要的知识产权管理措施,及时履行知识产权申请、注册、登记等保护手续,使项目实施各阶段所产生的各种形式的研究成果能够及时、准确、有效地得到保护。

十三、项目管理部门组织项目验收时,应根据需要吸收知识产权专家或者委托知识产权中介机构,以任务书、项目合同书或合作协议中约定的知识产权目标和管理职责为依据,对项目的知识产权管理和保护情况做出评价。

十四、国际科技合作研究成果,按照合作各方在合作协议的约定确定有关知识产权的归属。其申请专利等知识产权的权利一般属于合作各方单位共有,并可以按照下列原则办理:

1. 各方合作单位在本国领土内代表全体合作方申请专利、以及在获得专利后许可他人实施该项专利,由此获得的经济利益,应按协议约定的比例分配。

2. 申请专利时成果完成人的名次排列,应当按照成果完成者的贡献大小确定。难以分清贡献大小时,在本国领土内申请专利的,可以本方成果完成人为第一完成人,在第三国申请专利权,由双方协商决定,或以负担专利申请费与维持费一方的成果完成人为第一完成人。

3. 合作各方如有一方声明放弃专利申请权,另一方可以单独申请,或者由其他各方共同申请。成果被授予专利权以后,放弃专利申请权的一方可以免费实施该项专利。

4. 合作各方中,一方不同意申请专利的,如理由充分,另一方或者其他各方不应申请专利。

5. 合作各方中任何一方向第三方转让共有的专利申请权或共有的专利权时,应当通知其他合作方,合作的其他各方有优先受让的权利。

6. 合作方中任何一方同第三方订立专利实施许可合同,应事先征得其他各方的同意,并由合作各方共同确定专利使用费标准。由此产生的经济利益,合作各方应当根据协议规定,合理分享。

7. 确定专利使用费分享的比例时,应当考虑各方在合作中所提供的人力、资金、仪器、设备、情报资料等物质条件多少等因素。

十五、国际科技合作项目所产生的研究成果及其形成的知识产权中属于中方的部分,除涉及国家安全、国家利益和重大社会公共利益以及任务书、项目合同书或合作协议中另有约定的以外,依照《关于国家科研计划项目研究成果知识产权管理若干规定》(国办发[2002]30号)授予项目承担单位。特定情况下,国家根据需要保留无偿使用、开发、使之有效利用和获取收益的权利。

项目承担单位可以依法自主决定实施、许可

他人实施、转让、作价入股等,并取得相应的收益。但是,研究成果及知识产权需要向国外转让的,应当按照原项目申请渠道报请项目管理部门同意。

十六、国际科技合作项目的承担单位可在课题经费预算中申请列支相关知识产权事务费,用于课题研究开发过程中中方需要支付的专利申请及其他知识产权事务等费用。

十七、国际科技合作项目所产生的研究成果取得相关知识产权后,项目承担单位应当在收到专利证书、植物新品种权登记证书、软件登记证、商标注册证等确权证明文件后的一个月内,将所取得知识产权的有关情况书面报告项目管理部门。

十八、对国际科技合作项目执行过程中出现的知识产权纠纷,项目承担单位应当在纠纷处理完毕后的一个月内,将有关处理情况书面报告项目管理部门。

十九、项目管理部门负责对国际科技合作项目承担单位的知识产权管理和保护情况进行监督检查。

项目承担单位违反本规定的,项目管理部门依照法定权限,分别情况责令改正、给予警告、通报批评、终止项目合同、追回已拨经费、一定时限内不接受其承担国际科技合作项目的申请;构成违纪的,建议有关部门给予纪律处分;构成犯罪的,依法移送司法机关追究刑事责任。

二十、国务院各有关部门、各省级人民政府根据本规定要求,依照法定权限制定必要的实施细则或者具体管理措施。

二十一、未列入本规定第二条的其它各类国际科技合作项目以及国家科研计划项目中需要进行国际科技合作与交流的,应当参照本规定加强知识产权的管理和保护。

二十二、本规定自发布之日起施行。

关于加强与科技有关的知识产权保护和管理工作的若干意见

(2000年12月13日科技部发布　国科发政字[2000]569号)

为贯彻落实中共中央国务院《关于加强技术创新,发展高科技,实现产业化的决定》精神,进一步加强技术创新活动中与科技有关的知识产权保护和管理工作,推动科研机构和高新技术企业提高知识产权保护意识和管理水平,完善我国科技计划、成果管理等各项科技管理工作中的知识产权内涵,正确处理科技成果转化工作涉及到的知识产权问题,特提出以下意见。

一、加强与科技有关的知识产权保护和管理,是促进科研机构和高新技术企业进行体制创新和技术创新的主要途径和重要保证

1. 充分认识知识产权制度的重要性,把加强与科技有关的知识产权保护和管理工作提升到促进体制创新和技术创新、增强科技持续创新能力的重要地位。知识产权制度是国家以法定程序和条件授予智力成果完成人在一定期间内拥有一定的独占权,并以法律手段保障这一权利不受侵犯的法律制度。知识产权制度通过对智力成果完成人民事权利的保护,体现了国家发展科技、鼓励创新、促进产业发展、保持国家竞争力的政策意志和战略目标。随着当代科学技术日新月异,高新技术及其产业迅猛发展,以及世界范围内的经济竞争呈现信息化、知识化和全球化趋势的深刻变化,知识产权制度作为保护智力劳动成果的一项重要法律制度,在国家经济、社会发展和科技进步中的战略地位进一步增强,成为国家技术创新体系的重要组成部分,发挥着激励创新、规范竞争、调整利益的重要作用。

近年来,我国的知识产权立法和执法工作不断加强和完善,良好的知识产权法治环境和秩序,对推动我国科技进步和技术创新起到了积极作用。但由于我国建立知识产权制度的时间不长,全社会的知识产权意识还比较薄弱,尤其是许多科研机构和高新技术企业对知识产权的重要性还缺乏足够的认识,也不善于运用必要的知识产权保护策略和管理手段;科技计划、科技成果等科技管理工作中还缺少知识产权内涵;科技成果转化中各种知识产权纠纷还不断发生,等等。这些问题严重影响了科技创新机制的形成和良性运转。

在当前形势下,加强与科技有关的知识产权保护和管理,以提高我国知识产权的总量和质量,既是增强我国科技持续创新能力,解决技术创新源头问题的迫切要求,也是科研机构和高新技术企业在我国加入世界贸易组织后,应对国际竞争,变压力为动力的必然选择。各级科技行政管理部门要充分认识到知识产权制度在激励技术创新,保持科研机构和高新技术企业科技、经济竞争优势方面的至关重要性,采取积极措施和有效政策,强化与科技有关的知识产权保护和管理工作,并把这一工作纳入到科技计划管理、科技成果管理、科技成果转化及其产业化和科技体制改革的各个环节中去,引导科研机构和高新技术企业提高与科技有关的知识产权保护意识,提高知识产权管理水平,建立和完善相应的知识产权管理制度,全面运用知识产权政策,正确调整科研开发、成果转化及产业化过程中的国家、单位和个人利益,实现知识的资本化,在技术创新和市场竞争中体现知识产权的经济价值,保障智力劳动及其成果价值的市场化实现。

2. 明确指导思想,突出工作重点,加强与科技有关的知识产权保护和管理的政策指导和宏观战略研究。当前,加强与科技有关的知识产权保护和管理工作的指导思想,应当是紧紧围绕增强科技持续创新能力,加强技术创新,发展高科技,实现产业化的方针,充分发挥知识产权制度在规范科技管理,调节利益关系,激励和保障技术创新方面的重要功能和作用,深化科研机构和高新技术企业体制创新和技术创新的内涵;充分运用知识产权制度,以增加我国知识产权总量、提高原创性知识产权质量为目的,扶持和保护具有自主知识产权的高新技术产业的形成和发展,加速科技成果转化及其产业化,提升国家创新能力和综合竞争力。

各级科技行政管理部门要围绕当前科技发展的政策方向和重大课题,突出重点,研究相应的知识产权管理和保护对策,提出综合性的、全局性的知识产权战略研究报告。要在宏观上和战略上加强各相关高新技术领域知识产权的态势研究,掌握和了解国外及其他地区在相关专业技术领域的知识产权状况,积极应对,寻找突破。要通过知识产权宏观战略研究,准确确定"有所为"的技术发展领域,并采取有效的倾斜政策,增加研究开发与产业化经费的投入,指导高新技术产业及产品结构调整,形成具有原创性的自主知识产权群,提高高新技术产业竞争的控制能力,并通过有效的知识产权管理和保护,提升技术创新在科技、经济竞争中的实际效益。各级科技行政管理部门要采取积极有效的行政、经济措施,鼓励和支持科研机构和高新技术企业申请专利、注册商标、登记计算机软件版权以及申请植物新品种保护,依法取得知识产权,确保我国知识产权总量特别是原创性发明专利申请量的增加,扩大技术创新的科技储备。

二、加强与科技有关的知识产权保护和管理工作,是科技管理体制创新的重要内容和主要目标之一

1. 调整科技成果的知识产权归属政策,激励科研机构、高新技术企业和广大科技人员积极参与技术创新活动。目前,国家财政科技投入仍是我国研究与开发投入的主要渠道,由此形成的科技成果仍是我国科技成果的主要来源之一,因此,应当贯彻尊重知识、尊重人才、保证公平、提高效率的原则,在保证重大国家利益、国家安全和社会公共利益的基础上,以加速科技成果转化和激励创新为目的,鼓励知识作为生产要素参与分配,充分保障科技计划项目承担单位和科技人员的技术权益和经济利益。

科技成果的知识产权归属政策是调整科研开发和成果转化中各方当事人技术、经济利益关系的重要杠杆。要逐步调整科技成果的知识产权归属政策,除以保证重大国家利益、国家安全和社会公共利益为目的,并由科技计划项目主管部门与承担单位在合同中明确约定外,执行国家科技计划项目所形成科技成果的知识产权,可以由承担单位所有。执行国家科技计划项目所产生的发明权、发现权及其他科技成果权等精神权利,属于对项目单独或者共同作出创造性贡献的科技人员。承担单位应当依法落实并保障科技成果完成人员取得相应的经济利益。承担单位应当建立和完善科技成果的知识产权管理制度及相应的转化制度,应对其所有的科技计划项目研究成果采取必要措施,依法申请相关知识产权并加以管理和保护,对侵犯其知识产权的违法行为,有责任寻求法律手段予以制止。对于承担单位无正当理由不采取或者不适当采取知识产权保护措施,以及无正当理由在一定期限内确能转化而不转化应用科技计划项目研究成果的,科技计划项目的行政主管部门可以依法另行决定相关研究成果的知识产权归属,并以完成成果的科技人员为优先受让人。

2. 改革科技计划管理体制,把知识产权管理纳入科技计划管理工作的全过程。各级科技行政管理部门要结合科技规划、重大专项、专题、课题的立项和进展,制定相应的知识产权战略,进行必要的知识产权状况分析和评估。要充分运用知识产权信息资源,选准高起点,突破国外专利封锁,选择最优化的技术开发及产业化路线,避免低水平重复研究。要从知识产权管理入手,提升科技计划立项的质量和科研目标的准确性。科技计划项目立项应当以独立的知识产权中介服务机构提供该项目技术领域的知识产权状况评估报告为基础,并在项目研究与开发过程中,及时进行知识产权信息分析。要结合研究与开发的具体情况,适时适当的选择知识产权保护方式,使科技成果及时形成知识产权。科技行政管理部门可以根据科技计划项目的具体情况,单列资金,用于补助承担单位取得相关知识产权的申请费用和维持费用;对于有国际市场前景的,可以补助承担单位用于

取得外国相关知识产权的申请费用和维持费用。知识产权保护和管理制度完善与否,应当成为各级科技行政管理部门确定申报或者投标科技计划项目承担单位的资格指标之一。

3. 改革科技成果管理和鉴定制度,将知识产权管理纳入科技成果管理体系,提升科技成果的法律内涵和市场外延。要逐步实行科技成果鉴定的社会化和市场化,大幅度减少行政主管部门组织的科技成果鉴定。科技行政管理部门及其他科技成果鉴定机构组织科技成果鉴定之前,应当要求科技成果完成者提交完整准确的知识产权报告;对于需要申请专利的,应当要求当事人及时申请专利后再行组织鉴定。

4. 增加各项科技管理工作的知识产权内涵,将知识产权拥有量及其保护和管理制度建设状况作为高新技术企业资格认定、科技人员职称评定、科技奖励评审等项工作的重要指标。各级科技行政管理部门要将拥有知识产权的数量、质量及其保护与管理制度完善与否,作为高新技术企业认定、高技术产品评审、中小企业技术创新基金申请等的重要资格指标和条件。要改变科技奖励以及科技人员职称、职务评定中重视论文发表数量、轻视知识产权的传统观念和模式,将形成并拥有知识产权的数量及其质量作为评定科研机构、高新技术企业和科技人员科研贡献及能力的重要指标之一。同时,在全国范围内开展的科教兴市(县)活动中,要将知识产权保护和管理工作列入各地方、各部门科技管理工作的重要内容,逐步推行知识产权考核指标体系,并将相关知识产权保护和管理制度建设完备与否、管理水平高低,作为地方党政领导目标责任制和干部考核、晋升的重要内容。

三、加强与科技有关的知识产权管理制度建设,提高科研机构和高新技术企业创造、保护和管理知识产权的能力和水平

1. 进一步提高科研机构和高新技术企业的知识产权保护意识和管理水平。创新是知识产权的源泉,知识产权是创新的动力。知识产权制度是科研机构和高新技术企业提高科技、经济竞争实力的法律武器,是增强科技持续创新能力,实现技术创新的重要保障。科研机构和高新技术企业应当增强知识产权保护和管理的自觉性、主动性和紧迫性,要深刻认识知识产权作为无形资产和经济、技术竞争武器的重要价值及其在开拓、占领国内外市场,保持竞争优势和发展后劲方面的积极作用,要从创新战略和经营方略的高度上重视知识产权管理,把知识产权的形成和使用纳入本单位研究与开发、成果转化、生产经营和资源管理的各项工作之中并形成相应的管理制度。利用知识产权信息制定正确的技术创新战略,确定研究方向和技术路线,提高技术研究与开发的起点、水平、质量和效益,避免重复研究或发生不必要的侵权纠纷。

科研机构和高新技术企业应当逐步形成通过掌握和应用自主知识产权,提高市场竞争能力,保持市场竞争优势,并不断创新,进一步形成并取得新的知识产权的良性发展机制。科研机构要完善科研管理制度,改变由课题组和项目完成人提出知识产权申请并承担相关费用的简单做法,主动对其内部科研组织提出知识产权方面的任务和要求,并承担相关申请和维持费用,将知识产权做为本单位的无形资产予以重视并统一管理。科研机构和高新技术企业要克服在知识产权保护和管理方面对政府的过度依赖心理,提高自我保护意识,增强对知识产权法律保护的信心。

各级科技行政管理部门要主动引导、帮助和支持科研机构和高新技术企业建立知识产权管理制度,并把这一工作纳入重要议事日程。要对拥有自主知识产权特别是原创性发明专利的科研机构和高新技术企业实行有效的支持政策,在计划安排和经费投入上对原创性自主知识产权的转化和实施予以重点倾斜。各国家级高新技术产业开发区管理机构及其创业服务机构也应当对园区内高新技术企业的知识产权保护和管理状况进行监控,随时掌握相关信息和动态,不断提高高新技术企业的知识产权开发能力。

要继续开展科研机构和高新技术企业的知识产权保护试点工作,并以推动技术创新和体制创新为目标,丰富试点内涵,提高试点质量。科学技术部将分批选择若干国家高新技术产业开发区、大学科技园及高新技术企业,进行知识产权管理制度和环境建设的试点推动工作,按照"试点先行、逐步深入、以点带面、指导全局"的工作原则，帮助和指导国家高新技术产业开发区及区内高新技术企业建立与科技有关的知识产权管理制度。通过建章立制、培训教育、战略指导、业务交流、专项服务等工作，摸索出有助于科研机构和高新技术企业建立与科技有关的知识产权管理模式及配套的规章制度，并逐步交流推广。

2. 加强科技人员流动中知识产权特别是技术秘密的保护和管理工作，实现在社会主义市场经济体制下科技人才和技术资源的优化配置。科技人员流动是社会主义市场经济体制下劳动择业自由的体现，也是鼓励创业、创新，促进科研结构调整、人才分流，实现科技人才和技术资源优化配置的一项重要措施。要继续鼓励和支持科技人员以调离、辞职、离岗、兼职等方式创办、领办高新技术企业，充分发挥其作用。科技人员流动应当依法有序地进行。科技人员在流动中应当遵守国家法律、法规和本单位的各项管理制度，自觉维护国家和单位的合法权益。各级科技行政管理部门应当加强对科技人员流动的宏观管理和政策引导，支持正当合理的科技人员流动。

科研机构和高新技术企业应当对本单位的技术秘密予以严格界定，并采取相应的合法、有效的保密措施。单位未明确界定或未采取适当保密措施，或者有关技术信息的内容已经公开、能够从公开渠道直接得到的技术信息，科技人员有权自行使用。单位在对技术秘密予以界定并采取保密措施的同时，应当遵循公平、合理的原则，切实保障科技人员依法享有的获取相应报酬和奖励的权利。科技人员在流动活动中，可以利用自己在工作中积累和掌握的知识、经验和信息从事技术创新活动，但不得将原单位拥有的特定的技术秘密擅自提供给其他单位或个人，侵害原单位的技术权益。对于以流动为名，故意利诱他人披露相关技术秘密的单位和个人，应当依法追究法律责任。

3. 采取有效措施鼓励知识和技术作为生产要素参与分配，切实保障职务技术成果完成人的技术权益和经济利益。要严格按照《合同法》、《专利法》、《著作权法》、《计算机软件保护条例》、《植物新品种保护条例》等法律、法规的规定，界定职务技术成果和非职务技术成果的知识产权权属，尊重单位对职务技术成果的使用权、转让权和收益权。对于非本单位任务来源或本职工作任务，仅利用本单位物质技术条件所完成的技术成果，单位和研究人员之间可以以协商方式确定成果权属，协商不成的，研究人员在交付约定的物质技术条件使用费用后，可以依法享有该项技术成果的知识产权。

进一步贯彻落实知识和技术作为生产要素参与分配的政策，及时、充分地兑现国家法律、法规规定的各项奖励政策，切实保障科技人员创造性劳动的经济价值实现。各单位应当严格按照《促进科技成果转化法》和国务院办公厅转发的《关于促进科技成果转化的若干规定》要求，兑现相关的奖励措施，支付相关报酬。各级科技行政管理部门应当进行必要的监督检查。对于拒不支付职务技术成果完成人和在科技成果转化中做出突出贡献人员依法应得报酬的，职务技术成果完成人及相关人员有权通过法律手段予以追偿。

要积极探索和推广企业期权激励机制，依法保障技术成果完成人和在科技成果转化中做出突出贡献的其他人员获得与其创造性劳动价值相适应的股份，使高新技术企业在人力资源管理方面的激励机制与约束机制，通过完善知识产权管理得以有机的结合。

4. 加强技术合同管理工作，切实保障技术提供方通过技术成果转让或者知识产权许可实施获得相应收益，加速科技成果转化。科研机构和高新技术企业转让科技成果，进行技术交易，应当严格按照《合同法》的有关规定，签订有关技术开发、转让、咨询、服务以及技术入股、联营、培训、中介等合同，并且应当在合同中明确约定有关知识产权归谁所有、如何使用以及由此产生的利益如何分配等事项。签订技术合同应当合法、公平、诚实信用、互利有偿，充分体现并保障技术商品价值的实现，有利于科技进步，加速科技成果的转化、应用和推广。任何一方不得通过技术合同非法垄断技术，妨碍技术进步或者侵害他人技术权益。要通过技术合同中知识产权归属与利益分享的合理约定，进一步加强产学研结合，提升科技成果转化能力和实际效果。

要保障技术交易的各方当事人通过科技成果

的转化实施,分享科技进步的利益。技术合同的各方当事人应当严格履行合同约定的权利和义务,提升履行技术合同的效益和水平。受让技术成果的当事人应当严格按照技术合同的约定支付技术使用费和报酬,不得随意拖欠、拒付。约定提成支付的,应当切实保证提成基数的真实、准确。出让技术成果的当事人应当保证知识产权的真实性和有效性以及技术成果的实用性和完整性,保证技术咨询和服务的质量,不得有意提供虚假技术或者故意隐瞒技术成果瑕疵。

各级科技行政管理部门应当通过技术合同的认定登记工作,加强对技术市场及技术交易活动的管理,切实保证技术合同认定登记质量,并与财政、税务部门密切配合,保障国家有关技术交易财税优惠政策的实现。

四、加强与科技有关的知识产权中介服务组织建设,提高与科技有关的知识产权保护和管理的社会化服务水平

1. 支持知识产权中介服务机构的建设,努力为科研机构和高新技术企业提供优质高效的知识产权服务。专利、商标、版权、植物新品种等知识产权代理服务机构、律师事务所、资产评估机构、技术交易中介服务机构及科技成果评估和鉴定机构等社会化中介服务机构,是我国技术创新体系中社会化服务组织建设的重要组成部分。要进一步支持这些机构的发展,使之按照市场需求,强化其中介服务的功能和作用,积极面向科研机构和高新技术企业及广大科技人员,开展多种形式的知识产权中介服务,不断提高知识产权中介服务的质量和水平。各级科技行政管理部门可以主动指定或委托这些知识产权中介服务机构进行相关的知识产权中介服务业务,使之既是科研机构和高新技术企业完善与科技有关的知识产权保护与管理制度的重要社会支撑力量,又成为科技行政管理部门有效开展与科技有关的知识产权保护和管理工作的有力助手。

2. 推动科研机构和高新技术企业知识产权自我保护和管理的社会组织建设。要支持和鼓励高新技术各领域、高新技术产业开发区及高新技术企业、科研机构等自发组建各类知识产权保护的自律性和维权性社会组织,发挥其在保护和管理知识产权方面的集体运作功能,建立自我教育、自我保护、自我约束、自我发展的机制,形成专业性或区域性知识产权保护组织,自发开展相关技术领域的知识产权战略研究,积极向有关行政主管部门和司法机关提供政策咨询和建议,协助和指导会员单位建立和完善知识产权的内部管理制度,提高自我保护和管理能力,监控知识产权保护状况,协调会员单位之间的知识产权纠纷,建立知识产权公平竞争的市场规则,逐步提高我国与科技有关的知识产权保护的社会化管理和服务水平。

五、深入普法,加大执法力度,坚决查处和制裁科技成果转化中的各种知识产权侵权行为

1. 切实抓好知识产权宣传普及工作,提高科研机构和高新技术企业及科技人员的知识产权法律意识。各级科技行政管理部门要面向科研机构、高新技术企业和科技人员,大力宣传和普及知识产权知识,要针对不同对象和层次,以普及教育、专业培养、业务交流等多种方式深入、持久、扎实地抓紧抓好。特别要注重指导和帮助科研机构和高新技术企业培养和建立一支业务能力强、素质好的知识产权专业骨干队伍,充实科研机构和高新技术企业的知识产权管理和保护力量。

2. 积极加强与司法机关和知识产权行政执法机关的密切配合,共同营造有利于科技进步的知识产权法治环境。各级科技行政管理部门应当积极支持和协助司法机关和知识产权行政执法机关对知识产权侵权案件的依法审理和查处,保障各类知识产权案件得到公正、及时的处理,制裁各类侵犯知识产权的行为,切实维护科研机构、高新技术企业和科技人员的合法权益。要努力为司法审判和行政执法提供技术支持和帮助,并可接受其委托,组织或者指定有关专业机构和专家就有关知识产权纠纷中的专业技术性问题进行鉴定和评估,提供技术咨询。各级科技行政管理部门应当依法维护和支持科研机构和高新技术企业以及科技人员与科技有关的知识产权合法权益,主动热情地为他们排忧解难。科研机构和高新技术企业在科研开发和成果转化的各项活动中也应当自觉尊重他人的知识产权,在不侵犯他人知识产权的前提下,勇于并善于运用法律武器,依法维护自身的知识产权合法权益,打击各种知识产权侵权行为,依法保持自己的技术竞争优势。

六、加强国际科技合作与交流中的知识产权保护和管理,切实保护合作各方的知识产权权益,促进对外开放,优化投资环境

保护知识产权既是我国经济发展和科技创新的内在需求,也是对外开放,优化投资环境,参与国际竞争的必然选择。我国即将加入世界贸易组织,经济、科技等领域将面临更大的挑战和竞争。要切实履行我国加入和缔结的国际科技合作协定中有关知识产权的权利和义务,加强国际科技交流与合作中的知识产权保护和管理。要坚持按照平等互利的原则,妥善处理国际科技交流与合作方面的知识产权关系,公平合理地解决对外科技合作中出现的知识产权纠纷,对外国投资者、合作者的知识产权提供有效保护。要指导我国科研机构和高新技术企业等单位在合作研究开发、合办研究开发机构、人才与信息交流、科技考察、学术会议、科技展览、技术贸易等各类科技合作交流活动中,对科技成果的权属与分享及保护等做出合理安排。要采取有效措施,维护我国高新技术企业在境外的合法权益,帮助我国高新技术企业有效运用知识产权武器,积极参与国际市场竞争,并在激烈的竞争中争取优势、维护优势、发展优势。

展会知识产权保护办法

(2006年1月10日商务部、国家工商总局、国家版权局、国家知识产权局发布 商务部等4部门令2006年第1号)

第一章 总 则

第一条 为加强展会期间知识产权保护,维护会展业秩序,推动会展业的健康发展,根据《中华人民共和国对外贸易法》、《中华人民共和国专利法》、《中华人民共和国商标法》和《中华人民共和国著作权法》及相关行政法规等制定本办法。

第二条 本办法适用于在中华人民共和国境内举办的各类经济技术贸易展览会、展销会、博览会、交易会、展示会等活动中有关专利、商标、版权的保护。

第三条 展会管理部门应加强对展会期间知识产权保护的协调、监督、检查,维护展会的正常交易秩序。

第四条 展会主办方应当依法维护知识产权权利人的合法权益。展会主办方在招商招展时,应加强对参展方有关知识产权的保护和对参展项目(包括展品、展板及相关宣传资料等)的知识产权状况的审查。在展会期间,展会主办方应当积极配合知识产权行政管理部门的知识产权保护工作。

展会主办方可通过与参展方签订参展期间知识产权保护条款或合同的形式,加强展会知识产权保护工作。

第五条 参展方应当合法参展,不得侵犯他人知识产权,并应对知识产权行政管理部门或司法部门的调查予以配合。

第二章 投诉处理

第六条 展会时间在3天以上(含3天),展会管理部门认为有必要的,展会主办方应在展会期间设立知识产权投诉机构。设立投诉机构的展会举办地知识产权行政管理部门应当派员进驻,并依法对侵权案件进行处理。

未设立投诉机构的,展会举办地知识产权行政管理部门应当加强对展会知识产权保护的指导、监督和有关案件的处理,展会主办方应当将展会举办地的相关知识产权行政管理部门的联系人、联系方式等在展会场馆的显著位置予以公示。

第七条 展会知识产权投诉机构应由展会主办方、展会管理部门、专利、商标、版权等知识产权行政管理部门的人员组成,其职责包括:

(一)接受知识产权权利人的投诉,暂停涉嫌侵犯知识产权的展品在展会期间展出;

(二)将有关投诉材料移交相关知识产权行政管理部门;

(三)协调和督促投诉的处理;

(四)对展会知识产权保护信息进行统计和分析;

(五)其他相关事项。

第八条 知识产权权利人可以向展会知识产权投诉机构投诉也可直接向知识产权行政管理部门投诉。权利人向投诉机构投诉的,应当提交以下材料:

(一)合法有效的知识产权权属证明:涉及专利的,应当提交专利证书、专利公告文本、专利权人的身份证明、专利法律状态证明;涉及商标的,应当提交商标注册证明文件,并由投诉人签章确认,商标权利人身份证明;涉及著作权的,应当提交著作权权利证明、著作权人身份证明;

(二)涉嫌侵权当事人的基本信息;

(三)涉嫌侵权的理由和证据。

（四）委托代理人投诉的，应提交授权委托书。

第九条 不符合本办法第八条规定的，展会知识产权投诉机构应当及时通知投诉人或者请求人补充有关材料。未予补充的，不予接受。

第十条 投诉人提交虚假投诉材料或其他因投诉不实给被投诉人带来损失的，应当承担相应法律责任。

第十一条 展会知识产权投诉机构在收到符合本办法第八条规定的投诉材料后，应于24小时内将其移交有关知识产权行政管理部门。

第十二条 地方知识产权行政管理部门受理投诉或者处理请求的，应当通知展会主办方，并及时通知被投诉人或者被请求人。

第十三条 在处理侵犯知识产权的投诉或者请求程序中，地方知识产权行政管理部门可以根据展会的展期指定被投诉人或者被请求人的答辩期限。

第十四条 被投诉人或者被请求人提交答辩书后，除非有必要作进一步调查，地方知识产权行政管理部门应当及时作出决定并送交双方当事人。

被投诉人或者被请求人逾期未提交答辩书的，不影响地方知识产权行政管理部门作出决定。

第十五条 展会结束后，相关知识产权行政管理部门应当及时将有关处理结果通告展会主办方。展会主办方应当做好展会知识产权保护的统计分析工作，并将有关情况及时报展会管理部门。

第三章 展会期间专利保护

第十六条 展会投诉机构需要地方知识产权局协助的，地方知识产权局应当积极配合，参与展会知识产权保护工作。地方知识产权局在展会期间的工作可以包括：

（一）接受展会投诉机构移交的关于涉嫌侵犯专利权的投诉，依照专利法律法规的有关规定进行处理；

（二）受理展出项目涉嫌侵犯专利权的专利侵权纠纷处理请求，依照专利法第五十七条的规定进行处理；

（三）受理展出项目涉嫌假冒他人专利和冒充专利的举报，或者依职权查处展出项目中假冒他人专利和冒充专利的行为，依据《专利法》第五十八条和第五十九条的规定进行处罚。

第十七条 有下列情形之一的，地方知识产权局对侵犯专利权的投诉或者处理请求不予受理：

（一）投诉人或者请求人已经向人民法院提起专利侵权诉讼的；

（二）专利权正处于无效宣告请求程序之中的；

（三）专利权存在权属纠纷，正处于人民法院的审理程序或者管理专利工作的部门的调解程序之中的；

（四）专利权已经终止，专利权人正在办理权利恢复的。

第十八条 地方知识产权局在通知被投诉人或者被请求人时，可以即行调查取证，查阅、复制与案件有关的文件，询问当事人，采用拍照、摄像等方式进行现场勘验，也可以抽样取证。

地方知识产权局收集证据应当制作笔录，由承办人员、被调查取证的当事人签名盖章。被调查取证的当事人拒绝签名盖章的，应当在笔录上注明原因；有其他人在现场的，也可同时由其他人签名。

第四章 展会期间商标保护

第十九条 展会投诉机构需要地方工商行政管理部门协助的，地方工商行政管理部门应当积极配合，参与展会知识产权保护工作。地方工商行政管理部门在展会期间的工作可以包括：

（一）接受展会投诉机构移交的关于涉嫌侵犯商标权的投诉，依照商标法律法规的有关规定进行处理；

（二）受理符合《商标法》第五十二条规定的侵犯商标专用权的投诉；

（三）依职权查处商标违法案件。

第二十条 有下列情形之一的，地方工商行政管理部门对侵犯商标专用权的投诉或者处理请求不予受理：

（一）投诉人或者请求人已经向人民法院提起商标侵权诉讼的；

（二）商标权已经无效或者被撤销的。

第二十一条 地方工商行政管理部门决定受理后，可以根据商标法律法规等相关规定进行调查和处理。

第五章 展会期间著作权保护

第二十二条 展会投诉机构需要地方著作权行政管理部门协助的，地方著作权行政管理部门应当积极配合，参与展会知识产权保护工作。地方著作权行政管理部门在展会期间的工作可以包括：

（一）接受展会投诉机构移交的关于涉嫌侵犯著作权的投诉，依照著作权法律法规的有关规定进行处理；

（二）受理符合《著作权法》第四十七条规定的侵犯著作权的投诉，根据著作权法的有关规定进行处罚。

第二十三条 地方著作权行政管理部门在受理投诉或请求后，可以采取以下手段收集证据：

（一）查阅、复制与涉嫌侵权行为有关的文件档案、账簿和其他书面材料；

（二）对涉嫌侵权复制品进行抽样取证；

（三）对涉嫌侵权复制品进行登记保存。

第六章 法律责任

第二十四条 对涉嫌侵犯知识产权的投诉，地方知识产权行政管理部门认定侵权成立的，应会同会展管理部门依法对参展方进行处理。

第二十五条 对涉嫌侵犯发明或者实用新型专利权的处理请求，地方知识产权局认定侵权成立的，应当依据《专利法》第十一条第一款关于禁止许诺销售行为的规定以及《专利法》第五十七条关于责令侵权人立即停止侵权行为的规定作出处理决定，责令被请求人从展会上撤出侵权展品，销毁介绍侵权展品的宣传材料，更换介绍侵权项目的展板。

对涉嫌侵犯外观设计专利权的处理请求，被请求人在展会上销售其展品，地方知识产权局认定侵权成立的，应当依据《专利法》第十一条第二款关于禁止销售行为的规定以及第五十七条关于责令侵权人立即停止侵权行为的规定作出处理决定，责令被请求人从展会上撤出侵权展品。

第二十六条 在展会期间假冒他人专利或以非专利产品冒充专利产品，以非专利方法冒充专利方法的，地方知识产权局应当依据《专利法》第五十八条和第五十九条规定进行处罚。

第二十七条 对有关商标案件的处理请求，地方工商行政管理部门认定侵权成立的，应当根据《商标法》、《商标法实施条例》等相关规定进行处罚。

第二十八条 对侵犯著作权及相关权利的处理请求，地方著作权行政管理部门认定侵权成立的，应当根据《著作权法》第四十七条的规定进行处罚，没收、销毁侵权展品及介绍侵权展品的宣传材料，更换介绍展出项目的展板。

第二十九条 经调查，被投诉或者被请求的展出项目已经由人民法院或者知识产权行政管理部门作出判定侵权成立的判决或者决定并发生法律效力的，地方知识产权行政管理部门可以直接作出第二十六条、第二十七条、第二十八条和第二十九条所述的处理决定。

第三十条 请求人除请求制止被请求人的侵权展出行为之外，还请求制止同一被请求人的其他侵犯知识产权行为的，地方知识产权行政管理部门对发生在其管辖地域之内的涉嫌侵权行为，可以依照相关知识产权法律法规以及规章的规定进行处理。

第三十一条 参展方侵权成立的，展会管理部门可依法对有关参展方予以公告；参展方连续两次以上侵权行为成立的，展会主办方应禁止有关参展方参加下一届展会。

第三十二条 主办方对展会知识产权保护不力的，展会管理部门应对主办方给予警告，并视情节依法对其再次举办相关展会的申请不予批准。

第七章 附 则

第三十三条 展会结束时案件尚未处理完毕

的,案件的有关事实和证据可经展会主办方确认,由展会举办地知识产权行政管理部门在15个工作日内移交有管辖权的知识产权行政管理部门依法处理。

第三十四条 本办法中的知识产权行政管理部门是指专利、商标和版权行政管理部门;本办法中的展会管理部门是指展会的审批或者登记部门。

第三十五条 本办法自2006年3月1日起实施。

专利权质押合同登记管理暂行办法

(1996年9月19日中国专利局发布 中华人民共和国专利局令第8号)

第一条 根据《中华人民共和国担保法》和《中华人民共和国专利法》及有关规定,制定本办法。

第二条 中国专利局是专利权质押合同登记的管理部门。

第三条 以专利权出质的,出质人与质权人应当订立书面合同,并向中国专利局办理出质登记,质押合同自登记之日起生效。

第四条 出质人必须是合法专利权人。如果一项专利有两个以上的共同专利权人,则出质人为全体专利权人。

第五条 全民所有制单位以专利权出质的,须经上级主管部门批准。

中国单位或个人向外国人出质专利权的,须经国务院有关主管部门批准。

办理涉外专利权质押合同登记的,应当委托涉外专利代理机构代理。

第六条 申请办理专利权质押合同登记的,当事人应当向中国专利局寄交或面交下列文件:

(一)专利权质押合同登记申请表;
(二)主合同和专利权质押合同;
(三)出质人的合法身份证明;
(四)委托书及代理人的身份证明;
(五)专利权的有效证明;
(六)专利权出质前的实施及许可情况;
(七)上级主管部门或国务院有关主管部门的批准文件;
(八)其它需要提供的材料;

中国专利局以收到上述文件之日为登记申请受理日。

第七条 专利权质押合同包括以下内容:

(一)出质人、质权人以及代理人或联系人的姓名(名称)、通讯地址;
(二)被担保的主债权种类;
(三)债务人履行债务的期限;
(四)专利件数以及每项专利的名称、专利号、申请日、颁证日;
(五)质押担保的范围;
(六)质押的金额与支付方式;
(七)对质押期间进行专利权转让或实施许可的约定;
(八)质押期间维持专利权有效的约定;
(九)出现专利纠纷时出质人的责任;
(十)质押期间专利权被撤销或被宣告无效时的处理;
(十一)违约及索赔;
(十二)争议的解决办法;
(十三)质押期满债务的清偿方式;
(十四)当事人认为需要约定的其它事项;
(十五)合同签订日期,签名盖章。

第八条 对出现下列情况之一的专利权质押合同,中国专利局不予登记:

(一)出质人非专利文档所记载的专利权人或者非全部专利权人的;
(二)专利权被宣告无效、被撤销或者已经终止的;
(三)假冒他人专利或冒充专利的;
(四)专利申请未获授权的;
(五)专利权被提出撤销请求或被启动无效宣告程序的;
(六)存在专利权属纠纷的;
(七)质押期超过专利权有效期的;
(八)合同约定在债务履行期届满质权人未受清偿时,质物的所有权归质权人所有的;
(九)其它不符合出质条件的。

第九条 中国专利局在受理专利权质押合同

登记申请之后,依照国家法律、法规的规定,审查下列内容:

(一)质押合同条款是否齐全;
(二)是否出现第八条所列情况之一;
(三)是否按要求补正;
(四)其它有必要审查的内容。

第十条 中国专利局自受理日起15日内(不含补正时间)作出审查决定。

第十一条 经审查合格的专利权质押合同准予登记,并向当事人发送《专利权质押合同登记通知书》。

经审查不合格或逾期不补正的,不予登记,并向当事人发送《专利权质押合同不予登记通知书》。

第十二条 中国专利局设立《专利权质押合同登记簿》,供公众查阅。

第十三条 质押期间专利权人就有关专利提出著录项目变更请求时,须经质押双方当事人同意。

第十四条 变更质权人、被担保的主债权种类及数额或者质押担保的范围的,当事人应当于作出变更决定之日起七日内持变更协议、原《专利权质押合同登记通知书》和其他有关文件,向中国专利局办理变更手续。

第十五条 申请延长质押期限的,当事人应当在原质押期限届满前持延期协议、原《专利权质押合同登记通知书》及其他有关文件,向中国专利局办理延期手续。

第十六条 提前解除质押合同的,当事人应当自解除质押合同的协议签字后七日内持解除协议和《专利权质押合同登记通知书》向中国专利局办理质押合同登记注销手续。

第十七条 专利权被无效、撤销或其他原因丧失后,当事人应当在收到通知之日起七日内持专利权丧失凭证和原《专利权质押合同登记通知书》,向中国专利局办理质押合同登记注销手续。

第十八条 因主合同无效致使质押合同无效的,当事人应当向中国专利局办理质押合同登记注销手续。

第十九条 质押期限届满,当事人应当持合同履行完毕凭证以及《专利权质押合同登记通知书》,向中国专利局办理质押合同登记注销手续。

质押期限届满后15日内当事人不办理注销登记的,该合同登记将被自动注销。

第二十条 经中国专利局审核后,向当事人发出《专利权质押合同登记注销通知书》。

专利权质押合同自登记注销之日起生效。

第二十一条 提交虚假合同证明文件或者以其他手段非法取得或伪造专利权质押合同登记的,中国专利局将依法注销该合同登记,并由当事人所在地专利管理机关处以1000元以上,10 000元以下罚款。

第二十二条 申请专利权质押合同登记的,当事人应当按规定缴纳登记费。

第二十三条 本办法由中国专利局负责解释。

第二十四条 本办法自1996年10月1日起施行。

专利费用减缓办法

(2006年10月12日国家知识产权局发布　国家知识产权局令第39号)

第一条 根据《中华人民共和国专利法实施细则》及有关文件规定,特制定本办法。

第二条 申请人或者专利权人缴纳有关专利费用确有困难的,可以依照本办法请求国家知识产权局专利局(以下简称"专利局")减缓缴纳有关费用。

第三条 经专利局批准,下列专利费用可以减缓:

一、申请费(其中公布印刷费、申请附加费不予减缓);

二、发明专利申请审查费;

三、年费(自授予专利权当年起三年内的年费);

四、发明专利申请维持费;

五、复审费。

第四条 申请人或者专利权人为个人的,可以请求减缓缴纳85%的申请费、发明专利申请审查费和年费及80%的发明专利申请维持费和复审费。

申请人或者专利权人为单位的,可以请求减缓缴纳70%的申请费、发明专利申请审查费和年费及60%的发明专利申请维持费和复审费。

两个或者两个以上的个人或者个人与单位共同申请专利的,可以请求减缓缴纳70%的申请费、发明专利申请审查费和年费及60%的发明专利申请维持费和复审费。

两个或者两个以上的单位共同申请专利的,不予减缓专利费用。

第五条 专利申请人可以在提出专利申请的同时一并请求减缓缴纳本办法第三条规定的五种费用。在专利局受理专利申请后,申请费不再减缓。申请人或者专利权人只能就尚未到期的费用请求减缓缴纳,并且应当在有关费用缴纳期限届满日的二个半月之前提出费用减缓请求。

第六条 申请人或者专利权人请求专利费用减缓的,应当提交费用减缓请求书,必要时还应附具有关证明文件。

费用减缓请求书应当由全体申请人或专利权人签字或者盖章。

第七条 个人请求专利费用减缓的,应当在费用减缓请求书中如实填写本人的年收入情况,必要时应当根据专利局的要求,提供市级以上人民政府管理专利工作的部门出具的关于其经济困难情况的证明。

两个或者两个以上的个人共同请求专利费用减缓的,应当在费用减缓请求书中如实填写每个人的年收入情况,必要时应当根据专利局的要求,提供市级以上人民政府管理专利工作的部门出具的关于其经济困难情况的证明。

单位请求专利费用减缓的,应当在费用减缓请求书中,如实填写经济困难情况,并附具市级以上人民政府管理专利工作的部门出具的证明。

个人与单位共同请求专利费用减缓的,个人应当在费用减缓请求书中如实填写本人的年收入情况,单位应当如实填写经济困难情况,并附具市级以上人民政府管理专利工作的部门出具的证明。

市级以上人民政府管理专利工作的部门出具的证明应当说明请求专利费用减缓的单位的性质是企业、事业单位还是机关团体,并说明其经济困难情况。

第八条 专利局收到费用减缓请求书后,应当进行审查,作出是否批准费用减缓请求的决定,并通知申请人或者专利权人。

第九条 有下列情况之一的,专利费用减缓请求不予批准:

（一）未使用专利局制定的费用减缓请求书的；

（二）全体申请人或者专利权人未在费用减缓请求书中签字或者盖章的；

（三）提出费用减缓请求的单位或者个人未提供符合本办法第七条规定的证明的；

（四）申请人或者专利权人的个人年收入超过二万五千元人民币的；

（五）费用减缓请求书中未注明全体申请人或者专利权人的个人年收入的；

（六）申请人或者专利权人为两个以上单位的；

（七）费用减缓请求书中的申请人或者专利权人名称或者发明创造名称与专利请求书中的相应内容不一致的。

第十条　请求人应当在专利法及其实施细则规定的期限内，按照全额缴纳有关费用。专利费用减缓请求经专利局批准的，缴纳数额为批准减缓后的剩余部分。

第十一条　批准专利费用减缓请求的决定作出后，专利局发现该决定存在错误的，可以自行更正，并将更正结果通知申请人或者专利权人。

申请人或者专利权人在请求专利费用减缓时提供虚假情况或者虚假文件的，专利局应当在查实后撤销批准专利费用减缓请求的决定，并通知申请人或者专利权人在指定期限内补缴全部已经减缓缴纳的费用；当事人逾期不补缴或补缴金额不足的，专利局按缴纳费用不足，依法作出相应处理决定。

第十二条　申请人或者专利权人应当在其发明创造取得经济收益后，补缴所减缓的各项专利费用。

高等学校知识产权保护管理规定

(1999年4月8日教育部发布 教育部令第3号)

第一章 总 则

第一条 为有效保护高等学校知识产权,鼓励广大教职员工和学生发明创造和智力创作的积极性,发挥高等学校的智力优势,促进科技成果产业化,依据国家知识产权法律、法规,制定本规定。

第二条 本规定适用于国家举办的高等学校、高等学校所属教学科研机构和企业事业单位(以下简称"所属单位")。社会力量举办的高等学校及其他教育机构参照适用本规定。

第三条 本规定所称的知识产权包括:
(一)专利权、商标权;
(二)技术秘密和商业秘密;
(三)著作权及其邻接权;
(四)高等学校的校标和各种服务标记;
(五)依照国家法律、法规规定或者依法由合同约定由高等学校享有或持有的其它知识产权。

第二章 任务和职责

第四条 高等学校知识产权保护工作的任务是:
(一)贯彻执行国家知识产权法律、法规,制定高等学校知识产权保护工作的方针、政策和规划;
(二)宣传、普及知识产权法律知识,增强高等学校知识产权保护意识和能力;
(三)进一步完善高等学校知识产权管理制度,切实加强高等学校知识产权保护工作;
(四)积极促进和规范管理高等学校科学技术成果及其他智力成果的开发、使用、转让和科技产业的发展。

第五条 国务院教育行政部门和各省、自治区、直辖市人民政府教育行政部门,在其职责范围内,负责对全国或本行政区域的高等学校知识产权工作进行领导和宏观管理,全面规划、推动、指导和监督高等学校知识产权保护工作的开展。

第六条 各高等学校在知识产权保护工作中应当履行的职责是:
(一)结合本校的实际情况,制定知识产权工作的具体规划和保护规定;
(二)加强对知识产权保护工作的组织和领导,完善本校知识产权保护制度,加强本校知识产权工作机构和队伍建设;
(三)组织知识产权法律、法规的教育和培训,开展知识产权课程教学和研究工作;
(四)组织开展本校知识产权的鉴定、申请、登记、注册、评估和管理工作;
(五)组织签订、审核本校知识产权的开发、使用和转让合同;
(六)协调解决本校内部有关知识产权的争议和纠纷;
(七)对在科技开发、技术转移以及知识产权保护工作中有突出贡献人员予以奖励;
(八)组织开展本校有关知识产权保护工作的国际交流与合作;
(九)其他在知识产权保护工作中应当履行的职责。

第三章 知识产权归属

第七条 高等学校对以下标识依法享有专用权:

（一）以高等学校名义申请注册的商标；
（二）校标；
（三）高等学校的其他服务性标记。

第八条 执行本校及其所属单位任务，或主要利用本校及其所属单位的物质技术条件所完成的发明创造或者其他技术成果，是高等学校职务发明创造或职务技术成果。

职务发明创造申请专利的权利属于高等学校。专利权被依法授予后由高等学校持有。职务技术成果的使用权、转让权由高等学校享有。

第九条 由高等学校主持、代表高等学校意志创作、并由高等学校承担责任的作品为高等学校法人作品，其著作权由高等学校享有。

为完成高等学校的工作任务所创作的作品是职务作品，除第十条规定情况外，著作权由完成者享有。高等学校在其业务范围内对职务作品享有优先使用权。作品完成二年内，未经高等学校同意，作者不得许可第三人以与高等学校相同的方式使用该作品。

第十条 主要利用高等学校的物质技术条件创作，并由高等学校承担责任的工程设计、产品设计图纸、计算机软件、地图等职务作品以及法律、行政法规规定的或者合同约定著作权由高等学校享有的职务作品，作者享有署名权，著作权的其他权利由高等学校享有。

第十一条 在执行高等学校科研等工作任务过程中所形成的信息、资料、程序等技术秘密属于高等学校所有。

第十二条 高等学校派遣出国访问、进修、留学及开展合作项目研究的人员，对其在校已进行的研究，而在国外可能完成的发明创造、获得的知识产权，应当与派遣的高等学校签订协议，确定其发明创造及其他知识产权的归属。

第十三条 在高等学校学习、进修或者开展合作项目研究的学生、研究人员，在校期间参与导师承担的本校研究课题或者承担学校安排的任务所完成的发明创造及其他技术成果，除另有协议外，应当归高等学校享有或持有。进入博士后流动站的人员，在进站前应就知识产权问题与流动站签定专门协议。

第十四条 高等学校的离休、退休、停薪留职、调离以及被辞退的人员，在离开高等学校一年内完成的与其原承担的本职工作或任务有关的发明创造或技术成果，由高等学校享有或持有。

第十五条 职务发明创造或职务技术成果，以及职务作品的完成人依法享有在有关技术文件和作品上署名及获得奖励和报酬的权利。

第四章 知识产权管理机构

第十六条 高等学校应建立知识产权办公会议制度，逐步建立健全知识产权工作机构。有条件的高等学校，可实行知识产权登记管理制度；设立知识产权保护与管理工作机构，归口管理本单位知识产权保护工作。暂未设立知识产权保护与管理机构的高等学校，应指定科研管理机构或其他机构担负相关职责。

第十七条 高等学校科研管理机构负责本校科研项目的立项、成果和档案管理。

应用技术项目的课题组或课题研究人员，在申请立项之前应当进行专利文献及其相关文献的检索。

课题组或课题研究人员在科研工作过程中，应当做好技术资料的记录和保管工作。科研项目完成后，课题负责人应当将全部实验报告、实验记录、图纸、声像、手稿等原始技术资料收集整理后交本校科研管理机构归档。

第十八条 在科研活动中作出的职务发明创造或者形成的职务技术成果，课题负责人应当及时向本校科研管理机构（知识产权管理机构）提出申请专利的建议，并提交相关资料。

高等学校的科研管理机构应当对课题负责人的建议和相关资料进行审查，对需要申请专利的应当及时办理专利申请，对不宜申请专利的技术秘密要采取措施予以保护。

第十九条 高等学校应当规范和加强有关知识产权合同的签订、审核和管理工作。

高等学校及其所属单位与国内外单位或者个人合作进行科学研究和技术开发，对外进行知识产权转让或者许可使用，应当依法签订书面合同，明确知识产权的归属以及相应的权利、义务等内容。

高等学校的知识产权管理机构负责对高等学校及其所属单位签订的知识产权合同进行审核和管理。

第二十条 高等学校所属单位对外进行知识产权转让或者许可使用前，应当经学校知识产权管理机构审查，并报学校批准。

第二十一条 高等学校的教职员工和学生凡申请非职务专利，登记非职务计算机软件的，以及进行非职务专利、非职务技术成果以及非职务作品转让和许可的，应当向本校知识产权管理机构申报，接受审核。对于符合非职务条件的，学校应出具相应证明。

第二十二条 高等学校要加强科技保密管理。高等学校的教职员工和学生，在开展国内外学术交流与合作过程中，对属于本校保密的信息和技术，要按照国家和本校的有关规定严格保密。高等学校对在国内外科技展览会参展的项目应当加强审核和管理，做好科技保密管理工作。

第二十三条 高等学校应当重视开展知识产权的资产评估工作，加强对知识产权资产评估的组织和管理。

高等学校对外进行知识产权转让、许可使用、作价投资入股或者作为对校办科技产业的投入，应当对知识产权进行资产评估。

第二十四条 高等学校可根据情况逐步实行知识产权保证书制度，与有关教职员工和学生签订保护本校知识产权的保证书，明确保护本校知识产权的义务。

第五章 奖酬与扶持

第二十五条 高等学校应当依法保护职务发明创造、职务技术成果、高等学校法人作品及职务作品的研究、创作人员的合法权益，对在知识产权的产生、发展，科技成果产业化方面做出突出贡献的人员，按照国家的有关规定给予奖励。

第二十六条 高等学校将其知识产权或职务发明创造、职务技术成果转让给他人或许可他人使用的，应当从转让或许可使用所取得的净收入中，提取不低于20%的比例，对完成该项职务发明创造、职务技术成果及其转化做出重要贡献的人员给予奖励。为促进科技成果产业化，对经学校许可，由职务发明创造、职务技术成果完成人进行产业化的，可以从转化收入中提取不低于30%的比例给予奖酬。

第二十七条 高等学校及其所属单位独立研究开发或者与其他单位合作研究开发的科技成果实施转化成功投产后，高等学校应当连续三至五年从实施该项科技成果所取得的收入中提取不低于5%的比例，对完成该项科技成果及其产业化做出重要贡献的人员给予奖酬。

采用股份制形式的高等学校科技企业，或者主要以技术向其他股份制企业投资入股的高等学校，可以将在科技成果的研究开发、产业化中做出重要贡献的有关人员的报酬或者奖励，按照国家有关规定折算为相应的股份份额或者出资比例。该持股人依据其所持股份份额或出资比例分享收益。

第二十八条 高等学校应当根据实际情况，采取有效措施，对知识产权的保护、管理工作提供必要的条件保障。高等学校应拨出专款或从技术实施收益中提取一定比例，设立知识产权专项基金，用于支持补贴专利申请，维持和知识产权保护方面的有关费用。对知识产权保护与管理做出突出贡献的单位和个人，高等学校应给予奖励，并作为工作业绩和职称评聘的重要参考。

第六章 法律责任

第二十九条 剽窃、窃取、篡改、非法占有、假冒或者以其他方式侵害由高等学校及其教职员工和学生依法享有或持有的知识产权的，高等学校有处理权的，应责令其改正，并对直接责任人给予相应的处分；对无处理权的，应提请并协助有关行政部门依法作出处理。构成犯罪的，应当依法追究刑事责任。

第三十条 在高等学校教学、科研、创作以及成果的申报、评审、鉴定、产业化活动中，采取欺骗手段，获得优惠待遇或者奖励的，高等学校应当责令改正，退还非法所得，取消其获得的优惠待遇和奖励。

第三十一条 违反本规定,泄漏本校的技术秘密,或者擅自转让、变相转让以及许可使用高等学校的职务发明创造、职务技术成果、高等学校法人作品或者职务作品的,或造成高等学校资产流失和损失的,由高等学校或其主管教育行政部门对直接责任人员给予行政处分。

第三十二条 侵犯高等学校及其教职员工和学生依法享有或持有的知识产权,造成损失、损害的,应当依法承担民事责任。

第七章 附 则

第三十三条 本规定自发布之日起施行。

科技成果登记办法

(2000年12月7日科技部发布　国科发计字[2000]542号)

第一条 为了增强财政科技投入效果的透明度,规范科技成果登记工作,保证及时、准确和完整地统计科技成果,为科技成果转化和宏观科技决策服务,制定本办法。

第二条 执行各级、各类科技计划(含专项)产生的科技成果应当登记;非财政投入产生的科技成果自愿登记;涉及国家秘密的科技成果,按照国家科技保密的有关规定进行管理,不按照本办法登记。

第三条 科学技术部管理指导全国的科技成果登记工作。省、自治区、直辖市科学技术行政部门负责本地区的科技成果登记工作;国务院有关部门、直属机构、直属事业单位负责本部门的科技成果登记工作。

第四条 科技成果登记应当以客观、准确、及时为原则,充分利用现代信息技术,促进全国科技成果信息的交流。

第五条 省、自治区、直辖市科学技术行政部门和国务院有关部门、直属机构、直属事业单位科技成果管理机构授权的科技成果登记机构,对符合登记条件的科技成果予以登记。

第六条 科技成果完成人(含单位)可按直属或属地关系向相应的科技成果登记机构办理科技成果登记手续,不得重复登记。

两个或两个以上完成人共同完成的科技成果,由第一完成人办理登记手续。

第七条 科技成果登记应当同时满足下列条件:

(一)登记材料规范、完整;

(二)已有的评价结论持肯定性意见;

(三)不违背国家的法律、法规和政策。

第八条 办理科技成果登记应当提交《科技成果登记表》及下列材料:

(一)应用技术成果:相关的评价证明(鉴定证书或者鉴定报告、科技计划项目验收报告、行业准入证明、新产品证书等)和研制报告;或者知识产权证明(专利证书、植物品种权证书、软件登记证书等)和用户证明。

(二)基础理论成果:学术论文、学术专著、本单位学术部门的评价意见和论文发表后被引用的证明。

(三)软科学研究成果:相关的评价证明(软科学成果评审证书或验收报告等)和研究报告。

《科技成果登记表》格式由科学技术部统一制定。

第九条 科技成果登记机构对办理登记的科技成果进行形式审查,对符合条件的予以登记,出具登记证明。科技成果登记证明不作为确认科技成果权属的直接依据。

第十条 科技成果登记机构对已经登记的科技成果应当及时登录国家科技成果数据库,并在国家科技成果网站或者科学技术研究成果公报上公告。

第十一条 凡存在争议的科技成果,在争议未解决之前,不予登记;已经登记的科技成果,发现弄虚作假、剽窃、篡改或者以其他方式侵犯他人知识产权的,注销登记。

第十二条 科技成果登记机构的工作人员擅自使用、披露、转让所登记成果的技术秘密,侵犯他人知识产权的,追究相应的法律责任。

第十三条 省、自治区、直辖市科学技术行政部门,国务院有关部门、直属机构、直属事业单位可依照本办法制定实施细则。

第十四条 本办法自2001年1月1日起施行。1984年2月22日原国家科委(84)国科发成字141号文发布的《中华人民共和国国家科学技术委员会关于科学技术研究成果管理的规定》同时废止,本办法施行前公布的有关规定与本办法规定不一致的,以本办法的规定为准。

技术合同认定规则

(2001年7月18日科技部发布　国科发政字[2001]253号)

第一章　一般规定

第一条　为推动技术创新,加速科技成果转化,保障国家有关促进科技成果转化法律法规和政策的实施,加强技术市场管理,根据《中华人民共和国合同法》及科技部、财政部、国家税务总局《技术合同认定登记管理办法》的规定,制定本规则。

第二条　技术合同认定是指根据《技术合同认定登记管理办法》设立的技术合同登记机构对技术合同当事人申请认定登记的合同文本从技术上进行核查,确认其是否符合技术合同要求的专项管理工作。

技术合同登记机构应当对申请认定登记的合同是否属于技术合同及属于何种技术合同作出结论,并核定其技术交易额(技术性收入)。

第三条　技术合同认定登记应当贯彻依法认定、客观准确、高效服务、严格管理的工作原则,提高认定质量,切实保障国家有关促进科技成果转化财税优惠政策的落实。

第四条　本规则适用于自然人(个人)、法人、其他组织之间依据《中华人民共和国合同法》第十八章的规定,就下列技术开发、技术转让、技术咨询和技术服务活动所订立的确立民事权利与义务关系的技术合同:

(一)技术开发合同
1. 委托开发技术合同
2. 合作开发技术合同
(二)技术转让合同
1. 专利权转让合同
2. 专利申请权转让合同
3. 专利实施许可合同
4. 技术秘密转让合同
(三)技术咨询合同
(四)技术服务合同
1. 技术服务合同
2. 技术培训合同
3. 技术中介合同

第五条　《中华人民共和国合同法》分则部分所列的其他合同,不得按技术合同登记。但其合同标的中明显含有技术开发、转让、咨询或服务内容,其技术交易部分能独立成立并且合同当事人单独订立合同的,可以就其单独订立的合同申请认定登记。

第六条　以技术入股方式订立的合同,可按技术转让合同认定登记。

以技术开发、转让、咨询或服务为内容的技术承包合同,可根据承包项目的性质和具体技术内容确定合同的类型,并予以认定登记。

第七条　当事人申请认定登记技术合同,应当向技术合同登记机构提交合同的书面文本。技术合同登记机构可以要求当事人一并出具与该合同有关的证明文件。当事人拒绝出具或者所出具的证明文件不符合要求的,不予登记。

各技术合同登记机构应当向当事人推荐和介绍由科学技术部印制的《技术合同示范文本》,供当事人在签订技术合同时参照使用。

第八条　申请认定登记的技术合同应当是依法已经生效的合同。当事人以合同书形式订立的合同,自双方当事人签字或者盖章时成立。依法成立的合同,自成立时生效。法律、行政法规规定应当办理批准、登记等手续生效的,依照其规定,在批准、登记后生效,如专利申请权转让合同、专利权转让合同等。

当事人为法人的技术合同,应当有其法定代

表人或者其授权的人员在合同上签名或者盖章，并加盖法人的公章或者合同专用章；当事人为自然人的技术合同，应当有其本人在合同上签名或者盖章；当事人为其他组织的合同，应当有该组织负责人在合同上签名或者盖章，并加盖组织的印章。

印章不齐备或者印章与书写名称不一致的，不予登记。

第九条　法人、其他组织的内部职能机构或课题组订立的技术合同申请认定登记的，应当在申请认定登记时提交其法定代表人或组织负责人的书面授权证明。

第十条　当事人就承担国家科技计划项目而与有关计划主管部门或者项目执行部门订立的技术合同申请认定登记，符合《中华人民共和国合同法》的规定并附有有关计划主管部门或者项目执行部门的批准文件的，技术合同登记机构应予受理，并进行认定登记。

第十一条　申请认定登记的技术合同，其标的范围不受行业、专业和科技领域限制。

第十二条　申请认定登记的技术合同，其技术标的或内容不得违反国家有关法律法规的强制性规定和限制性要求。

第十三条　技术合同标的涉及法律法规规定投产前需经有关部门审批或领取生产许可证的产品技术，当事人应当在办理有关审批手续或生产许可证后，持合同文本及有关批准文件申请认定登记。

第十四条　申请认定登记的合同涉及当事人商业秘密（包括经营信息和技术信息）的，当事人应当以书面方式向技术合同登记机构提出保密要求。

当事人未提出保密要求，而所申请认定登记的合同中约定了当事人保密义务的，技术合同登记机构应当主动保守当事人有关的技术秘密，维护其合法权益。

第十五条　申请认定登记的技术合同下列主要条款不明确的，不予登记：

（一）合同主体不明确的；

（二）合同标的不明确，不能使登记人员了解其技术内容的；

（三）合同价款、报酬、使用费等约定不明确的。

第十六条　约定担保条款（定金、抵押、保证等）并以此为合同成立条件的技术合同，申请认定登记时当事人担保义务尚未履行的，不予登记。

第十七条　申请认定登记的技术合同，合同名称与合同中的权利义务关系不一致的，技术合同登记机构应当要求当事人补正后重新申请认定登记；拒不补正的，不予登记。

第十八条　申请认定登记的技术合同，其合同条款含有下列非法垄断技术、妨碍技术进步等不合理限制条款的，不予登记：

（一）一方限制另一方在合同标的技术的基础上进行新的研究开发的；

（二）一方强制性要求另一方在合同标的基础上研究开发所取得的科技成果及其知识产权独占回授的；

（三）一方限制另一方从其他渠道吸收竞争技术的；

（四）一方限制另一方根据市场需求实施专利和使用技术秘密的。

第十九条　申请认定登记的技术合同，当事人约定提交有关技术成果的载体，不得超出合理的数量范围。

技术成果载体数量的合理范围，按以下原则认定：

（一）技术文件（包括技术方案、产品和工艺设计、工程设计图纸、试验报告及其他文字性技术资料），以通常掌握该技术和必要存档所需份数为限；

（二）磁盘、光盘等软件性技术载体、动植物（包括转基因动植物）新品种、微生物菌种，以及样品、样机等产品技术和硬件性技术载体，以当事人进行必要试验和掌握、使用该技术所需数量为限；

（三）成套技术设备和试验装置一般限于1～2套。

第二章　技术开发合同

第二十条　技术开发合同是当事人之间就新

技术、新产品、新工艺、新材料、新品种及其系统的研究开发所订立的合同。

技术开发合同包括委托开发合同和合作开发合同。委托开发合同是一方当事人委托另一方当事人进行研究开发工作并提供相应研究开发经费和报酬所订立的技术开发合同。合作开发合同是当事人各方就共同进行研究开发工作所订立的技术开发合同。

第二十一条 技术开发合同的认定条件是：

（一）有明确、具体的科学研究和技术开发目标；

（二）合同标的为当事人在订立合同时尚未掌握的技术方案；

（三）研究开发工作及其预期成果有相应的技术创新内容。

第二十二条 单纯以揭示自然现象、规律和特征为目标的基础性研究项目所订立的合同，以及软科学研究项目所订立的合同，不予登记。

第二十三条 下列各项符合本规则第二十一条规定的，属于技术开发合同：

（一）小试、中试技术成果的产业化开发项目；

（二）技术改造项目；

（三）成套技术设备和试验装置的技术改进项目；

（四）引进技术和设备消化、吸收基础上的创新开发项目；

（五）信息技术的研究开发项目，包括语言系统、过程控制、管理工程、特定专家系统、计算机辅助设计、计算机集成制造系统等，但软件复制和无原创性的程序编制的除外；

（六）自然资源的开发利用项目；

（七）治理污染、保护环境和生态项目；

（八）其他科技成果转化项目。

前款各项中属一般设备维修、改装、常规的设计变更及其已有技术直接应用于产品生产的，不属于技术开发合同。

第二十四条 下列合同不属于技术开发合同：

（一）合同标的为当事人已经掌握的技术方案，包括已完成产业化开发的产品、工艺、材料及其系统；

（二）合同标的为通过简单改变尺寸、参数、排列，或者通过类似技术手段的变换实现的产品改型、工艺变更以及材料配方调整；

（三）合同标的为一般检验、测试、鉴定、仿制和应用。

第三章 技术转让合同

第二十五条 技术转让合同是当事人之间就专利权转让、专利申请权转让、专利实施许可、技术秘密转让所订立的下列合同：

（一）专利权转让合同，是指一方当事人（让与方）将其发明创造专利权转让受让方，受让方支付相应价款而订立的合同。

（二）专利申请权转让合同，是指一方当事人（让与方）将其就特定的发明创造申请专利的权利转让受让方，受让方支付相应价款而订立的合同。

（三）专利实施许可合同，是指一方当事人（让与方，专利权人或者其授权的人）许可受让方在约定的范围内实施专利，受让方支付相应的使用费而订立的合同。

（四）技术秘密转让合同，是指一方当事人（让与方）将其拥有的技术秘密提供给受让方，明确相互之间技术秘密使用权、转让权，受让方支付相应使用费而订立的合同。

第二十六条 技术转让合同的认定条件是：

（一）合同标的为当事人订立合同时已经掌握的技术成果，包括发明创造专利、技术秘密及其他知识产权成果；

（二）合同标的具有完整性和实用性，相关技术内容应构成一项产品、工艺、材料、品种及其改进的技术方案；

（三）当事人对合同标的有明确的知识产权权属约定。

第二十七条 当事人就植物新品种权转让和实施许可、集成电路布图设计权转让与许可订立的合同，按技术转让合同认定登记。

第二十八条 当事人就技术进出口项目订立的合同，可参照技术转让合同予以认定登记。

第二十九条 申请认定登记的技术合同,其标的涉及专利申请权、专利权、植物新品种权、集成电路布图设计权的,当事人应当提交相应的知识产权权利证书复印件。无相应证书复印件或者在有关知识产权终止、被宣告无效后申请认定登记的,不予登记。

申请认定登记的技术合同,其标的涉及计算机软件著作权的,可以提示当事人提供计算机软件著作权登记证明的复印件。

第三十条 申请认定登记的技术合同,其标的为技术秘密的,该项技术秘密应同时具备以下条件:

(一)不为公众所知悉;
(二)能为权利人带来经济利益;
(三)具有实用性;
(四)权利人采取了保密措施。

前款技术秘密可以含有公知技术成分或者部分公知技术的组合。但其全部或者实质性部分已经公开,即可以直接从公共信息渠道中直接得到的,不应认定为技术转让合同。

第三十一条 申请认定登记的技术合同,其合同标的为进入公有领域的知识、技术、经验和信息等(如专利权或有关知识产权已经终止的技术成果),或者技术秘密转让未约定使用权、转让权归属的,不应认定为技术转让合同。

前款合同标的符合技术咨询合同、技术服务合同条件的,可由当事人补正后,按技术咨询合同、技术服务合同重新申请认定登记。

第三十二条 申请认定登记的技术合同,其合同标的仅为高新技术产品交易,不包含技术转让成分的,不应认定为技术转让合同。

随高新技术产品提供用户的有关产品性能和使用方法等商业性说明材料,也不属于技术成果文件。

第四章 技术咨询合同

第三十三条 技术咨询合同是一方当事人(受托方)为另一方(委托方)就特定技术项目提供可行性论证、技术预测、专题技术调查、分析评价所订立的合同。

第三十四条 技术咨询合同的认定条件是:

(一)合同标的为特定技术项目的咨询课题;
(二)咨询方式为运用科学知识和技术手段进行的分析、论证、评价和预测;
(三)工作成果是为委托方提供科技咨询报告和意见。

第三十五条 下列各项符合本规则第三十四条规定的,属于技术咨询合同:

(一)科学发展战略和规划的研究;
(二)技术政策和技术路线选择的研究;
(三)重大工程项目、研究开发项目、科技成果转化项目、重要技术改造和科技成果推广项目等的可行性分析;
(四)技术成果、重大工程和特定技术系统的技术评估;
(五)特定技术领域、行业、专业技术发展的技术预测;
(六)就区域、产业科技开发与创新及特定技术项目进行的技术调查、分析与论证;
(七)技术产品、服务、工艺分析和技术方案的比较与选择;
(八)专用设施、设备、仪器、装置及技术系统的技术性能分析;
(九)科技评估和技术查新项目。

前款项目中涉及新的技术成果研究开发或现有技术成果转让的,可根据其技术内容的比重确定合同性质,分别认定为技术开发合同、技术转让合同或者技术咨询合同。

第三十六条 申请认定登记的技术合同,其标的为大、中型建设工程项目前期技术分析论证的,可以认定为技术咨询合同。但属于建设工程承包合同一部分、不能独立成立的情况除外。

第三十七条 就解决特定技术项目提出实施方案,进行技术服务和实施指导所订立的合同,不属于技术咨询合同。符合技术服务合同条件的,可退回当事人补正后,按技术服务合同重新申请认定登记。

第三十八条 下列合同不属于技术咨询合同:

(一)就经济分析、法律咨询、社会发展项目的论证、评价和调查所订立的合同;

（二）就购买设备、仪器、原材料、配套产品等提供商业信息所订立的合同。

第五章 技术服务合同

第三十九条 技术服务合同是一方当事人（受托方）以技术知识为另一方（委托方）解决特定技术问题所订立的合同。

第四十条 技术服务合同的认定条件是：

（一）合同的标的为运用专业技术知识、经验和信息解决特定技术问题的服务性项目；

（二）服务内容为改进产品结构、改良工艺流程、提高产品质量、降低产品成本、节约资源能耗、保护资源环境、实现安全操作、提高经济效益和社会效益等专业技术工作；

（三）工作成果有具体的质量和数量指标；

（四）技术知识的传递不涉及专利、技术秘密成果及其他知识产权的权属。

第四十一条 下列各项符合本规则第四十条规定，且该专业技术项目有明确技术问题和解决难度的，属于技术服务合同：

（一）产品设计服务，包括关键零部件、国产化配套件、专用工模量具及工装设计和具有特殊技术要求的非标准设备的设计，以及其他改进产品结构的设计；

（二）工艺服务，包括有特殊技术要求的工艺编制、新产品试制中的工艺技术指导，以及其他工艺流程的改进设计；

（三）测试分析服务，包括有特殊技术要求的技术成果测试分析、新产品、新材料、植物新品种性能的测试分析，以及其他非标准化的测试分析；

（四）计算机技术应用服务，包括计算机硬件、软件、嵌入式系统、计算机网络技术的应用服务，计算机辅助设计系统（CAD）和计算机集成制造系统（CIMS）的推广、应用和技术指导等；

（五）新型或者复杂生产线的调试及技术指导；

（六）特定技术项目的信息加工、分析和检索；

（七）农业的产前、产中、产后技术服务，包括为技术成果推广，以及为提高农业产量、品质、发展新品种、降低消耗、提高经济效益和社会效益的有关技术服务。

（八）为特殊产品技术标准的制订；

（九）对动植物细胞植入特定基因、进行基因重组；

（十）对重大事故进行定性定量技术分析；

（十一）为重大科技成果进行定性定量技术鉴定或者评价。

前款各项属于当事人一般日常经营业务范围的，不应认定为技术服务合同。

第四十二条 下列合同不属于技术服务合同：

（一）以常规手段或者为生产经营目的进行一般加工、定作、修理、修缮、广告、印刷、测绘、标准化测试等订立的加工承揽合同和建设工程的勘察、设计、安装、施工、监理合同。但以非常规技术手段，解决复杂、特殊技术问题而单独订立的合同除外。

（二）就描晒复印图纸、翻译资料、摄影摄像等所订立的合同；

（三）计量检定单位就强制性计量检定所订立的合同；

（四）理化测试分析单位就仪器设备的购售、租赁及用户服务所订立的合同。

第六章 技术培训合同和技术中介合同

第四十三条 技术培训合同是当事人一方委托另一方对指定的专业技术人员进行特定项目的技术指导和业务训练所订立的合同。

技术培训合同是技术服务合同中的一种，在认定登记时应按技术培训合同单独予以登记。

第四十四条 技术培训合同的认定条件是：

（一）以传授特定技术项目的专业技术知识为合同的主要标的；

（二）培训对象为委托方指定的与特定技术项目有关的专业技术人员；

（三）技术指导和专业训练的内容不涉及有关知识产权权利的转移。

第四十五条 技术开发、技术转让等合同中涉及技术培训内容的，应按技术开发合同或技术转让合同认定,不应就其技术培训内容单独认定登记。

第四十六条 下列培训教育活动,不属于技术培训合同:

(一)当事人就其员工业务素质、文化学习和职业技能等进行的培训活动;

(二)为销售技术产品而就有关该产品性能、功能及使用、操作进行的培训活动。

第四十七条 技术中介合同是当事人一方(中介方)以知识、技术、经验和信息为另一方与第三方订立技术合同、实现技术创新和科技成果产业化进行联系、介绍、组织工业化开发并对履行合同提供专门服务所订立的合同。

技术中介合同是技术服务合同中的一种,在认定登记时应按技术中介合同单独予以登记。

第四十八条 技术中介合同的认定条件是:

(一)技术中介的目的是促成委托方与第三方进行技术交易,实现科技成果的转化;

(二)技术中介的内容应为特定的技术成果或技术项目;

(三)中介方应符合国家有关技术中介主体的资格要求。

第四十九条 技术中介合同可以以下列两种形式订立:

(一)中介方与委托方单独订立的有关技术中介业务的合同;

(二)在委托方与第三方订立的技术合同中载明中介方权利与义务的有关中介条款。

第五十条 根据当事人申请,技术中介合同可以与其涉及的技术合同一起认定登记,也可以单独认定登记。

第七章 核定技术性收入

第五十一条 技术合同登记机构应当对申请认定登记合同的交易总额和技术交易额进行审查,核定技术性收入。

申请认定登记的合同,应当载明合同交易总额、技术交易额。申请认定登记时不能确定合同交易总额、技术交易额的,或者在履行合同中金额发生变化的,当事人应当在办理减免税或提取奖酬金手续前予以补正。不予补正并违反国家有关法律法规的,应承担相应的法律责任。

第五十二条 本规则第五十一条用语的含义是:

(一)合同交易总额是指技术合同成交项目的总金额;

(二)技术交易额是指从合同交易总额中扣除购置设备、仪器、零部件、原材料等非技术性费用后的剩余金额。但合理数量标的物的直接成本不计入非技术性费用;

(三)技术性收入是指履行合同后所获得的价款、使用费、报酬的金额。

第五十三条 企业、事业单位和其他组织按照国家有关政策减免税、提取奖酬金和其他技术劳务费用,应当以技术合同登记机构核定的技术交易额或技术性收入为基数计算。

第八章 附 则

第五十四条 本规则自2001年7月18日起施行。1990年7月27日原国家科委发布的《技术合同认定规则(试行)》同时废止。

技术合同认定登记管理办法

(2000年2月16日科学技术部、财政部、国家税务总局发布　国科发政字[2000]063号)

第一条　为了规范技术合同认定登记工作,加强技术市场管理,保障国家有关促进科技成果转化政策的贯彻落实,制定本办法。

第二条　本办法适用于法人、个人和其他组织依法订立的技术开发合同、技术转让合同、技术咨询合同和技术服务合同的认定登记工作。

法人、个人和其他组织依法订立的技术培训合同、技术中介合同,可以参照本办法规定申请认定登记。

第三条　科学技术部管理全国技术合同认定登记工作。

省、自治区、直辖市和计划单列市科学技术行政部门管理本行政区划的技术合同认定登记工作。地、市、区、县科学技术行政部门设技术合同登记机构,具体负责办理技术合同的认定登记工作。

第四条　省、自治区、直辖市和计划单列市科学技术行政部门及技术合同登记机构,应当通过技术合同的认定登记,加强对技术市场和科技成果转化工作的指导、管理和服务,并进行相关的技术市场统计和分析工作。

第五条　法人和其他组织按照国家有关规定,根据所订立的技术合同,从技术开发、技术转让、技术咨询和技术服务的净收入中提取一定比例作为奖励和报酬,给予职务技术成果完成人和为成果转化做出重要贡献人员的,应当申请对相关的技术合同进行认定登记,并依照有关规定提取奖金和报酬。

第六条　未申请认定登记和未予登记的技术合同,不得享受国家对有关促进科技成果转化规定的税收、信贷和奖励等方面的优惠政策。

第七条　经认定登记的技术合同,当事人可以持认定登记证明,向主管税务机关提出申请,经审核批准后,享受国家规定的税收优惠政策。

第八条　技术合同认定登记实行按地域一次登记制度。技术开发合同的研究开发人、技术转让合同的让与人、技术咨询和技术服务合同的受托人,以及技术培训合同的培训人、技术中介合同的中介人,应当在合同成立后向所在地区的技术合同登记机构提出认定登记申请。

第九条　当事人申请技术合同认定登记,应当向技术合同登记机构提交完整的书面合同文本和相关附件。合同文本可以采用由科学技术部监制的技术合同示范文本;采用其他书面合同文本的,应当符合《中华人民共和国合同法》的有关规定。

采用口头形式订立技术合同的,技术合同登记机构不予受理。

第十条　技术合同登记机构应当对当事人提交申请认定登记的合同文本及相关附件进行审查,认为合同内容不完整或者有关附件不齐全的,应当以书面形式要求当事人在规定的时间内补正。

第十一条　申请认定登记的合同应当根据《中华人民共和国合同法》的规定,使用技术开发、技术转让、技术咨询、技术服务等规范名称,完整准确地表达合同内容。使用其他名称或者所表述内容在认定合同性质上引起混乱的,技术合同登记机构应当退回当事人补正。

第十二条　技术合同的认定登记,以当事人提交的合同文本和有关材料为依据,以国家有关法律、法规和政策为准绳。当事人应当在合同中明确相互权利与义务关系,如实反映技术交易的实际情况。当事人在合同文本中作虚假表示,骗取技术合同登记证明的,应当对其后果承担责任。

第十三条　技术合同登记机构对当事人所提交的合同文本和有关材料进行审查和认定。其主要事项是：

（一）是否属于技术合同；

（二）分类登记；

（三）核定技术性收入。

第十四条 技术合同登记机构应当自受理认定登记申请之日起 30 日内完成认定登记事项。

技术合同登记机构对认定符合登记条件的合同，应当分类登记和存档，向当事人发给技术合同登记证明，并载明经核定的技术性收入额。对认定为非技术合同或者不符合登记条件的合同，应当不予登记，并在合同文本上注明"未予登记"字样，退还当事人。

第十五条 申请认定登记的合同，涉及国家安全或者重大利益需要保密的，技术合同登记机构应当采取措施保守国家秘密。

当事人在合同中约定了保密义务的，技术合同登记机构应当保守有关技术秘密，维护当事人的合法权益。

第十六条 当事人对技术合同登记机构的认定结论有异议的，可以按照《中华人民共和国行政复议法》的规定申请行政复议。

第十七条 财政、税务等机关在审核享受有关优惠政策的申请时，认为技术合同登记机构的认定有误的，可以要求原技术合同登记机构重新认定。财政、税务等机关对重新认定的技术合同仍认为认定有误的，可以按国家有关规定对当事人享受相关优惠政策的申请不予审批。

第十八条 经技术合同登记机构认定登记的合同，当事人协商一致变更、转让或者解除，以及被有关机关撤销、宣布无效时，应当向原技术合同登记机构办理变更登记或者注销登记手续。变更登记的，应当重新核定技术性收入；注销登记的，应当及时通知有关财政、税务机关。

第十九条 省、自治区、直辖市和计划单列市科学技术行政部门应当加强对技术合同登记机构和登记人员的管理，建立健全技术合同登记岗位责任制，加强对技术合同登记人员的业务培训和考核，保证技术合同登记人员的工作质量和效率。

技术合同登记机构进行技术合同认定登记工作所需经费，按国家有关规定执行。

第二十条 对于订立假技术合同或者以弄虚作假、采取欺骗手段取得技术合同登记证明的，由省、自治区、直辖市和计划单列市科学技术行政部门会同有关部门予以查处。涉及偷税的，由税务机关依法处理；违反国家财务制度的，由财政部门依法处理。

第二十一条 技术合同登记机构在认定登记工作中，发现当事人有利用合同危害国家利益、社会公共利益的违法行为的，应当及时通知省、自治区、直辖市和计划单列市科学技术行政部门进行监督处理。

第二十二条 省、自治区、直辖市和计划单列市科学技术行政部门发现技术合同登记机构管理混乱、统计失实、违规登记的，应当通报批评、责令限期整顿，并可给予直接责任人员行政处分。

第二十三条 技术合同登记机构违反本办法第十五条规定，泄露国家秘密的，按照国家有关规定追究其负责人和直接责任人员的法律责任；泄露技术合同约定的技术秘密，给当事人造成损失的，应当承担相应的法律责任。

第二十四条 本办法自发布之日起施行。1990 年 7 月 6 日原国家科学技术委员会发布的《技术合同认定登记管理办法》同时废止。

关于加强国家高新技术产业开发区知识产权工作的若干意见

(1998年3月18日国家科学技术委员会发布　国科发政字[1998]099号)

国家高新技术产业开发区是高新技术成果商品化、产业化、国际化的基地和跨世纪的新经济增长点。高新技术企业作为技术密集、知识密集、信息密集的实体,是知识产权型企业。高新技术产业开发区的技术创新与产业升级,离不开知识产权的保护。加强知识产权保护,有利于高新技术产业开发区形成高投入、高收益的良性循环,建立起高新技术产业进一步腾飞的机制,参与国际竞争,实现跨世纪发展目标。为优化国家高新技术产业开发区知识产权法制环境,提高高新技术企业自身形成、运用、保护知识产权的能力,促进高新技术产业的蓬勃发展,特提出以下意见:

一、健全知识产权组织管理机制

国家高新技术产业开发区管委会要把知识产权管理和服务作为一项重要职能列入议事日程和工作计划,确定主管领导,指定职能机构,配备专职人员开展此项工作,并提供相应的经费和工作条件。其职责是:

(一)研究制定知识产权战略,并纳入总体发展规划;

(二)制定加强知识产权保护行动计划,并组织实施;

(三)组织知识产权宣传、培训等工作;

(四)建立区内知识产权综合服务体系;

(五)指导高新技术企业设立、合资、研究开发、成果转让等环节中的知识产权的事务;

(六)指导高新技术企业制定知识产权管理规章制度,加强知识产权管理能力。

二、建立和完善知识产权管理制度

企业是知识产权保护的主体。要建立一套比较完善的知识产权管理制度,促进高新技术企业保护自身知识产权、尊重他人知识产权。要积极指导和促进高新技术企业建立健全各项管理制度:

(一)高新技术企业知识产权的统计制度,高新技术企业认定、注册、变更、产权重组的知识产权备案制度等;

(二)高新技术企业专利、商标、计算机软件、植物新品种等知识产权的登记制度;

(三)有关知识产权的档案管理和信息查询制度;

(四)职务发明、职务成果、职务作品的管理办法,以及对职务发明人、创作人的奖酬制度;

(五)商业秘密的保密制度与职工竞业限制制度;

(六)知识产权资产评估制度等。

三、研究和制定知识产权战略

随着世界科技、经济一体化的发展,知识产权已经成为国际、国内经济技术竞争的有力武器。高新技术产业开发区要从实际出发,根据高新技术产业化的特点,研究制定知识产权战略,发掘研究开发潜力,提高技术创新和成果转化能力,为整体发展战略服务。

要指导高新技术企业把实施技术创新工程和保护知识产权结合起来。综合运用专利、商标、计算机软件、商业秘密保护制度,运用知识产权武装高新技术产品,实施名牌战略,通过创立名牌,扶持名牌,保护名牌,发展名牌,建立具有雄厚的知识产权的技术密集、知识密集的高技术企业群体,实现技术的跨越发展。

四、加强知识产权宣传培训

学法、懂法是保护好、运用好知识产权的前提。高新技术产业开发区管委会要采取多种方式,加大宣传力度,促进知识产权法律知识的普及，提高知识产权保护意识和保护水平。

知识产权培训工作可针对不同的对象，采取面授、函授、自学、交流等多种方式，培训内容可有所侧重。要通过宣传培训活动，做到全员树立知识产权保护意识；领导干部知识产权的基本概念和基础知识；树立知识产权战略思想；知识产权专职管理人员和高技术企业管理人员较全面和系统地掌握知识产权法律知识，具备在知识经济和市场竞争大潮中正确运用、管理知识产权的能力。

要结合本区的实际情况，制定切实可行的知识产权培训计划，要充分利用期刊、会议交流等形式，提高学习效果，要争取在两年左右的时间使高新技术产业开发区培训率达到80%以上。

培训的主要内容应包括：

（一）知识产权基本法律、法规；

（二）有关加强知识产权保护工作的政策性文件；

（三）知识产权国际公约的基本知识；

（四）国内外高新技术企业知识产权管理的成功经验及典型案例。

五、充分发挥知识产权中介服务机构的重要作用

加强知识产权保护，提高知识产权权利人的自我保护能力，不仅需要创造一个良好的法制环境，而且需要建立一个高素质、高水平的知识产权服务体系。

高新技术产业开发区应根据实际需要，积极扶持专利事务所、商标代理机构、版权贸易代理机构、技术贸易中介机构、无形资产评估机构以及律师事务所等机构的建设和发展，为上述机构开展工作创造必要的条件，使之能更好地为高新技术企业提供综合配套服务。

六、鼓励成立知识产权保护联盟

拥有知识产权的实体和权利人组建行业协会或联合组织，是国际上一种通行的知识产权管理和保护模式。有条件的高新技术产业开发区可立足区内，面向高新技术产业，建立知识产权保护联盟，形成自我约束、自我发展、自我教育、自我保护的新型机制，推进高新技术产业企业知识产权保护的集体化、现代化。知识产权保护联盟可由拥有知识产权的高新技术企业自愿参加，也可以由几个高新技术产业开发区联合组建。联盟的主要任务是：

（一）协助和指导成员单位建立和完善知识产权管理制度；

（二）开展培训宣传活动，提高成员单位运用和保护知识产权的能力；

（三）调处联盟成员单位之间的知识产权纠纷；

（四）调查和监测成员单位知识产权的被侵权状况，接受成员单位委托，进行调查取证；

（五）接受成员单位委托，承办申请仲裁、起诉、应诉等事务，维护成员单位合法权益；

（六）向有关政府部门反映成员单位的政策建议和要求；

（七）提供其他知识产权专项服务。

七、加强对高新技术产业开发区知识产权保护的宏观指导

国家高新技术产业开发区有关主管部门、国务院知识产权管理部门和省、市人民政府应当切实加强高新技术产业开发区知识产权工作的指导。要把知识产权工作业绩纳入高新技术产业开发区考核指标体系。要通过探索和试点，加快建立符合国际惯例、切合我国国情的高新技术产业开发区的知识产权管理体系，促进我国高技术产业开发区知识产权保护和高新技术产业发展再上新的台阶。

关于提高知识产权信息利用和服务能力推进知识产权信息服务平台建设的若干意见

(2006年12月31日科学技术部发布 国科发政字[2006]562号)

各省、自治区、直辖市、新疆生产建设兵团科技厅(委、局)、知识产权局,国务院有关部门科技主管单位:

为了充分发挥知识产权信息对自主创新的支撑作用,提高知识产权的创造、保护、管理和运用能力,根据《国务院关于印发实施〈国家中长期科学和技术发展规划纲要(2006—2020年)〉若干配套政策的通知》(国发[2006]6号),现就提高知识产权信息利用和服务能力、加快建设知识产权信息服务平台,提出以下意见。

一、充分认识知识产权信息对科技创新的重要作用

当今世界,国家核心竞争力越来越表现为对知识产权的创造、运用能力。有效利用知识产权信息,可以掌握科技发展的进展、动向和趋势,促进和完善创新构思,科学地制定科技创新战略,缩短研究开发进程,避免重复劳动,提高科技创新起点和层次。加强知识产权信息的利用、传播和服务,是更好地发挥知识产权制度的作用,提高全社会自主创新能力的基础性、关键性环节,对于建设创新型国家具有十分重要的战略意义。

在我国二十多年知识产权制度建设和实施过程中,知识产权信息的利用、服务和公共信息服务平台建设取得了一定进展。企业、科研机构、高等学校利用知识产权信息的意识和能力明显提高,涌现了一批专门从事知识产权信息服务的机构。中国受理和授权的知识产权的相关信息通过互联网实现向公众免费开放,在相关领域初步形成了一批面向行业和区域服务的知识产权信息库。但是,必须清醒地看到,现有的知识产权信息利用和服务能力建设方面还存在许多问题,具体表现在:一是知识产权信息资源建设条块分割,重复建设,没有形成有效的集成和共享机制;二是全社会特别是各类科技创新主体对知识产权信息的重要价值认识不够,运用知识产权信息的能力不强;三是能够提供知识产权战略分析和指导信息利用的服务队伍严重不足;四是现有的知识产权数据库建设和服务网络远不能满足创新活动的需要,公众缺乏获取知识产权信息的权威、高效、便捷的手段。上述问题严重制约了知识产权制度促进自主创新作用的有效发挥,加强知识产权信息利用和服务的任务十分紧迫。

二、全面提高利用知识产权信息的意识和能力

1. 在国家科技管理中加强知识产权信息的利用。

政府有关部门制定科技和产业发展战略、政策以及进行重大项目决策时,应当对可能影响科技和产业发展的知识产权信息进行分析,加强知识产权部门与科技、产业部门的紧密配合。国家有关科技计划、重大专项实施和管理的相关环节要充分发挥知识产权信息的作用。国家科技计划的重点领域在制定指南和立项评审过程中,委托有资质的知识产权信息服务机构进行知识产权检索和分析。国家科技计划项目承担单位应指定专人负责知识产权信息检索分析工作,及时掌握相关领域知识产权的最新进展。各科技重大专项设立专门的知识产权信息服务小组,紧密配合研究开发和产业化进程,为重大专项实施提供全过程知识产权信息服务。

2. 大幅度提高科技创新主体利用知识产权信息的意识和能力。

企业、科研机构、高等学校要把知识产权信息查询、分析纳入科技创新活动的全过程,有条件的单位应当建立专门机构或队伍。企业应重视跟踪竞争对手的知识产权申请趋势、权利保护范围,科学地制定新产品开发策略、技术引进和消化吸收策略、竞争与合作策略,优化技术创新路线,避免侵权。科研机构和高等学校要引导科研人员把利用知识产权信息与利用科学文献放到同等重要的位置,特别是应用研究和技术开发领域的科研人员尤其要重视知识产权信息的利用。科研机构和高等学校的科研开发项目,要把对相关领域知识产权信息的检索分析作为立项评审和成果评价的一项重要指标。

3. 深入广泛地开展知识产权信息利用的宣传和培训。

在全社会广泛宣传知识产权信息的基本功能和利用知识产权信息的基本知识,针对不同对象开展形式多样、不同层次的宣传和培训,全面提高各类科技创新主体的知识产权信息利用能力。对科学技术人员进行知识产权信息查询和分析的基础知识培训和实务辅导;高等学校对学生进行知识产权信息利用的基础知识教育;对科研管理者宣传普及知识产权信息的基本功能和战略作用。鼓励和支持知识产权信息服务机构面向社会广泛开展关于知识产权信息利用的培训,结合知识产权信息服务活动对服务对象进行具体化的培训和辅导。

三、大力发展知识产权信息服务队伍

1. 加强知识产权信息服务人才培养。

多渠道、多层次推进知识产权信息服务人才培养,通过学校教育和在职培训,培养专业化的知识产权信息服务人才队伍。在实践中锻炼和造就一批高水平人才。针对知识产权信息服务的特点,注重培养懂技术、懂法律、懂信息管理的复合型人才,在数据加工、信息化建设、知识产权分析等领域培养一批高水平的专门人才。充分发挥继续教育在知识产权信息服务人才培养中的作用,为知识产权信息服务人员提供在职培训、出国交流学习的机会。指导和帮助企业、科研机构、高等学校培养知识产权信息服务专门人员。

2. 大力发展知识产权信息服务机构。

充分发挥科技信息机构的重要作用,推动和支持其不断提高知识产权信息服务的质量和水平。依托科研机构、高等学校、国家重点实验室等科研基地,发挥其专业优势,培育一批为科技创新提供知识产权信息服务的专业化人才。鼓励社会力量创办专业化的知识产权信息服务机构。引导全国各地科技信息机构、知识产权服务机构发挥各自特长,合作开展知识产权信息服务,实现优势互补。

3. 积极开展多种形式的知识产权信息服务。

加强技术专家、知识产权专家和信息分析专家的合作,针对科技创新活动的特点,对知识产权信息进行加工,使之易为科技人员所使用。加强对先进的检索工具、分类标引工具、统计分析工具的应用,提高知识产权信息的检索和分析能力。各类知识产权信息服务机构通过持续跟踪分析相关领域的知识产权状况,开展知识产权分析和预警服务,形成为特定领域服务的专业特色。

4. 推动建立知识产权信息服务行业自律制度。

政府支持组建知识产权信息服务行业协会,鼓励行业协会广泛吸纳知识产权信息服务人员,建立知识产权信息服务机构及其人员与科技创新主体的沟通交流渠道,研究制定行业行为规范、服务标准、资质认证、奖励和惩戒等行业自律制度,组织开展专业培训,交流和总结知识产权信息服务经验,加强知识产权信息分析理论研究,不断提升知识产权信息服务的整体水平。

四、加快推进知识产权信息服务平台建设

1. 建设和完善各种类型的知识产权信息库。

政府系统规划、重点建设和示范引导,推动建设多种类型、多层次的知识产权信息库。政府相关部门积极履行政府信息公开和服务职能,加强知识产权基础信息、科技发展重点领域专业化信息的数据库建设,向社会开展公益性服务。鼓励和支持社会力量投资建设面向社会服务的商业化知识产权信息库。指导和支持企业、科研机构、高等学校根据自身需要建立专门的知识产权信息库。通过政府公共信息平台,集成整合资源,形成知识产权基础信息全面、信息加工与服务水平高、能够满足科技创新多层次需求的、专业化的知识产权信息系统。

2. 建立知识产权信息服务平台向社会开放

与服务的运行机制。

以知识产权信息全社会共享为目标,根据知识产权信息的加工程度、投资主体、服务内容等,建立知识产权信息服务平台面向全社会不同对象、公益性服务和商业化运行相结合的服务机制。知识产权信息服务平台采取面向企业、科研机构、高等学校、知识产权信息服务机构等不同对象的多层次服务机制。公共财政支持建立的知识产权信息库,向社会开放,根据服务内容和方式,实行免费或低价有偿服务。社会力量投资建立的知识产权信息库纳入国家知识产权信息服务平台,可以向客户提供有偿服务。

3. 加强知识产权信息服务平台与其他科技信息服务平台的相互支撑。

加强与科学文献、科技成果信息、科学数据、标准信息等科技信息的功能互补,共同构筑对科技创新活动的信息支撑基础。围绕知识产权的创造、保护、管理和运用,扩充其他知识产权服务功能,链接知识产权法律专家信息库、技术专家信息库、技术交易信息库、知识产权服务机构信息库等,为科技创新提供系列配套的知识产权信息服务。

五、加强对知识产权信息利用与服务工作的领导和协调

大力提高知识产权信息的利用和服务能力,是科技创新环境建设的一项基础性工作,政府各有关部门要从自主创新的战略高度,提高对知识产权信息重要性的认识,把提高知识产权信息利用和服务能力作为一项重要举措,切实予以加强。建立知识产权信息利用和服务平台建设的政府协调机制,统筹建设规划,部门分工实施,共同推动全社会知识产权信息的整合、利用与服务。充分发挥政府在知识产权信息传播中的主导地位,制定扶持政策,加大投入,推动建设面向全社会多层次需求的、专业化、网络化、社会化的知识产权信息服务体系,为自主创新提供有力的知识产权信息服务支撑。

科学技术部
二〇〇六年十二月三十一日

国防科学技术成果鉴定管理办法

(2004年2月16日国防科工委发布　科工法[2004]168号)

第一章　总　则

第一条　为规范国防科学技术成果(以下简称国防科技成果)的鉴定,完善国防科技成果评价机制,促进科技创新,根据《科学技术评价办法》(试行)和国家关于科技成果鉴定的有关规定,制定本办法。

第二条　本办法所称国防科技成果是指在国防科研、生产、试验、保障条件建设及管理中所产生的具有应用价值的新技术、新产品、新工艺、新方法等。

国防科技成果鉴定是有关科技成果管理机构,聘请同行专家,按照规定的程序和形式,对国防科技成果进行鉴别和评价,并作出结论的活动。

第三条　国防科技成果鉴定坚持实事求是、客观公正的原则,保证鉴定的科学性和准确性。

第四条　国防科技成果鉴定工作实行统一领导,分工负责。国防科学技术工业委员会(以下简称国防科工委)负责管理、指导和监督全国国防科技成果鉴定工作。

承担军工任务的国务院其他部门(单位)负责管理其所属或管理的单位完成的国防科技成果鉴定工作。

各省、自治区、直辖市国防科技工业行政管理机构负责管理本行政区承担军工任务的地方单位完成的国防科技成果鉴定工作。

各军工集团公司负责管理本集团公司及其成员单位完成的国防科技成果鉴定工作。

第二章　鉴定范围和内容

第五条　下列国防科技成果按本办法进行鉴定:

(一)在武器装备及其配套产品的科研(含预先研究、技术基础)、生产、试验以及相关工作中取得的科技成果;

(二)在核能和平利用、民用航天、民用航空、民用高性能船舶、民用爆破器材及其他主要满足军事目的的军民两用技术和产品开发中取得的科技成果;

(三)在国防基础性技术研究中取得的科技成果;

(四)在为决策科学化和管理现代化而进行的国防科技工业软科学研究中取得的科技成果。

第六条　已通过验收、定型、标准审批,并同时符合下列条件的国防科技成果,可以不再组织鉴定:

(一)验收证书(文件)、定型文件、标准报批书等文件中对技术创新点及技术水平进行了评价,并起到了与成果鉴定等同的作用;

(二)验收证书(文件)、定型文件、标准报批书等文件中包括了主要完成单位名单、主要完成人员名单、审查专家名单;

(三)主要完成单位人员未参加审查专家组。特殊情况下,可以有不超过四分之一的主要完成单位人员(非项目组成员)参加审查专家组,但主要完成单位的人员未作为审查专家组组长或副组长。

第七条　下列科技成果不列入国防科技成果鉴定范围:

(一)基础理论研究成果,指自然科学中纯理论性的研究成果,主要表现形式为学术论文。

对于可以直接指导应用技术研究和开发的基础理论成果,当它的作用已表现在被该理论指导的应用技术成果上时,视同应用技术成果,可以按本办法的规定申请鉴定。

（二）已获得发明专利的应用技术成果。

局部技术已获得专利,但整体未获得专利的应用技术成果,可以按本办法的规定申请鉴定。

第八条 违反国家法律、法规,对社会公共利益、环境或资源造成危害的项目不予受理鉴定申请。正在进行鉴定的,应当停止鉴定,已经通过鉴定的,应当撤消。

第九条 国防科技成果鉴定的主要内容是：

（一）真实性、准确性;

（二）创造性、先进性;

（三）成熟性、适用性、安全性;

（四）其他与技术有关的内容。

对于不同类型的国防科技成果,应根据其性质和特点侧重不同的方面进行分类评价。国防科技成果鉴定不包含成果归属、完成者排序和成果的货币价值等非技术内容。

第十条 拥有自主知识产权（专利和著作权）的数量和质量作为评价被鉴定国防科技成果的参考。

第三章 鉴定组织

第十一条 重大的国防科技成果以及国防科工委委管单位、本办法第四条第四款以外的中央管理的企业及其成员单位完成的国防科技成果的鉴定,由国防科工委科技成果管理机构负责组织。其他国防科技成果的鉴定,由承担军工任务的国务院其他部门（单位）、各省、自治区、直辖市国防科技工业行政管理机构和各军工集团公司依照本办法第四条规定的职责范围负责组织。

重大的国防科技成果一般是指：国防型号工程项目及其关键分系统项目;取得突破性进展的重大预先研究项目;对国防建设和国防科技发展具有重大意义的其他国防科技成果。

第十二条 组织鉴定单位可以直接主持鉴定,也可以委托有关业务主管部门（单位）或其他有关单位主持鉴定。但不得委托完成单位对自己的国防科技成果主持鉴定。受委托的主持鉴定单位对组织鉴定单位负责。

第十三条 国防科技成果鉴定分为会议鉴定、函审鉴定、检测鉴定三种形式。

（一）会议鉴定：指由同行专家采用会议形式对国防科技成果作出评价。需要采用现场考察、测试,并经过讨论、答辩才能作出评价的国防科技成果,可以采用会议鉴定。

（二）函审鉴定：指同行专家通过书面审查有关资料,对国防科技成果作出评价。不需要进行现场考察、测试和讨论、答辩,即可作出评价的国防科技成果,可以采用函审鉴定。

（三）检测鉴定：指按照国家有关法律、法规设立的或经国防科工委认可的专业技术检测机构,通过检验、测试性能指标等方式对国防科技成果进行评价。仅通过检验、测试性能指标即可反映其技术水平的国防科技成果,可以采用检测鉴定。

鉴定统一使用《国防科学技术成果鉴定证书》。

第十四条 采用会议或函审鉴定时,由组织鉴定单位聘请七名以上同行专家组成鉴定委员会。鉴定意见必须由到会专家或出具函审意见专家的四分之三以上多数通过。参加鉴定会的专家和出具函审意见的专家均不得少于七人。

会议鉴定的专家应当全程参加会议,不得以书面意见或委托代表的方式出席会议。

第十五条 采用检测鉴定时,由组织鉴定单位指定国家或国防科工委认定的专业技术检测机构进行检验、测试。专业技术检测机构出具的检测结论作为检测鉴定意见。

第十六条 鉴定委员会委员由组织鉴定单位聘请,成果完成单位和有关业务主管部门（单位）可以提出建议名单。鉴定委员会主任委员由主持鉴定单位在鉴定委员会委员中提名,经鉴定委员会全体委员通过产生。鉴定委员会主任委员对鉴定意见负责。

第十七条 组织鉴定单位应建立健全鉴定专家库,鉴定委员会委员一般应从鉴定专家库中遴选。针对被鉴定项目的具体情况,组织鉴定单位应对鉴定委员会委员进行资格审查。鉴定委员会组成应体现不同单位、不同学术观点和不同地区的代表性。

第十八条 鉴定委员会委员应当同时具备下

列条件：

（一）对被鉴定项目所属专业有丰富的理论知识和实践经验，熟悉国内外该领域研究发展现状；

（二）具有高级技术职称；

（三）具有良好的科学精神和职业道德。

国防科技成果的完成单位、任务下达单位或者委托单位的人员不得作为同行专家参加鉴定委员会。

各军工集团公司及其成员单位完成的国防科技成果进行鉴定时，鉴定委员会成员中非本集团公司的专家不得少于三分之一。

第十九条 鉴定委员会委员在鉴定工作中具有下列权利和义务：

（一）独立对被鉴定的国防科技成果进行审核和评价，不受任何单位和个人的干涉；

（二）要求国防科技成果完成单位或个人提供充分、翔实的技术文件，向其提出质疑并要求作出解释，亦可要求复核试验或者测试结果；

（三）充分发表个人意见，可以要求在鉴定意见中记载不同意见，有权拒绝在鉴定证书上签字；

（四）发现有违纪行为时，可以向组织或主持鉴定单位提出中止鉴定的请求；

（五）实事求是地进行评价，做到科学、客观、公正；

（六）负有保守秘密的义务。

第四章 鉴定程序

第二十条 申请国防科技成果鉴定应当具备下列条件：

（一）已完成合同的约定或者任务书规定的任务，并达到了所要求的技术性能指标。一份合同或任务书所含技术内容，一般只能作为一项成果进行鉴定。

（二）成果权属无争议，完成单位和人员名次排列无异议。

（三）技术文件与资料齐全，并符合档案管理部门的要求。

第二十一条 申请鉴定的国防科技成果应提交下列技术文件和资料：

（一）应用技术成果的技术文件与资料：

1. 计划任务书、合同书或经批准的立题报告；

2. 研究（研制）技术总结报告；

3. 信息技术研究项目或含信息技术研究内容的项目所开发的软件；

4. 测试报告和试验报告（预先研究成果应提供演示验证工作的材料）；

5. 标准化审查报告（无产品的国防科技成果除外）；

6. 用户使用报告（尚未应用的预先研究成果应提供应用前景证明）；

7. 知识产权状况报告（含专利、著作权、技术秘密的情况以及必要的查新情况）。

（二）科技情报、标准、软科学成果的技术文件与资料：

1. 计划任务书或合同书；

2. 研究报告；

3. 研究工作总结报告；

4. 正式出版的标准文本（仅限标准成果）；

5. 模型运行报告（仅限软科学成果）；

6. 用户使用报告。

第二十二条 凡具备鉴定条件的国防科技成果，由完成单位填写《国防科学技术成果鉴定申请书》（一式三份），并附其他技术文件与资料，经业务主管部门（单位）审查后，按第十一条规定向组织鉴定单位提出鉴定申请。

业务主管部门（单位）审查的内容包括：申请鉴定的国防科技成果项目是否满足鉴定条件，鉴定委员会建议名单是否合理，是否同意鉴定等。

同一项国防科技成果只能申请鉴定一次，两个或两个以上单位共同完成的，在各完成单位协商一致后由第一完成单位提出申请，不得多单位分头提出申请。

第二十三条 组织鉴定单位在收到鉴定申请之日起10个工作日内完成对鉴定申请的审核，并做出是否批准鉴定申请的答复。对符合鉴定条件的，要明确主持鉴定单位、鉴定形式、鉴定时间，并通知成果完成单位。对鉴定申请不予批准的，应当说明理由。

第二十四条 主持鉴定单位按照批准的鉴定

形式负责鉴定的筹办、主持和管理,保证鉴定意见的真实性。

鉴定意见应当包括:国防科技成果的创造性(关键技术及创新点)、先进性(学术与技术水平),其技术的难度、成熟度、安全与可靠性,以及对国防建设和科学技术进步的作用与意义等,并应写明存在的问题和改进的意见。

第二十五条 会议鉴定按照以下步骤进行:

(一)会议鉴定前,根据需要成立测试组。测试组组长由鉴定委员会成员担任。测试组必须在鉴定会前完成测试工作,并作出测试报告。

(二)主持鉴定单位主持会议,宣读和通过鉴定委员会名单,明确会议任务和要求。

(三)在鉴定委员会主任委员或副主任委员主持下,进行技术鉴定工作。

鉴定委员会听取技术报告、测试报告、应用报告及其他必要的报告。必要时,可以安排鉴定委员会专家对被鉴定项目进行现场考察或观看有关多媒体资料。

鉴定委员会专家质疑并讨论,在综合多数专家意见基础上形成鉴定意见。

鉴定委员会专家讨论形成鉴定意见时,组织鉴定单位和主持鉴定单位可以派代表列席会议,了解专家评议情况,其他人员应回避。

第二十六条 函审鉴定按照以下步骤进行:

(一)主持鉴定单位将完成单位提交的有关资料分别寄送给函审专家。

(二)函审专家应在规定的时限内完成函审,并将函审意见及上述资料寄回主持鉴定单位。

(三)主持鉴定单位将其他函审专家的意见寄送给鉴定委员会主任委员。

(四)鉴定委员会主任委员提出本人函审意见,并依据多数专家的意见写出鉴定意见。将所有鉴定资料寄送给主持鉴定单位。

第二十七条 采用检测鉴定的一般步骤:

(一)组织鉴定单位确定检测机构。

(二)完成单位将国防科技成果实物和有关资料送到指定的检测机构进行检测。检测单位按照有关规定进行检测并出具检测报告和检测结论。

第二十八条 鉴定证书的批复过程如下:

(一)经鉴定通过的国防科技成果,由成果完成单位将《国防科学技术成果鉴定证书》原件报送主持鉴定单位审查。《国防科学技术成果鉴定证书》一般制作两至三份原件(要求正反面打印,亲笔签署)。

检测鉴定直接报送组织鉴定单位。

(二)主持鉴定单位审查后签署意见、盖章,并报送组织鉴定单位。

(三)组织鉴定单位在收到《国防科学技术成果鉴定证书》的10个工作日内完成对《国防科学技术成果鉴定证书》的审批,统一编号,加盖国防科技成果鉴定专用章,《国防科学技术成果鉴定证书》生效。

第五章 鉴定管理

第二十九条 国防科工委采用年检和抽检的方式对各组织鉴定单位的工作进行监督、检查。监督检查的内容主要包括:

(一)是否按照本办法的规定进行鉴定;

(二)鉴定专家选聘是否合理;

(三)检测机构是否选择得当;

(四)鉴定文件是否符合规范,鉴定档案是否完整;

(五)实际操作过程中是否存在违规、违纪现象;

(六)国防科工委规定的其他内容。

第三十条 年检时间为每年第一季度。各组织鉴定单位应在接到年检通知书之日起15日内,向国防科工委科技成果管理机构上报鉴定工作总结报告和上年度鉴定项目汇总表,并接受年检审查。

必要时,国防科工委科技成果管理机构可以根据需要随时对各组织鉴定单位的工作进行抽检。

第三十一条 国防科工委科技成果管理机构对在监督检查中发现存在问题的单位,应当要求其限期改正。对问题严重的给予通报。

第三十二条 主持鉴定单位和组织鉴定单位应当对完成单位提交的《国防科学技术成果鉴定证书》进行认真审核,发现鉴定意见中有重大缺陷的,应当责成原鉴定委员会补充鉴定。发现在鉴定工作中弄虚作假的,应当驳回《国防科学技术成果鉴定证书》。

第三十三条 参加国防科技成果鉴定工作的有关人员,应当严格遵守有关规定和职业道德规范,抵制各种不正之风,保证国防科技成果鉴定的严肃性和科学性。

建立健全鉴定专家的信誉制度。鉴定工作结束后,主持鉴定单位应当对鉴定专家在鉴定工作中的公正性、客观性、工作态度等方面作如实记录,并报告组织鉴定单位;组织鉴定单位应当建立鉴定专家的违规和失误记录档案。

第三十四条 与鉴定有关的材料,由组织鉴定单位和成果完成单位按照科技保密和科技档案管理部门的规定分别及时归档。

第三十五条 《国防科学技术成果鉴定证书》不作为签订技术合同等商业性活动的依据。

第三十六条 鉴定费用按照国家有关规定执行。

第六章 法律责任

第三十七条 国防科技成果的完成单位和个人徇私舞弊、弄虚作假,剽窃他人成果的,一经查实,组织鉴定单位和主持鉴定单位应当终止鉴定,已经通过鉴定的应当予以撤消。对直接责任者由其所在单位或上级主管部门给予行政处分。

第三十八条 组织鉴定单位或主持鉴定单位的工作人员玩忽职守、以权谋私、收受贿赂的,由其所在单位或上级主管部门给予行政处分。

第三十九条 参加鉴定工作的专家有故意或重大过失行为,作出虚假结论,造成不良后果的,由其所在单位或上级主管部门给予行政处分,并取消其承担鉴定任务的资格。

第四十条 参加鉴定工作的有关人员在鉴定工作中,应保护被鉴定国防科技成果的知识产权,未经完成单位或个人同意,擅自披露、使用或者向他人转让被鉴定国防科技成果的技术,应依法追究其法律责任,给完成单位或者个人造成损失的,应当赔偿损失。

第四十一条 在鉴定工作中,凡涉及国家秘密的事项,依照《中华人民共和国保守国家秘密法》和科学技术保密的有关规定执行。

第七章 附 则

第四十二条 本办法由国防科工委负责解释。

第四十三条 本办法自2004年7月1日起施行。本办法施行前公布的有关国防科技成果鉴定的规定与本办法规定不一致的,以本办法的规定为准。

关于加强知识产权资产评估管理工作若干问题的通知

(2006年4月19日财政部、国家知识产权局发布　财企[2006]109号)

各省、自治区、直辖市、计划单列市财政厅(局)、知识产权局：

为了加强知识产权资产评估管理，规范知识产权的评估行为，使知识产权资产评估更好地服务于国家创新经济建设和知识产权保护工作，依据《中华人民共和国公司法》、《中华人民共和国专利法》、《中华人民共和国商标法》、《中华人民共和国著作权法》、《中华人民共和国担保法》、《国有资产评估管理办法》等有关规定，现就知识产权资产评估管理工作的有关事项通知如下：

一、知识产权占有单位符合下列情形之一的，应当进行资产评估：

(一)根据《公司法》第二十七条规定，以知识产权资产作价出资成立有限责任公司或股份有限公司的；

(二)以知识产权质押，市场没有参照价格，质权人要求评估的；

(三)行政单位拍卖、转让、置换知识产权的；

(四)国有事业单位改制、合并、分立、清算、投资、转让、置换、拍卖涉及知识产权的；

(五)国有企业改制、上市、合并、分立、清算、投资、转让、置换、拍卖、偿还债务涉及知识产权的；

(六)国有企业收购或通过置换取得非国有单位的知识产权，或接受非国有单位以知识产权出资的；

(七)国有企业以知识产权许可外国公司、企业、其他经济组织或个人使用，市场没有参照价格的；

(八)确定涉及知识产权诉讼价值，人民法院、仲裁机关或当事人要求评估的；

(九)法律、行政法规规定的其他需要进行资产评估的事项。

非国有单位发生合并、分立、清算、投资、转让、置换、偿还债务等经济行为涉及知识产权的，可以参照国有企业进行资产评估。

二、知识产权评估应当依法委托经财政部门批准设立的资产评估机构进行评估。

资产评估机构从事知识产权评估业务时，应当严格遵循有关的资产评估准则和规范。在评估过程中，要考虑知识产权的特殊性，科学、客观地分析知识产权预期收益的可行性和合理性。

资产评估机构在执行知识产权评估业务时，可以聘请专利、商标、版权等知识产权方面的专家协助工作，但不能因此减轻或免除资产评估机构及注册资产评估师应当承担的法律责任。

三、财政部和国家知识产权局共同组织知识产权评估专业培训、考核并颁发培训证书，建立并严格执行继续教育、培训考核制度，确保培训的质量，不断提高注册资产评估师及从业人员知识产权评估的专业能力和水平。

四、中国资产评估协会应当加强行业自律和专业指导工作，可以建立知识产权评估专家库和相关的专业委员会，建立和完善知识产权数据库，为知识产权资产评估创建必要的平台，以提高资产评估的执业质量、行业公信力和影响力。

五、资产评估机构必须坚持独立、客观、公正的原则，不得以迎合委托方对评估结果高估或者低估的要求、给予"回扣"、恶性压价等不正当方式承揽知识产权评估业务。

财政部和国家知识产权局定期组织对从事知识产权评估业务的资产评估机构执业质量进行监督检查。

六、任何单位和个人不得非法干预知识产权

评估业务和评估结果。

七、占有知识产权的国有单位和从事知识产权评估业务的资产评估机构违反上述规定的,按国家有关规定处理。

本通知发布后,过去有关规定与本通知内容相抵触的,以本通知为准。

二〇〇六年四月十九

科学技术保密规定

(1995年1月6日国家科学技术委员会、国家保密局发布
国家科学技术委员会、国家保密局令第20号)

第一章 总 则

第一条 根据《中华人民共和国保守国家秘密法》和《中华人民共和国科学技术进步法》,制定本规定。

第二条 科学技术保密工作既要保障国家科学技术秘密的安全,又要促进科学技术的发展,有利于解放和发展生产力。

第三条 科学技术保密应当突出重点,确保重要国家科学技术秘密的安全,有控制地放宽一般国家科学技术秘密的交流与应用。

第四条 科学技术保密工作应当与科学技术管理工作相结合,是科技管理部门的重要职责。做好科学技术保密工作应当依靠广大科技工作者。

第五条 国家科学技术委员会(以下简称国家科委)按照职责管理全国的科学技术保密工作。各省、自治区、直辖市科技主管部门按照职责管理本地区的科学技术保密工作,中央国家机关各部门的科技主管机构按照职责管理本部门或者本系统的科学技术保密工作。

第六条 各级保密工作部门对科学技术保密工作负有指导、协调、监督和检查的职责。

第二章 国家科学技术秘密的范围和密级

第七条 关系国家的安全和利益,一旦泄露会造成下列后果之一的科学技术,应当列入国家科学技术秘密范围:

(一)削弱国家的防御和治安能力;

(二)影响我国技术在国际上的先进程度;

(三)失去我国技术的独有性;

(四)影响技术的国际竞争能力;

(五)损害国家声誉、权益和对外关系。

第八条 国家科学技术秘密的密级:

(一)绝密级

1. 国际领先,并且对国防建设或者经济建设具有特别重大影响的;

2. 能够导致高新技术领域突破的;

3. 能够整体反映国家防御和治安实力的。

(二)机密级

1. 处于国际先进水平,并且具有军事用途或者对经济建设具有重要影响的;

2. 能够局部反映国家防御和治安实力的;

3. 我国独有、不受自然条件因素制约、能体现民族特色的精华,并且社会效益或者经济效益显著的传统工艺。

(三)秘密级

1. 处于国际先进水平,并且与国外相比在主要技术方面具有优势,社会效益或者经济效益较大的;

2. 我国独有、受一定自然条件因素制约,并且社会效益或者经济效益很大的传统工艺。

第九条 有下列情形之一的,不列入国家科学技术秘密的范围:

(一)国外已经公开;

(二)在国际上无竞争能力且不涉及国家防御和治安能力;

(三)纯基础理论研究成果;

(四)在国内已经流传或者当地群众基本能够掌握的传统工艺;

(五)主要受当地气候、资源等自然条件因素

制约且很难模拟其生产条件的传统工艺。

第十条 属于国家科学技术秘密的民用科学技术,原则上不定为绝密级。确需定为绝密级的应当符合本规定第八条关于绝密级的规定,并报国家科委审批。

第三章 国家科学技术秘密密级的确定、变更及其解密

第十一条 国家科学技术秘密事项,应当依照下列规定确定密级:

(一)产生单位按照本规定第八条的规定及时确定密级。

(二)按照本规定第七条、第八条的规定,对科学技术成果难以确定其是否属于国家秘密和属于何种密级的,由产生单位按照《科技成果国家秘密密级评价方法》,及时确定密级;

(三)制定科研计划、规划时,有关单位应当按照本规定及时确定项目或者课题的密级。科技成果完成的同时,应当对其密级进行评价;

(四)有关单位应当在国家科学技术秘密事项的密级确定后三十日内,按照行政隶属关系上报省、自治区、直辖市的科技主管部门或者中央国家机关各部门的科技主管机构。

确定国家科学技术秘密事项的密级,应当同时确定其保密期限和保密要点。

第十二条 个人完成的科学技术成果,由其所在省、自治区、直辖市的科技主管部门确定密级,并按照本规定予以管理。

第十三条 国家科学技术秘密事项,有下列情形之一的,应当及时变更密级:

(一)知悉范围拟作较大改变的;

(二)一旦泄露对国家安全和利益的损害程度会发生明显变化的。

国家科学技术秘密事项密级的变更,由确定其密级的机关、单位决定。

第十四条 国家科学技术秘密事项,有下列情形之一的,应当及时解密:

(一)技术趋向陈旧,失去保密价值的;

(二)为使我国占领国际市场,且已有接替技术或者国外即将研究成功的;

(三)已经扩散而很难采取补救措施的;

(四)已在大范围试验推广,可保性较差的;

(五)可以从公开产品中获得的。

国家科学技术秘密事项保密期限届满的,自行解密。

对需在保密期限内解密的国家科学技术秘密事项,有关单位和个人可以提出解密建议。秘密级的报省、自治区、直辖市的科技主管部门或者中央国家机关各部门的科技主管机构审定;机密级、绝密级的报国家科委审定。审定结果应当在接到报告后的三十日内通知有关单位和个人。

第十五条 国家科委,各省、自治区、直辖市的科技主管部门,中央国家机关各部门的科技主管机构,以及确定密级的机关、单位对认为需要继续保密的,可以作出延长保密期限的决定,并在保密期限届满前三十日通知有关单位和个人。

第十六条 国家科委,各省、自治区、直辖市的科技主管部门和中央国家机关各部门的科技主管机构对国家科学技术秘密事项的确定、变更及其解密不符合国家有关保密法规和本规定的行为,有权予以纠正。

第十七条 各省、自治区、直辖市的科技主管部门和中央国家机关各部门的科技主管机构应当将本地区、本部门确定和变更国家秘密技术的密级及其解密的情况按年度报国家科委,由国家科委组织专家进行审核,并会同国家保密工作部门定期发布。

第四章 国家科学技术秘密保密管理

第十八条 国家科委管理全国科学技术保密工作,具体职责如下:

(一)制定或者会同有关部门制定科学技术保密工作的规章制度;

(二)指导国家科学技术秘密事项的确定和调整工作;

(三)按规定审查或者审批涉外的国家科学技术秘密事项;

(四)协助国家保密工作部门对科学技术保密工作进行检查和查处重大科学技术泄密事件;

(五)开展科学技术保密宣传教育,组织科学

技术保密干部培训；

（六）表彰、奖励科学

国家科委下设国家科技技术保密先进单位和个人保密办公室，负责科学技术保密管理的日常工作。

第十九条　各省、自治区、直辖市的科技主管部门和中央国家机关各部门的科技主管机构，在国家科委和本地区、本部门的保密工作部门的指导下，负责管理本地区、本部门或者本系统的科学技术保密工作。其主要职责如下：

（一）贯彻执行国家科学技术保密工作的方针、政策，制定本地区、本部门或者本系统的科学技术保密规章制度；

（二）指导本地区、本部门或者本系统国家科学技术秘密事项的确定和调整工作；

（三）按规定审查或者审批涉外的国家科学技术秘密事项；

（四）参与本地区、本部门或者本系统的重大科学技术活动和涉外科学技术活动，配合有关部门制定专项保密方案；

（五）协助保密工作部门检查本地区、本部门或者本系统的科学技术保密工作和查处科学技术泄密事件；

（六）表彰、奖励本地区、本部门或者本系统的科学技术保密先进单位和个人。

各省、自治区、直辖市的科技主管部门和中央国家机关各部门的科技主管机构，应当设立专门机构或者指定专人负责科学技术保密管理的日常工作。

第二十条　各级机关、单位、社会团体及个人，在下列科学技术合作与交流活动中，不得涉及国家科学技术秘密：

（一）进行公开的科学技术讲学、进修、考察、合作研究等活动；

（二）利用广播、电影、电视以及公开发行的报刊、书籍、图文资料和声像制品进行宣传或者发表论文；

（三）进行公开的科学技术展览、技术表演等活动。

第二十一条　在对外科学技术交流合作中，确需对外提供国家科学技术秘密的，应当按照国家有关规定办理审批手续。

因工作确需携运国家科学技术秘密资料、物品出境，应当按照国家有关规定进行保密审查，并办理出境手续。

第二十二条　接待境外人员参观国家科学技术秘密事项，应当由接待单位按照行政隶属关系报省、自治区、直辖市的科技主管部门或者中央国家机关各部门的科技主管机构审查批准。

第二十三条　国家秘密技术在国内转让，应当经技术完成单位的上级主管部门批准，并在合同中明确该项技术的密级、保密期限及受让方承担的保密义务。

第二十四条　国家秘密技术出口，应当依照国家秘密技术出口审查的有关规定办理审批手续。

第二十五条　以国家秘密技术在境内同境外的企业、其他经济组织和个人开办合营合资企业的，应当在立项前按照行政隶属关系报省、自治区、直辖市的科技主管部门或者中央国家机关各部门的科技主管机构审批；在境外合办企业的，视同国家秘密技术出口，应当依照国家秘密技术出口审查的有关规定办理审批手续。

第二十六条　推广应用国家秘密技术，应当选择有相应保密条件的单位进行，有关人员均负有保守国家秘密的义务。

第二十七条　对参与国家秘密技术研制的科技人员，有关机关、单位不得因其成果不宜公开发表、交流、推广而影响其评奖、表彰和职称的评定。

对确因保密而不能在境内外公开刊物上发表的论文，有关机关、单位应对论文的实际水平给予评价。

第二十八条　各级机关、单位应当按照有关规定做好国家科学技术秘密档案的管理工作。

第二十九条　绝密级国家秘密技术在保密期限内不得申请专利或者保密专利。

机密级、秘密级国家秘密技术在保密期限内可申请保密专利，但机密级的应当报国家科委批准，秘密级的应当报省、自治区、直辖市的科技主管部门或者中央国家机关各部门的科技主管机构批准。

机密级、秘密级国家秘密技术申请专利或者

由保密专利转为专利的,应当按照本规定第十四条的规定先行办理解密手续。

第三十条 各级机关、单位对于为科学技术保密工作做出贡献、成绩显著的集体和个人,应当给予奖励;对于违反国家保密法规的行为,应当给予批评教育;对于情节严重,给国家安全和利益造成损害的,应当依照有关法律、法规给予有关责任人员以行政处分,触犯刑律的,交由司法机关追究其刑事责任。

第五章 附 则

第三十一条 以国防为目的或者为主要目的的科学技术保密规定,由国防科学技术工业委员会依照国家规定的职责范围另行制定。

第三十二条 各省、自治区、直辖市的科技主管部门和中央国家机关各部门的科技主管机构可以根据本规定制定具体规定。

第三十三条 本规定由国家科委解释。

第三十四条 本规定自发布之日起施行。经国务院批准,一九八一年颁布的《科学技术保密条例》同时废止。

科学技术部 863 计划保密规定

(2002 年 2 月 4 日科技部发布   国科发计字[2002]40 号)

第一章 总 则

第一条 为保障 863 计划顺利实施,促进我国高科技的发展,根据《中华人民共和国保守国家秘密法》、《科学技术保密规定》和《科技部保密规定》,制定本规定。

第二条 本规定适用于 863 计划中的信息技术、生物和现代农业技术、新材料技术、先进制造与自动化技术、能源技术、资源环境技术六个领域。

第三条 863 计划课题、成果的密级,按照《科学技术保密规定》确定;863 计划文件、资料的密级,按照《科技部保密规定》确定。863 计划课题、成果和文件、资料的保密期限,按照《国家秘密保密期限的规定》确定。

第四条 科学技术部负责 863 计划的保密管理工作;省、自治区、直辖市、计划单列市科委(科技厅、局)负责监督、指导和管理本地区 863 计划课题承担单位的保密工作;国务院有关部门、直属机构、直属事业单位科技司(局)负责监督、指导和管理本部门或本系统 863 计划课题承担单位的保密工作。

第二章 保密技术指导目录

第五条 科学技术部根据科学技术发展状况和科学技术保密的要求,制定《863 计划保密技术指导目录》。

第六条 863 计划联合办公室负责组织编制《863 计划保密技术指导目录》,报科学技术部审定。

第七条 《863 计划保密技术指导目录》应当适时调整。

第三章 课题、成果定密

第八条 依据《863 计划保密技术指导目录》,按程序确定保密课题。863 计划保密课题是 863 计划保密工作的重点。

第九条 863 计划保密课题、成果的保密内容包括:

(一)科研经费的预算;

(二)课题名称、实施方案、报告、总结、实施情况;

(三)重要研究成果、技术关键、技术诀窍、技术数据和资料、原型样机、模型以及通过其他途径得到的信息及来源;

(四)需要保密的实验室、实验装置、专用设备、软件和设施;

(五)其它需要保密的事项。

第十条 863 计划课题、成果密级的确定原则,按照《科学技术保密规定》第八条执行;863 计划课题、成果的保密期限的确定原则,按照《国家秘密保密期限的规定》第三条执行。

第十一条 863 计划课题密级、保密期限的确定和变更、解密程序:

(一)立项时,课题申请单位、主题专家组等依据《863 计划保密技术指导目录》,提出拟定密级及保密期限建议,填写《863 计划保密课题审定表》,交由领域办公室报主管业务司确定密级及保密期限。拟定为机密、秘密级的课题由主管业务司确定密级及保密期限,并于 10 日内交 863 计划联合办公室报国家科技保密办公室备案;拟定为绝密级课题的密级及保密期限的确定由主管业务司签署意见后经 863 计划联合办公室报国家科技保密办公室审定。

（二）课题密级、保密期限的变更，应当在保密期限届满前3个月提出申请，并按本条前款规定的程序办理。

第十二条 863计划保密课题密级确定期间，应当按照保守国家秘密的有关规定采取相应的保密措施。密级确定后，下达保密课题任务书时，应当与承担任务的单位签订保密协议。并将保密课题任务书按照行政隶属关系抄送省、自治区、直辖市、计划单列市科委（科技厅、局），或国务院有关部门、直属机构、直属事业单位科技司（局）。

第十三条 863计划研究成果密级、保密期限的确定和变更、解密程序：

（一）863计划保密课题成果密级的确定或变更、解密，由课题承担单位、主题专家组提出，在验收时由验收委员会出具审查意见。机密、秘密级成果的密级、保密期限的确定或变更、解密，由主管业务司审定，并于10日内经863计划联合办公室报国家科技保密办公室备案；绝密级成果的密级、保密期限的确定或变更、解密由主管业务司签署意见后经863计划联合办公室报国家科技保密办公室审定。

（二）863计划非密课题的成果，课题承担单位、主题专家组验收时认为应当依据《863计划保密技术指导目录》和科学技术保密范围的规定确定密级的，按照本条前款规定办理。

（三）验收后未定密的成果，如经过开发或应用后，成果完成单位或持有单位认为需要保密的按现行科技成果保密的有关程序办理申请手续。

第四章 文件、资料的定密

第十四条 863计划的文件、资料根据不同密级实行分类管理。下列涉密文件、资料应依照法定程序确定其密级：

（一）863计划纲要（包括草案）；

（二）涉及敏感技术范围的年度计划和经费预算、统计数据；

（三）涉及敏感技术范围的文件、立项报告、工作方案等资料和档案；

（四）涉及敏感技术范围的重要会议内容；

（五）记载上述内容的国家秘密载体如文字、数据、符号、图形、图片、声音等的纸介质、磁介质、光盘、计算机硬盘、软盘、录音、录像等各类物品；

（六）其他保密事项。

第十五条 863计划文件、资料密级的确定原则，按照《科技部保密规定》第六条执行。863计划文件、资料保密期限的确定原则，按照《国家秘密保密期限的规定》第三条执行。

第十六条 863计划文件、资料密级、保密期限的确定和变更程序：

（一）课题承担单位、主题专家组、专家委员会、领域办公室、863计划联合办公室等可提出文件、资料密级、保密期限的建议；

（二）机密、秘密级的文件、资料由主管业务司审定或授权有关单位审定，并于10日内经863计划联合办公室报科学技术部保密办公室备案；绝密级文件、资料由主管业务司签署意见后报863计划联合办公室审定，并于10日内报科学技术部保密办公室备案。

（三）变更文件、资料密级、保密期限，应当在保密期限届满3个月前提出申请，并依照本条（二）项规定办理。

第五章 保密管理

第十七条 国家科技保密工作办公室负责863计划课题与成果保密工作的指导、监督，负责确定、调整绝密级的863计划保密课题、成果的密级和保密期限；科学技术部保密办公室负责863计划文件、档案保密工作的指导、监督；863计划联合办公室负责863计划保密工作的实施和检查；科学技术部各业务司负责863计划归口领域的保密工作，负责确定机密、秘密级的863计划保密课题、成果的密级和保密期限以及调整及863计划涉密文件、资料密级的确定和调整工作。主题专家组对863计划课题、成果的密级和保密期限的确定以及调整及863计划文件、资料密级的确定和调整工作提供咨询和建议。863计划管理中心协助业务司做好863计划归口领域的保密工作。

第十八条 863计划保密课题、成果和文件、资料保密期限已满自动解密。科技部各业务司应当每年对保密期限超过5年的保密课题、成果和文件、资料进行密级和保密期限评议和审查，按照本规定有关的密级确定权限及时变更密级或解密。

第十九条 各有关业务司应当确定司领导专门负责863计划课题、成果和文件、资料的保密工作，专人管理863计划保密课题、成果和文件、资料；各领域办公室、主题专家组和管理中心应当指定专人负责保密工作；涉密课题承担单位应当将保密事项纳入工作议程，设专人重点管理。

第二十条 863计划保密课题和研究成果的承担单位，应当执行《国家秘密技术持有单位管理暂行办法》。

第二十一条 863计划保密课题验收时，应将课题保密工作列为验收内容。涉密课题承担单位应向科技部主管专业司提交年度保密情况报告。863计划保密成果持有单位应向所在地区科技主管部门或所属部门科技司提交年度保密情况报告。

第二十二条 863计划保密课题执行期间需对外合作、技术出口、国际学术交流、出国参展、发表论文、申请专利、国内技术转让或举办合资企业的，由课题承担单位按课题管理渠道申请，主题专家组或领域办公室提出审查意见，机密、秘密级由主管业务司审批，并于15日内经863计划联合办公室报国家科技保密办公室备案；绝密级课题由主管业务司签署意见后通过863计划联合办公室报国家科技保密办公室审批。

第二十三条 对外提供属于国家秘密文件、资料的，必须按照国家有关对外提供资料的保密规定，由有审批权的部门批准后方可提供。

第二十四条 863计划保密成果的对外交流合作，执行《国家秘密技术出口审查规定》。未经批准，任何单位和个人不得对外进行交流、向外提供资料、申请专利、转让技术、出国参展和上网发布信息。

第二十五条 863计划保密成果在申请专利、国内技术转让、举办合资企业或推广应用时，秘密级成果，应按行政隶属关系报省、自治区、直辖市、计划单列市科技厅（委、局），或者国务院有关部门、直属机构、直属事业单位科技司（局）批准并报国家科技保密办公室备案；机密级以上的成果按行政隶属关系通过省、自治区、直辖市、计划单列市科技厅（委、局），或者国务院有关部门、直属机构、直属事业单位科技司（局）初审后报国家科技保密办公室批准。

第二十六条 处理863计划保密信息时，应当在物理隔离的计算机上操作和存储，并配备保护设备。储存秘密信息的软盘应标明密级和保密期限，并按国家秘密载体保密管理规定执行。

第二十七条 863计划涉密内容的宣传报道，按国家有关规定及课题承担单位的有关制度进行保密审查。涉及机密、秘密级计划内容的宣传报道：涉及一个领域或主题的稿件，由领域办公室审查批准；涉及两个或两个以上领域的综合性稿件，由主管业务司审查批准。涉及绝密级计划内容的宣传报道，由863计划联合办公室提出审查意见，报国家科技保密办公室审查批准后，报科学技术部保密办公室备案。

第二十八条 863计划保密课题用于添置保密设施和人员保密费用等的保密经费，可以在课题有关经费中列支。

第二十九条 对确属国家保密需要，给863计划涉密课题承担单位或863计划保密成果持有单位造成损失的，可视情况采取适当方法给予补偿，具体办法另行制定。

第三十条 对为863计划保密工作做出贡献、成绩显著的单位、个人，依据《保密法》的有关规定给予表彰和奖励。对违反本规定的单位和个人，国家科技保密办公室、科技部保密办公室和863计划联合办公室按有关规定给予处理；对违反国家《保密法》的单位、个人，有关部门依据《保密法》的有关规定处罚。

第六章 附 则

第三十一条 本规定由科技部负责解释。

第三十二条 本规定自发布之日起施行。原《国家科委863计划保密规定》[（92）国科发成字443号]同时废止。

国家秘密技术项目持有单位管理暂行办法

(1998年1月4日国家科学技术委员会、国家保密局发布 国科发成字[1998]003号)

第一条 根据《中华人民共和国保守国家秘密法》和《科学技术保密规定》,制定本办法。

第二条 本办法所称的国家秘密技术,是指经国家科委、国家保密局审核、确认并特定范围内发布的《国家秘密技术项目通告》(以下简称《通告》)中的项目。

第三条 本办法所称的国家秘密技术项目持有单位(以下简称持有单位)是指:
(一)生产单位;
(二)使用单位;
(三)其他经有关部门批准而知悉的单位。

第四条 各级科技主管部门、保密工作部门对持有单位的保密工作负有指导、监督和检查的职责。

第五条 持有单位应设立由主要领导负责的科技保密管理机构,并配备专、兼职管理人员。其职责是制定本单位的科技保密制度,组织本单位科技项目的定密工作,开展科技保密宣传教育,定期向同级保密工作部门和上级科技保密工作部门汇报。

第六条 持有单位应准确确定项目的保密要点、所涉及的资料的保密内容、存放相关资料与使用该技术的要害部位。资料必须按国家有关规定标明密级和保密期限,随密级的调整及时变更,并建立严格的借阅制度。

第七条 持有单位应明确划定项目的知悉范围。涉密人员名单应经单位主管领导审定。持有单位应加强对涉密人员的管理,并与涉密人员签订保密协议。保密协议的内容应包括协议双方的权利和义务,协议期限至项目解密为止。

涉密人员应自觉遵守协议,严守国家秘密。持有单位应视条件给予涉密人员奖励或保密津贴。涉密人员离、退休或调离该单位时,应与单位签订科技保密责任书,继续履行保密义务,未经本单位同意或上级主管部门批准,不得在任何单位从事与该技术有关的工作,直至该项目解密为止。

第八条 因资产重组,持有单位发生变更,持有单位及相关单位应按原定密级继续采取保密措施,确保国家秘密技术的安全。

第九条 持有单位应将本单位科技保密管理机构设置、组成人员、项目的知悉范围、保密要点、要害部位、保密措施等情况按行政隶属关系上报省、自治区、直辖市、计划单列市或国务院各部委、直属机构的科技保密管理机构。

第十条 各省、自治区、直辖市、计划单列市和国务院各部委、直属机构的科技保密管理机构,应当在《通告》发布三个月之内,按本规定第五、六、七条要求,对《通告》中的项目持有单位进行保密检查验收,并将验收结果上报国家科委。

第十一条 国家秘密技术出口、对外合作、交流、参展、新闻出版等方面的科技保密审查工作按有关规定办理。

第十二条 本办法自发布之日起施行。

国家秘密技术出口审查规定

(1998年10月30日科学技术部、国家保密局、对外贸易经济合作部发布　国科发计字[1998]425号)

第一条　根据《中华人民共和国保守国家秘密法》、《中华人民共和国对外贸易法》(以下简称《外贸法》)和《科学技术保密规定》,制定本规定。

第二条　本规定所称的国家秘密技术,是指经科学技术部、国家保密局审查、确认并在特定范围内发布的《国家秘密技术项目通告》中的项目。

依据《科学技术保密规定》,由产生单位确定为国家秘密技术,并在上报、审查过程中的项目,适用本规定。

第三条　国家秘密技术出口的申请单位限于产生单位,产生单位为两个以上的,应当联合申请。

第四条　国家秘密技术出口应遵循以下原则:

(一)有利于保障国家安全;

(二)有利于我国的科学技术进步;

(三)有利于保持我国科学技术在国际上的领先地位;

(四)有利于维护我国国际经济竞争力和市场占有率;

(五)有利于发挥我国科学技术的经济效益和社会效益。

第五条　国家秘密技术出口保密审查、审批机构及权限:

(一)绝密级国家秘密技术禁止出口。

(二)机密级国家秘密技术,由申请单位按行政隶属关系经省、自治区、直辖市、计划单列市或国务院各部委、直属机构的科技保密管理机构审查同意后,报科学技术部审批。

(三)秘密级国家秘密技术,由申请单位按行政隶属关系上报省、自治区、直辖市、计划单列市或国务院各部委、直属机构的科技保密管理机构审批,报科学技术部备案。

第六条　国家秘密技术出口时,申请单位必须依照本规定先行办理保密审查手续,获批准后,按有关规定履行技术出口许可手续,方可与外方进行实质性洽谈。

第七条　申请单位应填写《国家秘密技术出口保密审查申请书》(以下简称《申请书》)。审批机关自接到申请三十日内应作出审查结论和批复,不能及时作出审查结论和批复的,应书面说明原因。

经保密审查批准出口的国家秘密技术,由审批机关核发《国家秘密技术出口保密审查批准书》(以下简称《批准书》)。

《申请书》和《批准书》的格式由科学技术部、国家保密局统一制发。

第八条　依照《外贸法》获得对外贸易经营许可的技术出口经营者可在其经营范围内经营国家秘密技术出口;没有获得对外贸易经营许可的公民、法人或其他组织,可以委托技术出口经营者在其经营范围内代理经营国家秘密技术出口。

第九条　申请出口的国家秘密技术在《中国禁止出口、限制出口技术目录》限制出口范围内的,经保密审查批准后,技术出口经营者凭《批准书》,按外经贸部和科学技术部颁布的《关于限制出口技术的管理办法》的规定,经技术、贸易审查,履行技术出口许可手续。

第十条　申请出口的国家秘密技术不在《中国禁止出口、限制出口技术目录》限制出口范围内的,经保密审查批准后,技术出口经营者凭《批准书》、技术出口合同等办理《中华人民共和国技术出口许可证》(以下简称《许可证》)。其中,行政隶属关系在省、自治区、直辖市、计划单列市的,应经所在省、自治区、直辖市、计划单列市的外经贸委（厅、局）报外经贸部办理；行政隶属关系在国务院各部委、直属机构的，按属地原则，分别经省、自治区、直辖市、计划单列市的外经贸委（厅、局）或国务院各部委、直属机构国际司报外经贸部办理；国务院各部委、直属机构的直属公司直接到外经贸部办理。

第十一条 国家秘密技术在获得技术出口许可后，海关凭外经贸部颁发的《许可证》核验放行。申请单位应将《许可证》的复印件报保密审查批准机关备案。

第十二条 国家秘密技术出口，必须按照保密审查批准和许可证许可出口的范围和内容进行，不得擅自扩大或变更。

第十三条 技术出口经营者应当在技术出口合同中规定保密条款，要求技术的受让方承担保密义务，必要时，应对受让方使用技术的范围和方式加以限定。

第十四条 违反本规定，未经批准、许可出口国家秘密技术，或擅自超出批准、许可范围，或在申请出口时弄虚作假，致使国家秘密泄露的，依法追究有关责任人的法律责任。

第十五条 从事国家秘密技术出口保密审查、审批的工作人员，必须忠于职守，严格执法，对所知悉的国家秘密技术应承担保密义务；对玩忽职守、徇私舞弊，致使国家秘密泄露的，依法追究有关责任人的法律责任。

第十六条 本规定自发布之日起施行。一九八九年十月六日由国家科委和国家保密局颁布的《国家秘密技术出口审查暂行规定》同时废止。

对外科技交流保密提醒制度

(2002年11月26日国家保密局、科学技术部发布　国保发[2002]7号)

第一条　为加强对外科技交流中的保密工作,保障国家秘密的安全,促进对外科技交流的顺利进行,根据《中华人民共和国保守国家秘密法》及《科学技术保密规定》,制定本制度。

第二条　本制度所称对外科技交流活动是指我国公民在境外或境内参加的有境外机构、组织、人员参与的科学技术开发、讲学、进修、培训、学术会议、文献资料交换、考察、谈判、合作研究、合作设计、合作调查、合作经营、种质资源交换、展览和咨询等活动。

第三条　凡在对外科技交流的下述事项中涉及国家秘密的机关、社会团体、企事业单位必须建立并实行对外科技交流保密提醒制度:

(一)科学技术发展战略、方针、政策、科技规划、计划;

(二)科技项目、课题及其经费预决策、实施方案、关键设备、资料、物品;

(三)科研成果及其用途;

(四)其它未尽事项。

第四条　实行对外科技交流保密提醒制度的机关、社会团体、企事业单位,应当确定本单位涉密人员,并以下列方式对参加对外科技交流活动的涉密人员进行保密提醒:

(一)涉密人员出境参加对外科技交流活动,其所在机关、社会团体、企事业单位人事或外事部门在办理出境审批手续时,应当告知其《涉密人员对外科技交流保密守则》(附件1),要求其在《涉密人员对外科技交流保密义务承诺书》(附件2)上签字,承诺履行保密义务,并填写《对外科技交流涉密人员登记表》(附件3),对一年内数次出境参加对外科技交流活动的涉密人员,可以每年对其提醒一次。

(二)涉密人员在境内参加对外科技交流活动。应当事先向所在单位报告,并填写《对外科技交流涉密人员登记表》。由所在单位提醒其遵守对外科技交流保密守则,并记录在案。

第五条　实行对外科技交流保密提醒制度的机关、社会团体、企事业单位应当每年对执行情况至少进行一次自查,发现问题及时纠正。

第六条　国家保密局和科学技术部共同负责全国对外科技交流保密提醒制度的指导、监督和检查,科学技术部负责全国对外科技交流保密提醒制度的组织实施。

第七条　各省、自治区、直辖市及计划单列市科技行政主管部门和中央、国家机关各部门的科技主管机构按属地原则或行政隶属关系,在职权范围内负责对外科技交流保密提醒制度的组织实施,监督检查其执行情况,并对执行情况予以备案。

第八条　各省、自治区、直辖市及计划单列市的保密工作部门和中央、国家机关各部门的保密工作机构对建立和执行对外科技交流保密提醒制度的工作进行监督和检查。

第九条　对应当建立对外科技交流保密提醒制度而未建立或者虽已建立但未认真执行的单位,有关科技主管部门和保密工作部门应予指出,仍执行不力的应当通报批评;造成泄密的,除追究有关泄密人员的责任外,还应当追究单位主管保密工作领导的责任。

附件一：

涉密人员对外科技交流保密守则

（一）公开的对外科技交流活动不得涉及国家秘密。

（二）在对外科技交流合作中，确需对外提供国家秘密的，要按照国家有关规定办理审批手续，并要求对方承担保密义务。

（三）参加对外科技交流活动不得携带国家秘密载体（包括载有国家秘密信息的便携式计算机），因工作确需携带或向境外传递机密级、秘密级秘密载体的，应按照有关保密规定办理审批手续，并采取切实可靠的保密措施；任何情况下，不得携带或向境外传递绝密级秘密载体。

（四）谈论涉及国家秘密的事项要注意场合，防止被窃听；不得在涉外公共场所及外方提供的场所谈论涉及国家秘密的事项。

（五）不得在没有保密措施的通讯工具中传递国家秘密；不得使用明码或者未经中央有关机关审查批准的密码传递国家秘密。

（六）在境外遇到危及所携带的国家秘密载体安全的紧急情况时，要立即销毁所携带的秘密载体，并及时向本单位的保密工作部门报告。

（七）发生泄密问题要立即采取补救措施，并及时向本单位的保密工作部门报告。

附件二（略）

附件三（略）

专利代理条例

(1991年3月4日国务院发布 中华人民共和国国务院令第76号)

第一章 总 则

第一条 为了保障专利代理机构以及委托人的合法权益,维护专利代理工作的正常秩序,制定本条例。

第二条 本条例所称专利代理是指专利代理机构以委托人的名义,在代理权限范围内,办理专利申请或者办理其他专利事务。

第二章 专利代理机构

第三条 本条例所称专利代理机构是指接受委托人的委托,在委托权限范围内,办理专利申请或者办理其他专利事务的服务机构。

专利代理机构包括:
(一)办理涉外专利事务的专利代理机构;
(二)办理国内专利事务的专利代理机构;
(三)办理国内专利事务的律师事务所。

第四条 专利代理机构的成立,必须符合下列条件:
(一)有自己的名称、章程、固定办公场所;
(二)有必要的资金和工作设施;
(三)财务独立,能够独立承担民事责任;
(四)有三名以上具有专利代理人资格的专职人员和符合中国专利局规定的比例的具有专利代理人资格的兼职人员。

律师事务所开办专利代理业务的,必须有前款第四项规定的专职人员。

第五条 向专利管理机关申请成立专利代理机构,应当提交下列文件:
(一)成立专利代理机构的申请书,并写明专利代理机构的名称、办公场所、负责人姓名;
(二)专利代理机构章程;
(三)专利代理人姓名及其资格证书;
(四)专利代理机构资金和设施情况的书面证明。

第六条 申请成立办理国内专利事务的专利代理机构,或者律师事务所申请开办专利代理业务的,应当经过其主管机关同意后,报请省、自治区、直辖市专利管理机关审查;没有主管机关的,可以直接报请省、自治区、直辖市专利管理机关审查。审查同意的,由审查机关报中国专利局审批。

申请成立办理涉外专利事务的专利代理机构,应当依照《中华人民共和国专利法》的有关规定办理。办理涉外专利事务的专利代理机构,经中国专利局批准的,可以办理国内专利事务。

第七条 专利代理机构自批准之日起成立,依法开展专利代理业务,享有民事权利,承担民事责任。

第八条 专利代理机构承办下列事务:
(一)提供专利事务方面的咨询;
(二)代写专利申请文件,办理专利申请;请求实质审查或者复审的有关事务;
(三)提出异议,请求宣告专利权无效的有关事务;
(四)办理专利申请权、专利权的转让以及专利许可的有关事务;
(五)接受聘请,指派专利代理人担任专利顾问;
(六)办理其他有关事务。

第九条 专利代理机构接受委托,承办业务,应当有委托人具名的书面委托书,写明委托事项和委托权限。

专利代理机构可以根据需要,指派委托人指定的专利代理人承办代理业务。

专利代理机构接受委托,承办业务,可以按照国家有关规定收取费用。

第十条 专利代理机构接受委托后,不得就同一内容的专利事务接受有利害关系的其他委托人的委托。

第十一条 专利代理机构应当聘任有《专利代理人资格证书》的人员为专利代理人。对聘任的专利代理人应当办理聘任手续,由专利代理机构发给《专利代理人工作证》,并向中国专利局备案。

初次从事专利代理工作的人员,实习满一年后,专利代理机构方可发给《专利代理人工作证》。

专利代理机构对解除聘任关系的专利代理人,应当及时收回其《专利代理人工作证》,并报中国专利局备案。

第十二条 专利代理机构变更机构名称、地址和负责人的,应当报中国专利局予以变更登记。经批准登记后,变更方可生效。

专利代理机构停业,应当在妥善处理各种尚未办结的事项后,向原审查机关申报,并由该机关报中国专利局办理有关手续。

第十三条 已批准的专利代理机构,因情况变化不再符合本条例第四条规定的条件,并在一年内仍不能具备这些条件的,原审查的专利管理机关应当建议中国专利局撤销该专利代理机构。

第三章 专利代理人

第十四条 本条例所称专利代理人是指获得《专利代理人资格证书》,持有《专利代理人工作证》的人员。

第十五条 拥护中华人民共和国宪法,并具备下列条件的中国公民,可以申请专利代理人资格:

(一)十八周岁以上,具有完全的民事行为能力;

(二)高等院校理工科专业毕业(或者具有同等学历),并掌握一门外语;

(三)熟悉专利法和有关的法律知识;

(四)从事过两年以上的科学技术工作或者法律工作。

第十六条 申请专利代理人资格的人员,经本人申请,专利代理人考核委员会考核合格的,由中国专利局发给《专利代理人资格证书》。

专利代理人考核委员会由中国专利局、国务院有关部门以及专利代理人的组织的有关人员组成。

第十七条 专利代理人必须承办专利代理机构委派的专利代理工作,不得自行接受委托。

第十八条 专利代理人不得同时在两个以上专利代理机构从事专利代理业务。

专利代理人调离专利代理机构前,必须妥善处理尚未办理的专利代理案件。

第十九条 获得《专利代理人资格证书》,五年内未从事专利代理业务或者专利行政管理工作的,其《专利代理人资格证书》自动失效。

第二十条 专利代理人在从事专利代理业务期间和脱离专利代理业务后一年内,不得申请专利。

第二十一条 专利代理人依法从事专利代理业务,受国家法律的保护,不受任何单位和个人的干涉。

第二十二条 国家机关工作人员,不得到专利代理机构兼职,从事专利代理工作。

第二十三条 专利代理人对其在代理业务活动中了解的发明创造的内容,除专利申请已经公布或者公告的以外,负有保守秘密的责任。

第四章 罚 则

第二十四条 专利代理机构有下列情形之一的,其上级主管部门或者省、自治区、直辖市专利管理机关,可以给予警告处罚;情节严重的,由中国专利局给予撤销机构处罚:

(一)申请审批时隐瞒真实情况,弄虚作假的;

(二)擅自改变主要登记事项的;

(三)未经审查批准,或者超越批准专利代理业务范围,擅自接受委托,承办专利代理业务的;

(四)从事其他非法业务活动的。

第二十五条 专利代理人有下列行为之一,

情节轻微的,由其所在的专利代理机构给予批评教育。情节严重的,可以由其所在的专利代理机构解除聘任关系,并收回其《专利代理人工作证》;由省、自治区、直辖市专利管理机关给予警告或者由中国专利局给予吊销《专利代理人资格证书》处罚:

(一)不履行职责或者不称职以致损害委托人利益的;

(二)泄露或者剽窃委托人的发明创造内容的;

(三)超越代理权限,损害委托人利益的;

(四)私自接受委托,承办专利代理业务的,收取费用的;

前款行为,给委托人造成经济损失的,专利代理机构承担经济赔偿责任后,可以按一定比例向该专利代理人追偿。

第二十六条 被处罚的专利代理机构对中国专利局撤销其机构,被处罚的专利代理人对吊销其《专利代理人资格证书》的处罚决定不服的,可以向中国专利局申请复议,不服复议决定的,可以在收到复议决定书十五日内,向人民法院起诉。

第五章 附 则

第二十七条 本条例由中国专利局负责解释。

第二十八条 本条例自1991年4月1日起施行。1985年9月4日国务院批准,同年9月12日中国专利局发布的《专利代理暂行规定》同时废止。

关于加强对外贸易中的专利管理的意见

(2002年12月20日对外贸易经济合作部、
国家知识产权局发布 外经贸技发[2002]573号)

加入世界贸易组织以及经济全球化的进一步发展,为我国对外贸易的发展提供了广阔的空间。今后,我国将在更大范围和更高层次上参与国际经济技术合作和竞争。我国作为WTO成员,要高度重视WTO《与贸易有关的知识产权协定》,积极参与协定的新一轮谈判,并自觉履行我国加入WTO的相关承诺。外经贸部和国家知识产权局对对外贸易中的知识产权问题进行了深入研究,一致认为,应加强对对外贸易中的知识产权保护和管理,充分发挥知识产权制度在企业发展中的作用,支持和引导企业运用有关知识产权法规保护自身利益。

一、为了加强对外贸易中的专利管理,有利于企业在对外贸易中防范和降低风险,促进对外贸易的健康发展,根据《中华人民共和国专利法》、《中华人民共和国对外贸易法》、《中华人民共和国技术进出口管理条例》和《知识产权海关保护条例》以及其他法律法规的有关规定,制定本意见。

二、本意见所称对外贸易中的专利管理,是指对货物、服务和技术进出口贸易中所涉及的专利(包括专利申请)相关事务进行管理。

专利相关事务包括有关专利文献检索、专利法律状态认定、专利侵权监视、专利许可贸易、专利权(专利申请权)转让和专利许可和转让合同的签订与履行等。

三、对外贸易经营者应按照《企业专利工作管理办法(试行)》的要求,建立、健全相应的专利管理制度。

四、对外贸易经济合作部(以下简称外经贸部)及各省、自治区直辖市和计划单列市外经贸主管部门与国家知识产权局(以下简称知识产权局)及其授权机关建立有关专利管理工作的大事、要事、突发事件的汇报制度,加强对外贸易中专利管理工作的指导。

为处理和应对前款所述大事、要事及突发事件,外经贸部和知识产权局建立不同层次的定期联席会议制度。

五、对外贸易经营者进口货物或接受委托从事来料加工、进料加工进口有关原材料、零部件涉及专利权的,应要求出口方或委托方提供其作为该专利的合法拥有者或合法被许可实施人的相关证明。

进口或委托加工合同中可明确规定:货物进口合同的进口方或委托加工合同的受委托方如因履行合同被第三方指控侵权或出现其它专利纠纷的,应由出口方或委托方承担法律责任。

六、对外贸易经营者引进技术设备涉及专利权转让、专利申请权转让或专利实施许可的,应当要求转让方或许可方出示该专利有效的证明文件或存在专利申请权的证明材料。必要时应到经知识产权局及其授权机关认定的专利服务机构就所涉技术领域进行专利文献检索,避免侵犯第三方专利权。

七、对外贸易经营者出口货物涉及新技术和新发明的,应就所涉技术领域检索进口方所在国家和地区的专利文献,避免发生出口产品在该国家和地区侵犯专利权。确有需要并条件具备的,可先行或同时向进口方所在国家和地区提交专利申请。

八、对外贸易经营者出口技术设备的,应就所涉技术领域检索进口方所在国家和地区的专利文献,避免侵犯第三方专利权。确有需要并条件具备的,可先行或同时向进口方所在国家和地区提交专利申请。

九、对外贸易经营者引进或出口技术设备,涉及专利权转让、专利申请权转让的,应签订专利权或专利申请权转让合同;涉及专利许可的,应签订专利许可合同。

专利权、专利申请权转让合同和专利许可合同的签订应当遵守《中华人民共和国技术进出口管理条例》的规定。

十、为保护合同双方的利益,专利许可合同可规定以下条款:

1. 专利许可的内容,包括生产、使用、销售、许诺销售、进口等全部或者其中的部分内容;

2. 受让人是否有权许可他人使用让与人的专利;

3. 使用专利技术而生产的产品可以销售的国家和地区;

4. 合同期满而专利有效期未满情况下对该专利是否可以继续使用;

5. 对合同履行期间合同双方当事人共同完成的发明创造申请知识产权保护的权利的归属;

6. 合同履行期间,让与人就其完成的新的发明创造对受让人的当然许可或者其他约定;

7. 与实施该专利有关的技术秘密的使用、相关资料的交换以及为保证该专利实施所必须的相关技术服务和技术培训;

8. 相关专有技术的使用与保密事项等;

9. 使用专利技术不能达到约定的技术标准或品质要求时的责任承担问题。

十一、对外贸易经营者应按照《知识产权海关保护条例》的要求,开展相关专利权海关备案。发现进出口货物涉嫌侵犯其专利权的,可以按照《知识产权海关保护条例》及其他法律、法规规定,请求海关或管理专利的部门实施保护措施。

十二、外经贸部及其授权机关与知识产权局及其授权机关将依法对对外贸易经营者的有关专利管理的制度建设、经营管理活动进行监督检查。

十三、本意见由外经贸部和知识产权局负责解释,并自公布之日起30天后参照执行。

【参阅目录】

专利代理惩戒规则(试行)
　国家知识产权局令第二十五号
　2002年12月12日

火炬计划标志使用管理办法
　国科火字[1996]110号
　1996年12月17日

关于在香港特别行政区知识产权署提出的首次申请的优先权的规定
　国家知识产权局令第十号
　1999年12月15日

集成电路布图设计保护条例实施细则
　国家知识产权局令第十一号
　2001年9月18日

集成电路布图设计行政执法办法
　国家知识产权局令第十七号
　2001年11月28日

科学技术普及

中华人民共和国科学技术普及法

(2002年6月29日第九届全国人民代表大会常务委员会第二十八次会议通过 2002年6月29日中华人民共和国主席令第71号公布)

目 录

第一章 总则
第二章 组织管理
第三章 社会责任
第四章 保障措施
第五章 法律责任
第六章 附则

第一章 总 则

第一条 为了实施科教兴国战略和可持续发展战略,加强科学技术普及工作,提高公民的科学文化素质,推动经济发展和社会进步,根据宪法和有关法律,制定本法。

第二条 本法适用于国家和社会普及科学技术知识、倡导科学方法、传播科学思想、弘扬科学精神的活动。

开展科学技术普及(以下称科普),应当采取公众易于理解、接受、参与的方式。

第三条 国家机关、武装力量、社会团体、企业事业单位、农村基层组织及其他组织应当开展科普工作。

公民有参与科普活动的权利。

第四条 科普是公益事业,是社会主义物质文明和精神文明建设的重要内容。发展科普事业是国家的长期任务。

国家扶持少数民族地区、边远贫困地区的科普工作。

第五条 国家保护科普组织和科普工作者的合法权益,鼓励科普组织和科普工作者自主开展科普活动,依法兴办科普事业。

第六条 国家支持社会力量兴办科普事业。社会力量兴办科普事业可以按照市场机制运行。

第七条 科普工作应当坚持群众性、社会性和经常性,结合实际,因地制宜,采取多种形式。

第八条 科普工作应当坚持科学精神,反对和抵制伪科学。任何单位和个人不得以科普为名从事有损社会公共利益的活动。

第九条 国家支持和促进科普工作对外合作与交流。

第二章 组织管理

第十条 各级人民政府领导科普工作,应将科普工作纳入国民经济和社会发展计划,为开展科普工作创造良好的环境和条件。

县级以上人民政府应当建立科普工作协调制度。

第十一条 国务院科学技术行政部门负责制定全国科普工作规划,实行政策引导,进行督促检查,推动科普工作发展。

国务院其他行政部门按照各自的职责范围,负责有关的科普工作。

县级以上地方人民政府科学技术行政部门及其他行政部门在同级人民政府领导下按照各自的职责范围,负责本地区有关的科普工作。

第十二条 科学技术协会是科普工作的主要社会力量。科学技术协会组织开展群众性、社会性、经常性的科普活动,支持有关社会组织和企业事业单位开展科普活动,协助政府制定科普工作规划,为政府科普工作决策提供建议。

第三章 社会责任

第十三条 科普是全社会的共同任务。社会各界都应当组织参加各类科普活动。

第十四条 各类学校及其他教育机构，应当把科普作为素质教育的重要内容，组织学生开展多种形式的科普活动。

科技馆（站）、科技活动中心和其他科普教育基地，应当组织开展青少年校外科普教育活动。

第十五条 科学研究和技术开发机构、高等院校、自然科学和社会科学类社会团体，应当组织和支持科学技术工作者和教师开展科普活动，鼓励其结合本职工作进行科普宣传；有条件的，应当向公众开放实验室、陈列室和其他场地、设施，举办讲座和提供咨询。

科学技术工作者和教师应当发挥自身优势和专长，积极参与和支持科普活动。

第十六条 新闻出版、广播影视、文化等机构和团体应当发挥各自优势做好科普宣传工作。

综合类报纸、期刊应当开设科普专栏、专版；广播电台、电视台应当开设科普栏目或者转播科普节目；影视生产、发行和放映机构应当加强科普影视作品的制作、发行和放映；书刊出版、发行机构应当扶持科普书刊的出版、发行；综合性互联网站应当开设科普网页；科技馆（站）、图书馆、博物馆、文化馆等文化场所应当发挥科普教育的作用。

第十七条 医疗卫生、计划生育、环境保护、国土资源、体育、气象、地震、文物、旅游等国家机关、事业单位，应当结合各自的工作开展科普活动。

第十八条 工会、共产主义青年团、妇女联合会等社会团体应当结合各自工作对象的特点组织开展科普活动。

第十九条 企业应当结合技术创新和职工技能培训开展科普活动，有条件的可以设立向公众开放的科普场馆和设施。

第二十条 国家加强农村的科普工作。农村基层组织应当根据当地经济与社会发展的需要，围绕科学生产、文明生活，发挥乡镇科普组织、农村学校的作用，开展科普工作。

各类农村经济组织、农业技术推广机构和农村专业技术协会，应当结合推广先进适用技术向农民普及科学技术知识。

第二十一条 城镇基层组织及社区应当利用所在地的科技、教育、文化、卫生、旅游等资源，结合居民的生活、学习、健康娱乐等需要开展科普活动。

第二十二条 公园、商场、机场、车站、码头等各类公共场所的经营管理单位，应当在所辖范围内加强科普宣传。

第四章 保障措施

第二十三条 各级人民政府应当将科普经费列入同级财政预算，逐步提高科普投入水平，保障科普工作顺利开展。

各级人民政府有关部门应当安排一定的经费用于科普工作。

第二十四条 省、自治区、直辖市人民政府和其他有条件的地方人民政府，应当将科普场馆、设施建设纳入城乡建设规划和基本建设计划；对现有科普场馆、设施应当加强利用、维修和改造。

以政府财政投资建设的科普场馆，应当配备必要的专职人员，常年向公众开放，对青少年实行优惠，并不得擅自改作他用；经费困难的，同级财政应当予以补贴，使其正常运行。

尚无条件建立科普场馆的地方，可以利用现有的科技、教育、文化等设施开展科普活动，并设立科普画廊、橱窗等。

第二十五条 国家支持科普工作，依法对科普事业实行税收优惠。

科普组织开展科普活动、兴办科普事业，可以依法获得资助和捐赠。

第二十六条 国家鼓励境内外的社会组织和个人设立科普基金，用于资助科普事业。

第二十七条 国家鼓励境内外的社会组织和个人捐赠财产资助科普事业；对捐赠财产用于科普事业或者投资建设科普场馆、设施的，依法给予优惠。

第二十八条 科普经费和社会组织、个人资助科普事业的财产，必须用于科普事业，任何单位或者个人不得克扣、截留、挪用。

第二十九条　各级人民政府、科学技术协会和有关单位都应当支持科普工作者开展科普工作,对在科普工作中做出重要贡献的组织和个人,予以表彰和奖励。

第五章　法律责任

第三十条　以科普为名进行有损社会公共利益的活动,扰乱社会秩序或者骗取财物,由有关主管部门给予批评教育,并予以制止;违反治安管理规定的,由公安机关依法给予治安管理处罚;构成犯罪的,依法追究刑事责任。

第三十一条　违反本法规定,克扣、截留、挪用科普财政经费或者贪污、挪用捐赠款物的,由有关主管部门责令限期归还;对负有责任的主管人员和其他直接责任人员依法给予行政处分;构成犯罪的,依法追究刑事责任。

第三十二条　擅自将政府财政投资建设的科普场馆改为他用的,由有关主管部门责令限期改正;情节严重的,对负有责任的主管人员和其他直接责任人员依法给予行政处分。

扰乱科普场馆秩序或者毁损科普场馆、设施的,依法责令其停止侵害、恢复原状或者赔偿损失;构成犯罪的,依法追究刑事责任。

第三十三条　国家工作人员在科普工作中滥用职权、玩忽职守、徇私舞弊的,依法给予行政处分;构成犯罪的,依法追究刑事责任。

第六章　附　　则

第三十四条　本法自公布之日起施行。

全民科学素质行动计划纲要
（2006—2010—2020 年）

（2006 年 2 月 6 日国务院发布　国发[2006]7 号）

根据党的十六大和十六届三中、四中、五中全会精神，依照《中华人民共和国科学技术普及法》和《国家中长期科学和技术发展规划纲要（2006—2020 年）》（国发[2005]44 号），制定并实施《全民科学素质行动计划纲要（2006—2010—2020 年）》（以下简称《科学素质纲要》）。

一、前言

科学素质是公民素质的重要组成部分。公民具备基本科学素质一般指了解必要的科学技术知识，掌握基本的科学方法，树立科学思想，崇尚科学精神，并具有一定的应用它们处理实际问题、参与公共事务的能力。提高公民科学素质，对于增强公民获取和运用科技知识的能力、改善生活质量、实现全面发展，对于提高国家自主创新能力、建设创新型国家、实现经济社会全面协调可持续发展、构建社会主义和谐社会，都具有十分重要的意义。

根据有关调查，我国公民科学素质水平与发达国家相比差距甚大。公民科学素质的城乡差距十分明显，劳动适龄人口科学素质不高；大多数公民对基本科学知识了解程度较低，在科学精神、科学思想和科学方法等方面更为欠缺，一些不科学的观念和行为普遍存在，愚昧迷信在某些地区较为盛行。公民科学素质水平低下，已成为制约我国经济发展和社会进步的瓶颈之一。

公民科学素质建设是坚持走中国特色的自主创新道路，建设创新型国家的一项基础性社会工程，是政府引导实施、全民广泛参与的社会行动。改革开放以来，特别是实施科教兴国战略以来，我国公民科学素质建设有了较大的发展，但仍存在许多问题。人均接受正规教育年限低于世界平均水平；因长期受应试教育影响，学生科学素质结构存在明显缺陷；社会教育、成人教育的发展尚不全面和深入，公民缺少接受终身教育的机会。科普长效运行机制尚未形成；科普设施、队伍、经费等资源不足；大众传媒科技传播力度不够、质量不高。公民科学素质建设的公共服务未能有效满足社会需求，公民提升自身科学素质的主动性尚未充分调动。

全民科学素质行动计划旨在全面推动我国公民科学素质建设，通过发展科学技术教育、传播与普及，尽快使全民科学素质在整体上有大幅度的提高，实现到本世纪中叶我国成年公民具备基本科学素质的长远目标。本《科学素质纲要》提出了全民科学素质行动计划在"十一五"期间的主要目标、任务与措施和到 2020 年的阶段性目标。

二、方针和目标

指导方针：

以邓小平理论和"三个代表"重要思想为指导，坚持科学发展观，发挥政府主导作用，充分调动全社会力量共同参与，大力加强公民科学素质建设，促进经济社会和人的全面发展，为提升自主创新能力和综合国力、全面建设小康社会和实现现代化建设第三步战略目标打下雄厚的人力资源基础。

今后 15 年，实施全民科学素质行动计划的方针是"政府推动，全民参与，提升素质，促进和谐"。

政府推动——各级政府将公民科学素质建设作为全面建设小康社会的重要工作，加强领导。各级政府将《科学素质纲要》纳入有关规划计划，制定政策法规，加大公共投入，推动《科学素质纲要》的实施。社会各界各负其责，加强协作。

全民参与——公民是科学素质建设的参与主

体和受益者,要充分调动全体公民参与实施《科学素质纲要》的积极性和主动性,在全社会形成崇尚科学、鼓励创新、尊重知识、尊重人才的良好风尚。

提升素质——提高公民科学素质是《科学素质纲要》的出发点和落脚点。通过实施《科学素质纲要》,推动形成全民学习、终身学习的学习型社会,促进人的全面发展。

促进和谐——认真落实科学发展观,以人为本,实现科学技术教育、传播与普及等公共服务的公平普惠,促进社会主义物质文明、政治文明、精神文明建设与和谐社会建设全面发展。

目标:

到2020年,科学技术教育、传播与普及有长足发展,形成比较完善的公民科学素质建设的组织实施、基础设施、条件保障、监测评估等体系,公民科学素质在整体上有大幅度的提高,达到世界主要发达国家21世纪初的水平。

到2010年,科学技术教育、传播与普及有较大发展,公民科学素质明显提高,达到世界主要发达国家20世纪80年代末的水平。围绕公民科学素质建设最关键、最具基础性的问题,实现以下目标:

——促进科学发展观在全社会的树立和落实。重点宣传普及节约资源、保护生态、改善环境、安全生产、应急避险、健康生活、合理消费、循环经济等观念和知识,倡导建立资源节约型、环境友好型社会,形成科学、文明、健康的生活方式和工作方式。

——以重点人群科学素质行动带动全民科学素质的整体提高。未成年人对科学的兴趣明显提高,创新意识和实践能力有较大增强;农民和城镇劳动人口的科学素质有显著提高,城乡居民科学素质水平差距逐步缩小;领导干部和公务员的科学素质在各类职业人群中位居前列。

——科学教育与培训、科普资源开发与共享、大众传媒科技传播能力、科普基础设施等公民科学素质建设的基础得到加强,公民提高自身科学素质的机会与途径明显增多。

三、主要行动

根据指导方针和目标,在"十一五"期间实施以下主要行动:

(一)未成年人科学素质行动。

任务:

——宣传科学发展观,重点宣传我国人口众多、资源有限、人均占有资源远低于世界平均水平的基本国情,使未成年人从小树立人与自然和谐相处和可持续发展的意识。

——完善基础教育阶段的科学教育,提高学校科学教育质量,使中小学生掌握必要和基本的科学知识与技能,体验科学探究活动的过程与方法,培养良好的科学态度、情感与价值观,发展初步的科学探究能力,增强创新意识和实践能力。

——普及农村义务教育,切实提高农村中小学科学教育质量。为农村未成年人提供更多参与科普活动的机会,培养改善生存状况、提高生活质量和自我发展的能力。

——开展多种形式的科普活动和社会实践,增强未成年人对科学技术的兴趣和爱好,初步认识科学的本质以及科学技术与社会的关系,培养社会责任感以及交流合作、综合运用知识解决问题的能力。

措施:

——通过实施新世纪素质教育工程,推进新科学课程的全面实施。针对不同年龄段学生特点,注重课程的综合性与连贯性;开展学龄前科学启蒙教育,采取有效措施,积极推广义务教育阶段综合性科学课程,逐步推进高中科学课程改革;深化中小学科学课程教材、教学内容和教学方法改革,充分发挥现代教育技术的作用,改革科学教育评价制度,定期监测科学教育质量。

——提高农村未成年人科学教育水平和质量。结合农村实际,加强农村中小学现代远程教育的科学教育资源建设,发展针对农村校外未成年人的非正规教育,开展生活能力和生产技能培训等科普活动。

——开展课外科技活动,引导未成年人增强创新意识和实践能力。普及保护生态环境、节约资源能源、心理生理健康、安全避险等知识。加强"珍爱生命、远离毒品"和崇尚科学文明、反对愚昧迷信的宣传教育。发挥未成年人在家庭和社区科普宣传中对成年人的独特影响作用。

——通过"大手拉小手科技传播行动"、科技专家进校园(社区、科普基地)、中学生进科研院所(实验室)等活动,组织科技工作者与未成年人开展面对面的科普活动。

——提高母亲的科学素质,重视家庭教育在提高未成年人科学素质中的重要作用。

——新闻出版、广播电视、文化等机构和团体加大面向未成年人的科技传播力度,用优秀、有益、生动的科普作品吸引未成年人,为未成年人的健康成长营造良好的舆论环境。

——整合校外科学教育资源,建立校外科技活动场所与学校科学课程相衔接的有效机制。利用科技类博物馆、科研院所等科普教育基地和青少年科技教育基地的教育资源,为提高未成年人科学素质服务;加强现有青少年宫、儿童活动中心等综合性未成年人校外活动场所的科普教育功能,在有条件的地区建设青少年科技活动中心等专门的科普活动场所。发挥社区教育在未成年人校外教育中的作用。

(二)农民科学素质行动。

任务:

——面向农民宣传科学发展观,重点开展保护生态环境、节约水资源、保护耕地、防灾减灾,倡导健康卫生、移风易俗和反对愚昧迷信、陈规陋习等内容的宣传教育,促进在广大农村形成讲科学、爱科学、学科学、用科学的良好风尚,促进社会主义新农村建设。

——围绕科学生产和增效增收,激发广大农民参与科学素质建设的积极性,增强科技意识,提高获取科技知识和依靠科技脱贫致富、发展生产和改善生活质量的能力,并将推广实用技术与提高农民科学素质结合起来,着力培养有文化、懂技术、会经营的新型农民。

——提高农村富余劳动力向非农产业和城镇转移就业的能力。

——提高农村妇女及西部欠发达地区、民族地区、贫困地区、革命老区农民的科学文化素质。

措施:

——逐步建立内容丰富、形式多样、适应需求的农村科学教育、宣传和培训体系。制定《农民科技教育培训体系建设规划》和《中国农民科学素质教育大纲》,指导面向农民的各类科学教育活动。

——大力开展农民科技培训。结合实施全国农村党员干部现代远程教育、农村党员基层干部适用技术和市场经济知识培训计划、绿色证书工程、星火科技培训专项行动、双学双比、巾帼科技致富工程等,开展针对性强、务实有效、通俗易懂的农业科技培训,多渠道加大培训力度。使参加绿色证书培训达1000万人;重点培育100万个科技示范户,辐射带动2000万个农户。发挥好农业广播电视学校、农村成人文化技术学校、农村致富技术函授大学、农业科教与网络联盟、有关大中专院校和其他农村成人教育机构在农村科技培训中的作用。

——广泛开展各种形式的科技下乡和群众性、社会性、经常性科普活动。深入开展文化科技卫生"三下乡"、科技活动周、全国科普日等活动,总结推广科技特派员、科技入户、科技110、科普之冬(春)、科普大集、专家大院、科技咨询服务站、科技大王下乡、科教兴村等行之有效的做法,探索科技人员与农民互动的科技咨询服务长效机制。

——开展农村科技、科普示范活动,建立和完善示范体系。深入开展全国科技进步示范市(县、区)和全国科普示范县(市、区)、乡(镇)、村、户等建设活动,大力发展科技、科普示范基地,发挥好它们的示范作用。

——开展农村富余劳动力转移就业科技培训。建立健全农村劳动力转移培训机制,按照《2003—2010年全国农民工培训规划》要求,积极开展农民工的引导性培训、职业技能培训和岗位培训。

——建立健全农村科技教育、传播与普及服务组织网络和人才队伍。发展农业技术推广机构、农村基层科普组织和农民合作经济组织,重点扶持1万个农村专业技术协会。组织专家咨询服务和志愿者队伍,形成动员科技人员为"三农"服务的有效机制;培养农民技术员队伍,提高农村实用人才的学习能力、实践能力和传播能力。

——加强农村基层科普能力建设。依托农村中小学、村党员活动室、农村成人文化技术学校、文化站和有条件的乡镇企业、农村专业技术协会等农民合作组织，发展乡村科普活动场所。推动乡村科普橱窗、宣传栏等建设，开发和充实适应需求、富有特色的展示教育内容。加强民族地区科普工作队建设，提高西部地区特别是边疆民族地区基层的科普能力。

（三）城镇劳动人口科学素质行动。

任务：

——在广大城镇宣传科学发展观，重点倡导和普及节约资源、保护环境、节能降耗、安全生产、健康生活等观念和知识，促进经济增长方式的转变和科学文明健康生活方式的形成。

——围绕走新型工业化道路和发展现代服务业的需求，以学习能力、职业技能和技术创新能力为重点，提高第二、第三产业从业人员科学素质，更好地适应经济社会和自身发展的要求。

——围绕城镇化进程的要求，提高进城务工人员的职业技能水平和适应城市生活的能力。

——提高失业人员的就业能力、创业能力和适应职业变化的能力。

措施：

——加强对劳动者科技教育培训的宏观管理，进行专门的规划、组织和监督实施。统筹协调各相关部门的关系，合理分工、加强合作。

——将劳动人口应具备的基本科学素质内容纳入各级各类职业教育和成人教育的课程内容和培训教材，将有关科学素质的要求纳入国家职业标准，作为各类职业培训、考核和鉴定的内容。

——开展各种形式的劳动预备制培训、再就业培训、创业培训、农民工培训和各类从业人员的在岗培训和继续教育。城镇职工在职培训达到2.5亿人次，失业人员再就业培训1500万人，农民工培训2亿人。使新增劳动力接受劳动预备制培训的比例由目前的70%提高到90%。

——在企业广泛开展科普宣传、技能培训和创建学习型组织、争做知识型职工等活动，着力加强科学方法、科学思想和科学精神教育，提高职工的科学文化素质。鼓励群众性技术创新和发明活动。充分发挥企业科协、职工技协、研发中心等组织和机构的作用。

——建立企业事业单位从业人员带薪学习制度，鼓励职工在职学习，形成用人单位和从业人员共同投资职业培训的机制。在职业培训中，加大有关科学知识的内容。

——优化整合各种教育培训资源，实现资源共享，形成广覆盖、多层次的教育培训网络，为劳动者提高科学素质提供更多机会和途径。

——以城镇社区为依托，通过社区科普活动室、科普学校、科普画廊等机构和设施，开展多种形式的科普宣传，建设学习型社区，发挥社区在提高劳动者科学素质方面的作用。

（四）领导干部和公务员科学素质行动。

任务：

——在面向领导干部普及科学技术知识的同时，突出弘扬科学精神，提倡科学态度，讲究科学方法，增强领导干部贯彻落实科学发展观的自觉性和科学决策的能力。

——围绕贯彻落实科学发展观和建设学习型机关，调动公务员提高自身科学素质的积极性和主动性，增强终身学习和科学管理的能力。

措施：

——将提高科学素质列为公务员和事业单位、国有企业负责人培训教育规划和相关计划的重要内容。

——各级机关在创建学习型机关中，其学习培训制度应体现提高领导干部和公务员科学素质的要求。

——各级行政院校和干部学院将提高学员科学素质列入教学计划，采取切实措施加以落实。

——举办讲座、报告会等科普活动，编辑出版相关的科普读物，向领导干部和公务员介绍现代科技知识及发展趋势，传播科学思想、科学方法、科学精神。组织公务员参与科普活动。

——报刊、电台、电视台和各级政府网站创办有关提高领导干部和公务员科学素质的栏目和节目。

——在公务员录用考试大纲及题库中，列入与科学素质要求有关的具体内容。

四、基础工程

配合上述行动计划，"十一五"期间重点实施以下基础工程：

（一）科学教育与培训基础工程。

任务：

——加强教师队伍建设，培养一支专兼结合、结构合理、素质优良、胜任各类科学教育与培训的教师队伍。

——加强教材建设，改革教学方法，形成适应不同对象需求、满足科学教育与培训要求的教材教法。

——加强教学基础设施建设，充分利用现有的教育培训场所、基地，配备必要的教学仪器和设备，为开展科学教育与培训提供基础条件支持。

措施：

——加强中小学科学教育教师队伍建设。采取多种途径，开展中小学和农村成人文化技术学校科学教育教师培训工作，尤其重视县以下中小学科学教育教师的培训，提高学历层次和实施科学教育的能力和水平。鼓励师范院校设置科学教育专业，培养具有较高专业水平和职业能力的科学教育教师。

——建立科技界和教育界合作推动科学教育发展的有效机制。动员组织高等院校、科研院所的科技专家参与中小学科学课程教材建设、教学方法改革和科学教师培训。

——加强科学教育与培训志愿者队伍建设。发挥老科技工作者协会、老教授协会的作用，动员组织离退休科技工作者、教育工作者、公务员和企业事业单位管理者参与科学教育与培训。发展青少年科技辅导员队伍，提高辅导员的素质和能力。

——加强科学教育研究，按照普及性、基础性、发展性的要求，促进科学课程的完善与发展，更新课程内容，提高中小学科学课程的教材质量，改进教学方法。以创新意识和实践能力的培养为重点，促进学习方式的变革。

——加强职业教育、成人教育和各类培训中科学教育的教材建设。根据农民、城镇劳动人口、领导干部和公务员的特点和需求，以科学发展观、先进适用技术、职业技能、现代科技知识为主要内容编写教材。重视少数民族文字的教材编写和音像类教材的开发制作。

——加强中小学特别是农村中小学科学教育基础设施建设。根据科学课程的需要，建立健全实验室、图书室，充实实验仪器、教具、音像设备、计算机等教学器材，并面向社会提供服务。

——增强行政院校和干部学院，高等院校、科研院所，职业学校、函授学校、广播电视学校等机构的科学教育和培训功能。

——利用社会资源开展科学教育和培训。鼓励和支持科技馆等科普场馆、社区学校、成人文化技术学校等开展科学教育与培训。构建不同职业、不同工种、布局合理的职业技能培训基地。

（二）科普资源开发与共享工程。

任务：

——引导、鼓励和支持科普产品和信息资源的开发，繁荣科普创作。围绕宣传落实科学发展观，创作出一批紧扣时代发展脉搏、适应市场需求、公众喜闻乐见的优秀作品，并推向国际市场，改变目前科普作品"单向引进"的局面。

——集成国内外科普信息资源，建立全国科普信息资源共享和交流平台，为社会和公众提供资源支持和公共科普服务。

措施：

——建立有效激励机制，促进原创性科普作品的创作。以评奖、作品征集等方式，加大对优秀原创科普作品的扶持、奖励力度，吸引和鼓励社会各界参与科普作品创作；调动科技工作者科普创作的积极性，把科普作品纳入业绩考核范围；建立将科学技术研究开发的新成果及时转化为科学教育、传播与普及资源的机制；鼓励和支持科普创作、科技传播专业团体发挥作用；制定优惠政策和相关规范，鼓励和吸引更多社会力量参与科普资源开发。

——加强合作与交流。推动科普、科技、教育、传媒界的有效合作，引进国外优秀作品，借鉴国际先进创作理念和方法，促进我国科普创作整体水平的提高。

——集成国内外现有科普图书、期刊、挂图、音像制品、展教品、文艺作品以及图片、科普志愿者等各类科普信息，建成数字化科普信息资源库和共享交流平台，通过互联网为社会和公众提供资源支持和公共科普服务。

——开展优秀科普作品的推介、展演、展映、展播和展示活动，扩大科普信息资源的共享范围。针对公众生产生活的实际需求，组织编制简明生动的科普资料,以公众易于获得的方式送达基层。

——制定相关法规、规章和标准,充分保护知识产权,创造公共科普信息资源公平使用的法制环境。

(三)大众传媒科技传播能力建设工程。

任务:

——加大各类媒体的科技传播力度。电视台、广播电台科技节目的播出时间,各类科普出版物的品种和发行量,综合性报纸科技专栏的数目和版面,科普网站和门户网站的科技专栏等大幅度增加。

——打造科技传播媒体品牌。提高科技频道、专栏制作传播质量,培育一批读者量大、知名度高的综合性报纸科技专栏、专版和科普图书、报刊、音像制品、电子出版物,形成一批在业内有一定规模和影响力的科普出版机构。

——发挥互联网等新型媒体的科技传播功能,培育、扶持若干对网民有较强吸引力的品牌科普网站和虚拟博物馆、科技馆。

措施:

——鼓励、支持"科技博览"、"科技之光"、"科普大篷车"等电视科技栏目进一步提高质量,使其成为有广泛影响的媒体精品。择优扶持若干有特色、覆盖率高的知名科普网站。

——制定优惠政策和相关规范,积极培育市场,推动科普文化产业发展。

——建立与市场、公众需求相适应的管理体制与运行机制,树立以消费者为中心的经营理念。引进现代营销模式与先进编创技术,注重市场调研,提高播出和编辑出版质量。

——建立与市场经济相适应的科普出版物发行渠道,加强网点建设,大力扶持科普出版物在农村和边远地区、民族地区的发行工作。

——提高各类媒体对公共卫生事件和重大自然灾害等突发事件的反应能力,指导公众以科学的行为和方式应对突发事件。

——研究开发网络科普的新技术和新形式。开辟具有实时、动态、交互等特点的网络科普新途径,开发一批内容健康、形式活泼的科普教育、游戏软件。

(四)科普基础设施工程。

任务:

——拓展和完善现有基础设施的科普教育功能。对现有科普设施进行机制改革和更新改造,充实内容、改进服务、激发活力,满足公众参与科普活动的需求。整合利用社会相关资源,充分发挥科研基础设施的资源优势,发展青少年科技教育基地和科普教育基地。

——多渠道筹集资金,在充分研究论证的前提下,新建一批科技馆、自然博物馆等科技类博物馆。各直辖市和省会城市、自治区首府至少拥有1座大中型科技馆,城区常住人口100万人以上的大城市至少拥有1座科技类博物馆,全国科技类博物馆的接待能力有显著增长。

——发展基层科普设施。在城乡社区建设科普画廊、科普活动室、运用网络进行远程科普宣传教育的终端设备等设施;增强综合性未成年人校外活动场所的科普教育功能,有条件的市(地)和县(市、区)可建设科技馆等专门科普场馆;在一些市(州、盟和县)配备科普大篷车,以"流动科技馆"的形式为城乡社区、学校特别是贫困、边远地区提供科普服务。

措施:

——突出社会公益性,加强对科普基础设施建设的宏观指导。制定科普设施的发展规划、建设标准、认定办法和管理条例,规范科普设施的建设与管理。

——科普基础设施建设纳入国民经济和社会事业发展总体规划及基本建设计划,加大对公益性科普设施建设和运行经费的公共投入。

——对科普教育功能薄弱的设施进行更新改造,完善基层科普设施的功能;引进和开发适应公众需求的活动项目,创新活动方式,增强吸引力,提高管理水平和服务质量。增强社区科普设施为老年人服务的功能,为他们老有所学、老有所乐、老有所为提供条件和机会。落实科普场馆对未成年人和老年人的优惠措施。

——鼓励社会力量参与科普基础设施建设。落实有关优惠政策,鼓励社会各界对公益性科普设施建设提供捐赠、资助;吸引境内外资本投资兴建和参与经营科普场馆;鼓励有条件的企业事业单位根据自身特点建立专业科普场馆;落实有关鼓励科普事业发展的税收优惠政策,鼓励社会力量参与科普基础设施建设。

——国家级青少年科技教育基地和科普教育基地总数由目前的300余座增加至500座,省部级青少年科技教育基地和科普教育基地总数由目前的1000余座增加至2000座,定期对公众免费或优惠开放。有条件的科研院所、高等院校、自然科学和社会科学类团体向公众开放实验室、陈列室和其他场地设施;鼓励高新技术企业对公众开放研发机构和生产车间。

——培育科普展览、展品市场,推动设计制作社会化;制定技术规范和设计制作机构的资质认定办法;择优扶持一批设计制作机构,提高设计制作水平。

五、保障条件

(一)政策法规。

完善有关公民科学素质建设的政策法规,明确政府、社会组织、企业及公民个人在公民科学素质建设中的责任、权利和义务。根据形势发展需要,对现有政策法规进行修订、补充和调整。

——在国民经济和社会发展计划和有关科学技术教育、传播与普及的法律法规中,体现公民科学素质建设的目标和要求。

——制定《中华人民共和国科学技术普及法》实施细则。

——制定鼓励和吸引境内外机构、个人独资或合作兴办科学技术教育、传播与普及机构的政策。

——制定表彰和奖励政策。

(二)经费投入。

采取多种措施,加大政府和社会投入,形成多渠道投入机制,为《科学素质纲要》的实施提供资金保障。

——加大财政保障力度。切实执行《中华人民共和国教育法》和《中华人民共和国科学技术普及法》的有关规定,各级政府根据财力情况和公民科学素质建设发展的实际需要,逐步提高教育、科普经费的增长速度,并将科普经费列入同级财政预算,保障《科学素质纲要》的顺利实施。中央财政根据财力状况,逐步加大对地方的转移支付力度。各级政府要从中央财政的财力性转移支付资金中安排一定的经费用于公民科学素质建设。

——落实各相关部门实施经费。各有关部门、事业单位和人民团体根据承担的《科学素质纲要》实施任务,按照国家预算管理的规定和现行资金渠道,统筹考虑和落实所需经费。

——鼓励捐赠,广辟社会资金投入渠道。进一步完善捐赠公益性科普事业个人所得税减免政策和相关实施办法,广泛吸纳境内外机构、个人的资金支持公民科学素质建设。

(三)队伍建设。

培养专业化人才,发掘兼职人才,建立志愿者队伍,加强理论研究,为公民科学素质建设提供人才保障和智力支撑。

——开展多种形式的培训和进修活动,加强业务学习,全面提升在职科学技术教育、传播与普及人员的科学素质和业务水平。

——通过高等院校和有关研究机构培养大批科学技术传播与普及专门人才;改革文博专业课程内容,为不同类型科普场馆培养适应性广泛的专业人才。

——建立有效机制和相应激励措施,充分调动在职科技工作者、大学生、研究生和离退休科技、教育、传媒工作者等各界人士参加公民科学素质建设的积极性,发挥他们的专业和技术特长,形成一支规模宏大、素质较高的兼职人才队伍和志愿者队伍。对在公民科学素质建设中作出重要贡献的个人和组织予以表彰和奖励。

——增强科技界的责任感,支持科技专家主动参与科学教育、传播与普及,促进科学前沿知识的传播。

——开展公民科学素质建设理论研究,加强国内外学术交流,把握基本规律和国际发展趋势,为公民科学素质建设的实践提供指导。

六、组织实施

(一)组织领导。

——国务院负责领导《科学素质纲要》的实施工作,成立《科学素质纲要》实施领导小组,进行统一动员部署和检查监督。各有关部门、事业单位和人民团体按照《科学素质纲要》的要求,将有关任务纳入相应工作规划和计划,充分履行相关工作职责,发挥各自优势,密切配合,形成合力,切实推进公民科学素质建设。

——地方各级政府将公民科学素质建设纳入当地国民经济和社会发展的总体计划,将《科学素质纲要》的实施纳入政府的议事日程,纳入业绩考核。

——建立和完善实施《科学素质纲要》的工作机制。《科学素质纲要》实施领导小组办公室设在中国科学技术协会,承担领导小组的日常工作,并定期向领导小组汇报。

(二)监测评估。

——制定《中国公民科学素质基准》。根据社会主义现代化建设的战略目标,结合我国国情,借鉴国外相关经验和成果,围绕公民生活和工作的实际需求,提出公民应具备的基本科学素质内容,为公民提高自身科学素质提供衡量尺度和指导,并为《科学素质纲要》的实施和监测评估提供依据。

——建立公民科学素质状况和《科学素质纲要》实施的监测指标体系,并纳入国家社会发展指标体系。

——委托有关监测评估机构对公民科学素质状况和《科学素质纲要》实施情况进行监测评估,并提出相应对策和建议。

中共中央国务院关于加强科学技术普及工作的若干意见

(1994年12月5日中共中央国务院发布　中发[1994]11号)

科学技术普及工作是普及科学知识、提高全民素质的关键措施,是社会主义物质文明和精神文明建设的重要内容,也是培养一代新人的必要措施。

为适应国际、国内形势对科普工作的新要求,进一步加强和改善我国的科学技术普及工作,特提出以下意见。

1. 科学技术是第一生产力,是推动经济、社会发展的第一位变革力量。世界范围内新技术革命的日新月异,促使全球经济、社会的发展乃至人们生活方式不断发生重大变革。科技竞争、特别是人才竞争,已经成为世界各国竞争的焦点。许多国家都把提高国民的科学文化素质看成是21世纪竞争成功的关键。为适应世界潮流,迎接下一世纪的挑战,普及科学文化教育,将人们导入科学的生产、生活方式,是把经济建设转移到依靠科技进步和提高劳动者素质轨道、实现我国经济发展战略目标的关键环节。依靠科技进步和知识传播,促进社会主义物质文明和精神文明建设,维护社会稳定,是当前我国的重要任务,也是今后我国经济发展、科技进步和社会稳定的重要保证。

2. 建国45年来,在广大科技、教育、文化工作者,特别是科普工作者的辛勤努力下,我国的科普工作取得了令人瞩目的成就,科普事业有了长足的发展,科普组织网络日益健全。全国许多省(市)每年都举办一些大型科普宣传活动,国家和有关部门组织实施的科技、教育计划及有关活动也在增强全民科技意识、普及科技知识方面起到了重要的推动作用。特别是结合技术推广和技术培训,农村技术普及工作取得了显著的成效。由于各部门通力合作和全社会共同参与,一个群众性、社会性的科普工作局面已经初步形成。

虽然科普事业已经有了相当的基础,但与我国经济、社会发展的需求相比仍有较大的差距。特别是近些年来,由于有些地方对科普工作的重视程度有所下降,致使科普工作面临重重困难,科普阵地日渐萎缩。与此同时,一些迷信、愚昧活动却日渐泛滥,反科学、伪科学活动频频发生,令人触目惊心。这些与现代文明相悖的现象,日益侵蚀人们的思想,愚弄广大群众,腐蚀青少年一代,严重阻碍着社会主义物质文明和精神文明建设。因此,采取有力措施,大力加强科普工作,已成为一项迫在眉睫的工作。

3. 科学技术的普及程度,是国民科学文化素质的重要标志,事关经济振兴、科技进步和社会发展的全局。因此,必须从社会主义现代化事业的兴旺和民族强盛的战略高度来重视和开展科普工作。贫穷不是社会主义,愚昧更不是社会主义。加强科普工作,提高全民族的科学、文化素质,就是从根本上动摇和拆除封建迷信赖以存在的社会基础。在提高全国人民物质生活水平的同时,要努力提高精神生活的水准,使科普工作真正成为"两个文明"建设的重要内容,成为实现经济建设转移到依靠科技进步和提高劳动者素质轨道的重要途径,成为实现决策科学化的有力保障,成为培养一代新人的重要措施。提高全民科学文化素质,引导广大干部和人民群众掌握科学知识、应用科学方法、学会科学思维,战胜迷信、愚昧和贫穷,为我国社会主义现代化事业奠定坚实基础,是当前和今后一个时期科普工作的重要任务。

4. 要把提高全民科技素质,保障国民经济持续、快速、健康发展,促进"两个文明"建设作为科普工作的中心任务。在提高和统一全党、全社会对科普工作认识的基础上,改善和加强各级党委、政府对科普工作的领导,把它作为一项长期的战略任务常抓不懈,使之成为社会主义精神文明建设和科技工作的重要组成部分。要适应社会主义市场经济发展的要求,充分利用现有的科普队伍和设施,根据经济和社会发展的需要有成效地组织开展科普工作;要通过深化改革,逐步建立、健全科普工作的政策法律体系和支撑服务体系;要动员全社会力量,多形式、多层次、多渠道地开展科普工作,传播科技知识、科学方法和科学思想,使科普工作群众化、社会化、经常化。

5. 要进一步加强和改善党和政府对科普工作的领导。科普工作是国家基础建设和基础教育的重要组成部分,是一项意义深远的宏大社会工程。各级党委和政府要把科普工作提到议事日程,通过政策引导、加强管理和增加投入等多种措施,切实加强和改善对科普工作的领导。全国的科普工作,由国家科委牵头负责,制定计划,部署工作,督促检查,实行政策引导。为适应新形势下科普工作面临的新任务,将建立由国家科委牵头、各有关部门参加的联席会议制度,统筹协调和组织全国的科普工作。中国科协以及其他各群众团体、学术组织都要继续发挥主动性,大力开展日常性、群众性的科普活动。

国家将进一步组织制订科普工作的总体规划,将其纳入国家"九五"计划,并逐级纳入各部门和地方的经济、科技和社会发展的规划。有关部门和地方政府要按照总体目标和要求确定科普工作的规划和计划,以利监督执行。要特别注意科普工作同其他经济、科技、教育和社会发展计划的衔接,更好地发挥这些计划在提高国民素质和综合国力方面的重要作用。

6. 科普活动涉及全社会,有必要对政府、团体、公众对普及科学技术知识的行为、权利和义务进行法律规范。国家将根据《中华人民共和国宪法》和《中华人民共和国科学技术进步法》关于"普及科学技术"的总要求,制定专项法规或实施细则,加快科普立法的步伐,使科普工作尽快走上法制化、制度化的轨道。

各地可以通过开展"科技(科普)周"等形式,规范本地区的科普活动,促进科普工作的群众化和社会化。

7. 根据我国经济、社会发展的具体情况,当前科普工作的重点应放在以下几个方面。

从科普工作的内容上讲,要从科学知识、科学方法和科学思想的教育普及三个方面推进科普工作。在继续做好科学知识和适用技术普及宣传的同时,要特别重视科学思想的教育和科学方法的传播,培养公众用科学的思想观察问题,用科学的方法处理问题的能力。

从科普工作的对象上讲,要把重点继续放在青少年、农村干部群众和各级领导干部身上。要努力发挥教育在科普工作中的主渠道作用,结合中小学教育改革,多形式、多渠道地为青少年提供科普活动阵地,培养他们的思维能力、动手能力和创造能力,帮助他们树立正确的科学观、人生观和世界观。要继续面向亿万农民,特别是贫困地区、少数民族地区的农民,传播和普及先进适用技术,因地制宜、扎实有效地开展农村科普工作。要增强领导干部的科技意识和对科学技术的理解能力,帮助他们不断扩大知识面,了解科技发展动态,认识科学技术对国家政治、经济和社会的广泛而深刻的影响,推进决策的科学化和民主化进程。

要始终高举科学旗帜,引导教育人民,净化社会环境,用科学战胜封建迷信和愚昧落后,提高全社会的科技意识,搞好社会主义物质文明和精神文明建设。

8. 以改革促发展,努力开创科普工作的新局面。作为整个科技工作的一个重要组成部分,科普工作也要深入贯彻"稳住一头,放开一片"的科技体制改革的方针,结合社会公益事业的特点,逐步形成开放、竞争、流动的新机制,适应科普工作社会化、现代化的要求。"稳住一头"指的是采取积极、有效的措施,稳定和建设一支精干的专业科普工作队伍。要进一步创造环境和气氛,使专业科普工作者和其他科技工作者从事科普工作的劳动成果得到应有的承认;同时要在工作、生活、进修、奖励、职称等方面给予适当的倾斜,以稳定队伍,繁荣创作。对在科普工作中做出突出贡献的科普工作者,国家将给予表彰和奖励。"放开一片"主要是放开放活一大批基层科普组织和机构,引导它们面向社会,面向市场,按市场经济规律运行,开展多种形式的有偿服务。特别是对于从事先进适用技术推广和信息服务的机构和人员,要鼓励他们按照"自愿组合,自筹资金,自负盈亏,自我发展"的原则,走自我发展的道路。要把科普组织体系的建设同社会化服务体系的建设结合起来,鼓励、支持各种形式的民营科技服务组织的发展。

9. 随着经济、社会的不断发展和财政收入的不断增加,国家将逐步增加对科普工作的投入,并给予长期、持续、稳定的支持。各级政府也要采取切实可行的措施,保证对科普工作的经费投入。

要进一步改革资金使用方式,统一思想,加强集成,集中有限资源办大事,提高资金使用效益。各级政府都要对科普设施建设予以优先重视,并根据经济、社会发展的需要和可能,将其纳入有关规划和计划。各地应把科普设施、特别是场馆建设纳入各地的市政、文化建设规划,作为建设现代文明城市的主要标志之一。当前,主要是把现有场馆设施改造和利用好,充分发挥其效益。各省、自治区、直辖市、特别是经济较发达地区,应该尽可能地创造条件,对现有的科普设施进行改造,使之逐步完善。

10. 国家鼓励全社会兴办科普公益事业,并将制定有关公益事业的法规和政策。在严格界定的基础上,明确公益事业产权,使公益事业法人化,鼓励企业、社会团体和其他事业单位捐助科普事业,兴办为社会服务的科普公益设施。各有关部门要积极配合,广泛吸收海外资金支持和兴办这类公益性机构。

11. 要充分利用大众传播媒介,开展多种形式的科普宣传。要从提高全民素质和培育下一代的高度认识科普宣传的重要性,重视传媒的科学教育功能,把科普宣传作为整个宣传工作的重要内容。要在报刊、图书、广播、电视和电影等大众传播媒介中加大科普宣传的力度和数量,通过政策发动、舆论引导,造成声势,逐步形成"学科学、爱科学、讲科学、用科学"的社会风尚。要鼓励和提倡新闻工作者学习科技知识,加强对科普宣传的鼓励和支持。对科普报刊图书,科普影视声像作品的创作与发行,应给予扶持,充分发挥这些现代化传播手段的作用。各类公益广告要增加科普宣传的含量,宣传科学、正确的生活方式和工作方式,创造有利于科普工作的全方位的舆论环境。

各级文化、宣传部门要进一步加强对新闻出版等大众传媒中科技内容的管理,创造科学、文明的社会氛围。要明令禁止有关涉及封建迷信或尚无科学定论、有违科学原则和精神的猎奇报道以及不良生活方式的宣传。对某些不易划清界限或暂时不能定论的内容或活动,应严格加以控制。对确实造成不良影响的机构和个人,应予以相应处罚;对个别触犯刑律的,要予以制裁。

12. 要充分认识破除反科学、伪科学的长期性、复杂性和艰巨性,把这项工作始终不懈地坚持下去。对利用封建迷信搞违法犯罪活动的要坚决依法打击,对反动会道门组织要坚决依法取缔,参与封建迷信活动的人要进行批评教育。各级领导干部要以身作则,自觉加强对现代科学文化知识、科学方法和科学思想的学习,自觉反对和抵制各种反科学思潮的冲击和影响,不准参与、鼓励各种封建迷信和伪科学活动。禁止党政干部参神拜庙、求封占卜、大办丧事,为树立良好的社会风气起模范带头作用。

要通过行政和法律手段,清理和整顿现有的神怪洞府,取缔求神问卜等封建迷信活动。要在认真贯彻党的宗教、民族政策的基础上,加强对人文景观、旅游设施建设的管理,提高导游人员的素质,充分发挥其科普教育功能。

13. 要充分利用现有资源,调动社会各方面的力量,广泛、深入地开展科普工作,使之逐步走上群众化、社会化、经常化的轨道。在继续发挥各级科普专业队伍主力军作用的同时,要鼓励和支持全社会共同参与,齐抓共管。教育、宣传、文化、旅游、共青团、工会、妇联等有关部门要积极发挥作用,充分利用现有的渠道和阵地,开展多种形式的科普教育和宣传活动。各科技机构、大专院校和科技工作者要积极投身于科普事业,通过举办公开讲座、开放实验室、参观等多种方式进行科普宣传,积极发挥宣传、教育职能。要鼓励从事科技工作的专家、学者,特别是院士、老科学家走向社会,到青少年中去,带头宣讲科技知识。

科学技术普及工作是关系到我国21世纪发展的根本性、战略性的工作,全党、全社会都要高度重视,认真抓好。各有关部门要研究制定加强和改善科普工作的实施方案,并认真督促执行。各级党委和政府要根据各地的实际情况和经济、社会发展条件,研究制定贯彻本文件的具体实施办法,并尽快落实。

关于科研机构和大学向社会开放开展科普活动的若干意见

(2006年11月30日科技部、中宣部、国家发展和改革委员会、教育部、财政部、中国科协、中国科学院发布 国科发政字[2006]494号)

各省、自治区、直辖市科技厅(科委)、党委宣传部、发展改革委、教育厅(教委)、财政厅、科协,新疆生产建设兵团科技局、党委宣传部、发展改革委、教育局、财政局、科协,中国科学院各单位:

为实施《国家中长期科学和技术发展规划纲要(2006—2020年)》和《全民科学素质行动计划纲要(2006—2010—2020)》,营造激励自主创新环境,努力建设创新型国家,根据《国务院关于实施〈国家中长期科学和技术发展规划纲要(2006—2020年)〉若干配套政策的通知》(国发[2006]6号),充分发挥科研机构和大学在科普事业发展中的重要作用,进一步建立健全科研机构和大学面向社会开放、开展科普活动的有效制度,提出以下意见。

1. 科研机构和大学利用科研设施、场所等科技资源向社会开放开展科普活动,让科技进步惠及广大公众,是其重要社会责任和义务,有利于提升我国科普能力,增强公众创新意识,营造创新的社会氛围,提高公众科学素质,培养科技后备人才,对于加快科技事业发展,增强自主创新能力具有十分重要的意义。

2. 本意见所称的科研机构和大学,是指由各级政府举办的各类从事自然科学、工程科学与技术研究的单位和相关高等院校。开放范围包括科研机构和大学中的实验室、工程中心、技术中心、野外站(台)等研究实验基地;各类仪器中心、分析测试中心、自然科技资源库(馆)、科学数据中心(网)、科技文献中心(网)、科技信息服务中心(网)等科研基础设施;非涉密的科研仪器设施、实验和观测场所;科技类博物馆、标本馆、陈列馆、天文台(馆、站)和植物园等。

3. 科研机构和大学向社会开放要坚持公益性原则,不以营利为目的,突出社会效益。开放活动要充分体现实践性、体验性、参与性和实效性,采取喜闻乐见、深入浅出的方式,使公众通过参观科研过程、参与科研实践和探讨科技问题等活动,增进对科学技术的兴趣和理解,提升其使用科技手段分析和解决问题的能力。

4. "十一五"期间推动开放工作的目标是:2008年底前,实现中国科学院所属科研机构、国务院部门所属社会公益类科研机构和进入"211工程"的相关大学率先实现向社会开放。2010年底前,其他部门、地方所属科研机构和大学要积极创造条件,借鉴先期开放的科研机构和大学的经验与做法,实现向社会开放。

5. 实施开放的科研机构和大学(以下简称"开放单位")要制定科研场所和设施向社会开放的管理办法,明确责任分工和条件保障。要将向社会开放作为一项工作制度,纳入工作规划和年度计划。要整合优势资源,为开放提供资金支持和条件保障。要充分利用各种学术交流活动,开展科普宣传,使公众及时了解国内外科技最新进展。

6. 开放单位要加强开放工作的人员队伍建设。逐步设立科普工作岗位,纳入专业技术岗位范围管理。要完善业绩考核办法,将科研人员和教师参与开放的工作量,视同科研和教学工作量,作为科研人员和教师职称评定、岗位聘任和工作绩效评价的重要依据。鼓励科研人员、教师、研究生和大学生以志愿者的身份参与开放工作。要加强对从事开放工作人员的业务培训,不断提升其科普作品的创作、讲解演示等与公众的沟通能力和技巧，有效满足公众多层次、多样化的需求。

7. 开放单位每年向社会开放的时间应相对固定。全国范围内的重大群众性科技活动期间，应实施开放。开放单位要积极创造条件，逐步增加开放时间，到"十一五"末期，每年开放时间一般不少于15天。鼓励有条件的单位实行长期开放。开放单位应通过制作科普图册、张贴图片、摆设展板、制作科研成果的科普模型和示意展品、发放科普创作图书等多种形式，进一步强化展示手段。要通过建立宣传网站、与新闻媒体联合制作宣传节目等多种形式，加强宣传工作。要加强与教育部门、城市社区以及其他单位和组织的协调工作，结合自身科研工作特色，开展内容丰富的科普宣传活动。要加强开放期间的涉密管理和安全保卫工作。

8. 鼓励开放单位设立面向公众的专门科普场所。在进行新建、扩建和改建等工程项目时，要根据面向社会开放，开展科普活动的实际需要，经相关部门批准后将相应的科普设施和场所建设纳入基本建设计划。

9. 开放单位在承担国家科技计划项目过程中，要注重科普资源的开发，并将科技成果及知识的传播与扩散等相关科普活动作为科技计划的目标和任务之一。对于非涉密的基础研究、前沿技术及其它易于开展科普活动的国家科技计划项目，在有效保护知识产权的前提下，项目承担单位有义务及时向公众发布成果信息和传播知识，并应作为项目立项和验收考核目标之一。

10. 科技行政管理部门及开放单位的行政主管部门要加强对开放活动的监督检查。在评估科研机构和大学的科技工作绩效时，要将开放工作作为一项重要内容纳入考核指标，从活动内容、时间安排、经费使用、服务质量和实际效果等方面定期进行评估考核，并作为评选全国青少年科技教育基地、全国科普教育基地的重要依据。属于科技基础条件平台建设范围内的设施，在进一步面向社会加强开放、共享的同时，也要提供多种形式的科普服务，并把科普服务作为对科技基础条件平台建设成绩突出单位进行奖励的重要考核指标。

11. 各级教育行政部门要把组织中小学生到开放单位参加科普活动，作为对学校和教师进行综合评价和考核的重要内容。要建立校外科技活动场所与学校科学课程相衔接的有效机制。开放单位要根据学校科技教育的需要，精心设计能够与科学课程有机结合的活动项目。中小学要有计划地组织学生、科技教师到开放单位参加科普活动，将其列入教学计划当中，作为学校科技教育和未成年人思想道德建设的重要内容之一。

12. 鼓励和支持转制科研机构、民办科研机构和大学以及企业所属的独立科研机构，按照本意见要求向社会开放，开展科普活动，并享受本意见规定的相关政策。

13. 各地、各部门可以根据本意见，制定具体实施办法。

科学技术部　中宣部
国家发展和改革委员会　教育部
财政部　中国科协　中国科学院
二〇〇六年十一月三十日

关于加强国家科普能力建设的若干意见

(2007年1月17日科学技术部、中共中央宣传部、国家发展和改革委员会、教育部、
国防科学技术工业委员会、财政部、中国科学技术协会、中国科学院发布 国科发政字[2007]32号)

各省、自治区、直辖市、计划单列市、新疆生产建设兵团科技厅(委、局)、党委宣传部、发展改革委、教育厅(委、局)、国防科工委(办)、财政厅(局)、科协,国务院各有关部委、各有关直属机构科技主管部门,中国科学院各单位:

为实施《国家中长期科学和技术发展规划纲要(2006—2020年)》和《全民科学素质行动计划纲要(2006—2010—2020)》,营造激励自主创新环境,努力建设创新型国家,根据《国务院关于实施〈国家中长期科学和技术发展规划纲要(2006—2020年)〉若干配套政策的通知》(国发[2006]6号),加强国家科普能力建设,提高公众科学素质,提出如下意见。

一、加强国家科普能力建设是建设创新型国家的一项重大战略任务

(一)国家科普能力表现为一个国家向公众提供科普产品和服务的综合实力。主要包括科普创作、科技传播渠道、科学教育体系、科普工作社会组织网络、科普人才队伍以及政府科普工作宏观管理等方面。加强国家科普能力建设,提高公民科学素质是增强自主创新能力的重要基础,是推进创新型国家建设的重要保障。

(二)改革开放以来,党中央、国务院发布了《关于加强科学技术普及工作的若干意见》,颁布了《中华人民共和国科学技术普及法》,制定并实施了《全民科学素质行动计划纲要》,确立了新时期科普事业发展的基本方向和战略方针,推动了我国科普事业繁荣发展,公民的科学素质不断提高。随着创新型国家战略目标的提出,公众对科普需求大幅增加,提升公众科学素质的任务更加艰巨,科普能力建设薄弱的问题更加突出,主要体现在:高水平的原创性科普作品比较匮乏,科普基础设施不足、运行比较困难,科普队伍和科普组织不够健全和稳定,科学教育、大众传媒等教育和传播体系不够完善,高水平的科普人才缺乏,政府推动和引导科普事业发展的政策和措施有待加强等。这些问题的存在,直接关系到公民科学素质提高的进程,必须采取有力措施,大力加强国家科普能力建设,为实现建设创新型国家的目标奠定坚实的社会基础。

(三)新时期加强国家科普能力建设,要坚持以邓小平理论和"三个代表"重要思想为指导,全面落实科学发展观,围绕增强自主创新能力、建设创新型国家、构建社会主义和谐社会的实际需求,立足现有基础,坚持政府引导与全社会参与、公益性与市场机制相结合的原则,全面落实《国家中长期科学和技术发展规划纲要》和《全民科学素质行动计划纲要》确定的有关任务,经过15年左右的努力,形成一个比较完备的公众科学教育和传播体系,创作出一批适合不同人群需要的优秀科普作品,造就一支高素质的专兼职科普人才队伍,构建一个有效运行的科普工作组织网络,建设一批功能健全的科普基础设施和科普教育基地,营造一个激励全社会广泛参与科普事业发展的社会环境,推动我国科普能力的不断增强,促进公民科学素质不断提高。

二、"十一五"期间加强国家科普能力建设的主要任务

(一)繁荣科普创作,大力提高我国科普作品的原创能力。

1. 推动科普作品创作工作,鼓励原创性优秀科普作品不断涌现。针对新时期公众需求和欣赏习惯的变化,结合现代科技发展的新成就和新趋势,大力倡导自然科学和社会科学结合,知识性和

娱乐性结合,专业科技人员与文艺创作人员、媒体编创人员相结合。使科普创作做到既要普及现代科学技术知识,大力弘扬科学精神、倡导科学思想、传播科学方法,又要掌握和创新科普作品的创作技巧,做到内容与形式的有效统一。推动全社会参与科普作品创作,既要引导文学、艺术、教育、传媒等社会各方面的力量积极投身科普创作,又要鼓励科研人员将科研成果转化为科普作品。要采取多种形式,建立有效激励机制,对优秀科普作品将给予支持和奖励。

2. 把科普展品和教具的设计制作与研究开发作为科普作品创作的重要内容。针对科普场所建设和中小学校科技教育的现状及需求,重点开展科普展品和教具的基础性、原创性研究开发。制定科普展品和教具的技术规范,鼓励和引导一批科研机构、大学、企业等社会力量开展科普展品和教具的设计和研究开发。

(二)加强公众科技传播体系和科普基础设施建设,建立更加广泛的科技传播渠道。

1. 加大大众媒体的科技传播力度。综合类报纸、期刊和电视、广播、互联网等大众媒体要设立科普类专题、专栏、专版或频道,增加播出时间、版面,提高质量和水平。要逐步提高编创水平,打造精品科普栏目,满足广大公众不同层次和形式的需求。建立以社会效益为主的科普类节目收视评价体系,积极推进广播电视节目制作、播出分离的改革,推动科普节目制作社会化,丰富节目来源。发挥网络等新兴媒体的科技传播作用,打造和扶持一批富有特色的、高水平的科普网站或栏目。拓展科普出版物的发行渠道,大力扶持科普出版物在农村、西部和少数民族地区的发行工作。采用市场机制与政府支持相结合的手段,推出一批科普影视作品、精品专题栏目和动漫作品。

2. 推进科普场馆建设。根据提高我国公众科学素质的需要和经济社会发展的实际,在科学论证的基础上,制定《科普基础设施发展规划》和《科学技术馆建设标准》,明确科普设施的发展目标、功能定位、分布、规模和建设方式等,加强对各类科普基础设施建设的规范和指导。通过新建、改建和扩建等方式,建设一批布局合理、管理科学、运行规范、符合需求的科普场馆。加强西部地区和少数民族地区科普场馆建设。鼓励企业、社会团体和非营利组织等社会力量建设专业科普场馆,同时推动科研机构、大学建立定期向公众开放的制度,开展科普活动。建立科普场馆开放、流动、协作的运行机制,构建科普资源创新和共享平台,形成综合性场馆和专业性场馆优势互补、协同发展的良好格局。

3. 加强基层科普场所建设。在县文化馆、图书馆和乡镇文化站、广播站、农民书屋、中小学校、农村党员干部现代远程教育接收站点等基层公共设施建设中,增加和完善科普功能。通过开辟乡村科普活动站、科普宣传栏,配备科普大篷车等多种方式,强化农村专业化科普设施建设,为提高农民科学文化素质、建立健康文明的生产生活方式服务。将城市社区科普设施纳入城市建设和发展总体规划,将科普工作纳入社区工作的重要内容,通过设立社区科普活动场所,举办科普讲座、展览、培训、竞赛等多种活动,满足社区居民的科普需求。将社区科普设施建设和开展科普活动情况作为文明社区评选的重要条件之一。

(三)完善中小学科学教育体系,提高科学教育水平。

1. 促进中小学科学课程的改革与发展。积极倡导并要求各地初级中学逐步规划开设科学课程,推进以科学探究为核心的科学教育改革,定期开展中小学科学教育质量评价,推广优秀的科学教育改革经验,促进科学课程教育质量的不断提高。加快师范院校教师培养课程的改革,为中小学输送高质量的科学课程教师。鼓励和引导高等学校、科研院所的科研人员利用自身优势,支持和参与中小学科学课程教材建设、教学改革和科学课程教师培训。

2. 加强中小学科学教育基础设施建设。建立健全科学教育实验室,使中小学校尤其是边远农村学校实验室数量、实验室的仪器设备,能够基本满足科学课程教学的需要。科学教育的教学仪器、实验材料、工具及多媒体等多种科学教育资源的研发与配备,要体现"以科学探究为核心"的科学教育理念。采取有效措施,进一步培养中小学生对科学的兴趣,提高其操作和动手能力,形成爱科学、学科学、用科学的良好氛围。加强中小学图书室建设，充实科技类图书，扭转我国中小学特别是边远农村学校图书馆规模偏小和科技类图书数量严重不足的现状。主要依托现有力量，建设青少年科普活动资源咨询中心，为全社会提供青少年科普活动的信息和服务。

3. 积极开展多种形式的未成年人科普活动。制定并实施《2006—2010年中国青少年科学技术普及活动指导纲要》，加强现有青少年宫、儿童活动中心等未成年人校外活动场所的科普教育功能，推动中小学校与就近的高等学校、科研院所、科技场馆建立相对稳定的联系，充分利用校外的科学教育资源，开展教学和课外科技活动。

（四）完善政府与社会的沟通机制，促进公众理解科学。

1. 加强国家科技计划项目的科普工作。国家科技计划项目要注重科普资源的开发，并将科技成果面向广大公众的传播与扩散等相关科普活动，作为科技计划项目实施的目标和任务之一。对于非涉密的基础研究、前沿技术及其它公众关注的国家科技计划项目，其承担单位有责任和义务及时向公众发布成果信息和传播知识。

2. 建立公众参与政府科技决策的有效机制，提高决策透明度。要建立通畅的沟通渠道，听取公众对科技规划和政策研究制定的意见和建议。加强公众对科研不端行为的监督，推动科学道德和科研诚信建设。对于涉及公共安全、社会伦理等与公众利益密切相关的科研项目，要逐步建立听证制度，扩大公众对重大科技决策的知情权和参与能力。

3. 建立和完善科技信息发布机制。在国家重大工程项目、科技计划项目和重大科技专项实施过程中，逐步建立健全面向公众的科技信息发布机制，让社会公众及时了解、掌握有关科技知识和信息。规范商业活动中科技信息传播。大众传媒要担负起向公众准确发布科技信息的责任。对企业产品发布中含有虚假科技信息的行为，相关行政主管部门要予以及时纠正；对利用科技信息的欺诈行为，要依法给予查处。各级科协组织、有关社会团体、科研机构要采取多种方式，加强面向公众的科技信息咨询，建立通畅的科技信息传播渠道。

（五）加强示范引导，进一步提高科普工作的社会动员能力。

1. 深入开展各类群众性科普活动。动员社会各界力量，搭建群众性、社会性、经常性的科普活动平台，继续集中开展一系列全国性的重大科普活动，为广大公众参与科普活动创造条件。进一步提高科普活动组织管理的专业化水平，根据形势发展在内容和形式上不断创新。建立绩效评价机制，定期开展对重大科普活动的效果评估，接受社会监督。建立科普活动集中宣传机制，突出重点，强化特色，确保实效，形成地方和部门联动、集中性和经常性活动相结合的长效机制。

2. 加强不同行业的科普工作。各行业部门要充分发挥优势，根据自身特点和资源，把医疗卫生、计划生育、环境保护、国土资源、农业、体育、气象、地震、文物、旅游等工作与科普工作有机结合，研究制定行业性科普工作发展规划和指导意见，建设一批具有鲜明特色的行业科普教育基地，大力发展行业的基层科普组织，形成一支高水平的行业科普队伍。调动行业部门积极性，挖掘行业科普资源，体现行业特色，开展专题性、系列性科普活动。

3. 加强国防科普工作。统筹规划，整合资源，充分利用现有航空、航天、核、兵器、船舶工业的科普资源，在保持原有特色的基础上，拓展其功能并增加现代化的高新技术展示手段，在科普宣传内容和形式上不断创新。在安全保密许可的前提下，充分利用退役、待销毁的某些军工设施和军事装备等资源，进行适当改造和开发，建设一批国防科普教育基地。编辑出版多层次的国防科普作品，建设国防特色科普网站，适度开放国防科研院所和所属高校的实验室等设施，面向公众开展多种形式的国防科普教育活动。鼓励国防科技工作者积极开展科普工作。

4. 加强企业科普工作。鼓励企业利用自身的产品、技术、服务和设施优势，向社会开放，面向公众开展形式多样的科普活动。国家高新技术产业开发区要根据高新技术企业密集的特点,集中展示高新技术成果和产品,让公众了解和感受高新技术及其产业对经济社会发展的巨大作用。鼓励企业捐资捐助社会公益性的科普设施建设和科普宣传活动。充分发挥职工技协、企业科协、企业研发中心等组织机构的作用,积极开展企业职工岗位技能培训、群众性技术创新和发明等活动。要把支持和开展科普活动,作为创新型企业试点的重要内容加以推进。

(六)专兼职结合,建设高素质的科普人才队伍。

1. 提高科普人员的专业化水平。不断壮大由科技工作者、科学课程教师、科普创作人员、大众传媒的科技记者和编辑、科普场馆的展览设计制作人员、科普活动的策划和经营管理人员、科普理论研究工作者等组成的科普人才队伍。适应市场化进程和现代传媒业发展的需要,在高校设立科技传播专业方向,跨学科培养一批科技传播、科普创作和理论研究的创新型人才。加强具有理工科和文科教育背景的专业化、职业化的科普创编和策划人才队伍建设。开展面向科普工作管理人员、科普场馆展览设计人员、科技记者和编辑、科普导游、科普讲解员的培训,进一步提高科技传播队伍的素质。积极倡导广大科技人员投身科普事业,让更多最新科学技术成果惠及人民群众。

2. 加强科普志愿者队伍建设。通过暑期社会实践和支农支边支教活动,形成一支能够在基层,特别是深入农村和西部地区开展科普宣传活动的志愿者队伍。组织老专家、老教授发挥专业和技术特长,积极参与科学教育和科技传播工作,广泛开展科普宣传活动。发展城市社区、乡村科普志愿者队伍,培养科普宣传员。

三、加强国家科普能力建设的保障措施

(一)加强对科普工作的领导和协调。国家科普能力建设是政府推进科普工作的重要着力点。要进一步发挥科普工作联席会议制度和全民科学素质工作领导小组的组织协调作用,统筹部署,集成资源,引导全社会共同推动国家科普能力建设。科技行政管理部门会同有关部门要按照《科普法》的要求,通过制定规划和政策、开展监督检查等措施,加强对国家科普能力建设工作的领导。各级科协组织以及工会、共青团、妇联等人民团体在科普事业发展中发挥着重要作用,要积极做好国家科普能力建设的相关组织实施工作。各地方、各行业要根据本地区、本行业的实际,积极推进具有地域特色和行业特色的科普能力建设。

(二)加大科普投入。将科普经费列入各级财政预算,逐步提高科普投入水平,保障科普工作顺利开展。积极引导社会资金投入科普事业,逐步建立多层次、多渠道的科普投入体系。在实施国家科技计划项目的过程中,应推进科研成果科普化工作。

(三)完善科普奖励政策。逐步将科普图书、科普影视、科普动漫和科普展教具等科普作品纳入国家科技奖励范围。鼓励社会力量设立多种形式的科普奖。加大对科普工作先进集体和先进个人的表彰和奖励力度。

(四)加强国家科普基地建设。在现有科技类场馆、专业科普机构以及向社会开放的科研机构和大学中,开展国家科普基地建设试点,在提高展示能力、创新能力和管理水平等方面发挥示范和带动作用。

(五)建立国家科普能力建设的监测和评估体系。制定科学合理的评价指标,构建科普监测工作网络,及时了解和掌握地方、部门在科普政策实施、科普能力建设中的最新进展和动态,定期开展公民科学素质监测调查和科普工作统计,为政府决策提供科学的依据。

(六)加强科普的理论研究。针对科普创作、科学教育、科技传播、创新文化、公民科学素质基准和监测等重大问题,开展多学科交叉融合的理论研究。重点扶持一批高校、科研机构开展相关研究工作,支持办好高水平的专业化科普理论研究期刊。

(七)加强科普资源共享。集成国内外现有科普图书、期刊、挂图、音像制品、展教品、文艺作品以及相关科普信息,以建设中国数字科技馆为契机,建立数字化科普信息资源和共享机制,为社会和公众提供资源支持和公共科普服务。

国家科普能力建设是建设创新型国家的一项

基础性、战略性任务。科技界、教育界和社会各界都要高度重视,切实抓好。各有关部门要认真研究制定加强国家科普能力建设工作的实施方案,尽快落实,认真执行。

科学技术部　中共中央宣传部
国家发展和改革委员会　教育部
国防科学技术工业委员会　财政部
中国科学技术协会　中国科学院
二〇〇七年一月十七日

国务院关于同意设立"科技活动周"的批复

(2001年3月22日国务院发布　国函[2001]30号)

科技部：

你部《关于拟由国务院决定设立"科技活动周"的请示》(国科发政字[2000]514号)收悉。同意自2001年起,每年5月的第三周为"科技活动周",在全国开展群众性科学技术活动。具体工作由你部商有关部门组织实施。

国务院
二○○一年三月二十二日

关于进一步加强科普宣传工作的通知

(2003年8月26日中央宣传部、中央文明办、科技部、文化部、广电总局、新闻出版总署、中国科协发布 中宣发[2003]27号)

各省、自治区、直辖市党委宣传部、文明办、科技厅(委、局)、文化厅(局)、广电局(厅)、新闻出版局,科学技术协会:

《中华人民共和国科学技术普及法》颁布实施和第三次全国科普工作会议召开以来,科普宣传工作有了新的进展。特别是在非典型肺炎这一突如其来的重大灾害面前,各地各部门切实加大工作力度,有针对性地开展抗击非典的科普宣传,取得了明显成效,受到社会各界的普遍欢迎和好评。经过抗击非典斗争的严峻考验,广大干部群众对普及科学知识、建设精神文明重要意义的认识更加深刻,对文明健康科学生活方式的追求更加强烈,对革除各种社会陋习的要求更加迫切,这为加强科普宣传工作提供了有利契机。各地各有关部门要充分认识新世纪新阶段做好科普宣传工作的重要意义,认真总结经验,切实把科普宣传工作做好、做实。

一、以"三个代表"重要思想为指导,积极推进科普宣传工作。科普宣传是一项思想性、科学性、公益性很强的工作。加强科普宣传工作,必须坚持以"三个代表"重要思想为指导,深入贯彻党的十六大精神,认真实施《中华人民共和国科学技术普及法》,紧紧围绕全面建设小康社会的奋斗目标,以推动科教兴国战略和可持续发展战略为目的,以公众易于理解、接受、参与的方式为载体,以普及科学知识、传播科学思想、倡导科学方法、弘扬科学精神,反对和抵制伪科学为内容,以提高人的科学素质和整体素质、促进人的全面发展为根本任务,在全社会营造学科学、爱科学、讲科学、用科学的浓厚氛围。要牢固树立发展是执政兴国第一要务的思想,自觉服从服务于经济建设这个中心,紧跟当代科学技术发展的潮流,主动适应经济社会发展的现实需要,推动经济发展和社会全面进步。要贴近实际、贴近生活、贴近群众,充分考虑不同地区、行业、对象的差异,区分情况、因人施教,多用群众语言,多用事实说话,多用喜闻乐见方式,多用社会认可成果,使科普宣传通俗易懂、深入人心。要常抓不懈、持之以恒,在开展集中宣传的同时加强日常教育,在保持舆论声势的同时力求取得实效,实现科普宣传群众化、社会化、经常化。要坚持与时俱进、开拓创新,深入研究科普宣传的特点和规律,积极创新科普宣传的体制、内容、方式和方法,做到与科技进步相配合,与群众需求相适应,与全面建设小康社会相同步。

二、适应新世纪新阶段的发展要求,大力宣传科学精神、科学知识、科学思想和科学方法。科普宣传既要全面系统,又要突出重点。当前,要结合学习贯彻十六大精神,大力宣传科学技术是第一生产力的观点和科学技术要面向经济建设主战场、经济建设要依靠科学技术的方针,深入阐释国家在推进新型工业化、城镇化、信息化过程中对科学技术提出的新任务、新要求,报道我国科技发展的重大成就和重大部署,反映当代世界科技发展的新动态和新趋势及其对人类社会的影响。大力宣传马克思主义唯物论和无神论,用科学知识解释各种自然现象,包括天文现象、宇宙和生命起源、地球形成和人类进化,以及各种自然灾害和生老病死成因等。普及哲学、历史、经济、法律等人文社会科学常识,帮助人们了解人类社会发展的一般过程和普遍规律,划清科学与迷信、文明与愚昧、进步与落后、守法与违法的界限。大力宣传与实施可持续发展战略密切相关的生态与环境保护知识,与走新型工业化道路密切相关的先进技术和科技成果,与繁荣农村经济密切相关的实用技术和科技致富经验,与提高领导水平密切相关的科学决策和管理知识,与提高人们生活质量密切相关的防病治病、强身健体、移风易俗等文明生活方式知识。大力宣传为国家科技进步作出突出贡献的先进典型,企业、农村、社区等城乡基层学科技、用科技、带领群众致富的先进典型,长期辛勤工作在科普战线,兢兢业业、默默无闻、甘于奉献的先进典型,使实事求是、探索求知、崇尚真理、勇于创新的科学精神在全社会大大发扬起来。

三、充分发挥大众传媒和文化艺术的重要作用,营造科普宣传的浓厚氛围。通讯社、报刊、广播、电视、互联网等各级各类大众传媒,要充分发挥各自优势,切实担负起科普宣传的责任。通讯社要加大对国内外科技信息报道力度,满足各类媒体的需要。各类报刊要加大科技科普宣传力度,开辟科学专栏、知识专版,着力解答群众生产生活遇到的科技难题,传播最新科技动态和科技知识。各级电台、电视台要在重要时段安排播出一定比例的科普节目和科普公益广告,建立一批科普节目制作基地,办好栏目,多出精品。要加强新闻网站科普宣传,充实内容,改进形式,使互联网成为科普宣传的新阵地、新渠道。要重点办好一批代表性强、影响力大,融思想性、知识性、艺术性、欣赏性于一体的科普类报刊、广播电视栏目和互联网网站或专栏,让它们在科普宣传工作中发挥排头兵作用。对重大科普活动,要统一安排,集中时间、集中版面、集中报道。充分运用小说、传记、诗歌、戏剧、小品、散文、绘画、摄影、卡通等多种文艺形式,努力创作一批题材健康、内容丰富、图文并茂的科普文艺作品。要有计划地选择重点题材,组织拍摄一批高水平的大型系列科普影视精品。认真做好优秀科普作品的展演、展映、展播和展示工作,使人们在欣赏艺术中获得科学知识、受到科学熏陶。

四、广泛开展各种形式的宣传教育活动,扩大科普宣传的社会影响。文明城市、文明村镇、文明行业等各类精神文明创建活动,要着眼提高人们的思想道德和科学文化素质,把科普宣传教育贯穿始终,让群众在受到思想教育的同时受到科普教育,在强化道德素质的同时强化科技素质。要把科普宣传的成效作为衡量创建工作的重要标准,凡是科普宣传不到位、愚昧迷信现象较多的地方,不能被评为创建工作先进单位。要广泛深入开展文化科技卫生"三下乡"、科教文体法律卫生"四进社区"、讲文明讲卫生讲科学树新风活动,大力发展社区文化、村镇文化、企业文化、校园文化、机关文化,寓科普宣传于各项群众性文体活动之中。充分利用各类图书馆、文化馆、体育馆、博物馆、科技馆、科普教育基地、科技实验室、科技活动中心、动物园、植物园和文物古迹等科普阵地,举办讲座、报告、展览、参观、读书、征文、知识竞赛等活动,开展日常科普宣传;利用科技活动周,地球日、环境日、电信日、人口日、戒烟日、诺贝尔科学奖公布日、艾滋病日等时机,开展主题科普宣传。办好城乡社区科普画廊、科普报栏和科普公益广告。旅游景点应利用标识牌、解说词向游客开展科普宣传。各类科普设施要不断更新内容,丰富形式,实现管理现代化、网络化,开展展品、设施的交流与合作,做到互通有无、资源共享,使有限的科普资源发挥最大的社会效益。

五、建立健全激励监督机制,促进科普宣传事业健康繁荣发展。各地各部门要采取具体措施和办法,认真制定实行面向科普研究、科普创作、科普宣传人员的专项激励政策,在职称、职务、分配、奖励等方面把科普与科研摆在同等地位,以吸引更多的科技、教育、文化等领域的优秀人才关心、支持、参与科普宣传。努力建立一支由科普专家、科技工作者和科普志愿者共同组成的、专群结合的人才队伍,培养一批从事科普宣传的名记者、名作家、名编导、名主持人、名出版家,为繁荣发展科普宣传事业提供人才资源。要把科普作品纳入"五个一"工程和全国性电影、电视优秀节目评奖,认真开展全国优秀科普作品奖和国家图书奖、国家期刊奖、全国优秀音像制品奖科普专项奖评选,通过公正公平公开的奖励机制,把科普宣传工作者的积极性和创造性调动好、发挥好、保护好,促进多出优秀作品。要适应对外开放和社会主义市场经济体制的要求,充分合理地发挥市场机制的作用,广泛开展国际交流与合作。要加强新闻出版单位内部管理,完善科普节目、科普读物审查、审读工作,严肃查处鼓吹迷信、伪科学、"法轮功"等非法出版物,确保科普宣传的正确导向。

六、切实加强组织领导,确保科普宣传各项工作落到实处。做好科普宣传工作要靠全党全社会的共同努力。各级党委和政府要把科普宣传工作纳入议事日程,督促各级领导干部重视科普宣传,为科普宣传提供组织和经费方面的支持。宣传部、文明办要认真做好科普宣传组织、指导、协调工作,总结推广科普实践特别是抗击非典斗争中创造的好经验、好做法,营造科普宣传的浓厚氛围。科技部门要认真做好制定工作规划、实施政策引导和督促检查工作。文化部门要动员文艺工作者深入科技工作第一线体验生活,积极投身科普文学艺术创作,组织文化队伍直接面向群众传播科学、传播文明。广电部门要充分发挥广播电视覆盖面广、时效性强、信息量大的优势,着力提高科教频道、科普专题、专栏节目制作播出质量。新闻出版部门要制定实施科普出版规划,加大对科普出版扶持力度,加强科普出版物的发行工作,积极引进国外优秀科普图书、报刊、音像制品和电子出版物,促进我国科普出版事业的发展。科协组织要充分发挥科普工作主力军作用,精心组织经常性的科普宣传活动。教育、卫生、体育、环保、气象、地质、文物、旅游,以及工会、共青团、妇联等部门和团体,要结合工作特点,发挥自身优势,积极组织各具特色的科普宣传活动,形成党政各部门、社会各方面齐抓共管、相互配合,共同开展科普宣传的生动局面。

科普基础设施发展规划
(2008—2010—2015)

(2008年11月14日国家发展改革委、科技部、财政部、中国科协发布 发改高技[2008]3086号)

根据《全民科学素质行动计划纲要(2006—2010—2020年)》(国发[2006]7号,以下简称《科学素质纲要》),制定《科普基础设施发展规划(2008—2010—2015年)》。

一、前言

科普公共基础设施是科学技术普及工作的重要载体,是为公众提供科普服务的重要平台,具有鲜明的公益性特征。公众通过利用各类科普基础设施,了解科学技术知识,学习科学方法,树立科学观念,崇尚科学精神,提高自身的科学素质,提升应用科学技术处理实际问题以及参与公共事务的能力。

大力发展科普基础设施,满足公众提高科学素质的需求,实现科学技术教育、传播与普及等公共服务的公平普惠,对于全面贯彻落实科学发展观,建设创新型国家,实现全面建设小康社会的奋斗目标都具有十分重要的意义。

本规划所涉及的科普基础设施主要包括科技类博物馆、基层科普设施、数字科技馆以及其它具备科普展示教育功能的场馆等类型。

改革开放以来,在党中央、国务院的领导下,各地各部门认真贯彻落实《中华人民共和国科学技术普及法》和《中共中央国务院关于加强科学技术普及工作的若干意见》,积极推动科普基础设施发展。经过全社会共同努力,我国科普基础设施建设取得长足发展:政策环境逐步改善,各类科普基础设施数量明显增加,内容建设得到加强,服务能力不断提高。然而,从总体上看,我国科普基础设施尚不能满足公众提高科学素质的需要,与《科学素质纲要》提出的要求有较大差距,发展还面临诸多困难和问题。主要表现为:一是科普基础设施总量不足且发展不平衡,建设管理理念落后、科普教育活动缺乏创新,科普教育功能未能充分发挥。二是现有展教资源数量少且更新周期长,全社会优质展教资源的集成和共享还不充分,尚未形成引导和鼓励社会力量共同参与展教资源共建共享的局面。三是科普人才队伍规模小且专业人才缺乏,现有的专职、兼职和志愿者队伍尚不能满足科普事业快速发展的需求,制约了科普基础设施功能的发挥。四是保障体系还不够完善,尚未形成促进科普基础设施资源共享的政策体系和激励社会力量参与科普基础设施建设和运行的有效机制。

制定和颁布本规划,旨在围绕《科学素质纲要》提出的战略目标和重点任务,充分发挥政府的主导作用,从国家层面强化总体战略部署,加强对科普基础设施建设和运行的宏观指导。通过提升各类科普基础设施的服务能力,切实发挥科普教育的效果,不断满足广大公众的需求;加强科普资源的共享,充分利用现有科普设施资源,积极挖掘潜在社会资源,优化配置新增资源,推动全社会科普设施资源的合理分布和高效利用;推动科普工作体制机制创新,强化政策保障体系和人才队伍建设,实现科普基础设施可持续发展。

本规划提出了到2015年我国科普基础设施的发展目标、总体部署与重点任务以及保障措施,同时明确了2010年的阶段性目标和具体任务。

二、方针和目标

指导方针:

我国科普基础设施发展的指导方针是"提升能力,共享资源,优化布局,突出实效"。

提升能力,就是要立足长远发展,完善已有科普基础设施,拓展社会资源的科普功能,采取有效措施加强科普产品的研发,努力提高人才队伍的专业素质和知识水平,提升各类科普设施的服务能力。

共享资源,就是要树立社会化"大科普"意识,探索建立科普基础设施资源共享模式和机制,搭建科普基础设施服务平台,营造全社会科普资源开放共享的环境,推进科普资源的高效利用。

优化布局,就是要科学规划,盘活存量与发展增量相结合,统筹区域、城乡和不同类型科普设施的发展,适当向中西部地区和贫困地区倾斜,因地制宜,发挥特色优势,实现全社会资源优化配置以及科普服务的公平普惠。

突出实效,就是要以人为本,强化需求导向,完善运行机制,创新服务方式,加强展教内容的互动性、展出形式的多样性和展教资源的时效性,增强科普基础设施的吸引力和服务效果。

发展目标:

到2015年,使我国科普基础设施的整体服务能力大幅度增强,公众提高自身科学素质的机会与途径明显增多。科普资源配置得到优化,科普基础设施总量明显增加,形成较为合理的全国整体布局;科普展教资源的研发能力和产业化水平明显提高,形成公益性和经营性相结合的展教资源研发体系,展教资源产业初具规模;科普基础设施长效发展的保障体系基本建立。

近三年的工作目标是:各类科普基础设施的展教水平显著提高,拥有一批适应不同类型设施需求的展教资源,科普教育功能得到拓展和完善;社会科普资源实现初步共享,建成科普基础设施资源门户系统以及科普教育资源展示平台和网络科普互动平台,建成若干科普数字资源库,数字科技馆的访问量显著增加;全国科普基础设施的整体布局有所改善,城区常住人口100万人以上的大城市至少拥有1座科技类博物馆,各直辖市、省会城市和自治区首府至少拥有1座大中型科技馆,全国科技类博物馆年接待观众量达到5000万人次,国家级科普基地总数达到500余个,省级科普基地总数达到2500余个,发展一批具有鲜明特色的行业科普教育基地;基层科普基础设施有长足发展,全国所有的县(市、区)拥有综合性科普活动场所,县(市、区)、街道(乡镇)、城乡社区(村)的公共活动场所建有科普活动室(站)、科普画廊(宣传栏)并能定期更新科普内容,电子科普画廊等新型基层科普设施得到发展,全国所有的地(市、州)和有条件的县(市、区)拥有科普大篷车等流动科普设施;相关科普人才队伍的业务能力有较大提升、政策环境不断完善,形成一支能基本满足科普基础设施运行服务需求的专职、兼职和志愿者队伍。

三、总体部署与重点任务

总体部署:

围绕到2015年的总体发展目标,对全国科普基础设施建设与运行加强宏观指导、系统设计和前瞻布局,从科普展教资源开发工程、科普基础设施拓展工程、数字科技馆建设工程、科普人才队伍培养工程等四个层面推进科普基础设施的全面发展,构筑公民科学素质建设的物质支撑体系。

(一)科普展教资源开发工程

科普展教资源开发工程是为各类科普基础设施提供展示和教育内容的核心支撑。基本思路是:大力开发新的科普展教品,加强主题展览和科普活动的策划,充分挖掘和利用全社会的展教资源,建立公益性和经营性相结合的开发体系,推动展教资源的产业发展,提高展品设计与制作水平。

1. 大力发展科普展教品

开展基础性、原创性研发。加强科普展教品内容的整体设计,围绕公众科学生产、文明生活、科学探究以及应对突发事件,制定重点创作选题规划。着力开发优秀、原创性科普展教品,加强展教衍生品的研发和推广,研制全国普适性展教品与发展区域特色展教品相结合,丰富各类科普设施的展示和活动内容。

促进将社会教育资源转化为科普展教品。推动与科技、教育、传媒界合作,挖掘自然、科技、人文社会等潜在教育资源,重点将科研机构、大学、企业、动植物园、自然保护区、天文台站等相关方面的教育资源开发、转化为科普展教品。推动各地结合地方特色和民族特点,挖掘具有鲜明特色的科普展教资源,形成全社会力量参与科普展教品开发的局面。

推动国内外交流与合作。引进、借鉴国际先进理念和方法,提高国内自主开发科普展教品的能力。营造交流与合作环境,推动国内外科普展教品研发的有效合作。适度引进国外优秀展教资源,推动科普展教品国内外交流与合作。

2. 创新科普展览和教育活动

强化科普展览和教育活动的策划与组织。围绕未成年人、老年人、农民、城镇劳动人口、领导干部和公务员等人群的心理特点和个性化需求,结合青少年活动中心、社区活动中心、农业教育培训机构、企业职业技能培训机构和党校、行政院校、干部学院等开展的培训教育活动,设计开发各类互动式、体验式科普展览和教育活动。将开发科教影视节目、科普图书、挂图等展教资源与各类科普基础设施的展教活动有机结合起来,提高资源利用率和活动效果。推动旅游景区、农业观光园、绿色生态园等结合自身优势,开展特色科普展教活动。策划针对中西部地区的科普展览和科普活动。

推动主题展览和常设展品在中小科技场馆之间进行交流与共享。搭建互动平台,形成工作机制,丰富中小科技场馆的展示和活动内容,逐步提高中小科技场馆开展科普活动的能力与水平。依托图书馆、文化馆、活动中心等场所,推出简便易行、具有特色的科普展览和科普活动。增加科技实验趣味性演示和科技实用技术性培训的内容,加大对学校科学实验室、实验器材、教具等科普设施设备的配备。

促进科普展教活动与学校科学课程教学、综合实践和研究性学习相衔接。适应学校科学教育的要求,集成现有展教资源并适当研发新的展教资源,将学校的科学课程安排到科技类博物馆和科普基地等科普设施中。集成优化科技类博物馆和科普基地等各项科普设施的科普展览和教育资源,送到广大农村地区和中小城市的中小学。

3. 培育科普展教资源产业

培育科普展教资源市场。制定和完善有关优惠政策,引入市场机制,加强与文化创意产业的结合,推动设计制作社会化。鼓励科研机构、大学、企事业单位、社会团体等加强合作,参与科普产品研发中心的建设和展教资源的开发活动。支持企业经营展教资源的研发、生产、销售和服务,为各类科普设施提供市场化的展览开发服务。建立区域合作与互助机制,促进东西部、发达地区和欠发达地区之间的展教资源交流。开展科普展教资源研发理论研究,完善展教资源技术规范和设计制作机构资质认定办法等,培育科普展览策划、研制、使用、推广的一体化产业。

加强知识产权保护。开展科普产品知识产权战略和管理的研究工作,完善科普产品知识产权保护相关政策及制度。开展知识产权宣传工作,加强法制教育,营造尊重和保护科普产品知识产权的良好环境。加强科普产品知识产权法律实施的监督、检查工作,保障知识产权保护制度的有效实施。

(二)科普基础设施拓展工程

科普基础设施拓展工程是为全体公民提供更多参与科普教育活动机会的公共服务体系保障。基本思路是:充实和完善现有各类科普基础设施的科普教育功能,统筹利用、挖掘潜力,拓展和提升社会设施资源的科普服务能力,改建、扩建和新建相结合,形成各类科普基础设施优势互补、协同发展的良好格局。

4. 拓展完善科技类博物馆

更新改造现有科技类博物馆。按照《科学技术馆建设标准》,对不具备展教功能或不能充分发挥科普作用的科技馆进行必要的更新改造,激发活力,满足公众参与科普活动的需求。有计划地对现有自然博物馆进行更新改造,引入新理念,从简单展出标本向揭示自然发展规律等主题展示转变。配合国家重大安排和重点区域布局,突出生态环境保护、防震减灾等区域重点和特色,在科技馆、自然博物馆、天文馆等适当新增部分内容。

挖掘潜在社会科普设施资源。充分利用国家有关重大工程项目或企业闲置、淘汰的生产设施,建设工业科技类博物馆。在有条件的研究机构、大学和具有重要资源的城市,利用现有设施和资源建设专业或产业科技类博物馆。积极推动农业科学技术博物馆、健康科学博物馆等具有专业特色的科技类博物馆建设。结合国家文物类博物馆、工程技术展览馆等建设,充实科学技术相关内容。与建立民族、民俗博物馆相结合,在少数民族地区建立具有民族特色的科技类博物馆。

适当新建科技类博物馆。鼓励社会力量参与科技类博物馆建设,结合区域、产业发展重点,积极推动科技馆(科学中心)、自然科学博物馆、天文馆以及专业科技馆、产业科技馆等在全国各区域、各层级的合理布局,避免科技类博物馆建设的功能重复、形式单一、内容雷同。鼓励、推动有条件的企事业单位根据自身特点,因地制宜地建设一批工业科技类博物馆或产业科技类博物馆。注重内容建设,将展览展品设计纳入新建科技类博物馆建设工程的整体规划中,鼓励设计理念、主题内容和展示框架的创新,提高展教品制作工艺水平,增强展览展品的互动性、生动性、趣味性。

5. 开发开放科普基地

推进各类科普基地建设。适度发展国家级和省部级科普基地。充分发挥各行业部门和地方优势,根据自身特点和资源,把农业、林业、国土资源、医疗卫生、计划生育、生态环境保护、安全生产、气象、地震、体育、文物、旅游、妇女儿童、民族、国防教育等工作与科普工作有机结合,按照开展科学技术教育、传播与普及等需要,建设不同功能的行业科普基地。

挖掘和综合利用社会科普教育资源。推动科研机构和大学面向公众开放实验室、研究中心等科研设施,支持和鼓励科研机构和大学创造条件设立面向公众的专门科普场所。推动青少年宫和青少年实践基地等未成年人校外活动场所、妇女儿童活动中心、家长学校、文化宫、职工学校、技工院校、职业技能培训机构和农村致富技术函授大学等增加科普内容,实现科普教育的功能。完善相关政策措施,鼓励高新技术园区开展科普活动,有条件的企业面向公众开放研发机构、生产设施(流程)或展览馆,并根据自身特点建设专门科普场所;引导海洋馆、野生动物园、主题公园、自然保护区、森林公园、地质公园、动植物园等经营性旅游场馆强化科普教育功能。

6. 大力发展基层科普设施

完善基层科普服务设施体系。推动在全国所有的县(市、区)建设具备科普教育、培训、展示等功能的县级综合性科普活动场所。在县(市、区)、街道(乡镇)、城乡社区(村)的公共活动场所建立科普活动站(室)、科普画廊(宣传栏),定期更新科普内容。

依托现有社会设施共建共享基层科普设施。依托县级文化馆、图书馆、青少年活动中心、妇女儿童活动中心、少年宫等,拓展科普教育功能,建设县级综合性科普活动场所。依托遍布在乡镇(街道)、村(社区)的文化站、广播站、中小学校、成人文化技术学校、职业培训学校、党校(党员活动室)以及有条件的乡镇企业、农村专业合作经济组织等公共设施,结合农村党员干部现代远程教育、全国文化信息资源共享工程、"农家书屋"和"农民科技书屋"工程、科技大院等国家重点项目,增加科普图书、挂图、声像资料以及有关展示设备的数量和比例,丰富科普教育内容,建设"科普活动站(室)"、"科普图书室"、"社区科普学校(大学)"等基层科普阵地。有条件的中小学根据科学课程的需要,利用现有的教育培训场所、基地,充实实验仪器、教具、音像设备、计算机等教学器材,建立青少年科学工作室。发展具有地方特色的农业观光园、绿色生态园和科技示范园,增强其农业科技教育服务功能。拓展各类职业培训中心、再就业培训中心(基地)等基础设施的科普功能。

7. 加大科普大篷车建设力度

完善科普大篷车等流动科普设施的布局。增加科普大篷车配发数量,重点向地(市、州)和有条件的县(市、区)倾斜。鼓励有条件的地方发展符合当地需求的流动科普设施。探索与社会各界共建"科普大篷车"的新形式,拓展"西部乡村流动图书车"、"农业科技入户直通车"等流动设施的科普展教功能。鼓励、引导社会各方面力量参与各类流动科普设施的研制、配发和运行,扩大配发覆盖面,搭建省、地、县三级服务梯形结构,使其活动覆盖全国城乡社区。

扩展科普大篷车功效。根据服务对象的不同需求,开发研制专题科普大篷车系列车型。充实和完善已有各类流动设施的科普功能,不断创新车载设备和展品的形式与内容,丰富活动形式,提高活动效果。研究适合科普大篷车运行的活动模式和教育项目。完善科普大篷车相关技术标准、产品生产规范。加大公共投入,制定优惠政策,广泛吸纳社会资金,为科普大篷车的配发及运行服务提供支撑和保障。

(三)数字科技馆建设工程

数字科技馆建设工程是利用网络信息技术开展科普活动的重要手段,是对实体科普基础设施的重要补充。基本思路是:健全数字科技馆共建共享机制,集成社会现有科普资源并进行数字化开发和转化,加快支撑服务体系建设,重点建设科普基础设施资源门户系统和面向社会的展示服务系统,搭建功能完备、运行高效的科普传播平台。

8. 集成和开发数字科普资源

建设数字化科普资源库。建立有效机制,集成全社会优质科普资源,对各类科技、教育等资源进行开发和转化,实现资源的科普化、数字化、信息化、网络化和集成化。做好整体规划和标准制订,定期发布科普资源建设指南,不断完善科普资源内容的覆盖面和规范化建设。及时更新科普内容,重点建立科普图库、科普动漫作品库、科普音像库、科普书库、科普报告库、科普基地资源库、科技馆展品库和博物馆藏品库等若干数字化科普资源数据库。

9. 完善科普资源信息服务功能

强化中国数字科技馆的平台功能。拓展科普信息发布、虚拟科普社区、资源集成与组合、动态跟踪与监管等功能,构建支持视频、音频和图像等多媒体形式的交互式科普信息内容的集成平台、发布平台和管理平台。培育和扶持一批对公众有较强吸引力的优秀科普网站。

建立虚拟科普场馆。利用多媒体、虚拟现实和人机交互等现代信息技术,配置数字化藏品和场景,建立主题虚拟博物馆或各类兼具知识传播和科学实践功能的专题虚拟科学体验区,构建包括观察认知、探索体验和实验制作等众多主题的虚拟科学乐园,使公众通过人机交互等方式体验科学的过程。

10. 健全科普信息资源共建共享机制

完善数字科技馆标准规范体系。加强规范化建设,遵循"实用、简明、可操作"原则,制定和完善科学合理的技术、质量和可用性标准与规范。加大标准规范的执行力度,不断提升建设质量。建立全面高效的评估系统,促进实现数字科技馆的长效服务功能。

建立数字科技馆共建共享机制。健全保障数字科技馆建设与运行的绩效考核机制、共享监管机制和人才评价机制,探索数字科技馆的市场化运行机制。完善资源整合与共享过程中的部门协调机制与措施,加强应用推广。坚持政府引导与社会参与、公益性与市场机制相结合原则,调动拥有数字科普资源的各方面力量,积极参与数字科技馆建设。

(四)科普人才队伍培养工程

科普人才队伍培养工程是促进科普基础设施长效发展的人力资源保障。基本思路是:完善正规教育体系中科普基础设施适用人才培养体系和科普基础设施人员在职培训体系;加强与社会兼职科普专家的密切联系,发展和壮大兼职、志愿者队伍。

11. 重点建设专职科普人才队伍

完善正规教育体系中科普基础设施适用人才培养工作。加强科技传播学和科技博物馆学等学科建设,利用现有科技传播学、科学教育、科学技术史、科学技术哲学、科学社会学、工业设计、动漫制作等学科点和相关专业博士后流动站,培养科技传播和科技博物馆领域的研究、开发、设计和制作专业人才,以及各类科普设施运行管理服务人才。支持大学开设科技传播、博物馆学、科学技术史、科学技术与社会、科学方法论、科普创作等课程,鼓励设立科技传播及科技博物馆领域和方向的博士后工作站和研究项目,激发大学生对科普事业的兴趣。

建立科普基础设施人员在职培训体系。围绕科普基础设施建设与运行管理,充分利用现有科技场馆、研究机构、高等院校资源,通过设立专题进修班、研究生课程班等,积极开展学术探讨和经验交流,加大在职人员培训力度,提升从业人员的创新服务能力和综合素质。不断拓宽国际合作渠道,加强科普设施人才的国际交流与培养。

加强科普岗位人员配置。完善考核激励机制,强化岗位设置和人员配备,建立科技类博物馆馆长的职业化管理模式,增加在编专职科学教育或展教人员的比例。在特大、大型科技馆等科普场馆设立展教资源研发岗位。采取相应措施,吸引工业、艺术等展览专业人才从事科普教育工作。逐步改进和完善各类科普设施的用人机制和分配政策,制定与科普工作岗位特点相适应的工作业绩考核和评价办法，逐步形成激发从业人员不断进取、创新服务的激励机制。

12. 积极发展兼职、志愿者科普队伍

建设稳定、高素质的兼职科普队伍。科技工作者有义务参与科学技术教育、传播与普及工作。通过设立荣誉或客座职位，鼓励大学、研究机构和传媒等领域的专家、学者到科技类博物馆、科普基地等兼职。充分利用基层单位的人才资源，建立专兼结合、一专多能的社区、乡村科普宣传员队伍，积极推动大学生村官兼任科普宣传员。

发展壮大志愿者科普队伍。充分发挥在职科技工作者、高校学生和离退休科技、教育和传媒工作者等各界人士的专业和技术特长，鼓励他们积极参与科学教育、传播与普及工作，及时将科学前沿的研究成果转化为科普资源。鼓励在校大学生、研究生利用假期社会实践和支农支边支教等活动开展科普宣传。充分利用少数民族科普工作队、县级科普工作队等形式，动员和组织广大科技工作者深入基层开展科技教育、传播与普及活动。探索有效激励机制，推动建设能够定期、长期深入城乡社区和边远、贫困和少数民族地区开展科普宣传活动的志愿者队伍。

提高兼职、志愿者科普队伍服务能力。加强兼职、志愿者队伍的培训，提高科普教育服务能力。研究制定对科普基地工作人员进行业绩考核的办法，将其开展的科普教育工作纳入业绩考核范围，调动他们的积极性。

未来三年的重点任务：

未来三年是推动我国科普基础设施发展的重要阶段。国家将逐步加大对科普基础设施的支持力度，采取相应的行动，落实相关任务，集中优势资源，着力解决关键环节，努力实现一下具体任务：

1. 加强科普展教资源的创新和开发。研究制定《科普资源共建共享工作方案》，重点围绕"节约能源资源、保护生态环境、保障安全健康"等主题，开发一批展品、图书、挂图、音像制品和设备等。推进国家科技计划项目科普创作试点，推出一批科普创作精品。开发适合科普大篷车活动的互动表演剧、科普活动资源包和主题展览。推进"科技馆活动进校园"工作，设计和开发一批与学校科学课程有机结合的活动项目。制作一批在青少年中有广泛影响且具有知识性、趣味性的科普作品和科普网络游戏。发展适合乡村党员活动室、文化站、科技大院、农家书屋等设施的科普展教品，促进基层科普设施的内容建设。

2. 加强科普展教资源的共享与服务。向社会推介优秀科普作品和选题。继续实施中小科技馆支援计划，重点推动主题展览的巡展和交换，支持中小科技场馆充实和丰富展教内容，为中小科技场馆提供技术支持和人员培训服务，提高其业务水平。

3. 加强科普产品研发中心建设。扶持一批不以盈利为目的、专业化的展教资源设计和开发机构，使其初步具备科普展教资源的基础性、原创性研发能力，助其成为科普产品研发中心。

4. 推动现有特大、大型和中型科技馆达标。按照《科学技术馆建设标准》，对各地科技馆进行考核评估，推动不能充分发挥科普作用的科技馆进行必要的更新完善和机制改革，激发活力，改进服务，满足公众需求。

5. 加强对各地建设科技类博物馆的指导。指导各地在未建立科技类博物馆的省会城市和自治区首府以及常住人口 100 万以上的城市新建20—30 座科技类博物馆，其中特大、大型和中型科技馆10—15 座。在我国具有天文观测站的重点城市新建、扩建 5 座天文馆，展示天文学的最新成就，激发公众尤其是青少年的兴趣。推动在西藏、青海、新疆等地围绕生态环境保护等内容建设主题自然科学博物馆。推动面向妇女、儿童等特定人群的博物馆建设。

6. 规范科普基地建设，发掘和拓展社会相关设施的科普教育功能。研究制定《关于加强科普基地的若干意见》，完善科普基地的认定办法和管理条例。开展示范性引导、专业咨询以及资源服务等工作，推动现有科普基地拓展完善科普展教功能。实施国家科普基地建设工程，发展一批国家级和省部级科普基地，重点建设一批以体验、观察为主的科普教育基地。积极推动国家安全生产教育示范基地、煤炭矿区安全生产科普示范基地、北京市奥运村科技园科普教育平台、国家环保科普基地、中国林业数字科技馆、全国林业科普基地、中国科学院系统30个科学传播基地、工程科学技术教育基地的科学发展。研究制定《关于科研机构和大学向社会开放开展科普活动的若干意见》的相关配套政策措施。中国科学院所属科研机构、国务院部门所属科研机构和大学率先实现向社会定期开放其相关科普设施,其他科研机构逐步实现向社会开放。通过国家自然科学基金科普项目重点资助科研机构、大学面向社会开展科学普及教育活动。制订科普基础设施的认定办法和管理条例,规范和推动科技类博物馆及基层科普设施的建设、运行与发展。推动科普展览、展品、科普大篷车等产品技术标准的制订工作。

7. 共建共享基层科普设施。增强现有县级科技馆(科技活动中心)的科普展教功能,与有关部门共建一批具备科普教育、培训、展示等功能的县级综合性科普活动场所。与相关社会设施共建共享基层科普活动站(室)、科普画廊(宣传栏),建立遍布城乡社区的基层科普服务网点。在充分利用和整合现有资源的基础上,所有的城市街道、半数以上的社区以及农村近半数的乡镇拥有综合性的科普活动室和至少一处长度10米以上的科普画廊(宣传栏),近半数的行政村拥有科普活动站和至少一处长度5米以上的科普宣传栏(画廊)。加强科普展教资源送达基层的物流和信息流服务,建立需求反馈迅速、资源提供及时、群众使用方便的服务机制。基层科普画廊(宣传栏)的展示内容每两个月更新一次,有条件的全国科普示范县(市、区)每月更新科普宣传栏的展示内容。鼓励发展电子科普画廊等新型基层科普设施。结合科普惠农兴村计划的实施,发挥农村科普示范基地的带动辐射作用。

8. 加强科普大篷车配发工作。新配置科普大篷车整车装备200~300台,重点向中西部和偏远地区倾斜。结合"节约能源资源、保护生态环境、保障安全健康"等主题内容,重点开发研制专题系列车载展品,创新单项车载展品。

9. 集成开发一批数字化科普资源。集成各部门现有科普资源,重点围绕能源资源节约、生态环境保护、安全生产与避险、健康生活与消费等内容,进行科普资源的数字化开发。重点开发科技类博物馆和科普基地的展品、藏品等数字化科普资源。将有关国家科技计划成果开发成数字化科普资源。

10. 建设科普基础设施资源门户系统。以"中国数字科技馆"为基础,建立科普基础设施的资源导航、信息检索等一站式服务系统,对科普基础设施的运行管理情况进行监测评估。开发具有自主知识产权的网络科普游戏引擎,研发集成一批数字科技馆建设所需的应用工具软件。

11. 建设科普资源数据共享服务中心。构建若干大型科普资源数据库及存储设施,集成各方面已有数字化科普资源。采用分布与集中相结合的共享数据库维护机制,建立科普数据资源、科普信息资源、科普产品资源数据服务中心,分步骤完成全国服务节点的布局和建设,提供方便、实用、快捷的数据维护、数据管理与数据发布手段,为各类科普活动的开展提供资源信息共享服务。

12. 研究制定数字科技馆建设的指导性工作规范以及资源建设、运行服务和评价等方面的标准规范。制定《数字科技馆建设标准》。统一资源接口标准和技术,先期启动与农村党员干部现代远程教育系统、农村中小学现代远程教育工程以及全国文化信息资源共享工程的衔接。组织开展标准规范的技术培训,加强标准规范的执行力度。制定《数字科技馆运行管理办法》和《数字科技馆知识产权管理办法》,明确运行服务职责,保障数字科技馆切实发挥好作用。

13. 加强科普基础设施负责人和业务骨干在职培训。充分发挥相关社会团体组织的作用,联合大学和研究机构,通过短期集中和远程教育等方式,定期组织培训和经验交流活动,提升在职科技教育、传播与普及人员的科学素质和业务水平。

四、保障措施

政策法规、经费投入以及组织实施等,是推动科普工作体制机制创新,动员全社会力量参与,推动科普基础设施发展的重要保障。

(一)政策法规

贯彻落实国家现行法律法规及相关政策。按照《中华人民共和国科学技术普及法》、《中华人民共和国科学技术进步法》、《关于进一步加强和改进未成年人校外活动场所建设和管理工作的意见》、《关于加强科技馆等科普设施建设的若干意见》、《关于加强国家科普能力建设的若干意见》和《关于科研机构和大学向社会开放开展科普活动的若干意见》等现行政策法规的要求,加强和规范科普基础设施的建设与运行管理。进一步贯彻落实现行国家鼓励科普事业发展的税收优惠政策,激励企事业单位、社会团体和个人参与科普设施建设和运行管理。

加快相关政策法规的制定,完善国家公共科普基础设施管理体制和运行机制。一是研究制定促进科普展教资源建设的政策。推动将国家科技计划项目成果转化为科普资源,探索建立科技成果及时转化为展教资源的工作机制。创造公共科普展教资源公平使用的政策环境,推动科普文化产业健康发展。二是研究制定加强科普基础设施公共服务的政策。推动公益类科技馆、科普基地等科普基础设施优惠开放,进一步推进科研机构和大学面向社会开展科普活动。三是研究制定加快人才队伍建设的相关政策。将相关科普人才的培养列入国家人才工作规划。依托重点科普设施建设,吸引和凝聚高水平人才。探索建立有效机制和激励措施,充分调动在职和离退休科技、教育、传媒工作者、大学生、研究生等各界人士从事科技传播和普及工作的积极性。

(二)经费投入

将科普基础设施建设纳入国民经济和社会事业发展总体规划。加大对公益性科普基础设施建设和运行经费的公共投入。加强国家对社会资金的引导,多渠道、多层次筹措资金,鼓励社会力量参与科普基础设施建设和运行服务。

(三)组织实施

《科普设施规划》是贯彻落实《科学素质纲要》的重要任务。国家发展改革委、科技部、财政部和中国科协负责协调和推动落实,相关部门结合本部门的职能制定工作规划和计划并加以落实。各级地方政府要将科普基础设施建设纳入国民经济和社会事业发展总体规划,落实建设和运行经费。充分发挥各有关学会、协会和研究会等社会团体的作用,加强对各类科普基础设施建设与运行的咨询和指导。

按照《科学素质纲要》实施的要求,研究制定科普基础设施建设与运行的监测评估指标体系,定期开展监测评估工作,促进科普基础设施全面、协调、可持续发展。对作出突出成绩的单位和个人进行表彰和奖励。

【参阅目录】

关于加强科技馆等科普设施建设的若干意见
科协发普字[2003]30号
2003年4月22日
关于加强全国环境保护科普工作的若干意见
环发[2002]175号
2002年12月9日
《国土资源科学技术普及行动纲要》(2004年—2010年)
国土资发[2004]93号
2004年4月19日

科技奖励

国家科学技术奖励条例

(1999年5月23日中华人民共和国国务院令第265号发布,根据2003年12月20日《国务院关于修改〈国家科学技术奖励条例〉的决定》修订)

第一章 总 则

第一条 为了奖励在科学技术进步活动中做出突出贡献的公民、组织,调动科学技术工作者的积极性和创造性,加速科学技术事业的发展,提高综合国力,制定本条例。

第二条 国务院设立下列国家科学技术奖:
(一)国家最高科学技术奖;
(二)国家自然科学奖;
(三)国家技术发明奖;
(四)国家科学技术进步奖;
(五)中华人民共和国国际科学技术合作奖。

第三条 国家科学技术奖励贯彻尊重知识、尊重人才的方针。

第四条 国家维护国家科学技术奖的严肃性。

国家科学技术奖的评审、授予,不受任何组织或者个人的非法干涉。

第五条 国务院科学技术行政部门负责国家科学技术奖评审的组织工作。

第六条 国家设立国家科学技术奖励委员会,国家科学技术奖励委员会聘请有关方面的专家、学者组成评审委员会,依照本条例的规定,负责国家科学技术奖的评审工作。

国家科学技术奖励委员会的组成人员人选由国务院科学技术行政部门提出,报国务院批准。

第七条 社会力量设立面向社会的科学技术奖,应当在科学技术行政部门办理登记手续。具体办法由国务院科学技术行政部门规定。

社会力量经登记设立的面向社会的科学技术奖,在奖励活动中不得收取任何费用。

第二章 国家科学技术奖的设置

第八条 国家最高科学技术奖授予下列科学技术工作者:
(一)在当代科学技术前沿取得重大突破或者在科学技术发展中有卓越建树的;
(二)在科学技术创新、科学技术成果转化和高技术产业化中,创造巨大经济效益或者社会效益的。

国家最高科学技术奖每年授予人数不超过2名。

第九条 国家自然科学奖授予在基础研究和应用基础研究中阐明自然现象、特征和规律,做出重大科学发现的公民。

前款所称重大科学发现,应当具备下列条件:
(一)前人尚未发现或者尚未阐明;
(二)具有重大科学价值;
(三)得到国内外自然科学界公认。

第十条 国家技术发明奖授予运用科学技术知识做出产品、工艺、材料及其系统等重大技术发明的公民。

前款所称重大技术发明,应当具备下列条件:
(一)前人尚未发明或者尚未公开;
(二)具有先进性和创造性;
(三)经实施,创造显著经济效益或者社会效益。

第十一条 国家科学技术进步奖授予在应用推广先进科学技术成果,完成重大科学技术工程、计划、项目等方面,做出突出贡献的下列公民、组织:
(一)在实施技术开发项目中,完成重大科学

技术创新、科学技术成果转化,创造显著经济效益的;

(二)在实施社会公益项目中,长期从事科学技术基础性工作和社会公益性科学技术事业,经过实践检验,创造显著社会效益的;

(三)在实施国家安全项目中,为推进国防现代化建设、保障国家安全做出重大科学技术贡献的;

(四)在实施重大工程项目中,保障工程达到国际先进水平的。

前款第(四)项重大工程类项目的国家科学技术进步奖仅授予组织。

第十二条 中华人民共和国国际科学技术合作奖授予对中国科学技术事业做出重要贡献的下列外国人或者外国组织:

(一)同中国的公民或者组织合作研究、开发,取得重大科学技术成果的;

(二)向中国的公民或者组织传授先进科学技术、培养人才,成效特别显著的;

(三)为促进中国与外国的国际科学技术交流与合作,做出重要贡献的。

第十三条 国家最高科学技术奖、中华人民共和国国际科学技术合作奖不分等级。

国家自然科学奖、国家技术发明奖、国家科学技术进步奖分为一等奖、二等奖2个等级;对做出特别重大科学发现或者技术发明的公民,对完成具有特别重大意义的科学技术工程、计划、项目等做出突出贡献的公民、组织,可以授予特等奖。

国家自然科学奖、国家技术发明奖、国家科学技术进步奖每年奖励项目总数不超过400项。

第三章 国家科学技术奖的评审和授予

第十四条 国家科学技术奖每年评审一次。

第十五条 国家科学技术奖候选人由下列单位和个人推荐:

(一)省、自治区、直辖市人民政府;

(二)国务院有关组成部门、直属机构;

(三)中国人民解放军各总部;

(四)经国务院科学技术行政部门认定的符合国务院科学技术行政部门规定的资格条件的其他单位和科学技术专家。

前款所列推荐单位推荐的国家科学技术奖候选人,应当根据有关方面的科学技术专家对其科学技术成果的评审结论和奖励种类、等级的建议确定。

香港、澳门、台湾地区的国家科学技术奖候选人的推荐办法,由国务院科学技术行政部门规定。

中华人民共和国驻外使馆、领馆可以推荐中华人民共和国国际科学技术合作奖的候选人。

第十六条 推荐的单位和个人限额推荐国家科学技术奖候选人;推荐时,应当填写统一格式的推荐书,提供真实、可靠的评价材料。

第十七条 评审委员会作出认定科学技术成果的结论,并向国家科学技术奖励委员会提出获奖人选和奖励种类及等级的建议。

国家科学技术奖励委员会根据评审委员会的建议,作出获奖人选和奖励种类及等级的决议。

国家科学技术奖的评审规则由国务院科学技术行政部门规定。

第十八条 国务院科学技术行政部门对国家科学技术奖励委员会作出的国家科学技术奖的获奖人选和奖励种类及等级的决议进行审核,报国务院批准。

第十九条 国家最高科学技术奖报请国家主席签署并颁发证书和奖金。

国家自然科学奖、国家技术发明奖、国家科学技术进步奖由国务院颁发证书和奖金。

中华人民共和国国际科学技术合作奖由国务院颁发证书。

第二十条 国家最高科学技术奖的奖金数额由国务院规定。

国家自然科学奖、国家技术发明奖、国家科学技术进步奖的奖金数额由国务院科学技术行政部门会同财政部门规定。

国家科学技术奖的奖励经费由中央财政列支。

第四章 罚 则

第二十一条 剽窃、侵夺他人的发现、发明或者其他科学技术成果的,或者以其他不正当手段骗取国家科学技术奖的,由国务院科学技术行政部门报国务院批准后撤销奖励,追回奖金。

第二十二条 推荐的单位和个人提供虚假数据、材料,协助他人骗取国家科学技术奖的,由国务院科学技术行政部门通报批评;情节严重的,暂停或者取消其推荐资格;对负有直接责任的主管人员和其他直接责任人员,依法给予行政处分。

第二十三条 社会力量未经登记,擅自设立面向社会的科学技术奖的,由科学技术行政部门予以取缔。

社会力量经登记设立面向社会的科学技术奖,在科学技术奖励活动中收取费用的,由科学技术行政部门没收所收取的费用,可以并处所收取的费用1倍以上3倍以下的罚款;情节严重的,撤销登记。

第二十四条 参与国家科学技术奖评审活动和有关工作的人员在评审活动中弄虚作假、徇私舞弊的,依法给予行政处分。

第五章 附 则

第二十五条 国务院有关部门根据国防、国家安全的特殊情况,可以设立部级科学技术奖。具体办法由国务院有关部门规定,报国务院科学技术行政部门备案。

省、自治区、直辖市人民政府可以设立一项省级科学技术奖。具体办法由省、自治区、直辖市人民政府规定,报国务院科学技术行政部门备案。

第二十六条 本条例自公布之日起施行。1993年6月28日国务院修订发布的《中华人民共和国自然科学奖励条例》、《中华人民共和国发明奖励条例》和《中华人民共和国科学技术进步奖励条例》同时废止。

国家科学技术奖励条例实施细则

(1999年12月24日科学技术部令第1号公布,根据2004年12月27日科学技术部令第9号《关于修改〈国家科学技术奖励条例实施细则〉的决定》第一次修改,根据2008年12月23日科学技术部令第13号《关于修改〈国家科学技术奖励条例实施细则〉的决定》第二次修改)

第一章 总 则

第一条 为了做好国家科学技术奖励工作,保证国家科学技术奖的评审质量,根据《国家科学技术奖励条例》(以下称奖励条例),制定本细则。

第二条 本细则适用于国家最高科学技术奖、国家自然科学奖、国家技术发明奖、国家科学技术进步奖和中华人民共和国国际科学技术合作奖(以下称国际科技合作奖)的推荐、评审、授奖等各项活动。

第三条 国家科学技术奖励工作深入贯彻落实科学发展观和"尊重劳动、尊重知识、尊重人才、尊重创造"的方针,鼓励团结协作、联合攻关,鼓励自主创新,鼓励攀登科学技术高峰,促进科学研究、技术开发与经济、社会发展密切结合,促进科技成果向现实生产力转化,促进国家创新体系建设,营造鼓励创新的环境,努力造就和培养世界一流科学家、科技领军人才和一线创新人才,加速科教兴国、人才强国和可持续发展战略的实施,推进创新型国家建设。

第四条 国家科学技术奖的推荐、评审和授奖,遵循公开、公平、公正的原则,实行科学的评审制度,不受任何组织或者个人的非法干涉。

第五条 国家科学技术奖授予在科学发现、技术发明和促进科学技术进步等方面做出创造性突出贡献的公民或者组织,并对同一项目授奖的公民、组织按照贡献大小排序。

在科学研究、技术开发项目中仅从事组织管理和辅助服务的工作人员,不得作为国家科学技术奖的候选人。

第六条 国家科学技术奖是国家授予公民或者组织的荣誉,授奖证书不作为确定科学技术成果权属的直接依据。

第七条 国家科学技术奖励委员会负责国家科学技术奖的宏观管理和指导。

科学技术部负责国家科学技术奖评审的组织工作。国家科学技术奖励工作办公室(以下称奖励办公室)负责日常工作。

第二章 奖励范围和评审标准

第一节 国家最高科学技术奖

第八条 奖励条例第八条第一款(一)所称"在当代科学技术前沿取得重大突破或者在科学技术发展中有卓越建树",是指候选人在基础研究、应用基础研究方面取得系列或者特别重大发现,丰富和拓展了学科的理论,引起该学科或者相关学科领域的突破性发展,为国内外同行所公认,对科学技术发展和社会进步作出了特别重大的贡献。

第九条 奖励条例第八条第一款(二)所称"在科学技术创新、科学技术成果转化和高技术产业化中,创造巨大经济效益或者社会效益",是指候选人在科学技术活动中,特别是在高新技术领域取得系列或者特别重大技术发明,并以市场为导向,积极推动科技成果转化,实现产业化,引起该领域技术的跨越发展,促进了产业结构的变革,创造了巨大的经济效益或者社会效益,对促进经济、社会发展和保障国家安全作出了特别重大的贡献。

第十条 国家最高科学技术奖的候选人应当热爱祖国,具有良好的科学道德,并仍活跃在当代科学技术前沿,从事科学研究或者技术开发工作。

第二节 国家自然科学奖

第十一条 奖励条例第九条第二款(一)所称"前人尚未发现或者尚未阐明",是指该项自然科学发现为国内外首次提出,或者其科学理论在国内外首次阐明,且主要论著为国内外首次发表。

第十二条 奖励条例第九条第二款(二)所称"具有重大科学价值",是指:(一)该发现在科学理论、学说上有创见,或者在研究方法、手段上有创新;(二)对于推动学科发展有重大意义,或者对于经济建设和社会发展具有重要影响。

第十三条 奖励条例第九条第二款(三)所称"得到国内外自然科学界公认",是指主要论著已在国内外公开发行的学术刊物上发表或者作为学术专著出版三年以上,其重要科学结论已为国内外同行在重要国际学术会议、公开发行的学术刊物,尤其是重要学术刊物以及学术专著所正面引用或者应用。

第十四条 国家自然科学奖的候选人应当是相关科学技术论著的主要作者,并具备下列条件之一:

(一)提出总体学术思想、研究方案;

(二)发现重要科学现象、特性和规律,并阐明科学理论和学说;

(三)提出研究方法和手段,解决关键性学术疑难问题或者实验技术难点,以及对重要基础数据的系统收集和综合分析等。

第十五条 国家自然科学奖一等奖、二等奖单项授奖人数不超过5人,特等奖除外。特等奖项目的具体授奖人数经国家自然科学奖评审委员会评审后,由国家科学技术奖励委员会确定。

第十六条 国家自然科学奖授奖等级根据候选人所做出的科学发现进行综合评定,评定标准如下:

(一)在科学上取得突破性进展,发现的自然现象、揭示的科学规律、提出的学术观点或者其研究方法为国内外学术界所公认和广泛引用,推动了本学科或者相关学科的发展,或者对经济建设、社会发展有重大影响的,可以评为一等奖。

(二)在科学上取得重要进展,发现的自然现象、揭示的科学规律、提出的学术观点或者其研究方法为国内外学术界所公认和引用,推动了本学科或者其分支学科的发展,或者对经济建设、社会发展有重要影响的,可以评为二等奖。

对于原始性创新特别突出、具有特别重大科学价值、在国内外自然科学界有重大影响的特别重大的科学发现,可以评为特等奖。

第三节 国家技术发明奖

第十七条 奖励条例第十条第一款所称的产品包括各种仪器、设备、器械、工具、零部件以及生物新品种等;工艺包括工业、农业、医疗卫生和国家安全等领域的各种技术方法;材料包括用各种技术方法获得的新物质等;系统是指产品、工艺和材料的技术综合。

国家技术发明奖的授奖范围不包括仅依赖个人经验和技能、技巧又不可重复实现的技术。

第十八条 奖励条例第十条第二款(一)所称"前人尚未发明或者尚未公开",是指该项技术发明为国内外首创,或者虽然国内外已有但主要技术内容尚未在国内外各种公开出版物、媒体及其他公众信息渠道发表或者公开,也未曾公开使用过。

第十九条 奖励条例第十条第二款(二)所称"具有先进性和创造性",是指该项技术发明与国内外已有同类技术相比较,其技术思路、技术原理或者技术方法有创新,技术上有实质性的特点和显著的进步,主要性能(性状)、技术经济指标、科学技术水平及其促进科学技术进步的作用和意义等方面综合优于同类技术。

第二十条 奖励条例第十条第二款(三)所称"经实施,创造显著经济效益或者社会效益",是指该项技术发明成熟,并实施应用三年以上,取得良好的应用效果。

第二十一条 国家技术发明奖的候选人应当是该项技术发明的全部或者部分创造性技术内容的独立完成人。

国家技术发明奖一等奖、二等奖单项授奖人

数不超过6人,特等奖除外。特等奖项目的具体授奖人数经国家技术发明奖评审委员会评审后,由国家科学技术奖励委员会确定。

第二十二条 国家技术发明奖授奖等级根据候选人所做出的技术发明进行综合评定,评定标准如下:

(一)属国内外首创的重大技术发明,技术思路独特,主要技术上有重大的创新,技术经济指标达到了同类技术的领先水平,推动了相关领域的技术进步,已产生了显著的经济效益或者社会效益,可以评为一等奖。

(二)属国内外首创的重大技术发明,技术思路新颖,主要技术上有较大的创新,技术经济指标达到了同类技术的先进水平,对本领域的技术进步有推动作用,并产生了明显的经济效益或者社会效益,可以评为二等奖。

对原始性创新特别突出、主要技术经济指标显著优于国内外同类技术或者产品,并取得重大经济或者社会效益的特别重大的技术发明,可以评为特等奖。

第四节 国家科学技术进步奖

第二十三条 奖励条例第十一条第一款(一)所称"技术开发项目",是指在科学研究和技术开发活动中,完成具有重大市场实用价值的产品、技术、工艺、材料、设计和生物品种及其推广应用。

第二十四条 奖励条例第十一条第一款(二)所称"社会公益项目",是指在标准、计量、科技信息、科技档案、科学技术普及等科学技术基础性工作和环境保护、医疗卫生、自然资源调查和合理利用、自然灾害监测预报和防治等社会公益性科学技术事业中取得的重大成果及其应用推广。

第二十五条 奖励条例第十一条第一款(三)所称"国家安全项目",是指在军队建设、国防科研、国家安全及相关活动中产生,并在一定时期内仅用于国防、国家安全目的,对推进国防现代化建设、增强国防实力和保障国家安全具有重要意义的科学技术成果。

第二十六条 奖励条例第十一条第一款(四)所称"重大工程项目",是指重大综合性基本建设工程、科学技术工程、国防工程及企业技术创新工程等。

第二十七条 国家科学技术进步奖重大工程类奖项仅授予组织。在完成重大工程中做出科学发现、技术发明的公民,符合奖励条例和本细则规定条件的,可另行推荐国家自然科学奖、技术发明奖。

第二十八条 国家科学技术进步奖候选人应当具备下列条件之一:

(一)在设计项目的总体技术方案中做出重要贡献;

(二)在关键技术和疑难问题的解决中做出重大技术创新;

(三)在成果转化和推广应用过程中做出创造性贡献;

(四)在高技术产业化方面做出重要贡献。

第二十九条 国家科学技术进步奖候选单位应当是在项目研制、开发、投产、应用和推广过程中提供技术、设备和人员等条件,对项目的完成起到组织、管理和协调作用的主要完成单位。

各级政府部门一般不得作为国家科学技术进步奖的候选单位。

第三十条 国家科学技术进步奖一等奖单项授奖人数不超过15人,授奖单位不超过10个;二等奖单项授奖人数不超过10人,授奖单位不超过7个;特等奖单项授奖人数不超过50人,授奖单位不超过30个。

第三十一条 国家科学技术进步奖候选人或者候选单位所完成的项目应当总体符合下列条件:

(一)技术创新性突出:在技术上有重要的创新,特别是在高新技术领域进行自主创新,形成了产业的主导技术和名牌产品,或者应用高新技术对传统产业进行装备和改造,通过技术创新,提升传统产业,增加行业的技术含量,提高产品附加值;技术难度较大,解决了行业发展中的热点、难点和关键问题;总体技术水平和技术经济指标达到了行业的领先水平。

(二)经济效益或者社会效益显著:所开发的项目经过三年以上较大规模的实施应用,产生了很大的经济效益或者社会效益,实现了技术创新的市场价值或者社会价值,为经济建设、社会发展和国家安全做出了很大贡献。

(三)推动行业科技进步作用明显:项目的转化程度高,具有较强的示范、带动和扩散能力,促进了产业结构的调整、优化、升级及产品的更新换代,对行业的发展具有很大作用。

第三十二条 国家科学技术进步奖授奖等级根据候选人或者候选单位所完成的项目进行综合评定,评定标准如下:

(一)技术开发项目类:

在关键技术或者系统集成上有重大创新,技术难度大,总体技术水平和主要技术经济指标达到了国际同类技术或者产品的先进水平,市场竞争力强,成果转化程度高,创造了重大的经济效益,对行业的技术进步和产业结构优化升级有重大作用的,可以评为一等奖。

在关键技术或者系统集成上有较大创新,技术难度较大,总体技术水平和主要技术经济指标达到国际同类技术或者产品的水平,市场竞争力较强,成果转化程度较高,创造了较大的经济效益,对行业的技术进步和产业结构调整有较大意义的,可以评为二等奖。

(二)社会公益项目类:

在关键技术或者系统集成上有重大创新,技术难度大,总体技术水平和主要技术经济指标达到了国际同类技术或者产品的先进水平,并在行业得到广泛应用,取得了重大的社会效益,对科技发展和社会进步有重大意义的,可以评为一等奖。

在关键技术或者系统集成上有较大创新,技术难度较大,总体技术水平和技术经济指标达到国际同类技术或者产品的水平,在行业较大范围应用,取得了较大的社会效益,对科技发展和社会进步有较大意义的,可以评为二等奖。

(三)国家安全项目类:

在关键技术或者系统集成上有重大创新,技术难度很大,总体技术达到国际同类技术或者产品的先进水平,应用效果十分突出,对国防建设和保障国家安全具有重大作用的,可以评为一等奖。

在关键技术或者系统集成上有较大创新,技术难度较大,总体技术达到国际同类技术或者产品的水平,应用效果突出,对国防建设和保障国家安全有较大作用的,可以评为二等奖。

(四)重大工程项目类:

团结协作、联合攻关,在关键技术、系统集成和系统管理方面有重大创新,技术难度和工程复杂程度大,总体技术水平、主要技术经济指标达到国际同类项目的先进水平,取得了重大的经济效益或者社会效益,对推动本领域的科技发展有重大意义,对经济建设、社会发展和国家安全具有重大战略意义的,可以评为一等奖。

团结协作、联合攻关,在关键技术、系统集成和系统管理方面有较大创新,技术难度和工程复杂程度较大,总体技术水平、主要技术经济指标达到国际同类项目的水平,取得了较大的经济效益或者社会效益,对推动本领域的科技发展有较大意义,对经济建设、社会发展和国家安全具有战略意义的,可以评为二等奖。

对于技术创新性特别突出、经济效益或者社会效益特别显著、推动行业科技进步作用特别明显的项目,可以评为特等奖。

第五节 国际科技合作奖

第三十三条 奖励条例第十二条所称"外国人或者外国组织",是指在双边或者多边国际科技合作中对中国科学技术事业做出重要贡献的外国科学家、工程技术人员、科技管理人员和科学技术研究、开发、管理等组织。

第三十四条 被授予国际科技合作奖的外国人或者组织,应当具备下列条件之一:

(一)在与中国的公民或者组织进行合作研究、开发等方面取得重大科技成果,对中国经济与社会发展有重要推动作用,并取得显著的经济效益或者社会效益。

(二)在向中国的公民或者组织传授先进科学技术、提出重要科技发展建议与对策、培养科技人才或者管理人才等方面做出了重要贡献,推进了中国科学技术事业的发展,并取得显著的社会效益或者经济效益。

(三)在促进中国与其他国家或者国际组织的科技交流与合作方面做出重要贡献,并对中国的科学技术发展有重要推动作用。

第三十五条 国际科技合作奖每年授奖数额

不超过10个。

第三章 评审组织

第三十六条 国家科学技术奖励委员会的主要职责是：

（一）聘请有关专家组成国家科学技术奖评审委员会；

（二）审定国家科学技术奖评审委员会的评审结果；

（三）对国家科学技术奖的推荐、评审和异议处理工作进行监督；

（四）为完善国家科学技术奖励工作提供政策性意见和建议；

（五）研究、解决国家科学技术奖评审工作中出现的其他重大问题。

第三十七条 国家科学技术奖励委员会委员15~20人。主任委员由科学技术部部长担任，设副主任委员1至2人、秘书长1人。国家科学技术奖励委员会委员由科技、教育、经济等领域的著名专家、学者和行政部门领导组成。委员人选由科学技术部提出，报国务院批准。

国家科学技术奖励委员会实行聘任制，每届任期3年。

第三十八条 国家科学技术奖励委员会下设国家最高科学技术奖、国家自然科学奖、国家技术发明奖、国家科学技术进步奖和国际科技合作奖等国家科学技术奖评审委员会。其主要职责是：

（一）负责各国家科学技术奖的评审工作；

（二）向国家科学技术奖励委员会报告评审结果；

（三）对国家科学技术奖评审工作中出现的有关问题进行处理；

（四）对完善国家科学技术奖励工作提供咨询意见。

第三十九条 国家科学技术奖各评审委员会分别设主任委员1人、副主任委员2至4人、秘书长1人、委员若干人。委员人选由科学技术部向国家科学技术奖励委员会提出建议。秘书长由奖励办公室主任担任。

国家科学技术奖评审委员会委员实行聘任制，每届任期3年，连续任期不得超过两届。

第四十条 国家技术发明奖、国家科学技术进步奖评审委员会内设专用项目小组，负责国防、国家安全等保密项目的评审，并将评审结果向评审委员会报告。

第四十一条 根据评审工作需要，国家科学技术奖各评审委员会可以设立若干评审组，对相关国家科学技术奖的候选人及项目进行初评，初评结果报相应的国家科学技术奖评审委员会。

第四十二条 各评审组设组长1人、副组长1至3人、委员若干人，组长一般由相应国家科学技术奖评审委员会的委员担任。评审组委员实行资格聘任制，其资格由科学技术部认定。

各评审组的委员组成，由奖励办公室根据当年国家科学技术奖推荐的具体情况，从有资格的人选中提出，经评审委员会秘书长审核，报相应评审委员会主任委员批准。评审组委员每年要进行一定比例的轮换。

第四十三条 科学技术部可以委托相关部门协助负责涉及国防、国家安全方面的国家技术发明奖和国家科学技术进步奖评审组的相关日常工作。

第四十四条 国家科学技术奖各评审委员会的委员因故不能出席会议，可能影响评审工作正常进行时，可以由相关评审组的委员或者经科学技术部认定具备评审资格的专家代替，并享有与其他委员同等的权利。具体人选由评审委员会秘书长提名，经相应评审委员会主任委员批准。

第四十五条 国家科学技术奖评审委员会及其评审组的委员和相关的工作人员应当对候选人和候选单位所完成项目的技术内容及评审情况严格保守秘密。

第四章 推荐和受理

第四十六条 奖励条例第十五条第一款（一）、（二）、（三）所列推荐单位的推荐工作，由其科学技术主管机构负责。

第四十七条 奖励条例第十五条第一款（四）所称"其他单位"，是指经科学技术部认定，具备推荐条件的国务院直属事业单位、中央有关部门及其他特定的机关、企事业单位和社会团体等。

第四十八条 奖励条例第十五条第一款（四）所称"科学技术专家"，是指国家最高科学技术奖获奖人、中国科学院院士、中国工程院院士。

第四十九条 国家科学技术奖实行限额推荐制度。各推荐单位在奖励办公室当年下达的限额范围内进行推荐。

国家最高科学技术奖获奖人每人每年度可推荐1名（项）所熟悉专业的国家科学技术奖。中国科学院院士、中国工程院院士每年度可3人以上共同推荐1名（项）所熟悉专业的国家科学技术奖。

推荐单位推荐国家自然科学奖、国家技术发明奖和国家科学技术进步奖特等奖的，应当在推荐前征得5名以上熟悉该项目的院士的同意。

第五十条 国家自然科学奖、国家技术发明奖和国家科学技术进步奖特等奖的推荐单位、推荐人，应当按照本细则规定的条件严格控制候选人、候选单位的数量。

第五十一条 推荐单位、推荐人推荐国家科学技术奖的候选人、候选单位应当征得候选人和候选单位的同意，并填写由奖励办公室制作的统一格式的推荐书，提供必要的证明或者评价材料。推荐书及有关材料应当完整、真实、可靠。

第五十二条 推荐单位、推荐人认为有关专家学者参加评审可能影响评审公正性的，可以要求其回避，并在推荐时书面提出理由及相关的证明材料。每项推荐所提出的回避专家人数不得超过3人。

第五十三条 凡存在知识产权以及有关完成单位、完成人员等方面争议并正处于诉讼、仲裁或行政裁决、行政复议程序中的，在争议解决前不得推荐参加国家科学技术奖评审。

第五十四条 法律、行政法规规定必须取得有关许可证的项目，如动植物新品种、食品、药品、基因工程技术和产品等，在未获得主管行政机关批准之前，不得推荐参加国家科学技术奖评审。

第五十五条 同一技术内容不得在同一年度重复推荐参加国家自然科学奖、国家技术发明奖和国家科学技术进步奖的评审。

第五十六条 经评定未授奖的国家自然科学奖、国家技术发明奖和国家科学技术进步奖候选人、候选单位，如果再次以相关项目技术内容推荐须隔一年进行。

第五十七条 我国公民或者组织在国外以及我国公民在中国的外资机构，单独或者合作取得重大科学技术成果，符合奖励条例和本细则规定的条件，且成果的主要学术思想、技术路线和研究工作由我国公民或者组织提出和完成，并享有有关的知识产权，可以推荐为国家科学技术奖候选人或者候选组织。

第五十八条 对科学技术进步、经济建设、社会发展和国家安全具有特别意义或者重大影响的科学技术成果，可适时推荐国家科学技术奖励。

第五十九条 符合奖励条例第十五条及本细则规定的推荐单位和推荐人，应当在规定的时间内向奖励办公室提交推荐书及相关材料。奖励办公室负责对推荐材料进行形式审查。经审查不符合规定的推荐材料，不予受理并退回推荐单位或推荐人。

第六十条 奖励办公室应当在其官方网站等媒体上公布通过形式审查的国家自然科学奖、国家技术发明奖、国家科学技术进步奖的候选人、候选单位及项目。涉及国防、国家安全的保密项目，在适当范围内公布。

第六十一条 候选人、候选单位及其项目如被发现存在本细则规定不得推荐的情形的，不提交评审。

第六十二条 候选人、候选单位及其项目经奖励办公室公告受理后要求退出评审的，由推荐单位（推荐人）以书面方式向奖励办公室提出。经批准退出评审的，如再次以相关项目技术内容推荐国家科学技术奖，须隔一年以上进行。

第五章 异议处理

第六十三条 国家科学技术奖励接受社会的监督。国家自然科学奖、国家技术发明奖和国家科学技术进步奖的评审工作实行异议制度。

任何单位或者个人对国家科学技术奖候选人、候选单位及其项目的创新性、先进性、实用性及推荐材料真实性等持有异议的,应当在受理项目公布之日起60日内向奖励办公室提出,逾期不予受理。

第六十四条 提出异议的单位或者个人应当提供书面异议材料,并提供必要的证明文件。

提出异议的单位、个人应当表明真实身份。个人提出异议的,应当在书面异议材料上签署真实姓名;以单位名义提出异议的,应当加盖本单位公章。以匿名方式提出的异议一般不予受理。

第六十五条 提出异议的单位、个人不得擅自将异议材料直接提交评审组织或者其委员;委员收到异议材料的,应当及时转交奖励办公室,不得提交评审组织讨论和转发其他委员。

第六十六条 奖励办公室在接到异议材料后应当进行审查,对符合规定并能提供充分证据的异议,应予受理。

第六十七条 为维护异议者的合法权益,奖励办公室、推荐单位及其工作人员和推荐人,以及其他参与异议调查、处理的有关人员应当对异议者的身份予以保密;确实需要公开的,应当事前征求异议者的意见。

第六十八条 涉及候选人、候选单位所完成项目的创新性、先进性、实用性及推荐材料真实性等内容的异议由奖励办公室负责协调,由有关推荐单位或者推荐人协助。推荐单位或者推荐人接到异议通知后,应当在规定的时间内核实异议材料,并将调查、核实情况报送奖励办公室审核。必要时,奖励办公室可以组织评审委员和专家进行调查,提出处理意见。

涉及候选人、候选单位及其排序的异议由推荐单位或者推荐人负责协调,提出初步处理意见报送奖励办公室审核。涉及跨部门的异议处理,由奖励办公室负责协调,相关推荐单位或者推荐人协助,其处理程序参照前款规定办理。

推荐单位或者推荐人接到异议材料后,在异议通知规定的时间内未提出调查、核实报告和协调处理意见的,该项目不提交评审。

涉及国防、国家安全项目的异议,由有关部门处理,并将处理结果报奖励办公室。

第六十九条 异议处理过程中,涉及异议的任何一方应当积极配合,不得推诿和延误。候选人、候选单位在规定时间内未按要求提供相关证明材料的,视为承认异议内容;提出异议的单位、个人在规定时间内未按要求提供相关证明材料的,视为放弃异议。

第七十条 异议自异议受理截止之日起60日内处理完毕的,可以提交本年度评审;自异议受理截止之日起一年内处理完毕的,可以提交下一年度评审;自异议受理截止之日起一年后处理完毕的,可以重新推荐。

第七十一条 奖励办公室应当向相关的国家科学技术奖评审委员会报告异议核实情况及处理意见,提请国家科学技术奖评审委员会决定,并将决定意见通知异议方和推荐单位、推荐人。

奖励办公室应当及时向科学技术奖励监督委员会报告异议处理情况。

第六章 评 审

第七十二条 对形式审查合格的推荐材料,由奖励办公室提交相应评审组进行初评。

第七十三条 初评可以采取定量和定性评价相结合的方式进行。奖励办公室负责制订国家科学技术奖的定量评价指标体系。

第七十四条 在保障国家安全和候选人、候选单位合法权益的情况下,奖励办公室可以邀请海外同行专家对国家科学技术奖候选人、候选单位及项目进行评议,并将有关意见提交相关评审组织。

第七十五条 对通过初评的国家最高科学技术奖、国际科技合作奖人选,及通过初评且没有异议或者虽有异议但已在规定时间内处理的国家自然科学奖、国家技术发明奖、国家科学技术进步奖人选及项目,提交相应的国家科学技术奖评审委员会进行评审。

第七十六条 必要时,奖励办公室可以组织国家科学技术奖有关评审组织的评审委员对候选人、候选单位及其项目进行实地考察。

第七十七条 国际科技合作奖的评审结果应当征询我国有关驻外使、领馆或者派出机构的意见。

第七十八条 国家科学技术奖励委员会对国

家科学技术奖各评审委员会的评审结果进行审定。

第七十九条 国家科学技术奖的评审表决规则如下：

（一）初评以网络评审或者会议评审方式进行，以记名限额投票表决产生初评结果。

（二）国家科学技术奖各评审委员会以会议方式进行评审，以记名投票表决产生评审结果。

（三）国家科学技术奖励委员会以会议方式对各评审委员会的评审结果进行审定。其中，对国家最高科学技术奖以及国家自然科学奖、国家技术发明奖和国家科学技术进步奖的特等奖以记名投票表决方式进行审定。

（四）国家科学技术奖励委员会及各评审委员会、评审组的评审表决应当有 2/3 以上多数（含 2/3）委员参加，表决结果有效。

（五）国家最高科学技术奖、国际科技合作奖的人选，以及国家自然科学奖、国家技术发明奖和国家科学技术进步奖的特等奖、一等奖应当由到会委员的 2/3 以上多数（含 2/3）通过。

国家自然科学奖、国家技术发明奖和国家科学技术进步奖的二等奖应当由到会委员的 1/2 以上多数（不含 1/2）通过。

第八十条 国家科学技术奖评审实行回避制度，与被评审的候选人、候选单位或者项目有利害关系的评审专家应当回避。

第八十一条 奖励办公室应当在其官方网站等媒体上公布通过初评和评审的国家自然科学奖、国家技术发明奖、国家科学技术进步奖的候选人、候选单位及项目。涉及国防、国家安全的保密项目，在适当范围内公布。

第七章 批准和授奖

第八十二条 科学技术部对国家科学技术奖励委员会做出的获奖人选、项目及等级的决议进行审核，报国务院批准。

第八十三条 国家最高科学技术奖由国务院报请国家主席签署并颁发证书和奖金。

国家最高科学技术奖奖金数额为 500 万元。其中 50 万元属获奖人个人所得，450 万元由获奖人自主选题，用作科学研究经费。

第八十四条 国家自然科学奖、国家技术发明奖、国家科学技术进步奖由国务院颁发证书和奖金。

国家自然科学奖、国家技术发明奖、国家科学技术进步奖奖金数额由科学技术部会同财政部另行公布。

第八十五条 国际科技合作奖由国务院颁发证书。

第八十六条 国家自然科学奖、国家技术发明奖和国家科技进步奖每年奖励项目总数不超过 400 项。其中，每个奖种的特等奖项目不超过 3 项，一等奖项目不超过该奖种奖励项目总数的 15%。

第八章 监督及处罚

第八十七条 国家科学技术奖励委员会设立的科学技术奖励监督委员会负责对国家科学技术奖的推荐、评审和异议处理工作进行监督。

科学技术奖励监督委员会组成人选由科学技术部提出，报国家科学技术奖励委员会批准。

第八十八条 国家科学技术奖各评审委员会和奖励办公室应当定期向科学技术奖励监督委员会报告有关国家科学技术奖的推荐、评审和异议处理的工作情况。必要时，科学技术奖励监督委员会可以要求进行专题汇报。

第八十九条 任何单位和个人发现国家科学技术奖的评审和异议处理工作中存在问题的，可以向科学技术奖励监督委员会进行举报和投诉。有关方面收到举报或者投诉材料的，应当及时转交科学技术奖励监督委员会。

第九十条 国家科学技术奖励实行评审信誉制度。科学技术部对参加评审活动的专家学者建立信誉档案，信誉记录作为提出评审委员会委员和评审组委员人选的重要依据。

第九十一条 科学技术奖励监督委员会对评审活动进行经常性监督检查，对在评审活动中违反奖励条例及本细则有关规定的单位和个人，可以分别情况建议有关方面给予相应的处理。

第九十二条 对通过剽窃、侵夺他人科学技术成果,弄虚作假或者其他不正当手段谋取国家科学技术奖的单位和个人,尚未授奖的,由奖励办公室取消其当年获奖资格;已经授奖的,经国家科学技术奖励委员会审核,由科学技术部报国务院批准后撤销奖励,追回奖金,并公开通报。情节严重者,取消其一定期限内或者终身被推荐国家科学技术奖的资格。同时,建议其所在单位或主管部门给予相应的处分。

第九十三条 推荐单位和推荐人提供虚假数据、材料,协助被推荐单位和个人骗取国家科学技术奖的,由科学技术部予以通报批评;情节严重的,暂停或者取消其推荐资格;对负有直接责任的主管人员和其他直接责任人员,建议其所在单位或主管部门给予相应的处分。

第九十四条 参与国家科学技术奖评审工作的专家在评审活动中违反评审行为准则和相关规定的,由科学技术部分别情况给予责令改正、记录不良信誉、警告、通报批评、解除聘任或者取消资格等处理;同时可以建议其所在单位或主管部门给予相应的处分。

第九十五条 参与国家科学技术奖评审组织工作的人员在评审活动中弄虚作假、徇私舞弊的,由科学技术部或者相关主管部门依法给予相应的处分。

第九十六条 对国家科学技术奖获奖项目的宣传应当客观、准确,不得以夸大、模糊宣传误导公众。获奖成果的应用不得损害国家利益、社会安全和人民健康。

对违反前款规定,产生严重后果的,依法给予相应的处理。

第九章 附 则

第九十七条 国家科学技术奖的推荐、评审、授奖的经费管理,按照国家有关规定执行。

第九十八条 本细则自2009年2月1日起施行。

国家科学技术奖评审行为准则与督查暂行办法

(2003 年 7 月 1 日国家科学技术奖励工作办公室发布　国科奖字第 9 号)

第一章　总　则

第一条　为加强对国家科学技术奖励(以下简称科技奖)评审活动的监督检查,规范科技奖评审过程中有关组织和个人的行为,保证评审工作公平、公正、廉洁高效、依法进行,参照科技部第 7 号令发布的《国家科技计划项目评估评审行为准则与督查办法》制定本办法。

第二条　科技奖评审行为是指国家科学技术奖励工作办公室(以下简称奖励办)及其委托的有关单位组织科技、教育、经济和国家安全等方面的专家,按照规定的程序、办法和标准,对科技奖项目和人选进行的评审活动。

第三条　科技奖评审行为在科技部领导和国家科学技术奖励委员会指导下,依照《国家科学技术奖励条例》(以下简称《条例》)和科技部第 1 号令、第 7 号令等有关规定进行,坚持科学、客观、公正、公平的原则,并自觉接受社会的监督。

第四条　本办法适用于国家科技奖评审的组织者及其工作人员、评审委员、推荐者及其工作人员和评审对象及其所属工作人员。

第二章　国家科技奖评审组织者

第五条　科技奖评审组织者主要指负责国家科技奖日常活动的奖励办以及奖励办委托组织科技奖日常评审活动的单位。

第六条　科技奖评审组织者应当忠于职守、依法行政、廉洁自律,严格执行科技奖推荐、形式审查、初评、异议处理、考察、评审和授奖等活动中的各项工作规则、程序和办法,严格履行对科技奖评审的管理、指导和监督职责。

第七条　科技奖评审组织者在组织科技奖评审活动中应当遵守下列规定:

1. 不得介入对具体项目的评审,不得就项目发表相关的评价意见或施加倾向性的影响;

2. 不得利用组织评审活动之便谋取不正当的利益;

3. 不得聘请不具备资格的专家作为评审委员;

4. 不得聘请按规定应当回避的专家作为评审委员;

5. 初评会之前,不得擅自组织评审委员对当年的推荐项目进行考察、咨询等活动;

6. 不得违反保密规定,擅自泄露推荐书内容、评审委员名单、评审意见、异议人员姓名和其他应当保密的内容;

7. 严格按照规定的程序、办法和要求处理与评审工作相关的质询、异议和举报;

8. 不得索取或者接受科技奖评审对象及相关人员的礼品、礼金、有价证券、支付凭证、可能影响公正性的宴请或其他好处。

第三章　国家科技奖评审委员

第八条　科技奖评审委员是指接受科技奖评审组织者聘请,参加科技奖评审活动的专家、学者。

第九条　科技奖评审委员应当严格按照《条例》和相关规定、程序、办法,实事求是、独立、公正、公平地对科技奖的推荐项目、人选做出评价或者提出咨询意见。

第十条　科技奖评审委员在评审活动中应当遵守下列规定:

1. 发现与推荐人选或推荐项目的完成人存

在直系亲属关系、直接的经济利益或其他可能影响公正性的,应当主动向科技奖评审组织者申明并予回避;

2. 不得利用评审委员的特殊身份和影响力,与有关人员共同为参与评审的项目或人选获奖提供便利;

3. 在评审过程中应当认真听取项目完成人的答辩和其它评审委员的意见,注意发扬学术民主,尊重不同的学术观点,在平等的气氛中发表各人的观点和评价意见;

4. 严格遵守保密规定,不得披露或擅自使用科技奖评审对象的技术秘密、评审资料,不得泄露评议结果、评审专家意见和相关的保密信息;

5. 不得索取或者接受科技奖评审对象及相关人员的礼品、有价证券、支付凭证、可能影响公正性的宴请或其他好处。

第四章 国家科技奖推荐者

第十一条 科技奖推荐者指各科技行政管理部门、各有关推荐单位和具备资格的推荐专家。

第十二条 科技奖推荐者要按照有关规定和要求推荐符合条件的项目或人选,做好科技奖推荐项目和人选的审核把关工作,确保科技奖推荐材料真实、可靠、有效,并且有义务积极配合科技奖评审组织者处理好与评审工作相关的异议、举报。要遵守保密要求,不得擅自泄露推荐书内容、相关技术秘密和异议人或举报人姓名。

第十三条 科技奖推荐者应当遵守下列规定:

1. 不得为参与科技奖评审的项目或人员进行可能妨碍科技奖评审公正性的活动;

2. 不得索取或接受科技奖评审者以及相关人员的礼品、礼金、有价证券、支付凭证、可能影响公正性的宴请或其他好处。

第五章 国家科技奖评审对象

第十四条 科技奖评审对象指国家科技奖推荐项目的完成人、完成单位或国家科技奖推荐人选。

第十五条 科技奖评审对象有义务配合做好科技奖评审活动,按照要求提供相关的资料,确保申报材料真实、可靠、有效。

第十六条 科技奖评审对象应当遵守下列规定:

1. 申报要实事求是,完成人员的构成及其学术或技术成果要客观、真实,不得剽窃他人成果,不得弄虚作假,不得在科技奖评审活动中提供虚假资料、信息;

2. 不得向科技奖评审组织者、推荐者、评审委员馈赠钱物或给予其他好处;

3. 不得捏造或歪曲事实,中伤、贬低科技奖组织者、推荐者、评审委员和其他推荐项目或其它完成人员;

4. 不得以不正当手段获取有关科技奖评审情况和进行可能影响评审公正性的活动。

第六章 国家科技奖评审活动的督查

第十七条 科技部设立科技奖评审活动督查领导小组(简称领导小组),按照《条例》和科技部第7号令等有关规定做好科技奖评审活动的督查工作。

第十八条 奖励办根据领导小组的要求设立督查小组,开展科技奖评审活动的日常督查工作。

第十九条 科技奖评审活动的督查工作,主要采取下列方式:

1. 国家科技奖评审组织者要按照党风廉政建设责任制的要求严格检查落实本办法的情况;

2. 国家科技奖评审组织者要积极、主动地听取科技奖推荐者、评审委员、评审对象的意见;

3. 依照《条例》及其相关规定,在公众媒体和公用信息网上分别公布科技奖推荐项目、推荐项目的初评结果和评审结果,征求社会各方面的意见、接受公众的公开监督;

4. 依照《条例》及其相关规定向有关单位和个人调查、核实并公正处理科技奖评审活动中提出的异议和出现的其它问题;

5. 其他适当方式。

第七章 罚 则

第二十条 科技奖评审组织者、评审委员、推荐者和评审对象，违反本办法相关规定的，或者发现其他弄虚作假、玩忽职守、徇私舞弊行为等违反《条例》、妨碍科技奖评审活动正常进行的，领导小组报请科技部或国务院批准，分别情况责令其改正、给予警告、通报批评、取消参加评审活动或者获奖的资格；涉嫌违法违纪的，移送有关部门处理。

第二十一条 任何单位和个人发现科技奖评审活动存在违反《条例》及相关规定的，可以向科技部或奖励办举报和投诉，领导小组依照本办法及有关规定提出处理意见，经科技部批准后作出处理。

第二十二条 本办法自发布之日起施行。

科学技术奖励制度改革方案

(1999年7月23日国务院办公厅转发 科技部发布 国办发[1999]67号)

科学技术奖励制度是我国科技政策的重要组成部分,是党的尊重知识、尊重人才方针的具体体现。为了全国贯彻党的十五大关于"要建立一整套有利于人才培养和使用的激励机制"的精神,有效实施《国家科学技术奖励条例》,建立和完善国家科技创新评价体系,推进科教兴国战略的实施,特制定本方案。

一、关于深化科学技术奖励制度改革的指导思想

自1978年3月全国科学大会以来,我国恢复和重建了国家科学技术奖励制度。科学技术奖励工作对鼓励广大科技人员的创造热情,促进拔尖人才的脱颖而出和学科带头人的茁壮成长都发挥了重要作用。科学技术奖励制度已经成为国家对科学技术发展实施宏观调控的有力杠杆。

随着社会主义市场经济体制的建立,原有的科学技术奖励制度面临新情况、新问题。一是奖励项目过多,获将项目质量有所下降,推动经济发展和社会进步的作用相对削弱。二是缺少具有权威的最高奖项,在精神鼓励和物质鼓励方面缺乏力度。三是奖励项目与经济、社会发展脱节,促进技术创新、成果转化和高科技产业化的导向作用不强。四是部门、地方和境内外社会力量重复设奖,奖励名目多与乱的现象比较严重。为此,要通过改革,认真贯彻实施《国家科学技术奖励条例》,充分发挥科学技术奖励的重要调控和导向作用,促进我国科学技术奖励工作健康发展。

科学技术奖励制度改革的指导思想是:鼓励创新,鼓励攀登科学技术高峰,建立和完善人才培养和使用的激励机制,促进科学研究、技术开发与经济、社会发展密切结合,促进科技成果商品化和产业化,加速科教兴国战略和可持续发展战略的贯彻实施。

改革的主要内容是:全面贯彻实施《国家科学技术奖励条例》,调整奖项设置、奖励力度、评价标准和评审办法等,加强对部门、地方和社会各种科学技术奖励的管理和指导,全面推进我国科学技术奖励制度改革的顺利进行。

二、改革奖项设置,调整奖励结构

(一)设立国家最高科学技术奖。

为提升国家科学技术奖励的庄严性和权威性,按照《国家科学技术奖励条例》,自1999年起,设立国家最高科学技术奖。作为我国科学技术的最高奖项,按照少而精的原则,重奖优秀拔尖的科技人才,鼓励广大科技人员攀登科学技术高峰、献身科教兴国大业。

国家最高科学技术奖授予在当代科学技术前沿取得重大突破或者在科学技术发展中有卓越建树的科学技术工作者;或者在科学技术创新、科学技术成果转化和高技术产业化中,创造巨大经济效益或者社会效益的科学技术工作者。授予人数每年不超过2名。根据《国家科学技术奖励条例》第二十条,经国务院批准,规定:国家最高科学技术奖个人奖金额为500万元。其中,50万元属获奖者个人所得,用于改善生活条件;450万元由获奖者自主选题,用作科学研究经费。

国家最高科学技术奖报请国家主席签署并颁发证书和奖金。

(二)完善国家级四大科学技术奖。

国家级四大科学技术奖,是指国家自然科学奖、国家技术发明奖、国家科学技术进步奖和中华人民共和国国际科学技术合作奖。这次改革,要按照《国家科学技术奖励条例》的规定,调整奖项内部结构,完善评审机制,强化政策导向。为切实贯彻少而精的原则,国家自然科学奖、国家技术发明奖、国家科学技术进步奖只设一、二等奖。每年

获奖项目总数从原有的 800 多项减少到不超过 400 项。各有关奖项调整的要点如下：

1. 国家自然科学奖。

授予对象：在基础研究和应用基础研究中阐明自然现象、特征和规律，做出重大科学发现的公民。

评审标准：向国际惯例靠拢，以其重大发现的科学水平、科学价值和在国内外权威期刊发表的论文数及被引用数作为重要指标，评审中适时吸收国际学者参加。

2. 国家技术发明奖。

授予对象：运用科学技术知识做出产品、工艺、材料及其系统等重大技术发明的公民。

评审标准：进一步突出三点，一是与知识产权挂钩，要求获奖项目具有发明专利权、计算机软件版权、植物新品种权等，或者经评定具备取得相应知识产权的条件；二是要求技术发明应在实施后取得较大经济效益或社会效益；三是向战略高技术发明适当倾斜。

3. 国家科学技术进步奖。

国家科学技术进步奖授予在应用推广先进科学技术成果、完成重大科学技术工程、计划、项目等方面，做出突出贡献的公民、组织。鉴于国家科学技术进步奖覆盖面宽，影响面大，政策导向性较强，各方面反映问题也较多。在这次改革中，要通过制定不同的评审原则和办法，使国家科学技术进步奖的政策导向更加明确，评价标准更加科学。

技术开发类奖项：授予对象为在实施技术开发项目中，完成重大科学技术创新、科学技术成果转化，创造显著经济效益的公民、组织。以其取得的经济效益、投入产出比、市场占有率以及知识作为生产力的要素参与分配的实绩作为主要评审标准。

基础公益类奖项：授予对象为在实施社会公益项目中，长期从事科技基础性工作和社会公益性科学技术事业，经过实践检验，创造显著社会效益的公民、组织。以其做出的贡献和其科技成就对全社会科技进步的价值作为主要评审标准。

国家安全类奖项：授予对象为在实施国家安全项目中，为推进国防现代化建设、保障国家安全做出重大科学技术贡献的公民、组织。以其科技创新水平和战略重要性作为主要评审标准。

重大工程类奖项：授予对象为在实施重大工程项目中，保障工程达到国际先进水平的组织。以单位和集体的整体科技水平，团结协作，联合攻关，解决大量复杂、关键技术问题及重大工程是否达到国际先进水平作为主要评审标准。

国家科学技术进步奖的重大工程类奖项只授予组织。对获奖项目做出贡献的公民，由获奖单位或其主管部门予以表彰和奖励。在完成重大工程中做出科学发现、重大发明的公民，可另行推荐国家自然科学奖、国家技术发明奖。

4. 中华人民共和国国际科学技术合作奖。

中华人民共和国国际科学技术合作奖授予为我国科学技术事业做出重要贡献的下列外国人或者外国组织：（1）同中国的公民或者组织合作研究、开发，取得重大科学技术成果的；（2）向中国的公民或者组织传授先进科学技术、培养人才，成效特别显著的；（3）为促进中国与外国的国际科学技术交流与合作，做出重要贡献的。这个奖项，主要是荣誉奖。今后，逐步向设置双边、多边科技合作奖的方向发展。

国家自然科学奖、国家技术发明奖、国家科学技术进步奖由国务院颁发证书和奖金。中华人民共和国国际科学技术合作奖由国务院颁发证书。

三、加强对部门、地方和社会力量设立科学技术奖励的管理

建章立制，加强管理，解决部门、地方和社会力量设立科学技术奖励多与滥的问题。要制定公开、公平、公正的评选规则，建立科学的评价指标，严格规范推荐、提名、评审、表决程序和活动，将科学技术奖励工作纳入科学和法制的轨道。对国务院各部门和各省、自治区、直辖市人民政府设立的科学技术奖，要按照少而精的原则，大幅度精简，克服层层设奖造成的消极影响。

各地区、各部门要通力合作，集中力量办好国家科学技术奖，保障其水平，扩大其社会影响。各省、自治区、直辖市人民政府可以考虑成立地方科学技术奖励委员会等组织，注意发挥专业性、学科性中介组织的作用，认真保障科学技术奖励评审工作的科学性、公正性和权威性。根据《国家科学技术奖励条例》规定，国务院有关部门根据国

防、国家安全的特殊情况,可以设立部级科学技术奖。各省、自治区、直辖市人民政府可以设立一项省级科学技术奖。除此之外,不再设奖。科学技术奖励项目数量也要做大幅度的精简。各地区、各部门应当严格按照《国家科学技术奖励条例》的规定,对已设立的科学技术奖进行清理。

境内外组织和个人在我国设立的科学技术奖励日渐增多。其绝大多数的指导思想和主观愿望是好的,特别是境外爱国人士捐资设奖的义举和支持国家科技强盛的热情,应当给予充分肯定和爱护。但由于管理和指导工作没有及时跟上,一些社会上的科学技术奖励存在盲目性,缺乏规范性。要本着"大力支持,积极引导,规范管理,有序运作"的原则,因势利导,建立必要的登记制度,促进其健康发展,使之成为国家科学技术奖励的有益补充。科技部将根据《国家科学技术奖励条例》的规定,制定具体办法,归口管理和指导社会上的科学技术奖励活动。

目前的科学技术奖励工作中还存在有法不依、有章不循的问题。特别是在鉴定、推荐、提名、评审过程中,搞形式主义,做表面文章,以至举人唯亲,弄虚作假,这些现象虽然发生在少数单位、地方,但影响恶劣,腐蚀作用甚大。要广泛开展科学道德教育,改革现行科技成果和新产品的鉴定办法,纠正不正之风,保障科学技术奖励改革达到预期的目标。

四、国家科学技术奖奖金标准

原有的国家级科学技术奖中,国家自然科学奖、国家技术发明奖的一等奖为 6 万元,国家科学技术进步奖一等奖为 4.5 万元,各奖种的二等奖为 3 万元。现将国家自然科学奖、国家技术发明奖、国家科学技术进步奖的奖金标准调整为一等奖 9 万元,二等奖 6 万元。

国家科学技术奖的奖励经费由中央财政预算专项下达。

五、国家科学技术奖励委员会的职责和组成

根据《国家科学技术奖励条例》的规定,成立国家科学技术奖励委员会,负责对国家科学技术奖励进行宏观管理和指导。国家科学技术奖励委员会聘请有关方面的专家、学者组成评审委员会,负责评审工作并向国家科学技术奖励委员会提出评审建议。国家科学技术奖励委员会根据评审委员会的建议,做出获奖人选和奖励种类及等级的决议,报科技部审核。评选结果由科技部核准后,报国务院批准。

国家科学技术奖励委员会主任委员由科技部部长担任,科技、教育等有关部门的领导同志和著名科学家及有关专家 15 至 20 人为委员,以保障评选工作的科学性、公正性和权威性。组成人员人选,由科技部提出,报国务院批准。

省、部级科学技术奖励管理办法

(1999年12月26日科技部发布 科学技术部令第2号)

第一条 为了规范省、部级科学技术奖励的设立和备案工作,加强对省、部级科学技术奖励工作的管理和指导,根据《国家科学技术奖励条例》,制定本办法。

第二条 省、部级科学技术奖应当制定公平、公开、公正的评审规则,建立科学的评价指标,严格规范推荐、评审、授奖程序,保障科学技术奖励的科学性、公正性和权威性,保证科学技术奖励的质量和水平。

第三条 省、自治区、直辖市人民政府可以设立一项省级科学技术奖(以下称省级科学技术奖)。省级科学技术奖可以分类奖励在科学研究、技术创新与开发、推广应用先进科学技术成果以及实现高新技术产业化等方面取得重大科学技术成果或者做出突出贡献的个人和组织。

省、自治区、直辖市人民政府所属部门不再设立科学技术奖。

第四条 省级科学技术奖励数额由省、自治区、直辖市人民政府根据本地区科技、经济、社会发展状况确定,应当严格控制奖励数额。

第五条 省级科学技术奖根据本地区实际情况,可以自行设立奖励等级。

第六条 省、自治区、直辖市人民政府可以成立以科学技术专家、学者为主的省级科学技术奖评审机构,负责评审工作。省、自治区、直辖市科学技术行政部门负责评审的组织工作和日常管理工作。

第七条 中央、国务院各部委所属的科研院所、大专院校、企业等完成的科学技术成果及其完成人,可以在成果实施应用地或者本机构所在地参加省级科学技术奖的评审。省级科学技术奖的管理部门和评审机构应当积极受理、公正评审。

第八条 省级科学技术奖应当实行异议制度,接受社会监督。

第九条 省级科学技术奖由省、自治区、直辖市人民政府颁发获奖证书和奖金。

省级科学技术奖的奖励经费由地方财政列支。

第十条 省级科学技术奖的推荐、评审、授奖的经费管理,按照国家有关规定执行。

第十一条 根据国防、国家安全的特殊情况,国防科学技术工业委员会、公安部、国家安全部可以设立部级科学技术奖。部级科学技术奖的奖励范围只涉及国防和国家安全,并由于国家安全和保密不能公开的项目。

民用项目不属于部级科学技术奖的奖励范围。上述部门所属单位完成的民用项目可以参照本办法第七条的规定推荐省级科学技术奖。

中国人民解放军有关科学技术奖奖励办法可以参照本办法自行制定。

国务院所属其他部门不再设立部级科学技术奖。

第十二条 省、自治区、直辖市和中央、国务院其他部门所属单位完成的涉及国防、国家安全的项目,按项目所属专业领域向本办法第十一条规定的部门推荐部级科学技术奖。部级科学技术奖的管理部门和评审机构应当积极受理、公正评审。

第十三条 部级科学技术奖实行异议制度,并按照有关保密规定,在适当范围内征求意见。

第十四条 部级科学技术奖的其他工作,可以参照本办法有关省级科学技术奖的条款执行。

第十五条 科学技术部负责省、部级科学技术奖的备案审查工作。

设立省、部级科学技术奖的具体办法应当按有关规定报科学技术部备案。

科学技术部在备案审查中,发现省、部级科学技术奖的设立、评审等与有关法律、行政法规相抵触、违背或者有矛盾的,可以责成制定机关进行修改,或者依照法律规定的权限,提请有关机关予以改变或者撤销。

第十六条 省、部级科学技术奖的奖励情况,应当以年报形式报送国家科学技术奖励工作办公室。

第十七条 本办法自发布之日起施行。

关于受理香港、澳门特别行政区推荐国家科学技术奖的规定

(2003年1月16日科技部发布 科学技术部令第6号)

第一条 为了做好香港、澳门特别行政区(以下称"特别行政区")推荐国家科学技术奖的受理工作,根据《国家科学技术奖励条例》的规定,制定本规定。

第二条 本规定适用于受理特别行政区政府推荐国家科学技术奖的活动。

第三条 特别行政区政府推荐的国家最高科学技术奖、国家自然科学奖、国家技术发明奖、国家科学技术进步奖的候选人,应当是在科学发现、技术发明和促进科学技术进步等方面做出创造性突出贡献,符合《国家科学技术奖励条例》及其实施细则所规定条件的特别行政区居民(包括永久性居民和已在特别行政区取得居留权、但尚未取得永久居留权的人士)中的中国公民,或者在特别行政区内从事科学研究、技术开发的其他中国籍人士。

特别行政区政府推荐的中华人民共和国国际科学技术合作奖的候选人,应当是在特别行政区工作或者为特别行政区科学技术事业做出重要贡献的外国人或者外国组织。

第四条 特别行政区政府推荐的国家科学技术奖候选人(项目),其主要科学研究、技术开发活动应当是在特别行政区进行和完成;与特别行政区以外的学者合作进行科学研究、技术开发工作的,该候选人必须是该项工作的主要完成人。

前款规定的科学研究、技术开发工作主要在特别行政区以外的国内其他地区进行和完成的,按照《国家科学技术奖励条例》及其实施细则的规定,通过相应渠道推荐。

第五条 特别行政区政府可指定机构负责推荐国家科学技术奖的日常事务(以下称"日常事务机构")。所指定的机构报国务院科学技术行政部门备案。

第六条 特别行政区政府推荐国家科学技术奖候选人,应当征得被推荐人的同意,并填写由国家科学技术奖励工作办公室制作的统一格式的推荐书,提供必要的证明和客观的评价材料。推荐书和有关材料应当完整、真实、可靠。

第七条 国家科学技术奖励实行限额推荐制度。国家科学技术奖励工作办公室每年向特别行政区政府通报当年国家科学技术奖推荐限额。

第八条 凡存在知识产权以及有关完成单位、完成人员等方面争议的,在争议未解决之前,不得推荐参加国家科学技术奖评审。

第九条 国家法律、法规或者特别行政区规定必须取得相关许可证,且直接关系到人身和社会安全、公共利益的项目,如动植物新品种、食品、药品、基因工程技术和产品等,在未获得许可证之前,不得推荐参加国家科学技术奖评审。

第十条 特别行政区的法定高等学校,由特别行政区政府认定具备相应资格的机构以及人士,可按照特别行政区政府关于国家科学技术奖候选人推荐办法,向日常事务机构推荐。

日常事务机构负责组织由特别行政区政府认定资格的同行专家,对有关人士和机构提出的国家科学技术奖候选人和项目进行客观、公正的评价,并根据评价意见向特别行政区政府提出国家科学技术奖的推荐人选、项目及相关的奖励种类建议。

特别行政区政府根据同行专家的评价意见和日常事务机构的建议做出决定,在规定的时间内向国家科学技术奖励工作办公室进行推荐。

第十一条 特别行政区内的国家最高科学技术奖获奖人每年可推荐1名(项)所熟悉专业的

国家科学技术奖;中国科学院院士、中国工程院院士每年度可5人以上共同推荐1名(项)所熟悉专业的国家科学技术奖。

本项推荐由日常事务机构汇总,统一报送国家科学技术奖励办公室,不受当年推荐指标限制。

第十二条 国家科学技术奖励工作办公室负责对推荐材料进行形式审查。对不符合规定的推荐材料,要求推荐机构和人员在规定的时间内补正;逾期不补正或者经补正仍不符合要求的,不提交评审。

第十三条 同一项目的技术内容不得在同一年度重复参加国家自然科学奖、国家技术发明奖和国家科学技术进步奖的评审。

第十四条 经评定未授予国家科学技术奖的候选人,如果其完成的项目或者工作在此后的研究开发活动中获得新的实质性进展,并符合相关规定条件的,可以按照规定的程序重新推荐。

第十五条 国家科学技术奖特别行政区候选人的具体推荐办法,由特别行政区政府制定,并报国务院科学技术行政部门备案。

第十六条 本规定自2003年2月1日起施行。

社会力量设立科学技术奖管理办法

(1999年12月26日科学技术部令第3号发布,根据2006年2月5日科学技术部令第10号《关于修改〈社会力量设立科学技术奖管理办法〉的决定》修订)

第一章 总 则

第一条 为了鼓励社会力量支持科学技术事业,加强对社会力量设立科学技术奖(以下简称社会力量设奖)的规范管理,根据《国家科学技术奖励条例》(以下简称条例),制定本办法。

第二条 本办法适用于社会力量设奖的申请、受理、登记和监督管理。

第三条 本办法所称社会力量设奖是指国家机构以外的社会组织或者个人(以下简称设奖者)利用非国家财政性经费,在中华人民共和国境内面向社会设立的经常性的科学技术奖。

本办法所称经常性是指社会力量设立的科学技术奖应当按照一定的周期连续进行相关授奖活动,奖励周期的间隔最长不得超过三年,且授奖活动开展次数不得少于三个周期。

本办法所称科学技术奖是指以在科学研究、技术创新与开发、科技成果推广应用、实现高新技术产业化、科学技术普及等方面取得成果或者做出贡献的个人、组织为奖励对象而设立和开展的奖励活动。

第四条 社会力量设奖实行登记管理制度。

社会力量设立面向社会的科学技术奖,应当依照本办法的规定进行登记。

第五条 社会力量设奖必须遵守宪法、法律、法规、规章,不得违背社会公德。

社会力量设奖应当符合国家科学技术政策,有利于促进我国科学技术进步和经济、社会的协调发展。

第六条 经登记的社会力量设奖及其承办机构、评审组织在中国境内享有依法开展科学技术奖励活动和在公开出版物、媒体上如实进行宣传报道的权利,任何组织和个人不得非法干涉。

第七条 社会力量设奖应当实行物质奖励与精神奖励相结合的奖励方式。

第八条 社会力量设奖应当坚持公平、公正的评审原则,建立科学、民主的评审程序,实行公开授奖制度。

第九条 社会力量设奖是我国科技奖励体系的重要组成部分。各级人民政府对社会力量设奖应当大力支持、积极引导、规范管理,保证社会力量设奖的有序运作。

第十条 科学技术部主管全国社会力量设奖工作。国家科学技术奖励工作办公室负责日常工作。

第十一条 科学技术部和省、自治区、直辖市科学技术行政部门是社会力量设奖的登记管理机关。

科学技术部负责下列社会力量设奖的登记管理工作:

(一)面向全国的科学技术奖;

(二)跨国境的科学技术奖;

(三)跨省级行政区域的科学技术奖。

社会力量设立的地方性科学技术奖,由所在省、自治区、直辖市科学技术行政部门负责登记管理,并报科学技术部备案。

第二章 申请与受理

第十二条 申请设立科学技术奖,申请人应当向登记管理机关提交下列材料:

(一)申请报告;

(二)奖励办法或者章程草案;

（三）设奖者的基本情况及证明文件；
（四）承办机构及其负责人的情况、证明文件；
（五）评审组织组成人员情况；
（六）办公场所使用权证明；
（七）奖励经费及其来源证明；
（八）登记管理机关要求提供的其他材料。

申请人应当如实向登记管理机关提交申请材料和反映真实情况，并对其申请材料实质内容的真实性负责。

第十三条 科学技术部负责登记管理的社会力量设奖，由国家科学技术奖励工作办公室统一受理申请。

各省、自治区、直辖市科学技术行政部门可以依照本办法确定面向本行政区域的社会力量设奖申请的受理机构及受理办法。

第十四条 登记管理机关应当对申请人提交的申请材料进行形式审查。对于申请材料不齐全或者不符合形式审查要求的，应当当场或者在五个工作日内一次告知申请人需要补正的全部内容。逾期未告知的，自收到申请材料之日起即为受理。

申请材料齐全、符合形式审查要求，或者申请人按照要求提交全部补正申请材料的，发给《受理通知书》。《受理通知书》应当加盖受理专用章并注明受理日期。

第十五条 有下列情形之一的，不属于本办法规定的登记范围：
（一）国家机构单独或者与其他组织、个人联合申请设立的奖励；
（二）与科学技术无关的奖励；
（三）支付给科技人员的劳务报酬或者知识产权报酬；
（四）对科技人员的劳动表彰性质的奖励；
（五）不属于本办法规定登记范围的其他情形。

第十六条 社会力量设奖应当有与其科学技术奖励活动相适应的资金规模和资金来源，并应当符合以下规定：
（一）资金来源必须合法，不得利用国家财政性经费或者银行贷款；
（二）必须用于奖励办法或者章程规定的科学技术奖励活动；
（三）资金的使用必须与出资者相对独立。

建立科学技术奖励基金的，应当同时符合《基金会管理条例》的有关规定。

第十七条 设奖者可以委托公益性社会团体或者公益性非营利的事业单位作为承办机构，具体负责所设奖项的日常管理、组织评审等相关活动。接受委托的承办机构应当具备开展相应科学技术奖励活动的条件和能力。

社会力量设奖需要成立基金管理组织的，在领取《中华人民共和国社会力量设立科学技术奖登记证书》后，按照国家有关规定办理。

境外社会组织或者个人在中华人民共和国境内设立的科学技术奖，必须委托在中华人民共和国境内设立的承办机构负责承办。

第十八条 社会力量设奖的名称应当科学、确切，与其设奖宗旨相符合，与设奖者的性质和奖项规模相适应。

社会力量设奖的名称一般应当同时包含以下内容：
（一）机构名称、人物姓名、企业字号或者地域名称；
（二）行业、专业或者领域名称；
（三）类别名称。

第十九条 社会力量设奖的名称不得与在先登记的其他社会力量设奖名称相同，并不得使用与国家科学技术奖或者国际知名的科学技术奖相同或者近似的名称。

凡存在冠名争议的，在争议处理完毕之前不得申请登记。

第二十条 社会力量设立的科学技术奖，奖励名称不得冠以"中国"、"中华"、"全国"、"国家"、"国际"、"世界"等字样。

名称中带有"中国"、"中华"、"全国"、"国家"、"国际"、"世界"等字样的设奖者，在其社会力量设奖的名称中使用该字样的，应当使用设奖者的全称。

第二十一条 社会力量设立的科学技术奖可以使用自然人的姓名进行命名，但是不得违反法律的禁止性规定，不得违背社会公德。

使用党和国家领导人姓名命名的,设奖者应当按照国家有关规定获得有关部门的批准文件,在申请登记时一并提交。

第三章 审查与登记

第二十二条 登记管理机关应当自受理申请之日起二十个工作日内完成审查,并作出行政许可决定。二十个工作日内不能作出决定的,经登记管理机关负责人批准,可以延长十个工作日,并将延长期限的理由告知申请人。

登记管理机关在作出行政许可决定前,可以聘请专家对申请材料进行评审,所需时间不计算在前款规定的期限内。

第二十三条 有下列情形之一的,登记管理机关不予登记:

(一)不属于本办法规定的社会力量设奖登记范围的;

(二)设奖者不能证明其奖励经费来源合法,或所提供的经费不足以维持奖励活动正常开展的;

(三)奖励对象或者范围涉及国防、国家安全等保密事项的;

(四)设奖者、承办机构负责人因犯罪被判处剥夺政治权利正在执行期间或者曾经被判处剥夺政治权利,或者不具有完全民事行为能力的;

(五)在中华人民共和国境内没有具体承办机构的;

(六)违反法律法规以及本办法的其他情形。

第二十四条 登记管理机关依法作出不予受理或者不予登记的书面决定,应当说明理由,并告知申请人享有依法申请行政复议或者提起行政诉讼的权利。

第二十五条 登记管理机关作出准予登记决定的,应当自作出决定之日起十个工作日内向申请人颁发《中华人民共和国社会力量设立科学技术奖登记证书》。

社会力量设奖登记的事项包括:名称、住所、类型、宗旨、奖励活动的范围、奖励经费数额、奖励活动周期等。

第二十六条 准予登记的社会力量设奖,应当在科学技术部门户网站、国家科学技术奖励网站或者登记管理机关指定的其他报刊、媒体上公布,供公众查阅。

第四章 延续、变更与注销

第二十七条 《中华人民共和国社会力量设立科学技术奖登记证书》的有效期为三年。

社会力量设奖需要延续的,应当在有效期届满三十日前向原登记管理机关提出延续申请。登记管理机关应当在登记有效期届满前作出是否准予延续的决定;逾期未作决定的,视为准予延续。每次延续的有效期为三年。

有效期届满未延续的,由登记管理机关依法予以注销。

第二十八条 已登记的社会力量设奖有下列情形之一的,应当向登记管理机关申请办理变更登记手续:

(一)更改奖励名称;

(二)更换设奖者;

(三)更换承办机构或者变更承办机构法人登记事项;

(四)变更办公场所;

(五)修改奖励办法或章程。

第二十九条 登记管理机关收到变更申请后,应当对变更事项进行审查。对于符合法定条件的,应当在收到变更申请之日起二十个工作日内依法办理变更登记。

变更事项属于本办法第二十八条第一至第四项规定之一的,登记管理机关审查批准后应当重新核发《中华人民共和国社会力量设立科学技术奖登记证书》。

第三十条 社会力量设奖由于下列原因终止科学技术奖励活动的,应当向登记管理机关申请注销登记,并交回《中华人民共和国社会力量设立科学技术奖登记证书》和有关印章:

(一)完成社会力量设奖章程规定宗旨的;

(二)自行解散的;

(三)分立、合并的;

(四)由于其他原因终止的。

第三十一条 社会力量设奖在办理注销登记

前,应当在登记管理机关和其他相关部门的指导下成立清算组织,完成清算工作。

社会力量设奖应当自清算结束之日起十五个工作日内向登记管理机关申请办理注销登记;在清算期间不得开展清算以外的活动。

第三十二条 社会力量设奖延续、变更、注销的情况,由登记管理机关按照本办法第二十六条的规定予以公告。

第五章 监督与管理

第三十三条 登记管理机关负责对社会力量设奖及其承办机构、评审组织进行监督检查。

第三十四条 社会力量设奖及其承办机构、评审组织应当严格按照登记的奖励对象及范围开展活动。

第三十五条 社会力量设奖及其承办机构开展科技奖励活动,应当向社会公布所开展的奖励范围、对象、项目种类以及申请、评审程序等必要信息。

第三十六条 社会力量设奖在评审和奖励活动中不得向候选人或者候选单位收取任何费用。

第三十七条 社会力量设奖在推荐和授奖之前,应事先征得候选人、候选单位或候选项目完成人、完成单位的同意。

第三十八条 凡涉及国防、国家安全领域的保密项目及其完成人,不得申报、推荐参加社会力量设奖的评审。

已解密或者不保密的国防、国家安全领域的项目及其完成人申报、推荐参加社会力量设奖的评审,应当按照国家有关保密法律、法规规定进行审查,并经省、军级以上主管部门批准同意。

第三十九条 参与社会力量设奖及其评审的组织和个人,不得以任何方式泄露、窃取候选人和候选单位的技术秘密、剽窃其科技成果。

第四十条 经登记的社会力量设奖应当于每次科学技术奖励授奖活动后一个月内向登记管理机关报送该次奖励活动的工作报告,接受监督检查。

工作报告内容应当包括:开展奖励等活动的情况、奖励经费开支情况以及人员和机构的变动情况等。

第六章 法律责任

第四十一条 社会力量设奖及其承办机构、评审组织有下列情形之一的,由登记管理机关视情节轻重给予警告、责令改正、限期停止活动、撤销登记等处罚。构成犯罪的,依法追究刑事责任。

(一)涂改、倒卖、出租、出借《中华人民共和国社会力量设立科学技术奖登记证书》或者印章的;

(二)超出章程规定的宗旨和范围进行活动的;

(三)自取得《中华人民共和国社会力量设立科学技术奖登记证书》之日起两年内未开展科学技术奖励活动的;

(四)无正当理由停止科学技术奖励授奖活动连续两次以上的;

(五)非法筹集或不正当使用奖励经费和资金的;

(六)夸大宣传并带有欺骗性的;

(七)有其他违法行为的。

第四十二条 社会力量设奖在申请登记时弄虚作假、骗取登记的,由登记管理机关依法予以撤销,收回《中华人民共和国社会力量设立科学技术奖登记证书》和有关印章。

第四十三条 社会力量未经登记,擅自设立面向社会的科学技术奖,或被依法撤销登记后仍继续进行评审、奖励活动的,由登记管理机关根据《条例》第二十三条第一款的规定予以取缔,并在相关媒体上予以公告。

第四十四条 社会力量经登记设立面向社会的科学技术奖,在科学技术奖励活动中收取费用的,由登记管理机关根据《条例》第二十三条第二款的规定,没收其所收取的费用,并处以所收取费用的1倍以上3倍以下的罚款;情节严重的,撤销登记。

第四十五条 登记管理机关的工作人员滥用职权、徇私舞弊、玩忽职守的,由所在单位或者上级主管部门给予行政处分;构成犯罪的,依法追究刑事责任。

第七章 附 则

第四十六条 《中华人民共和国社会力量设立科学技术奖登记证书》由科学技术部统一印制。

第四十七条 本办法自发布之日起施行。

国防科学技术奖励办法

(2004年10月22日国防科工委令第14号公布 根据2006年12月27日《国防科工委关于修改〈国防科学技术奖励办法〉的决定》修订)

第一章 总 则

第一条 为了奖励在推动国防科学技术进步中做出突出贡献的单位和个人,鼓励自主创新,促进国防现代化建设和国民经济的发展,根据《国家科学技术奖励条例》及其实施细则,制定本办法。

第二条 国防科学技术工业委员会(以下简称国防科工委)设立下列国防科学技术奖:

(一)国防技术发明奖;

(二)国防科学技术进步奖;

(三)国防科技工业杰出人才奖。

第三条 国防科学技术奖励工作贯彻"尊重劳动、尊重知识、尊重人才、尊重创造"的方针,坚持精神奖励与物质奖励相结合的原则。

第四条 为了维护国防科学技术奖的严肃性,国防科学技术奖的评审、授予,不受任何组织和个人的非法干涉。

第五条 国防科学技术奖的评审和管理工作要严格保守国家秘密,尊重和保护申报者的知识产权。

第二章 奖项设置和奖励范围

第六条 国防技术发明奖授予在国防与军队建设和军民结合技术开发中运用科学技术知识做出产品、工艺、材料及其系统等技术发明成果的单位和个人。

前款所称技术发明成果应当具备下列条件:

(一)前人尚未发明或者尚未公开;

(二)具有先进性和创造性;

(三)经实施,创造显著的军事效益、社会效益或者经济效益。

第七条 国防科学技术进步奖授予在完成下列创新科技成果中做出突出贡献的单位和个人:

(一)在武器装备及其配套产品的科研、生产、试验及相关工作中取得的科技成果;

(二)在军民结合高技术产业的型号工程及技术、产品开发和成果转化中取得的科技成果;

(三)在国防基础性技术研究中取得的科技成果;

(四)在为决策科学化和管理现代化而进行的国防科技工业软科学研究中取得的科技成果。

第八条 国防科技工业杰出人才奖授予在国防科学技术研究和技术开发中做出杰出贡献的下列科学技术工作者:

(一)在当代国防科学技术前沿取得重大突破或者在国防科学技术发展中有卓越建树的;

(二)在国防科学技术研究、型号研制和军民结合高技术产业化等领域及重大工程建设项目中,取得重大创新性成果,创造显著军事效益、社会效益或者经济效益的。

国防科技工业杰出人才奖的推荐、评审、授予等具体办法另行制定。

第九条 国防技术发明奖和国防科学技术进步奖分为特等奖、一等奖、二等奖、三等奖4个等级。

第十条 国防技术发明奖和国防科学技术进步奖实行限额申报、限额授奖,每年评审1次。

第三章 评审机构

第十一条 国防科工委设立国防科学技术奖

评审委员会(以下简称国防科学技术奖评委会),负责国防科学技术奖的评审工作。根据工作需要,国防科学技术奖评委会下设若干专业评审委员会(以下简称专业评委会)。

国防科学技术奖评委会及各专业评委会由国防科工委聘请有关方面的专家、学者组成。其成员采用有关单位推荐和国防科工委科技主管部门提名相结合的办法产生,由国防科工委批准、聘任。

第十二条 各专业评委会负责评审相应专业的国防科学技术奖励项目;向国防科学技术奖评委会提出本专业推荐国家科技奖励的建议意见。

第十三条 国防科学技术奖评委会负责对国防科学技术奖励项目进行终审。其主要职责为:

(一)对各专业评委会评审的特等奖和一等奖项目进行复审;

(二)对各专业评委会评审的二等奖和三等奖项目进行审定;

(三)对重大异议进行裁决;

(四)研究解决国防科学技术奖励工作中出现的重大问题;

(五)向国防科工委提出推荐国家科技奖励项目的建议,经批准后向国家推荐。

第十四条 国防科学技术奖评委会和各专业评委会的日常工作由国防科技工业科技成果管理办公室(以下简称国防成果办)承担。

第四章　申　　报

第十五条 国防技术发明奖和国防科学技术进步奖的项目不得重复申报。已申报国家级或其他省部级科技奖励的项目,不得再申报国防技术发明奖或国防科学技术进步奖。同一技术内容不能同时申报国防技术发明奖和国防科学技术进步奖。

在技术上又取得重大进步或新的突破的,可就其进步或突破的部分申报国防技术发明奖或国防科学技术进步奖。

第十六条 申报国防技术发明奖和国防科学技术进步奖项目必须按规定格式填写相应的《国防科学技术奖申报书》,并提供所要求的附件材料及相应的电子文档。提供的有关材料应真实、可靠。

第十七条 申报国防技术发明奖和国防科学技术进步奖的材料应按下列渠道报送:

(一)各军工集团公司、国防科工委归口管理单位负责对其所属企事业单位申报项目材料进行审查后,统一报送国防成果办;

(二)各省、自治区、直辖市国防科学技术工业行政主管部门,负责对本地区承担军工任务的地方单位申报项目材料审查后,统一报送国防成果办;

(三)国防科工委所属院校对申报项目材料审查后,直接报送国防成果办;

(四)其他企事业单位申报项目材料,由其主管部门(单位)审查后报送国防成果办。

第五章　评审与授予

第十八条 申报国防技术发明奖和国防科学技术进步奖的项目,由国防成果办进行初审后,按所属专业划分到相应的专业评委会进行评审。

第十九条 国防技术发明奖和国防科学技术进步奖的奖励等级按下列指标进行综合评定:

(一)自主创新程度;

(二)难易程度、复杂程度;

(三)先进程度;

(四)成熟性、完备性;

(五)综合效益(军事效益、社会效益、经济效益);

(六)应用情况与效果、科学技术价值。

第二十条 国防技术发明奖和国防科学技术进步奖采取评委集体讨论、投票的方法进行评审。特等奖和一等奖项目应有投票人数2/3及以上的票数通过,二等奖和三等奖项目应有投票人数3/5及以上的票数通过。

具体评审规则由国防科工委科技主管部门另行制定。

第二十一条 国防技术发明奖和国防科学技术进步奖的评审实行回避制度。被评项目的完成人或来自项目完成单位的人员是评委的,在该项目讨论和投票时均应回避。

第二十二条　各专业评委会的评审结果应在适当范围内公布。自公布之日起，50日内为异议期。自公布之日起70日内异议处理完毕的，继续参加本年度评审；自公布之日起1年内异议处理完毕的，提交下一年度评审；自公布之日起1年后异议处理完毕的，可以重新申报。

第二十三条　经过异议程序后，由国防科学技术奖评委会对国防科学技术奖进行终审。

第二十四条　经国防科学技术奖评委会终审符合授奖条件的项目，由国防科工委批准授奖，向获奖人员和单位颁发奖励证书，并按有关规定颁发奖金。

第二十五条　获奖人员的情况及主要贡献，应记入本人档案，作为综合考核、评价科技人员的依据之一。

第二十六条　奖金应按完成单位、完成人的贡献大小进行合理分配，不得挪作它用。

第二十七条　国防科学技术奖的奖金数额由国防科工委会同财政部规定。国防科学技术奖的奖励经费由中央财政列支。

第六章　异议处理

第二十八条　在异议期内，任何单位和个人都有权对公布国防技术发明奖和国防科学技术进步奖项目的内容真实性、成果权属、获奖资格、完成单位和完成人及其排序等问题提出异议。

第二十九条　对公布国防技术发明奖和国防科学技术进步奖项目提出异议的，要填写异议书，并提供必要的证明材料。有下列情况之一的不予受理：

（一）匿名的异议；
（二）无正当理由超过异议期提出的异议；
（三）关于奖励等级的异议。

第三十条　申报单位内部提出的异议，由申报单位负责处理；军工集团公司所属单位间的异议由军工集团公司负责处理；国防科工委归口管理单位内部的异议由国防科工委归口管理单位负责处理；各军工集团公司、国防科工委归口管理单位之间的异议，以及其他的单位和个人提出的异议，由国防成果办负责处理。

第七章　罚　　则

第三十一条　对于剽窃、侵占他人科技成果的，或者以其他不正当手段骗取国防科学技术奖的，经国防科工委批准后，撤销其奖励，追回奖励证书和奖金，并建议其主管部门或单位依法给予处分。

第三十二条　参与国防科学技术奖评审活动和有关工作的人员在评审活动中弄虚作假、徇私舞弊的，建议有关部门或单位依法给予处分。

第八章　附　　则

第三十三条　本办法自2004年11月1日起施行。2000年1月20日国防科工委发布的《国防科学技术奖励办法》同时废止。

国际科技合作

关于参加国际科技组织的若干规定

(1986年4月1日国家科学技术委员会、外交部发布 国科发外字[86]0185号)

总 则

一、为加强我国与国际科技组织、学术团体和科技工作者的联系,及时了解国外科技发展动态和水平,促进我国对外关系的发展,争取国际科技界对我国四化建设的支持,从我国科技发展的实际需要出发,我应积极慎重而有选择地参加一些国际科技组织。

参加国际科技组织的条件

二、国际科技组织繁多,凡具备下列条件的国际科技组织,各部门、各地区可有选择地参加:

(一)在相同专业的国际组织中,确有一定学术地位和代表性,学术活动内容又比较丰富的国际科技组织;

(二)参加该组织不会出现"两个中国"或"一中一台"问题,或按我现有政策界线,经过交涉已妥善解决台湾问题的;

由于台湾问题比较复杂,出现的形式也各有不同,凡难以确定其政策界线的,应事先商报外交部。

(三)该组织的总部设在南朝鲜、南非、以色列以外的地区。

三、如该国际科技组织内有国家会员(或全国委员会)、团体会员和个人会员时,应优先考虑以国家会员或团体会员名义加入。

四、国内在该领域内具有一定的学术基础或确有特殊需要,并有相应的专门机构负责日常工作。

申请手续

五、申请参加国际科技组织的报告应包括下列内容:

(一)该组织的性质、概况(包括是否涉及台湾问题或其他政治性问题)和主要活动方式;

(二)参加的必要性和理由;

(三)参加该组织后的权利和义务;

(四)如果以国家会员或团体会员的身份参加,其业务涉及几个部门的,应说明国内几个部门间的协调情况,并确定牵头单位;

(五)会费落实情况。

审批程序

六、参加政府间或重要的非政府间国际科技组织,由主管部门会签国家科委、外交部后,报国务院审批。批准后,由主管部门抄告国家科委、外交部。参加一般的非政府间国际科技组织,由主管部门报国家科委审批,批准后,由国家科委抄告外交部。

七、以学术团体名义参加国际科技组织作为团体会员,由该团体的挂靠部门商中国科协后,报国家科委审批,批准后,由国家科委抄告外交部。参加我国为会员国的国际科技组织下属的专业委员会或分会的,由国内参加该组织的学术团体的挂靠部门审批,并送外交部、国家科委和中国科协各一份审批件副本备案。

八、以科技人员个人名义参加国际和外国科技组织作为个人会员的,由该科技人员所在单位按隶属关系报国务院主管部委的科技外事部门或省、自治区、直辖市、经济计划单列城市科委审批,并抄告国家科委国际科技合作局。

九、凡国际和外国科技组织聘请我国科技人员担任该组织的职务(包括名誉职务或实际职务)、或接受该组织授予的荣誉称号,由所在单位审批,抄告国务院主管部委或省、自治区、直辖市、经济计划单列城市科委备案。但我在国内外有声望的科学家在接受上述职务或职称时,由所在单位按隶属关系报国务院主管部委或省、自治区、直辖市、经济计划单列城市的人民政府审批,并抄告国家科委。如主管部门或地方人民政府认为需要报请国务院审批时,可报国务院审批。

科技人员在出席我已参加的国际组织召开的会议时,被当选为领导职务时,可予以接受,但回国后要向上述审批部门报告、备案。

组织管理

十、凡已参加国际组织的单位或学术团体应指定专人负责办理参加国际组织后的日常工作,经常研究该组织的活动内容及情况(包括该组织的多边关系),并把该组织的情况和对参加该组织活动的计划或建议向主管部门报告,抄送国家科委。

十一、出席国际科技组织举办的学术及专业会议,按中共中央国务院《关于派遣临时出国人员和邀请国外人员来华审批权限的规定》及国家科委、外交部《关于科技外事工作贯彻中共中央中发〈1985〉10号文件及中共中央办公厅中办发〈1986〉3号文件的实施细则》办理。个人会员出席会议,要根据工作需要及经费落实情况决定。

十二、出席国际科技组织举办的学术及专业会议后,应写出书面的工作总结和技术报告,报主管部门和国家科委国际科技合作局,抄送中国科技情报研究所。

十三、参加国际科技组织后所得到的资料,应送交主管部门或地方情报单位一份,以扩大使用范围。

会　费

十四、凡国家会员和团体会员的会费(包括外汇额度和人民币),均由主管部门解决。

十五、个人会员的会费,外汇额度由各部门或各省、自治区、直辖市人民政府解决,人民币原则上由个人承担。个人承担确有困难时,可向所在单位申请资助。

国际科技合作与交流专项经费管理办法

(2007年12月19日财政部、科技部发布 财教[2007]428号)

第一章 总 则

第一条 为贯彻落实《国家中长期科学和技术发展规划纲要(2006—2020年)》(国发[2005]44号,以下简称《规划纲要》),规范和加强国际科技合作与交流专项经费(以下简称专项经费)的管理,提高资金使用效益,根据《国务院办公厅转发财政部、科技部关于改进和加强中央财政科技经费管理若干意见的通知》(国办发[2006]56号)和国家有关财务规章制度,制定本办法。

第二条 专项经费来源于中央财政拨款,主要用于支持依法在中国境内成立,具有法人资格的科研机构、高等学校、内资或者内资控股企业开展的高水平国际科技合作与交流项目。

第三条 专项经费由财政部、科技部共同管理,科技部负责具体组织实施。

第四条 专项经费项目的组织实施按照"集中力量、突出重点、政府引导、合理配置、专款专用"的原则,紧密围绕建设创新型国家的总体目标和《规划纲要》的重点任务与要求,以提高我国自主创新能力为中心,服务于社会主义现代化建设和国家外交工作两个大局,充分利用全球科技资源,促进我国科技进步和国家竞争力的提高。

第五条 科技部建立专项经费项目管理数据库。将项目预算安排情况、项目承担单位及项目负责人、承担单位承诺的科研投入、外方合作单位及科研投入、合作研发成果及知识产权管理情况等内容纳入数据库进行管理。

在不违反国家对外合作政策与对外合作协议及承诺,以及财政管理有关规定的前提下,科技部建立专项经费信息公开公示制度,对非保密信息予以公开,接受社会监督。

第二章 支持重点和开支范围

第六条 专项经费重点支持符合以下条件的国际科技合作与交流项目:

(一)通过政府间双边和多边科技合作协定或者协议框架确定,并对我国科技、经济、社会发展和总体外交工作有重要支撑作用的政府间科技合作与交流项目。

(二)立足国民经济、社会可持续发展和国家安全的重大需求,符合国家对外科技合作政策目标,着力解决制约我国经济、科技发展的重大科学问题和关键技术问题,具有高层次、高水平、紧迫性特点的国际科技合作与交流项目。

(三)与国外一流科研机构、著名大学开展实质性合作研发,能够吸引海外杰出科技人才或者优秀创新团队来华从事短期或者长期工作,有利于推动我国国际科技合作基地建设,有利于增强自主创新能力,实现"项目-人才-基地"相结合的国际科技合作与交流项目。

专项经费不支持国内成熟技术产业化和属于基本建设支出范围的国际科技合作与交流项目。

第七条 专项经费主要用于支付在项目组织实施过程中发生的,与国际科技合作与交流直接相关的各项费用。其开支范围主要包括设备费、材料费、测试化验加工费、燃料动力费、技术引进费、差旅费、会议费、合作交流费、出版/文献/信息传播/知识产权事务费、劳务费、专家咨询费、管理费和其他费用。

(一)设备费:是指在项目组织实施过程中购置或者试制专用仪器设备,对现有仪器设备进行升级改造,以及租赁外单位仪器设备而发生的费用。专项经费要严格控制设备购置费支出。

（二）材料费：是指在项目组织实施过程中消耗的各种原材料、辅助材料等低值易耗品的采购及运输、装卸、整理等费用。

（三）测试化验加工费：是指在项目组织实施过程中支付给外单位（包括课题承担单位内部独立经济核算单位）的检验、测试、化验及加工等费用。

（四）燃料动力费：是指在项目组织实施过程中相关大型仪器设备、专用科学装置等运行发生的可以单独计量的水、电、气、燃料消耗费用等。

（五）技术引进费：是指在项目组织实施过程中用于引进必要的国外先进适用技术经费。

（六）差旅费：是指在项目组织实施过程中开展科学实验（试验）、科学考察、业务调研、学术交流等所发生的外埠差旅费、市内交通费用等。差旅费的开支标准应当按照国家有关规定执行。

（七）会议费：是指在项目组织实施过程中为组织开展学术研讨、咨询以及协调项目等活动而发生的会议费用。项目承担单位应当按照国家有关规定，严格控制会议规模、会议数量、会议开支标准和会期。

（八）合作交流费：是指在项目组织实施过程中项目研究人员出国及外国专家来华工作的费用。合作交流费应当严格执行国家外事经费管理的有关规定。

（九）出版/文献/信息传播/知识产权事务费：是指在项目组织实施过程中，需要支付的出版费、资料费、专用软件购买费、文献检索费、专业通信费、专利申请及其他知识产权事务等费用。

（十）劳务费：是指在项目组织实施过程中支付给没有工资性收入的项目组成员（如在校研究生）和项目组临时聘用人员等的劳务性费用，以及聘请海外专家来华进行合作研发、技术培训、业务指导、讲学等支出的劳务性费用。支付给海外专家的劳务费标准应当与国内同等水平人员的标准相一致。

（十一）专家咨询费：是指在项目组织实施过程中支付给临时聘请专家的咨询费用。专家咨询费不得支付给参与项目组织实施及其管理相关的人员。

以会议形式组织的咨询，专家咨询费的开支一般参照高级专业技术职称人员（500～800元）/人天、其他专业技术人员（300～500元）/人天的标准执行。会期超过两天的，超出期间的咨询费标准参照高级专业技术职称人员（300～400元）/人天、其他专业技术人员（200～300元）/人天执行。

以通讯形式组织的咨询，专家咨询费的开支一般参照高级专业技术职称人员（60～100元）/人次、其他专业技术人员（40～80元）/人次的标准执行。

（十二）管理费：是指在项目组织实施过程中对使用本单位现有仪器设备及房屋，日常水、电、气、暖消耗，以及其他有关管理费用的补助支出。管理费按照项目专项经费预算分段超额累退比例法核定，核定比例如下：

项目经费预算在100万元及以下的部分按照8%的比例核定；

超过100万元至500万元的部分按照5%的比例核定；

超过500万元至1000万元的部分按照2%的比例核定；

超过1000万元的部分按照1%的比例核定。

项目管理费实行总额控制，由项目承担单位管理和使用。

（十三）其他费用：是指在项目组织实施过程中围绕关键技术引进和优秀人才引进，且无法在上述科目列支的费用。专项经费严格控制其他费用支出，加强审核和监督。确有需要的，原则上采用后补助的方式资助，按照预算调整的有关程序报批。

第三章 申请和立项

第八条 申请专项经费必须经国务院有关部门、中央直属企事业单位的国际科技合作或科技主管部门、地方省级科技厅（委、局）推荐，并具备以下条件：

（一）项目承担单位与外方合作单位有良好合作基础，且与外方合作单位签订了合作协议或者意向书。

（二）外方合作单位具有较强的技术实力或

者较高的科研水平,并有一定人员、资金或设备投入。特殊情况下,外方合作单位可以技术投入(包括知识产权、专有技术和资料等)的方式参与合作。

(三)科技部根据对外科技合作政策认为应当具备的其他申请条件。

第九条 科技部对各推荐部门推荐的项目进行初步审查,并组织专家或委托中介机构组织专家(包括同行专家、财务管理专家、国际科技合作管理专家及科技发展战略专家)对项目申请材料进行评审或评估。

第十条 对于专项经费需求超过500万元的重大项目,项目承担单位在编制项目申报材料时,应当同时编制项目概算及其任务分解等材料。科技部组织有关专家对重大项目的申报材料和项目概算及其任务分解等材料进行咨询评议。咨询评议结果作为重大项目立项决策以及总预算控制的重要依据,并报财政部备案。

第十一条 科技部根据立项评审或评估意见,结合国家科技发展战略和外交政策,择优确定专项经费支持项目,并通知项目申请单位编制项目预算。

第四章 预算编制和审批

第十二条 项目申请单位在接到科技部编制项目预算通知后,应当组织本单位财务部门会同项目负责人编制项目预算,并按本办法及通知要求编制完毕后报送科技部。

第十三条 项目预算编制要求:

(一)项目预算的编制应根据合作研发与交流的合理需要,坚持目标相关性、政策相符性和经济合理性原则。

(二)项目预算编制时要编制来源预算与支出预算。

来源预算除申请专项经费外,有自筹经费、外方投入经费来源的,需提供出资证明及其他相关财务资料。自筹经费包括单位的自有货币资金、专项用于合作研发与交流的其他货币资金等。外方投入经费是指外方投入的由中方支配和使用的货币资金。外方投入中不由中方支配、使用的货币资金,以及设备、人员、技术等非货币资金投入不列入来源预算,但应在来源预算说明中予以明确,包括外方各种投入的主要用途、使用方案,以及外方投入与合作研发成果、知识产权分享的关系。

支出预算按照经费开支范围确定的支出科目和不同经费来源编列,同一支出科目一般不得同时列支专项经费、自筹经费和外方投入经费。支出预算应当对各项支出的主要用途和测算理由等进行详细说明。

(三)由多个单位共同承担一个项目的,应当同时编制列示各单位承担的主要任务、经费预算等。

(四)编制项目预算时,项目申请单位应当申明项目承担单位的现有组织实施条件和资源,以及从单位外部可能获得的共享服务;应当对项目实施可能形成的,由中方享有全部产权的科技资源和成果,提出社会共享方案;由合作各方共同享有产权的科技资源和成果,应当提供合作协议约定的共享方案及使用方案。

第十四条 科技部、财政部组织专家或委托中介机构组织专家(包括财务管理专家、同行专家、国际科技合作管理专家)对项目预算进行评审或评估,并对预算评审或评估结果进行审核。对于项目预算存在重大异议的,应当按照程序进行复评。

第十五条 科技部按照财政科技经费管理的要求,提出项目预算安排建议报财政部批复后,向项目申请单位下达项目立项批复和预算批复,并抄送项目推荐部门。项目预算应当纳入科研项目管理数据库统一管理,重大项目应分年度滚动安排。

第十六条 项目申请单位在接到科技部下达的项目预算及项目立项批复后,即为项目承担单位。

第五章 预算执行

第十七条 科技部根据项目立项批复和预算批复,与项目推荐部门、项目承担单位签订项目任务合同书和项目预算书。项目任务合同书和项目预算书是项目和预算执行、监督检查和财务验收的重要依据。

第十八条 专项经费的拨付,按照财政资金支付管理的有关规定执行。

第十九条 项目承担单位应当严格按照下达的项目预算执行,一般不予调整,确有必要调整时,应当按照以下程序进行核批:

项目预算总额调整,应当按程序报科技部审核、财政部批准。

项目总预算不变、项目合作单位之间以及增加或者减少项目合作单位的预算调整,应由项目负责人提出调整意见,项目承担单位核定后,按程序报科技部批准。

项目支出预算科目中劳务费、专家咨询费和管理费预算一般不予调整。其他支出科目,在不超过该科目核定预算10%,或超过10%(含10%)但科目调整金额不超过5万元的,由项目承担单位根据研究需要调整执行;其他支出科目预算执行超过核定预算10%(含10%)且金额在5万元(含5万元)以上的,由项目负责人提出调整意见,项目承担单位核定后,按程序报科技部批准。

第二十条 项目承担单位要严格按照本办法的规定,制定内部管理办法,建立健全内部控制制度,加强对专项经费的监督和管理,对专项经费、自筹经费以及外方投入经费分别进行核算。

第二十一条 项目承担单位应当严格按照本办法规定的项目经费开支范围和标准办理支出。严禁使用项目经费支付各种罚款、捐款、赞助、投资等,严禁以任何方式变相谋取私利。

第二十二条 项目承担单位应当按照规定编制专项资金年度财务决算报告。项目研究经费下达之日起至年度终了不满三个月的项目,当年可不编报年度决算,其经费使用情况在下一年度的年度决算报表中编制反映。项目决算报告由项目承担单位财务部门会同项目负责人编制。项目决算报告按程序经审核、汇总后,于次年的4月20日前报送科技部。

第二十三条 在研项目的年度结存经费,结转下一年度按规定继续使用。项目因故终止,项目承担单位财务部门应及时清理账目与资产,编制财务报告及资产清单,按程序经审核、汇总后报送科技部,由科技部组织进行清查处理,剩余经费(含处理已购物资、材料及仪器、设备的变价收入)收回科技部,由科技部按照财政部关于结余资金管理的有关规定执行。

第二十四条 预算执行过程中实行重大事项报告制度。在项目实施期间出现项目计划任务调整、项目负责人变更或调动单位、项目承担单位变更等影响经费预算执行的重大事项,项目负责人、项目承担单位应当及时按程序报科技部。

第二十五条 专项经费形成的固定资产属国有资产,一般由承担单位进行管理和使用,国家可以调配用于相关科学研究与开发。

第二十六条 专项经费形成的,以及外方投入由中方拥有的大型科学仪器设备、科学数据、自然科技资源等,按照国家有关规定开放共享,以减少重复浪费,提高资源利用效率。

第六章 合作成果与知识产权管理

第二十七条 专项经费项目的知识产权管理和保护应遵循平等互利、尊重协议、信守承诺的原则,遵守我国相关知识产权法律法规以及我国参加或者与合作国签订的有关知识产权保护的国际公约或者双边条约。

第二十八条 科技部在与项目承担单位签署的项目任务合同书中,应当明确约定该项目的知识产权具体目标、保护方式、属于中方部分的权利归属与分享以及项目承担单位的管理职责等事项。

第二十九条 项目承担单位在与外方合作单位签订项目合作协议时,应当设立知识产权专门条款或者双方另行签署专门的知识产权协议,对合作中所涉及或产生的知识产权归属及权益分配、违约责任、争议处理等知识产权事项做出具体约定,并按照原项目申请渠道报科技部备案。

专项经费项目所产生的研究成果及其形成的知识产权中属于中方的部分,除涉及国家安全、国家利益和重大社会公共利益以及项目任务合同书或合作协议中另有约定的以外,依照《关于国家科研计划项目研究成果知识产权管理若干规定》

(国办发[2002]30号)授予项目承担单位。项目承担单位可以依法自主决定实施、许可他人实施、转让、作价入股等,并取得相应的收益,具体规定依照科技部发布的《关于国际科技合作项目知识产权管理的暂行规定》(国科发外字[2006]479号)执行。

第七章 监督检查

第三十条 财政部、科技部对专项经费拨付使用情况进行监督检查。

第三十一条 科技部会同财政部组织专家或委托中介机构对专项经费的使用和管理进行专项财务检查或中期评估。专项财务检查和中期评估的结果,将作为调整项目预算安排、按进度核拨经费的重要依据。

第三十二条 项目完成后,项目承担单位应当及时向科技部提出财务验收申请。项目承担单位通过财务验收后才可进行项目验收。科技部负责组织对项目进行财务审计与财务验收。财务审计是财务验收的重要依据。

第三十三条 存在下列行为之一的,不得通过财务验收:

(一)编报虚假预算,套取国家财政资金;
(二)未对专项经费进行单独核算;
(三)截留、挤占、挪用专项经费;
(四)违反规定转拨、转移专项经费;
(五)提供虚假财务会计资料;
(六)未按规定执行和调整预算;
(七)虚假承诺、自筹经费不到位;
(八)其他违反国家财经纪律、损害国家利益、危害国家安全的行为。

第三十四条 项目通过验收后,各项目承担单位应当在一个月内及时办理财务结账手续。项目经费如有结余,应当及时全额上缴科技部,由科技部按照财政部关于结余资金管理的有关规定执行。

第三十五条 科技部应当结合财务审计和财务验收,建立科研项目经费的绩效评价制度。

第三十六条 专项经费管理建立承诺机制。项目承担单位法定代表人、项目负责人在编报预算时应当共同签署承诺书,保证所提供信息的真实性,并对信息虚假导致的后果承担责任。

第三十七条 专项经费管理建立信用管理机制。科技部对项目推荐部门、项目承担单位、项目负责人、中介机构和评审评议专家在专项经费管理方面的信誉度进行评价和记录。

第三十八条 对于预算执行过程中,不按规定管理和使用专项经费、不及时编报决算、不按规定进行会计核算的项目承担单位,科技部将会同财政部予以停拨经费或通报批评,情节严重的可以终止项目。对于未通过财务验收,存在弄虚作假,截留、挪用、挤占专项经费等违反财经纪律的行为,科技部、财政部可以取消有关单位或个人今后三年内申请国家科研项目的资格,并向社会公告。同时建议有关部门给予纪律处分。涉嫌犯罪的,移送司法机关。

第八章 附 则

第三十九条 本办法由财政部、科技部负责解释。

第四十条 本办法自发布之日起施行。《国际科技合作与交流专项经费管理暂行办法》(国科发财字[2001]367号)和《关于调整国际科技合作与交流专项资金支持对象的通知》(国科发财字[2003]463号)同时废止。

中国APEC科技产业合作基金使用管理办法(试行)

(1999年3月2日财政部、外交部、国家经济贸易委员会、科学技术发布　财外字[1999]153号)

第一章　总　则

第一条　根据国务院批准的外交部、财政部、经贸委和科技部《关于设立中国APEC科技产业合作基金的请示》有关精神,制定本办法。

第二条　中国APEC科技产业合作基金(以下简称基金)是中国政府为促进我国与APEC其他成员之间的多、双边经济技术交流与合作而设立的专项基金,总规模暂定为1000万美元,由下列来源构成:

(一)中央财政专项资金500万美元;

(二)国家经贸委预算中的技术创新等资金250万美元;

(三)科技部预算中的研究与开发(以下简称科研)等资金250万美元;

(四)外来捐款资金。

第三条　基金由财政部设立专户统一管理和使用,使用期限暂定为10年,每年原则上安排100万美元。为尽快推动APEC各成员间科技产业合作,基金可在成立后的前几年适当集中使用。

第二章　使用范围与原则

第四条　基金主要用于资助我组织或我参与的APEC经济技术合作项目,尤其是科技产业合作项目。合作的优先领域包括:

(一)APEC发展中成员间的科技产业合作项目;

(二)APEC科技产业合作示范项目;

(三)双边、多边以及政府与工商界联合出资、研究或开发项目;

(四)APEC经济技术合作等重要问题的研究;

(五)人力资源开发项目,如举办培训班等。

第五条　基金使用应符合下列要求和原则:

(一)有利于推动APEC成员间的科技产业合作,树立我在APEC的积极形象;有利于引进我需要的科学技术和管理经验,服务于我国经济建设;有利于扩大我国企业的对外交流和合作,帮助其更快地走向国际市场;

(二)基金应由我自行掌握和使用,原则上用在国内;

(三)项目申请单位必须具备法人资格,并获得政府部门的认可;

(四)申请的项目金额一般在10万美元以内,最多不超过50万美元。

第三章　申报和审批

第六条　APEC所有成员使用本基金的项目,应按下列程序提出申请。

(一)国内单位申请的项目逐级报送其主管部门;APEC成员申请的项目由APEC成员报送外交部转有关主管部门。

(二)申请使用该基金的项目,须提供以下申报材料:

1. 统一的中国APEC基金使用申请书;

2. 项目可行性研究报告;

3. APEC其他成员的申请需提供主管部门的意见书或初步审定报告。

(三)项目的审批应在每年的第一季度进行。

第七条　国内项目由主管部门进行初审,APEC成员的项目由外交部会同有关主管部门进行初审。主管部门应将初审意见和项目申请书主送财政部、外交部、经贸委和科技部,由财政部会同外交部、经贸委和科技部对主管部门提交的项目进行审核。凡完全由经贸委的技术创新等资金或科技部的科研等资金或经贸委和科技部的技术创新和科研等资金共同解决的项目,由经贸委或科技部或两家共同最后审定;凡涉及由财政专项资金和外来捐款资金解决的项目,由财政部最后审定。

第八条 财政部、经贸委、科技部、外交部应分别指定专门部门负责该基金相关事宜的有关工作。

第九条 每个项目使用基金的期限一般不超过2年;对特殊的重大需延长使用期限的项目,由财政部、外交部、经贸委、科技部共同研定。

第十条 经财政部最后审定的项目,由财政部向项目申请单位的主管部门下达批复文件并抄送外交部、经贸委和科技部;其他项目由经贸委或科技部向项目的主管部门下达批复文件,并抄送财政部和外交部。其中,APEC其他成员申请的项目,由外交部向APEC成员下发资助项目照会或签订资助备忘录。

第四章 资金运用和监督

第十一条 财政部、经贸委和科技部应将核定的项目资助资金,按照项目进展情况向项目的主管部门拨付。

第十二条 各项目主管部门应按照本办法以及4部委下达的基金项目批复文件规定的内容、用途、金额、期限,具体负责项目执行,并严格监督基金使用,不得擅自改变用途、挪作他用或截留、侵占等。

第十三条 对项目执行不力或挪用、截留、侵占项目经费等违规情况,上级有关部门有权取消执行的项目,并追回已拨付的项目资金。

第十四条 经批准使用该基金的单位,应在项目执行期间提供中期使用报告,反映项目执行情况和基金的使用、效益等相关情况;项目单位在项目终了时,应提交项目执行的全面报告,并附上由审计部门提供的财务审计报告,同时接受财政部等有关部门的监督和检查。主管部门同时根据项目单位的报告,写出评核意见报送财政部、外交部、经贸委和科技部。

第五章 附 则

第十五条 本办法由财政部负责解释。

第十六条 本办法自发布之日起实施。

国际科学技术会议与展览管理暂行办法

(2001年8月23日科学技术部、外交部、海关总署、
国家工商行政管理总局发布　国科发外字[2001]311号)

第一章 总 则

第一条 为加强对国际科学技术会议与展览的管理,鼓励国内科技界、学术界、产业界及相关机构积极举办各类国际科学技术会议与展览,促进国际科学技术交流与合作,根据国家政策和有关法规,制定本办法。

第二条 在我国境内(不含港、澳、台地区)举办国际科学技术会议与展览(以下简称国际科技会展)应当遵守本办法。

本办法所指的国际科技会议是指与会代表来自三个或三个以上的国家或地区(不含港、澳、台地区),以科技学术研讨为主要目的的研讨会、报告会、交流会、论坛等。

本办法所指的国际科技展览是指以科研、技术及高技术产品的展示交流为目的,境外参展商比例在20%以上的展览会、博览会(一般指规模较大,代表性和综合性较强的展览)、技术展示交流会等。

第三条 科学技术部负责国际科技会展的审批、协调和管理工作。

第四条 举办国际科技会展应有助于实现下列目标:

(一)了解国际科技发展动态,加强中外科技界的交流,实现资源和信息共享,提高我国在国际学术界的地位;

(二)积极引进先进技术和设备,展示我国科技成就,配合国内科技发展计划,推动科技兴贸战略的实施;

(三)加强科技界与产业界的合作,促进科技成果的产业化、商品化和国际化;

(四)推动国际科技合作,实现我国科技进步,促进经济与社会可持续发展。

第二章 申 报

第五条 举办国际科技会展,主办单位应向审批部门提出书面申请,并按照规定提交有关资料。

第六条 举办会展应提前6个月申请报批,规模较大的会展应提前12个月申请报批。

第七条 举办国际科技会展的申请不得通过双重渠道上报。

第八条 申办国际科技会展需适时提前提出申请。申办程序、文件内容及审批权限与申请举办国际科技会展相同,审批部门将函复意见。如申办成功,由各级审批单位根据分级审批权限另行批复。

第三章 审 批

第九条 国际科技会展实行分级审批制度。

(一)国外代表人数在150人以上的国际科技会议,需由主办单位提出申请,经科学技术部审核后报国务院审批;

(二)国外代表人数在150人以下的国际科技会议由国务院各部委、直属机构及事业单位,各省、自治区、直辖市、计划单列市、新疆生产建设兵团科技主管部门、中国科协、中央直属企业、行业协会等单位自行审批,但需报科学技术部备案;

(三)举办国际科技展览,展览面积在1000平方米以上的由科学技术部审批,需抄报海关总署和主管地海关。其中有关政府机构以外的单位

举办展览还需具备主办资格；

（四）国务院各部委、直属机构及事业单位、中国科协可自行审批本部门单位举办与主管业务有关的展览面积在1000平方米以下的国际科技展览。审批结果需抄报海关总署和主管地海关，并报科学技术部备案；

（五）各省、自治区、直辖市、计划单列市科技主管部门可自行审批在本地区举办的展览面积在1000平方米以下的国际科技展览。审批结果需抄报主管地海关，并报科学技术部备案；

（六）具有主办资格的单位可自行举办展览面积在1000平方米以下的国际科技展览，但应报当地科技主管部门备案。主管地海关凭主办单位的申请按有关规定办理；

（七）双边交流性质的科技会议，由国务院各部委、直属机构及事业单位，各省、自治区、直辖市、计划单列市、新疆生产建设兵团科技主管部门，中国科协、中央直属企业、行业协会等单位自行审批；

（八）海峡两岸科技会展由科学技术部统一审批。台湾地区代表或厂商（不含台商在华投资企业）参加国际科技会展名单需报科学技术部台办审批。

第十条 具有以下情况的国际科技会展，由科学技术部征求外交部意见后审批或由科学技术部审核后呈国务院审批：

（一）涉及未建交国家或其它敏感议题；

（二）主题或内容涉及台湾问题；

（三）政府间国际组织在华举办的国际科技会展；

（四）其他重要会展。

报科学技术部审批的申办或举办国际科技会展的请示（函），须由国务院各部委、直属机构及事业单位，各省、自治区、直辖市、计划单列市人民政府或科技主管部门、新疆生产建设兵团或兵团科技主管部门，中国科协、中央企业、行业协会等单位初步审核后报科学技术部。学术团体的申请通过其在民政部门登记的业务主管部门上报。

第十一条 审批部门将在收到申请后的15个工作日内给予批复。

第十二条 各级审批部门应严格控制同类会展的数量，推动会展质量的提高。对举办主题相同或内容相近的会展申请，审批部门应加强协调，并按以下原则审批：

（一）同类会展，原则上在同一省、自治区、直辖市、计划单列市及省会城市，每年不超过2个；

（二）优先批准规模大、影响大、定期举办的会展；

（三）优先批准具有行业优势和举办经验的单位举办的会展。

第十三条 会展获得批准后，如申请文件中所列内容有重大变更，应向审批部门办理变更或重新批准手续。

第四章 资格认定

第十四条 国际科技展览主办单位的资格（以下简称主办资格）认定工作由科学技术部负责。

第十五条 国务院各部委、直属机构及事业单位，各省、自治区、直辖市、计划单列市人民政府及科技主管部门、新疆生产建设兵团及兵团科技主管部门可以其名义主办与其业务有关的国际科技展览。其它单位申请举办展览面积在1000平方米以上的国际科技展览需具备科学技术部批准的主办资格。

第十六条 申请主办资格的单位应具备以下条件：

（一）独立承担民事责任能力；

（二）主办或参与举办过3个以上国际展览（企业除外）；

（三）设有专业展览部门，配备了展览专业（包括策划、组织、管理及外语等）人员；

（四）制定了完善的规章制度。

第十七条 申请主办资格的单位在经国务院各部委、直属机构及事业单位，中国科协、中央企业、行业协会，各省、自治区、直辖市、计划单列市科技主管部门等主管部门审查同意后，由上述单位报送科学技术部审批，申请材料应包括：

（一）申请文件；

（二）主管部门审查同意的文件（企业需提交加盖企业印章的营业执照复印件）；

（三）本单位举办展览的规章制度；
（四）本单位以往举办展览的资料；
（五）其他有关材料。

第十八条 科学技术部对获得主办资格的单位每两年审核一次。

（一）对获得资料后二年内未举办或参与举办任何展览的单位，科学技术部将取消其主办资格；

（二）对违反本办法规定举办国际科技会展，以及在会展举办过程中有损害参加者权益等违反法律法规行为的单位，科学技术部可暂停或取消其主办资格。

第五章 协调管理

第十九条 主办单位和承办单位必须规范会展举办行为，维护参加者的合法权益。参加会展必须以自愿为原则，不得进行行政干预。

第二十条 国际科技会展的宣传材料必须真实可靠，不得擅自将其他单位列为主办、协办或支持单位。

第二十一条 未经科学技术部批准，任何国际科技会展名称不得冠以"中国"、"中华"、"全国"等字样，也不得使用"中国国际××会议（展览）"及其他类似名称，但可使用中国地方性会展名称，如"中国（地区名）国际××会议（展览）"。规模较小的地区性展览一般不使用"博览会"的名义，不具备代表性的展览不得使用综合性展览名称。

第二十二条 规模或影响较大的会展以及展览面积在1000平方米以上展览的主办单位应在会展结束后2个月之内向审批部门报送总结报告。对未及时报送总结的单位，审批部门将不再受理其申请。

第二十三条 各级审批部门负责对会展进行管理和监督，检查会展质量，维护举办和参加会展单位的合法权益。为促进会展业的健康发展，应鼓励有关单位举办专业性会展和联合举办会展，加强行业自律和部门协调，支持举办有特色、有规模、有影响的国际科技会展。

第二十四条 科学技术部及各地科技主管部门将定期公布已获批准的国际科技会展信息及具有主办资格的单位名单，研究国际科技会展发展过程中出现的情况和问题，及时采取有效措施，加强协调管理。

第二十五条 境外展览品监管由海关按照《中华人民共和国海关对进口展览品监管办法》执行。

第二十六条 对违反本办法规定举办国际科技会展的单位，以及在会展举办过程中有损害参加者权益等违反法律法规行为的，科学技术部及各级科技主管部门将视情通报批评，情节严重的将交有关部门依法查处。

第二十七条 对未经批准或不具备主办资格而擅自举办会展的，盗用其他单位名称举办会展的，或转让、倒卖会展批件的，由各级科技主管部门会同有关部门依法查处。对违反海关规定的，由海关依法处理。

第六章 附 则

第二十八条 举办国际科技会展的审批和管理，国家另有规定的，从其规定。

第二十九条 各行业主管部门或地方科技主管部门可依据本《办法》规定，根据本行业、本地区实际情况制定实施细则办法，并报科学技术部及当地海关、工商行政管理部门备案。

第三十条 国际科技展览不属于商品展销会，不适用商品展销会有关管理办法。

第三十一条 本办法自2002年1月1日起实行。凡过去规定与本办法不一致时，以本办法为准。

第三十二条 本办法由科学技术部负责修订和解释。涉及海关业务的，由海关总署负责解释。

中国海外科技创业园试点工作指导意见

(2003年9月24日科技部发布　国科发火字[2003]316号)

为贯彻党中央、国务院关于坚持"引进来"和"走出去"相结合的发展战略,推动我国高新技术产业的国际化发展,现就中国海外科技创业园组建、运行和规范化管理的试点工作,提出如下意见。

一、中国海外科技创业园是根据我国与外国政府签定的科技合作文件的相关内容,由我国相关的科技主管部门、高新技术产业开发区或其他创业服务机构和企业组建,并经科技部批准,依照有关法律和政策规定的程序在相关国家设立的科技创业服务性机构。

二、科技部管理和指导中国海外科技创业园的工作,具体工作由科技部火炬高技术产业开发中心(以下简称火炬中心)承担。中国海外科技创业园的工作机构,应接受我国驻所在国使(领)馆科技处(组)的指导。

三、中国海外科技创业园通过为入驻园区创业与发展的企业提供全面、高效的服务和保障,推动我国高新技术产业的国际化。

四、中国海外科技创业园的创建与运行,须根据我国高新技术企业的现状、特点及其发展需求,结合所在国的创业环境和资源状况,坚持政府引导、社会出资和企业化运行的基本原则。

五、中国海外科技创业园的主要职责

(一)为我国高新技术企业到所在国的创业与发展提供入驻咨询、相关代理或委托代理服务;

(二)协助企业解决在境外创业与发展中出现的各种困难,提供科研、商务和工作、生活等方面的咨询与援助;

(三)吸收海外留学人员到科技园创办企业,并为他们回国创业或为国服务搭建平台、提供咨询服务;

(四)为推动我国高新技术企业的产品出口以及引进境外先进技术、人才、资金等,搭建国际化服务平台。

六、设立中国海外科技创业园的基本条件

(一)科技部与所在国政府相应部门签定了包含建立中国海外科技创业园内容的科技合作文件;

(二)所在国对于我国企业的技术进步、产品的市场开拓、资金和人才的引进以及高新技术产业发展,具有战略地位;

(三)所在国对于我国企业的入驻,能够提供良好的创业环境、相应的政策与服务;

(四)能够为我国入驻企业提供价格合理的工作、生活场所和方便快捷的资讯、交通以及相关保障;

(五)海外科技创业园的主要管理人员,熟悉我国高新技术产业的有关政策和发展状况,并具有良好的文化和专业素质;

(六)有完善的运行方案、科学的管理体制和运行机制。

七、中国海外科技创业园的设立程序

(一)在科技部与相关国家签定建立海外科技创业园的科技合作文件基础上,由符合本文规定的单位就在该国组织和创建中国海外科技创业园的事宜,向科技部提出书面申请;

(二)对符合条件的,由科技部审核批准,并通报我驻有关国家的使(领)馆科技处(组);

(三)有关涉外事宜,由申请单位按照国家的相关规定和程序办理,科技部有关部门和驻外使(领)馆将予以协助。

八、企业入驻中国海外科技创业园的条件

(一)已登记注册并依法经营、纳税的企业或其他合法机构;

(二)具有高新技术企业资格或正在从事高

新技术项目开发的机构；

（三）具有境外创业的资金实力和相应人才；

（四）具有可实施的境外创业与发展规划。

九、企业入驻中国海外科技创业园的程序

（一）符合入驻条件的企业，直接向有关国家的中国海外科技创业园管理机构提出申请，并提交相关的申请资料；

（二）由所在国的中国海外科技创业园管理机构进行审核。凡批准的，送达《同意入驻通知书》，并报科技部火炬中心和我驻有关国家的使（领）馆科技处（组）备案；

（三）被批准入驻的企业及其人员，需按照有关法律和政策规定的条件及程序办理涉外手续，科技部有关部门将予以协助；

十、被派往境外的工作人员必须办理境外医疗、人身意外伤害以及适用于紧急救助的保险等事宜。

十一、为创建中国海外科技创业园而设立的境内机构属于企业性质的，可以按照有关规定被认定为高新技术企业，享受相应的税收和其他优惠政策。

十二、科技部会同有关部门和地方政府，努力开辟多种资金渠道，对起步阶段的中国海外科技创业园和国内入驻的科技型中小企业在办公费用、业务开拓费用等方面予以适当资助。

十三、入驻中国海外科技创业园的境内母公司，申请科技型中小企业创新基金和科技兴贸计划项目时，在同等条件下可优先支持。

十四、中国海外科技创业园对于直接从事的有偿服务项目，其收费标准、范围和方式等，能体现出明显的政策优惠，并报科技部火炬中心备案。

十五、科技部火炬中心对中国海外科技创业园的工作，实行年度考核与验收。考核与验收的主要内容包括：

（一）为入驻企业的服务情况；

（二）境外先进技术、人才、资金的引进情况；

（三）境内高新技术产品对境外市场的拓展情况；

（四）与境外机构及相关人士的合作情况；

（五）制度建设与运行管理情况。

十六、有关考核与验收标准以及鼓励、扶持科技型企业到境外创业的具体政策和办法，另行规定。

十七、经考核和验收，对一年内未能达标的中国海外科技创业园，予以告戒；对连续两年未达标的，取消其相应资格及政策待遇。对能够达标的，予以表彰与奖励。

十八、未经科技部审核批准在境外设立的中国海外科技创业园或其他类似机构，不属于本意见的指导范围。

十九、中外机构合作或合资申请建立的中国海外科技创业园，参照本意见的有关内容执行。

二十、本意见由科技部火炬中心负责解释，自发布之日起实施。

【参阅目录】

关于加强星火计划国际化的若干意见
  国科发农字[1997]314号
  1997年6月28日
中医药国际科技合作规划纲要(2006—2020年)
  国科发外字[2006]292号
  2006年6月30日
中华人民共和国核两用品及相关技术出口管制条例
  国务院令第484号
  2007年1月26日

图书在版编目(CIP)数据

科技法律法规与政策选编:1985—2008年.下册/科学技术部政策法规司编.—北京:科学技术文献出版社,2011.1
ISBN 978-7-5023-6873-9

Ⅰ.①科… Ⅱ.①科… Ⅲ.①科技法-汇编-中国-1985—2008 ②科技政策-汇编-中国-1985—2008 Ⅳ.①D922.179 ②G322.0

中国版本图书馆 CIP 数据核字(2011)第 016276 号

科技法律法规与政策选编(1985—2008年)(下册)

策划编辑:周国臻　责任编辑:周国臻 樊雅莉　特约编辑:苏　竣　肖尤丹　黄　萃　责任出版:王杰馨

出 版 者	科学技术文献出版社
地　　址	北京市复兴路 15 号　邮编 100038
编 务 部	(010)58882938,58882087(传真)
发 行 部	(010)58882868,58882866(传真)
邮 购 部	(010)58882873
网　　址	http://www.stdp.com.cn
发 行 者	科学技术文献出版社发行　全国各地新华书店经销
印 刷 者	北京高迪印刷有限公司
版　　次	2011 年 1 月第 1 版　2011 年 1 月第 1 次印刷
开　　本	787×1092　1/16 开
字　　数	2123 千　(上下册)
印　　张	40.25
书　　号	ISBN 978-7-5023-6873-9
定　　价	218.00 元　(上下册)

版权所有　违法必究

购买本社图书,凡字迹不清、缺页、倒页、脱页者,本社发行部负责调换